走遍全球
TRAVEL GUIDEBOOK

日本大宝石出版社 编著

中国旅游出版社

吞武里县
湄南河
Mae Nam Chao Praya
p.72~73 曼谷全图
p.76~77 律实地区周边
p.78~79 中国城周边
p.74~75 王宫周边
p.80~81 暹罗广场、水门周边
p.82~83 查隆克隆路周边
p.84~85 是隆路周边
吞武里火车站
旧吞武里站
(正在再开发中)
曼谷信息中心
玉佛寺
王宫
卧佛寺
郑王寺
大罗斗圈火车站
北榄寺
Wat Paknam
胜利纪念塔
Victory Monument
暹罗广场
隆披尼公园
华兰蓬站
公共汽车北总站
(莫集)
乍都乍公园
Chatuchak Park
JJ Mall
周末市场
Weekend Market
O.T.K市场
Talat O.T.K
鲁特法伊市场
Talat Mut Rotfai
酒吧街
安里扎贝斯酒店
Elizabeth Hotel
米切酒店
Mido Hotel
肯玛尼宫酒店
Karnmanee Palace Hotel
Rama 7 Bridge
Wat Soi Thong
Bang Po
Kiak Kai
Kheaw Khai Ka
Irrigation Dept.
Payap
Wat Thepnaree
Krung Thon Bridge
Thewet
Rama 8 Bridge
Phra Pin Klao Bridge
Phra Arthit
Thonburi Railway
Wang Lang (Siriraj)
Maharaj
Tha Chang
Tha Tien
Ratchini
Kanlayanamith
Memorial Bridge
Ratchawongse
Marine Dept.
Si Phraya
Wat Muang Kae
Oriental
Sathorn
Saphan Taksin
Wat Sawattachat
Wat Worachanyawas
Wat Rajsingkorn
Wongwian Yai
Krung Thonburi
Surasak
Chong Nonsi
Sala Daeng
Si Lom
Lumpini
Sam Yan
Hua Lampong
Ratchadamri
Chit Lom
Siam (Central Station)
National Stadium
Ratchathewi
Phaya Thai
Ratchaprarop
Victory Monument
Sanam Pao
Ari
Saphan Khwai
Mo Chit
Kamphaeng Phet
Bang Sue
Klong Bangkok
Klong Bang Khuai
Charan Sanitwong Rd.
Samsen Rd.
Nakhon Chaisri Rd.
Phra Pinklao Rd.
Khao San Rd.
Lan Luang Rd.
Bamurung Muang Rd.
Krung Kasem Rd.
Phitsanulok Rd.
Sri Ayutthaya Rd.
Ratchawithi Rd.
Pradiphat Rd.
Din Daeng Rd.
Rama IV Rd.
Si Phraya Rd.
Suriwong Rd.
Silom Rd.
Sathorn Nua Rd.
Sathorn Tai Rd.
Phayathai Rd.
Wireless Rd.
Infra Phitak Rd.
Lad Ya Rd.
Krung Thongburi Rd.
Taksin Rd.
Prachathipok Rd.
Charoen Krung Rd. (New Rd.)
Chan Rd.
Rama III Rd.
Klong Bangkok Yai
Klong Bangkok Noi
Klong Bangluang Noi
EXPRESS WAY
邦松站
拍裕底火车站
邦巴姆鲁站
拍绥火车站
萨姆森站
目甲讪火车站
蓬鲁特普鲁瓦里公司
拉玛七世桥
拉玛八世桥
南部公共汽车总站(萨玛)
拉玛三世桥
旺威安亚伊
郑王像
扩展施工中
拍裕巴特路
那空猜伊西路
克隆通路
帕宾克劳路
西大城路
考山路
巴姆农慕昂路
查隆克隆路
拍侬路
三聘街
因他拉披塔路
拉特亚路
克隆通武里路
沙敦努尔路
沙敦塔伊路
苏里旺路
是隆路
拍耶泰路
碧武里路
曼谷亚伊运河
曼谷诺伊运河

曼谷
Bangkok
N
0
2km
兰德普鲁中心广场
Central Plaza Ladprao
Centara Grand at Central Plaza Ladprao Bangkok
邦・瓦沙那
Baan Vasana
Sol 56
Phahon Yothin
联合购物中心
Union Mall
贾梅劳特
Camelot
邦萨巴伊・赫斯坦鲁
Bansabai Hostel
泰国国际舞蹈学院
International Thai Dance Academy
Lat Phrao
电视七频道
TV Channel 7
Wiphawadi Rangsit Rd.
Sol 33
拉发・帕奥路
Sol 41
Sol 71
Sol Chokchai
Lat Phrao Rd.
Ratchadaphisek
Ruammit Rd.
Klong Bang Sue
邦斯运河
曼谷湄南河公园
Chaophaya Park Bangkok
拉发・帕奥运河
Winitchai Rd.
Sutthisan
Ratchadaphisek Rd.
Huai Khwang
Klong Lad Phrao
高速公路
Thailand Cultural Centre
泰国文化中心
Sol Mahat Thai (Sol 65)
Klong Chan
占运河
乐土市场
N标志广场
泰斯科・鲁塔斯
TESCO Lotus
邦卡皮
Bang Kapi
邦卡皮购物中心
The Mall Bang Kapi
Mall Inn
邦卡皮购物中心
The Mall Bang Kapi
西本鲁恩寺码头
Wat Sriboonreuen
39巷
15巷
坦普里拉寺
Wat Thepleela
玛哈塔伊
Mahat Thai
克朗寺
Wat Klang
Ramkhamhaeng Rd.
Ramkhamhaeng University
花马克印度拉体育场
拉姆卡姆亨29
Ramkhamhaeng 29
The Mall 3
拉姆卡姆亨大学
诺伊寺
Wat Noi
拉姆卡姆亨路
The Mall 2
Srinakarin Rd.
西那卡林路
Ram 9
帕拉姆卡奥(拉玛九世)路
Kkasan
萨姆森运河
Klong Sam Sen
Rama IX Rd.
Royal City Avenue
拉姆卡姆亨购物中心
The Mall Ramkhamhaeng
p.86~87 素坤逸路周边1
Phetchaburi
碧武里塔特玛伊路
森塞普运河
克隆藤站
New Phetchburi Rd.
Klong Saen Seb
Ramkamhaeng
塔空藤大桥
Sapan Klong Tan
Huamak
帕塔那肯路
Phatthnakan Rd.
花马克站
Sukhumvit
素坤逸路
本恰西里公园
Phrom Phong
Thong Lo
Sol 55 (Sol Thong Lo)
Sol 63 (Sol Ekkamai)
Sol 22
Sol 24
Sukhumvit Rd.
Queen Sirikit National Convention Centre
诗丽吉王后国际国际会议中心
东部公共汽车总站
(亿甲米)
Ekkamai
p.88~89 素坤逸路周边2
Rama IV Rd.
Sol 71
Phra Khanong
Sol 77
Khlong Phra Khanong
克隆特伊港
Mae Nam Chao Praya
泰国湾
伊姆・费君
IMM Fusion
泰斯科・鲁塔斯
TESCO Lotus
On Nut
开往素旺纳普国际机场的迷你公共汽车乘车场
帕塔亚
是空广场、天堂公园
F
G
H
I
1
2
3
4
5
6
机场铁路线
BTS(轻轨)
素坤逸线
是隆线
MRT(地铁)
湄南河快船
BRT(高速公共汽车)

帕特姆塔尼县
暖武里县
廊曼机场
旅客航站楼
(原国内线航站楼)
货物航站楼
泰王室空军
高尔夫球场
大城
清迈
那空·
呵叻
廊曼寺
Wat Don Muang
Don Muang
维特兰因国际大厦
We-Train International House
曼谷廊曼阿玛里
Amari Don Muang Bangkok
警察医院
因查隆市场
IT广场
移民局检查站
Lak Si
Miracle Grand
拉克西复辟君主
专制叛乱纪念塔
阿米17
高尔夫球场
拉玛花园
Rama Gardens
拉玛·印德拉路
Ram Intra Rd.
Km 11 Rd.
Sukkaphiban 5 Rd.
Sukkaphiban 1 Rd.
Sukkaphiban 2 Rd.
Lam Lukka Rd.
Hat Hairat Rd.
Khlong Hok Wa
Khlong Hok
Khlong Phraya Suren
Khlong Samwa
Nimit Mai Rd.
Romklao Rd.
Khlong Song
Ramkhamhaeng Rd.
Khlong Saen Seb
暹罗斯恩
那瓦塔尼
高尔夫球场
巴恩库姆公园
Lat Phrao Rd.
Khlong Chan
拉特普拉欧路
Khlong Lat Phrao
Ratchadaphisek Rd.
Khlong Lumphai
Phahonyothin Rd.
Vibhavadi Rangsit Rd.
Chaeng Wattana Rd.
Khlong Bang Bua
Ngam Wongwan Rd.
Bang Khen
乍都乍公园
Chatuchak Park
Phahon Yothin
Bang Sue
EXPRESS WAY
拉玛卡姆亨大学
克隆坦普
高尔夫球场
尤尼考
高尔夫球场
Rama 9 Rd.
Phatthanakan Rd.
Hua Mak
Ban Thap Chang
Tab Chang
Lad Krabang
Khlong Bang Phai
Khlong Tan
New Phetchburi Rd.
Phetchburi Rd.
Rama 1 Rd.
Makkasan
Phaya Thai
Soi 63
Soi 71
胜利纪念塔
哈特拉达宫
民主纪念塔
王宫
帕宾克劳桥
华兰蓬站
Rama 5 Rd.
Samsen Rd.
Samsen
Ratchawithi Rd.
拉玛八世桥
Wong Sawan Rd.
Nakhon Chaisi Rd.
Phra Pinklao Rd.
Bamrung Muang Rd.
Charoen Krung Rd.
吞武里站
南公共汽车总站
塔林查水上市场
Talingchan Floating Market
Taling Chan
Bang Bamru
Khlong Bang Sai
Khlong Bang Noi
Khlong Chueng Nang
Charan Sanit Wong Rd.
旺威安亚伊
Wongwian Yai
北碧、斯拉塔尼、
马来西亚
拉玛七世桥
拉玛六世桥
Khlong Bang Kruai
Khlong Bangkok Noi
快船始发点
N30暖武里码头
Nonthaburi
暖武里县政府
Pracha Rat Rd.
Rattana Thibet Rd.
帕敦克拉奥桥
Bang Bua Thong-Taling Chan Rd.
快船始发点
(部分航线)
N33帕克克雷 Pakkred
克雷岛
Ko Kred
帕克克雷市政厅
素可泰大学
Chaeng Wattana Rd.
因帕克特·曼通塔尼
王室伊利甘雄
高尔夫球场
Tiwanon Rd.
索穆日公园
Khlong Ban Bua Thong
暖武里桥
Nonthaburi - Bang Bua Thong Rd.
暖武里拜布尔路
Khlong Lam Pho
大城
A
B
C
D
E
F
1
2
3
4

曼谷郊区
BTS素坤逸线
BTS是隆线
MRT(地铁)
机场铁路线
BRT(高速公共汽车)
泰国湾
Gulf of Thailand
素旺纳普国际机场
(曼谷国际机场)
曼谷里府高速公路
Bangkok Chon Buri Motorway
温努特路(素逸坤路77巷)
On Nut Rd.
曼谷市区
公共运输中心
(公共汽车乘坐处)
出租汽车站
泰国国际航空运输中心
长期停车场
机场铁路线
停机坪—机场
跑道
控制大楼
诺波泰鲁·素旺纳普机场酒店
Novotel Suvarnabhumi Airport Hotel
停车场
候机大楼
曼谷市区
经蓬那特拉特路
(Bang Na-Trat Rd.)
萨姆萨空县
快船始发点
达卡依运河
Khlong Dao Khanong
莫迪恩河滨酒店
Montien Riverside Hotel
Rama 3 Rd.
EXPRESS WAY
素逸坤路
塔旺蒂德国啤酒酿造厂
Tawandang German Brewery
孟波 Mambo
那姆提普
Nam Thip
Chan Rd.
Wat Sai
Wong Wan Rob Nok Rd.
Khlong Ratcha Montri
Ekachai Rd.
安卡恰伊路
Rama 2 Rd.
Khlong Phasi Charoen
施工中
吞武里罗姆公园
Suksawat Rd.
Khlong Bang Put
Khlong Sanam Chai
玛哈恰伊
Mae Nam Chaopraya
Puchao Saming Prai Rd.
湄南河
暹罗·帕拉达伊斯夜市
Siam Paradise
Night Bazaar
Sol 103
Sol 93
吉姆·汤普森制造经销店
Jim Thompson
Factory Outlet
巴伊坦克
BITEC
Sinakarin Rd.
拉玛九世公园
Sukha Phiban 1 Rd.
Khlong Ta Phuk
Wat King Kaew Rd.
素旺纳普国际机场
(曼谷国际机场)
帕塔亚、特拉特
邦那特拉特路
Bang Na-Trat Rd.
Khlong Samrong
Khlong Palad Priang
Bang Phli Krabang Rd.
Theparak Rd.
绿色排球、高尔夫球场
Sukhumvit Rd.
帕萨姆塔寺
萨姆帕肯县政府
萨姆帕肯县
Khlong Sapphasamit Rd.
萨姆·帕肯鳄鱼养殖场
Samut Prakan Crocodile Farm
Phraksa Rd.
Khlong Lang Bang Phi
Liab Khlong Kut Mai Rd.
姆恩·博朗
Muang Boran
养虾场
Khlong Bang Pla
Khlong Chonla Prathang
0
10km
N

使用本书之前

本书使用的省略符号

各地区指南

❶ 旅游咨询中心
Map 地图上的位置
住 地址
☎ 电话号码
FAX 传真
URL 网址（省略）
E 电子邮箱
开 开放时间
营 营业时间
休 闭馆日、公休日
费 门票、手续费（飞机、火车、汽车等的）票价
行程 前往方法（最近的车站、码头）

其他指示名称
英语标记
泰语标记（用手作指示等，供您灵活使用）

3 AREA

中国城周边

汉语遍布的泰国中的异国 Map p.78~79

无数的小巷像迷宫一样交叉在一起，街上的大厦鳞次栉比，像要把行人全部覆盖在下面似的。唐人街人声喧嚣，活力四射，给人以一种整个区域就是一个巨大市场的感觉。

曼谷市区全都微带着一种中国城市的情调，尤其是这个地区，中国味儿就更加浓厚了。贯穿中国城中心的是耀华力路，这条路上经销黄金饰品的金店数不胜数，街道上立着广告牌。各个商店的广告牌大多数用汉字书写，中国游客应该看一眼就能理解。顺便提一下，本地人不把这个地区叫作"唐人街"，而是以其中心路为名，就叫它"耀华力路"。

中国城的中心耀华力路

从中国城出去，向西走，过了运河，来到的这个地区，因为印度人大多数居住在这里，所以这儿形成了一个印度人街。

道路名称只用英语写着："China Town"

金佛寺
住 661 Charoen Krung Rd.
☎ 0-2623-1226
开 8:00~17:00（参拜佛像）殿堂内展览 周二~周日 8:00~16:30
休 无。殿堂内展览 周一
费 参拜佛像费 40 泰铢、殿堂内参观学习费 100 泰铢（该价格只限外国人）。寺院内免费。
行程 华兰蓬地铁站 1 号口步行 4 分钟；通往金佛寺的公共汽车有 4、25、501、507、529 路。

中国城周边 **主要景点**

金佛是这样被发现的！

金佛寺 Map p.79-E4

Wat Trimit วัดไตรมิตร

金佛寺最值得一看的是安放在寺院里新建殿堂最上层的黄金佛像，高 3 米，重 55 吨，是由纯度为 60% 的黄金铸造而成的。大约是素可泰时期铸造完成的。

金佛从市内的废寺迁到金佛寺之前，佛像的金体外一直涂抹着一层灰泥，在漫长岁月里，它与废寺同朽，无人问津。直到 1953 年，政府决定将它搬走，同年 5 月开始动工。这尊佛像过于高大不说，分量更重，一下子就把吊挂它的起重机压塌了，这使现场的操作人员非常沮丧，当天也只得放弃施工。不承想，当夜晚间，下了一场大雨，佛像在雨中淋了一夜。到了次日清晨，相关人员正准备开工时，靠近佛像一看，大吃一惊：原来经雨水冲刷后，灰泥剥落之处，竟然露出了金色的光芒。这时侯，人们才发现灰泥掩盖的竟然是一尊华丽的金佛像。另外，安放金佛的殿堂里，陈列着唐人街发展的历史，这个也是必看的噢！

被人们幸运地发现的黄金佛被安放新建殿堂的顶层

殿堂内有关于唐人街发展历史及金佛被发现的原委的展览

寺院内耸立着新建的殿堂

RC 餐厅、咖啡店
ST 商店 / 旅游公司
EM 美容、水疗馆、美甲沙龙 / 按摩店
N 夜总会
HG 酒店、公寓、小旅馆

F 带电风扇的房间
AC 带空调的房间
Ⓓ 住多人的大房间 1 人的费用
Ⓢ 单人房间（1 人 1 套房间的费用）
Ⓣ 两人房间（2 人合用 1 套房间的费用）

本文与地图通用符号

- H 酒店
- G 小旅馆
- R 餐厅
- C 咖啡馆
- S 商店
- T 旅游公司
- E 美容及美容水疗
- M 按摩
- N 夜店
- i 旅游咨询中心

地图用符号

- 寺庙（泰国佛教寺院）
- 中国寺院、庙
- 回教寺院（伊斯兰教礼拜堂）
- 印度教寺院
- 基督教会
- Ⓜ 博物馆、美术馆
- 码头
- Ⓑ 银行
- 邮政局
- 警察局、派出所、旅游警察局
- 大使馆、领事馆
- 医院
- 学校
- 电影院
- 加油站
- 便利店
- ★ 市场、露天小摊街
- 饮食小摊街

出行线路

到最近的 BTS（轻轨）站、MRT（地铁）站、BRT（高速公路）站所花费的标准时间，若附近无最近站从略（指到最近站需步行 30 分钟以上的）。

资料栏符号

- 住 地址
- ☎ 电话
- FAX 传真
- URL 网址（从略）
- E 电子邮箱
- 营 营业时间
- 休 休息日
- 费 收费
- C/C 可使用的信用卡
- Ⓐ 美国运通
- Ⓓ 大莱卡
- Ⓙ JCB 卡
- Ⓜ 万事达卡
- Ⓥ VISA 卡
- 房间数 房间数
- 预 最好进行预算（餐厅的一般消费预算）

■关于发行后信息的更新与修正

本书刊载的信息，发行后若有更新，请查阅走遍全球指南主页的“更新、修正信息”，尽可能更新到最新的资料（不包括旅馆、餐厅费用的变化）。在出发前，一定要确认最新信息。

■使用本书所提供资讯的责任区分

本编辑部虽努力刊载最新的、正确的信息，但当地的规章制度、程序等都在不断变化之中，而立场不同、理解不同，会产生不同的解释。因此，如在本出版社没有重大过错的情况下，使用本书而带来的损失与尴尬的情况，本出版社将不承担任何责任，请予以谅解。使用本书时，请首先对书中所提供的资讯及建议是否符合自己的状况进行判断后，再作出决定。

■取材和调查时间

本书根据 2012 年 2~3 月在当地取材得到的数据制作而成。没有特殊标注，资料就是取材时的原始数据。各种费用随时会变动，这一点请大家注意。来稿的报道多少带点主观性，因为它是照录亲身体验者的评价和印象。供参考之余，在报道的最后，括号里标注有投稿人的资料。

■泰语与英语标记

本书中，主要的风景名胜区都有泰语标记，采用手指指示法等，方便您使用。泰语的读法用英语作标记时，遵循的发音规则不尽相同。因而，即使是同一个物品的名称，本书的标记与其他出版物或者泰国当地的标记，也许都会有些不同，请大家注意。

■网址与电子邮箱

在为客人提供网络的酒店里，可以在酒店的网址上发电子邮件时，电子邮箱省略不写。要注意的是，现在的电子邮箱要改换为所在酒店的邮箱了。

■关于酒店、小旅馆等的住宿费

书中所刊载的住宿费，若无特殊标注，是指带浴室（或淋浴设施）、厕所的一套房间的费用。多人房间（大房间）为 1 人（1 张床）的费用。酒店不同，住宿费也不同，有的酒店要加税金（7%）和服务费（10%），预订房间时或办理酒店住宿手续时，一定要核实清楚。具体的价格必须直接向酒店进行确认，有的酒店还因入住的时间不同、预订酒店的方式（如通过事务所、旅游公司、网上预订等）不同，住宿价格还会有所不同。

走遍全球　第1版

曼谷

Contents

漫步于曼谷街头 How to walk around Bangkok 35

风景名胜区指南 Sightseeing Guide 69

餐饮指南 Restaurant Guide 151

购物指南 Shopping Guide 193

休闲指南 RELAXATION GUIDE 227

娱乐指南 ENTERTAINMENT GUIDE 243

酒店指南 HOTEL GUIDE 263

近郊地区指南 EXCURSION GUIDE 315

旅行准备和技术 TRAVEL INFORMATION 331

专 栏

曼谷
Bangkok

泰国概况

General Information

国旗

由红、白、蓝三色的五个横长方形平行排列构成。红色代表民族和象征各民族人民的力量与献身精神。白色代表宗教。蓝色居中象征王室在各族人民和纯洁的宗教之中。

正式国名

泰王国（Kingdom Of Thailand）

国歌

泰国的国歌是《泰王国国歌》(Phleng Chat)。每天8:00和18:00时，在火车站、公交终点站、飞机场，都会分别播放一次。在曲子播放期间，路人要起立，保持立正姿势。在电影院和剧场，进行正式放映前，都要播放国歌或国王赞歌。这时，观众也要起立。

面积

约为51.3万平方公里

人口

6690万

首都

泰国首都的通称为曼谷（Bangkok）。泰语的正式名称为“天使之都，伟大之都，翡翠佛居住之都，因陀罗神居住的坚不可摧的大城之都，拥有九颗宝石的世界伟大之都，由因陀罗神赐予、妙毗天神建造之都”。泰语译为“天使之城”（krungthep mahanakom）。

国家元首

泰国现任国家元首是普密蓬·阿杜德国王（Bhumibol Adunlyadet）(拉玛九世)

国家政体

君主立宪制

民族构成

泰国是一个由30多个民族组成的多民族国家，泰族为主要民族，占人口总数的40%，老挝族占35%，马来族占3.5%，高棉族占2%。此外还有苗、瑶、桂、汶、克伦、掸等山地民族。

宗教

佛教徒占95%，伊斯兰教徒占3.8%，基督教徒占0.5%，印度教徒占0.1%，其他占0.6%。

语言

通用语言为泰语。在面向外国人的高档酒店或高级餐馆里，经常使用英语，但是在日常生活中并不常用。

▶ 预先了解泰国的情况 → p.353
▶ 泰国文化基础知识 → p.354
▶ 旅游中的泰语→ p.365
▶ 旅行单词表 1001 → p.378

货币与汇率

泰国的货币为泰铢（Baht），本书中用“B”来表示。另外，泰国的辅助货币为萨当（Satang），100萨当等于1泰铢。

1000泰铢 500泰铢

100泰铢

50泰铢

20泰铢

10泰铢

5泰铢

2泰铢

1泰铢

50萨当

25萨当

▶ 旅行的预算和兑换→ p.334

电话的拨打方法

从中国往泰国打电话时：泰国的号码为0066，号码开头的0不要，其他按下面拨号即可。

从中国往泰国拨打电话的方法

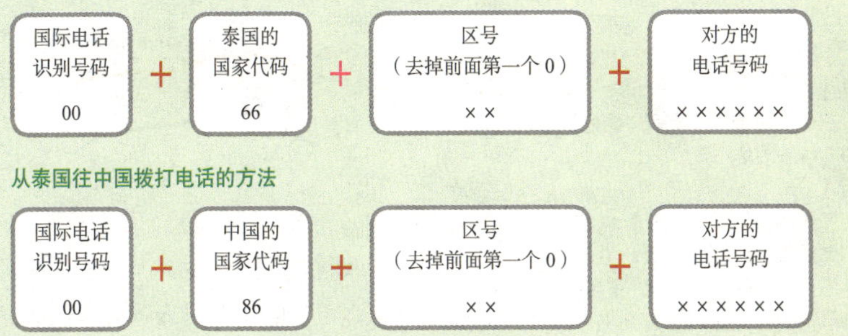

主要节假日

农历中规定的节日（带★的），每年的日期都不尽相同。当节日与周六、周日发生冲突时，就将周一改为休息日。

▶ 旅行的季节→ p.336

2012 年（泰历 2555 年）的节日

1 月	1/1	元旦
	1/2	元旦调休日
3 月	3/7 ★	万佛节（一般为 2~3 月月圆之日）
4 月	4/6	查克里王朝纪念日
	4/13~15	宋干节（泰国的正月）（地区不同，多少会存在差异）
	4/16	宋干节调休日
5 月	5/1	劳动节
	5/5	国王登基纪念日
	5/7	国王登基纪念日调休日
6 月	6/4 ★	佛诞节（一般为 5~6 月的月圆之日）
8 月	8/2 ★	三宝节（一般为 7~8 月的月圆之日）
	8/12	诗丽吉王后诞辰
	8/13	诗丽吉王后诞辰调休日
10 月	10/23	朱拉隆功国王纪念日
12 月	12/5	国王诞辰
	12/10	宪法纪念日
	12/31	除夕

营业时间

下面介绍的是泰国各行业的一般营业时间。

【银行】

周一～周五　9:30~15:30

周六、周日和节日休息

（根据各分行不同情况，各不相同。）

【商店、百货公司】

每日　约 10:00~22:00

【餐厅】

有些高档餐厅下午是暂停营业的，也有的只在晚上营业。饮食小摊一般都营业到深夜或次日凌晨，游客可以随时品尝到可口的泰国美味。

【便利店】

一般都是 24 小时营业。

电压与插座

泰国的标准电压为 220V，频率为 50Hz。中国游客不需要使用变压器。插头有多种，与中国相同的、有 2 个孔的 A 形插头比较多。3 个孔的插头就需要配多功能转换插头了。

视频制式

泰国的视频方式（PAL 制式）与中国方式相同。泰国销售的光碟能在中国的机子上播放。泰国 DVD 区码为第 3 区（中国为第 6 区）。

泰国的插头有很多与中国相同型号的。

小费

与中国的情况一样，一般是不用付小费的。但在高档场所，还是付一些比较好。

【酒店】

一般要付给搬运行李的服务生或房间服务员 20 泰铢左右的小费。

【餐厅】

有些中档以上的餐费中已经包括服务费，这种情况下，只需付一些零钱；如果餐费中不包括服务费的话，就要另付 10% 左右的小费。在结账时，请务必仔细核对账单明细。

【出租车】

不需要付小费。

【泰式按摩】

一般的按摩房中，根据满意程度，1 小时可以付给 20~50 泰铢、2 小时付 50~100 泰铢的小费。如果服务生张口就要 1000 泰铢的话，千万不要理他。

饮用水

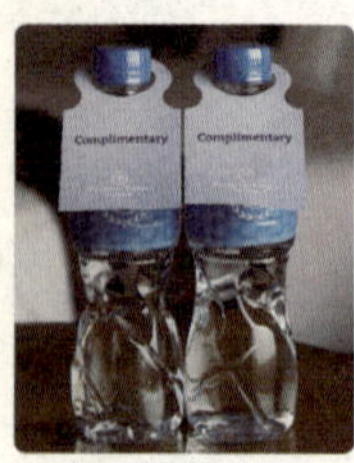

泰国的自来水是不能直接饮用的。在中档以上的酒店里，一般都会免费提供饮用水。便利店、超市中有 300 毫升一瓶的饮用水。

酒店一般都提供免费的饮用水。

气候

泰国位于热带地区，终年炎热高温。南部是马来半岛、北部是山岳地带、东北部是高原地带，各地的气候稍有差异。泰国全年可以分为雨季、旱季、暑季。

▶ 旅行的季节 → p.336
▶ 旅行应备物品及服装 → p.339

中国至泰国的航班时间

从北京起飞直达曼谷的航班约需 5 小时，从上海起飞约需 3 小时 30 分钟。

【时差和夏令时】

曼谷与中国的时差为 1 小时左右，与中国一样泰国不实行夏令时。

曼谷的气温和降水量

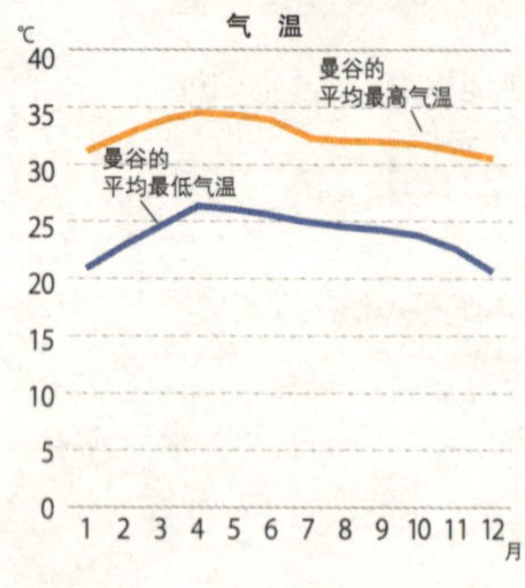

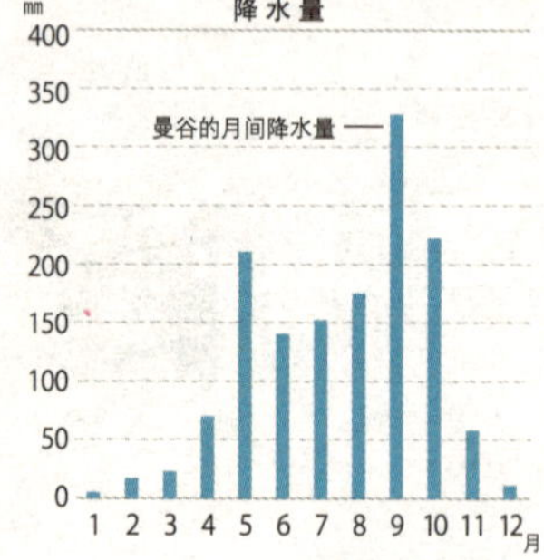

邮政

邮局的营业时间，要视各分局的不同情况而定。一般按以下时间营业。

周一～周五　8:30~16:30

周六　9:00~12:00

周日、节日　休息

素旺纳普国际机场内的邮局只从事邮件业务，24 小时营业。

邮资：寄往中国的航空信，明信片 15 泰铢，信件 10 克以内 14 泰铢，每超重 10 克，加收 5 泰铢。

出入境

【签证的取得方法】

根据双边协定，持中国外交护照和公务护

照人员入境泰国 30 日之内免签。

旅游签证有效期为 3 个月或 6 个月，费用 1000 泰铢，可以停留 30~60 天。在入境泰国时除需有签证外，每位游客还需携带 20000 泰铢或等值外币；每个家庭需要携带 40000 泰铢或等值外币。

【护照的剩余有效期】

泰国要求护照有效期必须在 6 个月以上，否则将被拒绝入境。

进入泰国时，需要登记出入境卡片。有需要向海关申报的人，要填写海关申报书。

▶ 旅行准备和技术 →p.331
▶ 出入境手续 →p.341

【退税】

泰国的大型购物中心和热门品牌店出售的商品大都含有 10% 的 VAT（附加税），在给国外游客退税时，泰国政府会加收一定的手续费（约 100 泰铢），因此最后退给游客的金额为所购商品价格的 7%~8%。购买达到一定条件的话，记得办理退税手续。但是，在泰国国内消费的服务附加税，不在返还之列，如酒店住宿费或餐厅消费等。

▶ 购物后，会收到退还的 VAT（附加税）。→p.226

治安与麻烦

整体来说，泰国的社会治安还是比较安全的。但是，在外国游客聚集的地区或交通工具（夜间行车的长途汽车等）中，经常发生盗窃案件。游客们切记妥善保管好自己的贵重物品。因为在旅游景点，经常会发生外国游客的现金和贵重物品失窃的案件，所以请游客事先仔细阅读防盗攻略。如果卷入纠纷的话，请与旅游警察局联系。警察局中有会外语的专门负责人进行处理。

旅游警察局 ☎1155（可以使用英语拨打）

警察 ☎ 191

救护车 ☎ 1669（可以使用英语拨打）

▶ 应对麻烦的方法 →p.64、347
▶ 当地中国大使馆 →p.350

【年龄限制】

未满 18 岁的青少年不许购买香烟和酒精类产品。

度量衡

和中国一样，长度单位一般采用米进制，重量单位为克。

其他

【禁烟令】

一般在开空调的公共场所禁止吸烟。正式规定的禁烟场所如下所示。

【营业时间内的禁止场所】

- 公共交通工具（公交车、出租车、旅客专列、船、飞机、学校校车）
- 安装了空调的建筑物内（候车室、网吧、运动场馆、餐厅、电梯、商场或酒店的大厅内）
- 建筑物内（剧院、图书馆、理发店、成衣铺、美容院·美容水疗馆、药店、百货商店、不包括住院部的医疗单位、举行宗教仪式的场所和厕所等）
- 其他（公共码头、电话亭）

学校、政府机关、体育场馆、医疗机构、博物馆、美术馆、交通工具、餐饮店等，一般都是禁止吸烟的。

【对违反者的处罚】

对违反者处以 2000 泰铢的罚款。

【对于携带或持有免费香烟入境的】

从国外向泰国携带免费香烟时，最多可以带 200 根（1 条）烟卷、250 克雪茄烟或鼻烟等，原则上，不能超出上述标准。在泰国国内购买免税香烟时，也要受到限制，大约只可以购买 2 条烟卷、500 克雪茄或鼻烟等。如果超过了这个数量，就要被罚款。抵达素旺纳普国际机场时，在候机厅内，会突然进行检查，一定要特别注意。

【烟、酒类的销售限制】

- 烟：禁止在店里摆放销售。
- 酒类：每日只准在 11:00~14:00、17:00~24:00 销售。有的餐饮店只在限定时间段内提供酒类，只有小的个人商店里会超时销售。再有，就是在选举的前一日 18:00 起，直到选举当日的 24:00 为止，禁止售酒，同时餐饮店也不提供酒类。还有，就是在与佛教有关的节日期间，也有一些餐饮店很自觉地不给客人提供酒类。

【禁止乱扔垃圾】

以曼谷为首，泰国国内的全部城市里，都禁止乱丢垃圾。条例规定：乱扔垃圾、香烟者，最高处以 2000 泰铢的罚款。

▶ 收集旅行信息 →p.338

泰国全图
Thailand
清莱
Chiang Rai
夜丰颂
Mae Hong Son
清迈
Chiang Mai
南恩
Nan
南邦
Lampang
老挝
Laos
越南
Vietnam
万象
Vientiane
廊开
Nong Khai
乌隆(乌隆他尼)
Udorn Thani
那空拍侬
Nakhonn Phanom
素可泰
Sukhothai
彭世洛
Phitsanulok
湄索(夜速)
Mae Sot
缅甸
Myanmar
穆达汉
Mukdahan
加拉信
Kalasin
塔瓦武里
益梭通
Yasothon
那空沙旺
Nakhon Sawan
p.7 曼谷周边
乌汶(乌汶叻差他尼)
Ubon Ratchathani
Lopburi
那空叻差是玛
Nakhon Ratchasima
(呵叻Korat)
Ayutthaya
Bang Pa-In
Kanchanaburi
Nakhon Pathom
曼谷
Bangkok
阿朗亚帕坦特
Aranyaprathet
安考路寺
Angkor Wat
帕塔亚
Phatthaya
华欣
Hua Hin
萨梅岛
Ko Samet
特拉特
Trat
阁昌岛
Ko Chang
柬埔寨
Cambodia
金边
Phunompen
泰国湾
Ao Thai
春蓬(尖喷)
Chumpon
阁道岛
Ko Tao
拉廊
Ranong
阁帕岸岛
Ko Phangan
阁沙梅岛
Ko Samui
素叻他尼(万伦)
Surat Thani
那空是贪玛叻(洛坤)
Nakhon Si Tammarat
普吉岛
Phuket
安达曼海
Andaman Sea
合艾
Hat Yai
马来西亚
Malaysia
N
0
200km
3000km
蒙古
中华人民共和国
北京
朝鲜
韩国
日本
日本海
东京
黄海
东海
太平洋
上海
台北
广州
香港
缅甸
老挝
泰国
越南
柬埔寨
南海
菲律宾
马来西亚
新加坡
印度尼西亚
印度洋

曼谷周边
迈克隆
Maeklong
开往胜利纪念塔方向小型公共汽车(迷你公共汽车)乘车处
开往阿姆帕瓦方向双条车乘车处(6:00~18:00、8泰铢)
迈克隆站
梅克隆市场(折叠市场)
Maeklong Market
邦兰姆
玛哈恰伊
Mahachai
公园
玛哈恰伊站
国柱神庙(城市之柱)
塔鲁尔 Tarua
配合邦兰姆站发车、到达列车的运输船路线
邦兰姆站
梅克隆
恰伊那特
Chai Nat
因武里
Sing Buri
华富里(塔欣)
Lop Buri
红统
Ang Thong
湄南河
Mae Nam Chao Praya
沙拉武里
Sara Buri
考艾国家公园
Khao Yai National Park
阿蓬武里
Suphanburi
大城
Ayutthaya
泰国五世皇夏宫
Bang Pa-In
达玲灿水上市场
Talingchan Floating Market
北碧
Kanchanaburi
亚洲机场酒店
Asia Airport Hotel
廊曼机场
萨姆普朗河滨
Sampran Riverside
纳空帕特姆
Nakhon Pathom
曼谷
Bangkok
素旺纳普国际机场
(曼谷国际机场)
达慕农·萨杜克水上市场
Damnoen Saduak Floating Market
叻武里
Ratchaburi
梅克隆市场
Maeklong Market
穆安波兰(古城)
Muang Boran
萨姆弗堪鳄鱼养殖场
Samut Prakan Crocodile Farm
邦兰姆
Baan Laem
玛哈恰伊
Mahachai
阿姆帕瓦
Amphawa
萨姆普朗大象动物园与鳄鱼养殖场
Samphran Elephant Zoo & Crocodile Farm
春武里
Chonburi
是拉差
Si Racha
碧武里
Phetchaburi
(Phet Buri)
帕塔亚
Pattaya
朗岛
Ko Lan
罗勇
Rayong
阁沙梅岛
Ko Samet
华欣
Hua Hin
泰国湾
Ao Thai
0 50km
0 100m

那儿想去，这儿也想去

曼谷必去的十大景

BEST 10

曼谷怡人的风光，天人共享，诱人的奇妙之旅，一定会使您的满意度达到 120%。

BEST 1 亲身体验魅力四射的曼谷！尽享街头漫步之旅 →p.70

如果您想亲身体验一下曼谷的勃勃生机，先不忙着去参观名胜古迹，不妨去大街上到处逛逛，迈开双腿，领略一下新奇的异国风情。听一听当地的语言，闻一闻空气中夹杂着的未曾闻过的香味，感受一个外国旅行者的情怀。

尽享街头漫步之乐趣，新鲜、刺激！

BEST 2 新鲜的香料真过瘾！挨个品尝泰国菜 →p.152

在曼谷，可以学做地道的泰国菜。这里既能买得到泰国地道的食材、调味品，又能品尝到泰国菜的真正滋味。

从街边小吃到高档餐厅，全都品尝一遍！

BEST 3 在水疗美容盛行的天堂——曼谷，让您变得更美丽动人 →p.228

曼谷号称水疗美容的天堂，酒店内有：高档美容水疗馆、幽雅的单人间水疗馆、经济实惠的平民式水疗馆，供您选择。高档水疗馆的室内装饰豪华气派，令人惊叹。

体验最高境界

在旅店中给自己的褒赏

BEST 4 周游一遍充满了异国情调的寺院，会给您的身体注入活力！ →p.92

泰国的寺院多用金色、红色、绿色等原色装饰，显得佛寺金碧辉煌。沐浴在南国柔和的日光中，更加突显了一种异国情调。泰国的每座佛寺均有独特之处，即使多游览几座，也没有雷同之感。

三岛由纪夫小说的舞台背景——黎明寺

BEST 5 从日用杂货摊铺到夜市，自由自在购物！ →p.194

从大型百货商店到市内繁华街的市场、露天小摊，随处都可尽享购物之乐。外表亮丽、颇富现代设计风格、亚洲特色浓郁的日用杂品，琳琅满目。

水疗美容产品，是最具人气的特色礼品

BEST 6 泰式按摩，可以彻底消除您身体上的不适，使您心情舒畅。 →p.235

缓慢揉搓全身的泰式按摩。按摩店在市内繁华街随处都有，只要您愿意，任何时候您都可以轻松得到按摩服务。这里向您推荐的是满意度高的全程 2 小时按摩。另外，还有专门按摩脚部的按摩店。

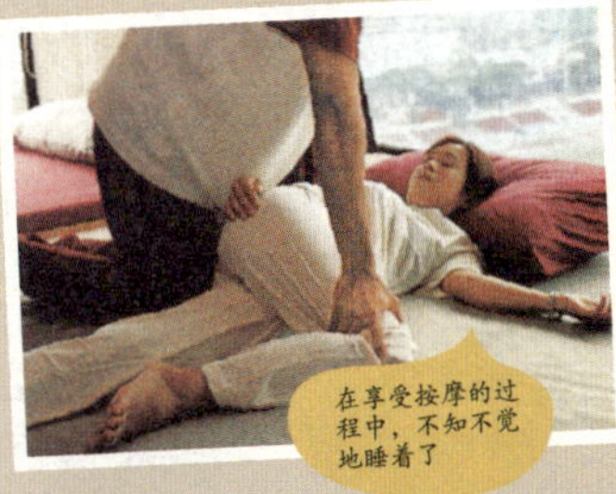

在享受按摩的过程中，不知不觉地睡着了

BEST 7 惊艳！人妖表演，太刺激了！ →p.250

人妖表演，已成为泰国娱乐节目的代表，一定要去看一次。精美绝伦、丰富多彩的演出，美艳无比，使人惊叹。

身材苗条、美艳超群，却是男人所扮，不过他们所拥有的却是一颗女人的心

BEST 8 男人之间的较量——泰拳热 →p.248

泰拳是泰国特有的格斗术。曼谷主要的泰拳馆有两座，每日都有泰拳比赛，不必担心看不到。周日，电视台的体育频道，也有免费的表演。

每晚选手们在拳击台上进行真正的对决

BEST 9 水上市场让您回归古代 →p.144

从运河开始使用的年代起，这儿就随之出现了水上市场。满载着蔬菜、水果等商品的小船络绎不绝，卖东西的阿姨大声吆喝，可真热闹。还有做菜的餐厅船呢。

郊外的安帕瓦，每周末有一次水上市场

BEST 10 在舒适的环境中放松自己尽享酒店生活 →p.266

曼谷的酒店价格比较合理，中档酒店房间也很大，应用之物一应俱全。您可以在泳池里自由自在地游来游去，还可以在体育馆里活动身体，在酒店的水疗馆里让自己变得更漂亮，乐享酒店生活。

曼谷暹罗坎宾斯基酒店（→p.268）的院中有一个大型的游泳池

为您报道最新去处及最新鲜的话题

曼谷的新话题

仍在持续的酒店开业高峰

曼谷暹罗坎宾斯基酒店（→ p.268）与曼谷圣瑞吉酒店（→ p.268），连续两家超高档酒店落成，意味着曼谷酒店开业高峰仍在继续。2012 年上半年位于拉玛四世路和沙敦路交叉路口处的曼谷索菲特 SO 酒店、素坤逸路的轻轨阿索站附近的曼谷素坤逸索菲特酒店，还有轻轨奔集站前的曼谷大仓新颐酒店相继开业。

曼谷大仓新颐酒店

The Okura Prestige Bangkok Map ▶ p.86-A3

2012 年 5 月 14 日，轻轨奔集站前，一家日本酒店开业。这家酒店的第 25 层，修建了一个巨型的游泳池，视野开阔，风景异常优美。第 26~34 层是客房。餐厅的名称叫“山里”，经营日本菜，如寿司、铁板烤肉、蔬菜等日式酒席。

住 57 Witthayu Rd. ☎ 0-2687-9000
FAX 0-2687-9001 URL www.okuraBangkok.com 房间数 240

A 第 24 层酒吧间，无线电路一侧的正门
B 大仓新颐酒店
C 日式客房

曼谷素坤逸索菲特酒店

Sofitel Bangkok Sukhumvit Map ▶ p.86-C4

该酒店面朝素坤逸路，轻轨娜娜站或阿索站步行几分钟即到。由于地处繁华区，购物和过夜生活也都相当方便。客房里的窗户既大又明亮，透过窗户，曼谷市各街道壮观的景致一览无余，让人心旷神怡。

住 2 Sathom Nua Rd.
☎ 0-2624-0000 FAX 0-2624-0111
URL www.sofitel.com 房间数 238

曼谷索菲特 SO 酒店

Sofitel SO Bangkok Map ▶ p.85-D4

该酒店位于是隆路与沙敦路的一角，进出这两条路都很方便。室内装饰设计师从自然五要素（水、土、木、金、火）中得到灵感，将客房布置得颇具现代气息。从顶层的酒吧餐厅放眼四望，风光优美。

住 Between Soi13& 15,189 Sukhumvit Rd. ☎ 0-2126-9999
FAX 0-2126-9998 URL www.sofitel.com 房间数 345

湄南河边大型购物商业街开始运行！

轻轨郑信大桥站起，沿查隆克隆路向南走，即是位于湄南河边的仓库街，这条街再次进行了大规模开发。有新的商店、剧场、餐厅街等，已经成为一条繁华的购物商业街。这条“亚洲滨海街”于2012年5月隆重开业。（→p.132）以人妖表演著称的加利普索·卡巴莱夜总会和一家名叫法拉昆兰克的泰国传统木偶剧场（曼谷市内曾有专用剧场，已停用）也将搬迁至此。今后，这个地区将会越来越引人关注。

A 除了具有亚洲特色的日用杂品店铺，还有许多设计新颖、别致的商店 B 剧场建成之后，既可欣赏演出，也可以品尝美食；既可购物，又能享受夜生活
C 加利普索·卡巴莱夜总会已于2012年8月迁来

大型购物中心也将陆续开业！

不限于酒店，大小购物中心也将陆续登场。轻轨阿索站前建成的21总站（Map p.87-D4）的构想是一个“飞机场”。购物中心将不由一家垄断，而由分别独立的小型商店构成，每一层，商店各命名为“东京”、“米兰”、“伦敦”等，根据不同的主题，采用各国不同格调的室内装饰，从中也可以窥探出泰国人对外国文化在一定程度上的认同感。

杂乱的水门市场中，一座设计新颖、时尚的摩天大厦开始使用，这即是“涩谷19”（Map p.81-D2）。小型专营店充斥其中，分别都以日本地名命名，如“新宿”、“涩谷”、“御殿场”等。

A 21总站附近有餐厅街，品尝美食非常方便 B “涩谷19”的商店里正在销售大批夏季服装，您可以轻松买到价格实惠的衣服 C 21总站的东京层的“宝贵的体验”

您还在迷路吗？机场轨道交通线

曾经名噪一时、众人非常期待的轨道交通线（连接素旺纳普国际机场和曼谷市内的高速铁路）开通之后，却得到了乘坐不便的差评。从机场出发的直达快车，分了两条线路。一条开往目甲汕方向，另一条开往帕耶泰方向。当然，开往目甲汕方向的快车数只占到总列车数的一半。自从试运行以来，似乎是喜忧参半。

A 可以换乘轻轨、飞机场铁路交通线的帕耶泰站 B 这里是各站都停的城市线

世界中心的彩蝶轩重新开业了！

2010年5月，因骚乱引发的大火，世界中心的百货商店和电影院等建筑物，有一部分被夷为平地；幸存的一部分，经过整修装饰，重新开张。劫后余生的世界中心，惨不忍睹地矗立在城市的中央。位于世界中心最南面的彩蝶轩（Map p.81-D4~E4），经过精心整修之后，内部已焕然一新，恢复了往日亮丽的风采。暹罗广场的旧电影院——暹罗剧场已被夷为平地，准备在此之上建造一个大型的购物广场。

顶层正在施工中的彩蝶轩

伽莨餐厅烧制的香喷喷的红烧鱼 图中所示为柠檬口味的

现在，我们就来品尝色香味美的食物

到曼谷味道最鲜美的餐厅去！

A

B

C

D

A 全套菜里必不可少的一道菜就是这道印度菜。今天是咖喱鸡和酱汤，酱汤分原味和大蒜味两种 B 宽大、舒服的餐桌椅，悠闲地坐在餐椅上，静享美食 C 使用匈牙利有机栽培而成的鹅肝菜，炒制而成的鹅肝菜炒菜 D 夜晚，这座已有 70 多年历史的白色洋楼在灯光映照下，显得更加金碧辉煌

超越印度菜的印度菜肴

R 伽莨餐厅

Gaggan

AREA4 区 暹罗广场 · 水门周边地区 Map ▶ p.84-C1

轻轨奇隆站 4 号口步行 9 分钟

住 68/1 Soi Langsuan
☎ 0-2652-1700
URL www.eatatgaggan.com
营 11:30~15:00、18:00~23:00 休 无 C/C A J M V

有一位厨师长，他拥有“先进的印度烹饪”理念，并且曾在号称“世界上一家不接受预订的餐厅”的“第一流”餐厅（2011 年停业）工作过。后来他凭借其丰富的烹饪经验，创新出大胆而精细的菜肴。虽说是印度菜，已达到超越了印度菜的高水平。您可以随意点菜，有一道菜建议您去品尝一下。正餐 10 道菜，共 1600 泰铢。菜单每周调整一次，无论何时去，相信都会给您惊喜。这家店是当今曼谷最有实力的名店之一。

A 室内多采用怀旧的木质装饰 B 上等的烤鱼、肉，赠送香辣奶油沙司鱼肉西点（显示图片为烤好的马鲛鱼、赠送的香辣松脆鱼西点，价格为48泰铢），另外还有绿咖喱（将椰子果、"KU"小排骨加葡萄酒用文火炖制而成的椰子绿咖喱，价格为580泰铢）

传统的泰国菜挑战21世纪

R 博兰

Bo.Lan

AREA6区 素坤逸路周边地区 Map ▶ p.88-C4

蓬鹏轻轨站4号口步行10分钟即到

住 42 Soi 26, Sukhumvit Rd.
☎ 0-2260-2962 FAX 0-2260-2963
URL www.bolan.co.th 营 周二～周日 18:30~22:30（LO）
休 周一 C/C AMV

在伦敦的一家泰国菜馆曾获《欧洲旅行指南》之星，有两位各来自澳大利亚和泰国的厨师，多年受这家菜馆的熏陶，后来他们返回泰国本地，开了这家高档餐厅。他们采用有机栽培或亲手培育的食材，连鱼肉等主菜的配菜也很好吃。他们在大量翻阅古代书籍，研究古代烹调秘诀的基础之上，创新出既严格遵循传统，又有改进的泰国菜。主餐的全套菜包括前菜、含汤在内的5种主菜、餐后甜点3种，且分量很足，共1680泰铢。菜单每3个月调整一次。预订饭菜时，如果有一些特殊要求，比如想吃素食、对某些食物过敏等，餐厅都会作相应的调整，一切都不必担心。

颇具独特风味的小酒店

R 逗间

Zuma

AREA4区 暹罗广场·水门周边地区 Map ▶ p.81-E5

叻差达慕里轻轨站4号口通道步行即到

在曼谷，价格实惠的日本菜馆随处可见，一家来自伦敦的现代派小酒店开业了。时髦的室内装饰，采用的虽是泰国的木石材料，却是标准的日式风格。店内有寿司柜台、桌椅座位、吧台，还留有炉边烧烤空地。在这里，您可以充分领略到掺杂了别国风格的、高尚、优雅的非纯日式"小酒馆"文化。午饭680泰铢，有前菜、寿司或生鱼片、主菜。

住 St. Regis Bangkok, 159 Ratchadamri Rd.
☎ 0-2252-4707 FAX 0-2252-4708 URL www.zumarestaurant.com
营 周一～周六 12:00~15:00 18:00~22:30 休（休闲、酒吧 周一～周四 12:00~24:00 周五、周六 11:30~次日2:00） C/C ADJMV

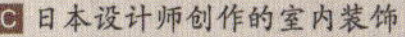

A 红玉葱与辣椒香味扑鼻，加一杯果汁白兰地混合酒的"金枪鱼酱与果汁白兰地酒"，580泰铢；使用日本京都地道的豆酱和朴叶调味的"京都豆酱烧银鳕"，1280泰铢；油炸软壳蟹，很生动地伸出多个角的"爆炸式多角三明治卷"，460泰铢 B 日本手艺人捏的饭团，在泰国上流社会备受喜爱 C 日本设计师创作的室内装饰

在曼谷交好运！

参拜好运寺庙去

曼谷有多座非常灵验的好运参拜地，受利益驱使，每日里都有许多善男信女前来参拜。您在旅行的同时，顺便去参拜，或许真的会得到好运的噢！

请让我和他一起吧！

遵守参拜礼节！Check!!

1. 购买供品！

在每个参拜的寺院内及其周边都有供品在出售。一般都是香、蜡烛、花三样一套。还有纸夹的金箔。在玛哈·普拉玛寺院内的小卖店里，香、蜡烛、花环三样一套的要50泰铢。木雕的象和偶人是供还愿的人供奉使用的。

2. 上香！

参拜寺院内有卖煤油灯等引火之物，用火种首先把香点着。

3. 一边参拜一边许愿！

香点着后，就开始参拜了，同时在心中默念自己许的每一个愿望。

4. 香和蜡烛要竖着立起来！

许愿完毕后，要把香和蜡烛竖着放入指定地点。

5. 供花！

花要摆放在祠堂的周围，组成一个高台、架子等的形状。您可以将花供在自己喜欢的地方，在玛哈·普拉玛寺院内，很多人都买四个花环，分别放在主佛像的东、西、南、北四个方位上。

Attention!

唐·玛哈·普拉玛寺庙拜佛注意事项

安拉文百货商店前的人行道上，卖供品的露天小摊点鳞次栉比，有些不法小贩，假装热情，将供品奉送似的塞到路人手中，随后却翻脸强行索取高价，因此引发的纠纷不断。所以您如果遇到这种情况，坚决不要理睬。唐·玛哈·普拉玛寺庙内，献舞厅右侧有出售供品之处，在这里买更放心。

街边排列的露天小摊，要过而不入

在寺院内的小卖店里，您可以放心购买供品

欲拜求不同的愿望，请来这里的好运寺庙！

会让您的一生好运连连！

国柱神庙 lak Muang หลักเมือง

Map p.74-C3

该神庙是曼谷建国时修建的，国柱成为整个城市中心的象征。位于大王宫、玉佛寺附近。

供品 香、蜡烛、花环、金箔

主佛 象征城市中心的国柱

祈求一生幸福，获得金运，提高学习能力！

唐·玛哈·普拉玛庙（安拉文寺庙）Thao Maha Brama ท้าวมหาพรหม

Map p.81-E4

原本是建酒店时为祈求平安而建的寺庙，不知从何时起，已成为曼谷最灵验的拜求好运的圣地。

供品 香、蜡烛、4个花环

主佛 梵天

祈结缘或恋爱成功 

帕特瑞姆鲁提庙 Phra Trimruti พระตรีมูรติ

Map p.81-E3

位于曼谷最大购物中心大厦的对面，或许是身处闹市的缘故吧，每日前来参拜的人络绎不绝。

供品 红香、红蜡烛、红蔷薇

主佛 梵天、比休奴、希布三位一体像

祈求艺术或商业方面大成功！

帕皮卡南特庙 Phra Phikkhanet พระพิฆเนศ

Map p.81-E3

这座寺庙与帕特瑞姆鲁提庙相距不远，可以一起参拜，原本是与彩蝶轩百货商店面对面。

供品 香9支、蜡烛、金箔

主佛 格南希

BANGKOK SPA SOUVENIRS COLLECTION

曼谷的水疗纪念品、名特产品

备受人们喜爱的水疗产品会使您变得更靓丽！

高级水疗产品，让您在家里就可以达到水疗的效果

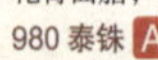

手提式雪花膏面脂三支套装

这是目前非常畅销的手提式雪花膏面脂，三支一套。

980 泰铢 A

茉莉套装

沐浴胶、按摩油、香水等套装。

1190 泰铢 A

东方式触摸

4 种芳香油与按摩棒套装。

1050 泰铢 A

东方之雾

茉莉与玫瑰的芳香。

1700 泰铢 A

天然皂

共有 15 种香味。

各 125 泰铢 B

香水

香甜的气味，能起到镇静、安神作用的甜梦系列产品。

420 泰铢 B

沐浴露

含薰衣草、春黄菊等的香甜芬芳的甜梦系列产品。

350 泰铢 B

沐浴磨砂洗面奶

针叶树香味浓郁的东方木香系列产品。

480 泰铢 B

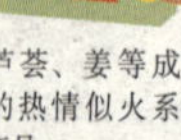

沐浴盐

含芦荟、姜等成分的热情似火系列产品。

350 泰铢 B

珠芽磨砂洗面奶

小小的颗粒给您的肌肤带来清爽的享受。640 泰铢 B

AROMA GOODS

水晶芳香蒸汽美容器

适配的油有：香草、薰衣草等 7 种，650~800 泰铢。添加茉莉的维生素 B_1 水。2850 泰铢 A

芳香蒸汽美容器

该美容器用瓶子里插入的树枝蒸发香气，一小瓶可以使用一个月左右。1850 泰铢 B

香味蜡烛

以玛塔·哈瑞、斯伽里·奥哈拉、出云的阿国等历史上有名的美女为形象代言人，具有收藏价值的香味蜡烛。1780 泰铢 A

芳香型蒸汽美容器

颜色分黑、白两种，4390 泰铢。适配油 1590 泰铢 C

沐浴 & 按摩油

酸橙、柠檬草香型，是东方美容必备的护肤系列。
590 泰铢 C

香橙香味的木香型系列产品。
590 泰铢 C

沐浴 & 按摩油

淋浴雪花膏面脂

酸橙、柠檬草香味给肌肤清爽的呵护，是东方必备的护肤系列产品。
590 泰铢 C

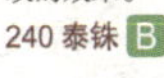

手提式爽肤露

柠檬草香味还有驱蚊的效果。
240 泰铢 B

肌肤深层清洁白脱油

能提高肌肤的保湿效果。
1150 泰铢 A

手提式雪花膏面脂

内含茉莉和米油成分。
790 泰铢 C

沐浴奶

洗澡后使用，让您的肌肤更加润泽。
450 泰铢 C

沐浴白脱油

含紫苏成分的全新护肤品系列产品。
1450 泰铢 C

美容雪花膏面脂

含紫苏、大豆蛋白成分，能有效防止皮肤的老化。
1400 泰铢 C

A Pañpuri

水疗精品专卖店，有像珠宝店一样高档的感觉

S 潘普瑞店 Pañpuri

AREA4 区 暹罗广场·水门周边地区 Map ▶ p.81-E4
奇隆轻轨站通道步行 3 分钟即到

住 Lobby Level,Gaysorn,999 Phloen Chit Rd.
☎ 0-2656-1199 URL www.panpuri.com
营 10:30~20:00 休 无 C/C A J M V

以孔雀图案为主题的店名是高档品位的标志，纯天然的原材料，都是委托有合同关系的农家栽培而成。该店的茉莉系列产品很受欢迎。

B Mt.Sopla

香味浓郁是水疗产品的特征

S 玛汶萨帕拉店 Mt.Sopla

AREA4 区 暹罗广场·水门周边地区 Map ▶ p.81-E4
轻轨暹罗站通道步行 3 分钟即到

住 4th Fl., Siam Paragon,991 Rama 1 Rd. ☎ 0-2129-4369
URL www.mtsapola.com 营 10:00~21:00
休 无 C/C J M V

该店是制作天然肥皂起家的，后来开始生产水疗产品。他们的水疗产品以泰国的药草学为理论基础，用纯天然原料精心提取而成。

C Than Sanctuary

创立的品牌遍布世界上 21 个国家

S 沙克丘阿里泰店 Than Sanctuary

AREA4 区 暹罗广场·水门周边地区 Map ▶ p.81-D4~E4
奇隆轻轨站通道步行 5 分钟即到

住 2nd Fl.,Central World,4/3 Ratchadamri Rd.
☎ 0-2658-6557 URL www.thann.info 营 10:00~22:00
休 无 C/C A J M V

在日本的伊势丹、表参道地区也有源于泰国的水疗产品店。采用紫苏、米油等原料的护发护肤产品琳琅满目。

THAI FOOD SOUVENIRS COLLECTION

泰国食物纪念品

将泰国的口味带回家去！

可以把在曼谷品尝过的美味作为礼物送给亲友。泰国菜的食材、全套的调味品等，曼谷市区超市里都有售。可以买一些带回家去享用。

即食袋装咖喱

加热一下即可食用，非常方便。左：红鸡肉咖喱　右：绿鸡肉咖喱　一共65泰铢。

泰国咖喱酱

咖喱酱里包含各种香辣调味品，加上一些水，溶化后即成咖喱。有绿咖喱、红咖喱、深红咖喱等多种口味，制作方法相同。菜码需要您自己另加。图中向您推荐的是绿鸡肉咖喱（右）、红鸭肉咖喱（中）、深红猪肉咖喱（左）。各袋均25泰铢。

即食泰国风味杂烩粥

杂烩粥是泰国人在早餐时食用的，很受大家欢迎。将杂烩粥加工成快餐食品，就是即食杂烩粥。它采用香味冷冻干燥包装。吃时加入菜码，口味更佳。鸡（左）、虾（右），一共13泰铢。

泰国菜调味品套装

把受大家欢迎的泰国菜原料的调味品放在一起而成。吃时外加菜码，轻松再现泰国原味食物。需添加蔬菜、鱼类和贝类的泰国春雨色拉套装（左）；需添加虾和玉蕈的柠檬草酸辣汤套装（右）。每袋7.5泰铢。

调味品

油渍蟹酱不仅可作调味品用，单独食用也别有一番风味。70 泰铢。

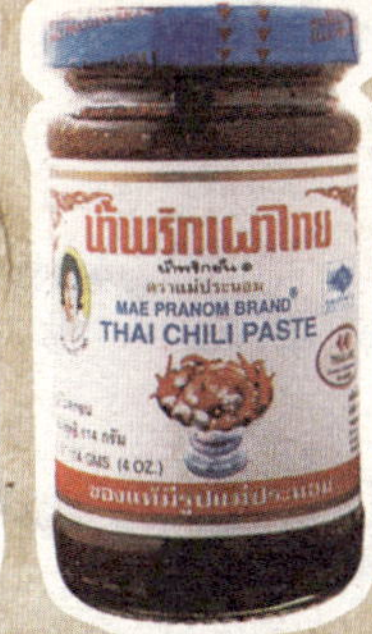

炒菜时加入此酱，立刻就会变身为泰国菜。瓶装辣酱，30 泰铢。

风味小吃

椰子果干。是椰子果实内侧的一种白色固体胚乳干燥而成。营养价值极高。65 泰铢

小方块松脆糯米点心。制作过程中曾在柠檬草酸辣汤里煮过，有浓郁的香草味。59 泰铢

鱼风味小吃，作为喝啤酒时的佐菜，深受大家喜爱。有原味、烤肉味、柠檬草酸辣汤味等多种口味。鱼风味小吃 10 泰铢（左）、墨鱼风味小吃（注意包装上却是章鱼的图片）17.5 泰铢（右）

生榴莲果散发着一种臭味，想把它直接带回家去简直不可能。图上所示的是加工成羊羹状的榴梿果。37 泰铢

干 果

将热带特有的水果的甜味凝结成干，有一种非常高档的感觉。一套干果包括木瓜、杧果、菠萝三种口味，165 泰铢（左）；干杧果 130 泰铢（右）。

香草的种子

尝试亲自去培育泰国的香草，香草的生长速度很快，如果夏初时种下，盛夏时就能长势喜人了。紫苏科一年生香草 15 泰铢（左）、香菜 13 泰铢（右）。

※带上植物的种子回国时，在中国飞机场要接受植物检疫检查。图中的价格是 2012 年 3 月在当地取材时的价格。

一见倾心的香甜可口的水果及饮品

在马路上走累了，吃一吃南国特有的水果，一定会让您马上恢复体力！

杧果探戈
Mango Tango 120 泰铢 A

由新鲜杧果、杧果冰淇淋、杧果布丁拼成的水果拼盘。

杧果沙拉
Mango Salsa 85 泰铢 A

浓浓的杧果汁上，漂浮着杧果布丁和水果切块。

奶油香蕉
Butter Milk Banana 35 泰铢 C

香蕉油炸后，放在浓缩牛奶里泡制而成。

香蕉、蛋奶烘饼与冰淇淋
Banana Waffle &Ice cream 55 泰铢 C

把香蕉放在底层，烤成原味蛋奶烘饼，上层加上冰淇淋

奶油香蕉派
Banana cream pie 85 泰铢 F

在乳蛋羹和西点馅饼上加香蕉，原汁原味。

油炸香蕉
Fried Banana 40 泰铢 C

如同制作夹馅油炸饼一样，把香蕉放在油里炸一下，便裹上一层松脆的糖衣。

蛋清奶油水果馅饼
Egg-white Tart 40 泰铢 E

用蛋清制作的奶油水果馅饼，清淡、可口。迷你包装 2 个，35 泰铢。

蛋黄奶油水果馅饼
Egg-York Tart 40 泰铢 E

用蛋黄制作的奶油水果馅饼，松软、可口。迷你包装 2 个，35 泰铢。

杧果甜点非常受欢迎 Map ▶ p.131-D2

C 杧果探戈 A

Mango Tango

AREA4 区 暹罗广场、水门周边地区

轻轨暹罗站 4 号口步行 3 分钟即到

住 Soi 5,Siam Square ☎ 0-2658-4660
网 www.mymangotango.com
营 11:30~22:00 休 无 C/C 无

该店不仅吸引了泰国本地人前来品尝，各国来的游客也都慕名而来，生意兴隆。冰淇淋、布丁、水果等，都添加了新鲜的、完全成熟的杧果，也只有南国才能如此奢侈。

粗点心店里淳朴的水果甜点 Map ▶ p.80-B4

C 摩特罗姆索特店 B

Mont Nom Sot

AREA4 区 暹罗广场、水门周边地区

萨纳姆·基拉·亨·恰特轻轨站通道步行 3 分钟

住 2nd Fl., MBK Center, 444 Phayathai Rd.
☎ 0-2611-4898 营 11:00~21:00
休 无 C/C 无

用烤或蒸的面包蘸上乳蛋羹吃，是最典型的泰国风味的甜点的吃法。不断改进烤或蒸面包的制作方法，追求口感筋道是 1964 年创业的老店的一贯作风。绿绿的乳蛋羹，加上香味扑鼻的香叶，色泽可爱，美味可口。

价格实惠的香蕉水果甜点 Map ▶ p.131-B1

C 香蕉香蕉 C

Kulual Kuluai（Banana Banana）

AREA4 区 暹罗广场、水门周边地区

暹罗轻轨站 2 号口步行即到

住 2nd Fl.,Lido Theatre,Siam
☎ 0-2658-1934
营 10:30~21:30 休 无 C/C 无

这座大厦里有一家电影院，大厦二层有一段人来人往的地方，那就是香蕉水果甜点店。因为价格便宜，可吃的水果甜点又很多，所以吸引了很多大、中学生光顾。水果甜点也可能带到外面吃，如果您正在暹罗广场散步，不妨当点心尝尝。

椰子果乳蛋羹与烤面包
Coconut custard and toast set 60 泰铢 B

3个烤面包，加一碗椰子果乳蛋羹，可供几个人分享。

夹香蕉煎饼卷
Banana crepe Roll 179 泰铢 D

中间夹满香蕉的薄煎饼，再加上酸奶冰淇淋（只限暹罗中心店）。

烤面包加椰子果乳蛋羹
Toast with coconut custard 22 泰铢 B

在松脆的面包上加放香料，然后涂满椰子果乳蛋羹。

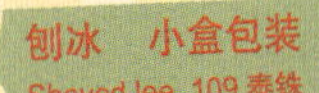

刨冰　小盒包装
Shaved Ice 109 泰铢 D

下层为酸奶冰淇淋，上层根据加放的东西不同，分为四种口味。

左：加冰淇淋的红橘子汽水
Blood orange soda float 110 泰铢 F

加香草冰淇淋的橘子水。

右：杧果思慕昔
Mango Smoothies 75 泰铢 A

杧果冻上涂上一层杧果，再加几块西瓜和白兰瓜。

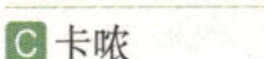

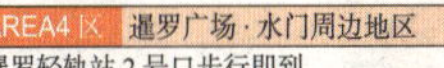

上：杧果冰淇淋冷饮
Mango Float 89 泰铢 D

将杧果搅拌起来，添加酸奶冰淇淋，清爽可口。

中：草莓奶
Strawberry milk 35 泰铢 B

香甜可口的牛奶草莓饮料。

下：香蕉牛奶饮料
Banana Milk Shake 35 泰铢 C

冰镇的香蕉与牛奶混合而成的浓度极高的饮品。

酸奶与水果的健康饮料 Map ▶ p.131-B1~C1

C 红杧果 D
Red Mango

AREA4 区　暹罗广场 · 水门周边地区

暹罗轻轨站通道步行即到

住 4th Fl.,Siam Center, 989 Rama 1 Rd.
☎ 0-2658-1713
营 10:00~21:15　休 无　C/C 无

它是一家源于韩国的、利用酸奶制作健康型水果甜点的冷饮店。像奶油冰淇淋一样的冻酸奶上，装饰有各种水果或撒上碎冰等，可以满足不同顾客的需要。

松脆可口的奶油水果馅饼面包店 Map ▶ p.131-B1~C1

C 卡哝 E
Ka-nom

AREA4 区　暹罗广场 · 水门周边地区

暹罗轻轨站2号口步行即到

住 266/8 Soi 3,Siam Square
☎ 0-2252-8520
营 10:00~20:00　休 无　C/C 无

这是一家专售非常畅销的奶油鸡蛋水果馅饼的、门面并不豪华的面包分店，其总店位于斯库姆威特路29巷。这家分店经营的是以奶油水果馅饼为主的糖果甜点。经常有许多泰国人前来购买。

品相漂亮的水果咖啡 Map ▶ p.131-A2~B2

C 香草产业 F
Vanilla Industry

AREA4 区　暹罗广场 · 水门周边地区

暹罗轻轨站2号口步行3分钟

住 422,422/1-3, Soi 11, Siam Square
☎ 0-2658-4720　网 www.vaillaindustry.com　营 10:00~22:00　休 无　C/C ADJMV

它是暹罗中心闹市中的咖啡店。咖啡：美国热咖啡70泰铢、冰咖啡80泰铢、卡布奇诺90泰铢。酸奶里加放的水果有以下三种选择：桃橘；木莓、香蕉；木莓、桃。各95泰铢。

想吃那道菜，又想吃这道菜！

一定要吃的泰国菜谱

新鲜的食材、丰富的香辣调料，集辣、甜、酸三味于一体，从中创制出多种多样的泰国菜，让您哪道菜都想吃！

根据辣的程度可分为：

 大辣：适合特别爱吃辣的人群。

 中辣：辣的程度较大辣稍轻一些。

 小辣：不能吃辣的人也可以吃。

无 ：大家都能放心食用。

查对一下地方菜！

北 北部　东北 东北部　南 南部

海鲜类食物 Seafood

泰国特有的海鲜类食物，价格适中。它是将新鲜虾、蟹、鱼类、贝类，采用多种方法，精心制作而成的美味佳肴。

椰子果大虾咖喱 

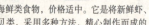

ฉู่ฉี่กุ้ง

把大虾先放在椰子果牛奶液里浸泡后，用红咖喱炒制而成。有的店里还要用油炸。

香辣椰子果大虾咖喱

ห่อหมกปลา

将磨碎的鱼肉放在红咖喱、椰子果牛奶液里浸渍后，再上火蒸，出锅后香辣味十足。

蒸壳菜

หอยแมลงภู่อบ

将绿色的壳菜放在砂锅或铁锅里蒸，烹制方法简单，这道菜是以食材的新鲜取胜。

生虾 

กุ้งแช่น้ำปลา

泰国特产的生虾，配上苦瓜、生蒜等，再蘸上作料汁吃。

炒牡蛎 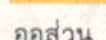

ออส่วน

这道菜是将牡蛎与豆芽菜、鸡蛋放在一起炒制而成。小牡蛎的口感，令喜欢吃牡蛎的人垂涎欲滴。

烤虾

กุ้งเผา

这道菜的名字叫烤虾，这是泰国特有的最爽口的菜，大胆地用手抓着吃吧！

腰果炒鱼肉

ปลาจาละเม็ดเม็ดมะม่วง

先把切成一口大的鱼段油炸，然后与腰果、蔬菜一起炒制而成。

蒸虾蟹粉条

ปูอบวุ้นเส้น

先将蟹与绿豆粉条一起上锅蒸，葱、姜的香味勾起人的食欲，随后加入虾，这道菜就烧好了。

帕特·吉玛奥

ปลากะพงผัดขี้เมา

吉玛奥是“醉”的意思，“帕特·吉玛奥”不知为什么却是辣椒炒制而成的。

蒸白鱼

ปลานึ่งซีอิ๊ว

将肉多的鱼囫囵蒸上，再浇上熟油与酱油的汤汁即好，葱花的香味非常诱人。

酸橙蒸鱼

ปลากะพงนึ่งมะนาว

将肉多的鱼加泰国酸橙上火蒸。在鱼形锅里蒸出的是完整的鱼。

油炸萨姆里

ปลาสำลีแดดเดียว

将萨姆里（与竹荚鱼相似）鱼用油炸。与油炸竹荚鱼一样，再搭配上未成熟的木瓜，泰国口味浓。

点咖喱蟹时，点“努尔咖喱蟹”，那么端上来的蟹是没壳的，很容易吃，只是从外观上看素了些

咖喱蟹

ปูผัดผงกะหรี่

将大个头的蟹切成大块，然后用咖喱调味汁炒，做成时洒上大量的用水搅开的鸡蛋。很受日本人欢迎。

纳姆帕酥脆鱼

ปลากะพงทอดน้ำปลา

将炸得酥脆的鱼加上纳姆帕调味汁。然后蘸上泰国酸橙汁作料吃。

酸甜大虾

กุ้งผัดซอสมะขาม

大个头的虾上洒上许多塔玛林德酸甜可口的调味汁。

糖醋鱼块

ปลากะพงเปรี้ยวหวาน

将鱼的白色部分切成三角状，用油炸后，将糖醋里脊风味的酸甜可口的调味汁加上即可出锅了。食用时味道非常美的一道菜。

汤 Soup

食用泰国柠檬草酸辣汤，里面不加香料，清汤风格的淡味蔬菜汤。

泰国柠檬草酸虾辣汤

ต้มยำกุ้ง

也可以说它是泰国菜里具有代表性的一种汤。在泰国柠檬草酸辣汤中加入虾的汤。

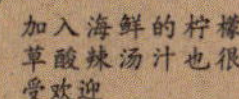

加入海鲜的柠檬草酸辣汤汁也很受欢迎

淡味蔬菜豆腐汤

แกงจืด

清汤风格的汤。不辣。菜码可按照个人口味选择，有余鱼丸子、绿豆粉条、豆腐等。

椰子奶柠檬草酸辣汤

ต้มข่าไก่

泰国柠檬草酸辣汤做底汤，加入很浓的椰子奶制成的。与鸡肉味道相合。

海鲜淡味汤

โป๊ะแตก

也可以说是泰国柠檬草酸辣汤的清汤版。里面加入了许多海鲜食品。

非常辣，要注意！

亚姆、索姆塔姆、拉普——泰国风味的沙拉

Yam,Somtam,Laap–Thai Style Salad

玛纳奥（泰国的竹荚鱼）、纳姆帕等的作料汁、香料拌蔬菜和肉，也就是所谓的泰国风味的沙拉。

牛肉片沙拉

ยำเนื้อ

烤好的牛肉片拌入调味品而成的沙拉。因为里面放了很多大蒜，所以很辣。

绿豆粉条沙拉

ยำวุ้นเส้น

将绿豆粉条和纳姆帕、玛纳奥（泰国的竹荚鱼）汁拌在一起的沙拉。很多餐厅都做得特别辣，要注意。

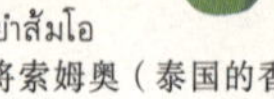

索姆奥沙拉

ยำส้มโอ

将索姆奥（泰国的香栾）搓开做的沙拉。柑橘类的酸甜味非常可口。

茄子沙拉

ยำมะเขือ

用烤好的茄子做成的沙拉。因为是烤出来的茄子，有一种茄子与生俱来的略微有点苦的滋味。

叶子沙拉

ยำตะไคร้

使用柑橘类植物的叶子做成的沙拉。多放香料，口感清爽、柔和。

猪肉腊肠沙拉

ยำหมูยอ

像鱼糕似的口感的猪肉腊肠做的沙拉。搭配爽口的蔬菜和木耳。

鲇鱼杧果沙拉

ยำปลาดุกฟู

将鲇鱼的身体切开，用油炸，将未熟的杧果切成小细片，拌在一起而成的沙拉。酥脆，咯吱咯吱、沙沙棱棱。

猪脖子沙拉

ยำคอหมูย่าง

将烤好的猪脖子肉切成片，和调味品拌起来。可以同时摄取到肉和蔬菜，是一种非常健康的食品。

混合海鲜沙拉 南

ยำทะเลรวมมิตร

使用混合海鲜做的沙拉。虾、乌贼、鱼块等一起加入的奢华的食物。

番石榴索姆塔姆

ส้มตำฝรั่ง

使用生的发朗（番石榴）做的索姆塔姆。纳姆帕的咸味、调味品的辣味与番石榴的酸味相配。

蘑菇沙拉 北

ยำเห็ด

使用森林中可以大量采集到的蘑菇做的沙拉。主菇以外的蘑菇也可以使用。

肉末拉普 东北

ลาบหมู

肉末与纳姆帕、调味品拌成的菜叫拉普。用姆（猪肉）做的叫猪肉拉普，用牛肉做的叫牛肉拉普。

坎恩、帕南恩——泰国风味的咖喱
Kaen,Panaen–Thai Style Curry

使用各种调味品，加上菜码的咖喱风味的菜叫作坎恩或帕南恩。一般分为三种颜色的咖喱：加入红辣椒的红色、生辣椒的绿色、姜黄的黄色。

辣咖喱 南

แกงเผ็ด

名副其实的“辣咖喱”。只有南国才有的，放上许多生胡椒的那种辣。

辣蔬菜咖喱 东

แกงเลียง

用许多蔬菜做的咖喱。外观上看着很柔和，其实不然，因为使用了大量的胡椒，非常辣。

帕·空咖喱

แกงป่ากุ้ง

帕咖喱的意思就是“森林咖喱”，相当辣，“空”指的是虾。

鸡肉帕南恩

แพนงไก่

味道浓厚的帕南恩，与鸡肉相合。

甜辣咖喱

แกงเขียวหวาน

生辣椒、胡椒等，再加上弄碎的香料，量大，辣中还有甜味。

豆蔻咖喱 南

แกงมัสมั่น

在泰国南部的穆斯林（伊斯兰教徒）中相当受欢迎。里面放着肉豆蔻、小豆蔻，充满了异国情调。

塔玛林德果实咖喱

แกงส้ม

强调了塔玛林德果实的酸味，也可用于炖菜时的汤。

鸡蛋菜 Eggs

蒸鸡蛋羹，因为与常吃的一样，看着非常亲切。在米饭上放上煎鸡蛋，看上去就有了奢华的气息。

加入菜码的蒸鸡蛋羹

ไข่ตุ๋น

蒸鸡蛋羹，因为与我们常吃的一样，看上去非常亲切。土豆、鱼糕、蘑菇等菜码也都像。

肉末煎鸡蛋

ไข่เจียวหมูสับ

稍稍用油炸过，吃上去很酥脆，并加放肉末的煎鸡蛋。可以蘸上辣作料吃。

菜肉蛋卷

ไข่ยัดไส้

用番茄汁入味，加入大量肉末。泰国风味的菜肉蛋卷。酸甜可口。

尽情品尝吧！做一个泰国美食家

Thailand Gourmet

伊沙菜 North East Food

泰国菜中具有独特的食文化的是东北地方菜。卡伊亚、索姆塔姆一直是泰国菜的代表。

伊沙香肠 东北

ไส้กรอกอีสาน

伊沙风味的香肠。塞满了肉和脂肪。切成薄片，可以做喝啤酒的小菜。

油炸春卷 东北

เปาะเปี๊ยะสด

从越南传来的生春卷。用鱼糕风味的香肠、有香味的蔬菜卷成。然后用油炸。

猪脖子烤肉 东北

คอหมูย่าง

将猪脖子用调味汁腌渍后烤成的。脂肪少，口感佳。品尝的就是肉的味道。

象鳢鱼 东北

ปลาช่อนแป๊ะซะ

象鳢鱼似的肥河鱼，放在酸味汤里煮。在鱼形锅里煮好就可以出锅了。

索姆塔姆 东北

ส้มตำ

将未成熟的地瓜削成小细片，放在臼里和调味品搅拌起来。这是东北具有代表性的乡土菜之一。

烤鸡 东北

ไก่ย่าง

用调味汁渍过的整鸡，离火远一点烤出来的。泰国全国都在吃，但是其原出处是在东北。图片中是半只。

直到今天也是泰国具有代表性的菜之一

猪肉酱 东北

น้ำตกหมู

将烤好的猪肉切碎加入调味品制成泰国风味的肉酱。还要用很费时间煮好的糯米等配料。

托托（油炸食品）Toot

用油炸的烹调法叫作托托。有素炸或蘸上面炸等各种各样。蘸上甜汁吃的时候多。

蟹肉春卷

หอยจ๊อ

将磨碎的蟹肉用春卷皮包起来，用油炸到酥脆即可。从外观上看，样子朴素，实则材料很丰厚。

油炸鸡肉块

ไก่ห่อใบเตย

将鸡肉块用巴伊特伊（露兜叶）包上，用油炸。有一点儿熏上的香味，真是上等味道的食物。

油炸鱼丸

ทอดมันปลา

将磨碎的鱼肉揉成团用油炸，与日本的油炸鱼丸子一样。再加上一些菜豆，口感非常好。使用虾做的是油炸虾丸。

帕特 Pat

炒制而成的菜叫作帕特。将蔬菜与肉组合，可以扩展到无穷无尽的种类。味道全凭所采用的调味品调配。

酱油汁炒猪肉

หมูเค็ม

用酱油汁将猪肉煎炒到水分很少时就可以出锅了。越细嚼，越有味。

炒沙特豆 南

ผัดสะตอกุ้ง

泰国南部可以买到的、有独特香味的沙特豆炒制而成的菜。有虾酱等加味。

芦笋炒虾

กุ้งผัดหน่อไม้ฝรั่ง

芦笋与虾炒制而成的菜。使用了很多大蒜，非常起味。

牡蛎酱炒牛肉、蔬菜

เนื้อผัดน้ำมันหอย

牡蛎酱炒牛肉、蔬菜。蔬菜一般使用有嚼头的菜居多。

巴伊卡帕奥炒牛肉

เนื้อผัดใบกะเพรา

巴伊卡帕奥炒牛肉。喜欢吃肉的还用肉末炒。用鸡肉做的话，是巴伊卡帕奥炒鸡肉。

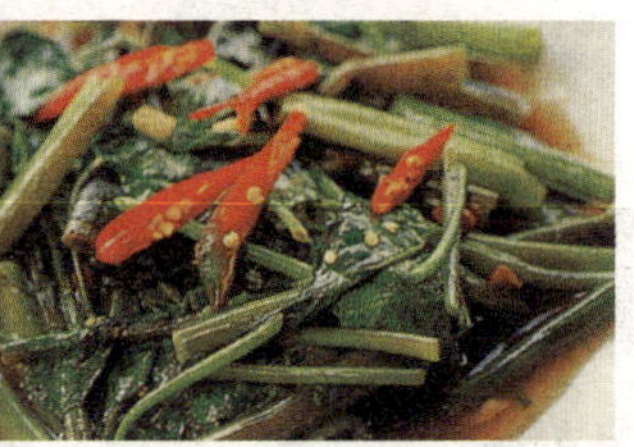

黄酱炒空心菜

ผักบุ้งไฟแดง

中国黄酱炒空心菜。用旺火快速炒成。咬在嘴里沙沙棱棱的，口感甚好。

牡蛎酱炒猪肉

หมูผัดน้ำมันหอย

牡蛎酱炒猪肉。对于不善于吃辣的人来说，这是可以放心食用的菜。

巴伊卡帕奥炒猪肉

หมูผัดใบกะเพรา

巴伊卡帕奥炒猪肉。用油煎至酥脆的罗勒叶使香味倍增。

生胡椒炒菜

หมูผัดเผ็ด

这是用大量的生胡椒炒的菜。辣得人简直要流下泪来，点菜时要注意。

第五种炒菜

ผัดผักรวมมิตร

对于还想吃一道什么菜的人来说，第五种炒菜是最为合适的菜，适合大众口味。

油炸猪肉炒菜

หมูกรอบผัดคะน้า

炸成酥脆的猪肉与筋道的根茎蔬菜炒制而成的。不同口感的食物的绝妙组合。

其他 Others

将中国菜、日本菜、西餐等都大胆吸取进来，泰国在日新月异地变化之中，持续改变着。

泰国时吉

สุกี้

在泰国受人欢迎的泰国风味的涮牛肉。全国都有专门的连锁店。泰国人把它叫作“时吉”。

中国菜

ซุปหูฉลาม

可以轻松尝到中国菜的高档食材，这就是泰国的好处。大众店只要出300~500泰铢就可以美餐一顿。

泰国风味的意大利面条

สปาเก็ตตี้ผัดขี้เมา

将意大利面条用泰国风味烹调法，炒成辣面。生胡椒是主打味。

米饭类
Rice Dishes

煮好之后呈散开状的泰国粳米饭，可以和菜一起猛吃。炒出来也很美味。

蟹炒饭

ข้าวผัดปู

加入切碎的蟹做成的泰国风味的炒饭。加入虾也是一样的，不过价格要比其他的菜码高一些。

香肠炒饭

ข้าวผัดกุ้ง

用叫南姆的一种泰国风味的香肠做的炒饭。口感相当好。

卡奥・帕特・空

ข้าวผัดสับปะรดกุ้ง

泰国风味的炒饭就是卡奥·帕特。散开的大米很好吃。加入空（虾）。

菠萝、虾炒饭 东北

ข้าวผัดแหนม

稍微考究一些的饭店，在菜码上要下点工夫。放上菠萝的炒饭里又追加上虾。

虾炒饭

ข้าวคลุกกะปิ

用虾发酵后的调味品炒的炒饭。与丰富多彩的菜码掺起来吃。

菠萝蒸米饭

ข้าวอบสับปะรด

将菠萝放入容器中，蒸出的米饭。因为太费工夫，有的店里就将放有菠萝的容器中直接放入炒饭。

蒸鸡米饭

ข้าวมันไก่

这种菜是小吃摊上一定有的。放上蒸鸡的米饭。下面的米饭是由鸡汤煮成的，热量很高。

卡奥孟卡伊油炸鸡

ข้าวมันไก่ทอด

加入卡奥孟卡伊菜码的油炸鸡，非常好吃，只是热量太高。

猪蹄、鸡蛋米饭

ข้าวขาหมู

这种菜是小吃摊上一定有的。将用调味品煮得黏糊糊的猪蹄和煮鸡蛋放在米饭上就好了。

碎米粥

โจ๊ก

煮入碎米烹制成的粥。里面放着鸡蛋、肉末、胡椒等，营养很高。

面类 Noodles

分为用了碱水的黄色中华面与用大米做的白米面两种。大米制成的面根据精细不同，名称也不同。

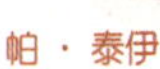

帕·泰伊

ผัดไทย

使用了克伊提尔奥的炒面叫作帕泰伊。做好之后上面撒上花生米。

帕泰伊郝卡伊

ผัดไทยห่อไข่

将帕泰伊用煎鸡蛋裹上的高级版，就是帕泰伊郝卡伊。从外观看就是上等食品。

帕泰伊虾炒面

พัดไทยกุ้งสด

用大米面炒成泰国风味的炒面。菜码里加上大个头的虾，外观很奢华。

拉特纳姆

ราดหน้าหมู

将拉特纳勾上芡汁。与油炸面搭配非常好吃。

亚西纳姆

เส้นหมี่น้ำ

小摊上的汤面量少，可以按照自己的喜好，作为点心吃一些。

咖喱细面

ขนมจีน

像素面一样的细面加上咖喱汤。有专门卖的小摊，可以到那里去吃。

中华汤面

บะหมี่น้ำ

带汤的中华面。比日本的中华面要筋道些。一般的菜码是加余鱼丸子。

中华面

บะหมี่แห้ง

不带汤的中华面。菜码与加汤时一样。在天热的时候，来吃的人很多。

克伊提尔奥·纳姆特克

ก๋วยเตี๋ยวน้ำตก

只点“纳姆特克”，就加入牛血或猪血，是一种非常滋补的汤。

豆腐汤

เย็นตาโฟ

因为放入汤里的是发酵过的豆腐，所以成为粉色。略微有一点酸味。

面类的点法

在小摊上即可吃到的面菜，点面时有几点要注意。首先必须弄清楚面的种类及有没有汤再点。

1 选择面的种类

巴米 บะหมี่

黄色小麦面。比日本的中华面稍细一些。

克伊提尔奥 ก๋วยเตี๋ยว

①萨米 เส้นหมี่

米粉风味的细面。

②塞兰克 เส้นเล็ก

面条风味的粗面。

③塞亚伊 เส้นใหญ่

扁面条风味的宽面。

2 有没有汤的选择

纳姆 น้ำ

有汤的荞麦汤面

亨恩 แห้ง

无汤的拌面

3 做好之后

塞亚伊纳姆 带汤的宽面条

4 完成 有四种调味品，可以按照个人喜好添加

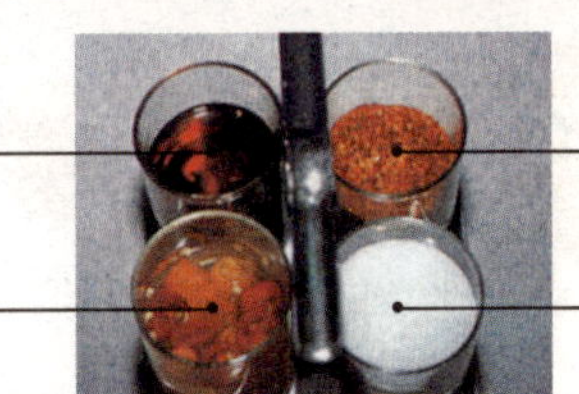

纳姆帕（咸）น้ำปลา

普里克波 辣椒粉（辣）พริกผง

普里克·纳姆索姆 加入辣椒的醋（酸）พริกน้ำส้ม

纳姆塔 白糖（甜）น้ำตาล

当然要留点肚子！

泰国的水果

泰国特有的传统的点心，现在也非常受欢迎，可以随处吃到。在小摊上、超市里都可以买到，见到就试着品尝一下吧！

餐厅可以点的水果

加入杧果、椰子奶的蒸糯米

ข้าวเหนียวมะม่วง

将蒸好的糯米上，洒上椰子奶、放上成熟了的杧果，三种组合。

姜汁团子

บัวลอยน้ำขิง

姜汁中浮着加入芝麻馅儿的团子，这是中华风格的甜点。

在店里可以买到的水果

蒸蛋糕

ขนมตาล

蒸蛋糕风味的点心。爽口的甜味是因为加入了白糖椰子汁。香蕉叶子做的容器堪称上品。

蒸糯米

ข้าวเหนียวแก้ว

蒸糯米点心。使用巴伊特伊（露兜叶），染成绿色。有朴实的甜味。

鲁尔姆米特

รวมมิตร

看到食物广场或小吃摊，可以吃到鲁尔姆米特。摆放着豆芽、切片水果等各种各样的菜码，想选几种往碗里放几种，再将刨冰、椰子奶放在上面。让人回味无穷。

米粉点心

ขนมชั้น

使用优质米粉做成的滑溜溜的点心。颜色、形状多种多样。

椰子奶米粉蒸糕

ขนมถ้วย

将优质米粉、椰子奶等放入小碗（特尔伊）中，上火蒸制而成。

蛋黄绿豆馅点心

ขนมเม็ดขนุน

将鸭蛋蛋黄和绿豆搅拌做馅，团成圆形，再用果子露腌制而成。很甜。

豆芽椰子点心

ตะโก้แห้ว

豆芽上加放椰子奶果冻，分为两种口味的点心。

王冠点心

จ่ามงกุฎ

用鸭蛋蛋黄和绿豆做馅制作成王冠的形状。稍有点干。是举行喜庆活动时必不可少的食物。

甜蛋黄点心

ทองเอก

用鸭蛋蛋黄和果子露拌在一起，稍干一点的时候，再做精心加工。这也是用于举行喜庆活动的食品。

泰式鸡蛋细面条

ฝอยทอง

与日本的鸡蛋挂面一样。将鸡蛋溶液加热之后放上糖浆，做成细细的、发硬的东西。特甜。

豆皮椰子点心

ลูกชุบ

用豆子做成皮，包上椰子馅。颜色、形状多样，味道却相同。大多数做成水果和蔬菜的样子。

口感凉爽！

新鲜的泰国饮料

啤酒　在炎热的夏季，泰国啤酒非常好喝。端起冰镇啤酒干杯吧！

泰国品牌

CHANG 啤酒

酒精度数高，为6.2%，是非常受人欢迎的啤酒。

CHANG 生啤酒

口感凉爽。

度数不高的 CHANG 啤酒

酒精度数为 4.2%，热量低。

度数不高的 SINGHA 啤酒

酒精度数为 3.5%，实际上比这还低。

SINGHA 啤酒

在国外它是泰国啤酒的代名词。

CHEERS 啤酒

味淡，好好地喝一喝吧！

LEO 啤酒

狮子标志。以价格便宜而取胜。

FEDERBRAU 啤酒

以走高档市场为目标。可以根据个人喜好而选择不同的口味。

海外品牌

辛口

与外国啤酒授权而生产的味道截然不同。

HEINEKEN

因品牌战略而成功，在泰国提到外国啤酒就是指它。

其他酒

萨特

สาโท

用大米酿制而成的泰国本地酒。便利店也有卖。

果汁

香草水果汁

在沙拉玲与奇隆轻轨站有售。使用新鲜香草和水果制成的果汁。向您推荐热情水果（20 泰铢）。

橘子汁

将橘子现场榨制成果汁。甘甜爽口，很受人欢迎。有的时候会加入一些盐。

罗望子饮料

罗望子的种子里煮出的具有独特苦风味的饮料。喝惯之后会成为嗜好。

布尔波克饮料

像小扇子形状的布尔波克叶子，可以用来治疗身体挫伤等。用它制作的饮料在小摊上常常会见到。不习惯也能喝。

啤酒在超市和便利店一罐 25~40 泰铢

只有南国才有的！

泰国的水果目录

在泰国一年中，总可以吃到水果。从在中国从未见过的稀有种类，到西瓜、橘子等我们熟悉的水果，可以任意挑选。

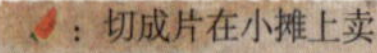
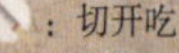

：切成片在小摊上卖　　：切开吃
：用手将皮剥掉吃　　：割开，把瓤掏出来吃

波罗蜜
ขนุน
在坚硬的外壳下面，黄色的果肉充实其中。

香蕉
กล้วย
大小、形状种类繁多。烤、油炸等加热后吃的时候多。

火龙果
แก้วมังกร
是仙人掌的果实。剥开皮，里面是满满的灰色果肉。味道近似猕猴桃。

菠萝
สับปะรด
剥开的菠萝在小摊上卖。水分多，很好吃。

蛇皮果
สละ
像蛇那样不可思议的皮剥开后，里面是白色、酸甜的果肉。

橘子
ส้ม
剥开那样吃，而榨出汁来喝果汁的时候更多。

柚子
ส้มโอ
剥开吃，也可以将果肉取出，做沙拉时使用。

爪哇蒲桃
ชมพู่
还有红色和粉色的。水分多，有淡淡的甜味。

西瓜
แตงโม
大小比中国的要小些。可以直接吃，也可以做成果汁喝。

榴梿
ทุเรียน
一般给人的印象是“臭水果”，不过改良之后，已有了不臭的品种。

番荔枝（释迦头）
น้อยหน่า
比棒球稍小一些。成熟后的沙加藤非常甜。

苹果梨
ฝรั่ง
是苹果和梨合起来的味道。水分多，很爽口。

星星果
มะเฟือง
切开的口像星星一样的变形水果。酸甜可口，水灵灵的。

椰子

มะพร้าว

敲开之后喝里面的果汁。内侧的白色果肉可以削下来吃。

庵摩罗果

มะปราง

像小枇杷一样的大小，很甜、水分也多，像柿子一样的味道。

杧果

มะม่วง

中国人也很熟悉。橙色的果肉，甜味浓为特征。

木瓜

มะละกอ

切成片，将酸橙汁挤在冰镇的东西上吃。

山竹

มังคุด

具有小而圆的可爱的外观。里面的白色果肉上等甘甜。

龙眼

ลำไย

剥开薄皮，里面是透明的、酸甜可口的果肉。

荔枝

ลิ้นจี่

是雨季的应时水果。浅红宝石颜色的果实。

泰果龙眼

ลองกอง

拉姆亚伊风味的皮中藏着像山竹果似的果肉。

红毛丹果

เงาะ

长着毛变形的外观。果肉白色、透明，拉姆亚伊风味。

在街头漫步时的间食，用以补充水分

水果的吃法

泰国的小水果摊

曼谷的路边小摊上都在卖水果。是散步时补充水分和维生素的最佳食品。每片都是 10~15 泰铢。切成一口大的块，装入袋子中。

小摊上在卖的普通水果

以最快的动作切水果

漫步于曼谷街头

How to walk around Bangkok

考山路（p.111）上的嘟嘟车

抵达曼谷 飞机场到市内的交通信息

素旺纳普机场国际出发口

曼谷的国际机场

曼谷有两个国际机场，即素旺纳普国际机场（也叫曼谷国际机场）和廊曼国际机场。从中国到曼谷的国际航线，到达的就是素旺纳普国际机场。素旺纳普国际机场于 2006 年 9 月 28 日开始投入运行，是比较新的一个。之前，廊曼国际机场一直是曼谷的门户。

素旺纳普国际机场飞机抵达大厅

从素旺纳普国际机场开往市内的交通工具

素旺纳普国际机场 24 小时都在工作，即使是深夜或凌晨到达，也有通往市内的出租车和大型豪华轿车。机场内随处可见乘坐机场列车及出租车的引导标志，按这些标志走下去，即可到达目的地。连接飞机场与市内的交通工具主要有以下几种：

- **大型豪华轿车**
- **计价出租车**
- **机场列车**
- **公共汽车**
- **小型公共汽车**

乘坐费用及乘坐方法详见 p.38~39 的一览表。

另外，要特别提醒，不要乘坐机场内拉客的黑出租车。

●机场开往市内乘坐的交通工具小提示

○建议乘坐　△向独行的旅客推荐　× 不建议乘坐

	大型豪华轿车（大巴）	计价出租车	机场列车	公共汽车	小型公共汽车
快车	○	○	△	×	△
价格低	×	△	△	○	○
舒适	○	○	△	△	△
行李体积大	○	○	△	×	×

素旺纳普国际机场位置图

乘坐交通工具小提示

曼谷公共交通工具之间的换乘（如公共汽车换乘列车、列车换乘出租车等），从火车站到公共汽车站距离太远，或者是台阶过多等，有很多不便之处。如果是携带的行李小、轻装的人，换乘车的选择余地很大，但是如果携带的行李大，而且人数又多，建议您乘坐直达目的地的大型豪华轿车（大巴）或者计程车。

从市内开往素旺纳普国际机场的交通工具

从曼谷市内通往素旺纳普国际机场的方式大体上分为如下几种：

●酒店提供的大型豪华轿车（大巴）

您可以向酒店的前台、接待处、游客服务台提出申请。高档酒店里备有专用的大型豪华轿车，但是车费很高。在便宜的酒店里，与酒店服务生有联系的计程车在门口随时等候，一旦服务生看到有要去机场的旅客，就会替客人把车叫过来。这时，车费是可以协商的，不用计价表的时候很多。如果客人坚持要用计价表，可以等来揽客的汽车。

●来揽客的计程车

可以委托酒店的服务生叫出租车，讲好要用计价表。如果有的司机不开计价器，不明确显示价格，这时您可以再等一辆。如上所述，在酒店门口等人上车的不良出租车司机很多，不使用计价表的也多。如果被叫来的是那样子的司机，就不要理睬，托服务生重叫一辆揽客的出租车来，不要与他客气。

●机场列车

从酒店出来，乘出租车到达最近的机场列车站，换乘列车。轻轨帕耶泰站、地铁碧武里站都可以换乘。轻轨帕耶泰站与通向机场的帕耶泰站之间有高架桥相连接，碧武里地铁站步行 5 分钟即到通向机场的目甲汕站。

●公共汽车与小型公共汽车（迷你公共汽车）

这是通向机场的最便宜的交通工具。但是如果正巧遇上上、下班高峰期，带着大行李的话就很难乘坐。从市内到机场最少要花一小时，要有思想准备。乘坐公交车，到达机场内的国际运输中心，然后免费乘坐机场短距离运输工具到达终点站大厅。

曼谷暹罗坎宾斯奇酒店的5辆BMW型大型豪华轿车

咨询处

素旺纳普国际机场咨询中心

☎0-2132-0000 URL www.suvamabhumiairport.com

（可预订大型豪华轿车）

机场可办的事

“出入境手续”参照→p.341

飞机场的 3 个字母代码

在飞机票上印有的各个国际机场的代码用 3 个字母代替，具体如下：

素旺纳普国际机场 BKK　　廊曼国际机场 DMK
成田国际机场 NRT　　东京国际机场（羽田）HNO
中部国际机场 NGO　　关西国际机场 KIX
福冈国际机场 FUK

●市内开往机场方向乘坐交通工具小提示

○建议乘坐　△向独行的旅客推荐　× 不建议乘坐

	大型豪华轿车（大巴）	计程车	机场列车	公共汽车	小型公共汽车
快车	○	○	△	×	○
价格低	×	△	○	○	○
舒适	○	○	△	△	△
行李体积大	○	○	△	×	×

轻轨与机场列车帕耶泰站相接的高架桥

机场特快列车内

素旺纳普国际机场到市内的交通一览表

交通工具	目的地、途经线路	车站及乘车方法	车 费
大型豪华轿车（大巴） Limousine	不限	机场候机大楼二层（飞机到达层）的取行李处及候机大厅有咨询台，可以提出申请。定员因车种不同而不同，一般最少3个人，当然1人也可以乘车。	距目的地的距离远近和车种不同车费各异。在提出申请时在柜台收款处付费。普通车开往曼谷市内要950~2200泰铢（距离近要500~1000泰铢），其中包括收费公路的费用。也有可以用信用卡支付的。（CC A J M V）
计程车 Meter Taxi	不限	机场候机大楼一层有站点。向柜台工作人员说明目的地，请他们帮助定好司机。乘车时，司机如果说要“400泰铢”等，不要理睬，一定要确认好，要按计价器来付费。车发动之前，计价器显示数字为35，计价器是否正在运转，一定要确认清楚。定员4人。从候机大厅到出发层（4层），有送客人乘机的出租车在等着返程的乘客，如果想乘坐，就不必向大厅柜台交纳安排车的手续费，而且品行恶劣的司机也比较少。	计程费（曼谷市内要200~250泰铢）+安排手续费50泰铢。到达时要在计价器显示的价格上，再加50泰铢。有的客人会在无意中忘记交纳50泰铢，要注意。走上交费公路时，所交费用由乘客负担，据所行线路不同到曼谷市内要付25~70泰铢。
机场列车 Airport Rail Link 特快 Express	有两条线路，一条是开往目甲汕方向，另一条是开往帕耶泰方向。都是中途不停车，直达。目甲汕站离帕耶泰地铁站只有步行5分钟的路程；帕耶泰站与帕耶泰轻轨站有高架桥相通。	从机场候机大楼地下一层的素旺纳普站乘车。正对面的左侧是特快的售票口和检票口。通过售票窗口或者自动售票机买票。月台在地下二层。	150泰铢（2012年5月起到现在，正在进行优惠促销活动，单程为90泰铢，往返140泰铢）
机场列车 Airport Rail Link 城市线 City Line	到终点帕耶泰站，一共中途要停8站。在帕耶泰站与帕耶泰轻轨站相接。叻差普拉劳普站离水门很近。	从机场候机大楼地下一层的素旺纳普站乘车。正对面右侧有城市线售票口和检票口。	根据距离的远近，15~45泰铢。到帕耶泰终点站45泰铢。
公共汽车 Bus	550路：经拉特普拉奥、拍裕庭地铁站，开往恰图查克方向。554路：经廊曼机场开往拉希特方向。	飞机场内有公共交通工具的始发站。候机大楼与公共交通工具的始发站之间有免费的短距离运输班车可以搭乘。	34泰铢。公共交通工具的始发站内有售票口，或者上车之后向售票员买票。
小型公共汽车（迷你公共汽车） Rot Tour（Mini Bus）	对游客比较方便的是开往胜利纪念塔和恩奴特轻轨站。开往胜利纪念塔方向的，沿着拉玛九世收费公路直达。开往恩奴特轻轨站方向的，通过南面的拍喃特拉特路进入素坤逸路。	飞机场内有公共交通工具的始发站。候机大楼与公共交通工具的始发站之间有免费的短距离运输班车可以搭乘。	到胜利纪念塔40泰铢。到恩奴特轻轨站25泰铢。下车时把车费交给司机即可。

需要时间	运行时间	优缺点	从曼谷市乘车时	问询处	注意事项
根据道路的交通拥堵状况及离收费公路的出入口的远近，所耗时间不同。最短20分钟左右，一般30分钟~1小时。	24小时随时出发。	■优点 新车多，乘车时心情舒畅。麻烦少，放心。司机多少懂一些英语，可以直达目的地。 ■缺点 车费比较高。	需要乘车前预订。在网上或通过电话预约。	☎0-2134-2323	提出申请时，如果不说清楚，就会被分到价格高的车种上去，所以一定要把自己的愿望说明白，跟对方确认好车种及车费。
根据道路的交通拥堵状况及离收费道路的出入口的远近，所耗时间不同。最短20分钟左右，一般30分钟~1小时。	24小时随时出发。	■优点 可以直达目的地，车费也合适。 ■缺点 品行不好的司机很多。让计价器提早运转，弄虚作假，或者绕远路等麻烦比较多发。请柜台安排出租车的话，就会交给您一张写有司机名字及车牌号的纸，上面还印有联系地址。如果发生丢失物品等时，可以联系。另外，如果司机有问题时，这张纸还可以当作索赔损失的凭证使用。有的司机想借机收回这张纸时，千万不要给他。只是如果将这张凭证寄出去，想实际上有什么效果，恐怕也不行。	有一些串街揽客的出租车。但一定不要搭理在酒店门口等人的车。	☎0-2132-9199	有的司机利用客人对当地情况不熟悉，在驶入收费公路时，收取高额的过路费。所以交费时一定不要让司机垫付，每次付钱时交到司机手里，然后索要收据，避免受骗。在飞机场到达大厅或是大型豪华桥车、计程车排成一列等待客人上车的时候，如果途中有人招呼："要出租车吗？"千万不要理睬，因为这些车是拉客的黑车。
到目甲汕站15分钟。到帕耶泰站18分钟。	6:00~24:00。每隔15分钟，开往目甲汕站方向和帕耶泰站的车交替发车。	■优点 一路不停车，直达曼谷市内，速度非常快。 ■缺点 车次太少，尤其是从目甲汕站开往市内的，更是不足，极不方便。	乘轻轨到帕耶泰站或到有机场列车的目甲汕站换乘。	☎1690	从目甲汕站乘出租车时，只能先向北走，再开往市中心，太绕远了。
到帕耶泰站要27分钟。	6:00~24:00。每15~20分钟发一趟车。	■优点 帕耶泰站与帕耶泰轻轨站相连，如果要去轻轨沿线地区非常方便。 ■缺点 当地人上下学、上下班都乘坐，所以早晚高峰太挤。	乘坐轻轨到帕耶泰站换乘。或者乘坐出租车去最近的站。	☎1690	如果携带的行李大，最好去始发站帕耶泰站乘车。
约1小时~1小时30分钟。	24小时。每隔20~30分钟发一趟车。	■优点 放心。 ■缺点 游客专线太少，很费时间。如果对曼谷市内的地图了解得不详细，连应该在哪儿下车都不知道。	在普通的公共汽车站等车，来了之后上车即可。	☎184	基本上是为在飞机场上班的人服务的交通工具。比较适合对曼谷的地图有一定程度了解的人。
到胜利纪念塔需要45分钟~1小时（直达）。到恩奴特轻轨站约1小时（拍喃特拉特路上有一站，供乘客上、下车）。	开往胜利纪念塔5:20~23:00。开往恩奴特轻轨站6:00~21:30。每隔15~30分钟发车，或者人满之后发车。	■优点 便宜、速度快。换乘车后，要去轻轨沿线的地方相当方便。 ■缺点 车辆小，不适合携带大行李。如果想带大行李乘车，需要再增加一个人的车票费。	到胜利纪念塔、恩奴特轻轨站乘车。每隔15~30分钟发一趟车，或者人满之后就发车。	☎0-2134-4097~9	基本上是为在飞机场上班的人服务的交通工具。比较适合对曼谷的地图有一定程度了解的人。

详尽的

Perfect Transportation Guide

为您在曼谷自在游玩特备的

交通工具指南

曼谷有 1 条 MRT（地铁）线，2 条轻轨线（被称为空中列车的高架铁路），另外，公共汽车、来往于湄南河的小船、渡船，还有出租车、嘟嘟车、摩的等交通工具像网眼似的构成了市内密布的交通网。若能熟练掌握它们各自的特征，您就可以在曼谷自由自在地游玩了。

游客乘坐方便的轻轨

轻轨、地铁的主要线路图

BTS素坤逸线
BTS是隆线
地铁

拍裕庭 Phahon Yotin
乍都乍公园 Chatuchak Park
周末市场
莫奇Mo Chit
拉特帕奥 Lat Phrao
邦绥站
邦绥 Bang Sue
卡姆亨潘 Kamphaeng Phet
叻差达披色 Ratchadaphisek
水牛桥 Saphan Khwai
斯提森 Sutthisan
阿里 Ari
法伊克旺 Huai Khwang
拍裕庭路 Phaholyothin Rd.
萨纳姆帕奥 Sanam Pao
叻差达披色路 Ratchadapisek Rd.
泰国文化中心 Thailand Cultural Centre
胜利纪念馆
胜利纪念馆 Victory Monument
叻差题威 Ratchathewi
拍喃9路 Phra Ram 9
帕耶泰 Phaya Thai
暹罗(中心车站) Siam(Central Station)
碧武里 Phetchaburi
拉玛九世路 Rama 9 Rd
国家体育馆 National Stadium
新碧武里路 New Petchburi Rd
华兰蓬 Hua Lamphong
奇隆 Chit Lom
奔集 Phloen Chit
华兰蓬站
娜娜Nana
素坤逸 Sukhumvit
叻差达慕里 Ratchadamri
阿索Asok
蓬鹏 Phrom Phong
是隆 Si Lom
萨姆亚 Sam Yan
隆披尼公园
素坤逸路 Sukhumvit Rd.
通罗胡同 Soi Thong Lo
亿甲米胡同 Soi Ekkamai
隆披尼 Lumphini
沙拉玲 Sala Daeng
Silom Rd.
拉玛四世路
是隆路
琼珑西 Chong Nonsi
通罗 Thong Lo
亿甲米 Ekkamai
素腊塞 Surasak
公共汽车东终点站
帕卡侬 Phra Khanong
Rama 4 Rd
孔提 Khlong Toei
郑信大桥 Saphan Taksin
诗丽吉王后国际会议中心 Queen Sirikit National Convention Centre
恩努特 On Nut

泰国国内唯一的

MRT（地铁）

这是一条于2004年7月3日开始运行的泰国的第一条地铁线。被称为切兰姆·拉切蒙空线，全长约20公里，有18站。始发于国铁蓬鹏站，途经周末市场，与邦斯站相连接。

列车有3列。为安全起见，安装了一个月台门，当列车进站时，车门打开的同时，月台门也开放。

为防止恐怖活动，站内入口附近有行李检查处。

运行时间：6:00~23:45（末班电车始发站的始发时间）

运行间隔：4分30秒钟~7分钟

车票：起价15泰铢，每多乘1站加1~2泰铢，最高价为39泰铢。如果使用乘车磁卡，车费就便宜一些，一般起价为12泰铢，最高价为31泰铢。

与轻轨相接处：分别在是隆站与沙拉玲轻轨站、素坤逸站与轻轨阿索轻轨站、在乍都乍公园站与莫奇轻轨站相接。

与机场列车直接处：从碧武里站步行5分钟，即到机场列车的目甲汕站。

车票的种类

■ **单程票（一次票）：**投币式。可以使用自动售票机投币买票或通过售票窗口。用票去触动检票机的中心部，门自动打开，就可以通过了。出去时放进检票机的投入口，即可收回车票。

■ **充值卡（乘车磁卡）：**卡片式。预先支付车费，每次使用时，再从中扣除。可以在窗口购买，初次购买时付300泰铢，内含磁卡押金50泰铢。限额在100~500泰铢，可以每次追加100泰铢（可以用信用卡支付）。检票时用充值卡触碰检票机的中心部分，门自动打开。下车时也是同样，卡内的钱会被扣除，门打开。每次检票机的小窗口会显示卡内余额。充值卡从购买之日起5年内有效。

■ **日票：**分1日内可无限制乘车的一日票（120泰铢）、3日内可无限制乘车的三日票（230泰铢）两种。可以在窗口购买。使用方法与充值卡相同。

注：有促销活动时，充值卡可以减价。

地铁车辆的外观与轻轨大致相同

地铁的乘坐方法（单程）

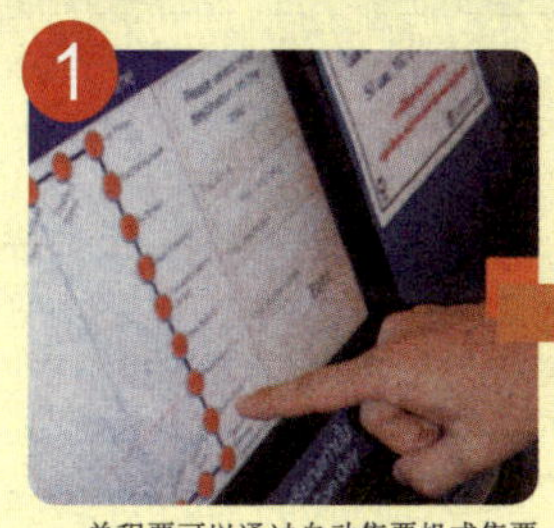

1 单程票可以通过自动售票机或售票窗口购买，从自动售票机的小屏幕显示的线路图上找到目的站，用手触摸一下，所需金额随之显现，投入现金，乘车券就出来了。可投入的钱币有：1、5、10泰铢的硬币与20、50、100泰铢的纸币。找零时都是硬币。小屏幕显示有泰语和英语两种语言，可供您选择。

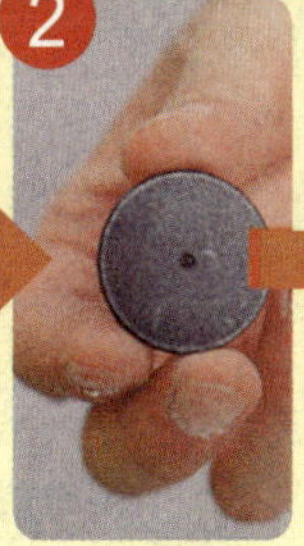

2 单程票，是一个类似奥赛罗棋棋子大小的黑塑料圆片。

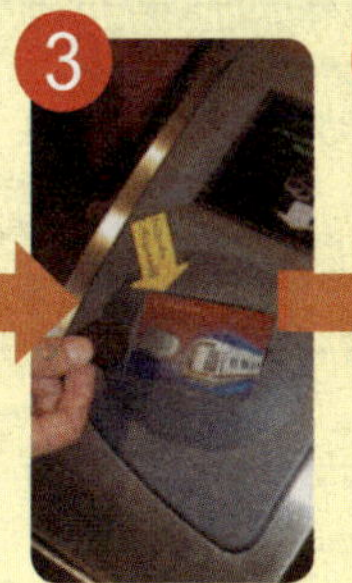

3 触摸检票机的中心部（印有车辆的图片），红色的门自动打开。

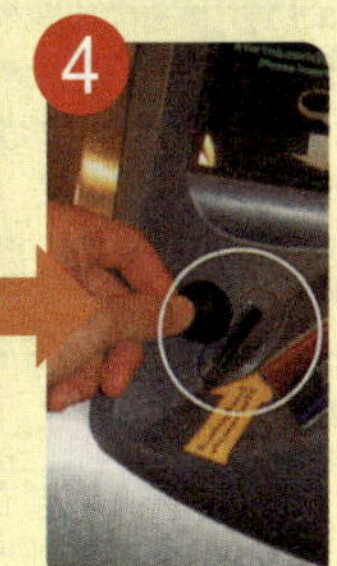

4 下车时，将乘车券投入箭头标示（圆圈内）的投入口内，门自动打开。

俯视着地面的交通阻塞，却能畅快地向前行驶

轻轨（空中列车）

1999年12月5日开通的高架铁路，BTS是运营公司名称的头一个字母（Bangkok mass Transit System），通称BTS或者空中列车，现在有2条线路。

BTS线路

是隆线：共9站，所需时间13分钟。以旺渊艾为起点，终点到国家体育场。

未来，仍以旺渊艾为起点，终点延长4站，到邦沃。

素坤逸线：共22站。所需时间32分钟。从莫奇到贝尔玲。

两条线路交会于暹罗（中心车站）。

运行时间：6:00~24:00

发车间隔：2分30秒钟~8分钟、各站之间差1~3分钟。

车费：根据距离长短15~55泰铢（每增加一次，5泰铢）。如果是几个人的团体，乘坐出租车便宜而且舒适。

与地铁的连接站：分别是在沙拉玲站与是隆站连接，在阿索站与素坤逸站连接，在莫奇站与乍都乍公园站连接。

与机场列车的连接站：在帕耶泰站与机场列车的帕耶泰站相接。

乘坐轻轨时的注意事项

检票机应时关闭门的速度相当快：检票机银色的箱子左右两侧红色的突出部分是乘车券投入时门的自动打开装置。突出部分的上方装有传感器，它感知到人过去了就关门。应时感应速度相当快，所以您通过时动作要敏捷。

携带大行李时：传感器会对行李作出反应，也许人还没有通过，它就把门给关了。所以带着大行李时，您可以向在检票口的安保人员提出请求，他会将侧门打开，让您通过。孕妇、老人或带小孩的乘客，也常常会采用这种方式通过。

不要走到月台的黄线外侧去：月台的两端画有黄色警戒线，当您走出黄色线外侧时，安保人员会吹哨以示提醒。

不要逗留太久：从进入时起，在里面逗留120分钟以上，出去时要多交40泰铢。

乘坐空中高技术公共汽车要在门票之外加钱：如果您想坐空中高技术公共汽车，交15泰铢，就可以进站了。

轻轨站与通过人行过街天桥相连的主要大厦

车站	相连的大厦
胜利纪念馆	时尚中心，中心1区
叻差题威	亚洲酒店（卡里普索酒店）
国家体育馆	MBK中心（东急曼谷帕色哇公主饭店）暹罗发现中心~暹罗中心~暹罗中心车站，曼谷文化艺术中心
暹罗（中心车站）	曼谷暹罗，暹罗中心~暹罗发现中心~国家体育场站和MBK中心（东急曼谷帕色哇公主饭店），中央世界 盖桑购物中心，四面佛，Amarin购物中心，默尼亚大楼，齐隆站
沙拉玲	Silom Complex商场（中央商场），他火野广场BTS，他火野广场J城
奇隆	GAYSORN商场，Amarin广场，中央世界暹罗车站，默尼亚大楼，七隆车站
奔集	Waveplace，park ventures complex（大仓）
阿索	罗宾苏商场，喜来登区，时代广场，交换塔，候机楼21
蓬鹏	百货大楼
恩奴特	乐购莲花超市

※卡里普索酒店预计8月移至阿西亚蒂克河滨夜市（p.132）处。

车票的种类

- **单程票（一次票）**：通过自动售票机购买，出票时取走即可。
- **日票**：120泰铢的一日票。购买当日可随便乘车（注意：并非是从购买时间算起24小时）。
- **空中高速汽车（预存卡）**：车票130泰铢。其中30泰铢为磁卡的押金，退卡时返还，30泰铢为磁卡的钱，剩下的70泰铢才是乘车费。追加钱时可以在窗口进行。从购买之日起5年内有效。
- **30日高速汽车（次数票）**：分15次（375泰铢）、25次（575泰铢）、40次（840泰铢）、50次（1000泰铢）四种。在30日的有效期内，不以乘车时区段的长短定票价的多少，而是不准超出所标注的乘车次数。购买时除了车费，还要另外再交30泰铢的磁卡费。
- **兔形卡**：2012年5月1日新出的一种预存卡。300泰铢一张，内含150泰铢的发行手续费、50泰铢的押金、100泰铢的电子钱。这种卡，不仅可以支付轻轨费，还可以在相关的饮食店和商店里使用。计划将来可以与地铁共用。

注：空中高速汽车预存卡、30日空中高速汽车预存卡、兔形卡都是内含IC芯片的卡片。

车票的购买方法

1

单程票使用自动售票机购买。只限使用5、10泰铢的硬币。没有硬币时，先去车站窗口换零钱。有的车站里设有能使用纸币的新型自动售票机。※公共汽车一日票、空中高速汽车一日票、空中高速汽车30日票卡只能在窗口购买。空中高速汽车卡续钱时可使用信用卡支付（使用乘车卡时间：6:00~22:00，最低从300泰铢起。C/C A J M V）。

2

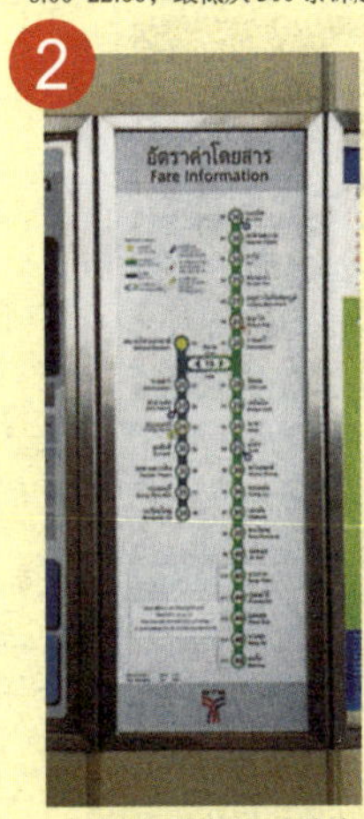

准备好零钱后，在线路图与车费列表上，确认到目的站的车费。

3

在售票机1处，排列着许多按键，找到目的站车费数目（如车费为25泰铢，就按25数字键）。→这时按钮灯亮了，应在2处放入足够的硬币。→3乘车磁卡就通过这个狭长的缝隙出口出来了。→4如果需要找零，零钱从这个小窗口里出来。

检票口的通行方法

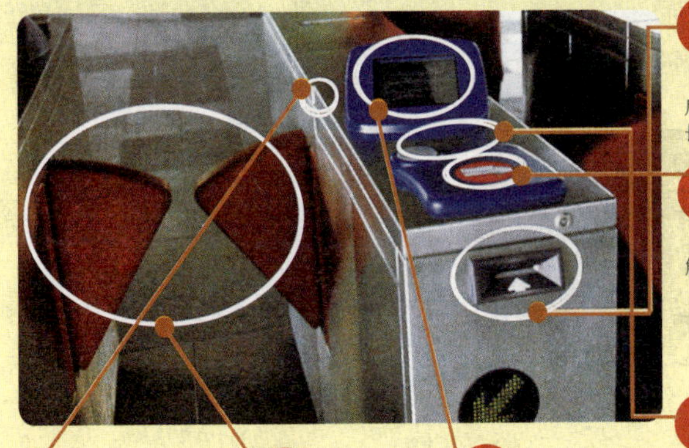

1-1 单程票和公共汽车一日票卡插入眼前的缝隙处，然后从检票机上面正前方的狭长出口出来。

1-2 空中高速汽车与30日高速汽车乘车卡，则用车卡触击此处，门自动打开。

2 将从此处出来的票卡取出，门随之打开。出票的时候原则上也是一样的。将单程票取回。注意别忘了把公共汽车一日票卡取走。

3 使用空中高速汽车卡和30日高速汽车卡时，在这儿显示余额。

4 当红色的门打开时，迅速通过。

5 此处装有传感器，传感器感知到有人通过时，门打开，但是在很短的时间内门就会自动关闭，注意别让门夹住。

注：有人把轻轨称作“单轨铁路”，实际上却是使用双轨的铁路。

价格便宜的交通工具

公共汽车

曼谷市民最普通的交通方式就是公共汽车。全市有近200条线路，各线路用号码来区分。要想搜寻自己去的地方有哪路公共汽车通过，就去书店买一张公共汽车线路图。车辆的形体有好几种，车费多少不是由线路决定，而是由车辆不同的形体而决定。

可以轻松乘坐的公共汽车

公共汽车的乘坐方法

公共汽车在公共汽车站上下车。但是，曼谷的公共汽车有时不在汽车站停车，却会停到您跟前。想尽早乘上车的乘客都在公共汽车站牌处等待，这时，为了不被丢下，赶紧从站牌处跑到汽车跟前。然而，也有的车将眼前的乘客接上后，又到原来的站牌处停下，那就要看运气了。交通阻塞时，汽车行走于偏中央的车道上，有时都不能靠近站牌处，这时汽车停下来，打开车门，要一边注意眼前车道上通过的车辆和摩托车等，一边走近汽车。泰国人看到要乘坐的汽车时，将胳膊稍稍向下倾斜伸出发出一个信号，这个信号不只是坐公交车，坐出租车和嘟嘟车都适用。尽管站牌处有人在等车，但是如果没有人发信号，公共汽车会直接开走而不停车，这一点要注意。

有的站牌处安有屋顶和座椅

车费的付法

车费在上车后交给售票员。当您听到清脆的金属互相碰撞的声音，那就是收款的信号。您就把钱交给身穿浅蓝或深蓝色制服的售票员，售票员从筒状票箱里将车票（严格来说，应当叫收条）剪下交给您。空调汽车车费实行的是距离制，首先要告诉售票员您要去的地名，然后交钱。因为说英语大多都不懂，您最好先向酒店的工作人员学习一下泰语的发音，或者把地名用泰语写下来给售票员看一下。有时会检票，所以您在下车之前一定要保管好您的车票。另外，您如果用100泰铢等高额纸币支付车费的话，会很麻烦，最好备好零钱。

公共汽车的下车方法

按响车内蜂音器，下一站就要停车。如果是热情的售票员，他会连呼几次地名，告知乘客，但说的是泰语，不好理解。若不知道目的地，您可以向周围的人询问，或者在地图上寻找标志。汽车各站之间距离设置得很短，稍稍过站也可以再走回来。

注意汽车的告示牌

公共汽车车身的前后或侧面挂着一个长方形牌子，要注意上面写的内容。

蓝字或蓝牌

普通运行的汽车。车费也是普通价。只是有的汽车虽是蓝牌，却只跑这条线路的一部分。这个可难以分辨，如果中途停下不再前行，您只好再等后续的汽车了。

黄字或黄牌

要进入收费公路的公共汽车。车费增加2泰铢。收费公路以外的线路上是普通价，告诉售票员您要去的地方。而空调车则挂着白底红字牌。

红字或红牌

这是一种只行驶本线路的一部分的汽车。牌子上用泰语写着要去的地名。

橙色的字或橙色的牌子

只在高峰期发车，只在特定站停车的快车。

公共汽车的车费（2012年5月起至今）

红公共汽车	线路不同，车费各不相同，7.5泰铢或8.5泰铢
白色、粉色汽车	9泰铢
老牌空调车、白色的有连接的空调车	前8公里12泰铢，以后每4公里增加2泰铢，最高价为20泰铢
新式空调车（橙色或蓝色）	前4公里13泰铢，以后每4公里增加2泰铢，最高价为25泰铢
黄车	前4公里15泰铢，以后每4公里增加2泰铢，最高价为27泰铢
地铁公交车	线路不同，票价各异。分别是20、30、40泰铢
橙色迷你型公共汽车	8泰铢
深夜车票	23:00~次日5:00，车票增加1.5泰铢

公共汽车的种类

新式空调车

蓝色、橙色或车身喷涂着白漆的连接式的现代化汽车。配空调，非常舒适。

乘坐舒畅的橙色车

车费便宜的新式连接

民营托管的蓝色车

白色、粉色车（无空调）

喷漆虽新，车却大多数是旧车。

将旧车重新涂刷而成的白色汽车

将旧车重新涂刷而成的粉色汽车

红汽车

喷涂成绿色和红色，但车体本身已相当陈旧。不只限于到站停车，比如，在十字路口正在停车等候，这时您如果按响蜂音器，也会给您打开车门。

上下车比较自由的红汽车

黄汽车

这是2006年出现的以液化天然气为燃料的中国制造的公共汽车。虽然备有空调，但车门的缝隙太大，实在不敢恭维。

真能改善曼谷的大气污染吗

地铁公交车

2008年开通的在特定的线路上运行的民营公交车。车辆新，配有空调，非常舒适。唯一不足的是车费有点高。

司机也穿着制服

旧空调车

蓝底绿条的双色调，侧面整体均是广告的车很多，车辆也够年限了，该退休了。

这是没有广告的车型

橙色迷你公共汽车（无空调）

只跑特定线路（1号或40号等），起辅助作用运行的民营车。2010年2月车辆重新喷刷，从绿色改为橙色。

车辆的体积比普通公共汽车小一些

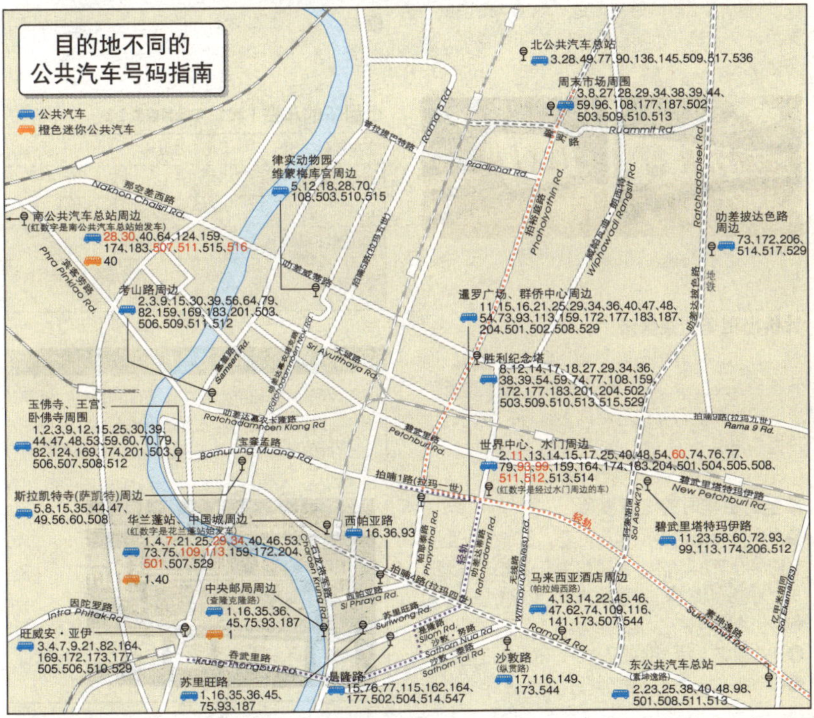

目的地不同的公共汽车号码指南

公共汽车
橙色迷你公共汽车

北公共汽车总站
3、28、49、77、90、136、145、509、517、536

周末市场周围
3、8、27、28、29、34、38、39、44、59、96、108、177、187、502、503、509、510、513

律实动物园、维蒙梅库宫周边
5、12、18、28、70、108、503、510、515

南公共汽车总站周边
(红数字是南公共汽车总站始发车)
28、30、40、64、124、159、174、183、507、511、515、516
橙色迷你公共汽车：40

考山路周边
2、3、9、15、30、39、56、64、79、82、159、169、183、201、503、506、509、511、512

叻差披达色路周边
73、172、206、514、517、529

暹罗广场、群侨中心周边
11、15、16、21、25、29、34、36、40、47、48、54、73、93、113、159、172、177、183、187、204、501、502、508、529

胜利纪念塔
8、12、14、17、18、27、29、34、36、38、39、54、59、74、77、108、159、172、177、183、201、204、502、503、509、510、513、515、529

玉佛寺、王宫、卧佛寺周围
1、2、3、9、12、15、25、30、39、44、47、48、53、59、60、70、79、82、124、169、174、201、503、506、507、508、512

世界中心、水门周边
2、11、13、14、15、17、25、40、48、54、60、74、76、77、79、93、99、159、164、174、183、204、501、504、505、508、511、512、513、514
(红数字是经过水门周边的车)

斯拉凯特寺(萨凯特)周边
5、8、15、35、44、47、49、56、60、508

华兰蓬站、中国城周边
(红数字是花兰蓬站始发车)
1、4、7、21、25、29、34、40、46、53、73、75、109、113、159、172、204、501、507、529
橙色迷你公共汽车：1、40

西帕亚路
16、36、93

碧武里塔特玛伊路
11、23、58、60、72、93、99、113、174、206、512

中央邮局周边
(查隆克隆路)
1、16、35、36、45、75、93、187
橙色迷你公共汽车：1

马来西亚酒店周边
(帕拉姆西路)
4、13、14、22、45、46、47、62、74、109、116、141、173、507、544

旺威安·亚伊
3、4、7、9、21、82、164、169、172、173、177、505、506、510、529

苏里旺路
1、16、35、36、45、75、93、187

是隆路
15、76、77、115、162、164、177、502、504、514、547

沙敦路
(纵贯路)
17、116、149、173、544

东公共汽车总站
(素坤逸路)
2、23、25、38、40、48、98、501、508、511、513

那空差西路 Nakhon Chaisri Rd.
帕拉披巴特路
Rama 5 Rd.
Pradiphat Rd.
Ruammit Rd.
拍裕庭路 Phaholyothin Rd.
威帕瓦迪·朗西特 Wiphawadi Rangsit Rd.
Ratchadapisek Rd.
叻差披达色路
地铁
宾告劳路 Phra Pinklao Rd.
叻差威蒂路
拍喃5路(拉玛五世)
差霖路 Samsen Rd.
叻差达慕农诺克路 Ratchadamnoen Nok Rd.
大城路 Sri Ayutthaya Rd.
叻差达慕农卡隆路 Ratchadamnoen Klang Rd
宝蓉孟路 Bamurung Muang Rd.
碧武里路 Petchburi Rd.
拍喃9路(拉玛九世) Rama 9 Rd.
拍喃1路(拉玛一世)
碧武里塔特玛伊路 New Petchburi Rd.
轻轨
帕耶泰路 Phayathai Rd.
叻差达慕利路 Ratchadamri Rd.
无线路 Witthayu(Wireless) Rd.
阿索胡同 Sol Asok(21)
亿甲米胡同 Sol Ekamai(63)
素坤逸路 Sukhumvit Rd.
拍喃4路(拉玛四世) Rama 4 Rd.
石龙军路 Charoen Krung Rd.
西帕亚路 Si Phraya Rd.
苏里旺路 Suriwong Rd.
是隆路 Silom Rd.
沙敦·努路 Sathorn Nua Rd.
沙敦·泰路 Sathorn Tai Rd.
因陀罗路 Intra Phitak Rd.
吞武里路 Krung Thongburi Rd.

便利的门对门服务

出租车

曼谷的出租车使用的是小型轿车。采用粉色、绿色之类色彩艳丽的喷涂，车顶上装有醒目的标记。分两种：一种是靠价格协商决定车费，另一种则是使用路程计价器来计价的，叫作“计价出租车”。路上跑的大部分是计价出租车。

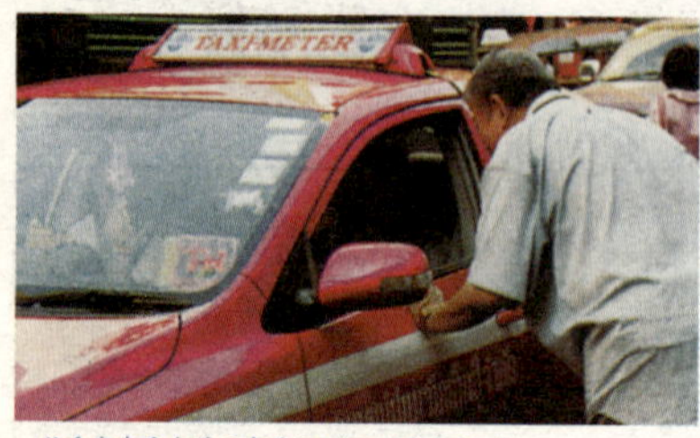

一位乘客在乘车前正在询问：“可以乘车吗？”

曼谷的两种出租车

采用计价器计价的出租车在曼谷叫作“计价出租车”。曼谷这种带计价器的出租车始于1992年，之前都是协商制。这种协商制出租车现在仍然有，已行将消失。两者的区别在于车顶部的标志不同，如顶上是“TAXI METER”，即为计价出租车；顶上是“TAXI”标志的，则为协商制。

计价出租车的顶牌

协商制出租车的顶牌

计价出租车的乘坐法

首先，打开车门告知司机要去的地方，确认能否乘坐。如果语言不通、司机不知道路径、司机要换班了或者距离太远等，也可能会被拒载。

乘坐出租车时的注意事项

❶车门是手动的，乘客自己开、关车门。要注意的是，有的游客会在无意中忘记这一点，下车之后忘了将车门关好就离开了。即使毫无恶意，但给司机带来不必要的困扰。

❷坐在前座上时，别忘记系好座位上的安全带。

❸曼谷市内很多是一侧通行，地图上标志为一条直线，有的出租车却复杂地拐来拐去。尤其是看到对本地地理生疏的外国游客，道路状况畅通时，有的司机就试图绕远路，要特别注意。有时候原本距离很近，有的司机却称要上“收费公路”等，绕远路，赚路程钱，遇到这种情况时，不要上当，重新找一辆车也不是难事。

❹乘车时，计价器起价金额是否定在35泰铢，计价器在车未发动前是否已在工作，一定要确认清楚。如果数字显示在35泰铢以上，或者数字上升状况异常，马上让车停下，下车即可。司机说“没问题”，并不可信。

❺司机不使用计价器，只空口说“××泰铢！”容易引发纠纷，不要上这种车，重找一辆就是了。

❻有的司机很认真，把零钱找好递给您，而有的司机就不经过您的同意，擅自去掉零头。极不好的情况下，40~50泰铢的车费，用100泰铢支付的话，有的司机推说“没零钱找”等借故欲将余额占为己有。为了避免引发不愉快，最好预先备好零钱。

❼人行道上画有红、白色油漆线的地方，是出租车的禁止停车区。也有的出租车会停车，但是如果让警察看见，司机是会被罚款的（除非他曾贿赂过警察，得到特许）。

❽在酒店门前等待客人的司机，无良的很多，不要理睬。找一辆流动揽客的出租车为好。

出租车的车费（2012年5月起至今）

上车起前2公里	35泰铢
2~12公里	每1公里增加5泰铢
12~20公里	每1公里增加5.5泰铢
20公里以上	每1公里增加6泰铢
塞车时	时速在6公里以下，每行驶1分钟，加1.25泰铢

※实际车费以当地为准。

计价器的看法

停车时的计价器数字即为车费数目。除了车费之外还有两个地方有显示的数字，其中左边显示的是行驶时间，右边显示的则是行驶的距离。

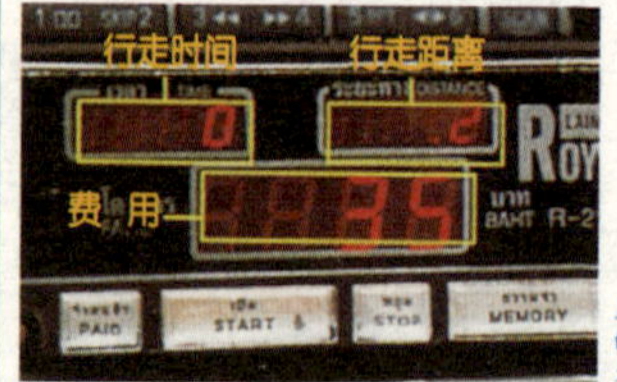

显示最大的数字即为车费

乘一次泰国有名的
嘟嘟车

作为泰国的象征之一，给人印象最深刻的交通工具就是嘟嘟车。这种车有三个轮子，以车身色彩极其艳丽为特色。嘟嘟车排着浓浓的尾气，在马路上呼啸着全力奔跑的身影，与运河上的小船都是曼谷特有的一道风景。基于它奔跑时发出的“嘟嘟”的轻快的排气声而得名。嘟嘟车有3个轮儿、重心高，所以其缺点是缺乏稳定性。似乎有只限3人的规定，但是只要司机乐意，坐几个人也没关系。曾有一车拉7~8个小孩的纪录。

嘟嘟车的乘坐法

造型独特、可爱的嘟嘟车

车费在乘坐前与司机协商而定。协商方法与在市场等地买东西一样，司机们的要价往往要比实际应支付的车费高，对外国人就更高了。不出市区要价在100泰铢左右时，就比较贵了。您如果心里没底，最好去找当地人询问一下实价，或者先坐几次计程车，找到车费标准的感觉之后再去议价。如果距离不远，但步行去还有点远的地方，未超过出租车起价35泰铢的（在35泰铢以下），乘坐出租车就是一种聪明之选。不被敲竹杠的诀窍是，避开在酒店门口或游览地专候客人的司机，议价时态度要坚决。把付款痛快的外国游客当朋友看待的车也有，他们懂英语，有些水平还很高。如果谈不拢的话，最好马上去重找一辆车。

车到目的地后，按当初的约定支付车费。如果上车后又要涨价，或说“请付小费”等，不要理睬。有时候，自以为该到了，到达的却不是目的地，而是珠宝店或礼品店的门前。这是他们兼做拉客的生意，只要把客人带去，他们就会得到回扣或领到汽油券。遇到这种情况时，您可以要求司机把车倒回去，或不付车费离开。

穿行于小巷中的
摩托车

从大街上延伸开去，就进入小巷，在小巷的入口处，并排停着许多摩托车，司机们身着统一的背心，在树荫下休息。这些就是摩托出租车即摩的。他们让客人坐在后座上，穿行于小巷之中。车费在10泰铢左右。一般情况，他们专跑短距离，当然协商之下，也有可能远距离送客，这时车费最低要20泰铢，和嘟嘟车费用相当或者略高一些。因为摩的翻倒造成骨折，或是摩的从车与车之间挤过去时膝盖被撞而受伤的乘客很多。乘坐时一定要戴上头盔（司机会借给您的），注意夹紧膝盖，紧紧抓牢，使身体保持平衡，防备紧急刹车或路况突变。

在巷口等待客人

以卡车车厢为客座的
双条车

路上任何地方都可自由上、下车

这是一种在小型、中型卡车的车厢里，放上长凳，供许多乘客一起乘坐的名为“双条车”的载人卡车。它们行驶在公交车行驶不到的市内的大胡同里，或郊区的住宅区。受公交车管理部门BMTA委托运营，车费是7泰铢。

行驶于郊区的新的交通系统
BRT（高速公共汽车）

2010年5月29日开始运行的BRT（高速公共汽车），有自己的专线。它从琼珑西轻轨站发车，经过曼谷市区南部，到达吞武里一带。叻差布鲁克终点站已于2012年开通，将与轻轨的延伸部分连接起来。车费因距离不同各异，10~20泰铢。可以使用轻轨的空中高速汽车卡、兔形卡。

当地很多人都乘坐

吸引游客的水上公共汽车

湄南河快船

白色的船身上带有红色的线条，这是由湄南河快船公司经营的航行线路船。避开了公路上的交通堵塞，水面上凉风习习，让人心旷神怡，而且船在航行时可以顺便欣赏到岸上的名胜古迹，一石二鸟。

线路是北面从 N30 暖武里（曼谷北部相邻县。还有的船会航行至更北的 N33 帕克克雷德码头）码头起航，开往南面的克隆塔普桥头的 S3 叻差新空寺码头（黄旗船的终点在 S4 叻武拉那码头）。贯通整个航程大约需要 1 小时 30 分钟，途经 38 个码头。开船时间：6:00~19:30，一般每 20 分钟发一趟。船上竖着什么颜色的旗帜，船就只在竖着同样旗帜的码头停船，而没有旗帜的船只，则所有的码头都停船。

船的种类和运行时间

船的种类一共有 5 种，大约整日都在航行的船是橙旗快船。

黄旗快船：周一～周五航行。6:10~8:40 从 N30 暖武里码头发船，开往 S4 叻武拉那码头。16:30~18:20 从 S4 叻武拉那码头发船，返回 N30 暖武里码头。6:40~8:05、15:45~19:30 往返于 N30 暖武里码头与沙敦中心码头之间。

黄、绿旗快船：周一～周五航行。6:15~8:05 于 N33 帕克克雷德码头开船，开往沙敦中心码头。16:05~18:05 从沙敦中心码头开船，返回 N33 帕克克雷德码头。

橙旗快船：每天都开船。5:50~18:40 往返于 N30 暖武里码头与 S3 叻差新空寺码头之间。

无旗的普通船：只限周一～周五开船。6:00~8:30、15:00~18:00 往返于 N30 暖武里码头与 S3 叻差新空寺码头之间。

蓝旗特船：可以自由预订的船。每日 9:30~15:00 航行。

快船舱内的状况

湄南河快船船费（2012 年 5 月至今）

蓝旗船	150 泰铢（1 个区段 30 泰铢）
黄旗快船	因距离不同各异，20、29 泰铢
黄绿旗快船	因距离不同各异，13、20、32 泰铢
橙旗快船	15 泰铢
无旗普通船	采用将全航程分成三部分的区域制。一区内 10 泰铢，二区内 12 泰铢，三区 14 泰铢。区域的分界线参照左边的航线图

湄南河快船和乘坐方法

当船横靠码头停下来时，从船的后部上船。船员就在船的后部，负责在船接近码头或从码头出发时，鸣响特制的汽笛，发出信号；人们上下船时，将钢缆系在碇桩上。下船时不发特别的信号，如果不放心就和船员说一声。船费与坐汽车时一样，上船后告诉售票员要去的地方，然后付钱，也有的是在码头柜台上付船费。有时会检票的，不要把船票在下船之前扔掉。各码头上都有船的航行线路、船费指南牌。

可自由预订的船

除了购买一日乘船票（一日水上汽车票，150泰铢），可以于购买当日自由乘坐湄南河快船外，还可以乘坐9:30~15:00每隔30分钟发一趟船的往返于沙敦中心站码头与N13帕阿迪码头之间，并有向导陪同的特船（蓝旗船）。

替代桥的、轻松愉快交通工具 渡船

由于湄南河上桥不多，所以曼谷与对岸的吞武里之间好几处地方都有渡船往返其间。船费是3~3.5泰铢，可以在码头支付，也可以渡过河之后在对岸交钱。行船线路不同，航行时间多种多样，清晨5:00~6:00开航，最晚到20:00~23:00。

可以轻松愉快乘坐的渡船

可以当出租车乘坐的 同乘船

细长的船身，上面加了一个塑料屋顶，其色调让人想起寺院的屋盖瓦。从它后部安装的引擎处伸出一根长长的螺旋杆，由此得名“长尾船”。

这种船会进入吞武里一带运河深处向前航行，规定每一个码头都要停船。行船时间为清晨到傍晚时分，客人坐满就发船，船费是10~15泰铢，下船时在船头交钱。

常在码头周围招呼客人的船只，船的外形相似，但这些船并非同乘船，而是包租船。其中不乏品行恶劣者，被宰巨额船费的游客从未断绝过。所以在乘船时，一定不要理睬那些拉客者，向配备有办公桌的正规公司提出申请为好。N9塔昌码头集中了很多经营船只业务公司的柜台。

■开往吞武里一带运河方向同乘船的主要乘船地点

N6纪念大桥码头（开往帕瓦卡运河）
Map p.78-A3
N8塔提恩码头（开往曼谷诺伊运河、蒙运河）
Map p.74-B5
N9塔昌码头（开往帕克维恩运河、帕亚伊运河）
Map p.74-B3
N30暖武里码头（开往奥姆运河）文前图曼谷-B3

细长的船身，行驶时速度也很快

曼谷市内坐船行走的 运河船

利用贯通曼谷市区东西方向的森塞普运河，船有两条航线：从沃特什拉卡特附近的帕凡桥头出发开往水门；从水门出发开往帕卡佩的莫尔百货商店附近。如果船航行顺利，没有公路上的拥堵现象，非常方便。只是不是专为游览而设，途中并无风景区。而运河里的水也难说清澈。

船票是上船后向售票员买。船费采用的是距离制，说明自己下车的地点，对方就会告诉您船费。发船间隔为15~20分钟。周日、节日期间，发船次数减少。如果遇到雨季等，水量增加，导致水位上涨时，有时会中止开船。

西线：帕凡雷拉特（巴差提朴国王博物馆旁边）~水门。大约需要15分钟。

东线：水门~贡吞桥（运河交叉口）~民武里。大约需要40分钟。

船费：8~18泰铢（帕凡雷拉特~水门10泰铢）

发船时间：平日清晨5:00~20:00；周六6:00~19:30；周日6:00~19:00

蓝色塑料薄板是用来挡飞溅的水花的，由乘客操纵

在水上欣赏曼谷的风光

快船之旅

曼谷原本就是以湄南河为中心发展起来的城市，沿着河边有许多古老的建筑。乘坐湄南河快船，这些建筑物一览无余，您可以亲身感受一下曼谷的历史变迁。从船上能观赏的名胜古迹，从南部到北部如下所述。

克隆塔普桥、拉玛三世桥 ~ 郑信大桥

与近代的拉玛三世桥并列架设的克隆塔普桥，是横跨湄南河的第四座大桥，建于 1959 年。

南部的始发点叻差新空寺码头

第一长老会
Map p.72–B5

1860 年成立。

亚纳瓦寺　Map p.82–B5

市内有一座平底中国帆船造型的佛塔。→ p.132

郑信大桥 ~ 帕普塔约塔法桥（纪念桥）、帕波克拉奥桥

作为交通大动脉的郑信大桥，于 1982 年开通，是比较新的一座。

半岛水疗馆　Map p.82–A4

高耸在吞武里一带的高档酒店。酒店的 W 造型最为引人注目。

→ p.270

阿森普雄教会　Map p.82–B4

教会的圣堂一律采用法国进口的大理石建造，周围有附属学校的建筑物，从船上看不太清楚。

曼谷文华东方酒店　Map p.82–B4

这是一座颇具曼谷悠久历史传统的高档酒店。面临湄南河的院子中的旧馆里，有以酷爱此酒店的著名作家的名字命名的传统作家套房，以及可以品尝下午茶的作家休息室。→ p.269

法国大使馆　Map p.82–B3~B4

在泰国设置的第二个外国大使馆。

水上警察、消防队总部　Map p.82–B3

设在 19 世纪末建造的旧海关建筑物里。

CAT（泰国通讯公司）大厦　Map p.82–B3

全部由蓝色玻璃材制建造的大型高楼，其背后是中央邮局。

葡萄牙大使馆　Map p.82–B3

1820 年建成，泰国第一个外国大使馆。

皇室兰花喜来登　Map p.82–B2

矗立在锡普拉亚码头的大型酒店。→ p.275

圣罗萨莉教堂
Map p.82–B2

1786 年，由葡萄牙人创建的天主教教会。1891 年改建之后，成为现在的风貌。

这一带摩天大楼林立，一派现代景观

帕普塔约塔法桥（纪念桥）、帕波克拉奥桥 ~ 帕平克拉奥桥

湄南河上架设的第二座桥，即为 1932 年建成的帕普塔约塔法桥。这是一座中部可以弹起的可动桥。

曼谷现代化步伐的前驱——帕普塔约塔法桥

帕克 · 克隆市场（Talat Park Khlong）　Map p.78–A3

一天 24 小时的花市，并且在天黑之后，帕普塔约塔法桥下就有了服装、杂货夜市，每日都有许多人前来光顾，热闹非凡。→ p.126

圣克鲁斯教堂
Map p.72–A3

在河上可以看到的基督教堂是于 1913 年修建的。→ p.63

已有近 100 年历史的教堂

◇ 肯拉亚纳米特寺　Map p.72-A3

泰国有许多宏伟壮观的寺院，该寺院的礼拜堂堪称其中之最。→ p.106、109

◇ 韦恰伊·普拉米特堡　Map p.72-A3

建于曼谷亚伊运河交叉口的韦恰伊·普拉米特堡，是阿育塔亚王朝时代首都防御的据点。

◇ 恰奇拉本大别墅　Map p.74-C5

原本是拉玛五世的恰奇拉本王子为进宫时换衣服、休息而建造的。现在已成为酒店。→ p.293

◇ 泰国海军总部　Map p.74-A4~B4

原本是击退缅甸的达信王的王宫所在地。沿河岸边有达信王的纪念碑。

海军总部及前方陈列的警备艇

◇ 王室专用停船码头　Map p.74-B4

位于王宫内却克里·马哈·普拉萨特宫殿的正侧面。

◇ 拉肯寺　Map p.74-A3~A4

即位前的拉玛一世居住的漂亮建筑，作为藏经阁遗留下来。

→ p.106、109

◇ 苏帕特拉夫人之家　Map p.74-A3

创建湄南河快船公司的苏帕特拉夫人的家。现在已成为酒店。

◇ 西里拉特医院　Map p.74-A2~B2

它拥有代表泰国医疗水平的先进医疗设备和规模，是一家大型医院。因当今国王在此住院而闻名。

◇ 吞武里站　Map p.74-B1~B2

开往干乍那武里（北碧）方向列车的始发站。建于1899年，在第二次世界大战中，曾遭盟军轰炸。现在正在大规模开发中，进深500米左右的临时站正在营业。

帕波克拉奥桥 ~ 拉玛八世桥 ~ 隆通桥

帕波克拉奥桥，建造于1973年，是横跨湄南河的第五座桥。

连接吞武里和曼谷的、现代化的拉玛八世桥

◇ 巴苏孟要塞　Map p.76-A4

可以观赏到建于小树林之间的白色要塞，还可以看到周围的公园里人们惬意休息的场景。该要塞并非原创，是1982年为纪念却克里王朝成立200周年而重新修建的。

◇ 叻差提瓦特寺　Map p.72-B1

也叫萨茅塔伊寺，因拉玛四世在此出家而改名，其意思是“国王住的寺院”。

◇ 概念教会　Map p.72-B1

是曼谷的第一家天主教会。这儿的布卢戈尔神父与蒙库特王子（后来的拉玛四世）交情甚厚，互相教对方拉丁语与泰语。

◇ 圣弗拉西斯科·扎比安鲁教堂

Map p.72-B1

可以看到屋顶上安放着的耶稣像。

隆通桥 ~ 拉玛七世桥

外表墩实的隆通桥，是横跨湄南河的第三座桥，建于1958年。

◇ 邦罗特·布卢瓦利公司

文前图曼谷 -C2

是制造泰国的代表啤酒——新豪（SINGHA）啤酒的总公司。工厂位于上游的帕杜姆塔尼。从工厂再往上，是泰军拴登陆艇之地。

在泰国叫啤酒·新

拉玛七世桥 ~ 暖武里

穿过拉玛七世桥一直向北走，沿岸的风景怡人。再向北就到了暖武里，一派曼谷郊外中等规模城市的感觉。码头前方的环状交叉路口附近高耸着一座钟塔。从曼谷方向来的公共汽车正从此地折回。

码头附近有一座制作考究的木结构建筑，那是暖武里旧县厅所在地

充分利用交通工具

在曼谷，乘坐公共交通工具自在游玩

去曼谷市内主要的繁华街和名胜风景区，只要熟练乘坐轻轨、地铁、湄南河快船，就可以高效率地游览，而且相当省钱。担心乘坐出租车和嘟嘟车语言不通的人，乘坐公交车更为放心。

熟练利用公共交通

巡回在交通拥堵严重的泰国市区

这条宽阔的马路，早晚也是拥挤不堪

曼谷市内道路上，交通拥堵情况相当严重，乘坐出租车和嘟嘟车都无法推测时间。特别是酒店多的繁华区、帕凯奥寺、王宫等名胜区的素坤逸路、拉玛四世路、巴吞旺交叉点（马蓬库隆中心的一角）、法拉姆邦站前、中国城（耀华力路、查隆克隆路），人车混杂、车速缓慢，风景区与购物区之间乘车移动，常常花费很多时间。

灵活利用轻轨与湄南河快船

既凉爽又舒适的快船

轻轨与地铁覆盖了酒店和购物区，而湄南河快船则覆盖了王宫周边的风景区。位于郑信大桥的郑信大桥轻轨站与湄南河的沙敦码头相连。从轻轨、地铁沿线去往王宫周围或去向相反方向时，在距离上说，是有点绕远，但是轻轨、地铁与湄南河快船相继搭乘，不太费时间，还可以沿途玩味异国情调。

在郑信大桥换乘车方便

船与轻轨相接的沙敦码头

乘轻轨到达郑信大桥站下车，出了与车运行方向一致的检票口，从左边的台阶下去，继续向前，就会看到沙敦码头的建筑。在这儿就可以等待从左侧开来的湄南河快船。船分普通船和快船，注意船头竖着非橙色旗的快船是路过王宫周边的船。（→ p.48）

游览完王宫周边的风景区后，从塔昌、塔提恩码头乘船返回沙敦。

轻轨与最近的购物区、百货商店

轻轨站	购物区、百货商店	
国家体育场	马蓬库隆中心	
暹罗	暹罗广场、暹罗中心、暹罗发现中心、暹罗帕拉冈	世界中心
奇隆	世界中心、盖松 · 阿马林 · 帕扎、埃拉旺	中心百货商店
莫奇	周末市场	

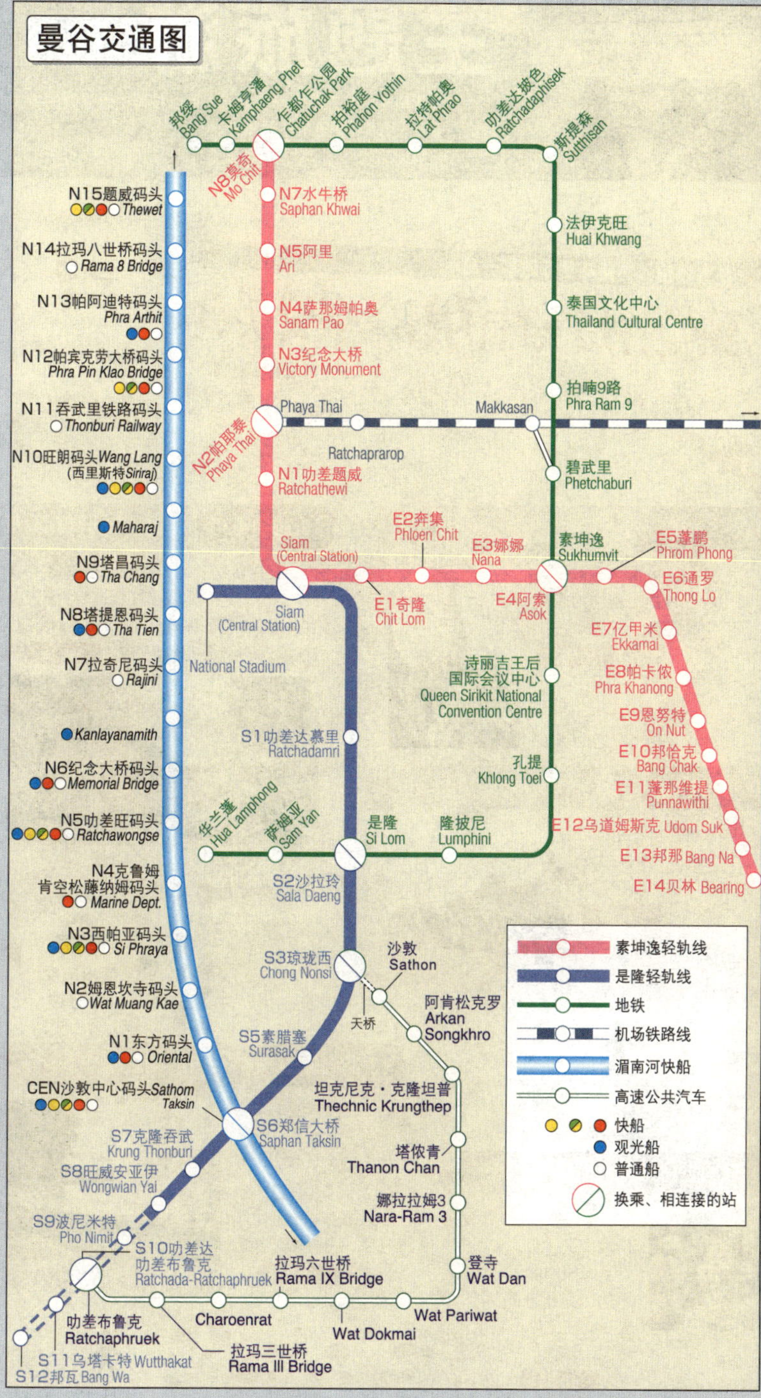
曼谷交通图
邦绥 Bang Sue
卡姆亨潘 Kamphaeng Phet
乍都乍公园 Chatuchak Park
拍裕庭 Phahon Yothin
拉特帕奥 Lat Phrao
叻差达披色 Ratchadaphisek
斯提森 Sutthisan
法伊克旺 Huai Khwang
泰国文化中心 Thailand Cultural Centre
拍喃9路 Phra Ram 9
Makkasan
碧武里 Phetchaburi
素坤逸 Sukhumvit
诗丽吉王后国际会议中心 Queen Sirikit National Convention Centre
孔提 Khlong Toei
隆披尼 Lumphini
是隆 Si Lom
萨姆亚 Sam Yan
华兰蓬 Hua Lamphong
N8莫奇 Mo Chit
N7水牛桥 Saphan Khwai
N5阿里 Ari
N4萨那姆帕奥 Sanam Pao
N3纪念大桥 Victory Monument
N2帕耶泰 Phaya Thai
Phaya Thai
Ratchaprarop
N1叻差题威 Ratchathewi
Siam (Central Station)
E1奇隆 Chit Lom
E2奔集 Phloen Chit
E3娜娜 Nana
E4阿索 Asok
E5蓬鹏 Phrom Phong
E6通罗 Thong Lo
E7亿甲米 Ekkamai
E8帕卡侬 Phra Khanong
E9恩努特 On Nut
E10邦恰克 Bang Chak
E11蓬那维提 Punnawithi
E12乌道姆斯克 Udom Suk
E13邦那 Bang Na
E14贝林 Bearing
National Stadium
Siam (Central Station)
S1叻差达慕里 Ratchadamri
S2沙拉玲 Sala Daeng
S3琼珑西 Chong Nonsi
S5素腊塞 Surasak
S6郑信大桥 Saphan Taksin
S7克隆吞武 Krung Thonburi
S8旺威安亚伊 Wongwian Yai
S9波尼米特 Pho Nimit
S10叻差达 叻差布鲁克 Ratchada-Ratchaphruek
叻差布鲁克 Ratchaphruek
S11乌塔卡特 Wutthakat
S12邦瓦 Bang Wa
沙敦 Sathon
天桥
阿肯松克罗 Arkan Songkhro
坦克尼克・克隆坦普 Thechnic Krungthep
塔侬青 Thanon Chan
娜拉拉姆3 Nara-Ram 3
登寺 Wat Dan
Wat Pariwat
Wat Dokmai
拉玛六世桥 Rama IX Bridge
Charoenrat
拉玛三世桥 Rama III Bridge
N15题威码头 Thewet
N14拉玛八世桥码头 Rama 8 Bridge
N13帕阿迪特码头 Phra Arthit
N12帕宾克劳大桥码头 Phra Pin Klao Bridge
N11吞武里铁路码头 Thonburi Railway
N10旺朗码头Wang Lang (西里斯特Siriraj)
Maharaj
N9塔昌码头 Tha Chang
N8塔提恩码头 Tha Tien
N7拉奇尼码头 Rajini
Kanlayanamith
N6纪念大桥码头 Memorial Bridge
N5叻差旺码头 Ratchawongse
N4克鲁姆肯空松藤纳姆码头 Marine Dept.
N3西帕亚码头 Si Phraya
N2姆恩坎寺码头 Wat Muang Kae
N1东方码头 Oriental
CEN沙敦中心码头Sathom Taksin
素坤逸轻轨线
是隆轻轨线
地铁
机场铁路线
湄南河快船
高速公共汽车
快船
观光船
普通船
换乘、相连接的站

在曼谷充分享受

向您推荐

主题旅游

充满各种享乐方式的大都会曼谷，可以按照主题旅游的方式去游览，下面介绍其中的五种主题旅游。

主题1 基本线路：去美味餐厅饱享一日

到曼谷最美味的餐厅享受美食

先在曼谷象征皇家之地的景点高效率地逛一圈。考山路有许多咖啡店，建议在那儿享受您的午餐。

主题1的预算

1500泰铢～

START

9:00~10:30 玉佛寺

去曼谷最大的名胜点——玉佛寺。在泰国最排场的寺院里仔细参观学习。→p.93

玉佛寺院内镀金佛塔林立

10:30~11:00 王宫

与玉佛寺相邻的是王宫。雄壮的泰式和欧式折中的建筑风格让人倾倒。→p.98

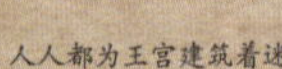

人人都为王宫建筑着迷

步行15分钟

11:15~12:15 考山路

考山路正在向国际化繁华街转变，来自世界不同国家的人们群集于此。如果肚子饿了，去小吃摊上吃一碗泰式炒面，或到咖啡店吃午餐。→p.111

对小吃摊感兴趣的外国游客

步行10分钟

12:25~13:00 皇家田广场公园

饭后在河边公园里一边喝着从小摊上买来的饮料，一边舒舒服服地休息一会儿。公园中央是曼谷建都时修建的巴苏孟要塞。→p.111

守卫曼谷的古堡

乘出租车30分钟

13:30~14:30 吉姆·汤普森故居

靠做泰国丝绸生意积累起财富的吉姆·汤普森的住宅。1967年吉姆·汤普森在马来西亚避暑胜地度假时突然去向不明，让人们对他的人生浮想联翩。→p.128

几间古老的建筑掩映在葱郁的院子中

14:35~15:00 群侨中心

您可以在曼谷最有名的大型购物中心购物。摩天大楼里集中了无数的商店，是曼谷繁华商圈的代表之一。→p.215

轻轨站与人行天桥相接，非常方便

15:00~16:00 洛夫蒂 · 班布

群侨中心里有一家公平贸易商店，它利用了高山民族的巧妙构思，设计出精美图案的泰国小物件杂货，既可爱又实用。→p.197

价格适中，您可以轻松购买将它当作送亲友的礼物

步行 5 分钟

乘轻轨 10 分钟

16:10~18:00 吉姆 · 汤普森 · 泰国丝绸

说起泰国丝绸，就是指吉姆·汤普森店，该店品种极为丰富，连女士挎包、手提包、坐垫套等这些小物件也都很齐备。→p.204

色泽鲜亮的丝绸产品琳琅满目

这里正在展览的是国宝级古董

步行 6 分钟

18:06~19:45 杧果树

泰国高档菜馆的杧果树，是一款高雅的晚宴，香甜可口的美味，会让您赞不绝口。→p.155

装盘也很美观　　豪华的内部装饰也让人心驰神往

步行 5 分钟 + 乘轻轨 10 分钟

20:00~ 加里普索 · 卡巴莱

这里有曼谷有名的人妖表演。这家店引以为豪的是，简直让人不能相信的原本是男人的绝色美女进行的华丽表演。若通过旅行社预约，价格便宜。→p.251

让您无法相信这些绝色佳人原本是男儿身

主题2 文化线路：从早到晚尽享泰国文化

接触泰国文化

曼谷三大寺院及王宫等主要风景名胜区游览一圈，夜晚，一边欣赏泰国华丽的舞姿，一边吃晚餐，结束。

主题2的预算

3500泰铢～

START

9:00~9:30 郑王寺

这就是三岛由纪夫小说里出现的“黎明寺”。沐浴着朝阳，镶嵌在塔全身的小小的陶瓷碎片闪闪发光，真令人感动！→p.102

▲与人相比，塔简直太巨大了

▶象征郑王寺的巨大佛塔

乘渡船＋步行10分钟

9:40~10:10 卧佛寺

以寺庙里有巨大的释迦牟尼卧佛而出名。还有正宗的泰式按摩，寺院内有按摩场所。→p.100

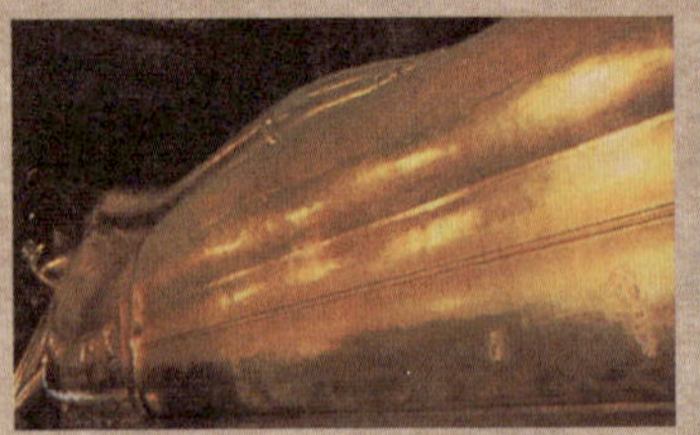

可以在殿堂内的释迦卧佛周围转上一圈

步行10分钟

10:20~12:00 玉佛寺与王宫

这里是唯一不能错过的曼谷最大的看点，最好在酷暑到来之前去。→p.93、98

被称为玉佛寺的寺院

步行10分钟

12:10~13:00 帕昌的小吃街

码头与小吃街的复合设施。附近塔马萨特大学的学生很多，非常热闹。位于河边的餐厅，风吹过时心情尤为舒畅。

→Map p.74-B2

轻松愉快的路边摊，饭菜的价格也便宜一些

13:10~15:00 维玛曼宫

参观一下用巨大的柚木建成的宫殿。帕凯奥寺的门票中附加着该宫殿的门票，所以您可以先去帕凯奥寺游玩之后再来。→p.117

这座西式建筑是有关皇家的展览馆，宛如皇室的大型主题游乐场

这座柚木建筑就是号称世界之最的维玛曼宫

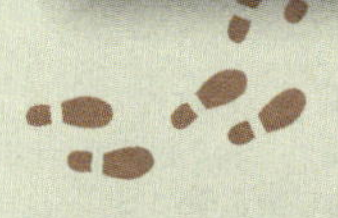

15:30~16:00 四面佛

周围被高级酒店、大型百货商店、高架铁路包围的寺庙是拜求好运的圣地。在旅行地，求一次好运吧！→p.127

还愿的人们常常跳起舞来对神佛表示感谢

经常会聚集很多的参拜者

FINISH

16:15~18:15 苏里旺广场按摩区

游览累了的话，一定要去体验一次泰式按摩。名叫苏里旺广场的胡同里林立的按摩店会为游客解除疲劳（有马温泉等）。→p.240

按摩店集中的小胡同

18:25~22:00 沙拉里姆·那姆

从蒙达林·奥利恩德酒店出发，乘渡船前往。可以享用豪华的泰国菜套餐，欣赏泰国的舞蹈表演。→p.245

从豪华的舞蹈到朴素的舞蹈，都可以表演

主题 3 购物线路：搜寻您最满意的东西！

在曼谷自在购物

百货商店、购物中心、市场、露天小店等，曼谷市区购物地点随处可见。掌握好一些讨价还价的技术，喂，出发喽！

主题 4 的预算

600 泰铢～（不包括购物）

START

10:00~11:00 泰语的个人课程

在市场或小摊上讲价，必须会说泰语。首先，要掌握一些简单的泰语。拥有这样的知识，是最使人愉快的礼物。

→p.252

左 / 即使发音相同，语调不同，意思也不同，很难掌握
右 / 不要害羞，张大嘴巴，发音清楚是关键

乘轻轨 15 分钟

11:15~14:00 群侨中心

与东急百货商店一体的巨型摩天大楼里，有许多出租的小商店。从T恤等衣料到适宜做礼物的各种小物品，您都可以从中搜寻得到。午饭建议您到6层的食物区去吃。

→p.215

餐厅里有咖啡店、电影院，甚至还有保龄球场

乘轻轨 5 分钟＋步行 10 分钟

14:15~15:30 水门市场

热火朝天的、泰国最新潮的一大市场。您可以亲身体验一下曼谷的活力。虽然4~5月的曼谷属于不太好受的最热时期。

→p.130

上 / 挂满了女子流行服饰　下 /T恤等一起买，相当便宜

步行 5 分钟

15:35~16:15 涩谷 19

2012 年开业的最新大楼，名字叫涩谷 19。一层“涩谷”、二层“新宿”、三层“银座”等，取的都是日本的名称。可以看出泰国的国际化趋向。

→Map p.81-D2

大厦内小的专卖店鳞次栉比

步行 5 分钟

16:20~17:30 帕提普购物中心

曼谷市场最大的计算机联网的百货商店。使用泰语键盘，可以查询各种物品。

→p.221

曼谷计算机商店的象征

步行 10 分钟 + 乘轻轨 5 分钟

17:45~19:00 暹罗·帕拉贡

这是一个从布满各种名牌的购物商业街到百货商店、电影院甚至水族馆一应俱全的大型购物中心。食物区、餐厅等也充斥其中。与对面的暹罗广场、周围的百货商店一起，快乐地度过一日。

→p.215

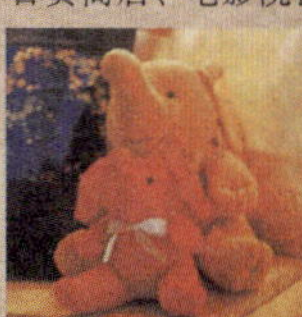

上 / 与大象相关的商品，更像泰国的特产 下 / 令人惊讶的巨型大厦号称"东南亚最大的购物中心"

轻轨 10 分钟

19:10~20:00 素坤逸路

从娜娜轻轨站周围开始，到阿索巷，人行道上面向游客的露天小店鳞次栉比。价格有些高，一边观赏一边走，倒是很开心。也可以从中猎获一些珍品。

→p.136

给人感觉良好且有很多时尚的物品

乘轻轨 10 分钟 + 步行 6 分钟

FINISH

20:16~ 暹罗·帕拉达伊斯夜市

曼谷的夜晚从此开始！去一趟 2010 年开业的夜市，搜寻一些土特产品。素坤逸轻轨线延伸出来，更接近夜市，极为便利！

→p.137

出售各种杂物等，价格适中的商店很多

逢周末时，一起逛周末市场去！ 编外话

仅限周六、周日营业的周末市场，是受泰国人欢迎的购物点之一。出售各种物品、衣料，甚至宠物，应有尽有的大市场，一定得去看看。近来杂货店有多家从周五就开始营业，周六到深夜 24 点才结束。如果不愿意和别人挤，那么最好选择周五、周六的夜晚去。→p.224

狭窄的通道被人流淹没，要有充分的防暑降温措施

耸立在市场中央的钟塔，可以作为一旦与同行的人走散时，相约见面的标志性场所，很方便

主题 4 爱好者线路：泰国通也认可！

深入泰国

不是去游览所谓的名胜区，而是到街头漫步。咀嚼着不同的文化，一定会为曼谷这个城市文化内涵之深感到惊奇。

主题4的预算

1300 泰铢 ~

START

9:00~10:30 耀华力路

外国人眼中异国中的异国，到曼谷的中华街去。道路被来来往往的人群及小摊淹没，充满了活力和激情。在这里散步，也会让您涌起一股力量！→p.125

有许多古老的建筑，仔细看一看，上面还有做工考究的装饰

挂着全是汉字广告牌的中国街

10:40~11:15 怀旧咖啡

在面对查隆克隆大街的经营怀旧咖啡的安乐园休息一会儿。甘甜可口的泰式咖啡，加涂满奶油和白糖吃的主食面包套餐共 40 泰铢，为继续徒步之旅补充热量。→Map p.78-B1

上／免费提供中国茶

下／店面的装饰风格给人以时间似乎停滞了的感受

步行 5 分钟

11:20~12:00 夜莺奥林匹克

进入这个神奇的百货商店，有穿越回古代的感觉。体育用品、乐器等，像在时间停滞中出售，也许也会从中搜寻到宝物。→Map p.78-B2

古老大厦

12:10~13:30 莱克大桥

让我们去看看建造在运河之上，犹如给运河加了一个盖子的公共游乐市场吧。除了家电产品，经营游戏软件、玩具等稀奇古怪商品的小店鳞次栉比。紧挨着修建的比罗姆广场内经营交换卡和花样滑冰的商店很多，吸引了泰国人中的爱好者及发烧友每日齐聚于此。地下一层还有家用计算机软件专卖店。

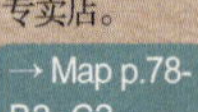
→Map p.78-B2~C2

上／发烧友的天堂——比罗姆广场 左／这儿挂满让人错以为是到了秋叶原的宣传画

步行 5 分钟

13:35~14:30 帕胡拉特市场

中华街和发烧友天堂的旁边是混乱不堪的印度人街。市场附近，是百货商店，面向印度人的小商店充斥其中。午餐是正宗的印度菜。→p.124

印度人餐厅，也欢迎外国人前来就餐

百货商店的名字也叫作“印第安商场”

乘出租车
20 分钟

14:50~15:30 暹罗发现中心

从暹罗发现中心（→p.216）内泰国杂品商店里就可以找到多国风貌的影子。与外国合资的鞋子，只能在这儿买到。

样式固定。若您中意就立即购买

乘出租车
10 分钟

15:40~18:00 帕提普购物中心

不只是计算机发烧友，狂热的秋叶原族一定也想顺便去一趟的帕提普购物中心。虽然有一些不法商贩拉客强卖一些成人物品或盗版软件令人生厌，但偶尔也能挖到一些有价值的东西。→p.221

可以寻找诱人的土特产品

步行 10 分钟 + 乘轻轨 10 分钟 + 乘出租车 5 分钟

FINISH

18:25~ 符美记

与中国的西餐一样，泰国也有独特的泰式西餐。曾是繁华街的苏里旺路的一个地段有一家怀旧餐厅，您可以去品尝一下炖牛舌、肉馅洋白菜卷等泰式西餐。→p.186

上 / 毫无巧饰的朴实外观　下 / 泰式西餐的肉馅洋白菜卷

主题 5

主题 5 河边线路：来往于母亲河上

沿河度一日

天气热的时候，您可以在湄南河的水面上度过。乘船走路，遍览沿河景致，在临河餐厅，边吃边欣赏景色，不亦乐乎。

主题⑤的预算

500 泰铢～

START

9:00 沙敦码头

从沙敦码头出发啦！该码头直接与郑信大桥相连，非常方便。

→ Map p.82-B5

在沙敦码头乘坐向背面右侧方向走的船

乘快船走1小时

10:00~11:30 暖武里

从沙敦码头出发啦！该码头直接与郑信大桥相连，非常方便。

→文前图曼谷郊区 -B3

上／公共汽车、出租车接连不断地通过的环状交叉路
下／码头附近的中国大寺庙

乘快船 45 分钟

12:15~13:15 浓爱

拉韦特码头旁边有一家泰国菜餐厅，饭菜好吃且风景优美，价格适中，建议您去尝尝。这里是从市区来去不便的场所，乘船旅行途中却能顺便去一趟。→ p.160

上铺木板的地板下面却是流淌着的湄南河河水

步行马上即到

13:15~13:45 奇托拉达市场

兼作饭后消食，去盆栽市场走一走。这里有销售园艺商品的商店。→ p.121

这儿是泰国爱好园艺的人的集散市场

乘快船 10 分钟

13:55~14:30 旺朗市场

现在我们去看一看位于西里拉特医院旁边的旺朗市场，除了各种杂物、衣服、水果外，还有卖泰式点心的小摊，非常有趣。您可以边走边品尝泰国的美食。→ p.222

人们面带喜悦在狭窄的通道上来来往往

乘快船10分钟+渡船

14:40~15:15 肯拉亚纳米特寺

参拜中国人笃信的泰国寺庙。寺院内的装饰全都是中国式的。

→ p.106、109

寺院内常常香烟缭绕

步行 10 分钟

15:25~16:00 圣克鲁斯教堂

沿着河边的散步路下去，就到了旧教会所在地。古时候，这儿是葡萄牙人居住区。错综复杂的小巷深处，有一家多少年来一直制作葡萄牙风味点心的面包房。老铺子点心的味道很好。

S Thanu Singha Bakery House

☎0-2465-5882

→ Map p.72-A3

上 / 亮丽米色的圣克鲁斯教会
中 / 四散飘香的面包房
下 / 食用时仍是甜食的感觉。4 个一包 35 泰铢

步行 10 分钟 + 渡船 + 快船 30 分钟

16:40~17:00 叻差新空寺

插着橙色旗的快船的终点站就是叻差新空寺。在乡土气息浓厚的寺院内待上一会儿，也是快乐之旅的一个片段。

→ Map p.72-B5

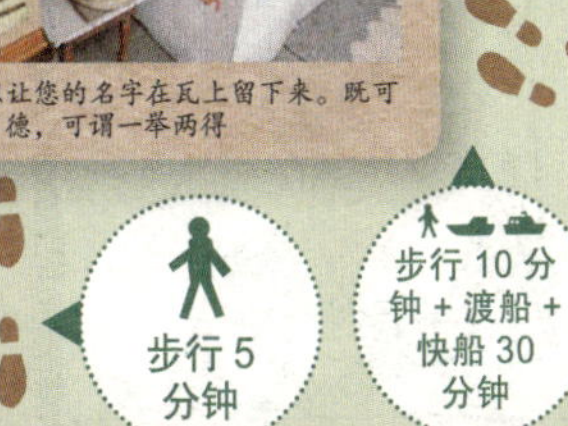

布施一些钱，就可以让您的名字在瓦上留下来。既可当旅游纪念，又积了德，可谓一举两得

步行 5 分钟

FINISH

17:05~ 阿西亚蒂克河滨夜市

2012 年 5 月盛大开业的商店、餐厅集于一体的复合型娱乐设施。以人妖表演著称的加里普索·卡巴莱和以传统木偶剧闻名的约翰·路易斯剧场也将迁居于此，引起人们极大的关注。→ p.132

餐厅、快餐、泰国杂物商店都群集在这里

市内的返回方法

按照主题模型线路，走到叻差新空寺旅行结束，然后乘坐湄南河快船到沙敦，在郑信大桥轻轨站换乘轻轨。从阿西亚蒂克滨河道返回时，可先乘短距离往返船到达沙敦码头（最后一班船为 23:00）；也可以乘坐正对面在查隆·克隆大街上行驶的 1 路公共汽车（红色汽车或橙色的小型汽车）或乘出租车到郑信大桥轻轨站下车换乘即可。

周末到柯克雷德岛去 编外话

沿湄南河到暖武里再往上走，就到了柯克雷德岛。该岛以泰国传统的点心和素陶器而闻名遐迩，周末来自曼谷的游客纷至沓来。每周日都有往返于沙敦码头和柯克雷德岛之间的旅行船。→ p.142

陶瓷壶、锅子等受欢迎的旅游礼品

还有现场制作的点心

曼谷旅游的麻烦对策

您也会成为目标

在世界各国的旅行者聚集的曼谷，有一帮坏家伙虎视眈眈地盯着携带着小额款项的外国人，妄图从他们手中掠夺财物。这些家伙不断变换手法、翻新招术，为发横财不择手段。不过制造这些麻烦几乎都是从这些骗子接近您开始的。这里介绍几种主要的受骗情形，先把它们装入脑子里，保持最低限度的警惕，您就可以享受您的安全之旅。在市内繁华区突然有人假装非常亲热地向您打招呼，千万不要理睬，就不会受害了。

不要相信天上掉馅饼的事！
那边政府打折促销，简形无檐女帽才10泰铢。
哇！简直是天赐良机呀！女帽……
正宗的法国衣料，做工最精良！！全部完工后，将销往中国！！
哇！真是太好了！
高档宝石，价格非常便宜，只限今日！如果回到中国卖掉，能赚一笔钱！
哇！真是太好了！
归国后……
这是什么！和当时的东西简直不一样，衣服是破烂的！
归国后……
呀！原来是不值钱的破烂货！啊！
不费品免供是的！
OUT!
OUT!

供品不是免费的
如果您要去参拜，请带上这束花！
啊！是这样啊！
都是非常虔诚的好心人啊！
你等一会儿，拿来供品钱1000泰铢！
啊！那个是强行推销的！
OUT!
愉快的旅行成画饼
喂！到达曼谷后，一起去吃一顿饭好吗？
BAR
这家餐厅的饭菜最好吃！酒最好喝！
虽然没什么好东西，全部拿走了！再见了！
嘴里嘟嘟囔囔：“吃好了。”
OUT!

利用赌博搞鬼合伙捉弄
不好意思，您是中国人吗？让我妹妹和您讲汉语好吗？
啊？

用扑克牌赌博，能挣一笔钱，干不干？
好吧！

啊！你搞鬼，所以输不了钱！
作弊！加上赔偿费，付10000泰铢！
我不知道啊！
OUT!

假服务员出现！
欢迎光临！今日向您推荐特别菜单。
那好吧！

因为是特别菜单，所以有先付款制度。
噢！

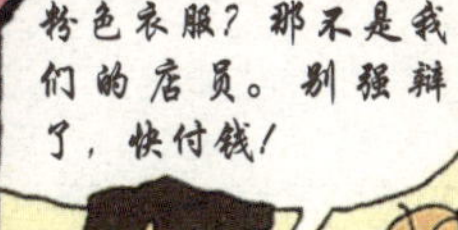
粉色衣服？那不是我们的店员。别强辩了，快付钱！

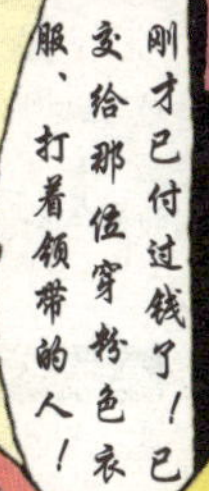
刚才已付过钱了！已交给那位穿粉色衣服、打着领带的人！
OUT!

主要地名、通称等的泰语标注

泰语的发音与汉语不同，很多音汉语里并没有，而且有音调，即使使用泰语的发音也有很多行不通的地方。现将曼谷主要的地名配上泰语标记，以供大家灵活使用。

主要地名

阿索
อโศก (สุขุมวิท 21)

周末市场
ตลาดนัดสวนจตุจักร

大罗斗圈火车站
วงเวียนใหญ่

亿甲米
เอกมัย (สุขุมวิท 63)

暹罗
สยาม

沙拉玲
ศาลาแดง

素旺纳普国际机场
สนามบินสุวรรณภูมิ

胜利纪念塔
อนุสาวรีย์ชัยสมรภูมิ

世界中心
เซ็นทรัล เวิล์ด

中央邮局
ไปรษณีย์กลาง

通罗
ทองหล่อ (สุขุมวิท 55)

娜娜
นานา

邦拉克
บางรัก

巴吞旺
ปทุมวัน

法伊克旺
ห้วยขวาง

华兰蓬火车站
สถานีรถไฟหัวลำโพง

水门
ประตูน้ำ

民主纪念塔
อนุสาวรีย์ประชาธิปไตย

亚奥瓦拉特
เยาวราช

叻差达慕农泰拳馆
สนามมวยราชดำเนิน

拉姆卡姆汗
รามคำแหง

隆披尼
ลุมพินี

隆披尼泰拳馆
สนามมวยลุมพินี

玉佛寺
วัดพระแก้ว

主要街道名称

卡奥森路
ถนน ข้าวสาร

沙敦路
ถนน สาทร

西普拉亚路
ถนน สี่พระยา

是隆路
ถนน สีลม

素坤逸路
ถนน สุขุมวิท

苏里旺路
ถนน สุรวงศ์

查隆克隆路
ถนน เจริญกรุง

碧武里路
ถนน เพชรบุรี

叻差达慕里路
ถนน ราชดำริ

拉玛一世路
ถนน พระราม 1

拉玛四世路
ถนน พระราม 4

拉玛九世路
ถนน พระราม 9

其他

火车站
สถานีรถไฟ

公共汽车总站
สถานีขนส่ง(บ.ข.ส.)

飞机场
สนามบิน

风景名胜区指南

Sightseeing Guide

拉克·孟

天 与 人 共 享 的 城 市

漫步曼谷街头

曼谷以王宫所在地的旧市区和外围的商业购物区为中心。主要分为 9 个地区，您选好目的地之后，就可以出发了。

AREA 1 王宫周边

现王朝的第一代王拉玛一世，为了重现被缅甸摧毁的旧都城阿育塔亚，修建了曼谷作为发祥之地。在被湄南河与运河包围的拉塔纳科辛岛上构建了作为护国寺的玉佛寺和王宫，它们的周围，又集中了马哈达寺等重要的寺院。除此之外，充满历史感的寺院、富有情趣的一座座古老的房屋群聚集在这里，是旅行者必去之地。来自世界各国的背包客以价格低廉的小客栈为目标齐聚的考山路也在这个地区。

无国籍差别的塔温、考山路

壮丽的王宫建筑

▶p.92

AREA 2 律实地区周边

这里是掌管现泰王国全国行政大权的所在地。与王宫周边相比较，这儿的游客大大减少，但是以现王室居住的奇特拉达宫为首，国会议事堂和政府机构都在此地。雄伟的拉玛五世宫殿、有南方动物居住的律实动物园、以大理石寺院闻名的本差玛波皮特寺等都在这个区。

欧洲风格的阿拔塔·萨马霍姆宫殿

▶p.117

AREA 3 中国城周边

从华兰蓬站的西面直到王宫，以东西贯通的亚奥瓦拉特大街和查隆克隆大街为中心扩展的中国城，是热闹繁华的小工商业集中区。居住的人以中国人为多，中国特色最为浓厚，用汉字书写的广告牌林立，人来人往。白天、黑夜都充满了活力。

汉字广告牌成为独特景观的中国城

▶p.122

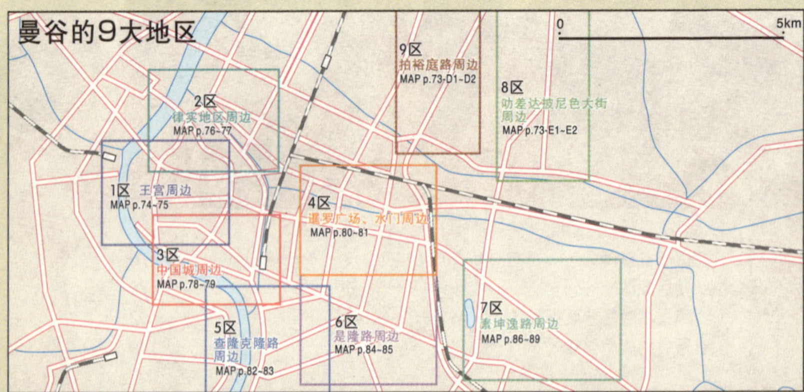

AREA 4 暹罗广场、水门周边

它是高档酒店和购物中心聚集的地区。暹罗周边地区面向年轻人的专卖商店很多，而且在泰国属元老级。叻差达慕里路周边高档酒店和购物中心林立，以北是平民级的水门市场，那里以出售廉价的衣料著称，吸引了世界各国的人前来购买。

水门市场完全是一个衣料专卖市场

▸p.127

AREA 5 查隆克隆路周边

位于湄南河沿岸的，古老建筑和高档酒店鳞次栉比的查隆克隆路（新路）周边是一条有悠久历史的商业街。旧店铺很多，给人以这是一个真正的具有曼谷风情地区的感觉。这条路的后面，面临湄南河的高档酒店有5家，奢华富丽。

新旧建筑同时包容的查隆克隆路

▸p.132

AREA 6 是隆路周边

连接查隆克隆路与拉玛四世路的是隆路和苏里旺路周边是现代化的商业区，代表泰国的大企业和外资企业的摩天大厦都集中在这里。在充满喧嚣的都市曼谷，能让人喘一口气的地方是巨大的隆披尼公园，这里有令人欢喜的大型水池和绿树，简直就是城市中的绿洲。

有很多人在隆披尼公园里慢跑或做吸氧健身运动

▸p.133

AREA 7 素坤逸路周边

正发展成为高档住宅街的素坤逸周边地区。从奔集路通往素坤逸路的沿途，一座座中高档酒店并立，常常看到外国人出入。再往东走，增加了许多专门接待外国人的高档公寓楼，还建造了一些给人感觉良好的出售各种商品的商店。乘坐轻轨来往也极其方便。

诗丽吉王后公园是素坤逸路的大公园

▸p.136

AREA 8 叻差达披尼色大街周边

这是一个高档酒店、办公大楼、大型购物中心、夜总会等正连续不断开业的地区。泰国的电视剧中曾介绍过的暹罗·尼拉米特也在这个地区。这条街的南北方向有地铁通过，乘上地铁，可以顺利地到达周末市场，购物相当便利。

沿街有许多大型的酒店和购物中心

▸p.138

AREA 9 拍裕庭路周边

从帕耶泰出发，途经胜利纪念塔，一直延伸到周末市场的这条路就是拍裕庭路。以廉价酒店和许多面向当地人的夜总会著称的苏檀萨路也属于这个地区。也是胜利纪念塔周边的当地的购物场所。以充满街道两旁的路边摊为目标的人来往甚多，混乱不堪。

胜利纪念塔呈刺刀的形状

▸p.139

COLUMN

泰国的街道叫“塔侬”和“索伊”

泰国的街道名的构成中主要的有“塔侬”和“索伊”。“塔侬”是大街道的意思，素坤逸路用泰语说就是“塔侬·素坤逸”。相对而言，“索伊”就是指从“塔侬”延伸出去的小巷。从起点开始按照顺序加上数字编号，便于识别。在大街道两侧的小巷，一侧是奇数号，对面的一侧则用的是偶数号。

小巷不仅仅只用数字来称呼，如果有作为记号特征的东西或地名，就用这些名称来命名。例如，素坤逸路的55号巷叫“通罗巷”，而63号巷叫作“亿甲米巷”等。

曼谷全图

0 1km
素坤逸轻轨线
是隆轻轨线
地铁
湄南河快船
机场铁路线
高速公共汽车
N
皇家河边酒店
Royal River Hotel
圣弗拉西斯科·扎比安鲁教堂
概念教会
叻差提瓦特寺
p.76~77 律实地区周边
维蒙梅库宫
(拉玛五世博物馆)
Wimanmek Mansionn Palace
律实动物园
Dusit Zoo
奇特拉达宫
Chitlada Palace
Café de Norasingha
诺拉辛
帕耶泰宫殿
Phaya Thai Palace
胜利纪
Victory Monu
萨姆森站
Samsen
旧吞武里站
(正在再开发中)
吞武里站
西里拉特医院
Siriraj Hospital
塔玛萨特大学
Thammasat University
民主纪念馆
Democracy Monument
p.81~82
暹罗广场、水门周边
Talat Mahanak
王子宫酒店
Prince Palace
玻贝市场
Talat Bo Bae
玉佛寺
Wat Phra Kaeo
王宫
Grand Palace
卧佛寺
Wat Pho
鲁玛尼那特公园
Rommaninart Park
p.74~75 王宫周边
叻差趣威
Ratchathewi
吉姆·汤普森
The Jim Thompson
萨纳姆·基拉·亨恰特
(国际体育场)
National Stadium
郑王寺
Wat Arun
韦恰伊·普拉米特堡
肯拉亚纳米特寺
Wat Kanlayanamit
坦努辛面包房
Thanu Singha Bakery House
圣克鲁斯教堂
Sta Cruz Church
华兰蓬站
Hua Lamphong
华兰蓬
Hua Lamphong
p.78~79 中国城周边
萨姆亚
Sam Yan
鲁滨逊
Robinson
旺威安·亚伊
Wongwian Yai
达信王像
梅里金
Merry King's
旺威安·亚伊站
Wongwian Yai
旺威安·亚伊
Wongwian Yai
克隆吞武里
Krung Thonburi
郑信大桥
郑信大桥
Saphan Taksin
素腊塞
Surasak
琼珑西
Chong Nonsi
p.82~83 查隆克隆路周边
(延伸施工中)
叻差普鲁克
Ratchaphruek
The Mall,Tha Phra
曼谷河滨恰特里乌姆酒店
Chatrium Hotel Riverside Bangkok
叻差新空寺
Wat Rajsingkorn
第一长老会
拉玛达购物中心梅纳姆河滨酒店
Ramada Plaza Maenam Riverside Bangkok
克隆通咖啡厅
Krungthon Cafe
阿南塔拉曼谷河滨
Anantara Bangkok Riverside
阿西亚蒂克河滨夜市
ASIATIQUE The Riverfront
通塔拉江景酒店
Tongtara Riverview Hotel
加里普索·卡巴莱
Calypso Cabaret
拉玛三世桥

Suthisarn Winitchai Rd.
苏达宫酒店
The Suda Palace
安帕西酒店
Embassy Hotel
邦蓬乔姆
Baan Pueng Chom
拉奥拉奥餐厅
Lhao Lhao Restaurant
阿里 Ari
Phahonyothin Rd.
斯提森
Sutthisan
Grand Ayudhaya
建兴海鲜酒店(分店)
SOMBOON SEAFOOD
法伊克旺市场
Talat Huai Khwang
曼谷帕潮
The Palazzo Bangkok
法伊克旺
Huai Khwang
时髦酒店 Hip Hotel
曼谷瑞士酒店鲁・空考鲁德
Swissôtel Le Concorde,Bangkok
曼谷翡翠酒店
The Emerald Hotel Bangkok
曼谷恰达酒店
Bangkok Cha-Da Hotel
Ratchadaphisek Rd.
开往梅克隆市场(折叠市场)迷你公共汽车乘车场
沙南袍 Sanam Pao
胜利纪念碑 Victory Monument
朗路尔通 Raan Rua Thong
开往阿姆帕瓦的迷你公共汽车乘车场
开往素旺纳普国际机场的迷你公共汽车乘车场
Fashion Mall
Center One
鲁滨逊 Robinson
Cyber World Tower
泰国文化中心
Thailand Cultural Centre
暹罗尼拉米特
Siam Niramit
Tiam Ruammit Rd.
老挝大使馆
柬埔寨大使馆
安斯帕纳德
Esplanade
泰国文化中心
Thailand Cultural Center
塞特里克・叻差达
The Centric Ratchada
Za Leng
哈利乌德・阿瓦兹
Hollywood Awards
四巷 Soi 4
世纪公园酒店 Century Park Hotel
曼谷暹罗四季酒店
All Seasons Bangkok Siam
IT城 IT City
帕拉姆9
Phra Ram 9
幸运镇
Fortune Town
Central
Plaza Rama 9
曼谷雄伟的梅鲁库鲁
幸运酒店
Grand Mercure
Fortune Bangkok
Rama 9 Rd.
曼谷金色丘布里普索贝玲酒店
Golden Tulip Sovereign Hotel Bangkok
Slim
玛克斯酒店 Mäxx Hotel
Flix
Route66
拉玛九世医院
Phra Rama 9 Hospital
Rongnam Rd.
Ratchaprarop
目甲汕站
Makkasan
Makkasan
泰国劳动者博物馆
Thai Labour Museum
ng Power Complex
国王职权免税商店
King Power Duty Free Shop
New Phetchburi Rd.
p.86~87
素坤逸路周边1
曼谷医院
Bangkok Hospital
曼谷阿玛玲公寓
Amari Residences Bangkok
王家城市大街
Royal City Avenue
808
A1酒店 A-One
Sol Japanese School
普鲁孟国王大厦
Bangkok King Power
克伊金・恩帕古多
Cuisine Unplugged
盘塞普运河
碧武里
Phetchaburi
玛伊琼鲁姆寺
Wat Mai Chong Lom
玩具 Toys
New Phetchburi Rd.
邦顿莫斯克
Baandon Mosque
通罗巷
Soi Thong Lo
隆通火车站
Klongtan
恰恩伊沙拉
Charn Issara
奇隆
Chit Lom
奔集
Phloen Chit
叻差达慕里
Ratchadamri
娜娜
Nana
Sol 3 (Sol Nana Nua)
Sol Asok (Sol 21)
素坤逸
Sukhumvit
阿索
Asok
p.88~89
素坤逸路周边2
Sol 4
Sol Ruamrudee
Witthayu (Wireless) Rd.
Sol Langsuan
Sol Sarasin
隆披尼公园
Lumphinee Park
蓬鹏
Phrom Phong
诗丽吉王后公园
Queen Sirikit Park
Sol 55 (Sol Thong Lo)
Sol 63 (Sol Ekkamai)
Sukhumvit Rd.
Ratchadaphisek Rd.
Sol 16
Sol 22
Sol 24
诗丽吉王后会议中心
The Queen Sirikit National Convention Center
隆披尼
Lumphini
孔提
Khlong Toei
诗丽吉王后国际会议中心
Queen Sirikit National Convention Centre
通罗
Thong Lo
Sol 71
素密塔文化中心与产品
Sumita Culture Center Production
p.84~85 是隆路周边
克隆特伊市场
Talat Khlongtoey
佩南市场 Talat Penang
Rama 4 Rd.
因古拉姆泰拳馆
Ingram Gym
亿甲米
Ekkamai
Taisin Square
帕卡侬
Phra Khanong
Nang Linchi Rd.
Yen Akat Rd.
Rama 3 Rd.
湄南河
Mae Nam Chao Praya
D
E
F
1
2
3
4
5

王宫周边

王室御座船博物馆
Royal Berge Museum
曼谷诺伊运河
Khlong Bangkok Noi
旧吞武里站
(正在开发之中)
阿玛玲寺
Wat Amarin
N11吞武里铁路码头
Thonburi Railway
西里拉特医院
Sirirat Hospital
法医学博物馆(西维)
Songkran Niyomsane
Forensic Medicine Museum
西里拉特医院 p.114
N10旺朗码头
Wang Lang
旺郎市场
Talat Wang Lang
苏帕特拉夫人之家
Supatra River House
帕特拉瓦迪剧院
Soi Ban Chang Lo
Arun Amarin Rd.
拉肯寺
Wat Rakhan
拉冈寺
Wat Rakhan
海军港湾部
Naval Harbor Dept.
泰国海军总部
克鲁尔旺寺
Wat Khrua Wan
N8塔提恩码头
Tha Tien
郑王寺
Wat Arun
N12帕宾克劳大桥码头
Phra Pin Klao Bridge
Phra Arthit Rd.
曼谷信息中心
Chao Fa Rd.
Rachini Rd.
国家美术馆
National Art
Gallery
国立戏剧舞蹈学校
国家剧场
National Theatre
国家博物馆
National Museum
国家博物馆 p.112
Chakraph
帕麦托拉尼(地母神像)
Phra Mae Thorani
帕昌码头
Phra Chang
塔玛萨特大学
Thammasat University
王宫前广场
Sanam Luang
Phra Chan Rd.
小吃街
玛哈拉特市场
Talat Maharat
S&P
塔玛哈拉特
Maharaj
Maharat Rd.
玛哈泰寺
Wat Mahathat
Na phra That Rd.
Ratchadamnoen Nai Rd.
司法部
Ministry
Justice
艺术大学
Silpakorn University
国柱神庙
(城市之柱
Lak Muar
Na Phra Lan Rd.
N9塔昌码头
Tha Chang
海军餐厅
财政部
Ministry of Finance
玉佛寺
Wat Phra Kaeo
Sanam Chai Rd.
王宫
Grand Palace
玉佛寺和王宫 p.92
外交
Minist
Foreign
叻差帕迪特寺
Wat Ratchaphradit
王室专用停船码头
海军福利设施
Naval Welfare Dept.
沙拉
卧佛寺 p.100
Thai Wang Rd.
卧佛寺
Wat Pho
干货市场
Sol Pratu Nakyung
郑王居留地
Arun Residence
甲板 The Deck
暹罗发现博
Museun Siam Discovery Mus
恰奇拉本大别墅
Chakrabongse Villas
Soi Setthakan
阿乌拉姆河边处所
AURUM, The River Place
p.76~77
p.74~75
p.80~81
p.78~79
p.86~87
p.82~83
p.84~85
p.88~89
1:12000
0
300m
N
湄南河快船
渡船

联合国大厦
UN Building
泰国陆军总部
Royal Thai Army Headquarters
老咖啡店
旦莫酒店
Hotel De'Moc
叻差达慕农泰拳馆
Ratchadamnoen Boxing Stadium
运动观光省
Ministry of Tourism and Sports
旅游警察局
Wat Chana Songkhram
鲍恩尼韦特寺
Wat Bowornniwet
Khlong Banglamphu
Phra Sumen Rd.
Khao San Rd.
考山路
Khao San Rd.
Dinso Rd.
Ratchadamnoen Nok Rd.
考山路周边 p.90~91
Ratchadamnoen Klang Rd.
民主纪念塔
Democracy Monument
古老的曼谷小酒店
Old Bangkok Inn
拉玛七世(帕差迪波克王)博物馆
King Prajadhipok Museum
73年10月14日纪念碑
14 October 73 Memorial
叻差达慕农旅店
Ratchadamnoen
民武里方向的渡口Panfa Lelat
(开往普拉特纳姆)
拉塔那科辛展览馆
Rattanakosin Exhibition Hall
西阿玛特寺
Wat Sri Amat
Sake Rd.
Tanao Rd.
Buranasat Rd.
玛哈那运河
Khlong Mahan
玛哈坎要塞
特里姆克宫
Trimuk Palace
拉玛三世纪念公园
Rama 3 Park
金马酒店
Golden Horse Hotel
布恩西里・普兰斯
Boonsiri Place
玛亨寺
Wat Mahan
Dinso Rd.
叻差纳达寺
Wat Ratchanada
金山寺
(萨凯特)
Wat Sraket
曼谷市政大厅
Bangkok City Hall
圣查奥波苏阿
San Chao Po Sua
Siri Phong Rd.
坦普提达拉姆寺
Wat Theptidaram
普考通
Phu Khao Thon
Mahachai Rd.
孔翁昂运河
Khlong Ong Ang
Soi Samran Rat
Soi Phraeng Nara
帕恩・普同路
Phraeng Phuthon Rd.
萨奥清恰
Sao Ching Cha
佛教用品一条街
巴姆隆孟路
Bamrung Muang Rd.
曼谷自来水公司
Metropolitan Waterworks Authority
Soi Ban Bat
Maitri Rd.
素塔寺
Wat Suthat
班帕特巷
Soi Baan Bhat
内务部
Ministry of Interior
纳伊姆恩商店
Nai Muen Store
矫正博物馆
Corrections Museum
鲁姆玛纳特公园
Rommaninart Park
叻差博菲特寺
Wat Ratchabophit
Soi Ban Bat
Worachak Rd.
Soi Phraya Si
Tithong Rd.
Unakan Rd.
Fuang Nakhon Rd.
Khlong Lord
米拉玛
Miramer
石龙军路
安乐园
On Lok Yun
查隆功皇家剧院
Charemkrung Royal Theatre
布拉巴酒店
Burapa Hotel
隆通中心
Khlong Thom Center
旧暹罗购物中心
Old Siam Shopping Center
Burapa Rd.
古朗德・比鲁酒店
Grand Ville Hotel
隆通市场(跳蚤市场)
Khlong Thom
梅丽・金
Merry Kings
比罗姆广场
Pirom Plaza
Nightingate-Olympic
萨帕芬
Saphanhun
238招待所
238 Guest House
Phahurat Rd.
Charoen Krung Rd.
帕胡拉特市场
Talat Phahurat
锡克教庙
莱克大桥
Saphan Lek
恰伊恰那松克拉姆寺
Wat Chai Chana Songkram
Ban Mo Rd.
Tri Phet Rd.
印第安商场
Indja Emporium
Suapa Rd.
D
E
F
1
2
3
4
5

律实地区周边
p.76~77
p.74~75
p.80~81
p.86~87
p.78~79
p.84~85
p.88~89
p.82~83
1:12000
0
300m
N
湄南河快船
渡船
A
B
C
N15 题威码头
Thewet
国家图书馆
National Library
题威花市
Talat Thewet
题威花市
Talat Thewet
泰国国家银行
Bank of Thailand
帕纳空诺兰
Phra-Nakorn Norn-Len
Luk Luan Rd.
普吉赛运河
Krung Kasem Rd.
N14 帕拉姆8码头
Phra Rama 8
湄南河
Mae Nam Chao Praya
2
3
4
5
因特拉维赫寺
Wat Intrawiharn
Sol 1
金洛姆大桥
Khinlom-Chom-Sa-Phan
萨姆帕亚寺
Wat Sam Phraya
Wisut Kasat Rd.
Sol 3
Swana Bangkok Hotel
Trang Hotel
扎·琼娜波特
the Chonabod
Samsen Rd.
Prachathipatai Rd.
孟克
Wat Mon
N13 帕阿迪特码头
Phra Arthit
巴苏孟要塞
Phra Sumen Fort
考山路周边 p.90~91
Phra Arthit Rd.
Phra Sumen Rd.
邦朗普运河
泰国陆军总部
Royal Thai Army
Headquarters
老咖啡店
旦莫酒店
Hotel De'Moc
Khlong Banglamphu
鲍恩尼韦特寺
Wat Bowornniwet
Chakraphong Rd.
Khao San Rd.
考山路
Khao San Rd.
Dinso Rd.
王室酒店
Royal Hotel
Ratchadamnoen Klang Rd.
73年10月14日纪念碑
14 October 73 Memorial
民主纪念塔
Democracy Monument

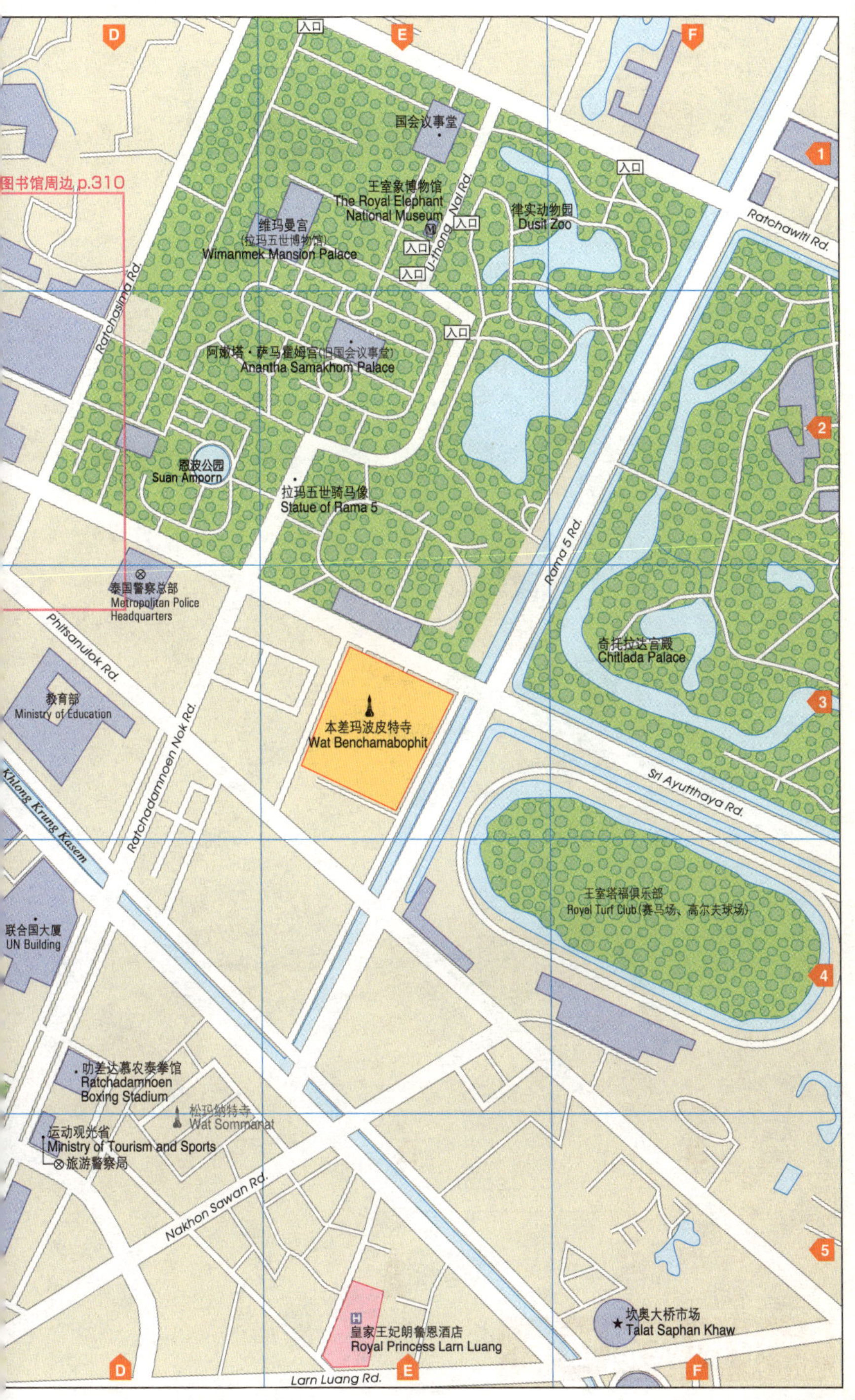
图书馆周边 p.310
国会议事堂
王室象博物馆
The Royal Elephant
National Museum
律实动物园
Dusit Zoo
维玛曼宫
(拉玛五世博物馆)
Wimanmek Mansion Palace
U-thong Nai Rd.
Ratchawiti Rd.
Ratchasima Rd.
阿娜塔·萨马霍姆宫(旧国会议事堂)
Anantha Samakhom Palace
恩波公园
Suan Amporn
拉玛五世骑马像
Statue of Rama 5
Rama 5 Rd.
泰国警察总部
Metropolitan Police
Headquarters
奇托拉达宫殿
Chitlada Palace
Phitsanulok Rd.
教育部
Ministry of Education
本差玛波皮特寺
Wat Benchamabophit
Sri Ayutthaya Rd.
Ratchadamnoen Nok Rd.
Khlong Krung Kasem
王室塔福俱乐部
Royal Turf Club(赛马场、高尔夫球场)
联合国大厦
UN Building
叻差达慕农泰拳馆
Ratchadamnoen
Boxing Stadium
松玛纳特寺
Wat Sommanat
运动观光省
Ministry of Tourism and Sports
旅游警察局
Nakhon Sawan Rd.
皇家王妃朗鲁恩酒店
Royal Princess Larn Luang
坎奥大桥市场
Talat Saphan Khaw
Larn Luang Rd.
入口
D
E
F
1
2
3
4
5

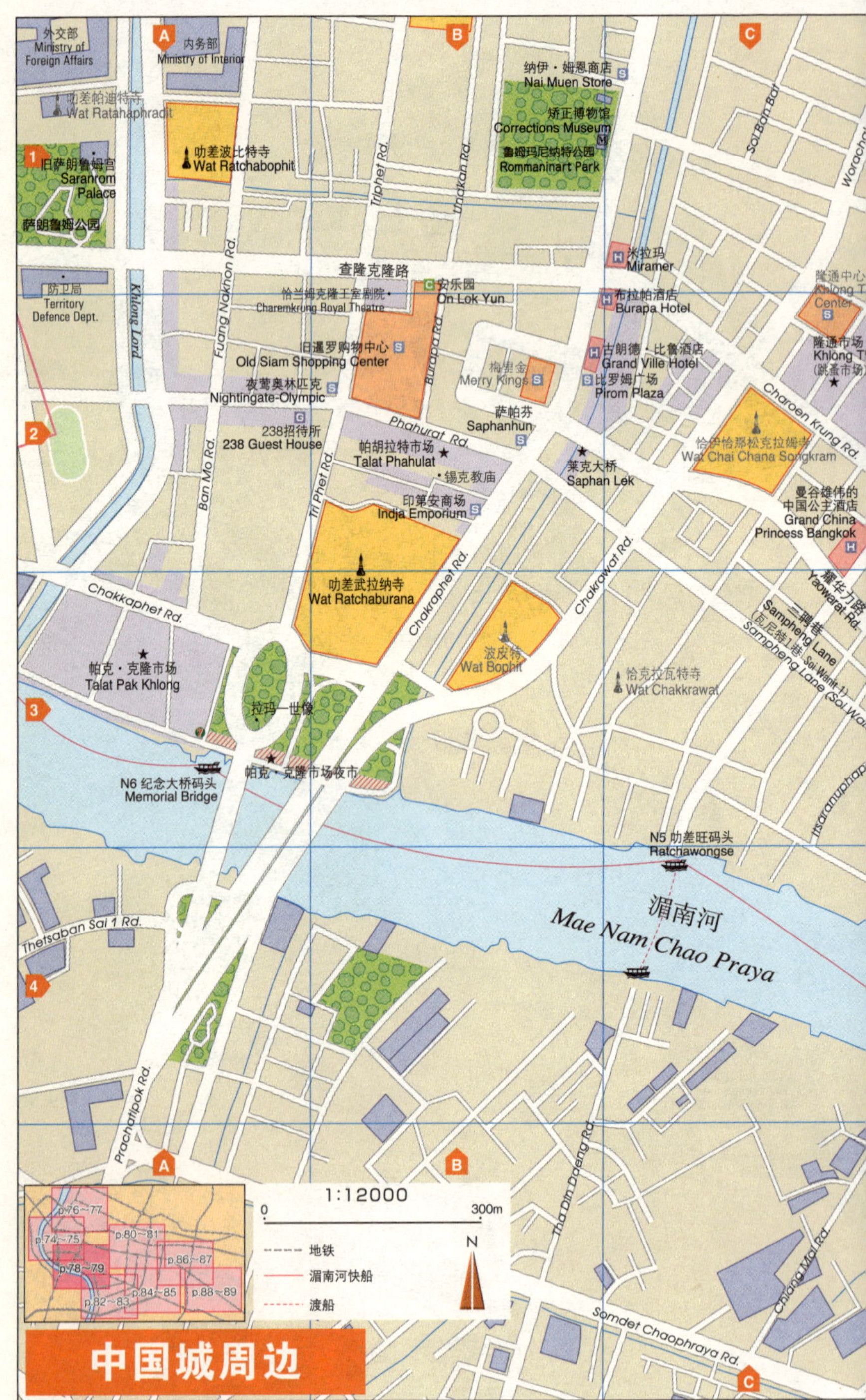
外交部
Ministry of Foreign Affairs
内务部
Ministry of Interior
叻差帕迪特寺
Wat Ratahaphradit
叻差波比特寺
Wat Ratchabophit
旧萨朗鲁姆宫
Saranrom Palace
萨朗鲁姆公园
纳伊・姆恩商店
Nai Muen Store
矫正博物馆
Corrections Museum
鲁姆玛尼纳特公园
Rommaninart Park
Triphet Rd.
Unakan Rd.
Soi Ban Bat
防卫局
Territory Defence Dept.
Khlong Lord
Fuang Nakhon Rd.
查隆克隆路
恰兰姆克隆王室剧院
Charemkrung Royal Theatre
安乐园
On Lok Yun
米拉玛
Miramer
布拉帕酒店
Burapa Hotel
隆通中心
Khlong Thom Center
旧暹罗购物中心
Old Siam Shopping Center
Burapa Rd.
梅里金
Merry Kings
古朗德・比鲁酒店
Grand Ville Hotel
比罗姆广场
Pirom Plaza
隆通市场
Khlong Thom
(跳蚤市场)
夜莺奥林匹克
Nightingale-Olympic
萨帕芬
Saphanhun
238招待所
238 Guest House
Phahurat Rd.
帕胡拉特市场
Talat Phahulat
锡克教庙
Charoen Krung Rd.
恰伊恰那松克拉姆寺
Wat Chai Chana Songkram
莱克大桥
Saphan Lek
Ban Mo Rd.
Tri Phet Rd.
印第安商场
India Emporium
曼谷雄伟的中国公主酒店
Grand China Princess Bangkok
Chakraphet Rd.
Chakrawat Rd.
叻差武拉纳寺
Wat Ratchaburana
耀华力路
Yaowarat Rd.
三聘巷
Sampheng Lane
(瓦尼特1巷)
Sampheng Lane (Soi Wanit 1)
Chakkaphet Rd.
波皮特
Wat Bophit
恰克拉瓦特寺
Wat Chakkrawat
帕克・克隆市场
Talat Pak Khlong
拉玛一世像
帕克・克隆市场夜市
N6 纪念大桥码头
Memorial Bridge
Itsaranuphap
N5 叻差旺码头
Ratchawongse
湄南河
Mae Nam Chao Praya
Thetsaban Sai 1 Rd.
Prachatipok Rd.
Tha Din Daeng Rd.
Chiang Mai Rd.
Somdet Chaophraya Rd.
p.76~77
p.74~75
p.80~81
p.86~87
p.78~79
p.84~85
p.88~89
p.82~83
1:12000
0
300m
N
地铁
湄南河快船
渡船

中国城周边

Bamurung Muang Rd.
Rama 1 Rd.
Phlab Phra Chai Rd.
坦普西林寺
Wat Thepsirin
泰国国铁
State Railway of Thailand
通普恩酒店
Tong Poon Hotel
Luang Rd.
Chaokhamrop Rd.
Khlong Krung Kasem
曼谷双塔酒店
The Twin Towers
Hotel Bangkok
Sol 3
Sol 2
Sol 1
Rama 6 Rd.
龙莲寺
Wat Mangkon
22 Karakadakhom Rd.
Charoen
Moang Rd.
巴米・杰普根
Bamee Japngarn
7月22日环状交叉路
July 22 Rotary
Santiphap Rd.
北京饭店
台北Taipei
成来
萨提帕普
(乐宫旅店的遗迹)
Santiphap
Mittraphan Rd.
Maitrichit Rd.
新华
三合吉
和成丰
Seng Hong
白奥奇德
White Orchid
泰基萨思
TEXAS
米特拉册
Mittraphan
T与K海鲜
T & K Sea Food
Sol Padung Dao
赌博用品店
Charat
Muang Rd.
China Town Scala Shark Fins
列车小酒店
Train Inn
上海公寓
Shanghai Mansion
亚赵鱼翅
Mr. Chew's
Speciality Restaurant
华兰蓬站
Hua Lamphong
中国城・银都鱼翅酒楼
The Chinatown Hotel
Canton House(喝茶)
克隆卡塞姆・西克隆酒店
Krungkasem Srikrung Hotel
车站 Station
Son Sawat Rd.
新帝王酒店
New Empire Hotel
金佛寺
Wat Trimit
华兰蓬
Hua Lamphong
@Hualamphong
牌楼
Gate of Chinatown
曼谷中心酒店
Bangkok Centre Hotel
帕陶姆空卡寺
Wat Pathumkhongkha
诺伊市场
Talat Noi
江景招待所
River View Guest House
中国庙
N4 克鲁姆肯空松藤纳姆码头
Marine Dept.
圣罗莎莉教堂
河滨城市
River City
D
E
F
1
2
3
4
5

曼谷城市套房
Bangkok City Suite
Phetchburi Rd.
松本迪
(松本迪靠假货敲竹杠，要当心)
帕耶泰
Phaya Thai
弗洛里达酒店
Florida Hotel
Phayathai Rd.
曼谷城市
Bangkok City
萨姆朗普兰伊斯酒店
Samran Place
夜晚伊沙菜小摊林立
Rama 6 Rd.
Ban That Thong Rd.
叻差题威
Ratchathewi
可可・沃克
Coco Walk
亚洲酒店 Asia Hotel
加利普索・卡巴莱
Calypso Cabaret
Chareonpol
卡伦卡善运河
摇滚乐酒吧
Rock Pub
曼谷比酒店
Vie Hotel Bangkok
国家体育馆周边 p.307
曼谷暹罗坎宾斯基
Siam Kempinski Hotel Bangkok
斯拉布尔拜金金
Sra Bua by Kiin Kiin
吉姆・汤普森故居
The Jim Thompson House
华昌码头
Hua Chang
马达姆・塔索
Madame Tussauds
苏普拉通宫
Suprathum Palace
恰伊蒙空寺
Wat Chaimongkhon
曼谷艺术文化中心
Bangkok Art and Culture Centre
朋塔 Panta
普发
普洛帕艮达 Propaganda
普发 Phu Fa
Asia Books
泰斯科・鲁塔斯
TESCO-Lotus
Rama 1 Rd.
Sol 2
Sol 1
萨纳姆・基拉・享・恰特
(国家体育馆)
National Stadium
暹罗发现中心
Siam Discovery Center
暹罗中心
Siam Center
Soi 4
Soi 4
Soi 6
Soi 3
Soi 8
Soi 2
Soi 10
Soi 1
Soi 12
国家体育场
National Stadium
东急 Tokyu
红芒果
Red Mango
瓦克肖普
Workshop
群侨中心
MBK Center
贝伊金・索达
Baking SODA
暹罗中心车站
(Central Station)
摩特罗姆索特店 Mont Nom Sot
群侨食物中心
MBK Food Center
探戈 Tango
辛哈生活
Singha Life
暹罗广场
Siam Square
建兴海鲜酒店(总店)
SOMBOON SEAFOOD
第五层 The Fifth
洛夫蒂・班布 Lofty Bamboo
泰国风格照相馆
Thai Style Studio
暹罗广场 p.131
Soi Chulalongkorn 64
IT产业兴盛区
IT Millennium Zone
芒果探戈 Mango Tango
香蕉香蕉 Kuluai Kuluai
卡哝 Ka-nom
琼克迪迪姆萨姆
曼谷王妃帕特姆旺
Pathumwan Princess Bangkok
香草产业
Vanila Industry
Soi 62
邦空梅
Baan Khun Mae
Charoen Muang Rd.
锡法 Seefah
考可 COCA
帕兰伊亚 PRAYER
帕与奥 PA & O
DJ暹罗 DJ Siam
东京花子
Hanako Tokyo
重摇滚乐咖啡厅
Hard Rock Cafe
1:12000
0
300m
素坤逸轻轨线
是隆轻轨线
机场铁路线
N
p.76~77
p.74~75
p.80~81
p.86~87
p.78~79
p.82~83
p.84~85
p.88~89

暹罗广场、水门周边

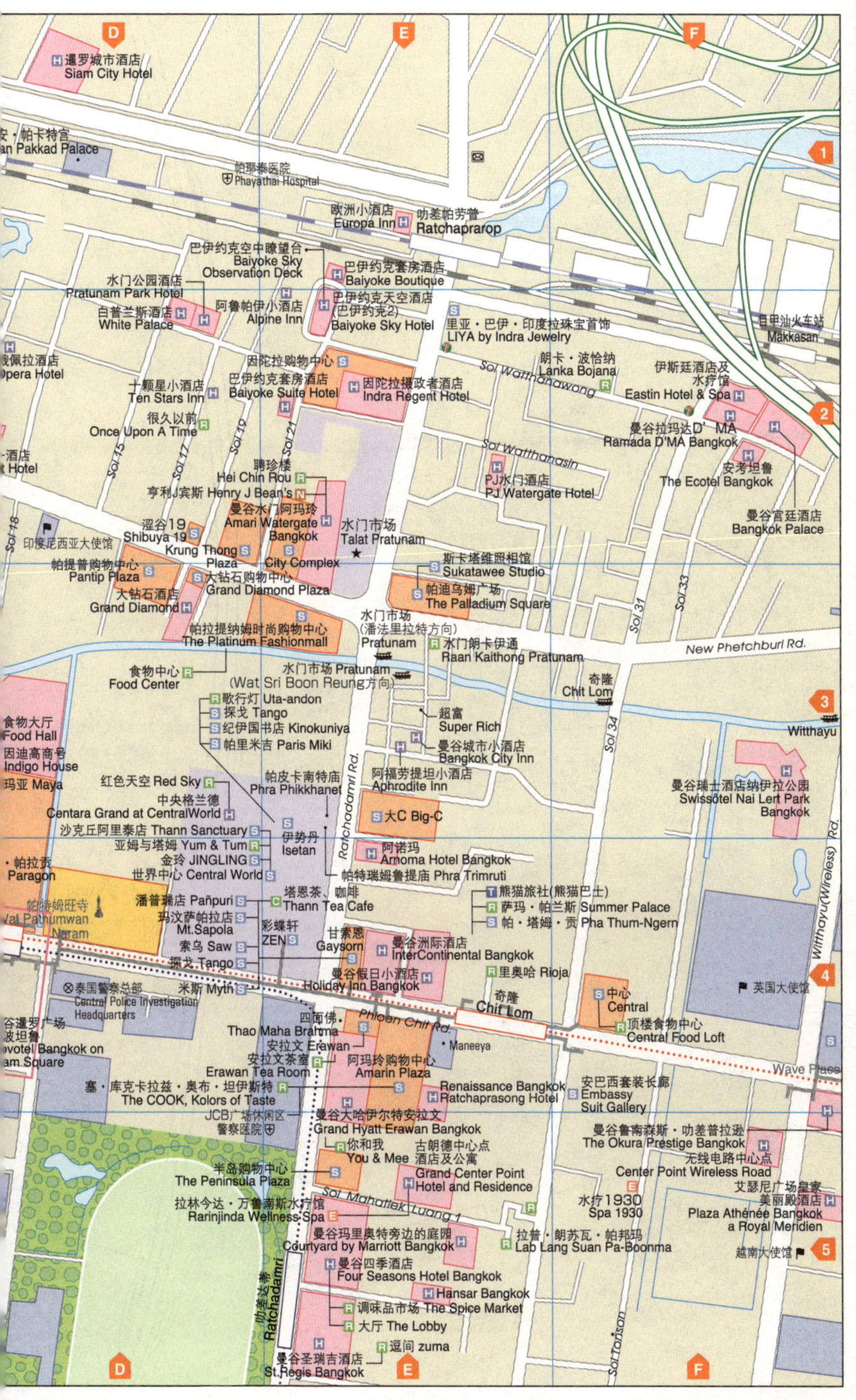
暹罗城市酒店 Siam City Hotel
帕耶泰医院 Phayathai Hospital
欧洲小酒店 Europa Inn
叻差帕劳普 Ratchaprarop
巴伊约克空中瞭望台 Baiyoke Sky Observation Deck
巴伊约克套房酒店 Baiyoke Boutique
巴伊约克天空酒店(巴伊约克2) Baiyoke Sky Hotel
水门公园酒店 Pratunam Park Hotel
白普兰斯酒店 White Palace
阿鲁帕伊小酒店 Alpine Inn
里亚・巴伊・印度拉珠宝首饰 LIYA by Indra Jewelry
玛甲汕火车站 Makkasan
因陀拉购物中心
巴伊约克套房酒店 Baiyoke Suite Hotel
因陀拉摄政者酒店 Indra Regent Hotel
朗卡・波恰纳 Lanka Bojana
伊斯廷酒店及水疗馆 Eastin Hotel & Spa
十颗星小酒店 Ten Stars Inn
很久以前 Once Upon A Time
曼谷拉玛达D' MA Ramada D'MA Bangkok
Sol Watthanawong
Sol Watthanasin
PJ水门酒店 PJ Watergate Hotel
安考坦鲁 The Ecotel Bangkok
聘珍楼 Hei Chin Rou
亨利J宾斯 Henry J Bean's
曼谷水门阿玛玲 Amari Watergate Bangkok
涩谷19 Shibuya 19
水门市场 Talat Pratunam
曼谷宫廷酒店 Bangkok Palace
印度尼西亚大使馆
Krung Thong Plaza
City Complex
斯卡塔维照相馆 Sukatawee Studio
帕提普购物中心 Pantip Plaza
大钻石购物中心 Grand Diamond Plaza
帕迪乌姆广场 The Palladium Square
大钻石酒店 Grand Diamond
帕拉提纳姆时尚购物中心 The Platinum Fashionmall
水门市场(潘法里拉特方向) Pratunam
水门朗卡伊通 Raan Kaithong Pratunam
New Phetchburi Rd.
食物中心 Food Center
水门市场 Pratunam (Wat Sri Boon Reung方向)
奇隆 Chit Lom
敬行灯 Uta-andon
探戈 Tango
纪伊国书店 Kinokuniya
帕里米吉 Paris Miki
超富 Super Rich
曼谷城市小酒店 Bangkok City Inn
食物大厅 Food Hall
因迪高商号 Indigo House
玛亚 Maya
红色天空 Red Sky
帕皮卡南特庙 Phra Phikkhanet
阿福劳提坦小酒店 Aphrodite Inn
Witthayu
曼谷瑞士酒店纳伊拉公园 Swissôtel Nai Lert Park Bangkok
中央格兰德 Centara Grand at CentralWorld
大C Big-C
沙克丘阿里泰店 Thann Sanctuary
伊势丹 Isetan
亚姆与塔姆 Yum & Tum
阿诺玛 Arnoma Hotel Bangkok
金玲 JINGLING
世界中心 Central World
帕特瑞姆鲁提庙 Phra Trimruti
Ratchadamri Rd.
帕拉贡 Paragon
塔恩茶、咖啡 Thann Tea Cafe
熊猫旅社(熊猫巴士)
萨玛・帕兰斯 Summer Palace
帕・塔姆・贡 Pha Thum-Ngern
帕特姆旺寺 Wat Pathumwan Naram
潘普瑞店 Pañpuri
玛汶萨帕拉店 Mt.Sapola
彩蝶轩 ZEN
甘索恩 Gaysorn
曼谷洲际酒店 InterContinental Bangkok
索乌 Saw
探戈 Tango
曼谷假日小酒店 Holiday Inn Bangkok
里奥哈 Rioja
泰国警察总部 Central Police Investigation Headquarters
米斯 Myth
奇隆 Chit Lom
中心 Central
顶楼食物中心 Central Food Loft
英国大使馆
Witthayu(Wireless) Rd.
暹罗广场波坦鲁 Novotel Bangkok on Siam Square
四面佛 Thao Maha Brahma
Phloen Chit Rd.
Maneeya
安拉文 Erawan
安拉文茶室 Erawan Tea Room
阿玛玲购物中心 Amarin Plaza
Wave Place
塞・库克卡拉兹・奥布・坦伊斯特 The COOK, Kolors of Taste
Renaissance Bangkok Ratchaprasong Hotel
安巴西套装长廊 Embassy Suit Gallery
JCB广场休闲区
警察医院
曼谷大哈伊尔特安拉文 Grand Hyatt Erawan Bangkok
曼谷鲁南森斯・叻差普拉递 The Okura Prestige Bangkok
你和我 You & Mee
古朗德中心点酒店及公寓 Grand Center Point Hotel and Residence
无线电路中心点 Center Point Wireless Road
半岛购物中心 The Peninsula Plaza
Sol Mahattek Luang 1
水疗1930 Spa 1930
艾瑟尼广场皇家美丽殿酒店 Plaza Athénée Bangkok a Royal Meridien
拉林今达・万鲁南斯水疗馆 Rarinjinda Wellness Spa
曼谷玛里奥特旁边的庭园 Courtyard by Marriott Bangkok
拉普・朗苏瓦・帕邦玛 Lab Lang Suan Pa-Boonma
越南大使馆
曼谷四季酒店 Four Seasons Hotel Bangkok
Hansar Bangkok
调味品市场 The Spice Market
大厅 The Lobby
叻差达帝 Ratchadamri
逗间 zuma
曼谷圣瑞吉酒店 St.Regis Bangkok
Sol Tonson
Sol 15
Sol 17
Sol 19
Sol 21
Sol 18
Sol 31
Sol 33
Sol 34
D
E
F
1
2
3
4
5

A
B
C
1
2
3
4
5
帕陶姆空卡寺
Wat Pathumkhongkha
诺伊市场
Talat Noi
江景招待所
River View Guest House
中国庙
N4 克鲁姆肯空松藤纳姆码头
Marine Dept.
圣罗萨莉教堂
河边城市 River City
河边城市 River City
萨巴鲁
Sambal
安特塞特拉
etc...
孟达拉水疗馆
Mandara Spa
Yok Yor
西帕亚码头
Si Phraya(渡船)
皇室兰花喜来登酒店
Royal Orchid Sheraton
Hotel & Towers
克隆生市场
Talat Klongsan
花屋
Harraya
Sol 39
画廊・咖啡厅
Gallery Cafe
Sol 43
千年希尔顿
Millennium Hilton
Sol 3
玛亚
Maya
三百六十度
ThreeSixty
N3 西帕亚码头
Si Phraya
葡萄牙大使馆
Charoen Nakhon Rd.
Charoen Krung Rd.
Sol 32
中央邮局
CAT大厦
N2 孟凯寺
Wat Muang Kae
哈莫尼克
Harmonique
Sol 47
孟凯寺
Wat Muang Kae
玛诺拉 Manohra
新富士酒店
The New Fuji Hotel
吉姆斯商号
House of Gems
沙拉里姆・那姆
Sala Rim Naam
作家休息室
Authors' Lounge
新特劳卡德劳酒店
New Trocadero Hotel
Sol 57
竹子酒吧
Bamboo Bar
东方水疗馆
The Oriental Spa
O.P.花园
O.P.Garden
黑玛丽・恰恰和萨
Himali Cha Cha & Son
Mahesak Rd.
Sol 7
水上警察、消防队总部
法国大使馆
普兰斯
O.P. Place
Sol 38
咖啡与冰的艺术
Café Ice des Art
Tops
苏旺寺
Wat Suwan
酒店渡船
曼谷文华东方酒店
Mandarin Oriental,Bangkok
Sol 40
King
Souvenir
曼谷费尼克斯是隆诺波坦鲁
Novotel Bangkok Fenix Silom
娜拉亚
Naraya
Baan Silom
曼谷半岛酒店
The Peninsula Bangkok
Sol Oriental
Sol 11
N1 东方渡口
Oriental
阿森普雄教会
暹罗之爱
From Siam With Love
丝绸套房
Silk Suites
梅伊・江
Mei Jiang
酒店渡船
Sun Square
大厅 The Lobby
Sol 13
半岛水疗馆
The Peninsula Spa
Sol 4271
娜玻酒店大厦
lebua at State Tower
Sol 21
格莱里亚广场
曼谷是隆假日小酒店
Holiday Inn Silom Bar
香格里拉酒店
The Shangri-La Hotel
Sol 15
波索坦鲁
Bossotel
道姆・尔特・鲁普尔
The Dome
at lebua
上・帕兰斯 Shang Palace
气—香格里拉水疗馆(Chi)Chi,The Spa at Shangri-la
沙拉提普 Salathip
二层河上观光游览船
Horizon II River Cruise
邦拉克市场
Talat Bangrak
尼考里
Nicolie
Surasak Rd.
西洛可
Sirocco
梅扎鲁娜
Mezzaluna
是隆塑身
Silom Bodywerks
鲁滨逊
Robinson
迪士提鲁
Distil
素腊塞
Surasa
Supphakan
Shopping Center
CEN沙敦码头 Sathorn
Taksin
郑信大桥
Saphan Taksin
安兰伽斯套房
The Elegance Suites
蓝象
Blue Elephant
亚纳瓦寺
Wat Yannawa
泰国CC塔
阿帕伊普贝托
Abhaibhubei

华兰蓬寺
Wat Hualamphong
恰姆丘里广场
Chamchuri Square
萨姆亚
Sam Yan
建兴海鲜酒楼
SOMBOON SEAFOOD
养蛇场
Snake Farm
玛达玲酒店
Mandarin Hotel
曼谷莫迪恩酒店
The Montien Hotel Bangkok
唐铭梦手工艺品店
Tamnan Mingmuang
吉姆·汤普森泰丝绸
Jim Thompson Thai Silk
帕蓬路周边 p.261
塔尼亚广场
Taniya Plaza
沙拉玲
Sala Daeng
玫瑰酒店 Rose Hotel
路安·乌拉伊 Ruen Urai
鲁水疗馆 Le Spa
曼谷鲁·梅里迪恩
Le Meridien Bangkok
迪阿尼De Arni
曼谷塔瓦纳
Tawana Bangkok
藤塔旺普兰斯酒店
Tarntawan Place Hotel
俄罗斯大使馆
吉姆·汤普森制造经销店
Jim Thompson Factory Outlet
曼谷广场酒店
The Plaza Hotel Bangkok
建兴海鲜酒楼(分店) SOMBOON SEAFOOD
古里库酒店
Glitz Hotel
考可 COCA
芒果树
Mango Tree
拉公寓
La Résidence
里亚·巴伊·印度拉珠宝首饰
LIYA by Indra Jewelry
United Center
黑玛丽·恰恰和萨
Himali Cha Cha & Son
纳拉伊酒店
Narai Hotel
斯卡兰特 Scarlett
曼谷酒店铂尔曼G
Pullman Bangkok Hotel G
曼谷银行总行
拉拉伊沙普市场
Talat Lalaisap
莫里·玛隆兹
Molly Malone's
瑞士劳吉
The Swiss Lodge
是隆特里普鲁
Triple Two Silom
曼谷海利坦吉
The Heritage Bangkok
是隆塞玲精品酒店
Silom Serene a boutique hotel
是隆·比兰吉
Silom Village
鲁安泰普 Ruen Thep
是隆大街酒店
Silom Avenue Inn
曼谷是隆福拉玛酒店
Furama Silom Bangkok
是隆古鲁乌特里尼提
Glow Trinity Silom
鲁安努尔按摩运动场
Ruen-Nuad Massage Studio
马哈乌玛代威寺
Wat Maha Uma Devi
Lek Seafood
为你住宿
for you Residence
曼谷是隆阿伊住宿
I Residence Hotel Silom
四季常绿的劳兰鲁酒店
Evergreen Laurel Hotel
Niagara Hotel
沙敦旅馆
Sathorn Inn
琼妮西
Chong Nonsi
新加坡大使馆
沙敦
Sathon
缅甸大使馆
Thailand Book Tower (书店)
The Ascott
Dine in the dark
Rama 4 Rd.
Si Phraya Rd.
Surawong Rd.
Silom Rd.
Phayathai Rd.
Henri Dunant Rd.
Convent Rd.
Pan Rd.
Pra Muan Rd.
Soi Suksa Witthaya
Decho Rd.
Naret Rd.
Sap Rd.
1:12000
0 300m
是隆轻轨线
地铁
高速公共汽车
湄南河快船
渡船
p.76~77
p.74~75
p.78~79
p.80~81
p.82~83
p.84~85
p.86~87
p.88~89
查隆克隆路周边

朱拉隆功大学
Chulalongkorn University
皇家曼谷运动俱乐部
Royal Bangkok Sports Club
伽茛餐厅 Gagg
100叻差南蒂
100 Rajdamri
入口
Phayathai Rd.
Henri Dunant Rd.
克鲁尔·纳伊
Khrua Nai Ba
棕色糖酒吧
Brown Sugar
Soi Sarasin
建兴海鲜
SOMBOON SEAFOOD
Chamchuri Square
萨姆亚
Sam Yan
养蛇场
Snake Farm
朱拉隆功医院
Chulalongkorn hospital
Ratchadamri Rd.
隆披尼公
Lumphinee
华兰蓬寺
Wat Hualamphong
曼谷蒙提安酒店
The Montien Hotel Bangkok
莱花 Nanohana
塔姆南·敏姆恩
Tamnan Mingmuang
扎兰金德 The Legend
鲁水疗馆
Le Spa
曼谷鲁梅里迪恩
Le Meridien Bangkok
玫瑰酒店
Rose Hotel
路安·乌拉伊
Ruen Urai
吉姆·汤普森泰丝绸
Jim Thompson Thai Silk
JCB广场
曼谷隆披尼公园皇冠广场酒店
Crowne Plaza Bangkok Lumpini Park
拉玛五世像
帕蓬路周边 p.261
是隆 Si Lom
藤塔旺普兰斯酒店
Tarntawan Place Hotel
塔尼亚广场
Taniya Plaza
Thaniya Rd.
Phatphong Rd.
曼谷律实塔尼
Dusit Thani Bangkok
班杰伦 Benjarong
旦·萨恩斯 D'sens
坦瓦朗水疗馆 Devarana Spa
迪阿尼
De Arni
芒果树
Mango Tree
考可 COCA
古里库酒店
Glitz Hotel
塔尼亚广场
BTS翼
沙拉玲
Sala Daeng
是隆免税区
Silom Complex
中心
Central
里亚·巴伊·印度拉珠宝首饰
LIYA by Indra Jewelry
United Center
曼谷塔瓦纳
Tawaha Bangkok
曼谷银行总行
黑玛丽·恰恰和萨
Himali Cha Cha & Son
曼谷克里斯恰招待所
Bangkok Christian Guest House
Zanotti
Soi 3
Soi 2
沙拉玲·邦
Baan Saladaeng
Sala Daeng Rd.
拉拉伊沙普市场
Talat Lalaisap
Soi 36
莫里·玛隆兹
Molly Malone's
瑞士劳吉
The Swiss Lodge
Convent Rd.
是隆塞玲精品酒店
Silom Serene a boutique hotel
Soi 1
瑞穗实业银行股份有限公司
TICCO Tower
布尔提加 Vertig
榕树水疗馆
Banyan Tree Sp
是隆古鲁乌特里尼提
Glow Trinity Silom
Lek Seafood
Soi 3
鲁安努尔按摩运动场
Ruen-Nuad Massage Studio
BNH医院
BNH Hospital
哈灵顿塔
三菱东京UFJ银行
Sathorn Nua Rd.
Sathorn Tai Rd.
曼谷榕树
Banyan Tree Bangkok
YWCA
德国大
曼谷海利坦吉
The Heritage Bangkok
四季常绿的劳兰鲁酒店
Evergreen Laurel Hotel
纳 Naj
马来西亚大使馆
法国大使馆
澳大利亚大使馆
曼谷梅特劳波里通
Metropolitan Bangkok
曼谷是隆阿伊住宿
I Residence Hotel Silom
纳姆 nahm
曼谷素可泰
The Sukhothai Bangkok
邦卡尼塔与画廊
Baan Khanitha & Gallery
Soi Suan Phlu
马来西亚大使馆
考莫·辛巴拉
COMO Shambhala
新加坡大使馆
塞拉顿 Celadon
大厅·沙龙 Lobby Saloon
波托尼卡水疗馆 Spa Botanica
天桥
沙敦
Sathon
1:12000
0
300m
是隆轻轨线
地铁
高速公共汽车
N
p.76~77
p.74~75
p.80~81
p.78~79
p.86~87
p.82~83
p.84~85
p.88~
是隆路周边

东方公寓
Oriental Residence
Soi Tonson
Sol 4
Sol 5
Sol 6
Sol 7
美国大使馆
Sindhorn Bldg.
Witthayu (Wireless) Rd.
西班牙大使馆
美国大使馆
Soi Ruam Rudee
Sol 2
Sol 3
10面
Ten Face
利大饭店
wanlee Lungsuan
staurant
亚特兰大
Atlanta
Sol 2
素坤逸阿玛玲公寓
Amari Residences
Sukhumvit
Omni Tower
普鲁姆纳德酒店
Sol 4
乌拉武里酒店及度假酒店
Woraburi Hotels &
Resort
泰国国营烟草公司
Thai Tobacco Monopoly
Rama 4 Rd.
曼谷索菲特SO酒店
Sofitel SO Bangkok
Q House Lumpini
Q House Sathon
隆披尼
Lumphini
隆披尼泰拳馆
Lumpinee Boxing Stadium
亚姆与塔姆
Yum & Tum
三井住友银行
珍平酒楼
Chandrphen
马来西亚酒店周边 p.31
歌德研究学会
丹麦大使馆
Sol Atthakan Prasit
曼谷隆披尼皮那克鲁
Pinnacle Hotel Lumpinee
奥地利大使馆
马来西亚酒店
Malaysia Hotel
Sol Ngam Duphli
曼谷沙敦阿尔卑斯
Ibis Sathorn Bangkok
Soi Si Bamphen
Sol 2
Soi Suwansawat
孔提
Khlong Toei
Sol Aksin 2
D
E
F
1
2
3
4
5

素坤逸路周边1
1:12000
0
300m
素坤逸轻轨线
地铁
机场铁路线
N
p.76~77
p.74~75
p.80~81
p.86~87
p.78~79
p.84~85
p.88~89
p.82~83
王子酒店
Prince Hotel
New Phetchburi Rd.
泰国政府观光厅总部
TAT
娜娜努尔
Nana Nua
维他由
Witthayu
曼谷瑞士酒店
纳伊拉公园
Swissotel Nai Lert Park
Bangkok
Witthayu (Wireless) Rd.
瑞士大使馆
英国大使馆
邦姆隆拉特医院
Bamrungrad Hospital
Soi 3 (Soi Nana Nua)
素坤逸路福拉玛
安克斯库鲁西布
FuramaXclusive Sukhumvit
Royal Benja Hotel
Sun City
巢
Nest
Q酒吧
Q-Bar
Le Fenix
President Solitaire
素坤逸詹尼斯酒店
Zenith Sukhumvit Hotel
一街小旅馆
Street-1 Lodge
古兰斯酒店
Grace Hotel
贝鲁安尔宫廷酒店
Bel-Aire Princess
Bangkok
超级床俱乐部
Bed Supperclub
总统豪华酒店
President Palace
Grand
President
曼谷凡尼克斯
奔集诺波坦鲁
Novotel Bangkok
Fenix Ploenchit
海滨之地
Wave Place
Phloen Chit
娜西鲁·阿尔·玛斯利
Restaurant & Shisha
Nnasir Al-Masri
曼谷阿玛玲·
布鲁布尔德
Amari Boulevard Bangkok
西斯坦玛 Sistema
娜娜广场
Nana Square
洛萨比安餐厅
Rosabieng
Restaurant
曼谷恩巴沙达
The Ambassador
Hotel Bangkok
曼谷大仓新颐酒店
The Okura Prestige Bangkok
普隆奇特·哈托沙
Ploengit Hatthasart
Phloenchit Center
曼谷谢拉通附近的四点
Four Points by Sheraton Bangkok
无线路中点
Center Point
Wireless Road
曼谷JW玛丽奥特酒店
JW Marriott Hotel Bangkok
Sukhumvit Rd.
素坤逸路上的酒吧街
普发
Phu Fa
素克11 Suk 11
瑞士公园酒店
Swiss Park Hotel
奥8
On8
曼谷皇家午后
阿泰南广场酒店
Plaza Athénée
Bangkok a Royal Meridien
娜娜酒店 Nana Hotel
素坤逸谢玛
shama sukhumvit
曼谷富苑酒店
The Landmark
Bangkok
曼谷曼哈顿
Manhattan Bangkok
乔斯里商店
Choosri Shop
越南大使馆
娜娜娱乐广场
Nana Entertainment Plaza
水仙楼
Sui Sian
娜娜
Nana
S15素坤逸酒店
S15 Sukhumvit
鲁尔姆鲁迪健康按摩
RuamRudee Health Massage
玛吉斯提克·古朗德
Majestic Grande
拉杰酒店
Ra-jah Hotel
曼谷素坤逸索菲特
Sofitel Bangkok Sukhumvit
All Seasons Place
曼谷雄伟的素坤逸酒店
Grand Sukhumvit Hotel Bangkok
阿德鲁费套房
Adelphi Suites
曼谷空拉德
Conrad Bangkok
曼谷娜娜阿尔卑斯
Ibis Bangkok Nana
Chuvit Park
荷兰大使馆
特尼·卡斯塔姆·梅伊德 Tony Custom Made
泰·伊塞丘 Thai Isekyu
东方公寓
Oriental Residence
永久小旅馆
Stable Lodge
道丽 Doo Ree
素坤逸阿玛玲公寓
Amari Residences Sukhumvit
Omni Tower
普鲁姆纳德酒店
The Promenade Hotel
黎明托科斯
梅基西肯烧烤
Sunrise Tacos Mexican grill
Soi Ruam Rudee
Sol 3
亚特兰大
Atlanta
曼谷拉布那 Lavana Bangkok
H.I.S
我的水疗馆 My Spa
N.I.C.美甲沙龙 N.I.C. Nail Salon
西班牙大使馆
美国大使馆
维他由路(无线电路)
乌拉武里酒店及度假酒店
Woraburi Hotels &
Resort
素坤逸沙里鲁酒店
Salil Hotel Sukhmvit
卷心菜和安全套
Cabbages & Condoms
薄煎饼与肯巴尼
Crepes & Co.
十面
Ten Face
Soi 1
Soi 2
Soi 4
Soi 5
Soi 6
Soi 7
Soi 8
Soi 10
Soi 11
Soi 12
Soi 13
A
B
C
2
3
4
5

目甲汕
Makkasan
乌塔伊塔拉姆寺
Wat Uthaitharam
阿索
Asok
碧武里
Phetchaburi
曼谷精品酒店
Bangkok Boutique Hotel
帕森米特
Prasan Mit
曼谷阿玛里・阿特里乌姆
Amari Atrium Bangkok
Ital Thai
西娜卡林・乌鲁大学
格莱梅总部
辛哈啤酒公园
Singha Beer Park
吉福坦德・亨兹
Gifted Hands
喜马拉雅餐厅
The Himalaya Restaurant
可以穿过
曼谷奥尔西斯水疗馆
Oasis Spa Bangkok
邦卡尼他
Baan Khanitha
Sermmit Tower
帕森米特广场
青年广场
巧克恰伊牛排店
Chokchai Steak House
Eugenia
沙差兹酒店
乌诺
Sacha's
Hotel Uno
阿索・素坤逸福拉玛安克斯库鲁西普酒店
FuramaXclusive Asoke-Sukhumvit
卡姆蒂安故居
Kamthieng House
鲁滨逊
Robinson
威斯汀・古朗德素坤比特
The Westin Grande Sukhumvit
曼谷素坤逸雄伟的千年酒店
Grand Millennium Sukhumvit Bangkok
棕色眼睛
BROWN EYES
约鲁古朗德
Euro Grande
阿索市场 Talat Asok
City Lodge
21总站
Terminal 21
泰伊潘酒店
Tai-Pan-Hotel
Nandakwang
普安凯奥
Puangkeaw
水仙
Sol Phromchit
亚洲药草协会
Asia Herb Association
素坤逸
Sukhumvit
牛仔巷 Soi Cowboy
城市银行
Interchange Tower
Divana
Massage & Spa
歌剧院
Opera
一百个小孩
Hundred Children
苏达 Suda
茉莉花高档套房
Jasmine Executive Suites
泰焙窑青瓷店
Thai Celadon
Exchage Tower
青年旅舍
老塔斯咖啡
Lotus Cafe
和平商店 Peace Store
奇姆里姆
Chimrim
Soi Promchai
凯塔瓦
Gedhawa
帕克购物中心
Park Plaza
巴吉鲁 basil
古朗德水疗馆 The Grande Spa
曼谷玛德吉酒店
MA DU ZI Hotel Bangkok
介姆拉因
Gemline
贝拉那波利・皮占利尔
Bella Napoli Pizzeria
曼谷酒店素坤逸劳塔斯
Bangkok Hotel Lotus Sukhumvit
黑玛丽・恰恰和萨
Himali Cha Cha & Son
长桌
Long Table
Column Residence
维扎套房酒店
Windsor Suites Hotel
假日酒店
(正在建设之中)
伦道娜布留酒吧
The Londoner Brew Pub
UBC大厦
UFM富士超市
我的水疗馆(2号店)
My Spa
高级小酒店
Premier Inn
兰布朗德酒店
Rembrandt Hotel
摄政公园 Regency Park
东京眼镜
Tokyo Optic
Sukhumvit Rd.
Soi Asok (Soi 21)
Soi Prasanmit
Soi 4
Soi 19
Soi 23
Soi 29
Soi 31
Soi 33
Soi 35
Soi 39
Soi 14
Soi 18
Soi 20

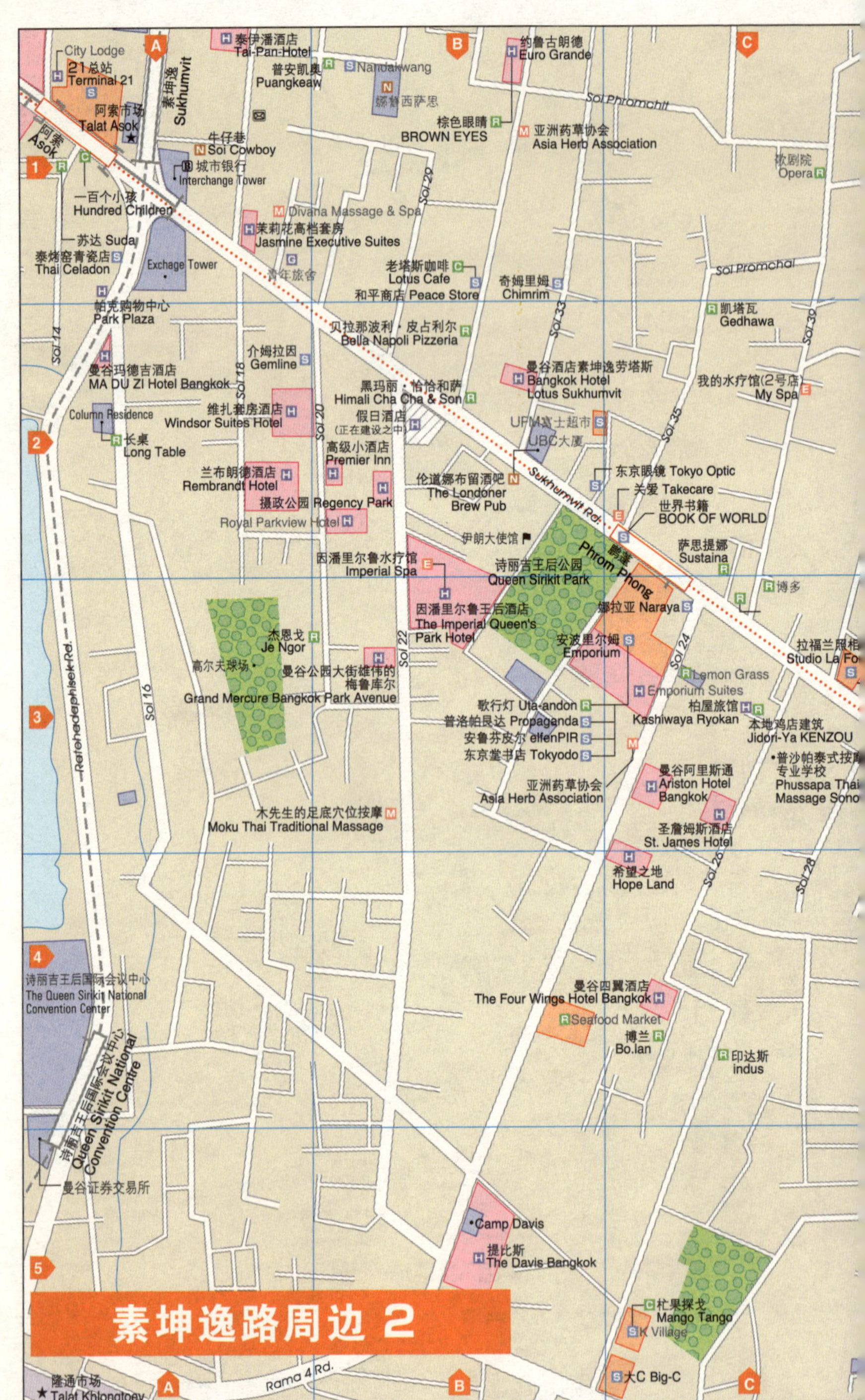
素坤逸路周边 2
泰伊潘酒店 Tai-Pan-Hotel
City Lodge
21总站 Terminal 21
阿索市场 Talat Asok
阿索 Asok
素坤逸 Sukhumvit
普安凯奥 Puangkeaw
Nandakwang
娜塔西萨思
约鲁古朗德 Euro Grande
Soi Phromchit
棕色眼睛 BROWN EYES
亚洲药草协会 Asia Herb Association
歌剧院 Opera
牛仔巷 Soi Cowboy
城市银行 Interchange Tower
一百个小孩 Hundred Children
苏达 Suda
泰烤窑青瓷店 Thai Celadon
Divana Massage & Spa
茉莉花高档套房 Jasmine Executive Suites
Exchage Tower
青年旅舍
老塔斯咖啡 Lotus Cafe
和平商店 Peace Store
奇姆里姆 Chimrim
Soi Promchai
凯塔瓦 Gedhawa
帕克购物中心 Park Plaza
贝拉那波利・皮占利尔 Bella Napoli Pizzeria
介姆拉因 Gemline
曼谷玛德吉酒店 MA DU ZI Hotel Bangkok
黑玛丽・恰恰和萨 Himali Cha Cha & Son
曼谷酒店素坤逸劳塔斯 Bangkok Hotel Lotus Sukhumvit
我的水疗馆(2号店) My Spa
Column Residence
长桌 Long Table
维扎套房酒店 Windsor Suites Hotel
假日酒店 (正在建设之中)
UFM富士超市
UBC大厦
高级小酒店 Premier Inn
兰布朗德酒店 Rembrandt Hotel
摄政公园 Regency Park
伦道娜布留酒吧 The Londoner Brew Pub
Sukhumvit Rd.
东京眼镜 Tokyo Optic
关爱 Takecare
世界书籍 BOOK OF WORLD
Royal Parkview Hotel
伊朗大使馆
鹏蓬 Phrom Phong
萨思提娜 Sustaina
因潘里尔鲁水疗馆 Imperial Spa
诗丽吉王后公园 Queen Sirikit Park
博多
因潘里尔鲁王后酒店 The Imperial Queen's Park Hotel
娜拉亚 Naraya
杰恩戈 Je Ngor
安波里尔姆 Emporium
拉福兰照相 Studio La Fo
高尔夫球场
曼谷公园大街雄伟的梅鲁库尔 Grand Mercure Bangkok Park Avenue
Lemon Grass
Emporium Suites
歌行灯 Uta-andon
柏屋旅馆 Kashiwaya Ryokan
本地鸡店建筑 Jidori-Ya KENZOU
普洛帕艮达 Propaganda
安鲁芬皮尔 elfenPIR
东京堂书店 Tokyodo
普沙帕泰式按摩专业学校 Phussapa Thai Massage Sono
亚洲药草协会 Asia Herb Association
曼谷阿里斯通 Ariston Hotel Bangkok
木先生的足底穴位按摩 Moku Thai Traditional Massage
圣詹姆斯酒店 St. James Hotel
希望之地 Hope Land
Ratchadaphisek Rd.
诗丽吉王后国际会议中心 The Queen Sirikit National Convention Center
诗丽吉王后国际会议中心 Queen Sirikit National Convention Centre
曼谷四翼酒店 The Four Wings Hotel Bangkok
Seafood Market
博兰 Bo.lan
印达斯 indus
曼谷证券交易所
Camp Davis
提比斯 The Davis Bangkok
杧果探戈 Mango Tango
K Village
大C Big-C
隆通市场 Talat Khlongtoey
Rama 4 Rd.
Sol 14
Sol 16
Sol 18
Sol 20
Sol 22
Sol 24
Sol 26
Sol 28
Sol 29
Sol 33
Sol 35
Sol 39
A
B
C
1
2
3
4
5

素坤逸路周边 2

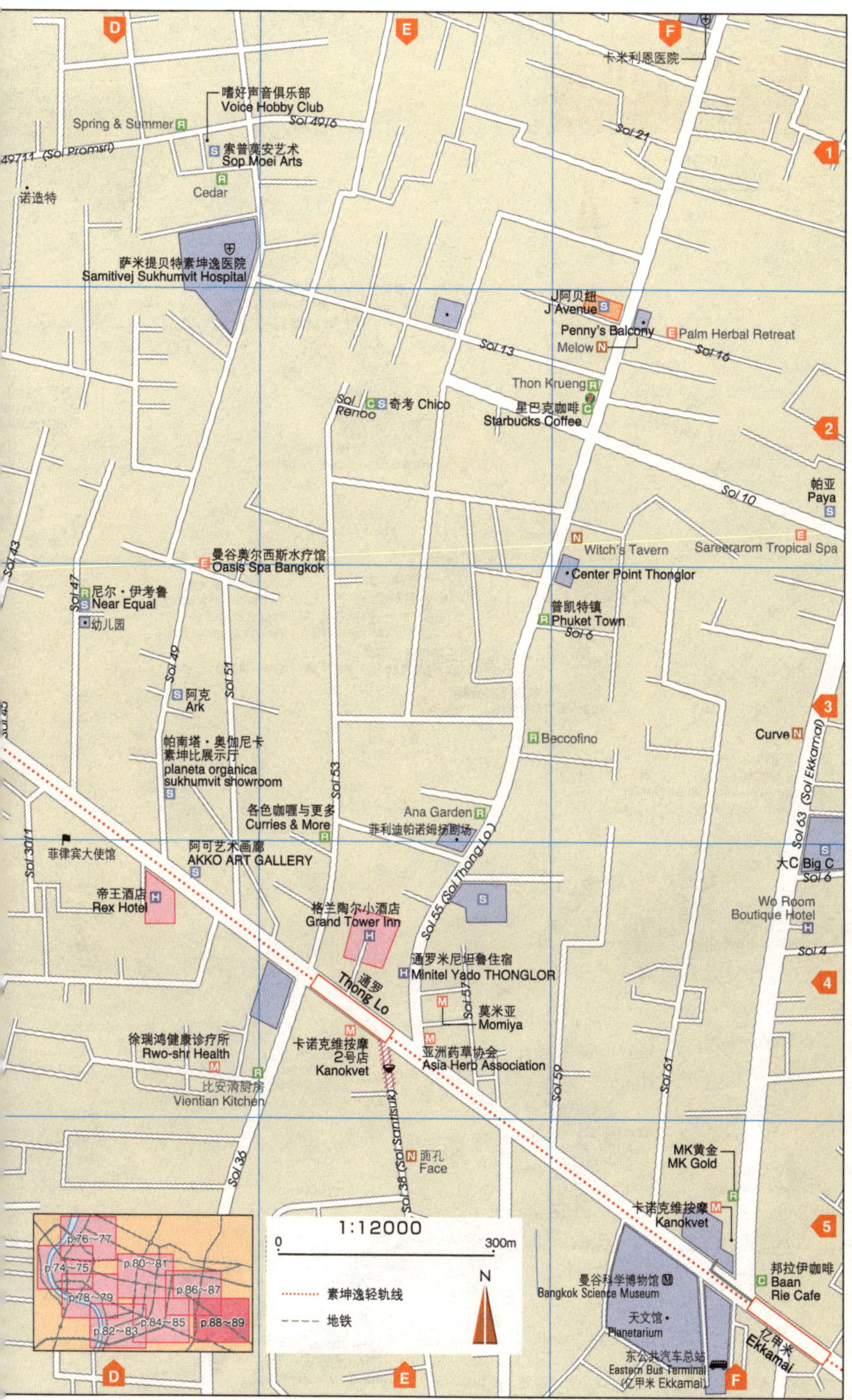
嗜好声音俱乐部
Voice Hobby Club
Spring & Summer
索普莫安艺术
Sop Moei Arts
Cedar
诺造特
萨米提贝特素坤逸医院
Samitivej Sukhumvit Hospital
卡米利恩医院
J阿贝纽
J Avenue
Penny's Balcony
Melow
Palm Herbal Retreat
Thon Krueng
星巴克咖啡
Starbucks Coffee
奇考 Chico
帕亚
Paya
Witch's Tavern
Sareerarom Tropical Spa
曼谷奥尔西斯水疗馆
Oasis Spa Bangkok
Center Point Thonglor
尼尔・伊考鲁
Near Equal
幼儿园
普凯特镇
Phuket Town
阿克
Ark
Curve
Beccofino
帕南塔・奥伽尼卡
素坤比展示厅
planeta organica
sukhumvit showroom
各色咖喱与更多
Curries & More
Ana Garden
菲利迪帕诺姆扬剧场
菲律宾大使馆
阿可艺术画廊
AKKO ART GALLERY
大C Big C
帝王酒店
Rex Hotel
格兰陶尔小酒店
Grand Tower Inn
Wo Room
Boutique Hotel
通罗米尼坦鲁住宿
Minitel Yado THONGLOR
通罗
Thong Lo
莫米亚
Momiya
徐瑞鸿健康诊疗所
Rwo-shr Health
卡诺克维按摩
2号店
Kanokvet
亚洲药草协会
Asia Herb Association
比安消厨房
Vientian Kitchen
面孔
Face
MK黄金
MK Gold
卡诺克维按摩
Kanokvet
曼谷科学博物馆
Bangkok Science Museum
天文馆
Planetarium
东公共汽车总站
Eastern Bus Terminal
(亿甲米 Ekkamai)
邦拉伊咖啡
Baan
Rie Cafe
亿甲米
Ekkamai
Sol 49/6
49711 (Sol Promsri)
Sol 21
Sol 13
Sol 16
Sol Renoo
Sol 10
Sol 43
Sol 47
Sol 49
Sol 51
Sol 6
Sol 63 (Sol Ekkamai)
Sol 53
Sol 55 (Sol Thong Lo)
Sol 30/1
Sol 57
Sol 59
Sol 61
Sol 4
Sol 36
Sol 38 (Sol Santisuk)
p.76~77
p.74~75
p.80~81
p.78~79
p.86~87
p.82~83
p.84~85
p.88~89
1:12000
0
300m
素坤逸轻轨线
地铁
N

考山路周边
MAP p.80-C2～p.81-E2
1:5000
0
100m
N
湄南河快船
N13 帕阿堤
Phra Arthit
Santichaiprakar Park
帕舒门堡
Phra Sumen Fort
Joy Luck Clu
那瓦拉伊河边渡假酒店
Navalai River Resort
阿广提尼 Aquatini
Underground
Coffee & More
FAO
泰国佛教协会总部
湄南河
Mae Nam Chao Phraya
步行街
新暹罗3招待所
New Siam III Guest House
新暹罗1招待所
New Siam I Guest House
TP House
Oh Hungry
Mini House
My House
Merry V
Green
幸福大厦
Happy House
Gecko
Phra Athit Rd.
New Merry V
Peachy Guest House
New Siam River Side
帕宾克劳桥
帕·阿奇特公寓
Pra Arthit Mansion
贝拉贝拉大厦
Bella Bella House
Unicef
屋顶花园
Roof Garden
芒果拉宫普兰斯
Mango Lagoon Place
(6：00～18：00 可以通行)
沙瓦迪·克隆坦普小酒店
Sawasdee Krunthep Inn
四子村
Four Sons Village
帕阿提特路
新暹罗2招待所
New Siam II Guest House
O-Bangkok Guest House
胜利寺
Wat Chana Songkhram
曼谷信息中心
Bangkok Information Center
(星期一～星期五8：00～19：00、星期六日8：00～17：00)
邦沙巴伊
Baan Sabai
沙瓦迪微笑小酒店
Sawasdee Smile Inn
Sukpasath
Welcome Sawasdee Inn
国家戏剧舞蹈学校
帕宾克劳路
恰奥发路
Chao Fa Rd.
Phra Pinklao Rd.
汤姆·亚姆·空
Tom Yum Kung
Gulliver's
潘尼小旅馆
Pannee Lodge
Middle Eastern
Mayompuri(泰国)
国家美术馆
National Art Gallery
国家剧场
National Theatre
国家博物馆
National Museum
纳·普拉·塔特大街 Na Phra That Rd.
彩票批发处
萨纳姆·卢安
(王宫前广场)
Sanam Luang
A
B
C
1
2
3
4
5

D
E
F
1
2
3
4
5
邦拉姆普运河
Khlong Banglamphu
Samsen Rd.
萨姆森路
Cafe Primavera
（意大利）
钻石大楼
Diamond House
新世界城市酒店
New World City
必胜客
暹罗商业区
暹罗城市
帕舒门路
Phra Sumen Rd.
卡西空
8号拉面馆
TMB
拉姆布里村小酒店兼购物中心
Rambttri Village Inn & Plaza
New World
Chakraphong Rd.
克莱西大街
Kraisi Rd.
沙瓦迪大厦
Sawasdee House
Rambutri Rd.
大城
Tang Hua Seng
邦拉姆普市场
Talat Banglamphu
Bang
塔尼大街
Thani Rd.
恰克拉波恩路
泰伊安逸大厦
Thai Cozy House
鲍恩尼韦特寺
Wat Bowornniwet
拉姆布特里路
比安泰伊酒店
Viengtai Hotel
Green House
恰伊迪按摩
Chaidee Massage
Traveller's Lodge
思万森兹
当达姆酒店
Dang Derm Hotel
A.T.
有数家价格便宜的旅店
奥奇德大厦
Orchid House
晶奇比萨餐厅
潘尼招待所
Pannee Guest House
Tanao Rd.
考山路
俱乐部
The Club
Khaosan Palace Inn
星圆顶小酒店
Star Dome Inn
TAKETEI
Khao San Rd.
Susie Pub
Marcopolo
蓬恰伊
Porn Chai
D与D小酒店
D&D Inn
Central
乔大厦招待所
New Joe
Guest House
卡温普兰斯
Kawin Place
Nat Guest House
购物中心
PC
暹罗东方小酒店
Siam Oriental Inn
吧迪・鲁吉
Buddy Lodge
New Castle
曼谷沙瓦迪小酒店
Sawasdee Bangkok Inn
洛夫蒂・班布
Lofty Bamboo
At Home
沙瓦迪邦隆普小酒店
Sawasdee Banglumpoo Inn
7 Holder
Guest House
政府彩票局
达慕农克朗努尔巷
巴伽金古
First
娜特2招待所
Nat Guest
House 2
叻差达慕农克朗路
atchadamnoen Klang Rd.
塔闹路
Sol Damnoen Klang Nua
Sweety
室酒店(拉达那哥欣)
oyal Hotel

1 AREA 王宫周边

灿烂辉煌的寺院集中的曼谷旧市区

Map p.74~75

玉佛寺

☎ 0-2623-5500

开 8:30~15:30

休 无 在举行一些例行活动的日子里，即使进不了正殿和王宫，寺院内也是可以进入的（→p.94 栏外）。

费 400 泰铢（仅限外国人。同时院内还设有王室徽章、货币博物馆；泰国丝绸展览。均可入内参观。）有效期为1周的门票，还可以去以下任何一个场所参观：拉玛五世博物馆（→p.117）、阿嫩塔·萨马霍姆宫（→p.118）、阿育塔亚的邦帕因离宫（→p.318）、纳空帕特姆（→p.321）的萨那姆查宫。

将玉佛寺和王宫与外界隔开的白墙

达克信王的吞武里王朝之后，拉玛一世建立了却克里王朝，国都从湄南河西岸迁到了现在东岸的曼谷城。在被湄南河和运河包围的拉塔纳科辛岛上建立了玉佛寺和王宫，并在其周围构建城市。所以直到现在，在众多的寺院和政府机构之中，还存在着许多一座挨一座的古老建筑，而这恰恰成为曼谷旧市区最富情趣之所在。

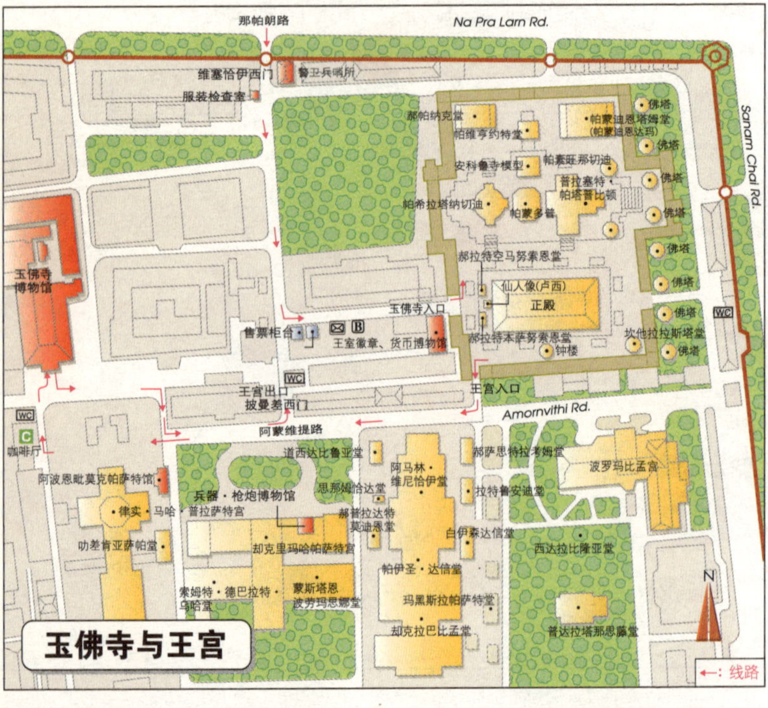

玉佛寺与王宫

那帕朗路
Na Pra Larn Rd.
维塞恰伊西门
警卫兵哨所
服装检查室
郝帕纳克堂
帕维亨约特堂
帕蒙迪恩塔姆堂（帕蒙迪恩达玛）
佛塔
安科鲁寺模型
帕塞旺那切迪
普拉塞特·帕塔普比顿
帕希拉塔纳切迪
帕蒙多普
郝拉特空马努塞恩堂
仙人像(卢西)
正殿
玉佛寺入口
售票柜台
王室徽章、货币博物馆
郝拉特本萨努塞恩堂
钟楼
坎他拉拉斯塔堂
Sanam Chai Rd.
WC
玉佛寺博物馆
王宫出口
拔曼差西门
王宫入口
Amornvithi Rd.
阿蒙维提路
咖啡厅
道西达比鲁亚堂
郝萨恩特拉考姆堂
波罗玛比孟宫
阿马林·维尼恰伊堂
思那姆恰达堂
拉特鲁安迪堂
阿波恩毗莫克帕萨特馆
兵器·枪炮博物馆
律实·马哈·普拉萨特宫
郝普拉达特莫迪恩堂
白伊森达信堂
叻差肯亚萨帕堂
却克里玛哈帕萨特宫
西达拉比隆亚堂
帕伊圣·达信堂
索姆特·德巴拉特·乌哈堂
蒙斯塔恩·波劳玛恩娜堂
玛黑斯拉帕萨特堂
却克拉巴比孟堂
普达拉塔那恩滕堂
N
←：线路

王宫周边 主要景点

泰国最气派的王室寺院

玉佛寺

Map p.74-C3~C4

Wat Phra Kaeo

วัดพระแก้ว

1782年，拉玛一世将都城从吞武里迁到了曼谷，同年开始修建王朝的护国寺即玉佛寺，于1784年完工。其基础部分，使用的砖是拆自毁于缅甸军之手的旧都城阿育塔亚寺院的砖。经过修复作业之后，外观简直就与新建筑一样辉煌灿烂。正殿供奉着翡翠佛像，因此也被称作“玉佛寺”，前来参拜的泰国人、外国人每日络绎不绝。

正殿周围的建筑物 玉佛寺的景点

首先与仙人面对面

穿过入口大门，就到了正殿的背面。正对面就是配制灵药的立着右膝的神仙坐像。神像的两侧修建着2栋小殿堂，正对右侧的是祭祀历代吞武里、却克里王朝信奉佛像的赫拉特本萨努索恩堂，左侧的则是祭祀历代阿育塔亚国王信奉佛像的赫拉特空马努索恩堂。赫拉特本萨努索恩堂内有阿育塔亚王朝年记，由拉玛四世时期的画家克鲁因空所画。

寺院内首先看到的是仙人像

交通 公共汽车1、2、3、9、12、15、25、39、44、47、48、53、59、82、201、506、507、508、512、25路，地铁公交从附近通过。步行3分钟，就到了湄南河快船的N9塔昌码头。

旅行小提示

玉佛寺的正式名称

玉佛寺是通称，正式名称叫“帕·希拉塔纳·沙萨达拉姆寺”。

玉佛寺的游览线路

在寺院内，沿着地图（→p.92）箭头所指方向前进，可以高效率地转一圈。本书中，对沿路的景点都有解说。

王室徽章、货币博物馆

Map p.92

开 8:30~15:30

休 无（有特殊的王室活动时，有时会闭馆）

费 包含在玉佛寺的门票中。注意进入博物馆的票在另外的纸上。

货币博物馆展览着古代的货币、王族身上佩戴的宝石、贵金属装饰品等，非常华丽，值得一看。

COLUMN

进入玉佛寺与王宫时的注意事项

玉佛寺和王宫都是与王室有关的建筑设施，游客如果身着露出身体线条、肌肤的服装，具体地说，如：无袖衣服、吊带式平胸女背心、运动短裤或男式短裤、女裙裤、超短裙、紧身衣裤等都禁止入内。穿T恤、运动凉鞋（鞋后跟有带子的）、沙滩鞋可以入内。入口处维谢切伊西门的内侧有检查服装的工作人员，服装不合适时，会领您进入服装检查室，借给您上衣或裤子（免费）。作为押金，需要您寄存护照、信用卡或现金等物。

玉佛寺门前的纳普拉朗大街上，并排着许多商店，当有穿着不符合标准服装的游客路过时，他们会高声招呼，强卖衣服或者有偿租衣服等。正如上所述，在寺院入口处，可以免费租借衣服，所以不论对方说什么，您没有理睬他的必要。

穿正规服装入寺

旅行小提示

玉佛寺正殿及王宫的闭馆日（2012年）

		王宫	正殿
1月	1日	闭馆	开放
3月	7日	午后闭馆	闭馆
	8日	午后闭馆	闭馆
4月	2日	午后闭馆	开放
	6日	开放	闭馆
	15日	闭馆	闭馆
5月	3日	午后闭馆	开放
	4日	午后闭馆	开放
	5日	午后闭馆	闭馆
	8日	开放	闭馆
6月	3日	午后闭馆	午后闭馆
	4日	午后闭馆	闭馆
	9日	午后闭馆	开放
7月	4日	午后闭馆	开放
	28日	午后闭馆	开放
8月	2日	午后闭馆	闭馆
	3日	午后闭馆	闭馆
	6日	开放	午后闭馆
	7日	开放	午后闭馆
	12日	闭馆	开放
9月	24日	午后闭馆	开放
10月	23日	午后闭馆	开放
	30日	开放	开放
11月	29日	午后闭馆	闭馆
12月	5日	闭馆	闭馆
	6日	闭馆	开放

（有时候会有变动）
咨询 ☎ 0-2623-5500
内线 1124、3100
URL www.palaces.thai.net

注意有的场所禁止摄影

玉佛寺正殿内和王宫建筑物内、阿马林·威尼查伊堂建筑物内禁止拍照、录像。其他地方可以自由拍摄，但禁止使用三脚架。

语音指南的租借

这是为希望对玉佛寺和王宫了解得更详细的人准备的，可以租用英语语音指南机。售票处的旁边有一个租借窗口供使用。租借2小时，200泰铢~。

建在平台之上的建筑物群

正殿的北侧石质的平台之上，并列着3座性质各不相同的建筑物，背对正殿而耸立着，从左数，它们的名称分别是帕希拉塔纳切迪、帕蒙多普、普拉塞特·帕塔普比顿。其周围有布扎博克、安科鲁寺模型、帕素旺那切迪等各种各样的建筑物。

平台之上并立的雄伟的建筑群

金黄色的帕希拉塔切迪

帕蒙多普最令人印象深刻的是细长的柱子。图上的小祠堂是布扎博克

佛舍利塔帕希拉塔切迪

金光灿烂的帕希拉塔切迪，是拉玛四世仿照阿育塔亚的帕西圣佩特寺（→ p.317）建造的。斯里兰卡风格的塔内收藏着佛舍利。

收藏着佛教经典的帕蒙多普

帕希拉塔切迪的旁边是大理石质的台座之上修建的帕蒙多普。拉玛一世下令建造玉佛寺的同时，就开始着手修建帕蒙多普，在这座寺院中它属于最古老的一类建筑物。为防御外敌侵入，在金色之上点缀了鬼和蛇分别守护着它的出入口。在一间不对外公开的殿堂里，保存着经拉玛一世改良之后的佛教经典原本。

祭祀历代王象征的小祠堂布扎博克

帕蒙多普的周围，距离四方角不远的位置上建造着4个金色的小祠堂格调的小塔。这就是叫作布扎博克的御座，里面保存着却克里王朝历代王的象征。拉玛一世是王冠、二世是鹰、三世是城、四世是王冠、五世是发饰、六世是兵器、七世是3支箭、八世是菩萨像、九世是象和伞。

安科鲁寺模型

帕蒙多普的旁边，安置着一个伸出平台之外形状的东西，那就是安科鲁寺的巨大模型。这是在19世纪末，拉玛四世观看了当时暹罗（现在的泰国）的属国塔梅鲁国的大寺院，深受触动而命人制作的。做工精巧，人们都说与伤痕累累的真正的寺院相比较，这个模型更美。

在曼谷缅怀安科鲁壮丽的建筑

王室专用殿堂普拉塞特·帕塔普比顿

佛塔从屋顶的中央向天空延展的普拉塞特·帕塔普比顿

帕蒙多普的旁边有一座十字形的建筑物，那就是叫作“普拉塞特·帕塔普比顿”的王室专用殿堂。它拥有四层重叠的屋顶，是典型的泰国风格的建筑物，中央部分突起了一座石制的佛塔，佛塔顶端装饰着一个印度教中的破坏之神西布尔的象征。这座建筑的式样，是表示堂内安放着应表达敬意圣物的特别式样，现在这里面收藏着从拉玛一世到八世却克里王朝历代国王的肖像。

下令建这座堂的是拉玛四世，本来他的意图是想在这里安放绿宝石佛。然而到拉玛五世完工时才发现，如果在此举行玉佛的仪式，太狭窄了些。于是，拉玛五世改将佛塔收藏在其中，不幸的是又遭受了火灾，修复工程完成之后，这里就变成了王室专用堂，专门用来保存历代国王像。这个堂的大门只在每年的4月6日的却克里王朝纪念日这天，国王前来参拜时才开放，内部供奉的历代国王像不对外开放。

金黄色的半人半鸟像金纳勒

印度神话中的圣鸟金纳勒

普拉塞特·帕塔普比顿的入口台阶前和周围的栏杆旁边，安置着一个金色的半人半鸟像，名叫作金侬（男）、金利或金林（女）的擅长歌舞的天上的乐师。是在印度的《拉玛亚纳》(泰国的《拉玛基安》) 中出场的半神生物，佛教用语叫作“金纳勒”。

金碧辉煌的两座佛塔
帕素旺那切迪

普拉塞特·帕塔普比顿前面的平台两端建造着两座放着金色光芒的方形佛塔，这就是拉玛一世为献给其父母而建的帕素旺那切迪。这是这座寺院内最古老的佛塔。《拉玛亚纳》中出场的恶魔与猿神一起并排，支撑着佛塔的台座。

猿神与恶魔支撑的帕素旺那切迪

正殿

3扇门与柬埔寨制的狮子像

正殿正面有3扇门，平时只有左右两扇门打开，中央的那扇门是国王和王妃的专用门，不会为其他人开放。中门前面的台阶的左右各安放着一头青铜制的狮子像，这两头狮子像是从柬埔寨运来的。正殿周围除此两头之外，还有10头狮子，这些都是泰国的仿制品。

收藏着翡翠佛的玉佛寺正殿

正殿内　神秘的主佛——玉佛

端坐在正殿深处的是守护泰国的主佛——拉塔纳科辛佛

正殿墙壁上有释迦牟尼的生平介绍以及天堂、地狱、现世三界的图画集，里面供奉着一尊高66厘米、宽48.3厘米的翡翠材质的佛像，这尊佛像的名称取的是当今王朝别名叫“印度拉神的宝石”。佛像的法衣于每年3、7、11月的时候交替，由国王亲自分别更换3次。由于安放在正殿的最里面，在远处看不清楚，不过，2层的王室徽章、货币博物馆里，陈列着佛像的仿制品，穿着什么样的法衣，一目了然。主佛的两旁，是拉玛三世为先二代王建造的各高3米的佛像（对面右边的是拉玛一世佛、左边的是拉玛二世佛）。

这尊主佛不仅在泰国，而且在邻国老挝也备受重视。这尊佛像从16世纪中期到18世纪后半期，长达约200年间，一直被尊为老挝首都万象玉佛寺的主佛。1778年当时的吞武里王朝的达克信王与后来成为拉玛一世的却克里将军，率领军队侵入老挝，作为战利品带回泰国，以后就成为泰国的主佛。

对外国旅行者通称的玉佛寺，其名称是与佛像的颜色相关联的，实质上佛像是翡翠制成的。

寺院北侧的建筑物

平台北侧沿着长廊修建着3座御堂。背对着平台从右往左，帕蒙迪恩塔姆堂、帕维亨约特堂、赫帕纳克堂依次排列。帕蒙迪恩塔姆堂是拉玛一世的王子建造的佛教图书馆，馆内收藏了重要的佛教经典。帕维亨约特堂

收藏着佛经的帕蒙迪恩塔姆堂

是供奉纳克（印度叫纳迦）神的御堂。这里供奉的纳克是印度神话中巨大的蛇神，具有祈雨的法力，它与作为泰国象征的鹰一起，成为佛教的8大守护神（八部）之一。御堂的外侧，装饰着中国造的瓷砖，与普拉塞特·帕塔普比顿采用了同样的建筑风格，是一座非常漂亮的建筑物。赫帕纳克堂是收存王族遗骨的场所。

高高的塔上悬挂着钟的钟楼

寺院南侧建筑物　玉佛寺的景点

正殿正面往右走，寺院围廊的西南角有一座小塔，传说肯塔拉佛具有祈雨的法力，这座小塔就是供奉肯塔拉佛的名叫赫肯塔拉拉斯特的御堂，这也是肯塔拉佛的祈雨仪式中不可欠缺的。正殿的南侧建的小塔是钟楼，钟吊挂在相当高的位置上，钟声能响彻整个玉佛寺和王宫地区，当然实际上钟几乎都不会响。

帕维亨约特堂

寺院附属的小建筑群　玉佛寺的景点

长廊

玉佛寺各建筑物前都有一条带顶的长廊接续环绕。长廊的内壁上描绘着由印度的叙事诗《拉玛亚纳》改写的泰式风格的《拉玛基安》。图画不仅按顺序描绘，而且诗中的大意都能看明白。

画着壁画的长廊

除魔的鬼

长廊中有6个地方的出入口处都塑着一个手拿巨型武器、灰泥制作的鬼人像，这些就是拉玛三世时期建造，起着降妖除魔、守护全寺作用的除魔鬼人像。这个鬼也是在《拉玛基安》中出现过的。它是毗沙门天王的属下，性格凶恶、残忍，传说还喜欢吃人肉。

8座佛塔

长廊的东侧有8座佛塔，它们都整整齐齐地坐落在一条直线上。从外观上看都是相同的，但是各自代表着不同的佛教意义，以贴着的瓷砖颜色的不同造成的塔的颜色各异而区分（白色：释迦牟尼；深蓝色：佛法；粉色：僧团；绿色：现在已不存在的僧尼团；紫：释迦牟尼；蓝色：国王；红色：观音菩萨；黄色：弥勒菩萨）。

把守出入口的鬼人像

王宫
☎ 0-2222-8181
开 8:30~15:30
休 无。在举行特别的例行活动时，有时会进不去（p.94栏外）
费 含在玉佛寺的门票中

旅行小提示

王宫的正式名称

帕博洛马·马哈·叻差恰瓦是它的正式名称。

王宫内的休息场所

律实·马哈·普拉萨特宫的西侧、玉佛寺博物馆的正面有咖啡厅，并设有洗手间。

历代国王的住所

王宫

Grand Palace

Map p.74-B4~C4

พระบรมมหาราชวัง

王宫，顾名思义就是国王住的地方。只是实际在这里居住过的国王到先代国王拉玛八世为止。当今国王拉玛九世移居在律实区的奇托拉达宫（p.121），所以现在这座王宫是专门举行仪式和庆祝活动的场所，也作为迎宾馆使用。

东西方审美意识的完美结合——却克里·马哈·普拉萨特宫

博洛马比曼宫仅限在每年的4月6日这天对外开放一次

历代国王日常生活的博洛马比曼宫

从玉佛寺正殿旁边的通道进入王宫，左边看到的里面用铁栅栏隔开的建筑物就是博洛马比曼宫。这座宫殿是拉玛四世建的，成为拉玛五世一家的起居场所，不久拉玛六世加以重修之后，成为他生活起居的地方。以后，包括赤特拉达宫完善之前的拉玛九世，历代国王都在此安居。拉玛八世神秘驾崩也在这个宫殿里。现在，除了特别的日子，一般都不对外开放。

王室会馆阿马林·维尼恰伊堂

阿马林·维尼恰伊堂是国王庆祝生日等举行国家重要仪式或庆典的王室会馆。馆内设置着两个国王的御座，中央的金色座椅上铺着象征国王御座的九格圆锥伞图案的布。堂内禁止拍照。

举行即位大典的礼堂帕伊圣·达信堂

位于阿马林·维尼恰伊堂的后面。拉玛四世命人修建的，堂内供奉着拉玛四世亲手制作的泰国守护神帕·暹罗帝沃提拉特像。

阿马林·维尼恰伊堂与帕伊圣·达信堂紧相连

拉玛五世的杰作
却克里·马哈·普拉萨特宫

欧式建筑之上融合了泰国传统样式

王宫约中央位置上耸立着一座白色的大宫殿，那就是却克里·马哈·普拉萨特宫。这座宫殿是从国外旅行回来的拉玛五世命人修建的，总设计师由一位意大利建筑师担任，完工于1882年。拉玛五世命人建成的每座建筑物，不仅无一例外地引起了泰国建筑界的革命，而且令每位见到它的人都为之倾倒。宫殿共3层，汲取了维多利亚风格，从1层到3层全部使用了大理石石材；而从重层的屋顶到其上伸出的尖塔，却沿袭了泰国的传统建筑样式。

宫殿分中央和左、右两翼三部分，各自通过3层的走廊连接在一起。中央1层是卫兵的执勤办公室，2层是谒见大厅；两翼是王室专用接待室、客厅、图书馆等。一般对外开放的仅仅是1层的兵器·枪炮博物馆，其他场所不得进入。

看守建筑物入口的身穿礼服的士兵

初建的律实·马哈·普拉萨特宫

从宫殿前面走过去，再穿过国王御用乘车场的阿蓬皮莫克·普拉萨特堂，就到了拉玛一世命人建造的律实·马哈·普拉萨特宫。这是王宫最先造的宫殿，当时叫“阿马林塔拉·皮萨科·普拉萨特”。1789年火灾之后，重新建造，才改为现在的名称。采用却克里王朝初期的建筑样式，正十字形寺院风格的实体之上，装饰着一个极为复杂的、重重叠叠的7层构造的屋顶。宫殿内安置着带鹰徽章的御座，上面铺着代表王座的九格圆锥伞布。这个宫殿是王室的人举行葬礼的地方。

有着复杂屋顶装饰的独特的律实·马哈·普拉萨特宫

玉佛寺博物馆

展示着玉佛寺和王宫的迷你模型等有趣物件的玉佛寺博物馆

律实·马哈·普拉萨特宫的北侧就是玉佛寺博物馆。陈列着第二次世界大战后进行大修理时更换下来的装饰品和遗物。玉佛寺和王宫之所以常常看上去都显得很新，是因为平时就一直在整修的缘故。玉佛寺博物馆2层的展览室里，展示着其上装饰王室各种小物件的玉佛寺和王宫的再现迷你模型。不能进入的场所，可以在这个小模型上了解一下。

卧佛寺
住 2 Sanam Chai Rd.
☎ 0-2226-0335
URL www.watpho.com
开 8:00~17:00（涅槃堂 8:30~16:00）
休 全年无休
费 100 泰铢（外国人）
交通（公车 1、25、44、47、48、82、91、508、512）
昭披耶河 N8 码头停船处步行 3 分钟。
从玉佛寺步行 12 分钟，入口不明显，要仔细寻找。

旅行小提示

卧佛寺又称万佛寺，菩提寺

以巨大的释迦牟尼睡佛而闻名

卧佛寺

Map p.74-C5

Wat Pho

วัดโพธิ์

以巨大的释迦牟尼睡佛与按摩的发源地而著称的第一级寺院。东西贯通的小路次特本路将寺院分隔成南北两部分，景点集中在北部，南部只有僧房。

悠然躺卧着的巨型释迦牟尼睡佛

巨型释迦牟尼睡佛的脚掌一定要看

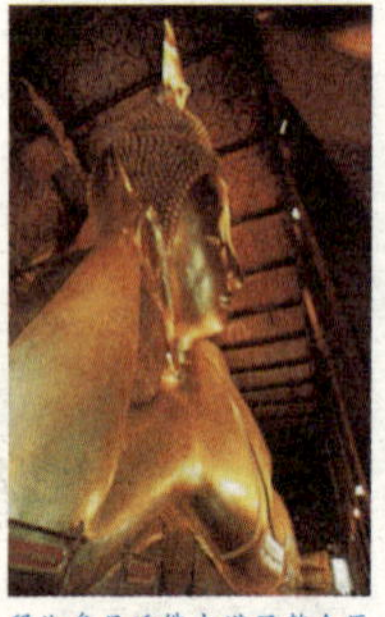

释迦牟尼睡佛占满了整个巨型殿堂的所有空间

在卧佛寺最不能看漏的地方就是安置在礼拜堂中央的巨型释迦牟尼睡佛。先用瓦粗略地取型，然后抹上灰泥定出形状的巨大佛像，全长 46 米，高 15 米。那种姿态体现的是开悟达到超脱生死境界。造型如此之大不说，最有意思的是他那长 5 米，宽 1.5 米的巨大扁平的脚掌，镶嵌了体现婆罗门教宇宙观的 108 幅镶钿工艺画（将贝壳的白色部分研磨下来嵌入其中的一种装饰）。佛像的扁平脚掌有其独特的含义，并不是因为为了制作镶钿工艺画而只能做成扁平的。脚掌没有脚弓的人，表示这个人是个具有超能力的超人，扁平脚掌成为其 32 个身体特征之一。

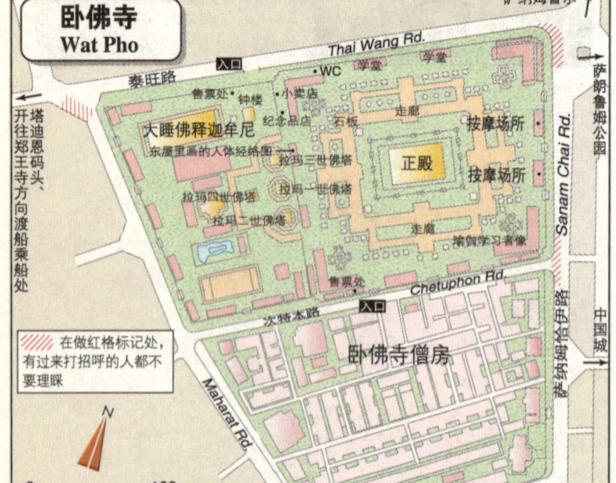

释迦牟尼睡佛的整个扁平脚底上都采用了镶钿工艺

正殿与佛像博物馆的长廊

拉玛一世修建的正殿，由分为外廊和内廊的双层长廊环绕，从泰国北部的寺院里集中运来的佛像，其中 244 尊摆放在外廊，150 尊摆放在内廊。在正殿的出入口的 8 扇门上，镶钿画着《拉玛基安》的概要，内壁上有关于释迦牟尼佛传说的图画故事。主佛是从吞武里的萨纳希拉寺迁来的，台座里收存着拉玛一世的遗骨。

象征历代国王的大佛塔和泰式墓室小佛塔

环绕正殿长廊的外侧，耸立着由铁栅栏围着的4座大佛塔。采用小陶片及中国瓷砖装饰而成的佛塔，象征着从拉玛一世到拉玛四世历代4位国王（绿色的佛塔代表拉玛一世、白色的是拉玛二世、黄色的是三世、蓝色则是四世）。另外寺院内还有好几座3米高的、贴着瓷砖的小佛塔，是泰式墓室，里面收存着遗骨。以前是王族专用的，现在全凭为寺院捐赠财物的多少而定，捐赠多的，无论谁都可以在死后将其遗骨放入塔中。

寺院内有许多大大小小的佛塔

将知识传承给后世的石板

正殿及其回廊、礼拜堂，还有正殿周围修建的名叫沙拉拉的泰式东屋的墙壁、柱子上以及4座大佛塔的回廊里，雕刻着19世纪泰国（当时的国名是暹罗）留给后世的、当时最先进的有关文学、历史、文化、传统、天文学、地理学、工程学、科学8大方面的辉煌成就。这个寺院本来就是泰国的第一所大学所在地，同时是像图书馆一样的地方，石板上所记载的也可以说是它的藏书。

旅行小提示

利用指南

要想详细了解这个大寺院情况的人，可以利用售票处附近的英语指南。1人使用时，收费为200泰铢，2人300泰铢，3人以上400泰铢。

当心骗子

卧佛寺周围，骗子看到外国旅行者，会假装亲热地打招呼："今日卧佛寺（或玉佛寺）不开门"，"我为您推荐更好的去处"，巧妙地将游客引入珠宝店或西服店等地方，强迫客人买价格不合理的破烂货，这样的骗子手段很多。卧佛寺的入口不显眼，容易遇到骗子，轻信骗子的话。在卧佛寺和玉佛寺周围遇到以外国人为目标，前来搭话的家伙，千万不要理睬。（→ p.65、349）

被骗子盯上的外国旅行者

COLUMN

在卧佛寺接受一次按摩

泰式按摩的发源地

卧佛寺，与巨大的释迦牟尼睡佛同样出名的是寺内传统的泰式按摩。拉玛三世让卧佛寺成为暹罗国初期正式的教育设施，其教育内容的核心是医学。而且当时的医学，是以调配药品技术与东方医学为基础的身体按摩，因此直到现在，卧佛寺内的东屋仍有两处按摩店。

寺院内一位打坐的修行者像

东屋的泰式按摩

☎ 0-2221-2974

营 8:00~17:00

费 30分钟220泰铢、1小时360泰铢；足部按摩45分钟360泰铢；药草按摩1小时480泰铢。

寺院内东屋里画的人体经络图

郑王寺

住 34 Arun Amarin Rd.

☎ 0-2465-3167

URL www.waturun.org

开 8:30~17:00

休 无

费 50泰铢（外国人收费）

交通 从湄南河快船的N8塔提恩码头乘坐渡船前往即可（3泰铢）。

站在佛塔的平台上，正在观看周围雄伟壮观景致的旅行者

耸立在吞武里的黎明寺

郑王寺

Wat Arun

วัดอรุณ

从佛塔台阶上直望下去，顿觉头晕目眩

郑王寺的象征是屹立于湄南河边的大佛塔。这座佛塔初建时高16米，当今的佛塔是拉玛三世花费5年时间重新改建的，传说是模仿印度教的破坏之神西布尔居住的圣地卡伊拉沙山修建而成。中央的特大型佛塔高度为75米，台座的周围有234米。大佛塔周围又建有4座佛塔，它们的高度各异，但造型是相同的。佛塔的表面用打碎的陶片装饰，又有无数的石像安置其上，有印度拉神和他的坐骑（有3个头的埃拉旺象）为首，还有鹰、恶魔、猿等石像，都是《拉玛基安》里出现过的人物。

佛塔表面镶嵌着的陶片在强烈的日光照射下熠熠生辉

两栋御堂

佛塔的正面建有两栋御堂，1栋是郑王寺，初建时叫玛科克寺正殿，堂内安放着大大小小共29尊佛像；另外1栋是礼拜堂，这里有青铜制的佛塔，还供奉着80尊佛像，周围有四大天王像守护，吞武里王朝时这里供奉着玉佛。

正殿

郑王寺的正殿位于正面的右侧，建在靠近码头的地方。两尊高2米的鬼（《拉玛基安》里出场的鬼）的雕像守卫的小小的御堂，这里就是正殿。这个正殿拥有一个站立着120尊佛像的回廊，奉拉玛二世之命修造，主佛的台座之内收藏着拉玛二世的遗骨。

正殿周围环绕着长廊，很容易漏看

旅行小提示

郑王寺的正式名称

郑王叻差哇拉拉姆寺是它的正式名称，又称黎明寺。也是第一级王室寺院。

注意敲诈勒索式的商业服务

码头附近有很多可以拍纪念照的布景，都是收费的。仔细看时，下面写着小小的“40泰铢”字样，如果不知道就拍照的话，在不远处看守的品行不好的男女就过来要钱。要在征得同意后再使用。

不要在无意之中使用了收费的东西，使自己心情不愉快

大秋千与素可泰王朝时期最大的佛像

素塔寺

Map p.75-E3~E4

Wat Suthat

วัดสุทัศน์

宽敞的寺院中央建造着一座大型礼拜堂

这是拉玛一世建造的第一级王室寺院，花费了 27 年才建成。寺院内最显眼的就是巨型礼拜堂，里面有一尊巨型佛像，佛像是 15 世纪拉玛一世从曼谷中部最兴盛的素可泰地区马哈达特寺院中搬来的，当时采用了木筏搬运的方式。这尊宽为 6.25 米的佛像，也是素可泰时代佛像中最大的一尊，传说尽管当时将它平安地运抵寺院门前，但寺院的门太狭窄，无法进入。最后，拉玛一世命人毁掉了门，佛像才被运进了庙内，这尊佛像的台座里收存着拉玛八世的遗骨。寺院内东北角是铸造于 1973 年的拉玛八世的等身大铜像。礼拜堂的后面是正殿（乌博索特）。

正殿入口处摆放着拉玛三世从中国带回来的石像，据说当时将它当作船锚使用。里面的佛像据说是拉玛四世时制作的，还有拉玛四世亲手画的壁画，非常漂亮。佛像前面还有几十尊等身大的僧侣雕像，这也是它的独特之处。

萨尔・钦・差（大秋千）

素塔寺正面建造着一座红色的牌坊状的建筑物，这是在建造寺院之前就修建的，为了供奉印度教的神西布尔，建筑是用麻栗树材质建成的高 21 米的大秋千支柱。到 1935 年为止，每年农历二月，一直都要举行下面这样的活动：将小船样的乘坐工具吊挂在支柱上，由 4 个神甫坐在里面，然后把悬挂的绳子一直摇到与地面差不多平行的位置上为止。然而因为经常发生事故（神甫常常摔死），后来就中止了。柱子于 2007 年重新制作。

让人看了之后总会联想到牌坊的萨尔・钦・差

素塔寺

住 146 Bamrung Muang Rd.

☎ 0-2224-9845

开 8:30~21:00

休 无

费 20 泰铢（外国人收费）

交通 从玉佛寺出发，班伦蒙路向东走 14 分钟。公共汽车 15、35、47、48、508、542 路从前面经过。

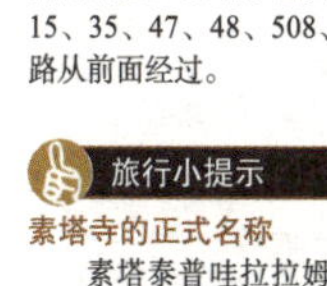

旅行小提示

素塔寺的正式名称

素塔泰普哇拉拉姆寺是它的正式名称。

位于寺院东北角的拉玛八世像

周围是佛具店

从素塔寺正面通过的东西方向延伸的班伦蒙路上，有许多佛具店鳞次栉比。出售赠送出家僧侣的道具、供品之类，甚至还出售大佛像。历史悠久的旧街道，没有人行道，即使设上人行道，因为道路太窄，也不容易走。这是个妙趣横生的所在，有时间的话，您一定得去看看。也可参考专栏（→ p.116）。

金山寺

住 334 Chakkapatdiphong Rd.

☎ 0-2233-4561

开 7:30~17:30（佛塔）

休 无

费 寺院内免费。舍利塔拜谒费 10 泰铢。

丘顶像一个瞭望台，中央的佛塔内收藏着佛舍利。门票在瞭望台下收藏佛舍利的小屋入口处缴纳。其他的地方均可以免费进入。

交通 叻差达慕农克隆路与叻差达慕农诺克路的十字交叉路口往南，过了运河，两边都是经销木材的商店，再向南走，路的左侧就是入口。另外从森塞普运河船的潘发里拉特码头步行 2 分钟也可以到达入口。

旅行小提示

泰语的通称

在中国，提起曼谷金山寺大家都知道，它与泰语的发音“斯拉凯特”比较相近。乘坐出租车时，要说“斯拉凯特”（最后的‘特’，不需要很清晰的发音）。

从佛塔的回廊向下一望，曼谷古老房屋林立的街道尽收眼底

俯瞰市区，一眼就能望见“金黄色的小丘”

金山寺

Map p.75-F3

Wat Sraket

วัดสระเกศ

顶上平台上建造的金黄色佛塔。内有佛舍利

金山寺是有名的第二级王室寺院，寺院内建于一座小丘上的金黄色大佛塔非常不同凡响。它几乎占了寺院西侧的一半，名为“普考通”，这个名字的意思就是“金黄色的小丘”。从底部到顶尖据说有 78 米。

这个小丘原是拉玛三世模仿旧都阿育塔亚的普考通寺（→ p.318），用土堆高，接着拉玛四世又堆砌之后，在上面建造了佛塔。后来到了 1950 年，小丘整体用混凝土加固，佛塔也贴上了光彩夺目的金黄色瓷砖，就成了现在的样子。这个佛塔之中，收藏着佛宝舍利，舍利是由在锡兰（今斯里兰卡）进入佛门的普利萨达亲王从科伦坡的佛教僧团那里得到的，然后将它献给了当时的国王拉玛五世。

通向佛塔顶端的阶梯有两个，各自涂成米色呈螺旋状环绕在混凝土外墙壁上。19 世纪时，曼谷市区流行瘟疫（据说是鼠疫），导致许多人死亡，那时候存放尸体的地方就是这座寺院。放置的尸体被狗和鸟吃得满地都是，阶梯口附近宛如人间地狱，非常凄惨。

现在阶梯的一侧的墙壁前，也已成为墓地。泰国一般没有将死者埋入墓地的习惯，火葬之后将遗骨放入附近寺院的佛塔中，大多如此。华人、有地位有钱的人则做成这种样式的墓，以哀悼故人。

小丘的顶上有环绕着佛塔的回廊，从那里看市区一览无余。

小丘的东侧也是金山寺的区域，有画着美丽壁画的礼拜堂等，可以去参观学习一下。

金山寺的普考通看起来像个城堡

马哈尼卡伊的总寺院

玛哈泰寺

Map p.74-B3~C3

Wat Mahathat

วัดมหาธาตุ

位于古老街道的后部，是拉玛一世建立的第一级王室寺院。也是当今泰国佛教界占多数的马哈尼卡伊的顶级寺院。寺院内除了普通学校，还有由僧侣教授佛学的大学。面向普通市民及外国人的冥想教室也在定期开课。

占地狭窄，但正殿很大

塔马犹特尼卡伊的总寺院

鲍恩尼韦特寺

Map p.75-D1~E1

Wat Bowornniwet

วัดบวรนิเวศ

考山路紧挨着的名刹

它是出家期间的蒙库特王子（后来的拉玛四世）于1833年创立的塔马犹特尼卡伊新派的总寺院，奉拉玛三世的父王之命于1826年建造的第一级王室寺院。塔马犹特尼卡伊以严守戒律为基本原则，属追求佛教最高境界的本义的复古派，虽然其信徒只占了整个佛教徒的大约10%（寺院中的占泰国全体的3%），但是以王族等地位高的狂热信仰者居多，档次高，当今国王普密蓬也在这里出家修行。

正殿内部，安放着素可泰王朝时期制作的，据说即使在泰国也是屈指可数的精美主佛。墙壁上的佛教画等值得一看的东西也很多，只可惜，除了雨季结束时候的特别的佛教日，一般人根本就进不去。寺院内除了佛教大学和小学校，还有佛教博物馆，僧房也很多，是一家规模很大的寺院。

拉玛五世为自己修建

叻差博菲特寺

Map p.75-D4

Wat Ratchabophit

วัดราชบพิธ

以热衷于欧洲文化而闻名的拉玛五世，花费了20年时间完成的第一级寺院。正殿内悬挂着的豪华吊灯等，奢华风尚就是拉玛王世的风格。如果去过法国的凡尔赛宫，就会感觉到这里与之装饰风格的类似。环绕位居中央的佛塔，画了一个圆圈的回廊，这是在别的寺院没有的最新颖的设计。

有圆形摩登建筑物的寺院

玛哈泰寺

住 Maharat Rd.
☎ 0-2221-5999
开 8:00~17:00
休 无
费 免费
交通 从塔昌码头出来步行即到。从玉佛寺步行3分钟即到。马哈拉特路与帕昌路上各有一个入口。

旅行小提示

冥想教室

泰语的冥想教室，在周一～周五7:00~10:00、13:00~16:00、18:00~20:00，一日3次开课。只需要准备好冥想用的白色服装，能免费听好几天的课。想去的话，可以去寺院办公室5科（冥想教室）咨询。
☎ 0-2222-6011

玛哈泰寺的正式名称

玛哈泰特·犹哇拉特朗萨里特寺为它的正式名称。

鲍恩尼韦特寺

住 Phra Sumen Rd.
☎ 0-2281-2831
开 6:00~18:00
休 无
费 免费
交通 乘坐68路、511路公共汽车去相当方便。从考山路步行3分钟即到。

宽敞的寺院内，一片绿色之中掩映着许多座僧房

叻差博菲特寺

开 8:00~17:00
休 无
费 免费
交通 2、60路公共汽车从附近通过。从玉佛寺步行走11分钟即到。

旅行小提示

叻差博菲特寺的正式名称

叻差博菲特寺·马哈西玛拉姆寺是它的正式名称。

叻差纳达寺
住 2 Mahachai Rd.
☎ 0-2224-8807
开 9:00~20:00
休 无
费 免费
R 附近通过的公共汽车有 15、79、159、511 路等。从民主纪念塔走步行 5 分钟即到。

一位僧人也在挑选好的护身符

拉肯寺
住 250 Arun Amarin Rd.
☎ 0-2411-2255
开 日出～日落。正殿 8:00~17:30
休 无
费 免费
交通 湄南河快船的 N9 塔昌码头乘渡船（3 泰铢）。

从边上开始，让每一口钟按顺序响一次

肯拉亚纳米特寺
住 371 Tesaban Soi 1,Khwang Wat Kanlaya
☎ 0-2466-4643
开 7:00~18:00
休 无
费 免费
交通 从湄南河快船码头的 N7 拉奇尼码头乘坐渡船（3.5 泰铢）。
从郑王寺步行 10 分钟即到。

独特的建筑风格给人留下极深的印象

叻差纳达寺

Map p.75-E3~F3

Wat Ratchanada

วัดราชนัดดา

像针山一样的劳哈・普拉萨特

金山寺与运河的对面，残留的古老城墙的旁边，有一座奇形怪状的建筑物。它就是位于第三级王室寺院叻差纳达寺的名叫劳哈・普拉萨特的（开 9:00~17:00 休 无）建筑，它的屋顶上小塔林立，样式奇特，这是释迦牟尼及其弟子居住或修行场所的象征。建筑物内中部有螺旋式阶梯可以直通顶部，从作为回廊的平台上往下望，周围的房屋、街道一览无余。

面临马哈恰伊路的寺院停车场里有许多像临时搭建的小屋，这里是出售名叫普拉的护身符及各种琐碎佛教用具的地方，从中可以搜寻出一些对自己有利的东西，泰国男人们是这儿主要的顾客。

前来放生的参拜者很多

拉肯寺

Map p.74-A3~A4

Wat Rakhan

วัดระฆัง

因为当今王朝的第一代王拉玛一世即位前曾在这里居住过，所以就在原地建了一所寺院。因所求必应而非常受人欢迎。过了渡船码头及寺院周边，出售为积德而放生用动物的商店鳞次栉比。寺院的码头上，人们都在那里放生、喂鱼等。“拉肯”指的是钟，正如其名，寺院内悬挂着许多钟。

寺院内到处都挂着钟

受华人崇拜

肯拉亚纳米特寺

Map p.72~A3

Wat Kanlayanamit

วัดกัลยาณมิตร

位于湄南河沿岸古老的华人街的寺院。作为坐着的佛像来说，可以说是曼谷最大的，佛像身高 15.45 米、宽 11.75 米，每天都有许多人前来参拜。尤其是旧历正月期间，非常热闹，寺院与湄南河之间的广场上，摆满了许多卖东西的小摊，并搭起了戏台，演唱中国式的京剧和粤剧等。

泰国寺庙中有多种氛围的寺院

1990 年完工的高雅建筑物

特里姆克宫与拉玛三世纪念公园

Map p.75-E2~F2

Trimuk Palace & Rama 3 Park

พระราชวังตรีมุขและสวนพระราม3

叻差那达前面配备的公园内建起了一座特里姆克宫，这是为专门接待来自各国的要人而设的只有房盖、立柱的小小的建筑物，于 1990 年落成，宫殿的旁边塑有拉玛三世的坐像，于同日举行了揭幕式。宫殿内部禁止一般人进入。

特里姆克宫风可以吹过的凉爽造型

利用了 1906 年完工的建筑物

拉玛七世（帕差迪波克王）博物馆

Map p.75-F2

King Prajadhipok Museum

พิพิธภัณฑ์พระบาทสมเด็จพระปกเกล้าเจ้าอยู่หัว

利用了旧时的西式建筑物

于 2002 年 12 月开放，是当今王朝第七代帕差迪波克王的纪念博物馆。这位国王从幼年时期就面临经济危机，即位后，移居英国，于 1941 年客死他乡。博物馆里有丰富的展览品，详细解说这位国王的一生。还陈列着许多曼谷古代的照片，非常有意义。

曼谷的发祥地

国柱神庙（城市之柱）

Map p.74-C3

Lak Muang

หลักเมือง

泰国创建一个新的城市时有一个习惯，就是要遵照婆罗门教的教义，首先要立一根作为基准点的柱子，以祈求这个城市永远发展下去。曼谷是于 1782 年 4 月 21 日上午 6 时 45 分（泰国的吉日吉时），由拉玛一世下令建起的城市之柱。现在我们看到的柱子是拉玛四世时重新改建的。采用的是泰国国花金链花的金链树材，直径 0.76 米、高 2.73 米的柱子，据说它具有让愿望成真的不可思议的神力，前来参拜的人络绎不绝，都希望能得到恩惠。

泰国人的身份探秘

暹罗发现博物馆

Map p.74-C5

Museum Siam Discovery Museum

มิวเซียมสยาม พิพิธภัณฑ์การเรียนรู้

陈列着泰国的历史发展过程的博物馆。内容还涉及文化内涵及与周边国家的关系、在世界史上所占据的位置等，为想了解泰国和泰国人的人，提供了各种各样的资料。还有许多模型及人机对话等的展览，大多数展览同时都有英语标记。

原商务省所在的威严的西式办公楼

特里姆克宫与拉玛三世纪念公园

交通 从附近通过的公共汽车有 15、79、159、511 路等。从民主纪念馆步行 4 分钟即到。

旅行小提示

注意骗子

寺院附近前来向旅行者主动搭话者，往往是骗子（→ p.65、101 栏外，349），千万不要理睬。

拉玛七世（帕差迪波克王）博物馆

☎ 0-2280-3413

开 周二～周日 9:00-16:00

休 周一

费 20 泰铢

交通 附近通过的公共汽车有 15、79、159、511 路。从民主纪念塔出发步行 5 分钟即到。从森塞普运河的潘发里拉特码头步行即到。

国柱神庙

开 6:30~18:30

休 无

费 免费

交通 从玉佛寺步行 3 分钟即到

旅行小提示

国柱神庙的公共厕所

寺院内提供免费公共厕所。

小小的堂内耸立着两根圣柱

暹罗发现博物馆

住 Sanam Chai Rd.

☎ 0-2225-2777

开 周二～周日 10:00-18:00

休 周一

费 300 泰铢（只限外国人）

交通 卧佛寺的南邻。公共汽车 1、25、44、48、508、512 路从附近通过。

巡回参拜曼谷的 9 座寺院求得好运！

在曼谷孩子们之间秘密流行的是在市区有名的 9 大寺院巡回参拜会获得好运。泰语里“9 卡奥”的发音与“进步、前进”之类的语言很类似，所以成为有缘、吉祥的数字。另外向各个寺院拜求的愿望种类不同，人们深信一日之内转遍 9 座寺院，所积功德更高，更容易达成自己的所求。巡回参拜哪 9 座寺院不是特定的，听人说是可以按照自己的喜好和方便与否灵活更换、选择。这里介绍的是人气最高的 9 座寺院。

Wat Phra Kaeo Map p.74-C3~C4

玉佛寺

วัดพระแก้ว

玉佛寺闻名遐迩，它是排场最大的一座寺院。巨大的正殿里供奉的是尊贵的玉佛。参拜作为护国主佛的玉佛，将会得到金运、心想事成。

与究竟愿望能否达成无关，每日都有许多参拜者光顾

Wat Po Map p.74-C5

卧佛寺

วัดโพธิ์

参拜以巨型释迦牟尼睡佛著称的寺院，求得内心的平安。

这里不是释迦牟尼睡佛的所在，请入正殿参观去吧

Wat Arun Map p.74-B5

郑王寺

วัดอรุณ

这是一座以充分体现须弥山的、高棉样式的巨大佛塔为特征的寺院。在这里参拜，可以使您的今世伴随好运，来世更加美好。

柱子上刻有细致雕饰的正殿

Lak Muang Map p.74-C3

国柱神庙（城市之柱）

หลักเมือง

外观象寺院的祠堂

作为曼谷的发祥地、大家都认为国柱神庙是具有神秘力量之柱，相信它能为人的一生打好基础、消除孽障、带来幸运并赐人以良缘。

Wat Suthat Map p.75-E3~E4

素塔寺

วัดสุทัศน์

参拜铺满大理石瓷砖、简直令人眩晕的寺院，能使人头脑清醒，提高识人的能力，建立起良好的人际关系。

以牌坊似的柱子为标志

Wat Rakhan Map p.74-A3~A4

拉肯寺

วัดระฆัง

参拜这座寺院，可以使您从生病的烦恼中解脱出来，博得好名声。放生积德，会使您得到的更多。

好名声会像钟声一样传播四方

Wat Chana Songkhram Map p.90-C3

胜利寺

วัดชนะสงคราม

以“战争”中“胜利”而得名的寺院。参拜堂内的佛像，无论任何困难都能克服。堂前的祠堂供奉的是拉玛一世的王子弟弟，他曾在击退入侵的缅甸人的战争中，立下了汗马功劳。说到底，这是主管胜负之事的寺院。

坐落在考山路附近

Wat Kanlayanamit Map p.72-A3

肯拉亚纳米特寺

วัดกัลยาณมิตร

大堂里安放的大佛

以安置在大城帕纳丘寺的佛像为模型仿制的大佛很有人气。可以来拜求旅行、交通安全，还有交到好友、获得名声等。

San Chao Po Sua Map p.75-D3

圣查奥波苏阿

ศาลเจ้าพ่อเสือ

供奉着义虎的祠堂，华人参拜者居多。参拜后，会获得幸福的人生。

供奉的只有老虎，供品是猪肉等生鲜

帕麦托拉尼
开 24 小时
休 无
费 免费
交通 玉佛寺出发步行 8 分钟即到。

安放着拧头发女神像的白祠堂

释迦牟尼与曼谷的守护神

帕麦托拉尼（地母神像）

Map p.74-C2

Phra Mae Thorani

พระแม่ธรณี

正在拧头发的托拉尼

位于萨纳姆卢安的东北角、暹罗酒店前，是一座小巧的祠堂，供奉着大地女神托拉尼。这是奉拉玛五世王妃之命修建的供市民饮水之处。托拉尼用从自己的头发里拧出来的水，引发洪水，把正想袭击闭目沉思中的释迦牟尼的恶鬼冲走，挽救了佛祖的生命，因此备受人尊敬。直到现在，前来拜谒的善男信女络绎不绝。人们认为这里的水很灵验，携带着水壶、PET 瓶等特地千里迢迢地赶来求水，因此非常有名。顺便提一下，曼谷自来水公司的象征标志也是托拉尼像。

民主纪念塔
开 24 小时
休 无
费 免费
交通 15、39、44、79、511 路公共汽车通过。从玉佛寺出发步行 18 分钟即到。

以像鸟翼似的 4 座塔为标志

民主纪念塔（阿奴沙哇里·帕差提巴塔伊）

Map p.75-E2

Democrary Monument

อนุสาวรีย์ประชาธิปไตย

陈列着当时照片和报纸的复印件等

为纪念 1932 年 6 月 24 日爆发的立宪革命，1940 年由当时的皮邦内阁建造的、作为泰国民主主义象征的纪念塔。高 24 米的 4 座鸟翼状的塔的塔座位置，雕刻着有关立宪革命过程的梗概，它的意义永远留在人们心中。另外这座塔也是保卫民主主义而牺牲的人们的慰灵塔。立宪革命与 1973 年 10 月要求修改宪法集会，以及 1992 年 5 月要求素金达首相下台的示威游行中，与出动的军队发生冲突牺牲的人们，都供奉在塔的中央位置。

73 年 10 月 14 日纪念碑
开 8:00~17:00
休 无
费 免费
交通 从玉佛寺出发步行 15 分钟即到。

为纪念民主化运动倒下的人们建造

73 年 10 月 14 日纪念碑

Map p.75-D2

14 October 73 Memorial

อนุสรณ์สถาน ๑๔ ตุลา ๑๖

1971 年军队发动政变，沦为军事独裁体制的泰国，由市民为主体开始了民主化运动。1973 年 10 月 7 日，散发请求制定宪法传单的市民运动家被逮捕，更使得反政府的势头高涨，同月 13 日，大批声援者在作为要求释放被捕者的会场塔玛萨特大学集会，14 日，学生与市民的游行示威队伍，在叻差达慕农·克隆街周边，遭到演变为暴徒的军队的开枪扫射，造成了很多人死伤的惨案发生。这可以说是泰国历史上第一次由广大市民参加的政治运动，为悼念死者，让人们永远记住他们，以防随着时间推移而使记忆淡化，特地建造了这座纪念碑。

去考山路时最好的标志

想了解当今王朝历史可以来这里

拉塔那科辛展览馆

Map p.75-E2

Rattanakosin Exhibition Hall นิทรรศน์รัตนโกสินทร์

它是一家2010年10月刚刚开放的崭新的展览馆，这里有关于泰国当今王朝历史的解说。从王朝的起源到曼谷的发展历程，利用模型、木偶、透视画、录像等，解说形象、生动，很容易理解。内部由导游带领旅行团一起参观，大约需要1小时30分钟。导游只说泰语，但是展览物件同时配有英语解说。对泰国历史感兴趣的人一定要看看。

利用人体模特的无可挑剔的解说

曼谷的防御基地

帕舒门堡

Map p.90-C1

Phra Sumen Fort ป้อมพระสุเมรุ

虽然常常给它重新装饰，但是有许多地方还是有点脏

湄南河与邦拉姆普运河的分支点，耸立着帕舒门堡。邦拉姆普运河内侧是曼谷的发祥地，运河可以说是作为曼谷的最后防御线而存在。运河与湄南河的分支处无论在军事还是在交通上都占有极其重要的位置。堡的四周建造着一座叫圣迪恰伊·帕根的公园。

在宽敞的公园里休闲、娱乐

皇家田广场（王宫前广场）

Map p.74-C2~C3

Sanam Luang สนามหลวง

以前作为王族的火葬场使用，它的名字也叫作"火葬广场"，为广大市民所熟知，拉玛四世觉得非常不吉利，将它改为现在的名称。

住宿费便宜的旅店街已成为过去的故事

考山路

Map p.91-D4~E5

Khao San Rd. ถนนข้าวสาร

这是一条在东南亚享有盛名的住宿最便宜的旅店街。这里出售的礼品价格也是相当便宜的。与市区礼品店经营同样的商品，东西却便宜的原因是，其面对的都是极尽节俭的旅行者，如果价钱高，东西就会卖不出去。所以您即使不在此居住，有时间的话，也可以顺便去看看。无论在何处，英语都行得通，买东西还可以打折。

不可思议的多国籍人的城镇

拉塔那科辛展览馆

住 100 Ratchadamnoen Klang Rd.
☎ 0-2621-0044
FAX 0-2621-0043
URL www.nitasrattanakosin.com
开 周二～周日 10:00~20:00
休 周一
费 100泰铢（仅限外国人）
交通 15、39、44、79、511路公共汽车从前面经过。森塞普运河船的潘发里拉特码头步行3分钟。

图书馆、出售纪念品的商店、咖啡厅均有

帕舒门堡

开 24小时
休 无
费 免费
交通 从湄南河快船的N13帕阿迪特码头步行即到

皇家田广场

开 24小时
休 无
费 免费
交通 玉佛寺的对面。通过王宫周边的公共汽车一般都要途经皇家田广场。

旅行小提示

要提防卖鸽食的阿姨

若您在皇家田广场走过，就会看到有向行人强行推销玉米等鸽食的阿姨。一不小心接过鸽食撒给鸽子，她就会向您索要高价的鸽食钱。所以一旦手里拿着鸽食的阿姨走近您，也不要理睬。如若碰到强行将鸽食给您塞进书包的情况时，马上将它拿出来，扔在那里离去即可。

考山路

交通 公共汽车2、3、6、9、15、30、39、44、47、59、79、82、183、201、203、503、506、509、511、512、532路从附近通过。从玉佛寺出发步行15分钟即到。

普密蓬国王的作品在这里展览

国家美术馆

National Art Gallery

Map p.90-B4~C4

พิพิธภัณฑ์ศิลปแห่งชาติ

可以概观泰国的美术作品

泰国美术家画的传统绘画及近现代美术作品展在这里进行。也有作为多才的艺术家的当今普密蓬国王的作品。

国家美术馆
- 住 Chao-Fa Rd.
- ☎ 0-2282-2639
- FAX 0-2282-2640
- URL www.national-galley.go.th
- 开 周三～周日 9:00-16:00
- 休 周一、周二、节日
- 费 200 泰铢（仅限外国人）
- 交通 玉佛寺步行 12 分钟即到。

旅行小提示

1 月一次的日语旅行向导

每月第三个周六的 10:00 开始，大约有 1 小时，由日本志愿者充当一次旅行向导。

富藏着泰国的历史和文化

国家博物馆

National Museum

Map p.74-B2~C2

พิพิธภัณฑ์สถานแห่งชาติ

这是泰国最大的博物馆。于拉玛五世时期的 1874 年开馆，一开始位于王宫之内。于 1887 年迁居于现在的地方。现在博物馆的主馆，是与王宫同时开工的、专为拉玛一世的副王建造的宫殿。

馆内整整齐齐地陈列着从史前开始一直到近代的众多展览品。里面相当宽敞，即使是大致上观看一遍，也要花费足足 1 小时，净是需要踏踏实实地花费时间鉴赏的东西。特别是从泰国东北部的邦・奇恩（奇恩村）发掘出来的农耕民族的遗物、化石等众多东西，都存在一看的价值。与素陶器、水稻的化石、陪葬品等埋葬在一起的人骨、竖穴式居住痕迹等都包含在其中。这些遗物是表明在泰国极有可能曾经存在过世界上最早的农耕部落，关于这点也还存在争议。

馆内的展览品，如果按照指定的顺序参观学习的话，它就是一个可以从过去到现在一系列进程式的学习。佛教、印度教等传到泰国，这些思想不断地与当地土著人的泛灵论互相融合，逐渐确立泰国民族文化及性格的过程引人好奇。游客都可以感觉到在这个国度里宗教（特别是佛教）所起的重要作用吧。

国家博物馆
- 住 Na Phra That Rd.
- ☎ 0-2224-1333
- FAX 0-2224-1404
- 开 周三～周日 9:00-16:00（进馆截止到 15:30）
- 休 周一、周二、节日
- 费 200 泰铢（仅限外国人）
- 交通 从玉佛寺出发步行 7 分钟即到。

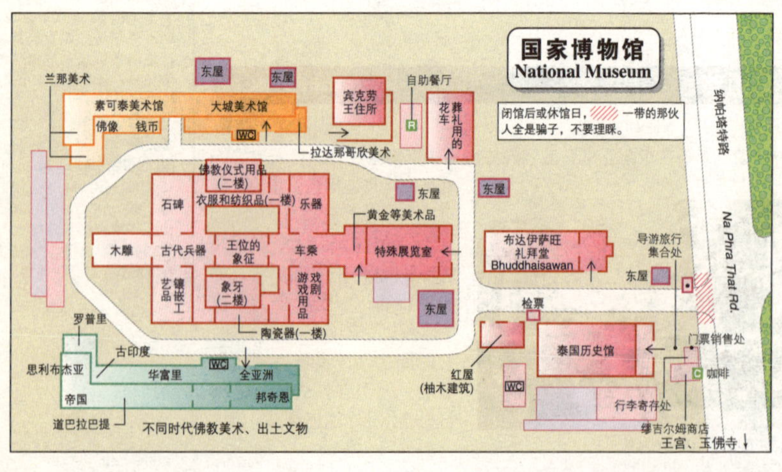

泰国的美术史

与佛教渊源很深的泰国美术

泰国的美术史，换言之，也是泰国的佛教美术史。特别是各个时代蕴含最高超技艺、一丝不苟地制作出来的佛像具有的精美绝伦与威严的震撼力，实实让人为之倾倒。这些佛像中凝结着那个时代对当权者的狂热崇拜，可以说它们是泰国美术的结晶。

堕罗钵底（他叻瓦滴）美术 Dvara Vati（6~11 世纪）

泰国中部曾经兴盛一时的、以印度·缅甸的孟族为主的城市群（纳空·帕特姆、乌顿、华富里等）的佛教美术。此时的佛法非常有特色，制作的佛像在相貌表现上，面部平板，眉毛相连，嘴唇厚。

斯利维杰亚（西维恰依）美术 Srivijaya（7~13 世纪）

半岛（泰国南部）上的差依亚、纳空·西·塔玛拉特、斯拉塔尼遗留的马来民族的爪哇风格的美术，代表作是差依亚的观音菩萨像。

华富里（Lopburi）美术（10~13 世纪）

可以分为东北部高棉美术、中部华富里等在高棉文化影响下的泰族、孟族的美术作品。这一时期寺院艺术则是印度系列的居多。

乌通美术 U-Thon（12~15 世纪）

它是在受泰国北部的哈里邦恰依遗留的他叻瓦滴美术的影响下产生的，阿育塔亚前期为止的泰国中部的结界石上可以看到的美术。

兰那（琼山）美术 Lanna（11~18 世纪）

从这个时期开始，泰国有了自己独特的佛教美术。佛像的脸略呈圆形，嘴唇变小，高棉人的特征消失了。决定性的变化在于，从上往下看的眼神。这种造型与现在制作的佛像基本相同。眉毛变成半圆形也是从此时开始的。在那之前一直占主流的石像消失了，青铜制的佛像占据了一大半。

素可泰美术 Sukhothai（13~14 世纪）

佛像脸上的棱角去掉了，变成了长脸，鼻子适当地增高，微微睁开的双目向上翘着。有着女性似的身材曲线为佛像的特征。中性化也是这个时期佛像的特征之一，最有名的是“信游佛”像，它是泰国具有独创性设计的造型。

这个时期从中国传入了陶瓷器，日本也从泰国引进，名为“宋胡录”。

大城美术 Ayutthaya（14~18 世纪）

大城位于泰国中部、湄南河中游，为大城王朝（1350 ~ 1767）的都城，亦常音译为阿育塔亚。素可泰王朝建立后，受素可泰美术的影响，佛像脸部的造型由当初的四方脸变成蛋形的长脸，后期受新传入的婆罗门教的影响，装饰华美，变为奢华风格。美术品整体多用金色来装饰也是始于这个时期。

拉达纳考辛（曼谷）美术 Rattanakosin（18 世纪~）

此种风格现在仍在形成之中，最显著的特征是汲取了西欧风格的现代派情调。无论佛教艺术之中，还是王室家具和日常用品之中都能看出有这种倾向。现实主义在这种流派中受重视，而且技术含量增加，色彩和造型都非常精致、细密。

可以概观泰国美术史的国立博物馆

王室御座船博物馆
☎ 0-2424-0004
开 9:00~17:00
休 无
费 100 泰铢（只限外国人），拍照费 100 泰铢，录像费 200 泰铢。

阿隆·阿马林路的高架桥下挂着一个小指示牌，从那里沿着运河，从像迷宫一样的民居小巷中穿出去即为入口，走这段路大约需要 5 分钟。

法医学博物馆
Map p.114
☎ 0-2419-7000
开 周一～周五 9:00~16:00
休 周六、周日、节日
费 40 泰铢（只限外国人）

解剖学博物馆
Map p.114
☎ 0-2424-0004
开 周一～周五 9:00~12:00、13:00~16:00
休 周六、周日、节日
费 免费

入馆时，要在 1 层的接待室签上自己的名字。

交通 乘快船到 N11 吞武里铁路码头或 N10 旺朗码头。从对岸的帕昌乘坐渡船（3 泰铢）就可到 N10 旺朗码头。

停放豪华御座船的王室专用船坞

王室御座船博物馆

Map p.74-A1

Royal Barge Museum

พิพิธภัณฑ์เรือพระราชพิธ

馆内平时常常陈列着 7~8 艘船，其中最为重要的船是一艘名叫“卢安·弘”（素本纳弘）的国王专用的御座船，摆放在中央位置。这艘船全长 46.15 米，最宽处为 3.14 米，船上乘坐舵手、航海员各 2 名；船尾信号旗手、划船指挥各 1 名；王座天盖支撑者 7 名。另外还有总共 50 名的划船手分别在左右操纵红色和金黄色的桨。船上的空间也相当宽敞，制作了一只名叫“弘”的圣鸟，又细又高地挺立在船头，据说它是婆罗门教（印度教的前身）的神布拉富玛的坐骑。

实际上陈列的是跳水上芭蕾时使用的船

好恶截然区分的场所

法医学博物馆（西维）

Map p.74-A2

Songkran Niyomsane Forensic Medicine Museum

พิพิธภัณฑ์นิติเวชศาสตร์

它是位于西里拉特医院病房内的医学博物馆。法医学博物馆、寄生生物学博物馆、泰国药学历史博物馆集中在大楼的 2 层。法医学博物馆内，摆放着许多像电话亭似的小格子，其中收藏的是用蜡封好的尸体标本。漆黑的树脂化的人体站立在镶着玻璃的箱中，那光景真不可思议。其中最闻名的是 20 世纪 50 年代初的数年之间，连续诱拐并杀害了 5 名幼儿，挖出他们的内脏当作不老药吃掉的，名叫“西维”的男人标本。并且还陈列着这个男人被手枪打穿的头盖骨、切断的胳膊、纵切成正两半的脸，都泡在福尔马林里面。还附带该事件的情况说明，事故中的尸体照片等陈列了满满一堵墙壁，充满了诡异的气氛。

医院内还有解剖学博物馆，陈列着以分裂不完全的一卵双生儿为代表的病理标本、死后贡献给泰国医学界的献体的标本等。

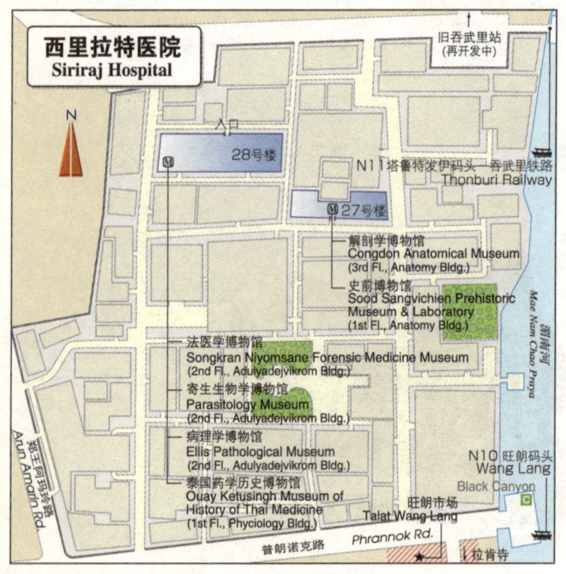

已故名僧泰姆尼大师迄今仍受到人们的崇敬

北榄寺

文前图曼谷 -A5

Wat Paknam

วัดปากน้ำ

吞武里的名刹

吞武里的帕西恰隆运河沿岸建立的第三级王室寺院。原本是大城王朝时代修建的古老寺院，拉玛三世时期重新修复直到现在。如今这座寺院里供奉着已故高僧帕蒙贡泰姆尼大师，重现大师生前风范的坐像四周，经常会围着许多人。这位大师至今仍受到大家的崇拜，是泰国佛教界独一无二的名僧。北榄寺与以闭目沉思为主的泰国佛教学的总寺院马哈塔特寺占有同等的地位，可以平分秋色。

北榄寺

☎ 0-2415-3004
开 8:00~20:00
休 无
费 免费
交通 乘坐 4 路公共汽车到终点站下车，步行即到。9 路也从附近通过。

寺庙内参拜者络绎不绝

中央位置屹立着国王像的巨大环状交叉路

旺威安·亚伊

Map p.72-A4

Wongwian Yai

วงเวียนใหญ่

将攻灭大城王朝的缅甸军队驱赶出去，建立了吞武里王朝（→p.361）的达信王的雕像屹立在大型环状交叉路口中央。隔着湄南河，位于曼谷的对岸的是陈旧的商店、热闹的市场、露天小店，是充满活力的中小工商业集中地区。环状交叉路附近是向马哈恰伊方向延伸的泰国国铁梅库隆线的旺威安·亚伊站。3~4 辆组成的内燃机列车从此站始发并返回。月台处有许多小卖店、餐厅等。行人、摩托车等川流不息。

离旺威安·亚伊站约有 1 小时的路程，就到了终点站马哈恰伊站，这是一个活力四射的港城。花费半天时间来这里游玩也会非常开心，这趟小旅行，单程只需 10 泰铢。

旺威安·亚伊

交通 公共汽车 3、4、7、10、37、42、82、85、164、169、173、529、547 路、地铁公交 24 路通过。从旺威安·亚伊轻轨站步行 10 分钟即到。

击退缅甸军的救国英雄达信王

人流混杂、摩肩接踵的旺威安·亚伊站

COLUMN

漫步于古老的街市中

由邦拉姆普运河、奥恩运河与湄南河包围的王宫周边地区，残存着约150年前拉玛五世整修都城时建设的房屋、街道，也可以说是曼谷的旧市区。房屋均设计为2层楼或3层楼的建筑，1层商用，其他层供人居住，被称为店铺住宅，一栋可分许多户居住，这种风格的小楼面朝大街，整整齐齐地排列着，创造出了一个统一感很强的景观，这在当时是一个多么时髦的设计造型。其中有好多很有趣味的景点，一边悠闲自在地散步，一边观赏景致，多有趣啊！从考山路出发步行15分钟可以逛一圈。

外观设计、橙色与绿色的喷漆等均颇具统一感的房屋接连不断

圣查奥波苏阿
San Chao Po Sua　　Map p.75-D3

有一只深受一位老人宠爱的老虎，老人死了，它非常悲伤，在火葬老人的遗体时，它跳入火中，结束了自己的生命。被虎的行为所感动的人们为这只虎建了一座庙，供奉的就是老虎。入口两侧各摆放着一只老虎像，可以驱邪。据说第二次世界大战前，这一带发生了一次大火，而这座庙竟然幸存，因此更受到了人们的崇拜。

入口两侧摆放着像石狮子一样的老虎像

帕恩・普同路
Phraeng Phuthon Rd.　　Map p.75-D3

是拉玛五世时期的风格保存最多的路。从大街上进入两侧是2层楼建筑的胡同，中间有个大广场，广场的宽度有4条胡同左右，并与外面的大街相连接。而大街的内侧排列的却是富有生活感的、毫无秩序的各户住家，这种巨大的差别非常有趣。街道上开的餐厅，尽是开了许多年头的老餐厅。卖猪脑汤的店是这条路上已超过60年的老店铺。广场中木结构的小小欧式建筑的医院，是拉玛四世的儿子曾经居住使用过的建筑。

大街道的背后竟然有一个宽阔的空间，深感意外

班帕特巷 Soi Baan Bhat　　Map p.75-F4

从班帕特巷附近路过时，就会听到从小巷的深处传来金属的敲击之声。这就是名叫班帕特巷的小巷，里面集中着好几家制作僧侣们化缘用的金属托钵的小作坊。作坊都是在路边进行作业，随便就可以观赏到。完成一个钵的制作需要花费2天的时间，小钵需要300泰铢，大钵在1000泰铢左右，还可以零售。

敲打金属片，然后再把它们黏合在一起，这是个需要耐心的活计

巴姆隆孟路
Bamrung Muang Rd.　　Map p.75-D3~E3

这条路以素达寺为中心，东西横跨500米左右，现已成为佛具店一条街。从混装着肥皂等的套装、团扇、伞等布施给僧侣的日用品到大佛像，各种商品琳琅满目。这条路由来已久，没有人行道，路面很窄，走路的时候要注意汽车。

店门前还摆着佛像

2 AREA 律实地区周边

泰国的政治与行政中心 Map p.76~77

动物园里的大象正在练习技艺

拉玛五世修建的律实地区，以奇托拉达宫与维玛曼宫等与王室有关的设施为首，王室有关人士的住宅、政府机关办公楼，还有律实动物园排列其间，成为泰国的政治与行政中心。景点很多，但是商店和餐厅很少。维玛曼宫的北面是一片古老街道的聚集地。

律实地区周边 主要景点

沉浸在拉玛五世一家的气氛中

维玛曼宫（拉玛五世博物馆）

Map p.77-D1~E1

Wimanmek Mansion Palace　พระที่นั่งวิมานเมฆ

拉玛五世曾经住过的旧律实庭院，包括院内的建筑物，都对外开放。其中的中心建筑物，即拉玛五世实际生活的木质大建筑就是维玛曼宫。维玛曼的意思是“白云之上”，仅是这座整体都是柚木结构的3层楼的大型建筑物在世界上也是很罕见的。

拉玛五世驾崩后，这座宫殿就被封闭了。诗丽吉王妃（普密蓬国王的王后）命人重新修复，1985年起游客就可以去参观学习了。维玛曼宫除了门等开闭部分，一颗钉子都不用。在各个房间里都陈列着许多来自世界各国的餐具、家具、日常用品等，这里已经成为拉玛五世博物馆。最上层的浴室、第二次世界大战中被盟军轰炸留下的痕迹等值得一看的地方很多。

在宽敞的地域内，星星点点分布的其他建筑物也都成为各种类型的博物馆，有陈列着以喜爱摄影闻名的当今国王普密蓬拍摄的照片的展室、王室仪式上使用的马车等的车库、含王妃个人收藏的美术、手工艺品的展室等，宛如王室的主题公园。

全部是柚木结构的豪华宫殿

维玛曼宫

开 9:30~16:00（入场截止到15:15）

休 无

费 100泰铢（只限外国人）

玉佛寺（→p.93）的门票中包含维玛曼宫的门票。先进入玉佛寺和王宫参观的人，一定要拿到维玛曼宫的门票。进入玉佛寺之日起一周内有效。

参观宫殿时，有每隔30分钟发一次的英语或泰语的导游带领的旅游团。英语导游从9:45开始，每隔30分钟出发一次。游览过程大约需要45分钟。最后一次在15:15发。泰语导游从9:45开始，每隔30分钟发一次，最后一次在15:00。

交通 公共汽车12、18、28、56、70、108、125、510、515、539路，公交地铁25路通过。从玉佛寺出发，乘坐70路公共汽车、25路公交地铁都可以到达。

注意服装

王宫与玉佛寺一样，都要进行服装检查。请参照专栏“进入玉佛寺与王宫时的注意事项”（→p.93）。

展示有关王室仪式照片的素恩弘住宅大厅

有王族乘坐的马车的展览

阿嫩塔·萨马霍姆宫
开 周二～周日 9:00~18:00（门票出售截止到 17:00）
休 周一、例行活动日
费 150 泰铢（只限外国人）
交通 维蒙梅库宫区域内。

庄严的文艺复兴时期建筑

阿嫩塔·萨马霍姆宫（旧国会议事堂） Map p.77-E2

Anatha Samakhom Palace พระที่นั่งอนันตสมาคม

豪华壮丽的欧式建筑

拉玛五世在建成律实庭院时新建的一座举行国家迎宾仪式的专用宫殿。1907 年奉拉玛五世之命开工，建成于拉玛六世统治时期的 1915 年。

雄伟地屹立在叻差达慕农·诺克路的尽头处的大宫殿，拥有白色的外墙壁，材质与本差玛波皮特寺（→ p.119）一样，使用的都是从意大利的卡拉拉市运来的大理石，这些大理石的表面都装饰了时尚漂亮的复杂雕刻图案。宫殿整体的建筑样式与环绕四周的庭院都采用文艺复兴时期的风格，浑然一体。内部装饰描绘了到拉玛六世为止的历代国王的丰功伟业的壁画，也是不比外部装饰逊色的考究之作。天花板设计成半球形，里面有精美的壁画，将泰国的风俗习惯用欧式手法表现出来，这种新奇稀有的建筑风格，给人留下了一种深刻的印象。

包含庭院的这部分充满了欧洲的氛围

1932 年的立宪革命以后，这座宫殿作为国会议事堂使用了相当长的时间。现在已成为王室举行活动和仪式等的场所。

因特拉维赫寺
开 6:00~20:00（寺院内 ~22:00）
休 无
费 免费
交通 乘坐公共汽车 6、30、43、49 路。

金光闪烁的大佛俯视四周

因特拉维赫寺（因寺） Map p.76-B3~C3

Wat Intrawiharn วัดอินทรวิหาร

完工于 1867 年的寺院以高 32 米的站立佛像出名，是第三级王室寺院。建造这尊大佛像的是一位名叫卢恩波特的高僧，他被供奉在寺院的小佛塔内。佛像内部配备有运行状况良好的空调，成为一个闭目沉思的理想所在，中央摆设着卢恩波特高僧像，真实地再现了他生前闭目沉思中的姿态。人们可以靠近佛像的脚边，常常将花等供奉在那里。

佛像的脚边经常有供品

正殿旁边建造着一座高大的佛像

使用了大量大理石的摩登寺院

本差玛波皮特寺

Map p.77-E3

Wat Benchamabophit

วัดเบญจมบพิตร

正如它的别名叫"大理石寺院"一样，除去屋顶瓦，其他一切建筑材料都采用了大理石，是第一级王室寺院。屋顶瓦也与普通瓦的烧制方法不同，使用了色彩艳丽的橙色的物质。金黄色的窗框，镶嵌着彩绘玻璃。这种欧式和泰式折中的建筑式样，正符合建造者拉玛五世与设计者纳利沙拉努瓦提温亲王的兴趣所在。

像石犬一样端坐在那里的石狮子也是大理石制作的

地板、墙壁、柱子都使用了大量从意大利的卡拉拉市场上运来的纯白大理石。正殿安放了 52 尊佛像，周围回廊环绕，正殿延伸到回廊之间的石台阶也都是大理石。正殿出入口前台阶上并排而立的并非石犬而是石狮子。顺便提一下，回廊中摆放的是泰国国内以及亚洲各国具有代表风格的佛像。

呈左右对称十字形的正殿里，安放着一尊金光灿烂的佛像，佛像模仿了被称为最美佛像的泰国北部皮萨努朗克县的马哈达特寺主佛。以深绿色的墙壁为背景，焕发着朦胧的光芒，有一种不输于原佛之美。这尊佛台座之内，收藏着建造者拉玛五世的遗骨。

巧妙的照明设计，给佛像平添了一层神秘的色彩

本差玛波皮特寺

住 拉玛 5 世路 69 号

69 Rama 5 Rd.

☎ 0-2628-7947

开 8:00~17:00

休 无

费 20 泰铢（只限外国人）

交通 乘坐 5、16、23、72、157、201、503 路公共汽车。

旅行小提示

本差玛波皮特寺的正式名称

本差玛波皮特 · 律实哇纳拉姆寺是它的正式名称。

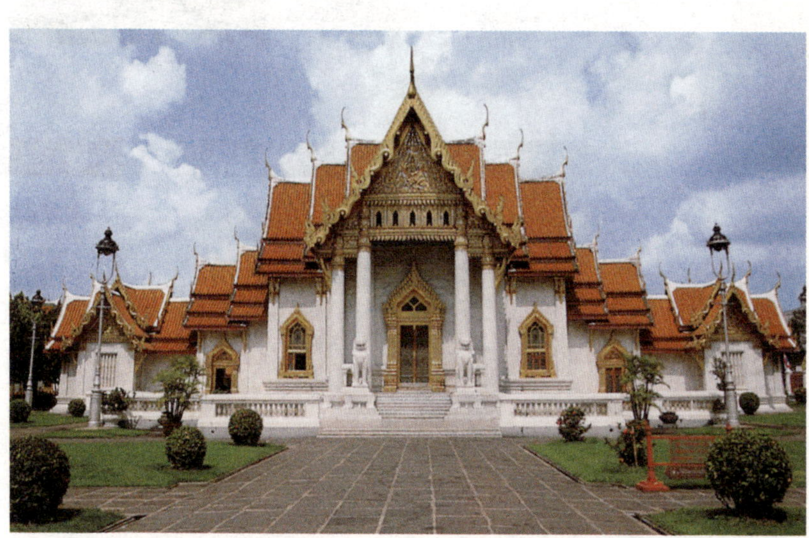

白色大理石与橙色的屋顶互相辉映

律实动物园
住 71 Rama 5 Rd.
☎ 0-2282-7111
开 周一～周四 8:00~18:00
休 无
费 大人 100 泰铢，小孩 50 泰铢（只限外国人）
交通 乘坐公共汽车 5、18、28、70、108、510、515、542 路，非常方便。

旅行小提示

注意儿童节

1 月的第二个周四，是泰国的儿童节。这一天动物园免费开放，包括周围的道路，人很多，非常拥挤，要注意。

有一个面积很大的水池，在游乐园可以尽情享受

王室象博物馆
住 U-thong Nai Rd.
☎ 0-2282-3336
开 9:00~16:00
休 无
费 免费
交通 律实动物园的对面。

拉玛五世骑马像
开 24 小时
休 无
费 免费
交通 公共汽车 70 路通过。

可以见到各种各样的动物

律实动物园（考 · 亭）

Map p.77-E1~F1

Dusit Zoo (Khao Din)

สวนสัตว์ดุสิต

即使是在曼谷动物园里大象仍然是最受欢迎的

1938 年开放的、一座有悠久历史的动物园。广阔的动物园内，热带树木繁盛，养护周到的植物长年盛开着美丽的花。来自世界各地的多种多样的生物群聚于此，其中的名叫大象屋的大型大象饲养设施才真正是泰国的特色，除此之外，还有水族馆、爬虫类馆、夜行生物馆等展馆，名叫非洲萨本那的长颈鹿、鸵鸟等非洲动物都能看到，鸟笼状的大型笼子里放养着孔雀、极乐鸟等飞禽，品种相当丰富。小小的游乐园里，还有一个水池，可以在里面划船玩。如果您愿意，可以在这里尽情享受整整一天。

有关于神圣白象的展览

王室象博物馆

Map p.77-E1

The Royal Elephant National Museum

พิพิธภัณฑ์สถานแห่งชาติช้างต้น

在东南亚，人们将体表颜色浅的大象叫作“白象”，视为圣物。在泰国也是，自古以来白象是国王的所有物，并赐予其官位和名字，小心喂养。两栋小型博物馆里，有白象的特征、当今王室正在饲养的白象的发现经过、象的捕捉法，其他的关于白象的祭祀仪式等的展示。

两栋建筑物并列的博物馆

表彰国王的伟业

拉玛五世骑马像

Map p.77-E2

Statue of Rame 5

พระบรมรูปทรงม้า

受人民拥戴的拉玛五世

阿嫩塔 · 萨马霍姆宫的前面，宽阔的马路中央屹立着领导泰国走向近代的一代名君拉玛五世的骑马像。这是拉玛五世为纪念自己即位 40 周年，在国外巡游时在巴黎铸造的像。拉玛五世今天仍然受到泰国人民的爱戴，平常日子里，前来拜谒的人都很多。尤其是 10 月 23 日，这天是拉玛五世的忌日，已成为国家的节日，人们从四面八方蜂拥而至，骑马像的周围被花圈等供品淹没。

当今国王普密蓬与其家属的住宅

奇托拉达宫殿

Map p.77-F1~F3

Chitlada Palace

พระราชวังจิตรดา

里面的状况看上去像曾是一个不知名国王的住所

拉玛九世普密蓬·阿杜德国王与他的家人就住在这里。当今国王的儿子、女儿——哇集拉隆功王子、诗琳通、朱拉蓬两位公主、乌本拉它娜前公主均出生在这里。宫内一般不对外开放，有卫兵把守，连宫外也都禁止拍摄。宫殿周围环绕着护城河和铁栅栏，边长800米的四方形宫殿内部，里面除了宫殿、庭院，还有水田、旱地和牧场等，据说是以研究为目的，从事农业、制酪农业和畜牧业。

游客或许会猜想，这座重要的宫殿究竟是怎样的一个造型呢？受全国人民敬爱的国王的住宅，想必一定是和玉佛寺一样富丽堂皇吧，其实不然，它的外观只是一座朴素的欧式3层楼建筑。里面有许多国王专用的研究室等“工作场所”，采用的是与“爱工作的国王”的昵称相符的功能性设计。

奇托拉达宫殿

交通 律实动物园旁边

大规模的衣料批发市场

玻贝市场

Map p.72-C3

Talat Bo Bae

ตลาดโบ๊เบ๊

过了运河上的渡桥即是市场

名为“喧嚣市场”的衣料批发市场。运河与铁路线之间的狭窄地区，经营衣料的商店及小摊一个挨一个，挤在一起，甚至游客想穿过都很困难。也有卖蔷薇的，本来它就是一个面对零售业的专业批发市场。不只是当地商人，连许多外国商人也都前来进货，大批量购入，当然折扣率高。

玻贝市场

营 8:00~17:00

交通 53路公共汽车从这里通过

旅行小提示

市场的迁移问题

涉及市场的重新开发，市场的迁移问题就被提上了日程，因搬迁地的地价太高，引发了反对运动。市场今后会怎样，现在谁也不知道。

适合喜欢花木和盆栽的游客

题威花市

Map 76-B2~C2

Talat Thewet

ตลาดเทเวศน์

巴东·克隆·卡塞姆运河与湄南河水的交汇点附近扩展的市场。运河的北岸是大型生鲜食品市场，活蹦乱跳的鱼贝类、巨大的肉块、蔬菜、水果之类的新鲜食品在这里大量出售。沿南岸的克隆·卡塞姆路，从萨姆塞路开始一直到湄南河，是常设的花市。各种不同类型的花草树木在这里出售，过去逛一圈也是深有趣味。

店前盛开着各种颜色的花

题威花市

营 8:00~17:00

交通 乘坐3、16、23、30、32、53、65、72、99、505、506路公共汽车。从湄南河快船的N15题威码头出发步行即到。

3 AREA 中国城周边

汉语遍布的泰国中的异国 Map p.78~79

道路名称只用英语写着："China Town"

金佛寺
住 661 Charoen Krung Rd.
☎ 0-2623-1226
开 8:00~17:00（参拜佛像）殿堂内展览 周二～周日 8:00~16:30
休 无。殿堂内展览 周一
费 参拜佛像费 40 泰铢、殿堂内参观学习费 100 泰铢（该价格只限外国人）。寺院内免费。
交通 华兰蓬地铁站 1 号口步行 4 分钟；通往金佛寺的公共汽车有 4、25、501、507、529 路。

无数的小巷像迷宫一样交叉在一起，街上的大厦鳞次栉比，像要把行人全部覆盖在下面似的。唐人街人声喧嚣，活力四射，给人以一种整个区域就是一个巨大市场的感觉。

曼谷市区全都微带着一种中国城市的情调，尤其是这个地区，中国味儿就更加浓厚了。贯穿中国城中心的是耀华力路，这条路上经销黄金饰品的金店数不胜数，街道上立着广告牌。各个商店的广告牌大多数用汉字书写，中国游客应该看一眼就能理解。顺便提一下，本地人不把这个地区叫作“唐人街”，而是以其中心路为名，就叫它“耀华力路”。

从中国城出去，向西走，过了运河，来到的这个地区，因为印度人大多数居住在这里，所以这儿形成了一个印度人街。

中国城的中心耀华力路

中国城周边 主要景点

金佛是这样被发现的！

金佛寺

Wat Trimit

Map p.79-E4

วัดไตรมิตร

金佛寺最值得一看的是安放在寺院里新建殿堂最上层的黄金佛像，高 3 米，重 55 吨，是由纯度为 60% 的黄金铸造而成的。大约是素可泰时期铸造完成的。

金佛从市内的废寺迁到金佛寺之前，佛像的金体外一直涂抹着一层灰泥，在漫长岁月里，它与废寺同朽，无人问津。直到 1953 年，政府决定将它搬走，同年 5 月开始动工。这尊佛像过于高大不说，分量更重，一下子就把吊挂它的起重机压塌了，这使现场的操作人员非常沮丧，当天也只得放弃施工。不承想，当夜晚间，下了一场大雨，佛像在雨中淋了一夜。到了次日清晨，相关人员正准备开工时，靠近佛像一看，大吃一惊：原来经雨水冲刷后，灰泥剥落之处，竟然露出了金色的光芒。这时候，人们才发现灰泥掩盖的竟然是一尊华丽的金佛像。另外，安放金佛的殿堂里，陈列着唐人街发展的历史，这个也是必看的噢！

发现的黄金佛被安放在新建殿堂的顶层

殿堂内有关于唐人街发展历史及金佛被发现的原委的展览

寺院内耸立着新修建的殿堂

可步入寺内阶梯，欣赏塔中壁画

叻差武拉纳寺（里阿普寺） Map 78-B2~B3

Wat Ratchaburana　วัดราชบุรณะ

1957 年 9 月，偷盗者挖开了叻差武拉纳寺的主塔，偷走了许多贵重的宝物。后来，泰国文化艺术厅与联合国教科文组织开始积极地修复古迹，在主塔中又陆续挖出了许多金质的佛像及手工艺品，并且挖了一条阶梯，让游客可以走下楼梯欣赏塔中的壁画。

高高的柱子、凉爽的叻差武拉纳寺

叻差武拉纳寺

开 8:00~19:00
休 无
费 免费
交通 公共汽车 1、6、19、42、82、506、529 路。

寺院内有日本人的积骨堂

犯罪贵族行刑的石台至今仍然保存完整

帕陶姆空卡寺 Map p.79-D4

Wat Pathumkhongkha　วัดปทุมคงคา

位于湄南河沿岸的第二级王室寺院，当今王朝初期，这里是处罚犯罪贵族的行刑场。现在寺院内保存完好的大石台，据说是先将死刑犯装入袋子里，然后再放在台子上打死。用这种方法执行死刑是在拉玛三世时期，直到 19 世纪末。

这个石台是被判处死刑的贵族的执行台

帕陶姆空卡寺

开 8:00~18:00
休 无
费 免费
交通 从金佛寺出来步行 5 分钟即到。

Watt Patou mukonka 本堂（注：泰国二级寺庙，原泰国贵族刑场）

耀华力路旅游胜地化的象征

牌楼（中华门） Map p.79-E4

Gate of Chinatown　ซุ้มประตูเฉลิมพระเกียรติ

曼谷的这座牌楼，是于 1999 年在与金佛寺对面的名叫奥丹温 · 萨克鲁的环状交叉口的中心修建的。牌楼是耀华力路观光区的象征，它是为了纪念泰国国王 72 岁寿辰在 1999 年 5 月由华侨建成的。它旁边有一家天华医院也很漂亮。

牌楼

开 24 小时
休 无
费 免费
交通 华兰蓬地铁站 1 号口出来步行 5 分钟。金佛寺出发步行即到。

中国居民为祝贺国王长寿而建造的

矫正博物馆
住 436 Mahachai Rd.
☎ 0-2226-1704
开 周一～周五 9:00~16:00
休 周六、周日
费 免费（随意捐赠）
交通 从华兰蓬地铁站一号、三号出口出来，步行25分钟。

执行枪决的场面

三聘巷
交通 沿着耀华力路并行，拐向南侧的小巷。从华兰蓬地铁站一号口出来步行13分钟。公共汽车 1、4、21、25、40、53、501、507、529路从附近通过。从湄南河快船的N5叻差旺码头步行5分钟即到。

7月22日环状交叉路
交通 从华兰蓬地铁站三号口出来，步行7分钟即到。

环状交叉路中央建造了一个喷泉

帕胡拉特市场
交通 乘坐40、159路公共汽车，非常便利。

通过现实的展览品，了解泰国刑罚的历史

矫正博物馆

Map p.78-B1~C1

Corrections Museum

พิพิธภัณฑ์ราชทัณฑ์

原封不动地利用原监狱的建筑物

老姆尼纳特公园以前全部是监狱，至今公园里还保存着监狱的建筑物，其中的一部分现在作为博物馆对外开放。面临着马哈恰伊路的建筑物里设有接待室，提出参观申请后，首先就会领游客去另一栋建筑物里去参观，单人牢房的各个房间里展示着刑具等物。然后再带游客返回原来设接待室的大楼里去参观，这栋楼的第二层再现了犯人被枪决的场面，观看之后，简直无法用言语来形容自己的心情。

把19世纪的喧嚣流传至今

三聘巷（瓦尼特1巷）

Map p.78-C3

Sampheng Lane

ถนนสำเพ็ง

三聘巷是泰国曼谷的中国城，唐人街里最热闹的一条商业街。当初曼谷建设时，拉玛一世划出三聘巷供华侨营生。经过了200多年，如今的三聘巷成为泰国最庞大、最繁华的市场之一。在三聘巷上闲逛，随处可见面条、馄饨、油条、锅贴和春卷等中国风味小吃。

狭长街道的三聘巷

中国城的正中央

7月22日环状交叉路

Map p.79-E3

July 22 Rotary

วงเวียน 22 กรกฎาคม

1917年7月22日，决定参加第一次世界大战的拉玛六世，将位于查隆克隆路北面的一条路命名为“7月22日路”，作为参战纪念。后来，这条路的中央修造了一座带喷泉的公园。公园和喷泉都非常美丽，但是夜晚行人减少，这儿说不上是个治安好的地方，建议天黑之后，单身女性最好不要一个人去散步。

西服衣料、印度衣料的一个大型市场

帕胡拉特市场

Map p.78-B2

Talat Phahulat

ตลาดพาหุรัด

身穿印度服装的杂货店老板

印度人经营的西服衣料店有很多，也有人将这一带称为印度人街。缠头巾的男人在敲击着计算机，穿着纱丽服的胖阿姨正在露天小店前观看，这种情景充满了异国情调。也有经营印度菜、印度式的甜点和奶茶的餐厅，您可以尽情享用。在这里请人制作一件西亚或阿拉伯式的服装，也许更有情趣。

贯穿中国城的大街

耀华力路 Map p.78-C2~79-D3

Yaowarat Rd. ถนนเยาวราช

耀华力路上的汉字招牌

1892年，中国城中央建了一条东西方向延伸的耀华力路，其宽度达20米，全长1430米，是一条巨型的大街。马路是中国南方的华人移民在集中居住区修建的一条近代化的道路。道路两旁经营黄金的金行大店并立，中国城的金行信用度很高，每日来这里买卖的客人络绎不绝。除了金行之外，还有华人街的饭菜飘香的餐厅、小吃摊等的饮食店；陶瓷器、茶等中国风格的各种货物；文具店里陈列着红色、金黄色的袖珍手袋等。这里是中国特色极其浓厚的街道，也是一条很有趣味的大街。

耀华力路

交通 从华兰蓬地铁站的一号口出来，步行8分钟即到。

帕陶姆空卡寺附属学校的门口有关于耀华力路的解说。其形状真像一条蜿蜒曲折的龙，非常有趣

门前吊挂着鱼翅的是耀华力路有名的燕窝餐厅

泰国华人心中的依靠

龙莲寺 Map p.79-D2

Wat Mangkon วัดมังกร

龙莲寺的入口。门上挂着炮竹等，充满了中国的色彩

从面临查隆克隆路的狭窄入口过去，往里走，建造着一座中国样式的寺庙。这是于1871年创建的龙莲寺。庙内常常有许多人前来参拜，他们来参拜时点起的香，烟雾缭绕，给庙宇点缀了一层朦胧的色彩。庙里供奉的佛像胖乎乎的、很富态的样子，还供奉着道教的神仙。与泰国的佛教寺院有一种截然不同的氛围。

龙莲寺

交通 从华兰蓬地铁一号口出来，步行12分钟即到。

这座庙宇是寺院的主体

路边摊上出售一种奇怪的护身符

米特拉朋 Map p.79-D3

Mittraphan ตลาดมิตรพันธ์

这个地区经常卖一些小佛像及一种名叫普拉的护身符，有很多人来这里淘宝。还有一些旧式的物品，比如盒式录音磁带、旧电视机等，还有一些古着物品，类似于北京的潘家园古玩城。

路边陈列着护身符

米特拉朋

交通 从华兰蓬地铁一号口出来，步行7分钟即到。

伊萨拉努帕普路

交通 从华兰蓬地铁一号口出来，步行14分钟即到。公共汽车1、4、21、25、40、53、501、507、529路从附近通过。湄南河快船的N5叻差旺码头出发步行6分钟。

细长小巷两侧是生鲜副食品店的大街

伊萨拉努帕普路

Map p.79-D3

Itsaranuphap Rd.

ถนนอิสรานุภาพ

有很多没见过的食品，只是边走边看也很令人开心

与查隆克隆大街交叉口处有一条细长的小巷，两旁生鲜副食品店和食品店鳞次栉比，街道上满载商品的车辆、购物的顾客、摩托车等络绎不绝，使得原本就狭窄的街道更为拥挤不堪。这里生意兴隆，热闹非凡，让您领略到的是和中国城一样颇具生命力的一个所在。

隆通市场

交通 从华兰蓬地铁一号口出来，步行17分钟即到。公共汽车1、4、15、21、25、40、47、53、501、507、529路从附近通过。湄南河快船的N5叻差旺码头出发步行11分钟。

废旧机器、工具市场

隆通市场（跳蚤市场）

Map p.78-C2

Khlong Thom

คลองถม

隆通也叫跳蚤市场，该市场的起源似乎是在第二次世界大战结束前，这一带当时盛行盗窃品交易。如今，集中了一批经销发动机、电器产品、机械零部件及工具的商铺。周末，前来购物的人尤其多，摩肩接踵。露天的小摊上卖的商品中，半旧的金属制品居多，另外，被拆分开的不知产地的汽车、大型木工工具等，种类繁多，形状各异。这些小摊从人行道一直排列到路中央。

可以培养自己分辨古董与垃圾的能力

周六的夜晚，摊主们叫卖的有谜一般的制造厂的电器产品、钟表等，不知从何种途径购得的稀奇古怪的物品，甚至还有古董。跳蚤市场的传统犹存。

帕克·克隆市场

交通 公共汽车1、3、8、12、25、53、73、82路从附近通过。湄南河快船的N6纪念大桥码头出发步行即到。

夜幕降临之后开始的衣料夜市，有时能挖到一些好东西

白天是花市，夜晚是服装市场

帕克·克隆市场

Map p.78-A3

Talat Pak Khlong

ตลาดปากคลอง

正在出售的多彩多姿的花

帕克·克隆市场是曼谷最大的鲜花市场，也许是由于经营供品用鲜花的缘故吧，路边的花店直到深夜仍在营业，非常热闹。另外，该市场旁边，在帕普塔约特法桥和帕波库拉奥桥的桥头周围，从傍晚到深夜，有无数的衣料摊充斥街道两旁，T恤衫、毛衣等比在群侨中心和暹罗广场上的更加便宜，因此每天晚上都有许多年轻人前来。

4 AREA 暹罗广场、水门周边

曼谷最有代表性的购物区 Map p.80~81

这个地区是曼谷的第一大购物天堂。暹罗广场集中了许多年轻人，也可以说是曼谷最早先住人的场所。有数不清的小型商店充斥其中的摩天大厦，如群侨中心等五家大型购物中心群居在暹罗广场的周围，共同利用优质资源的效果显著，吸引了四面八方的人们前来购物。叻差帕松十字路口周边也有世界中心等大型购物中心、百货商店、高级酒店林立。从这里开始，途经叻差达慕里路，再向北拐，就到了水门平民市场，如果同样把它叫作购物区，颇觉性质完全不同。不论怎么说，这更像地道的曼谷才会有的不可思议的强烈反差，也是非常有意思的。若已厌倦了人山人海的喧嚣气氛，您可以逃离这儿，去参观一下幽静的吉姆·汤普森故居和苏安·帕卡特宫。一边缅怀曼谷古代曾经美好的过去，一边在恬静中度过时光。

地区的中心是叻差达慕里路

暹罗广场、水门周边 主要景点

位于都市中间的祠堂可以参拜许愿

四面佛

Map p.81-E4

Thao Maha Brahma

ท้าวมหาพรหม

来参拜的男女老少络绎不绝

被人们认为是泰国最灵验、最有效的祠堂。从早晨一直到晚上，都有客人来参拜。从当地人到游客，从步行者到骑摩托车的人，都希望能求得神佛的保佑，祠堂深受欢迎，香火鼎盛。四面佛原本是在建造国营安拉文酒店（现在的大哈伊尔特·安拉文酒店）时，为祈求平安施工而修盖的。祠中供奉的是婆罗门教的创造天地之神布拉富马（梵天）。不仅是泰国国内，更受到了亚洲各国华人的崇拜，很多旅行团参拜客乘坐观光公共汽车前来拜谒。

年轻人集中的泰国原住地

暹罗广场

Map p.80-C4~81-D4

Siam Squre

สยามสแควร์

开发了原大学所占地，然后吸引来了专卖店、餐厅、电影院等，成为购物中心的先驱者。现在以此为中心集聚了许多百货商店，成为繁华的商业中心。这里有小型专卖店，深受人们喜爱的餐厅、快餐店等饮食店也有很多，每日人来人往。

四面佛
开 6:00~23:00
休 无
费 免费
交通 从奇隆轻轨站八号口出来，步行2分钟即到。

在祠堂的东屋内表演的泰国舞，那是前来还愿之人奉献给神佛的。您如果愿意付钱，就可以欣赏。费用是：2名舞者，260泰铢；4人360泰铢；6人610泰铢；8人710泰铢。许愿成功之后，来捐款的好像都是泰国人。

旅行小提示

注意祠堂的周围

祠堂周围排列着许多卖参拜用的花、香的小摊，其中有一些不法之徒专门向外国人索取高价，一定要注意。供奉用的花，可以在寺庙内的小店里购买。

这就是传说中非常灵验的梵天佛

常常见到的奉献给神佛的舞蹈

暹罗广场
扩展 Map p.131
交通 暹罗轻轨站下车即到。

小型专卖店服装高雅、价廉

吉姆·汤普森故居
住 6 Soi Kasem San 2,Rama 1 Rd.
☎ 0-2216-7368
URL www.jimthompsonhouse.com
开 9:00~16:30
休 无
费 100 泰铢（25 岁以下者及学生 50 泰铢）
馆内由专职导游带领游览一周，大约需要 50 分钟。也有日语导游。建筑物内严禁拍摄。
交通 萨纳姆·基拉·亨·恰特轻轨站一号口出来，步行 4 分钟即到。

旅行小提示

商店和咖啡厅

进入院中，紧左侧的建筑物就是吉姆·汤普森财团的美术馆，随时都在进行企业的展览。1 层是商店，陈列着吉姆·汤普森的丝绸制品。对面售票处往里走的建筑物是餐厅和咖啡厅。1 层的咖啡厅采用的四面通风的设置，感觉非常舒适。商店和咖啡厅营业到 18:00。

当心骗子

吉姆·汤普森故居的对面胡同口附近，有些人会招呼外国旅行者说："吉姆·汤普森故居今日休息！"巧舌如簧地将旅行者引入骗人的宝石店和西服店，将垃圾商品强行卖给他们，索要高价。所以遇上这种人千万不要理睬。（p.65、347）。吉姆·汤普森故居从来没有休息日。

马达姆·塔索
住 6th Fl.,Siam Discovery Center,989 Rama 1 Rd.
☎ 0-2658-0060
URL www.madametussauds.com/Bangkok
开 10:00~21:00（出场截止到 20:00）
休 无
费 800 泰铢（外国人门票）
C/C Ⓐ Ⓜ Ⓥ

丝绸之王喜爱的家与古代美术收藏

吉姆·汤普森故居

Map p.307-A1

The Jim Thompson House

บ้านจิมทอมป์สัน

面临运河的吉姆·汤普森故居

在像美术馆的家里生活的丝绸大王

以泰国丝绸之王闻名遐迩的美国人吉姆·汤普森曾经居住的地方。1959 年建成后不久，就搬进去居住了，曾在这里举行盛大的派对，招待四方朋友。这座房屋使用的是古泰国传统风格的建筑材料柚木材，先分割成六个房间，然后重新组合而成。其中的一个房间的柚木料，是从离曼谷约 80 公里的阿育塔亚，放在船上长途搬运回来的。为防止柚木的外壁风化、老化，进行外部装饰时，将一种叫铁丹的红色颜料涂在上面，建筑时一根钉子也没有使用。

陈列的美术作品中，许多都是珍品，从中国城搬来的旧家具、工艺精密的屏风等，有观赏价值的东西很多。仅仅是这些古代美术作品的收藏，如果没有相当高的热情，是绝对做不到的。实际上，泰国的艺术院是不可能将这些珍品先送给他的，之所以能到手大概是他挑出这些收藏品中的毛病，找碴儿没收来的。假如汤普森没有挖掘古代美术作品的欲望，恐怕当今故居展示的这些珍贵艺术品早已离开泰国，流落到国外去了。吉姆·汤普森于 1967 年到马来西亚的卡梅隆高原的山中避暑，最后失踪了，至今他的行踪再也无人得知。

在曼谷登陆的起源于伦敦的猎人偶馆

马达姆·塔索

Map p.131-A1~B1

Madame Tussauds

มาดามทุสโซ

在伦敦很受人欢迎的猎人旅馆马达姆·塔索于 2011 年在曼谷登陆。这里不仅有伽伽夫人、圣母马利亚、机器猫之类的世界级著名的人物，还有许多泰国的名人，这也是它的一个特征。最初展示的房屋里还有与王室相关的展览，同时也可以从中学到泰国的历史。

几乎就是一个活着的迈克尔·杰克逊

王族的古代美术、民间艺术品收藏

苏安·帕卡特宫

Map p.81-D1

Suan Pakkad Palace วังสวนผักกาด

相当于拉玛五世孙子的琼波特殿下夫妇的故居。这对夫妇作为对艺术、文化极度关注的许多泰国年轻艺术家的赞助者，于1952年，以让青年艺术家获得奖学金为目的，在宫里的迎宾馆将他们出于兴趣而收藏多年的古代美术作品进行公开展览，向普通人开放。

环绕大厦的绿洲

非常古老的黑色装饰的建筑物，是距今150多年前建造的，其本身就具有极其重要的文化价值。展览品中也有陶器、佛像等物，属于民间艺术品的居多，展览馆说是宫殿，飘荡着的却是一种故居的氛围。木质的二层建筑有好几座，各由游廊连接在一起。面对庭院的建筑物也是二层，制作得像阳台一样，上面摆着沙发和几把椅子，坐在上面非常舒服。

在品位高雅的庭院里，南端建造的是名叫拉卡·帕比利温的宫殿的别馆。它是从阿育塔亚移迁来的，屋顶采用的是泰国佛教寺院屋顶的式样，是地板离地面很高的高脚式建筑物。这是一座将17世纪的暹罗国的文化流传至今的最有价值的建筑物。内部的墙壁上记载着释迦牟尼的一生，还用漆和金泥描绘着有关《拉玛基安》的优美的壁画。与这座建筑物相邻的是收藏王族专用船的建筑，外表的装饰非常华丽。

拉卡·帕比利温别馆

苏安·帕卡特宫
住 阿育塔亚路352巷 352 Sri Ayutthaya Rd.
☎ 0-2245-4934
开 9:00~16:00
休 无
费 100泰铢（外国人门票）
交通 位于西阿育塔亚路的暹罗城市酒店的斜对面。从帕耶泰轻轨站四号口出来步行4分钟即到。公共汽车17、18、74、79、183、204、513路从前面通过。

在这里你会观赏到泰国最新的艺术场景

曼谷艺术与文化中心

Map p.307-B2

Bangkok Art and Culture Centre หอศิลปวัฒนธรรมแห่งกรุงเทพมหานคร

耸立在帕陶姆旺十字路口的白色建筑物，于2008年对外开放。就像古甘哈伊姆美术馆，利用了内部大型的四面通风设计的回廊，平日里除了在这里展览各种作品，还排列着许多艺术品，从中您可以了解到泰国最新的艺术动态。地下楼层还设有图书馆。

独特的曲线外观

曼谷艺术与文化中心
住 939 Rama 1 Rd.
☎ 0-2214-6630
网 www.bacc.or.th
开 周二~周日 10:00~21:00
休 周一
费 免费（举行特别展和规划展时，有时会收费）
交通 从萨纳姆·基拉·亨·恰特轻轨站连接通道出来即到。

水门市场
交通 碧武里路与叻差帕劳普路的十字路口往北一带就是水门。公共汽车 13、14、17、18、38、73、74、77、139、140、183、504、514 路通过。

像迷宫一样的小巷中的市场

水门市场

Map p.81-E2~E3

Talat Pratunam

ตลาดประตูน้ำ

人妖表演时的服装都是从这里购买的

帕陶那姆的意思就是“水门”（帕陶是门，纳姆是水）。据说附近的运河有一座水门，所以将这一带就称作这个名字。现在叻差帕劳普路的西侧一带，从佩武里路到印度拉里姜特酒店的地区已成为出售衣料的商店群集中地，甚至连人行道上也都被占满了，也因此而闻名于世。人行道上排列的露天小店多得令人咂舌，一进入小巷，岂止是拱廊之下，数不清的商店一家挨一家，挤得满满的。平时来购物的顾客就已经很多，到了周末更是挤得水泄不通。位于水门市场对面的帕拉提姆时尚购物中心（→ p.218），大厦里面也几乎都占满了卖流行物品的商店。总之这一带的东西都是清一色相当时髦的，价格也便宜，多购买东西就更便宜了。夏季衣料在曼谷旅行时最好是顺便买全了。

巴伊约克空中瞭望台
住 222 Ratchaprarop Rd.
☎ 0-2656-3000
URL www.baiyokehotel.com/baiyokesky/observation.html
开 10:00~22:00
休 无
费 250 泰铢（83 层的酒吧里附带一杯饮品，软饮料 230 泰铢。18:00 以后均为 250 泰铢）
交通 参照水门市场。叻差题威轻轨站 4 号口出来，步行 16 分钟即到

金属网的高度如图，网眼挺大，怪吓人的

在此可将曼谷一览无余

巴伊约克空中瞭望台

Map p.81-E1~E2

Baiyoke Sky Observation Deck

หอชมวิว ใบหยก

天气晴朗时，周围的风景真是美极了。特别推荐您选择空气清澈的干季时去

屹立在水门的高 309 米的巴伊约克空中酒店（→ p.288），顶部有一个露天旋转式瞭望台。只要天气晴朗，不仅是曼谷市区，连泰国湾、素旺纳普国际机场都能看得见，景致绝佳。大厦入口的旁边，有售票处，从入口进来，左手有通往瞭望台的电梯，可以乘坐。电梯的最后一站是 77 层，这儿是室内瞭望台，换乘另一部电梯，上到 83 层。从 83 层的台阶往上走，就到了顶层的瞭望台。因为是露天瞭望台，而且金属丝网的眼还挺大，有恐高症的人要注意。

泰国劳动者博物馆
住 503/20 Nikhom Makkasan Rd.
☎ 0-2251-3173
开 周三～周日 10:00~16:30
休 周一、周二
费 免费
交通 碧武里地铁站三号口出来，步行 15 分钟即到
通常入口大门上着锁，按响门铃，就有人给开门了。

位于铁路工厂的旁边

有关泰国下层劳动者的博物馆

泰国劳动者博物馆

Map p.73-D3

Thai Labour Museum

พิพิธภัณฑ์แรงงานไทย

各个展览室都配有录像，很容易理解

近代以前的泰国实行的是奴隶劳动方式，从中国移民来的华人无产者（库里）的工作环境也极其恶劣，到第二次世界大战后的冷战期，演变为市民运动的工人运动。这里即是展示在恶劣条件下工作的现代化工厂的工人、童工等以下层劳动者为主体、要求提高社会地位的运动状况的博物馆。

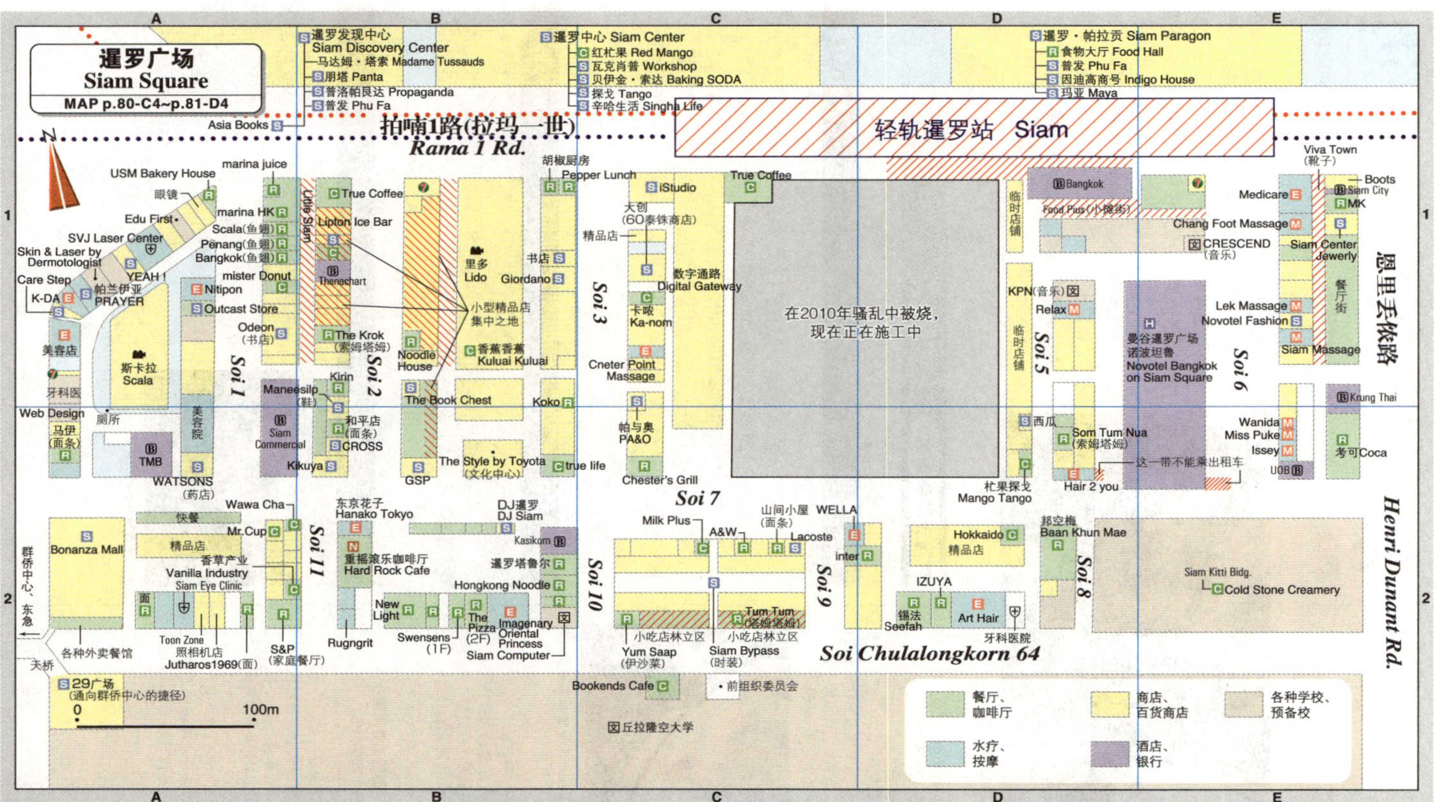
暹罗广场
Siam Square
MAP p.80-C4~p.81-D4
暹罗发现中心 Siam Discovery Center
马达姆·塔索 Madame Tussauds
朋塔 Panta
普洛帕艮达 Propaganda
普发 Phu Fa
Asia Books
暹罗中心 Siam Center
红杧果 Red Mango
瓦克肖普 Workshop
贝伊金·索达 Baking SODA
探戈 Tango
辛哈生活 Singha Life
暹罗·帕拉贡 Siam Paragon
食物大厅 Food Hall
普发 Phu Fa
因迪高商号 Indigo House
玛亚 Maya
拍喃1路(拉玛一世)
Rama 1 Rd.
轻轨暹罗站 Siam
Viva Town (靴子)
Boots
Siam City
MK
Medicare
Chang Foot Massage
CRESCEND (音乐)
Siam Center Jewerly
餐厅街
恩里丢侬路
Lek Massage
Novotel Fashion
Siam Massage
曼谷暹罗广场诺波坦鲁
Novotel Bangkok on Siam Square
Soi 6
Krung Thai
Wanida
Miss Puke
Issey
考可Coca
UOB
这一带不能乘出租车
Hair 2 you
Som Tum Nua (索姆塔姆)
西瓜
杧果探戈 Mango Tango
KPN(音乐)
Relax
临时店铺
Soi 5
Bangkok
Food Plus(小摊街)
True Coffee
iStudio
在2010年骚乱中被烧，现在正在施工中
胡椒厨房 Pepper Lunch
大创 (60泰铢商店)
精品店
数字通路 Digital Gateway
卡哝 Ka-nom
Cneter Point Massage
帕与奥 PA&O
Chester's Grill
Soi 3
里多 Lido
书店
Giordano
小型精品店集中之地
香蕉香蕉 Kuluai Kuluai
Koko
The Style by Toyota (文化中心)
true life
The Book Chest
GSP
Noodle House
USM Bakery House
marina juice
眼镜
Edu First
SVJ Laser Center
Skin & Laser by Dermotologist
Care Step
K-DA
YEAH!
帕兰伊亚 PRAYER
marina HK
Scala(鱼翅)
Penang(鱼翅)
Bangkok(鱼翅)
mister Donut
Nitipon
Outcast Store
Odeon (书店)
斯卡拉 Scala
美容店
牙科医
Web Design
厕所
马伊(面条)
TMB
美容院
WATSONS (药店)
Soi 1
Little Siam
True Coffee
Lipton Ice Bar
Thanachart
The Krok (索姆塔姆)
Soi 2
Maneesilp (鞋)
Siam Commercial
Kirin
和平店 (面条)
CROSS
Kikuya
Wawa Cha
快餐
Mr.Cup
精品店
香草产业 Vanilla Industry
Siam Eye Clinic
面
Toon Zone
照相机店
Jutharos1969(面)
S&P (家庭餐厅)
Soi 11
Bonanza Mall
各种外卖餐馆
群侨中心、东急
天桥
29广场 (通向群侨中心的捷径)
0
100m
东京花子 Hanako Tokyo
重摇滚乐咖啡厅 Hard Rock Cafe
Rugngrit
New Light
Swensens (1F)
The Pizza (2F)
Imagenary Oriental Princess
Siam Computer
Hongkong Noodle
暹罗塔鲁尔
DJ暹罗 DJ Siam
Kasikorn
Soi 10
Soi 7
Milk Plus
A&W
山间小屋 (面条)
WELLA
Lacoste
inter
小吃店林立区
Yum Saap (伊沙菜)
Tum Tum (塔姆塔姆)
Siam Bypass (时装)
Soi 9
Hokkaido
精品店
IZUYA
锡法 Seefah
Art Hair
牙科医院
邦空梅 Baan Khun Mae
Soi 8
Soi Chulalongkorn 64
Siam Kitti Bldg.
Cold Stone Creamery
Henri Dunant Rd.
Bookends Cafe
前组织委员会
丘拉隆空大学
餐厅、咖啡厅
商店、百货商店
各种学校、预备校
水疗、按摩
酒店、银行

5 AREA 查隆克隆路周边

曼谷最初最兴盛的繁华街 Map p.82

白银、珠宝店一家挨着一家的查隆克隆路

从王宫附近开始，沿着湄南河，横穿中国城，然后向南延伸的这条路就是查隆克隆路。由拉玛四世修建而成，是曼谷的第一条真正的道路，当时是为了满足居住在这里的外国人的需求而修建的。完工之后，就将外国人叫的"新路"定为它的名称。泰语化的发音叫作"塔侬·玛伊"(新路)，所以也有人叫它这个名字。这里的街道是旧式街道，街道两旁每栋楼都各自分开，又排成一排，与之相应的是分散在湄南河沿岸的世界著名的高档酒店。

查隆克隆路周边 主要景点

平底中国帆船的墓碑铭

亚纳瓦寺 Map p.82-B5

Wat Yannawa วัดยานนาวา

位于郑信大桥的南面的第三级王室寺院，拉玛三世采用了史无前例的独特设计。面对着不断地沿着湄南河逆水而上的欧洲各国的大型现代化船队，怀着对暹罗国船舶界未来的担忧，拉玛三世修建了这座塔，取代了为不久就会消失的平底中国帆船建的墓志铭。塔真是建在一座船形的基座上，从船尾进入里面，可以看到有一个形如甲板的部分。

亚纳瓦寺
开 8:00~20:00
休 无
费 免费
交通 从郑信大桥轻轨站四号口或湄南河快船的沙敦中心码头出发步行即到。

模仿平底中国帆船的别具特色的佛塔

历史悠久的生鲜市场

邦拉克市场 Map p.82-B5

Talat Bangrak ตลาดบางรัก

在大厦包围的一个地段，有一个古老的生鲜批发市场。特别是批发花、蔬菜、水果等，非常有名。

邦拉克市场
交通 从郑信大桥轻轨站三号口或湄南河快船的沙敦中心码头出发步行即到。

面临湄南河的娱乐设施

阿西亚蒂克河滨夜市 Map p.72-B5

ASIATIQUE The Riverfront เอเชียทีค เดอะ ริเวอร์ฟร้อนท์

卖泰国杂物等的各种礼品店林立

夜市在查隆克隆路与湄南河之间，是对仓库街的重新开发，还创建了娱乐设施。区域内各种商店、餐厅鳞次栉比，在面临河水的露台上漫步也是甚有趣味。预订以人妖表演著称的加利普索·卡巴莱(→p.251)与表演传统木偶剧的约翰·路易斯剧场也将迁入此地。

阿西亚蒂克河滨夜市
开 17:00~24:00
休 无
费 免费
交通 从郑信大桥轻轨站四号口出来步行25分钟。从沙敦中心码头乘坐短距离运输船(17:00~23:00)15分钟即到。乘坐1路公共汽车，看到查隆克隆路93巷的牌子后下车，即在眼前。

6 AREA 是隆路周边

热闹街与商业街互为表里 Map p.84~85

在曼谷市民休闲场所的隆披尼公园周围地区，有好几种不同的面貌。位于是隆路与苏里旺路之间的小巷帕朋路，白天是一条再平常不过的小巷，到了夜晚，突然出现数不清的路边小摊，整条巷子都被淹没了，与人擦肩而过都极其困难。

隆披尼泰拳馆，有比赛的夜晚，人多混杂，被兴奋和狂热的气氛所包围。而前面不远处，却有一条非常寂静的以马来西亚酒店为中心的宿费便宜的旅店街。位于红十字协会内的养蛇场里，由技艺娴熟的饲养员操纵的蛇表演令人惊叹不已。

从是隆路中央穿过的运河上的风车式纪念碑

是隆路周边 主要景点

在这座寺院里积功德

华兰蓬寺

Map p.83-E2

Wat Hualamphong

วัดหัวลำโพง

建筑物的材料大量使用了大理石，白得耀眼

位于拉玛四世路和西帕耶路一角的大寺院就是华兰蓬寺。以人们能从这里求得好处而闻名，每日里前来参拜的客人络绎不绝。寺院内建有报德善堂。所谓善堂，其实是一个志愿者的慈善团体，他们无偿埋葬已死的没有亲属的老人和因事故身死却不知其身份的人，或者奔赴事故现场，从事救助他人的活动等。

华兰蓬寺
开 6:00~20:00
休 无
费 免费
交通 萨姆亚地铁站一号口出来即到。

曼谷中的印度世界

马哈乌玛代威寺

Map p.83-D4

Wat Maha Uma Devi

วัดมหาอุมาเทวี

是隆路大放异彩的印度寺院。可以清楚地看到，面朝大街的门、墙壁的顶上点缀着印度装饰的佛像。寺院内参拜者上的香，常常使院内烟雾缭绕，前来拜谒的人不光是印度人，也有泰国人。

市内突然现出一座印度寺院

马哈乌玛代威寺
开 8:00~20:00
休 无
费 免费
交通 素腊塞轻轨站三号口出来，步行8分钟即到。

熟悉毒蛇的生活习性

养蛇场（泰国红十字协会即泰国萨帕卡恰） Map p.84-A2

Snake Farm（Thai Red Cross） ฟาร์มงู (สภากาชาดไทย)

活生生的毒蛇在观众的眼前出场

可以与大蛇一起拍照

作为研究开发针对毒蛇的解毒剂、血清的研究所，泰国红十字会研究所堪称拥有仅次于巴西、在世界上位居第二的研究规模和阵容。拉玛五世的异母兄弟达姆龙亲王的女儿死于狂犬病，于是1923年创立了专门研究和制造狂犬病疫苗的"巴斯德研究所"，这个研究所就是养蛇场的前身。每日两次（周末一次）举行的公开表演，吸引着入园人的眼球。同时用泰语和英语进行解说，在经验丰富的饲养员操纵之下，毒蛇的高超表演技巧非常值得一看。

养蛇场

住 Henri Dunant Rd.

☎ 0-2252-0161~4

开 周一～周五 8:30~16:30 周六、周日、节日 8:30~12:00

休 无

费 200泰铢（外国人门票） 公开表演，周一～周五 11:00、14:30；周六、周日、节日只在 11:00 表演。表演之前30分钟，放映关于毒蛇的幻灯片，要提早出发，不要错过。

交通 萨姆亚地铁站二号口出来，步行4分钟即到。

养蛇场在红十字会里面

都市里的大公园

隆披尼公园（苏安·鲁姆） Map p.84-C2~85-D3

Lumpinee Park สวนลุมพินี

这是拉玛六世为纪念释迦牟尼的诞生之地——尼泊尔的蓝毗尼而决定建造的一座公园，他将王室的所有地名命名为隆披尼公园，向市民开放。公园总占地面积达57.6万平方米。清晨，锻炼身体的人们，有的在慢跑，有的在打太极拳，或做各种类型的体操，非常热闹；中午，可以看到有人在树荫下和衣而卧正在午睡；傍晚时分，又见在慢跑的男人、正在漫步的成对的年轻人，这是一座真正的市民公园。

公园的周围有各种饮食摊。上午多是早餐摊，很受早起健身的泰国人的欢迎。另外，位于北侧叻差达慕里路的萨拉辛巷和朗苏安巷之间、南侧的沿拉玛四世路的隆披尼地铁站旁等都有许多早餐摊。卖豆浆、中国式油条、新鲜的水果等的小摊一应俱全，也有在外国人眼里根本就不是早餐的面类、普通饭食摊。公园西南入口前是1942年揭幕的公园的建设发起人拉玛六世的站立像。

隆披尼公园

开 凌晨 4:30~20:00

休 无

费 免费

交通 是隆地铁站一号口、隆披尼地铁站三号口出来即到。沙拉玲轻轨站四号口出来，步行3分钟即到。

公园旁边的路上从清晨开始就排满了卖食物的小摊点

公园入口处的拉玛六世像

满眼绿色的隆披尼公园，是都市里的绿洲

只想逛街的话，不妨去一下有趣的第一大观光露天店街

帕蓬路

Map p.84-A3

Phatphong Rd.　ถนนพัฒน์พงศ์

外国游客来来往往的帕蓬路

帕蓬路因作为低级的摇摆舞酒吧集中地而众所周知，专门出售给游客（包括女性游客）的货摊购物街也很出名。经营的物品有服装、AV 软件、旅游纪念品等泰国的土特产品。对于观光期间没有时间购物的游客来说，非常方便。只是这个地方，对方的要价相当高，要有讲价的思想准备。货摊从 16:00 左右起做筹备工作，大体上每日 19:00 左右开始营业。第二天凌晨 1:00 准备收摊，如果要去的话，要赶在此之前。而白天马路上几乎什么都没有，这是一个真正的“货摊夜市”。

帕蓬路分为帕蓬 1 号路和帕蓬 2 号路，货摊成堆的是帕蓬 1 号路。

帕蓬路
交通 是隆地铁站二号口出来，步行 6 分钟即到。沙拉玲轻轨站一号口出来，步行 2 分钟即到。

简直就像日本的小酒馆

塔尼亚路

Map p.84-A3~B3

Thaniya Rd.　ถนนธนิยะ

挂满日语招牌的塔尼亚路

如果说帕蓬路是面向欧美人的夜市的话，那么塔尼亚路就是面向日本人的夜市。进入排列在道路两旁的摩天大厦，映入眼帘的是日本菜馆、面向日本人的卡拉 OK 厅、小酒馆、按摩店等。看着挂着的用日语写的招牌，好像步入了日本城市里的娱乐街。不过定睛一看，领着客人进来的却是毋庸置疑的泰国女性。白天去的话，小巷深处排满了卖泰国菜的小摊，成为在周围办公室工作的泰国上班族的餐馆街。

塔尼亚路
交通 是隆地铁站二号口出来，步行 3 分钟即到。沙拉玲轻轨站一号口出来即到。

价格便宜的、充满魅力的大众市场

隆通市场

Map p.88-A5

Talat Khlongtoey　ตลาดคลองเตย

这是一个以批发生鲜食品而闻名的、位于泰国最东端的大市场。肩负着流通中转站的作用，从泰国东部运来的蔬菜、水果、鱼贝类一次全部先集中到这个市场上。占地面积很大的市场上经营蔬菜、水果、鲜鱼、上等肉、干货、杂货等的商店鳞次栉比，进货、送货的卡车来来往往、川流不息，充满活力，一派生机勃勃的景象。

隆通市场
交通 诗丽吉王后国际会议中心地铁站一号口出来步行 4 分钟。公共汽车 4、13、22、45、46、47、74、109、115、116、136、149、185、507、530 路从附近通过。

人和货物都忙碌着，这里是不停地来来往往的隆通市场

电器产品与被褥等床上用品齐全

佩南市场

Map p.73-E4

Talat Penang　ตลาดปีนัง

上面覆盖着拱顶的市场内，销售的商品是 CD 盒式收录两用机、DVD 盘、带钟表的电话等一系列的电器产品，还有床垫和被子之类的床上用品。市场内道路曲折，如迷宫一般错综复杂。

一眼就能看到被子、服装商店的佩南市场

佩南市场
“佩南”是指马来西亚的佩南半岛。
交通 孔提地铁站一号口、诗丽吉王后国际会议中心地铁站一号口出来步行 10 分钟。公共汽车 4、13、22、45、46、47、74、109、115、116、136、149、185、507、530 路从附近通过。

7 AREA 素坤逸路周边

以在当地居住的外国人和外国游客居多 Map p.86~89

露天小店里卖的物品都是面向外国游客的

从帕拉姆侬（拉玛一世）路往东走，路的名称变为普隆奇路，再继续往前走，穿过收费的高架路、越过铁路货物专运线，就到了素坤逸路。从大街的一个分支往里走，这里是一个小巷，从西开始，按照顺序都标有号码，北边是奇数号码，南边是偶数号码。素坤逸路周边有许多酒店、商店等，吸引了许多外国游客，常常是热闹非凡。另外，这条路上还特设了外国人集中居住区，3巷周边是阿拉伯人街、11巷周边是印度人街、12巷口是韩国人街、33/1号巷是日本驻泰国工作人员家庭主妇街，另外，39巷周边以日本人住宅而出名，给旅行者留下了独特的印象。从3巷到15巷的人行道上，挤满了一家家卖衣料、土特产品的露天小店，非常有名。

从素坤逸路的一端走到另一端，颇有一段距离，不要勉强自己可以锁定一个目的地，乘坐轻轨前去。也可以乘坐公共汽车，一般的公共汽车在素坤逸路上笔直地行驶，到达目的地之后，回来时要在道路对面的汽车站牌处乘坐同一路公共汽车返回。如果要去小巷深处时，可以在巷口乘坐摩托车（摩的。在小巷中单程要10泰铢左右）比较方便。因为拥堵严重，乘坐出租车去，既费时又费钱。

旅行小提示

素坤比与素坤逸

"素坤比"是在外国人之间通用的称呼，更接近泰语的发音应该是"素坤逸"。

小摊周一休息

根据曼谷的有关条例，周一禁止出摊。

素坤逸路周边 主要景点

19世纪的高地板民居

卡姆蒂安故居 Map p.87-D4

Kamthieng House เรือนคำเที่ยง

进入院子的左侧，掩映在绿树葱茏之中建造着木质结构的主馆。这是在流经清迈的平河沿岸，于19世纪中叶修建的卡姆蒂安夫人的故居，它是迁移到曼谷市区的建筑物。馆内陈列着当时的生活工具的原有状态，成为了解泰国的文化和生活方式方面的极其珍贵的博物馆。一层是没有铺设地板的、土地的房间，展示着狩猎工具、农耕工具、织布机、木质浮雕等，营造出一种农家小仓库似的氛围。二层的厨房设置也值得一看。当时房屋建在河水沿岸，有离水源近的优点，但与此同时也常常面临着河水上涨的危险性，因此将房屋的地基抬高到一个合理的位置。这种建筑方法（高地板式）在泰国约占半数的农家里、地方民居中最为常见。除了防止水害，地板下面通风良好，夏天非常凉快；另外，因为远离地面，冬天可以防止地底的寒冷，也可以避开从地面散发出来的湿气。是符合泰国气候特征的、合理的建筑风格。

原本作为粮仓使用的小屋，已经改建为泰国北部山岳少数民族的展

卡姆蒂安故居

住 131 Soi 21,Sukhumvit Rd.
☎ 0-2661-6470~5
FAX 0-2258-3491
开 周二～周六 9:00~17:00
休 周日、周一、节日
费 100泰铢
交通 素坤逸地铁站一号口出来即到。阿索轻轨站三号口出来，步行4分钟即到。

有与宗教和日常生活相关的展览

览馆。与主馆通过游廊相连通，里面展览着泰国具有代表性的孟族、瑶族、阿卡族、傈僳族、克伦族的山岳少数民族的服装、生活用品、工具等。

将泰国北方的古代民居迁移在绿树葱茏的庭院里，进行展览

现代化大公园

诗丽吉王后公园

Map p.88-B2~B3

Queen Sirikit Park

อุทยานเบญจศิริ

为庆祝当今诗丽吉王后的六十大寿，于1992年8月5日5时55分吉日吉时对外开放的公园。这是耸立在摩天大厦林立的素坤逸路上的都市绿洲。作为泰国的公园，占地面积是有点狭窄，即使如此，也有4.8公顷。试想在都市的正中心盖一座新公园，这面积也算大了。公园的一角，还设有篮球场和滑板广场，傍晚时分非常热闹。面朝素坤逸路的入口，周边配有大型水池和喷泉。

诗丽吉王后公园

开 清晨5:00~20:00

休 无

费 免费

交通 蓬鹏轻轨站6号口出来，步行即到。

位于大都市正中央的大公园

轻轨延伸，今后期待中的新夜市

暹罗 · 帕拉达伊斯夜市

文前图曼谷-D6

Siam Paradise Night Bazaar

สยาม พาราไดซ์ ไนท์บาซาร์

隆披尼公园对面的夜市关闭了，这里是2010年12月25日开业的新夜市。面向大街的部分是露天餐厅，往里走有门，其中商店林立，然而正在营业中的商店的数目不多，有点冷清。2011年8月，轻轨延伸到此地，附近的蓬纳维提站也开始营业了，交通变得方便了，期待着今后商店和前来消费的人都会增加。

正在发展中的夜市

暹罗 · 帕拉达伊斯夜市

住 2430 Sukhumvit Rd.

☎ 0-2744-7252

营 16:00左右~24:00

休 无

交通 素坤逸路101/1巷的对面。101巷与101/1巷之间有大约600米的距离，要注意。蓬纳维提轻轨站出来，步行6分钟即到。

8 AREA 叻差达披尼色大街周边

可以乘坐地铁的交通便利的大街　Map p.73–E1~E2

若游客想尽享购物的快乐，那么不妨去幸运商业中心。这是一座全长达 300 米的巨型建筑物，是集酒店、办公室、购物中心于一体的综合性大厦。IT 商场、超市也在其内。

面向年轻人的酒吧、迪斯科厅并立的城市林荫路上（通称为 RCA），虽看不到曾经王室的空前盛况，但是一到周末，就有许多年轻人聚集在这里，相当热闹。从大街往北走，中小工商业者聚居区的氛围就变得浓厚起来。

幸运商业中心是酒店与商店的复合设施

叻差达披尼色大街周边 主要景点

在运用了高新技术的剧场里了解泰国的文化

暹罗尼拉米特　Map p.73-E2~F2

Siam Niramit　สยามนิรมิต

使用大型舞台进行表演的、介绍泰国文化的综合设施。占地面积很大的场地内，修建了一座暹罗尼拉米特大型剧场，还建设了再现泰国北部、中部、南部、东北部的村庄的泰国度假村。在泰国度假村里按照正常线路走一遭，就能游遍泰国的四个部分，而且可以了解各地不同的建筑风格，非常有意思。暹罗尼拉米特剧场宽 35 米，进深 15 米的舞台上，可以容纳 150 人的演员进行表演，规模宏大。出场的大象，流动的河水、大雨、飞天等，豪华盛大的场面接二连三地出现，惊美震撼。

暹罗尼拉米特
住 19 Tiam Ruammit Rd.
☎ 0-2649-9222
FAX 0-2649-9200
URL www.siamniramit.com
营 17:30~22:00
休 无
费 1500 泰铢（通过旅行公司买上通票的话，可以稍微便宜一些）。自助午餐 250 泰铢。
交通 泰国文化中心地铁站一号口出来，乘坐接送车，大约需要 5 分钟。

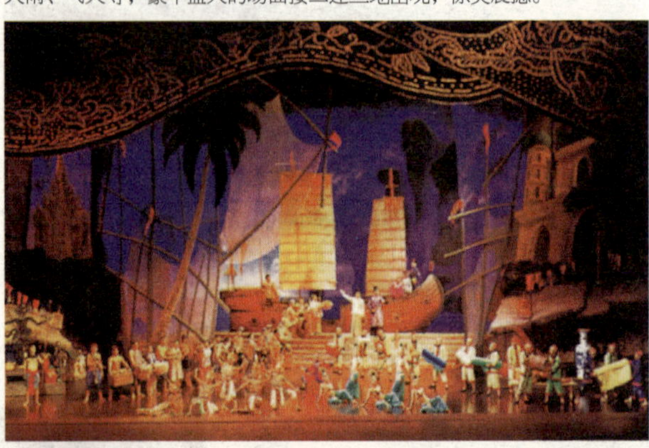
巨大的舞台充满了震撼力

学习泰国的文化并乐在其中

泰国文化中心　Map p.73-E2

Thailand Culture Center　ศูนย์วัฒนธรรมแห่งประเทศไทย

1987 年 10 月建成的泰国文化中枢的泰国文化中心。举办积极宣传泰国文化的各种活动，还配有常设展览室等。社会教育展览馆设在二层，常设展览可以免费入场，展览中运用多媒体技术使人们可以轻松地学到泰国的民族文化。

泰国文化中心
☎ 0-2247-0013~9
营 9:00~16:30、常设展览馆 9:30~12:00、13:00~16:30
休 无
费 免费
交通 泰国文化中心地铁 1 号口出来，步行 5 分钟。公共汽车 73、185、514、529 路从附近通过。

泰国的许多中小学生也都前来参观学习

9 AREA 拍裕庭路周边

中小工商业者聚居区与周末市场 Map p.73–D1~D2

从帕耶泰到莫奇一带属于这个地区。乘坐轻轨来往交通便利。从帕耶泰路北上一直到胜利纪念馆，路的名称就变为拍裕庭，再继续向北走，不多一会儿，周围成了住宅街。渐渐地比较显眼的大型建筑物映入眼帘，有军队的驻地、电视台、摩天办公大楼。然而来到水牛桥轻轨站跟前，即西面的帕蒂巴路与东面的苏檀萨·维尼恰伊路交会处一带，突然之间变得热闹起来。帕蒂巴路上有好几家中档酒店，泰国旅行者很多。相对而言，苏檀萨·维尼恰伊路上虽也有两家价格便宜的酒店，但总的来说，是一条面向泰国人的娱乐街。看上去令人狐疑的酒馆、跳摇摆舞的酒吧排满街头，到了夜晚更是到处闪烁着霓虹灯，光彩夺目。继续向北走，就到了轻轨的终点站莫奇站。一到周末，来这里逛周末市场（→p.224）的人剧增。

拥有大型水池的恰图恰克公园

土特产品都可以便宜买到的周末市场

旅行小提示

隐蔽的美食街

郎纳姆路 Rangnam Rd.（Map p.73-D2），有许多享有盛誉的餐厅和小美食摊。到了夜晚，排满了卖伊沙菜（泰国东北地方）、老挝风味的素烧等的小饮食摊，人们蜂拥而至，其中也不乏乘坐高档车的有钱人。

拍裕庭路周边 主要景点

直插云霄的巨塔

胜利纪念塔

Map p.73-D2

Victory Monument

อนุสาวรีย์ชัยสมรภูมิ

沿帕耶泰北上，不久出现在眼前的就是胜利纪念塔的巨大的环状十字路口。1940年泰国发生了与法属印度支那的边境纠纷，泰国军队与驻扎在印度支那的法军交战，损失惨重。为纪念在这场冲突中战死的583名官兵和警官，以慰藉他们的亡灵，于1941年6月24日的革命纪念日，胜利纪念塔举行了剪彩仪式。现在，这里是大多数的公共汽车都要经过的、交通上的一大终点站。周边地区，建有面向当地人的购物中心及医院等设施，常常是人潮涌动，络绎不绝。

在大型环状十字路口屹立着胜利纪念馆

胜利纪念塔

交通 阿努萨瓦里·恰伊·萨莫拉普姆轻轨站出四号口，步行即到。

配设水池、博物馆等的大型公园

乍都乍公园

折叠图曼谷-E1

Chatuchak Park

สวนจตุจักร

同时拥有当今王妃赐予的诗丽吉公园和儿童公园的、规模巨大的公园。公园北面的一个区域是铁路爱好者俱乐部设立的小型展览馆。

乍都乍公园

乍都乍公园

交通 莫奇轻轨站从一号口出来、乍都乍公园地铁站出1号口步行即到。

令人惊奇的折叠市场

火车通过的时候，匆忙收起

梅克隆市场（折叠市场）

Maeklong Market　　ตลาดแม่กลอง

DATA Map p.7-A4

在吞武里的旺威安亚伊站坐上列车，到达终点站的港口城市马哈恰伊。然后再从那里乘坐渡船，抵达对岸的邦兰姆，这里也有一个车站，再乘车继续走 1 小时左右，就到达了梅克隆市场。从旺威安亚伊到马哈恰伊之间，一日可以来回 17 次，而从邦兰姆到梅克隆市场之间一日只能来回 4 次。因为到终点梅克隆站的列车数量很少，市场就索性超出其所在范围，一直延伸到铁路线上，市场长距离营业，规模宏大。而在列车即将通过之前，卖家会匆匆忙忙地开始收拾，是一个瞬间改变的折叠市场。也叫作塔拉 · 隆姆 · 富普（折叠伞市场）。

梅克隆站列车发车、到达时间	梅克隆站列车发车时间：8:30、11:10、14:30、17:40
	梅克隆站列车到达时间：6:20、9:00、11:30、15:30

行走线路

从旺威安·亚伊站（→p.115）继续乘坐列车（大约需要2小时20分钟，车费共计20泰铢）或者在胜利纪念塔乘车点（Map p.73-D2）乘坐拉陶（迷你公共汽车。大约需要1小时，70泰铢）。

线路示例

若乘火车往返，旺威安·亚伊站8:35发车→9:28到达马哈恰伊站～邦兰姆站10:10发车→继续乘坐，于11:10到达梅克隆站，返回的列车11:30发车，可以观看一下折叠市场的壮观场面。然后从容不迫地在周边的大街上漫步，完毕后乘坐列车返回，梅克隆站15:30发车（最后一趟）→16:30到邦兰姆站～马哈恰伊站17:35发车→18:25到达马哈恰伊站，这是往回返的唯一方式。马哈恰伊—邦兰姆之间乘渡船3泰铢。邦兰姆旁边的码头有两个，一个在马哈恰伊码头的正对岸，另一个在邦兰姆站的前面，要到邦兰姆站前面只限在列车快出发前才能发车。如果想利用正对岸的码头，坐摩的到邦兰姆站需要10泰铢左右。

去的时候，可以乘坐以上所述的列车线路，参观完折叠市场后，选择合适的时间，乘坐迷你公共汽车返回比较方便。

8 离曼谷市区近，比较热闹的旺威安·亚伊站
9 人也少、带乡土气息的邦兰姆站

1 这是梅克隆站的市场。列车从这里通过。但是情形怎么样呢？ 2 仿佛是条已废弃不用的铁路线，屋顶都伸出到铁路上空，商品琳琅满目 3 远处传来了列车的汽笛声，突然之间慌张起来，忙用支柱将屋顶折叠起来 4 屋顶变没了，出现了列车可以通过的空间 5 内燃机车稳稳地开过来了 6 从旁边通过的列车 7 列车一过，马上恢复原状。每天都是这样重复着

点心与陶瓷岛

朴素的点心和素陶器

柯克雷岛

Ko Kred　เกาะเกร็ด

DATA 文前图曼谷郊区 –B2

位于曼谷北郊的柯克雷岛，是由于在湄南河开挖运河而形成的河中沙洲。都城从阿育塔亚迁到曼谷时，移居的孟族后裔一直居住在此。在岛的东北端的寺院内，面向湄南河水耸立着的一座孟族风格的白色佛塔，成为柯克雷岛的象征。这里盛产素陶器有传统的点心制作，是深受泰国市民欢迎的游览胜地。

1

行走线路

从王宫周边乘坐32路、水门乘坐505路公共汽车等到终点帕克克雷站下车，附近有一座名叫萨纳姆努尔的寺院，寺院的后面有一个码头，从那里可以换乘渡船。由于公共汽车车辆少，等车太费时间，选择乘出租车更为方便，从曼谷市区出发需要200泰铢左右。或者乘湄南河快船到暖武里码头，租同乘船（每人100泰铢左右）或乘坐拉陶（迷你公共汽车，每人20泰铢）去即可。

每周日10:00在湄南河快船的沙敦码头，有开往柯克雷岛的旅游观光船。船上配有英语导游，可以带领大家去参观点心作坊、素陶器作坊、寺院等，16:45返回。每人300泰铢。非常受欢迎，需要提前预约。

岛上的交通

柯克雷岛绕一圈有7公里，如果您愿意的话，完全可以步行。码头周边还有出赁自行车店，一日40泰铢以上，比较合理。还可以租用摩托车。步行逛岛的时候，有的泰国人骑着自行车随意往人群中闯，要当心哟。

周末去逛柯克雷岛

柯克雷岛属于旅游观光胜地，平日里大部分商店都关门。要去的话，请选择周六、周日。

2

3

4

1 卖椰子冰淇淋的姐姐，正在往上加兰花 2 传统的点心在您的眼前制作 3 柯克雷岛的象征，孟族风格的佛塔 4 穿过人群，略往前走，在一条安静的住宅街中，竟然有一家如此凉爽的咖啡店 5 满载游客的渡船 6 岛山生产的素陶器。这个做砂锅菜时使用 7 比在曼谷市区购买便宜得多，因此不少泰国人也来购物 8 可以自由参观素陶器作坊 9 码头前面有一座寺院，周围摆满了小摊，一直往里延伸开去的道路两旁有点心店等

5

7

8

6

9

尽享水都的风采

体验古老而美好的曼谷

阿姆帕瓦

Amphawa　　อัมพวา

DATA Map p.7-A4

曼谷郊区的小镇阿姆帕瓦。小镇上沿着运河排列的商店和浮在水面上的水上市场组成了静美的景象，将远古美好时代的情趣继承下来，成为深受人们喜爱的观光胜地。2004 年，水上市场整修完成，2008 年荣获了联合国教科文组织因为其文化遗产保存完整而颁发的“亚洲太平洋遗产奖”。

阿姆帕瓦由运河河口处船只集中的水上市场和运河沿岸的商店构成。一边逛商店，一边漫步，可以在运河漂浮的小船上享用饭菜。天色暗下来的时候，不妨加入在运河上周游的观光船，还可以在船上观察萤火虫。

到了夜晚则别有情趣，如果住宿于运河沿岸的旅馆，可以静享人潮退去之后的万籁俱寂。周末的住宿设施到处都人满为患，如果您想在此停留的话，要提前预约。

行走线路

在胜利纪念塔附近的乘车处（Map p.73-D2）乘坐拉陶（迷你公共汽车。大约需要 1 小时 30 分钟，80 泰铢）或者先去梅克隆（→p.140），再换乘开往阿姆帕瓦的双条车（Map p.7 左上）。过了横跨运河的大桥，在第一个小十字路口下车，从那里进入小巷，就看见运河了。

因为返回曼谷的最后一班公共汽车在 20:00 左右，如果您坐上观察萤火虫的旅游船超过时间的话，就没有返回曼谷的公共交通工具了。但是如果您选择乘坐从曼谷发船的旅游船，就可以随船回来，相当方便。

1 在水运昌盛时代发展起来的城镇，因为运河起着与道路同等的作用，所以建筑物的正面都是朝向运河的 2 离开中心地带略往外走，行人减少了，可以安安静静地走一走 3 豪爽的虾、墨鱼烧烤，味道怎么样？ 4 坐在船中，从水面往上看，别有一番风情 5 天色一暗下来，周围灯火闪烁，越来越感到了一种怀旧的情调 6 运河沿岸的人群聚集处，在卖土特产品和杂货 7 周边路上挤满了露天小店和游客 8 代替栈桥的台阶上聚集的小船，全是餐厅船 9 餐厅船上制作的饭菜，人们坐在台阶上吃

水上市场

只限周末的观光市场

塔林查水上市场

Tailingchan Floating Market　ตลาดน้ำตลิ่งชัน

只在周末才营业的、悠闲的餐厅街。在运河漂浮的泊船周围，有好多艘小船，船上卖烤咸鱼、铁丝网烤虾等以海鲜食品为中心的各种各样的菜。可以叫上自己喜欢吃的饭菜，悠然自得地享用。有以这里为起点的周游运河的旅行船，航程大约需要3小时，沿途观赏泰国寺院、兰园等（费 99 泰铢）。

DATA

文前图曼谷郊区 -A4
开 周六、周日 8:30~17:00
休 周一～周五
交通 暹罗中心、世界中心前面乘坐 79 路公共汽车，需要 45 分钟~1 小时，19 泰铢。过了湄南河，进入吞武里，再行驶一会儿，就变为一侧只能行驶一辆汽车的住宅街，这条街的丁字路口走到尽头处下车，左手往里走，塔林查水上市场就出现在眼前了。

1 点心和饭菜都在船上制作 2 运河旁边的露天小店街可以买到有地方特色的土特产品 3 从船上购买食物显示出曼谷市民之怀旧情怀

将逐渐消失的泰国传统文化保存下来

达慕农 · 萨杜克水上市场（漂浮市场）

Damnoen Saduak Floating Market　ตลาดน้ำดำเนินสะดวก

泰国政府为了保存传统文化和吸引游客而开发的水上市场。位于曼谷市中心以西 80 公里处的叻武里县。不仅仅是从栈桥上可以观看整个市场，可能的话，租一条小船，可以从水面上观赏。浮在水上的小船，都是各自独立的商店，每只船上经营的物品都各不相同。夹杂在卖蔬菜、水果的船只里面的，还有卖面食等的餐厅船。曼谷市区经常能看到店内放置着小船，在小船上煮面，原来起源于此。

DATA

Map p.7-B3
开 每日清晨～中午时分　休 无
交通 从南公共汽车总站（文前图曼谷 -A2）发车，开往达慕农 · 萨杜克方向的公共汽车从清晨 5:40 开始，每隔 20~30 分钟一趟，80 泰铢。在 85 号售票口买票。公共汽车通过市场的入口，在市场的周游船乘船处停车。从那里到市场要步行 7~8 分钟。如果不是清晨去的话，就没有什么意思了。另外，加入旅行船要方便得多。

乘船参观时

可以在市场上巡回的、带引擎的船只，要在上述所说的公共汽车的停车场等。转一个小时要 350~400 泰铢（乘坐 4 人以上时，每人的收费，需要讲价）。在市场内，也可以乘手划的船，转一圈需要 30~40 分钟，每人 150~200 泰铢。

1 虽说是旅行用的，但充满了活力，很有趣
2 表演杂技的场所，商店也在营业
3 卖的净是价格稍高的旅游纪念品

观看大象和鳄鱼表演

惊险的人与鳄鱼的对决表演

萨姆·帕肯鳄鱼养殖场

Samut Prakan Crocodile Farm　ฟาร์มจระเข้ สมุทรปราการ

这里原本是为了得到鳄鱼皮而建成的鳄鱼养殖场，最精彩的节目是鳄鱼与饲养员的格斗表演。说是格斗，实际上只是试试胆量而已。将水里鳄鱼的尾巴抓住，连扛带拉，拖到陆地上；把头和脑袋深入鳄鱼张开的大嘴巴里，将身体完全伸展开来进行演出。从表演服的缝隙中可以窥视出，饲养员的身体上伤痕累累，令人毛骨悚然。

DATA

文前图曼谷郊区 -D8
☎0-2703-4891
开 7:00~18:00。鳄鱼表演每隔 1 小时 1 次。
休 无
费 350 泰铢
交通 公共汽车 508、536 路在正面入口处通过。可以同时去参观姆恩·博朗（→p.148），非常方便。

1 将不愿意较量的鳄鱼强行拖出……

2 一场让人手心里捏一把汗的表演

一群聪明的大象

萨姆普朗大象动物园与鳄鱼养殖场

Samphran Elephant zoo & Crocodile Farm　สวนสามพราน ฟาร์มจระเข้

这处娱乐场所不但有鳄鱼养殖场与兰花栽培场，还兼营动物园。有名的鳄鱼与饲养员的格斗表演很有趣味，而这里的专用大型场地上进行的大象的杂技表演也非常受欢迎。节目中，重现了野生大象被捕捉的场面，对战等的足球比赛、大象将长鼻子转来转去的舞蹈表演、用原木比试力气、重现古代将大象当作战车使用的模拟战争等晃动着巨大身躯的大象的扣人心弦的精彩表演，人们都抢着看，观众很拥挤。大家都为大象的聪明而感动。

鳄鱼与饲养员的格斗表演一天 5~6 次、大象的表演 2~3 次，所以在入园之前一定要确认一下表演时间。接下来进行的魔术表演也很有意思。

DATA

Map p.7-B3
☎0-2429-0361
开 8:00~17:30。大象表演每日 2~3 次。
休 无
费 500 泰铢
交通 南公共汽车总站（文前图曼谷郊区 -A2 外）出发，有地方公共汽车，不太方便。参加旅行团，比较方便。

1 使用大象的战争表演扣人心弦
2 大象罚点球。用鼻子佯攻
3 也有鳄鱼的表演

接 触 泰 国 的 文 化

从表演中学习泰国的文化

萨姆普朗河滨

Sampran Riverside　โรสการ์เด้น

这是专门为来泰国的外国游客修建的综合性观光娱乐设施。受欢迎的泰国文化表演由两部分构成，第一部分在室内场地上表演，有许多自古以来流传下来的传统舞蹈、泰拳的模拟比赛、硝烟弥漫的击剑对打、泰国的结婚仪式等，按照顺序就像看戏剧一样，表演给观众看；接下去是第二部分，到室外去观看大象的杂技表演。其他的还有泰国菜、泰国舞蹈教室、泰式按摩场所、搭建一个小型的购物拱廊、美容沙龙等各种活动，一应俱全。旧称是老兹 · 伽登。

DATA

Map p.7-B3
☎0-3432-2588~93
开 8:00~18:00（表演每日 14:45~15:45）
休 无
费 入园费 20 泰铢，泰国文化表演观赏费 380 泰铢。
交通 从曼谷乘坐开往纳空 · 帕特姆方向的国铁 4 号线向西行驶 32 公里。南公共汽车总站有地方公共汽车，不太方便。比较现实的做法是加入旅行团。

1 相当真实的泰拳表演
2 高尚典雅的古式结婚仪式场面
3 最后进行的是热闹非凡的泰国舞蹈表演

一日之内游遍泰国全国

姆恩 · 博朗（古暹罗）

Muang Boran (Ancient Aiam)　เมืองโบราณ

位于泰国南郊区的姆恩 · 博朗，集中了泰国全国各地具有历史传承建筑物的精准复制品，同时配置专门场地仿制了泰国国土的全貌，可以说是一家大型的建筑主题公园。于 1963 年对外开放，最初的建筑物有 80 栋左右，现在值得一看的建筑物达到 116 栋。以曼谷王宫内的律实马哈 · 帕萨特宫殿为首，阿育塔亚、素可泰、伊沙（泰国东北地区）的高棉族遗迹等，模仿得非常逼真，制作极其精美。而且有些建筑中，作为神圣地带受保护，不得进入的地方，在这儿都可以进入。对泰国文化感兴趣的人一定要去看看。阿育塔亚地区的餐厅制作成水上市场的模式，做工非常精准。

此公园建造者纳伊（已故）靠销售进口车而积累起财富，为弘扬、传播自己国家的文化而建造了这些设施。园内相当广阔，只靠步行环游太困难了。可以骑乘免费的租赁自行车或者乘收费的高尔夫车。

DATA

文前图曼谷郊区 -D3~E8
☎0-2709-1644
URL www.ancientcity.com
开 8:00~17:00　休 无
费 500 泰铢（面向外国人的收费。带免费出赁自行车）。乘坐高尔夫车时，以 1 小时为单位收费，2 人乘坐 200 泰铢，4 人乘坐 300 泰铢，6 人乘坐 500 泰铢。
交通 从素坤逸路乘坐 25 路、511 路公共汽车，到终点站萨姆帕肯下车（大约需要一小时，19 泰铢），然后再换乘 36 路或 1140 路双条车，大约需要 10 分钟，8 泰铢。乘坐双条车时，要告诉司机“去姆恩 · 博朗”。

1 位于曼谷王宫的律实 · 马哈 · 帕萨特宫殿
2 素可泰的马哈达特寺旁边的云游佛

曼谷的旅游信息

只在泰国停留短暂时间的观光旅游、不能花费很多时间的人或者单独出行缺乏安全感的人，最好加入当地旅游公司组织安排的打包旅行团。

申请加入旅行团时，可以直接去旅游公司或者打电话预约。因为有的公司还负责酒店的往返接送，所以最好事前就联系好。受旅行者欢迎的旅行线路如下。

曼谷市区观光　半天

郑王寺→卧佛寺→玉佛寺、王宫

游览市区最具有代表的寺院的标准旅行。内容简单，只花半天就结束了，对没有很多时间的人来说，非常合适。500~600 泰铢。

曼谷市区观光　全天

郑王寺→卧佛寺→玉佛寺、王宫→金佛寺→维玛曼宫→本差玛波皮特寺

网罗了市区有名寺院的旅行。享受一日的曼谷的名胜景点观光。包午餐，需要 1000~1600 泰铢。

水上市场和泰国舞蹈

达慕农 · 萨杜克水上市场→萨姆普朗大象动物园与鳄鱼养殖场

花一天时间，游览泰国郊区的风景名胜点的精美旅行。去郊区分布不均的景点，不方便的情况很多，跟着旅行团去相当便利。600~1800 泰铢。

泰国古典舞蹈与正餐

市区餐厅用餐 + 接送

个人直接去价格便宜，接送是另算钱的，事前要核实清楚。费用会根据餐厅的不同而异，360~2200 泰铢。

阿育塔亚遗迹与邦佩因离宫

参观邦佩因离宫和阿育塔亚主要的景点

可以乘坐来回的公共汽车或单程的周游观光船。与其在阿育塔亚乘坐嘟嘟车会被敲竹杠，倒不如加入舒适的旅行团感觉更好。费用是 800~2100 泰铢。

泰国 Discovery Asia 地接社

DISCOVERY ASIA KANKO CO., LTD. 坐落在美丽的千佛之都——曼谷。公司成立至今已经 17 年了，在这漫长的岁月里，经过公司上下各部门的不懈努力 Discovery Asia 旅游公司赢得了来自世界各国游客的认可。从日韩到中国，从东亚到中亚，从欧洲到美洲，Discovery Asia 旅游公司家喻户晓。“用心为您打造属于您自己的假期”是旅行社的坚定不移的服务宗旨，加上“诚信、热情、耐心”的服务，让您的旅行更加轻松、愉快。

公司官网：www.thaidu.com　☎ +66 84 773 5236

QQ:2598173012　1980381626　1469831838

MSN：thaitourservice@hotmail.com

曼谷中国公主酒店（Grand China Princess Hotel）

Grand China Princess Hotel（又称大华酒店），酒店位于曼谷热闹的唐人街中心地带，是理想的休闲和娱乐场所，并且邻近曼谷其他旅游景点；是一幢 25 层的白色混凝土和玻璃结构的现代建筑。位于高层的房间可以欣赏到绚丽的城市风景和美丽的湄南河。酒店附近拥有品种繁多的美味的食物，多姿多彩的娱乐活动场所，购物中心总是能让您有看不完，做不完的新鲜事。

住 位于唐人街，邻近湄南河，短途步行可抵达河上公交站和 Hualampong 火车站

Shanghai Mansion（曼谷上海大厦酒店）

Shanghai Mansion 精品酒店位于曼谷具历史意义的唐人街，提供宽敞而豪华的客房。 客房拥有中式风格的精美装潢并配有东方风格的陈设和织品，亦配备了免费无线网络连接、每日免费迷你吧以及客房服务等设备。 出游一整天后，您可于 SPA 享受全身治疗或者光顾 Shanghai Mansion 酒店内的餐馆及酒吧享用美味的餐点。酒店亦设有旅游咨询台，方便您询问有关一日游和景点的信息。 Shanghai Mansion 酒店邻近著名的昭披耶河（Chao Phraya）、市场、购物和夜生活场所，亦靠近 Hua Lumpong 地铁站，方便您以轻松而经济的方式前往探索该城市。

住 唐人街

参加旅行团时的注意事项

身着运动短裤、超短裙、无袖、吊带衫等暴露度高的衣服和身体曲线明显的服装，不得进入王宫、玉佛寺、维玛曼宫、阿育塔亚的邦佩因离宫。在参加拜访这些场所的旅行团时一定要注意服装。即使是旅行团中的一员也不许进入，要注意。如果参加旅行团的人数少，有时候也不能旅行，所以日程安排表定下来之后，一定要提前预约。

餐饮指南

Restaurant Guide

体验泰国地方风味的美食！

泰国的地域，除了以曼谷为中心的中部以外，大体上可以分为东北部、南部、北部。在泰国的首都曼谷，您可以在餐厅里品尝到泰国各地风味的饭菜。您在泰国逗留期间，去尝遍泰国美食吧！

各地方菜的特征

东北部

名叫伊沙的地方，饮食文化与老挝相近，主食是蒸糯米，还吃生肉和昆虫。卡伊亚（烤鸡肉串）、苏姆塔（将未熟的木瓜切成柳叶片儿拌成的沙拉），就是东北地方的特产食物。酸、辣、发酵调料宾治同时奏效，味道美极了。

南部

也许自古以来就是海洋贸易的中转站的缘故，南部的菜明显是受印度、中国、马来西亚等外国文化影响，有许多菜肴都具有异国情调。菜里多加香料，调味很重。辣椒和胡椒都放得多，因此很辣，泰国菜中最辣的就数南部菜。

北部

因北部多森林和河川，菜中多用其中所产之物，做工精细，味道细腻。缅甸（缅马）也曾在此地统治过一段时期，因此，菜肴的制作也受到缅甸、在泰缅交界地区居住的香族人的影响，咖喱面卡奥索伊、纳姆、萨伊乌阿等泰国风味香肠，都是名吃。

向您推荐的东北部菜

●右上：烤鸡 140 泰铢、半只 80 泰铢●右下：猪肉熊果 50 泰铢●左：烤乳猪 50 泰铢（Grilled tender pork）

上／无空调只有电风扇的平民式餐厅
下／很难找的地方，一到吃饭时间，却有很多人前来就餐，真热闹

拉普 · 朗苏瓦 · 帕邦玛
Lab Lang Suan Pa-Boonma

◆位于错综复杂的小巷尽头，是一家创业已经 50 多年的老铺子。据说是当今店主的祖母与伊沙（东北部）人结婚之后创立的店铺。说起伊沙菜，最具有代表性的是将未成熟的木瓜切成柳叶片，加上些菜码，再与楠帕拉底料调味汁搅拌而成的苏姆塔沙拉。其他的还有，将肉切成末拌上纳姆帕、马纳奥、香料制成的肉卷；泰国风味的沙拉亚姆等。备好的苏姆塔有 10 种、肉卷有 7 种、亚姆有 9 种，各种菜都散发着新鲜香草的清香。其中有 4 种苏姆塔中加着大量的椰子奶，味浓、香甜可口。拼盘菜可以便宜 50 泰铢左右。

未脱土气的平民式氛围很有魅力

AREA 4 暹罗广场、水门周边

Map p.81-E5

住 155/8 Soi Mahatlek Luang 1, Ratchadamri Rd.

☎ 0-2252-1862

营 周一～周五 11:00~21:00

休 周六、周日 C/C 无

交通 从叻差达慕里轻轨站四号口出来，步行 6 分钟即到

向您推荐的南部菜

●上：咖喱螃蟹卡诺姆清（发酵米粉和蔬菜上放上蒸蟹肉咖喱）180 泰铢
●右下：虾炒糖豆（将虾裹上糊之后与仙都果一起用旺火煸炒而成）180 泰铢
●左下：蔬菜蘸虾糊（用晒干的虾制作的虾糊）150 泰铢

上／墙壁上描绘的是普凯特镇的街市风光
下／将店屋重新装修成的小店

普凯特镇
Phuket Town

◆辣椒、胡椒等的香辣调料、纳姆帕、伽比（虾发酵而成的东西）等大量使用是南部菜的特征。尤其是普凯特周边，辣味菜很多，不善吃辣的人要注意。而且，这家饭店去南部当地购入食材和调味品，提供的是普凯特周边原产地原汁原味的菜。您如果能够从这种强烈的辣中品尝到浓厚的滋味，就已经是一个泰国通了。这里还有独特香味的、使用糖豆炒制而成的菜肴等，去这里品尝一下曼谷怎么也吃不到的南部特有的味道吧！

剧辣刺激着人的舌头
AREA 7 素坤逸路周边

Map p.89-E3
住 160/8 Soi 6,Soi 55（Thong Lo），Sukhumvit Rd.
☎ 0-2714-9402
营 10:30~22:00
休 无　C/C 无
交通 通罗轻轨站 3 号口出来，步行 10 分钟即到

向您推荐的北部菜

左／小巷深处安静的所在
右／地板上铺的花砖以及店内陈列窗，无一不体现出复古的氛围

●右上：萨伊乌阿：泰国风味香肠（Sai Oo-Ah）90 泰铢●下：考・索伊・卡伊（北部风味红咖喱鸡蛋面：Kao Soi Kai），75 泰铢 ●左上：泰国风味茄子沙拉（Aubergine Thai Salad）110 泰铢

凯塔瓦
Gedhawa

◆ 被绿色包围着的、建有泰国风格祠堂的入口处，竟然就是大厦的第一层，有一种幽静的氛围。店内是泰国北部风格的装饰，摆着主人爱好而收藏的怀旧情调的各种物品，其陈列的细致周全正与北部菜肴的精细特征相符。精心制作的、样式可爱的菜单上，用手工工整整地书写着各样北部菜的名称，原籍清迈的店主人，每个月都要去北部原产地购进一次调味品和独特的食材，制作出的菜肴既新鲜又精美。该店原创菜肴凯塔瓦・奥姆兰奇 120 泰铢，其中有绿豆粉条、红辣椒、切碎的洋葱等很多配菜，味道极其浓厚。

安稳地区的祥和氛围
AREA 7 素坤逸路周边

Map p.87-F5
住 素坤逸路 35 号 24 巷
24 Soi 35,Sukhumvit Rd.
☎ 0-2662-0501　营 周一～周六 11:00~14:00、17:00~22:00
休 周日　C/C J M V
交通 蓬鹏轻轨站 1 号口出来，步行 5 分钟即到

泰国菜餐厅

身处曼谷的您，一定很想熟练制作地道的泰国菜。泰国菜给人的印象就是“辣”和“麻辣”，所有的菜不是辣就是麻辣，不辣的菜里也有几种麻辣类型的。另外，就与日本酱汤的味道也是因地方和家庭的不同而各异一样，即使同样是特姆亚姆空，饭店不同、厨师出生地不同，做出来的味道与外观都不尽相同。泰国菜也像曼谷的混搭一样，不能一概而论。

高档店

除了宫廷菜之外，实际上不管是哪家饭店，菜的内容都大同小异。差别之处在于食材、装盘、店的氛围。高级饭店采用的是精选过的食材，给蔬菜刻上雕花，盛在盘里非常漂亮，还有就是店内高雅的装饰和热情周到的服务。因为外国人来就餐的很多，饭店也早已习以为常，在辣度和调味品用量等方面，都做了适当调整，对刺激性食物敏感的人也可以放心食用。服务人员基本上都会讲英语。

咖啡与冰的艺术

Café Ice des Art

◆从查隆克隆路，进入马达林 · 奥里安塔对面的小巷，有一家位于中小工商业者居住区、将店屋重新装修的餐厅。室内摆设着古董，布置得雍容典雅，一进去就给人一种高档的感觉。向您推荐这家餐厅的油炸螃蟹、春卷、加罗望子酱汁，350 泰铢；上面放着大虾的帕泰伊，350 泰铢；黑胡椒炒软壳蟹 520 泰铢等。上面加鸭肉的夸伊提奥也是受附近的人们喜爱的珍品，50 泰铢以上。味浓的各种水果冰沙 90 泰铢。店内无空调，只有电风扇。

矗立在中小工商业者集中区的高档饭店

AREA 5 查隆克隆路周边

Map p.82-C4

住 70/72 Soi 47/3,Charoen Krung Rd.

☎ 0-2630-5521

URL www.cafeicethailand.com

营 周一 ~ 周六 9:00~22:00

休 周日

C/C 无

交通 郑信大桥三号口出来，步行 10 分钟即到

路安 · 乌拉伊

Ruen Ural

◆玫瑰酒店（p.301）的游泳池旁边，坐落着一座已近百年的柚木建造的泰国风格的房屋，经过重新装修改造成了一家餐厅。客座给人以厚重的印象，仿佛是豪宅的待客室。像 300 泰铢的帕普拉图纳（鲑鱼加香烤肉式）那样的，提供给人们与时代相符的新食材、所有的菜里都要放的萨孟帕伊（泰国的药草、香草等），与泰国传统菜相互融合制成的菜肴。用柠檬草做烤鸡串、罗望子酱汁共计 200 泰铢，酱汁似有似无的甜味与柠檬草的香味达到了完美的交织。因为座位数少，建议您夜晚想去时，要预约好。从素坤逸路进入小巷，第一个路口向左拐，前面就可以看见一个停车场，而酒店就位于停车场往里走的位置。

利用了迁走豪宅的、位置较为隐蔽的名店

AREA 6 是隆路南边

Map p.84-A3

住 118 Suriwong Rd.

☎ 0-2266-8268

FAX 0-2266-8096

URL www.ruen-urai.com

营 11:00~23:00（LO 22:00）

休 无 C/C 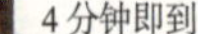ADJMV

交通 萨姆亚地铁站一号口出来，步行 4 分钟即到

很久以前
Once Upon A Time

◆从碧武里路延伸开去的细细的小巷深处，是在建筑历史已近90年的木质欧式住宅里的一家餐厅。这座建筑原本是从是隆路迁移重建的。吱吱咯咯作响的地板让人感觉到了时光的流逝。就像在怀念过去的美好时代一样，店里的灯光洒下来，与室内的棕色调相结合，使人心情放松，无拘无束。特别是夜晚有一种非常浪漫的气氛。使用了很多新鲜调味品制作的滋味丰美的泰国菜，盛在漂亮的烤窑青瓷器皿里端上桌，非常有情调。这里向您推荐鸡肉花生咖喱217.50泰铢、泰国风味朱栾沙拉195.25泰铢、麻辣清汤299泰铢等。配菜上得不齐全，虽说没多少损失，但是在营造复古气氛方面却起着重要作用。

在绿树掩映之下的欧式建筑里的泰国菜餐厅
AREA 4 暹罗广场、水门周边

Map p.81-D2
住 32 Soi 17,Phetchburi Rd.
☎ 0-2252-8629
FAX 0-2251-5975
URL www.oneuponatimeinthailand.com
营 11:00~24:00（LO 23:00）

休 无
C/C ⒶⒹⒿⓂⓋ
交通 叻差题威四号出口步行12分钟即到

尼尔·伊考鲁
Near Equal

◆由外国人经营的、改良偏清淡口味的菜，即使是不善吃辣的人也能在这里放心食用的泰国菜餐厅。充分活用了食材与调味品的特征，精心烹制，而且泰国的口味把握得也非常好。这里向您推荐的菜是泰欧折中的、最具有代表性的菜：泰国风味的海鲜细面条（智利与巴勒风味）220泰铢，加入淡水虾的油炸面条，包括鸡蛋160泰铢，蔬菜鸡肉卷130泰铢。智利与巴勒风味的细面条一般做成辣的时候多，而在这家餐厅，即使不善吃辣的人也可以放心食用。一层是亚洲杂货商店，品质好的物品都很齐全，非常受欢迎。

偏清淡口味的泰国菜餐厅
AREA 7 素坤逸路周边

Map p.89-D3
住 22/2 Soi 47,Sukhumvit Rd.
☎ 0-2258-1564
FAX 0-2258-1565
营 11:30~22:30（LO 22:00），午餐饭菜预定截止到17:00。

休 无
C/C ⒶⒹⒿⓂⓋ
交通 蓬鹏轻轨站三号出口步行11分钟即到

杧果树
Mango Tree

◆使用古老的欧式建筑的、充满情趣的餐厅。盛放的器皿与食材和调味汁的颜色完美无缺的搭配，外观非常漂亮。餐巾上加放了大红干辣椒，餐桌上面的摆设也相当时尚。这里向您推荐的是，该餐厅的原创菜普吞270泰铢。因为是将新鲜的海鲜用红咖喱炒制而成，浓烈的味道之中，隐含着辣味和香脆的虾、墨鱼和谐地交织在一起，而这正是日本人喜爱的东西。米饭吃多少不限。另外，罗望子酱炒虾360泰铢，泰国风味朱栾沙拉180泰铢，海鲜特姆亚200泰铢等，非常受欢迎。无论哪一道菜都比较顺口、好吃。二层有地暖炉式的座位。收费时税和服务是分开的。

是隆路上一家很受欢迎的餐厅
AREA 6 是隆路周边

Map p.84-A3
住 37 S oi Tantawan,Suriwong Rd.
☎ 0-2236-1681、2820
FAX 0-2238-2649
URL www.coca.com/mangotree
营 11:30~24:00

休 无
C/C ⒶⒹⒿⓂⓋ
交通 沙拉玲轻轨站一号出口步行6分钟即到

洛萨比安餐厅
Rosabieng Restaurant

位于小巷中的餐车
AREA 7 素坤逸路周边

◆面临大街、宽敞的平台上，做成货车形状的吧台，店内是火车模型的布局，仿佛是专为火车爱好者开设的店，但是人们对该店菜所给的评价很高。这里向您推荐的菜肴是油炸蒜鱼，送辣酱汤，320泰铢；夹着碎鱼肉的扁平春卷，160泰铢；泰国风味的油炸空心菜沙拉，160泰铢等。餐后甜点是各种各样的自制冰淇淋60～70泰铢，非常受欢迎。总店在国铁萨姆塞的旁边。夜晚的露天座席旁，配爵士乐队为大家助兴演奏。英语菜谱只有文字，对菜有什么印象，几乎不可能。

Map p.86-C3
住 3 Soi 11, Sukhumvit Rd.
☎ 0-2253-5868
营 11:00~24:00
休 无 C/C A J M V
交通 娜娜轻轨站三号出口步行3分钟即到

各色咖喱与更多
Curries & More

周到细致的服务使人可以心情舒畅地进餐
AREA 7 素坤逸路周边

◆这家餐厅原本在索伊·鲁阿鲁姆提，现已迁到了通罗。该店精工细作的各种泰国风味的咖喱应有尽有，还有泰国东北地方菜等。因为来此就餐的外国人多，采取了正宗的辣一些的烹调法，不擅长吃辣的人叫菜的时候，告诉服务员一声，就可以放心吃了。

Map p.89-E3
住 31 Soi 53, Sukhumvit Rd.
☎ 0-2259-8530
营 11:00~23:00
休 无
C/C A D J M V
交通 通罗轻轨站一号出口步行3分钟即到

邦卡尼塔与画廊
Baan Khanitha & Gallery

在充满艺术的氛围中品尝高档泰国菜
AREA 6 是隆路周边

◆这是位于素坤逸路23巷名店的一家分店。租用的是一座大型建筑物，店内分为天花板很高的房间座位和面朝院子的露天平台座位，露天平台上，玻璃天花板上有水流过，非常凉爽。菜谱上罗列的大多数是传统菜肴，一盘200~400泰铢，价位有点高。同时设有咖啡厅。

Map p.84-B4
住 69 Sathorn Tai Rd.
☎ 0-2675-4200 FAX 0-2675-4202
URL www.baan-khanitha.com
营 11:00~14:00、18:00~23:00（LO 22:30）
休 无 C/C A D J M V
交通 沙拉玲轻轨站二号出口步行10分钟即到

纳
Naj

设有酒窖的、已有120年悠久历史的白色西式建筑物
AREA 6 是隆路周边

◆白色的大型西式建筑物重新装修的高级餐厅。一层分为明亮的露天平台座位与室内座位，二层有高高的天花板与白白的墙壁，具疗养地风格。菜肴是无可争议的泰国式烹调法，辣味菜是非常之辣，点菜时不必客气，一定确认清楚是什么味道的、辣度有多高。

Map p.84-B4
住 42 Convent Rd.
☎ 0-2632-2811
FAX 0-2632-2814
URL www.najcuisine.com
营 11:30~14:30、17:30~23:30
休 无 C/C A D J M V
交通 沙拉玲轻轨站二号出口步行7分钟即到

画廊 · 咖啡厅
Gallery Café

兼作古典画廊
AREA 5 查隆克隆路周边

◆虽然是临街、四面镶满玻璃，明亮的光线能直接照射进来，然而店内装饰布置却是温和、安静的棕色基调。由于该店还拥有系列古董店，所以店里到处都摆放着古董。这里向您推荐的菜肴是：油炸海鱼配辣酱油 450 泰铢，特姆 · 卡 · 卡伊 200 泰铢，黄咖喱炒蟹 360 泰铢等。采用了许多新鲜的食材和调味品，制作出精美的菜肴。散发出柠檬草似有似无的香味的卡奥帕为代表，还有其他从未见过的独创菜。与热咖啡搭配的牛奶是温热的，让人感受到了一种贴心的照顾。同时并设着古董店和按摩店。

Map p.82-B2
住 86-100 Soi 30,Charoen Krung Rd.
☎ 0-2639-5580
营 11:00~23:00（LO 22:30）
休 无　C/C A D J M V
交通 华兰蓬地铁站出来步行 12 分钟即到

阿广提尼
Aquatini

在码头旁边交通方便
AREA 1 王宫周边

◆耸立在湄南河快船的 N13 帕阿迪特码头旁边的酒店一层的餐厅。由于地理位置的原因，前来就餐者有百分之九十是外国人，所以饭菜的制作也是面向外国人口味的，因此第一次品尝泰国菜的人都可放心食用。乍看之下，觉得很高档的菜，起价在 90 泰铢，价格也比较合理。

Map p.90-B1~C2
住 45/1 Phra Arthit Rd.
☎ 0-2280-9955
FAX 0-2280-9966
URL www.navalai.com
营 6:30~ 次日 1:00
休 无　C/C A D J M V

金洛姆大桥
Khinlom-Chom-Sa-Phan

大桥上的灯都亮起来的时候，桥上充满了浪漫色彩
AREA 2 律实地区周边

◆沿着湄南河，可以观赏到造型漂亮的拉玛八世桥的一家餐厅。与其店名“临风桥”相符的地理位置，从河面上吹过来的风，使人心旷神怡。夜幕降临，拉玛八世桥上灯光照如白昼，给漆黑的湄南河水增添了一种朦胧的色彩，使人不禁浮想联翩。

Map p.76-A3
住 11/6 Soi 3,Samsen Rd.
☎ 0-2628-8382
营 11:00~ 次日 1:00（LO 24:00）
休 无　C/C A D J M V

蓝象
Blue Elephant

从欧洲逆向引进的泰国菜
AREA 5 查隆克隆路周边

◆一位嫁给了比利时古董商的泰国女人，亲手做菜款待顾客，得到了好评。后来，她开了一系列餐厅。以布鲁塞尔为首，在欧洲各地都开了分店，2002 年，回过头来在泰国开店。菜面向外国人，如果想吃正宗菜，可能有些不足之处。但该店环境幽雅，良好的氛围，使人极其受用。

Map p.82-C5
住 233 Sathom Tai Rd.
☎ 0-2673-9353
FAX 0-2673-9355
URL www.blueelephant.com
营 11:30~14:30、18:30~23:30
休 无　C/C A D J M V
交通 素腊塞轻轨站四号出口步行即到

酒店内的高档店

曼谷的高档酒店里，一般进驻的都是泰国菜。在那里英语都通用，菜谱也用英语，有的店里还同时用日语写。一点儿也不输于酒店的氛围，店内装饰得也非常高档。有以金碧辉煌的王宫风格为特征的，也有以浓厚的市场风格为特征的，还有以高科技含量的现代化风格为特征的。在如此高档的餐厅吃饭，饭菜的价格与普通泰国菜餐厅相比，几乎没有多大变化，而且可以吃到地道的泰国菜。

调味品市场
The Spice Market

◆曼谷四季酒店（p.269）内最受欢迎的高档店。入口旁边，摆着许多装有泰国自古以来就使用的传统香辣调料的小瓶、大麻袋。与其店名相符，店里的布置纯粹就是调味市场的风格，简直就是泰国调味品复杂多样的一个象征。点菜时，开胃菜 210 泰铢以上，泰国风味咖喱类 310 泰铢以上，价格比较合理。泰国风味的沙拉索姆塔·姆·克洛普 270 泰铢，使用软壳蟹制作的普尼姆帕皮克泰伊温 470 泰铢，使用了鸭和椰子的甘潘特潘特亚 360 泰铢等都很受欢迎。

气氛浓郁、很受大家欢迎的高档店

AREA 4 暹罗广场、水门周边

Map p.81-E5

住 Four Seasons Hotel Bangkok,115 Ratchadamri Rd.

☎ 0-2126-8866（最好提前预约）

营 11:30~14:30（周日 ~15:00）、18:00~22:30（LO）

休 无　C/C A D J M V

交通 叻差达慕里轻轨站四号出口步行即到

斯拉布尔拜金金
Sra Bua by Kiin Kiin

◆这是丹麦哥本哈根获得《欧洲旅行指南》之星的泰国菜餐厅“金金”，在泰国本土开的店。这里的菜单有一些想象不到的新奇菜。该店的味道，既地道又有所变化，令人惊奇不已。正餐仅一套菜就包括开胃菜、四盘主菜、餐后两种甜点，而且分量相当足，2400 泰铢。如果觉得量太大了，可以将主菜和甜点都各要一盘，1800 泰铢。午餐包括开胃菜、主菜、甜点，共计 1600 泰铢，游客会觉得很合算。饭后的咖啡或红茶，带点心 325 泰铢，也可以随便点。店内与泰国的住宅相似，充满了茶色基调的浓重感。学习一下这种新感觉的泰国菜吧。位于曼谷暹罗坎宾斯基酒店内。

新奇而又地道的泰国菜

AREA 4 暹罗广场、水门周边

Map p.80-C3~81-D3

住 Siam Kempinski Hotel Bangkok.991/9Rama 1 Rd.

☎ 0-2162-9000

FAX 0-2162-9009

URL www.kempinski.com

营 12:00~15:00、18:00~23:00（LO 22:00）

休 无　C/C A D J M V

交通 暹罗轻轨站一号出口步行 3 分钟即到

纳姆
nahm

◆这里有摘取欧洲的泰国菜馆《欧洲旅行指南》之星的厨师，是澳大利亚人。他写了一本书，即使是关于小摊点上的泰国菜，书里都进行了详细说明。对泰国人最怀念的味道，提供了新颖的解释。咖喱类220泰铢以上、亚姆类300泰铢以上，主菜350泰铢以上。

摘取《欧洲旅行指南》之星的厨师的手艺
AREA 6 是隆路周边

Map p.84-C5
住 metropolitan BANGKOK,27Sathorn Tai Rd.
☎ 0-2625-3388 营 12:00~14:00、19:00~23:00 休 无
C/C A D J M V 交通 隆披尼地铁站二号出口步行9分钟即到

你和我
You & Mee

◆位于大哈伊尔特安拉文（→p.272）地下半层（地下大厅）的面类餐厅。一定想尝尝的话，就选择泰国北部常吃的咖喱味面考索伊，160泰铢。在味道浓厚的咖喱汤中放入中国面，然后在其上放上油炸面。

小摊菜在高档酒店的地下层有卖
AREA 4 暹罗广场、水门周边

Map p.81-E4~E5
住 Lower Lobby,Grand Hyatt Erawan Bangkok,494 Ratchadamri Rd.
☎ 0-2254-1234 FAX 0-2254-6308
营 11:00~23:00 休 无
C/C A D J M V 交通 奇隆轻轨站八号出口步行3分钟即到

塞拉顿
Celadon

◆素可泰高级酒店所在区域内，水池里荷花盛开，池边耸立着一座相当于泰国东屋式的建筑物，餐厅就设在这里。制作的菜肴基本忠实于传统，纯粹地道的泰国风味，非常受人欢迎。若照菜单点菜的话，带饮品，预算在900泰铢左右。如果不知道该点什么好，也可以选择套餐（1400泰铢以上）。

以原汁原味的泰国菜而自豪
AREA 6 是隆路周边

Map p.84-C4~C5
住 Sukhothai Hotel,13/3 Sathorn Tai Rd.
☎ 0-2344-8888
营 12:00~15:00、18:30~23:00
休 无 C/C A D J M V
交通 隆披尼地铁站二号出口步行7分钟即到

班杰伦
Benjarong

◆自称曼谷第一传统的酒店曼谷律实塔尼（→p.273），内部装饰浓墨重彩、金碧辉煌，是一家非常高档的酒店。菜单上的菜一样在200泰铢左右，拉普（用肉末拌的沙拉）190泰铢，红咖喱炒虾250泰铢等，非常受欢迎。正餐套菜900泰铢以上。

举办烹饪班，在这里可以学会调制名咖啡、制作名菜
AREA 6 是隆路周边

Map p.84-B3~C3
住 Dusit Thani Bangkok,946 Rama 4 Rd.
☎ 0-2200-9000 FAX 0-2236-6400
营 11:30~14:30、18:00~22:00
休 无 C/C A D J M V
交通 是隆路地铁二号出口步行即到
※若想上烹饪班，要在三天前预约。

巴吉鲁
Basil

◆位于素坤逸谢拉通·古朗德内，新颖、现代化的室内设计，备受人们喜爱。一进门即是开放式厨房，摆放着的多种多样的调味品。用洁白的餐具盛着的调味稍辣的菜，是本店真正的特色菜。有可以吸烟的单人房间。

幽雅的氛围与确确实实的美味
AREA 7 是隆路周边

Map p.87-D4
住 1st Fl., Sheraton Grande Sukhumvit,250 Sukhumvit Rd.
☎ 0-2649-8366
营 12:00~14:30、18:30~22:30
休 节日那天的午餐时间
C/C A D J M V
交通 阿索轻轨站连接通道步行即到

轻松愉快的餐厅

要想品尝到泰国菜的精髓，能轻松进入的餐厅最为合适。在外面吃饭的机会多，造就了泰国人务求实惠的舌头，因此他们不轻视口味的同时，也讲究轻松的就餐氛围。那就是省去室内装饰、餐具等部分花费以及公道、合理的价格。被南国的热气与混乱无秩序的喧嚣所包围，泰国菜的味道更浓厚。当地人纷至沓来的饭店，首先是不会错的。

浓爱
In Love

◆1989 年以“银勺子”为店名开始创业，7 年前改为现在的名称，入口周围也进行了重新装修，稍微变得漂亮了一些。烹饪的厨师是一位在王宫服务的御厨的亲戚，他灵活运用食材和药草，制作的菜堪称上品。油炸鱼带鱼酱汁 260 泰铢；香辣柚子沙拉上加炸鸡，120 泰铢；罗望子酱炒虾和油炸豆腐 110 泰铢等。精心制作的许多菜，原本专做给泰国人吃的，竟然也深合外国人的口味。每样菜都是 60~120 泰铢，价格也合适。

自古以来就非常受欢迎的水上餐厅

AREA 2 律实地区周边

Map p.310-A1

住 2/1 Krung Kasem Rd.

☎ 0-2281-2900

FAX 0-2628-9912

营 11:00~24:00

休 无

C/C Ⓐ Ⓙ Ⓜ Ⓥ

邦蓬乔姆
Baan Pueng Chom

◆店名意译过来，叫作“美丽的家”。从拍裕庭路的分支路稍往里走，是一条小巷，位于小巷深处有一座漂亮的大型西式住宅楼，经过重新改装成为餐厅，于 1999 年开业。油炸香蕉花 60 泰铢、炸鸡 70 泰铢，与苏姆塔一起吃，非常美味，大受欢迎。乌森帕萨姆曼 120 泰铢，正如其名，由非常臭的三种（萨姆曼：三种味道）蔬菜炒制而成，独特的口味却使人上瘾。猪肉馅炒白花蕾 80 泰铢、竹荚鱼苏姆塔 80 泰铢，这里的菜有一种家庭菜似的柔和、可口的滋味。面朝着带水池的宽敞大院，设置了极其凉爽的露天座席，但座位不够多，建议您想去之前提前预约。

既美味价格又适中、位置较隐蔽的名店

AREA 9 拍裕庭路周边

Map p.73-D1

住 38/1 Soi Phahonyothin 7（Soi Chua Chit）,Phahonyothin Rd.

☎ 0-2279-4204

营 周一～周六 11:00~14:00、16:00~22:00
（周六不间断营业）

休 周日

C/C Ⓐ Ⓙ Ⓜ Ⓥ

交通 阿里轻轨站三号出口步行 5 分钟

邦空梅
Baan Khun Mae

处于交通发达的地区，连曼谷的小孩子都喜欢吃
AREA 4 暹罗广场、水门市场周边

◆该店店名的意思是“母亲之家”。室内设计成木质古民宅样式，面积很大而且还有上下一共三层，可以悠然自得地享受美食。泰国风味的咖喱酱等，只限做每日的分量，所以香、味等都是非常新鲜的。辣菜是纯正的辣、味浓的是纯正的浓，并没有特意讨好外国人，是真正的泰国菜，所以泰国人中也很受欢迎。最具代表性的有：汤姆亚姆170泰铢；大虾在里面滚来滚去的红咖喱炒虾260泰铢；干炸全鱼，蘸辣椒酱，280泰铢。泰国风味的水果也都是店里亲制的。

Map p.131-D2
住 458/7-9 Soi 8.Siam Square
☎ 0-2250-1592
FAX 0-2251-5657
营 11:00~23:00
休 无
C/C ⒶⒹⒿⓂⓋ
交通 暹罗轻轨站四号出口步行三分钟即到

哈伊苏姆塔空文
Hol Somtam Convent

位于市中心的、价格合理的伊沙菜店
AREA 6 是隆路周边

◆位于办公街的正中央，是一家伊沙菜的专卖店。“伊沙”是泰国东北地方的别称，在国内是比较贫穷的地区，来曼谷挣钱的伊沙人很多。这些人给曼谷带来了他们的家乡菜苏姆塔（将未成熟的木瓜切成柳叶片儿做成的沙拉）、卡伊亚（在调料里浸渍后，制作的烧鸡），现在可以说是泰国最具有代表性的菜肴。这家店做的苏姆塔，酸辣适中，味道正宗，很受欢迎。店里没有丝毫虚夸之气，着重实质。二层与三层设置了空调座席。泰国苏姆塔40泰铢，加蟹的苏姆塔50泰铢，烧猪脖肉考姆亚70泰铢，亚姆马马70泰铢等。

Map p.261-C3
住 2/4-5 Convent Rd.
☎ 0-2631-0216
营 周一～周六 10:00~21:00
休 周日 C/C 无
交通 沙拉玲轻轨站二号出口步行二分钟即到

苏达
Suda

阿索周边方便的大众餐厅
AREA 7 素坤逸路周边

◆从素坤逸路往小巷里稍走一会儿，就有一家大众餐厅。因为这个地区合适的饭店较少，一盘菜50泰铢左右，有点贵。两个人吃三盘菜两盘米饭、加啤酒，500泰铢左右。白天是附近的工作人员来用餐，夜晚是外国游客，常常爆满。还可以享受户外的新鲜气氛。

Map p.87-D4
住 6-6/1 Soi 14, Sukhumvit Rd.
☎ 0-2229-4664
营 周一～周六 11:00~24:00、周日 16:00~24:00
休 无
C/C 无
交通 阿索轻轨站四号出口步行即到

卷心菜和安全套
Cabbages & Condoms

原副首相为店主的、正统的泰国菜馆

AREA 7 素坤逸路周边

◆店主人是泰国发生艾滋风波之前一直强力推行安全套的原副首相米切伊·维拉瓦伊塔亚。一段时期，泰国甚至将安全套叫作"米切伊"，他的名字家喻户晓。餐厅旁边，设有以售安全套为主的礼品店。店名和室内装饰有迎合时尚之意，但是菜的味道可是大家所公认的美味。汤120泰铢~、亚姆（泰式沙拉）类130泰铢~、咖喱类（泰式咖喱）160泰铢~、主菜也是120泰铢左右，无论哪一种价格都很适中。店铺位于小巷深处，看上去像一家欧式民居，稳重的氛围，可以在这里尽享美食。还设有感觉相当良好的露台座位。

Map p.86-C4
住 10 Soi 12, Sukhumvit Rd.
☎ 0-2229-4610
URL www.pda.or.th/restaurant
营 11:00~22:00
休 无
C/C A D J M V

交通 阿索轻轨站二号出口步行即到

锡法
Seefah

周围镶满玻璃的家庭风格餐厅

AREA 6 是隆路周边

◆镶满玻璃、亮堂堂的饭店，给人休闲、随意的感觉。门面比较狭窄，里面却很宽敞。泰国菜的品种齐全，应有尽有。从一盘菜到面类、米饭、甜点类，选择范围相当宽泛。因此属于家庭餐厅，可以在这里轻松用餐。一盘菜价格在100泰铢左右，也比较合理。

Map p.261-E2
住 242/31 Prasam 4,Suriwong Rd.
☎ 0-2235-3290 营 10:00~22:00
休 无 C/C A M V
交通 沙拉玲轻轨站一号出口步行2分钟即到
暹罗广场（Map p.131-D2）等地都设有分店。

顶尖酒店
Tip Top

夜深的时候也在营业，非常方便

AREA 6 是隆路周边

◆每天晚上都有很多旅行者前来就餐，买卖非常兴隆。这家酒店位于一个叫帕蓬路的地方。营业时间一直延长到深夜，是一家非常方便的餐厅。前来吃饭的外国游客相当多，几乎所有的服务人员都会说英语，菜单上菜名也同时用英语作了标注。面类、米饭等面向外国人的饭菜一应俱全。泰国帕100泰铢~等，价格合理的菜很多。

Map p.261-A1~A2
住 46-48 Phatphong 1 Rd.
☎ 0-2235-2303
营 10:00~次日3:00
休 无 C/C A M V
交通 沙拉玲轻轨站一号出口步行3分钟即到

哈莫尼克
Harmonique

位于古老的住宅街中，有一种怀旧的氛围

AREA 5 查隆克隆路周边

◆沿着查隆克隆路走下去，在一片古老房屋的街衢中悄然矗立的一家餐厅。是将约有一百年历史的古老中国式民居重修改造而成的。屋内摆了很多古董，座位分室内座位和设在细长院子中的露天座位。在街头漫步时顺便进去喝茶的享乐型游客比较多，饭菜量也很足。

Map p.82-B3
住 22 Soi 34, Charoen Krung Rd.
☎ 0-2237-8175、0-2630-6278
FAX 0-2630-6269
营 周一~周六 11:00~22:00
休 周日 C/C A D J M V
交通 郑信大桥轻轨站三号出口步行12分钟即到

汤姆·亚姆·空
Tom Yum Kung

◆从考山路延伸开去、细长的小巷深处，这家名叫汤姆·亚姆·空的餐厅就坐落在此。酿制出美味浓香的干虾，然后烧制成的泰国风味的虾炒米粉120泰铢，可以吃一吃路边小摊上卖的20泰铢的泰国帕，比较一下哪一个更美味。

位于考山路上的正宗户外餐厅
AREA 1 王宫周边

Map p.90-C4
住 Khaosan Rd.
☎ 0-2629-1818
FAX 0-2629-1144
营 12:00~次日2:00
休 无 C/C ADJMV

克鲁尔·纳伊·邦
Khrua Nai Baan

◆吃饭的时候，总是满员的小小餐厅。光是看着从开放式厨房里不断端出来的菜的场景，也会勾起食欲。炒饭、上面加菜的米饭、面类等一盘30泰铢~。其他的菜在80~150泰铢，非常实惠。服务态度也良好。也是一家值得推荐的餐厅。

以美味胜出的大众餐厅
AREA 4 暹罗广场、水门市场周边

Map p.84-C1
住 94 Soi Langsuan,Phloen Chit Rd.
☎ 0-2254-9888
FAX 0-2252-7205 营 9:00~24:00
休 无 C/C ADJMV
交通 奇隆轻轨站四号出口步行12分钟即到

亚姆与塔姆
Yum & Tum

◆“亚姆”是指将各种配料拌起来的泰国风味沙拉。“塔姆”指的是将各种食材放进臼里捣碎制成的菜。由于使用了大量的蔬菜、调味品、药草，被重新评估为健康食品，是传统的泰国菜。在一般餐厅吃不到的美味在这里可以尽情享用。

尽享泰国风味的沙拉
AREA 4 暹罗广场、水门市场周边

Map p.81-D4~E4
住 Zone A-606,6th Fl.,Central World,4/1-4/2 Ratchadamri Rd.
☎ 0-2613-1501 营 10:00~21:30
休 无 C/C AJMV
交通 奇隆轻轨站连接通道步行5分钟即到
隆披尼路Q栋房屋（Map p.85-D4）设有分店。

普安凯奥
Puangkeaw

◆镶满玻璃的建筑物，室内装饰采用了一种色调、现代派的造型，做出的菜味很地道。将虾与咖喱酱一起炒煮而成的丘奇空280泰侏，餐后甜点是泰国风味的椰子冰淇淋40泰铢。

味道正宗、装盘也非常漂亮
AREA 7 素坤逸路周边

Map p.87-E4
住 108 Soi 23,Sukhumvit Rd.
☎ 0-2258-3663
营 11:00~14:00、17:00~22:00（周六、周日不间断营业）
休 无 C/C ADJMV
交通 素坤逸地铁站二号出口步行6分钟即到

提达伊沙
Tida Isam

◆位于价格便宜、美味餐厅多的朗纳姆路的伊沙（泰国东北地方）菜饭店。苏姆塔40泰铢、卡伊亚80泰铢~，除此之外还有烤猪脖85泰铢、烤盐渍淡水鱼菜75泰铢~等，价格也合适。一个人花200泰铢左右，就可以吃得很饱。

外国人非常喜欢的伊沙菜店
AREA 9 拍裕庭路周边

Map p.73-D2
住 1/2-5 Rangnam Rd.
☎ 0-2247-2234
营 10:00~22:00
休 无 C/C AJMV
交通 阿努萨瓦里·恰伊·萨莫拉普姆轻轨站二号出口步行3分钟

在曼谷享受精美的食物

海鲜餐厅

SEAFOOD RESTAURANT

每日里从泰国湾卸下的鱼贝类，价格便宜、新鲜而且品种丰富。采用烧烤、蒸煮等烹调法，蘸上泰国特有的调味品调制的料汁，痛痛快快地吃一顿，非常解馋。除了餐厅，中国城的帕顿达奥巷周边，一到夜晚，路边上就排满了卖海鲜的小摊，真是热闹极了。

T与K海鲜

***T & K*海鲜**

◆这是位于耀华力路和帕顿达奥巷一角的小摊点海鲜店。从开放式厨房连续不断端出的海鲜烧烤，是最受人欢迎的。人行道上摆放的餐桌，每晚当地人和游客都围坐得满满的。砂锅蒸虾与绿豆粉条150泰铢，咖喱酱炒螃蟹250~350泰铢，泰国酸橙汁蒸鱼220泰铢等都是非常有人气的菜。对面的兰克·拉特海鲜基本上海鲜种类与价格类似。

占满了人行道的餐桌非常叫座

AREA 3 中国城周边

Map p.79-D3

住 49-51 Soi Padung Dao,Yaowarat Rd.

☎ 0-2223-4519

营 16:30~次日2:00（周一，户外不设座）

休 无　C/C 无

交通 华兰蓬地铁站一号出口步行9分钟即到

杰恩戈

Je Ngor

◆口感细腻、分量足。蒜、胡椒炒蟹120泰铢/100克，浓浓的甜味真让人受不了。采用大虾蛄制作的蒜、胡椒炒虾蛄140泰铢/100克，吃得也非常爽口。菜单上写的价钱是单位重量菜的价格。该店的帕克邦法伊丹采取了将茎纵切后再炒的与众不同的独特烹调法，值得推荐。

新鲜海鲜人气最旺的高档连锁店

AREA 7 素坤逸路周边

Map p.88-A3~B3

住 68/2 Soi 20,Sukhumvit Rd.

☎ 0-2258-8008

营 11:00~14:00、17:00~22:00

休 无　C/C ADJMV

交通 蓬鹏轻轨站六号出口步行13分钟即到

拉奥拉奥餐厅

Lhao Lhao Restaurant

◆华人经营的活力四射的海鲜店，在这里尽享分量很足的海鲜。菜单上标注的价格中，蟹和虾是每100克的单位价格，点菜的时候，要确认好是否够装满一盘。大个头的生牡蛎一个50泰铢。大量使用油炸蒜瓣、泰国酸橙、切片洋葱等作料是泰国式吃法。

每晚热闹非凡的平民式海鲜馆，于1980年开业

AREA 9 拍裕庭路周边

Map p.73-D1

住 1271/4-7 Phahonyothin Rd.

☎ 0-2271-2256　0-2617-0229

营 16:00~次日4:00

休 无

C/C ADJMV

交通 阿里轻轨站三号出口步行3分钟即到

建兴海鲜酒店（总店）

SOMBOON SEAFOOD

◆店前摆着以海鲜为主的各种食材，就在这里将这些食材用铁丝网进行烧烤，香味飘向四方，不禁勾起人们的食欲。普·帕·蓬·卡里180泰铢~。不只是蟹，而且酱汁也非常美味，光是搭配这两种，就可以吃下几盘米饭。在泰国人之间也很有名气，尽管本店处于交通略有些不便的地方，每天也是食客盈门。预算1人300~500泰铢。除此之外，法伊克旺地铁站前（Map p.73-E1）、恰姆丘里广场（Map p.83-E1~F1）也设有分店。

注意：乘坐出租车或嘟嘟车时，告诉司机“去建兴”，保准会把您拉到巴塔克里店的“建兴·迪”或者是郊外的可疑店。那种店千万不要进去，马上乘坐别的车返回。

普·帕·蓬·卡里的鼻祖

AREA 4 暹罗广场、水门周边

邦·塔·顿总店　Map p.80-A4

住 895/6-21 Soi Chula 8,Ban That Thong Rd.

☎ 0-2214-4927、0-2216-4203~4

营 16:00~23:30　休 无　C/C 无

苏里旺分店　Map p.83-E3

住 苏里旺路169/7-11

169/7-11 Suriwong Rd.

☎ 0-2233-3104、0-2234-4499

营 16:00~23:30　休 无　C/C 无

萨纳姆·基拉·亨·恰特轻轨站二号出口步行12分钟即到

大家一起吃的泰国涮锅

泰国涮锅餐厅

THAISUKI RESTAURANT

泰国人也非常喜欢吃的泰国涮锅。总之您可以把它想成是中国的涮羊肉。点菜时，看着菜谱，选择自己想吃的菜、肉，一盘 15~60 泰铢。一个人点 200~300 泰铢的菜就一定能吃饱了。将自己喜欢吃的菜自由添加，蘸上作料吃。大多数店里的菜谱上都同时标有中国字（汉字），中国游客比较好理解。最后，将米饭和鸡蛋一起放入成为杂烩粥一起吃，或者加入面条吃。

MK 黄金
M K Gold

泰国最受欢迎的泰国涮锅豪华型连锁店
AREA 7 素坤逸路周边

◆在泰国最享有盛誉的泰国涮锅连锁店 MK，无论内部装饰还是菜，都比普通店高一筹，MK 黄金在泰国国内就开设了 7 家连锁店。除了蔬菜类和余鱼丸子类等之外，菜谱上还有新西兰产的穆尔贝 90 泰铢、澳洲牛肉 365 泰铢等，可以享用更丰盛的泰国涮锅。如果不知道该点什么才好，可以选用将各种各样的配料均衡匹配成的 MK 套餐涮锅，445 泰铢。作为小菜的烤鸭 300 泰铢，也很受欢迎。

Map p.89-F5
住 5/3 Soi 63（Soi Ekkamai）,Sukhumvit Rd.
☎ 0-2383-2367
营 10:00~22:00
休 无　C/C A J M V
交通 亿甲米轻轨站一号出口步行三分钟即到

泰基萨思
TAXES

平民层价格，很受人欢迎
AREA 3 中国城周边

◆汉语名字叫作“南星”。由红、黄、金黄色组成的中国风格的内部装饰，是泰国涮锅的标记，秘传的作料在人们的心中根深蒂固。店内明亮整洁。菜谱上配有图片，很容易明白。一盘菜有 30 泰铢左右，牡蛎、鱼、螃蟹等各 50 泰铢左右。

Map p.79-D3
住 Soi Padung Dao, Yaowrat Rd.
☎ 0-2223-9807
营 10:00~23:00
休 无　C/C A D J M V
交通 华兰蓬地铁站一号出口步行 9 分钟即到

考可
COCA

在日本也开设有分店
AREA 4 暹罗广场、水门周边

◆这是一家在日本人中知名度很高的泰国涮锅连锁店。蔬菜 14 泰铢，肉、鱼 35 泰铢左右，海鲜供应充足。对于不习惯这种吃法的外国人，旁边有服务员陪侍，手法娴熟地煮给客人吃。预算每人 300 泰铢就足够了。

Map p.131-E2
住 416/3-8 Siam Square,Henri Dunant Rd.
☎ 0-2251-6337　营 10:00~23:00
休 无　C/C A D J M V
交通 暹罗轻轨站六号出口步行三分钟即到
素坤逸路的旁边（Map p.84-A3）设有分店。

泰国涮锅的刀叉餐具的使用方法

一般的泰国涮锅店，餐桌是这样设置的。请看一下各自的使用方法！

漏勺
用来舀豆腐等用筷子难夹的食物，也可以煮不愿意夹取的菜时用。

纳姆奇姆（作料碗）
在碗里加入适量的汤，按个人喜欢的浓度加入作料搅拌好。如果不够可以再追加（免费）。

碗与小瓷羹匙
将配菜夹入碗里吃。

勺子
用来舀汤喝。

料
有酸橙、大蒜、辣椒，免费提供，用来调制碗里作料的味道。

筷子
小瓷羹匙与筷子，可以根据个人喜好选用。

活力加热气制成调味品

吃遍名餐厅

POPULAR RESTAURANT

繁华街周边，自古以来就很兴隆的名餐厅。
不经意间单纯的一道菜，却是意想不到的美味。

水门朗卡伊通
Raan Kaithong Pratunam

◆不论男女老少都喜欢的朗卡伊通名店是一种小摊快餐。这家店位于水门地区。以服务员统一穿的粉色制服作为标志。店铺营业时间很长，想要在吃喝完毕之后一起结算的话，就可以在朗卡伊通吃饭。一盘 30 泰铢 ~。其他的，上面加煮得辣中带甜猪肉的米饭名叫卡奥姆奥普，价格也是 30 泰铢 ~。各自都外带一碗味道清淡的汤。

卡奥孟卡伊名店，创业以来已达 20 多年的老铺

AREA 4 暹罗广场、水门周边

Map p.81-E3
住 Soi 3o,Phetchburi Rd.
☎ 0-2252-6352
营 11:00~14:00、17:00~24:00
休 无　C/C 无
交通 奇隆轻轨站九号出口步行 11 分钟即到

朗路尔通
Raan Rua Thong

◆胜利纪念塔旁边，沿着运河排列着库伊提奥路尔（船上的库伊提奥路尔）餐厅街，这是运河上原来小食摊船来来往往时留下来的名字。以小碗盖饭为特征，可以吃好几碗味道不同的盖饭，很有意思。一碗 9 泰铢 ~。面分巴米（中国面）、河粉、米面。根据面的粗细不同，分细粉、中粉、宽粉和粉条（粉丝）5 种。汤也分清淡的萨伊、酸辣的特姆亚姆、加入猪血或牛血的营养滋补的纳姆特克、酸酸的伊安塔福，可以从中选择。

多种多样的泰国湾口味荞麦面条，都想尝一尝

AREA 9 拍裕庭路周边

Map p.73-D2
住 2/14 Phahonyothin Rd.
☎ 无
营 周日 ~ 周五 8:00~21:00
休 一个月休息两次，不定　C/C 无
交通 阿努萨瓦里 · 恰伊 · 萨莫拉普姆轻轨站连接人行天桥步行 5 分钟即到

巴米 · 杰普根
Bamee Japngarn

◆面条的量约是普通店的两倍，上面加放了许多猪肉。如果再加上荞麦汤（巴米纳姆），面条泡大了，根本就吃不完，大多数人点送到家的荞麦面条。一日之中，有 1000 碗堂食面条、带回家去的 2000 碗，500 千克的面条进入了食客的胃里。1 碗 30 泰铢，大碗 40 泰铢。大碗面肉的量也增加。总之，光是面和肉、再加上作料葱这样简单的饭菜，每天不厌其烦地吃如此庞大的量，简直是不可思议。女客也很多。1950 年创业之初，1 碗 1 泰铢。

令人惊奇的各种面食大聚会，其名也叫作“劳动者的巴米”

AREA 3 中国城周边

Map p.79-D3
住 Soi 23,Charoen Kung Rd.
☎ 无
营 9:00~19:00
休 一个月休息两次，不定　C/C 无
交通 华兰蓬地铁站一号出口步行 11 分钟即到

朗库克乔姆
Raan Kuk Chom

◆在高档酒店里长期担任厨师的乔姆氏，想以合理的价格给大家提供高档酒店的味道，开了一家小摊式的餐厅。靠多年培植起来的人脉，以便宜的价格购入高档食材，降低了成本，用陶瓷器皿盛装漂亮的菜，有西餐，也有泰国菜，一种 50 泰铢左右起价。量略微有点少，点两种正好。卡奥帕（泰国风味炒饭）与白肉鱼组合，或添加沙拉，就有了丰盛的味道。

高档酒店的味道，谁都能轻松进餐

AREA 2 律实地区周边

Map p.310-A1
住 The Rue Thewet,Krung Kasem Rd.
☎ 0-2628-8208
营 周二 ~ 周五 10:00~18:30、周六、周日 10:00~17:30
休 周一　C/C 无

购物中心一般都设有美食广场

美食广场

FOOD COURT

将小摊街移进大厦中，就叫美食广场。排列的小店，与小摊点相同，原本卖面食的成为面食专卖店，卖米饭的成为米饭专卖店等。一般只要用手一指，即可点菜，非常方便。在窗口买上空蓬（现金券），付钱的时候就用这个支付。多余的空蓬在当日内可以退还，因此可以预先买得稍多一点。领到饭菜之后，就端着走向空位置坐下。勺子、叉子各店都已备好，在美食广场之内有好几个地方集中存放着。餐后，有专门收拾的人会来清理，所以吃完饭后，直接站起来走就可以了。这种美食广场将平民的味道与店的氛围融合在一起，可以再去体验一下实际上的小摊和大众餐厅。

群侨食物中心
MBK Food Center

曼谷规模最大的美食广场
AREA 4 暹罗广场、水门周边

◆常常有顾客来购物的群侨中心，在六层有一个美食广场，这里饭店的数目达到40家以上，多得让人吃惊。在这里，外国游客的身影不在少数。米饭、面食类35泰铢左右就可以吃到。不仅有泰国菜，印度菜、日本菜、西餐等也都应有尽有。店里有几个售票亭，先从那里购买到空蓬（现金券），然后用它来付饭钱。多余的空蓬可以在当日内退还钱。

Map p.80-B4
住 6th Fl.,Mar Boon Krong Center,444 Phayathai Rd.
☎ 0-2620-9000（总机）
营 10:00~21:00
休 无 C/C 无
交通 萨纳姆·基拉·亨·恰特轻轨站出来步行即到

顶楼食物中心
Central Food Loft

并非小摊街而是餐厅街
AREA 4 暹罗广场、水门周边

◆百货中心的奇隆店里的美食广场。不仅限于泰国菜，还有中国菜、越南菜。特姆亚姆空90泰铢，各种比萨饼90泰铢~、各种点心40泰铢~等。客人的座席非常宽裕，它走的是与美食广场不同的一条高档线路。一进店，服务员就会递给您一张印有条形码的卡片，它是用来管理数据的，出店时，出示这张卡片，进行结算。

Map p.81-F4
住 7th Fl.,Central Chidlom,1027 Phloen Chit Rd.
☎ 0-2655-7777 分机 3735
营 10:00~22:00
休 无 C/C A D J M V
交通 奇隆轻轨站五号出口步行即到

食物大厅
Food Hall

购物时可以顺便去一趟
AREA 4 暹罗广场、水门周边

◆位于巨型购物大厦、曼谷暹罗的一层。露天天花板，充满了开放感。饭店有28家，日本菜和意大利菜很受欢迎。在同一层上，有和日本百货商店地下层的食物卖场似的地方，还有卖快餐的餐厅街。首先，在柜台处任意交一些钱，然后服务员会将一张输入钱数据的卡片交给您，在各店都可以用卡片来支付。用完之后，到柜台处出示您的卡片，会将余额返还。

Map p.131-D1~E1
住 1st Fl.,Siam Paragon,991 Rama 1 Rd.
☎ 0-2610-8000（总机）
营 10:00~22:00
休 无 C/C A D J M V
交通 暹罗轻轨站连接通道步行即到

其他主要的美食广场

R 塞·库克卡拉兹·奥布·坦伊斯特
the COOK Kolors of Taste
阿玛玲广场四层（Map p.81-E4），窗户很大，开放式的、很明亮。客人的座席也有很多。由24家店组成。

R 第五层 The Fifth
位于群侨中心五层（Map p.80-B4），走高档线路的美食广场。共有15家店。

R 食物中心
Food Center
帕提纳姆时尚购物中心五层（Map p.81-D3~E3）。预存式卡片30天内有效。由38家店组成，规模比较大。

群侨食物中心的空蓬（现金券）购买柜台

5、10、30泰铢的空蓬

见识路边的美食

曼谷的小吃摊

讲到泰国美食时，不可回避的就是小摊点。路边每天都摆着各种各样的小摊，填满了人们的胃口。兼备快、便宜、好三大优点的小摊美食，也深受游客们的欢迎。

卡奥·孟·卡伊摊

将整鸡煮熟，用这种鸡汤煮出米饭，再将鸡肉放在米饭上面吃，就叫作卡奥·孟·卡伊。虽是高热量的食物，但是人们都喜欢吃。悬挂着的白煮鸡为小摊的标志。如果选用的是炸鸡，就称为卡奥·孟·卡伊·陶特。一盘 30 泰铢左右~。

水果摊

在大热天的曼谷街头漫步时，最惹眼的就是水果切片零售摊。西瓜、菠萝、木瓜、杧果、石榴等水灵灵的、新鲜的水果，切成片整齐排列在冰块上，只要您指出喜欢吃的水果，卖水果的人就会将它切成一口大的小块，给您装入袋子里。一袋 10~15 泰铢。

面食摊

即使在大热天，也不停地煮面、焯面，是个重体力活。小摊中汤的味道以及配料和种类与门店相比，都会有所差异。面分为黄色的中国面和用大米制成的白色的面。大米面条备有三种粗细不同的面条。如果语言不通，只要用手指要哪种面条即可。一碗 25 泰铢左右~。

伊沙菜摊

在曼谷建设工地现场，有许多从东北地方（伊沙）来挣钱的劳动者。就在工地现场周边，就有他们心仪的伊沙菜小摊。可以吃到泰国风味烧鸡卡伊亚；在肚子里装入调味品、涂满盐的烤鱼；苏姆塔加蒸糯米。这些菜品与原产地的味道一样，特别辣。

果汁摊

将新鲜水果用榨汁机加工制成奶昔或冰沙。自然的甜味和咽下去冰爽的感觉真好。一杯 25 泰铢左右～。

烤串摊

氽鱼丸子类与香肠类最受泰国人的喜欢。将这些食材串成串烤制或油炸着吃的小摊人气都很旺。自己挑选喜欢吃的串，用火烤后，蘸上作料吃。一串 5 泰铢左右～。

菜摊

炒、煮、炸的食物，还有泰国风味的咖喱类等好多种类的菜都放在浅盘里，整齐排列着。可随意指定自己喜欢的一两种菜，放在米饭上。作为办公街的小巷里也开着这样的店，您可以轻松享用。加放两种菜一盘 30 泰铢左右～。

冰淇淋摊

椰子等的纯冰激淋很受欢迎。比起装在圆锥形蛋卷里的冰淇淋来，人们更喜欢将足量的冰淇淋夹在面包里吃。

点心摊

背上背着满载泰国点心的筐子，在大街上边走边卖。无论哪种均是甜度适中，用香兰叶等加香，风味朴素，想吃多少都行。路过的泰国人都当零食购买。

尽享泰国菜的方法

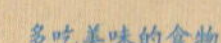
多吃美味的食物

之一 应该在哪些地方吃

●餐馆风格

吃泰国菜的地方，大致上分为餐厅、大众餐馆、小摊。

●餐厅

一般菜谱上都同时有英语标注，不仅是味道，餐具、装盘、店的氛围等都凝聚着一种情趣。英语也能通用。

预算：1 人 300~500 泰铢

●大众餐馆

多数都是将新鲜的食材摆到入口处。没有过多的装饰，设有整齐的厨房，只要在食材的范围之内，会尽可能按照点菜要求，做给顾客。只是在这里，英语行不通。

预算：1 人 200 泰铢左右

●小摊

在实际操作中，以好吃、快、便宜占优势的小摊，诉说着它们是曼谷不可或缺的存在。菜是提前备好的，只要客人点菜，马上就上火做，然后装盘即可。有专卖面条的，也有专卖米饭的，一般都是专门化的。英语几乎是行不通的，能听懂的部分也只有数字而已。

预算：一种 25 泰铢左右

●人们普遍关注的卫生状况

比如在小摊上，使用后的餐具在路旁搁着，在预先打好水的桶里一起洗。观察一下大众餐馆的后面，情况也大致相同。有的人认为这种环境卫生状况堪忧，干脆到餐厅去吃。

之二 餐厅的烹调方法

●预先要熟悉泰国的礼仪

在餐厅里，泰国有自己的风格。进入餐厅之前，一定要事先记住泰国餐厅的程序。

●首先是进店

一进入餐厅，服务员走过来，先询问用餐的人数，然后领着您步入席位。如果想坐在窗户旁边或空调较弱的位置，可以先告诉服务员。

●点饮料

在席位上坐下来后，首先是点饮料。例如，点可乐，可以是“可克（可口可乐）”或“潘普西（潘普西可乐）”；点啤酒，“新”或“哈伊南凯”等，要说清楚品牌，这是泰国式点法。

●接下来是点菜

即使没有英语菜谱，如果知道菜的名称，也可以点。如果没有预备常识，就需要做如下努力。不过泰国人大多数都很热情，微笑着问一问，也可以告诉的。

❶ 先要告诉服务员您想吃什么

比如想吃虾、想吃鸡，将想吃的食材告诉对方。大众餐馆店前排列着各种食材，用手指就可以了。

❷ 决定采用何种烹制法

食材确定之后，接下来就是选定烹制方法了。例如虾，选择烤虾、做成虾汤或与绿豆粉条一起用砂锅蒸等之类。与之匹配的蔬菜，由厨师自己斟酌处理，当然如果有特殊要求，也告诉对方。辣的程度也是同样，要事先告知。对待外国人一般是要适当照顾口味的，但是有时候也会有太辣的感觉。

❸ 细微之处在点菜时也不要客气，要讲清楚

多观察一阵，就会发现泰国人点菜的时候非常仔细。“辣要适度”、“加某种特定的蔬菜”等，这点要求对于饭店来说并不是什么要紧的事，不必客气直接表明即可。

●结账的方法

大多数饭店都在餐桌上结账。对店里的服务员打一个结账的手势，就会将账单拿过来。即使无恶意，也有弄错的时候，一定要将菜的明细确认一下，不明白的地方要询问清楚。如果在明细中不包含服务费，若是大众餐馆，就将找回的零钱当作小费；较好一些的餐厅或者高档餐厅，以饭费的 10% 的标准作为小费留下，更为明智。

小摊上的饭菜也极具竞争性

泰国菜取名的法则

泰国菜名的基本法则是材料名+烹制法+配菜+调味品。顺序可以调换，排列起来就成为菜的名称。简单的菜，记住这一法则，就可以点菜了。即使换个单词，应用也很简单。

菜名举例

凯奥（米饭）+特姆（煮）=泰国风味杂烩粥
普（螃蟹）+帕特（炒）+蓬（粉）+卡利（咖喱）=咖喱炒蟹
空（虾）+奥普（砂锅蒸）+乌塞（绿豆粉条）=砂锅蒸蟹和绿豆粉条
普拉（鱼）+依（蒸）+玛纳奥（酸橙）=玛纳奥（泰国风味酸橙）蒸鱼
考（脖子）+姆（猪肉）+亚恩（烧）=烧猪脖子肉

吃饭时的基本单词

食材一览

大众餐馆的店前排列的一般食材如下。
鸡肉（卡伊）
猪肉（姆）
牛肉（努尔）
鱼（普拉）
泰国雷鱼（普拉·琼）
鲳鱼（普拉·恰拉梅）
鲇鱼（普拉·道克）
虾（空）
贝（郝伊）
绿壳菜（郝伊·玛兰普）
红贝（郝伊·克兰）
螃蟹（普）
墨鱼（帕·姆克）
米饭（卡奥）
白饭（卡奥·帕奥）
糯米（卡奥·尼尔奥）
蔬菜（帕克）
鸡蛋（卡伊）
（与鸡肉的发音相似，极难区分。一边吐气一边发声，就会成为“鸡蛋”）

烹制法一览

炒（帕特）
煮（特姆）
炸（陶特）
蒸、蒸煮（努尔）
拌料（使用酸橙汁与辣椒）（亚姆）
烤（帕奥）
离火远点烤（亚恩）
生吃（提普）
生鱼片（帕·提普）
泰国风味汤（凯恩）
加入（萨伊）
不加（玛伊·萨伊）
[（请不要写○○玛伊·萨伊·○○）]
调味品一览

纳姆帕（纳姆帕）
（用盐把小鱼腌渍之后的清澈液体，是美味与盐味均衡之后的滋味，非常绝妙。这是做泰国菜的必需品）
辣椒（普利克）
（其中最辣的是名叫普利克·基努的个头小的一种辣椒。）
白糖（纳姆塔尔）
醋（纳姆索姆）
（腌渍后的辣椒圆片就叫作普利克·纳姆索姆）
※以上四种作为餐桌上的调味品，这是常备的。
酱油（西伊乌）
（泰国的酱油与大豆酱油相近，色、味浓厚）
胡椒（普利克塔伊）
牡蛎油（纳姆孟郝伊）
大蒜（克拉提尔姆）
（与辣椒一样，是泰国菜必需的调味品）
生姜（金）
盐（克鲁尔）
（纳姆帕里就已经有了相当多的盐味了，所以用得不会太多）
玛纳奥（泰国风味酸橙）
（与酸橘、酸橙类似的小型柑橘类水果。将它的汁挤出来，可以为菜增加可口的酸味）
味道极美的调味品（蓬·丘劳特）
（一般叫“阿吉诺茅特”这个固定名词的时候多）

味道的表达方式

辣（潘）
（菜里放上辣椒等辣味的时候）
咸（凯姆）
甜（旺）
酸甜（普里尔奥旺）
苦（考姆）

景致优美的场所　曼谷的瞭望餐厅

离天堂最近的餐厅

A 眼前您看到的是两人份的开胃菜——布尔提加开胃菜盘1950泰铢；中央的是用迷迭香烤箱烤的羔羊颈脊肉（拉姆烤肉）2100泰铢；最里面的是烤银鳕鱼（塔拉烤肉）1550泰铢
B 环望四周的景致，有一种仿佛在乘坐着空中飞船似的不可思议的感觉
C 餐厅的旁边的月亮酒吧里，独创鸡尾酒350泰铢～、啤酒250泰铢～

布尔提加
Vertigo

◆在沙敦路大放异彩的石板式的高层大厦，是曼谷榕树高档酒店（→p.274），高197米。布尔提加烧烤餐厅就位于这座大厦顶上。由于位居都市中心繁华区，周围的建筑群都看得一清二楚。一边俯视林立的高层大厦，一边吃饭，应该是最难忘的一种经历。

位于整体式大楼的顶部的餐厅和酒吧
AREA 6 是隆路周边

Map p.84-C4
住 61st Fl.,Banyan Tree Bangkok,21/100 Sathorn Tai Rd.
☎ 0-2679-1200
URL www.banyantree.com
營 18:30~23:00（并排设立的月亮酒吧17:00~次日1:00）。下雨天时需要询问。
休 无
C/C ADJMV
交通 隆披尼地铁站二号出口步行8分钟

位于高耸入云的高层大厦的顶端的餐厅，欣赏着千万盏灯光辉映的夜景，绝佳的景致与用餐同时并举，真正一种奢侈的享受。

道姆·尔特·鲁普尔
The Dome at Lebua

◆占据高层大厦顶部的、名叫道姆的复合建筑之内，有地中海的西洛可、意大利的梅扎鲁娜，还有迪士提鲁酒吧，一共三家餐厅酒吧。西洛可露天平台里面，有一个圆形的吧台，在那里也可以尽享各种饮品。不只有迷人的夜景，日落时的景致也异常美丽。

天上的正餐
AREA 6 查隆克隆路周边

Map p.82-C4 住 63rd-65th Fl.,State Tower Bangkok,1055 Silom Rd. ☎ 0-2624-9555 FAX 0-2624-9554
URL www.thedomebkk.com 營 18:30~23:00（并排设立的月亮酒吧17:00~次日1:00）。下雨天时需要询问。
C/C ADJMV 要身着礼服。穿沙滩鞋、背着大型背包的人，不得入店。 交通 郑信大桥轻轨站三号出口步行7分钟

西洛可 Sirocco
營 18:00~次日1:00（LO 23:30）休 无
采用新鲜海鲜的地中海餐厅。建筑物内有世界最高级别的露天餐厅。这里向您推荐该店的主菜烤龙虾2800泰铢；金枪鱼薄片690泰铢。

梅扎鲁娜 Mezzaluna
營 18:00~23:30 休 无
意大利酒店。透过玻璃窗，曼谷市区尽收眼底。惹人喜爱的开放式厨房。思卡鲁普橙鳍贡道兰新古690泰铢；华美的阿拉斯加蟹、龙虾面910泰铢，都很受欢迎。

迪士提鲁 Distl
營 18:00~次日1:00（LO 23:30） 休 无
这里是一家酒吧。宽大的沙发、冷色调的柜台，还有户外的露天平台座席。香槟酒、鸡尾酒每瓶各1500泰铢。苹果、西瓜等水果马提尼酒每瓶各470泰铢。啤酒320泰铢。

A 在西洛可的露天平台上，眺望到的曼谷雄壮的夜景
B 采用新鲜海鲜的西洛可菜
C 向您推荐天空的色彩不断变化的日落时分

景致优美的场所　餐厅和酒吧

边俯视街衢景致，边吃饭

在高度中等的餐厅和酒吧，俯视街衢，下面细微之处都看得清清楚楚，从不太高的地方眺望下方，反而更有妙处。

楼顶餐厅
The Roof Restaurant

◆精心设计的创意酒店楼顶上，建有一个烧烤餐厅。餐厅里到处匹配着像美术作品似的照明设置，营造出了一种梦幻般的、未来的氛围，与周围中小工商业者聚住区的夜景相对比，是那么强烈的不和谐。也别有一番情趣。在加热到 400 度高温的石头上烤熟食材，这叫作石头烧烤。开胃菜 290 泰铢～、汤 200 泰铢～、石头烧烤的美国羊排 1400 泰铢等。

在热石头上可以按照个人的喜好，调节烧烤的温度

富有创意的酒店中的创意餐厅
AREA 4 暹罗广场、水门周边

Map p.307-A2
住 25th Fl.,Siam@Siam,865 Rama 1 Rd.
☎ 0-2217-3070　FAX 0-2217-3030
URL www.siamatsiam.com
营 周一～周六 18:00~23:00
休 周日（酒吧不休息）
C/C ⒶⒹⒿⓂⓋ
交通 萨纳姆·基拉·亨·恰特轻轨站一号出口步行 2 分钟即到

长桌
Long Table

◆在细长的店内，在中间面朝窗户的位置摆放着一长排桌子，延伸了一条线，它的对面诗丽吉王后国际会议中心大型的水池和曼谷的中心街一直扩展到远方。客人座席分为脱了鞋子、盘腿坐的放松型，与前面有桌子的座席，可以随意选择。菜品具有现代与泰国传统的混合风格，让您感受到的是食材的新鲜、调味品的清香，那种滋味真是美极了。还设有吧台，只喝不吃也可以。

A 店名的由来就是贯通店内的一排长桌子
B 大窗户的对面是曼谷辽阔的天空

欣赏夕阳景致的场所
AREA 7 素坤逸路周边

Map p.87-D5
住 25th Flk.,The Column Tower,48 Soi 16,Sukhumvit Rd.
☎ 0-2302-2557
URL www.longtablebangkok.com
营 18:00~ 次日 2:00（LO 24:00）
休 无
C/C ⒶⒹⒿⓂⓋ
交通 阿索轻轨站四号出口步行 6 分钟即到

红色的天空
Red Sky

◆占据世界中心（→ p.216）一个地段的中央格兰德（→ p.278）。以莲花为形象的高层酒店的 55 层东侧，呈现一条弧线平台状的露天餐厅。餐厅里存着各种不同品牌的葡萄酒，葡萄酒冰柜有两层楼那么高，整体均由玻璃镶成，从冰柜里往出取葡萄酒的情景，也着实有点意思。

A 拱状造型物在时刻变换着颜色
B 菜谱上排列着龙虾、伊比利亚猪等

被直指天空的莲花所包围
AREA 4 暹罗广场、水门周边

Map p.81-D3~D4
住 55th Fl.,Centara Grand at Centralworld, 999/99 Rama 1 Rd.
☎ 0-2100-1234　FAX 0-2100-1235
URL www.centarahotelsresorts.com
营 11:30~14:30、18:30~23:30（鸡尾酒酒吧 17:00~ 次日 1:00、葡萄酒酒吧 11:30~ 次日 1:00）
休 无　C/C ⒶⒹⒿⓂⓋ
交通 奇隆轻轨站连接通道步行 8 分钟即到

景致优美的场所　河边

眺望着母亲河——湄南河

在河岸边的餐厅用餐，是旅行者最喜欢的一种娱乐项目。凝望着美丽的湄南河，连时间在飞速流逝都忘记了。

萨巴鲁
Sambal

◆耸立在湄南河边的皇家兰花喜来登酒店（→p.275），面朝河水的露台上设置着一个开放式烧烤厨房。不仅有户外的露台座席，还设有带空调的室内座席，在炎热的季节里进餐相当舒适。黄昏时分，喝着鸡尾酒打发时光，真是太浪漫了。酒店菜的分量是很足的。

A 洋溢着热带氛围的露台座席
B 眼前的菜是用炙烤过的辣椒与酸橙辣椒酱、炒腌渍过的对虾和扇贝，380 泰铢，中央右边的菜是经过两次蒸煮的加入香料的猪排，680 泰铢，里面左边的是用本布香料浆腌制的鸭胸，280 泰铢，里面右边是用柠檬草做串的椰子虾串，320 泰铢

在凉爽的露台上享受分量足的食物
AREA 5 查隆克隆路周边

Map p.82-B2
住 Royal Orchid Sheraton Hote & Towers,2 Soi 30,Charoen Krung Rd.
☎ 0-2266-0123　FAX 0-2236-8320
营 18:00~22:30（酒吧 16:00~ 次日 1:00）
休 无　C/C A D J M V
交通 华兰蓬地铁站一号出口步行 14 分钟即到

A

B

甲板
The Deck

◆位于卧佛寺附近的一个小型酒店附设的餐厅。隔着湄南河正好可以眺望到对岸的郑王寺的塔，真是一个绝佳的所在。在参观寺院的途中也可以在此休息一会儿。三层是酒吧，一边吹着凉爽的夜风，一边饮酒，真是痛快极了。

A 可以看见河对岸的郑王寺
B 菜是欧式和泰式折中的，加茴香调味汁的白肉鱼 320 泰铢；油炸软壳蟹蘸辣椒酱 220 泰铢；泰国风味的香菇沙拉 180 泰铢；加入椰子奶的甜瓜 100 泰铢

与郑王寺隔岸相望
AREA 1 王宫周边

Map p.74-C5
住 36-38 Soi Pratu Nokyung,Maharat Rd.
☎ 0-2221-9158　URL www.arunresidence.com
营 8:00~22:00（周五～周日 23:00）。楼顶上的阿莫劳萨酒吧 18:00~24:00
休 无　C/C A J M V
交通 从卧佛寺出来步行 3 分钟即到

A

B

中国菜餐厅

曼谷是华人居住较多的城市。曼谷也可以说是一个略带中国城特色的城市，因此曼谷的中国菜就没有理由会不好吃。曼谷的华人大多数来自潮州，他们的后代也很多，因此这里的潮州菜居多。不过近年来流行的是与潮州菜接近的广东菜，口味清淡。而且说起广东菜来，还有饮茶。图片是午餐时间饮一杯茶。

和成丰（花盛洪）
Hua Seng Hong

中国城受欢迎的店
AREA 3 中国城周边

◆众所周知的耀华力路的名店。店主人是来自潮州的华人，他于1980年创立该饭店。在对口味很挑剔的华人街，它是能一直持续留住客人的实力派饭店。店前的开放式厨房里，不断地端出做好的鱼翅汤，洋溢着活力。鱼翅（价格由量的多少来决定，最低300泰铢）的价格合理，人们欣然接受。海鲜和其他菜也都是一等品。蟹炒饭100泰铢~，蟹肉多得让人吃惊。点心一笼屉35泰铢~，种类繁多，买得迟了，就会卖完，非常受欢迎。店的门面不宽，但店内还很宽敞。店前悬挂着巨型干鱼翅作为标志。最近，已经在曼谷市区开设了几家分店。

Map p.79-D3
住 371-373 Yaowarat Rd.
☎ 0-2222-0635
FAX 0-2226-3196
营 9:00~24:00
休 无
C/C 无
交通 华兰蓬地铁站一号出口步行11分钟即到

聘珍楼
Hei Chin Rou

午餐时间饮茶自助餐最受欢迎
AREA 4 暹罗广场、水门周边

◆从香港聘来的厨师，提供正宗的广东菜。菜单的点心种类有24种，一种70泰铢~。螃蟹烧卖80泰铢~、用新鲜的虾做的四色鲜虾饺（虾饺子）80泰铢~、带子滑肠粉（扇贝米纸卷）90泰铢等，均很受人欢迎。彬彬有礼的服务，让人能够心情舒畅地进餐。

Map p.81-E2~E3
住 5th FL.,Amari Watergate Bangkok, 849 Phetehburi Rd.
☎ 0-2653-9000 分机 366
营 11:30~14:30、18:00~22:00（LO）
休 无 C/C ADJMV
交通 奇隆轻轨站九号出口步行13分钟即到

梅伊·江
Mei Jiang

香港厨师制作的正宗广东菜
AREA 5 查隆克隆路周边

◆屹立在湄南河岸边的高级酒店，位于半岛酒店（→ p.270）的广东菜高档店。来自香港的点心师为人们提供高质量的菜品。供饮茶用的茶，和香港本地一样，可以从11种里进行选择，无论哪一种都是经过严格筛选的高级名品。点心、特制烧卖105泰铢，蒸虾饺105泰铢。

Map p.82-A4
住 The Peninsula Bangkok,333 Charoen Nakorn Rd.
☎ 0-2861-2888
FAX 0-2861-1112
营 11:30~14:30、18:00~22:30
休 无
C/C ADJMV

萨玛 · 帕兰斯
Summer Palace

◆位于曼谷洲际酒店（→p.276）内，采用复古现代派的豪华型室内装饰。这里的菜品由从香港聘请来的厨师自己创意，在遵照中国菜的传统的基础之上，又推出了全新的菜谱。点心师也是香港人，做出的点心并不输于原产地的味道，通常有30种左右的点心。

随时推出新奇、美味的菜
AREA 4 暹罗广场、水门周边

Map p.81-E4
住 InterContinental Bangkok,973 Phloen Chit Rd.
☎ 0-2656-0444
营 11:30~14:30、18:30~22:30
休 无
C/C A D J M V

上 · 帕兰斯
Shang Palace

◆这里向您推荐的是饮午茶。这里有上海小笼包、蜜汁叉烧包等，32种点心。特别是使用虾制的点心，使用了泰国独有的大而新鲜的食材，调制成具有原产地香港风味的食物，咬一口，真是肥美可口。中午可以随意点的菜有26种点心、3种汤、面条米饭类3种、正餐后的甜点3种。

豪华的店内装饰与各色点心
AREA 5 查隆克隆路周边

Map p.82-B4~B5
住 3rd Fl.,Shangri-La Hotel,89 Soi Wat Suan Plu,Charoen Krung Rd.
☎ 0-2236-9952
营 11:30~14:30、18:30~22:30
休 无 C/C A D J M V
交通 郑信大桥站三号出口步行3分钟即到

源利大饭店
Ngwanlee Lungsuan Restaurant

◆这是一家潮州华人开的餐厅，已有50多年的历史了。这里有纳姆帕腌渍的虾蛄与乌鸡药膳等。菜价为150~300泰铢，便宜一些。除了带空调的客席之外，在四周由建筑物包围的院子里，还设有较为宽敞的户外座席。

煮菜和炒菜非常美味
AREA 6 是隆路周边

Map p.85-D2
住 101/25-26 Soi Langsuan,Phloen Chit Rd.
☎ 0-2252-3614、0-2251-8366
URL www.ngwanlee.com
营 11:00~次日2:00 休 无 C/C 无
交通 奇隆轻轨站四号出口步行13分钟即到

水仙楼
Sui Sian

◆沿着素坤逸路走，在娜娜轻轨站附近有一家高档酒店——曼谷富苑酒店（→p.284），水仙楼就是位于这座酒店10层的高档餐厅。既豪华而又显得很安静的内部装饰令人喜爱。菜品以广东菜为主，从香港聘请来的厨师在这里大显身手。

从香港来的厨师大显身手
AREA 7 素坤逸路周边

Map p.86-B3
住 10th Fl.,Landmark Hotel,138 Sukhumvit Rd.
☎ 0-2254-0404 FAX 0-2253-4259
营 11:30~14:30、18:30~22:30
休 无 C/C A D J M V
交通 娜娜轻轨站二号出口步行2分钟即到

中国城 · 银都鱼翅酒楼
China Town Scala Shark Fins

◆加了许多蟹肉与香菇的鱼翅汤300泰铢~。点菜以后，临街的厨房就开始烹调了。作为配菜的豆芽、新鲜香菜等可以按照个人的喜好添加。燕窝500泰铢~。鲍鱼、虾等海鲜也一应俱全。另外酒店大楼的左右两侧还各有一家。

享誉中国城的最受欢迎的鱼翅餐厅
AREA 3 中国城周边

Map p.79-D3
住 438-5 Yaowarat Rd.
☎ 0-2623-0183~7、0-2221-1713
FAX 0-2223-4947
营 10:30~次日2:00
休 无 C/C A M V
交通 华兰蓬地铁站一号出口步行8分钟即到

日本菜餐厅

每年来泰国旅行的人有100万人以上，据说常住曼谷的日本人就在4万人以上。在泰国人中，吃日本菜也掀起了一个高潮，日本饭店与日俱增。如果包括在高档酒店里的高级日本菜餐厅以及由泰国人经营的、以泰国人为对象的饭店，日本饭店已经数不胜数了。这些饭店多采用从日本空运来的食材，从日本厨师烹调的正宗菜，到不可思议的日本风味菜，店不同味道也千差万别。

歌行灯
Uta-andon

◆关西风味清淡汤面条或荞麦面条等，都非常美味。下锅用油炸过的面条与油炸鱼或虾的歌行灯套餐270泰铢、兼煮膳290泰铢等都深受欢迎。如果受不了曼谷的炎热天气，可以吃一些能够降温的笊篱面与油炸鱼或虾的弥次郎兵卫套餐250泰铢以及喜八多套餐250泰铢。在伊势丹（→p.216）设有分店。

若想在曼谷学做切面和荞麦面条，就来这里
AREA 7 素坤逸路周边
Map p.88-B3~C3
住 326,3rd Fl.,Emporium Shopping Complex,622 Sukhumvit Rd.
☎ 0-2664-8528 FAX 0-2664-8529
营 11:00~21:30（LO）
休 无 C/C ADJMV
交通 华兰蓬轻轨站连接通道出来步行即到

菜花
Nanohana

◆1997年开业以来，就赢得了绝大多数人喜欢的名店，现在迁移到了酒店内。一流的烹饪技术，调制出细腻而深具韵味的日本菜，也只有在泰国才能做出这样价格合理又如此美味的菜。午餐时间，推出的炸猪排套餐280泰铢，生鱼片套餐400泰铢等，量都很足，让游客有一种吃得相当划算的感觉。

在一尘不染的店内吃正宗的大阪菜
AREA 6 是隆路周边
Map p.84-A3
住 22nd Fl.,Crowne Plaza Bangkok Lumpini Park,952 Rama 4 Rd.
☎ 0-2632-9000 营 11:30~14:30、18:00~22:30 休 无
C/C ADJMV 交通 是隆地铁站二号出口步行2分钟即到

本地鸡店建筑
Jidori-Ya KENZOU

◆2006年开业以来，就很受人欢迎的本地鸡店。首推以高超的手艺制作出的极其美味的本地烤鸡串，100泰铢，还有即使是高档法国餐厅也制作不出如此美味的、以本地鸡肉做馅的法式小馅饼，190泰铢，还有长条面包上夹满鸡肉也是人人都想吃的珍品。烧酒有30种，其中有15种日本酒，酒的种类很多，每杯160泰铢~。

日本手艺人用木炭烤制的本地鸡
AREA 7 素坤逸路周边
Map p.88-C3
住 10/12-13,Soi 26,Sukhumvit Rd.
☎ 0-2661-3457 FAX 0-2661-3458
营 周一~周六 17:00~24:00（LO 饮酒 23:30、食物 23:00）
休 周日 C/C AJMV
交通 华兰蓬轻轨站四号出口步行5分钟即到

萨思提娜
Sustaina

◆经营可以放心食用的有机食品商店的二层，开了一家餐厅。有机蔬菜配天然的鱼贝类、放养的斗鸡，全是食材本来的味道。午间盐曲子烤红鲑、斗鸡汉堡配日本风味蘑菇酱汁等的套餐275泰铢~。

有机食物增进健康
AREA 7 素坤逸路周边
Map p.88-C2
住 Soi 39,Sukhumvit Rd.
☎ 0-2258-7516 营 11:30~14:30、17:30~20:45（LO）。咖啡 10:30~17:30
休 无 C/C AJMV（500泰铢以上才可以使用）
交通 华兰蓬轻轨站三号出口步行即到

亚洲菜餐厅

曼谷作为一个国际化都市，来自世界各地的人们群聚于此，也因此您可以尝到世界各国的美味。例如，素坤逸路的11巷周边就有印度菜馆，同样素坤逸广场12巷则有很多韩国菜馆。日本菜大多数同化为日本风味的菜，而曼谷则不然，可以提供原产地风味的菜。如果泰国菜吃厌了，可以品尝一下不知名的异国菜。

老挝卡凡
Café de Laos

◆将已有上百年历史的西式住宅楼重新改装而成，于1999年9月9日吉期开业。这里的菜品与泰国菜不同的是，不使用椰子奶，而多用蔬菜，是以糯米为主食的老挝与伊沙（泰国东北地方）菜餐厅。老挝原是法属领地，老挝菜与众不同，菜品常与葡萄酒搭配。在泰国人的印象中，老挝菜是一种“乡土菜”，却是以辣与健康性食物为其特征。卡诺姆·奇恩·康·老120泰铢，老挝传统中，采用形似凤尾鱼的鱼盐渍后与蔬菜熬成汤，煮入挂面吃。考尼奥南舍老因亚180泰铢，加上糯米的老挝风味里脊牛排。将淡水鱼腌渍之后上锅蒸制而成的莫克爪180泰铢，将剖开的鱼身用树叶包着吃。

与泰国菜有着微妙差异的老挝菜
AREA 5 查隆克隆路周边

Map p.82-C4
住 16 Soi Silom 19,Silom Rd.
☎ 0-2635-2338~9
营 11:00~14:00、17:00~22:00
休 无 C/C Ⓐ Ⓓ Ⓙ Ⓜ Ⓥ
交通 素腊塞轻轨站三号出口步行10分钟即到

印达斯
Indus

◆店内的装饰，从墙壁、床的材料到装潢，全是印度王室用的家具和建筑材料，由印度搬运而来。调味品也纯粹是从印度进口的。所以印度客人多就不足为奇了。除了餐厅之外，有亮堂堂的咖啡厅，还有准备着水烟的酒吧间。

厨师与调味品都是直接从当地聘入的北印度菜
AREA 7 素坤逸路周边

Map p.88-C4
住 71 Soi 26,Sukhumvit Rd.
☎ 0-2258-4900
URL www.indusbangkok.com
营 10:30~14:30、18:00~次日1:00（LO 24:00） 休 无
C/C Ⓐ Ⓓ Ⓙ Ⓜ Ⓥ
交通 华兰蓬轻轨站四号出口步行11分钟即到

黑玛丽·恰恰和萨
Himali Cha Cha & Son

◆一直担当印度外交官的专职烹调师的恰恰先生于1979年开办的店。咖喱四种（蔬菜2种、羊肉、虾）套菜带餐后甜点、咖啡或红茶800泰铢。查隆克隆路31巷（Map p.87-E5）设有分店。

套菜最拿手的印度菜老店
AREA 6 是隆路周边

Map p.84-A3
住 Soi Convent,Silom Rd.
☎ 0-2238-1478
URL www.himalichacha.com
营 11:00~15:30、17:30~22:30
休 无 C/C Ⓐ Ⓜ Ⓥ
交通 沙拉玲轻轨站二号出口步行3分钟即到

喜马拉雅餐厅
The Himalaya Restauront

◆在外国旅行者和背包客集中的曼谷，有一家非常珍稀的尼泊尔菜餐厅。尼泊尔风味的水饺鸡肉桃 95 泰铢，蘸咖喱酱吃。米饭、面食、汤等之外，还有套餐式的塔里。也设有住宿处（喜马拉雅住宅）。

在曼谷尝一尝尼泊尔风味菜
AREA 7 素坤逸路周边

Map p.87-E3
住 235/5 Soi 31,Sukhumvit Rd.
☎ 0-2258-4489
URL www.thehimalayarestaurant.com
营 11:00~22:30 休 无 C/C 无
交通 华兰蓬轻轨站五号出口步行 19 分钟即到

朗卡・波恰纳
Lanka Bojana

◆曼谷极稀有的斯里兰卡菜店。位于中小工商业者聚居区，具有餐馆风格的轻松气氛。带四样的咖喱类套菜午餐 100 泰铢~。其他菜也很丰富。斯里兰卡风味菜的辣度远在泰国菜之上，要注意。店里的服务员会一一给游客介绍的。

斯里兰卡辣味菜餐馆
AREA 4 暹罗广场、水门周边

Map p.81-F2
住 11/124 Soi Wattanawong,Ratchaprarop Rd.
☎ 0-2253-1391 营 11:30~22:30
休 无 C/C 无
交通 奇隆轻轨站九号出口步行 15 分钟即到

娜西鲁・阿尔・玛斯利
Restaurant & Shisha Nasir Al-Mosri

◆来自中东和非洲的餐厅及商店集中的特色地段，其中有一家埃及菜餐厅。美味的羊肉、使用以酸奶为底料的酱汁搅拌而成的沙拉等充满异国情调的菜吸引着游客。水烟有六种味道，160 泰铢。店内的服务员虽然表情都很严肃，但很热情。

异国中的异国地区
AREA 7 素坤逸路周边

Map p.86-B3
住 4/6 Soi 3/1,Sukhumvit Rd.
☎ 0-2253-5582 FAX 0-2655-5299
URL www.restaurant-shishah-nasir.co
营 24 小时
休 无 C/C Ⓐ Ⓓ Ⓙ Ⓜ Ⓥ
交通 娜娜轻轨站一号出口步行 4 分钟即到

道丽
Doo Ree

◆即使在韩国菜集中的大厦中，也是受常住曼谷的韩国人欢迎的店。这里的菜就和原产地一样，除了排列着各种配菜和泡菜，还有细致入微的服务，比如给顾客更换烧烤用的铁丝网。预算是一个人 70 泰铢左右。门面有点狭窄，但是共有三层，所以即使一层人非常多，游客也能进得去。

平民式韩国菜，很高兴吃
AREA 7 素坤逸路周边

Map p.86-C4
住 1st Fl., Sukhumvit Plaza,212/15 Soi 12,Sukhumvit Rd.
☎ 0-2653-3815 营 10:30~21:30（LO）
休 第二个周二
C/C Ⓐ Ⓙ Ⓜ Ⓥ
交通 阿索轻轨站二号出口步行 2 分钟即到

贝伊鲁特
Beirut

◆多用异国情调的调味品的黎巴嫩菜餐厅。菜品有烤羊肉、西红柿炖羊肝等，将肉的美味发挥得淋漓尽致。菜的分量很足，一盘 200~300 泰铢。使用奶酪和橄榄做的沙拉、皮塔等的面包都非常好吃。由于宗教上的原因，不提供酒。

在曼谷尽享中东的风味
AREA 6 是隆路周边

Map p.261-C3
住 1st Fl., J City Tower,Silom Rd.
☎ 0-2632-7448
营 10:00~24:00
休 无
C/C Ⓐ Ⓙ Ⓜ Ⓥ
交通 沙拉玲轻轨站连接通道步行即到

西餐厅

曼谷常住的外国人和前来旅行的欧美人很多，所以这里有许多西餐厅。而且菜都相当正宗，比较便宜就能吃到。德国菜、法国菜、意大利菜等，内容各异，而且很丰富。热闹的泰国西餐厅很好，在曼谷滞留期间去一趟这类餐厅也不错。特别是意大利餐厅水准较高，店的数量也多。

旦·萨恩斯
D'Sens

◆拥有曼谷最好的历史与传统的高档酒店——曼谷律实塔尼（→p.273）的主塔最高层，有一家高档餐厅叫旦·萨恩斯。曾在法国获得过《欧洲旅行指南》两颗星的孪生兄弟厨师，灵活运用了泰国食材而制作的法国菜是这里的特色。菜谱的内容每三个月变换一次，每次到更换的时候，这两位名厨师就会来到泰国，对当地的厨师进行辅导。午餐有开胃菜、主菜、餐后甜点三道菜950泰铢（如果是两道菜，则为850泰铢），价格适中。照菜单点的菜850泰铢~。餐厅宽大的窗户，将是隆一带尽收眼底，使人心情舒畅。傍晚，一边眺望着夜幕降临时，曼谷市区景致不断地变化，一边轻松地喝着酒，等到天真正暗了的时候，再吃正式的晚餐。主菜为1250~2000泰铢。

曾获得《欧洲旅行指南》之星的美味

AREA 6 是隆路周边

Map p.84-B3~C3

住 Dusit Thani Bangkok,946 Rama 4 Rd.

☎ 0-2200-9000 FAX 0-2236-6400

营 11:00~14:30、18:00~24:00（LO 22:00）

休 周六的午餐时间、周日

C/C ⒶⒹⒿⓂⓋ

交通 是隆地铁站二号出口步行即到

里奥哈
Rioja

◆使用的食材除了泰国的新鲜鱼贝类，还有从西班牙的伊比利亚进口的生火腿，因为泰国产的大米与西班牙的大米比较相似，所以用于制作海鲜饭的大米就采用了泰国大米。开胃菜与主菜，配咖啡或红茶380泰铢（带餐后甜点，为420泰铢、不包含税与服务费）的午餐套菜很划算。

西班牙厨师的正宗餐厅

AREA 4 暹罗广场、水门周边

Map p.81-E4

住 1025 Phloen Chit Rd.

☎ 0-2251-5761~2 FAX 0-2251-5763

URL www.riojath.com

营 11:00~14:30、18:00~23:00

休 无 C/C ⒶⒹⒿⓂⓋ

交通 奇隆轻轨站三号出口步行即到

棕色眼睛
Brown Eyes

◆在这里可以吃到日本风味的西餐。这里采用糙米面条等有机食材的饭菜较多，以蔬菜为主，提倡健康饮食。各种面条160泰铢~；糙米蛋包饭配西红柿蘑菇酱汤200泰铢，分量也很足。餐后甜点一定要吃口感像棉花糖似的豆浆刨冰。

日本人喜欢的西餐与传说中的“索伊茶馆”的水果

AREA 7 素坤逸路周边

Map p.87-E4

住 1st Fl., Euro Grande,249 Soi 31, Sukhumvit Rd.

☎ 0-2260-8728 营 周二~周日 11:00~15:00、17:00~22:30（周日~21:30）。周六、周日不间断营业。

休 周一 C/C ⒶⒿⓂⓋ

交通 华兰蓬轻轨站五号出口步行13分钟即到

帕诺拉玛
Panorama

◆位于隆披尼公园曼谷克拉旺购物中心（p.276）23层。也有不设隔断的开放式露天座席，迎着凉爽的风吃饭，真是舒服极了。坐在餐厅里，隆披尼公园的场景尽收眼底，值得去体验一番。

位于23层，以从这里能眺望到雄壮的风景而自豪
AREA 6 是隆路周边

Map p.261-E2
住 23rd Fl., Crowne Plaza Bangkok Lumpini Park, 952 Rama 4 Rd.
☎ 0-2632-9000 FAX 0-2632-9001
营 清晨 5:00~23:00
休 无 C/C ADJMV
交通 是隆地铁站二号出口步行2分钟即到

贝拉那波利 · 皮占利尔
Bella Napoli Pizzerio

◆帕尔玛州人创立的店。皮占利尔是曼谷首家备有用柴火烤制比萨饼的餐厅。用奶酪来表现横跨运河的帕路玛哈姆大桥造型的比萨维尼斯340泰铢；以盛满海鲜为底，上面加上盖子端上来的海鲜意大利面条290泰铢。

曼谷的意大利口味受欢迎是从这里开始的
AREA 7 素坤逸路周边

Map p.88-B2
住 3 Soi 31,Sukhumvit Rd.
☎ 0-2259-0405
营 11:30~14:30、17:30~23:30（周六、周日不间断营业）。
休 无 C/C JMV
交通 华兰蓬轻轨站五号出口步行5分钟即到

巧克恰伊牛排店
Chokchai Steak House

◆位于餐厅集中的大厦一层，外表是石头造的。因为在曼谷国内拥有一家直属牧场，该餐厅用优质肉制作的牛排，很受泰国人的欢迎。丁字牛排和里脊肉等各种牛排应有尽有。建议游客最好去尝尝超级牛排中的丁字牛排和肋骨牛排，680泰铢~。

牛排受欢迎的泰国式家庭餐厅
AREA 7 素坤逸路周边

Map p.87-D3
住 45 Prasarnmitr plaza, Soi 23, Sukhumvit Rd.
☎ 0-2259-9596~7 营 11:00~22:30（LO）
休 无
C/C ADJMV
交通 素坤逸地铁站二号出口步行5分钟即到

黎明托科斯梅基西肯烧烤
Sunrise Tacos Mexican Grill

◆墨西哥点心、卷饼等烹制得非常美味的墨西哥快餐，24小时都可以吃到，很受夜晚游览归来的欧美人的欢迎。无论哪种分量均给得很足，一盘200~300泰铢。南瓜馅饼、酸橙为主的馅饼等都是上等美味。

来自地球反面的热闹的快餐馆
AREA 7 素坤逸路周边

Map p.86-C4
住 Between Soi 12 & 14,Sukhumvit Rd.
☎ 0-2229-4851 FAX 0-2229-4852
URL www.sunrisetacos.com
营 24小时 休 无 C/C JMV
交通 阿索轻轨站二号出口步行2分钟即到

符美记
Foo Mui Kee

◆在整齐清洁的店里，摆设着木质的长椅座位和桌席，是有点杀风景。炖牛尾、炖牛舌、煎猪排、白菜卷等，一般西餐厅有的菜这里都有。可以吃到作为“米饭菜”风格独特的泰国风味西餐。一盘100泰铢左右。

独自发展中的泰国风格的怀旧西餐
AREA 6 是隆路周边

Map p.83-D3
住 10-12 Soi Prachum,Suriwong Rd.
☎ 0-2234-6648 营 11:00~21:00
休 无
C/C 无
交通 琼珑西轻轨站三号出口步行15分钟即到

自助餐厅

可以只选择自己喜欢的东西吃的自助餐厅。曼谷的高档酒店里，自助餐厅很多。各自都推出有自己特色的菜参与竞争，面食与三明治都可以按要求来制作，餐后甜点很充足，而且多种多样。菜经常会有所变更，您无论去几次，都可以吃个痛快。为慎重起见，即使是在高档酒店，也不要将自己携带的东西丢下而去选餐，避免财物丢失。

安特塞特拉

etc...

◆位于皇家兰花喜来登酒店的国际自助餐厅。早餐、午餐、晚餐各个时间段的自助餐都非常好吃。早晨、天气晴朗的日子设有露天平台座席，可以心情舒畅地用餐。有当场烤制而成的比萨，还有按照个人喜好而制作的面食区和寿司柜台。

从海鲜到甜点都准备充足

AREA 5 查隆克隆路周边

Map p.82-B2

住 Royal Orchid Sheraton Hote & Towers, 2 Soi 30,Charoen Krung Rd. ☎ 0-2266-0123

FAX 0-2236-8320 营 6:00~22:30

休 无 C/C A D J M V

交通 华兰蓬地铁站一号出口步行 14 分钟即到

克伊金 · 恩帕古多

Cuisine Unplugged

◆位于国王特权曼谷铂尔曼 G（→p.278）内。这里法国主厨制作的自助餐，即使只拿出一个面包来，都是美味超群。光是作为开胃菜的火腿和沙拉米香肠等黄金肉类，也禁不住想再吃几盘。

好吃的东西在这里！

AREA 4 暹罗广场、水门周边

Map p.73-D2

住 Pullman Bangkok King Power,8/2 Rangnam Rd.

☎ 0-2680-9999 FAX 0-2680-9998

营 11:30~22:30

休 无 C/C A D J M V

交通 阿努萨瓦里 · 恰伊 · 萨莫拉普姆轻轨站二号出口步行 5 分钟即到

面 包 店

曼谷市区内，有很多系列连锁站的面包咖啡店，可以买到正宗的新月小面包以及最近流行的大型超市里烤制的潘角面包等，面包在曼谷也是极普通的食材。一方面豆沙面包等与中国制作的无论外观还是味道都没有多大的差别，但是一般卖的使用蛋黄酱的全菜面包、紫薯做的甜点心面包等可就是泰国风味的了。在酒店内的面包店可以买到价格适中而又香甜可口的面包。

蓬恰伊

Porn Chai

◆位于考山路旁边的托纳奥路的平民式面包店。烤制出的蓬松柔软的主食面包非常受欢迎。里面加入葡萄干、香肠、黄油等各种口味的面包，各为 35 泰铢。只要面包一烤出来，顾客就纷至沓来，在店前排起长蛇一样的队伍。如果游客确实想买的话，可以预约。

受当地泰国人欢迎的面包店

AREA 1 王宫周边

Map p.91-E4

住 78 Tanao Rd.

☎ 0-2281-0801、0-2282-1534

营 8:30~20:00

休 无

C/C 无

咖 啡 厅

一般泰国的咖啡以口味浓厚为特征，那种味道是苦味，几乎没有一点酸味，与中国咖啡的味道多少有点差别。如果想喝那种正规咖啡，可以去高档酒店的咖啡店或购物中心等里面的咖啡馆、思塔包克斯或世界咖啡等咖啡专卖连锁店等。一杯 100 泰铢左右，这个价格对于泰国人来说，是稍微贵了点。

薄煎饼与肯巴尼

Crepes & Co.

◆位于安安静静的住宅街，绿树葱茏中的一座欧式住宅楼，在这里可以吃一顿正宗的薄煎饼。出生于摩洛哥，在英国和西班牙长大的，满脑子世界主义的法国店主人，是个非常爽快之人。主人的这种性格也反映在了店的氛围之中，进入店里，让人感受到的是一种很舒服的感觉。包着水果沙拉和香草冰淇淋、撒着杧果酱的薄煎饼和肯巴尼 195 泰铢；另外，苹果、葡萄干撒上肉桂的诺鲁孟德 185 泰铢；桃子与香草冰淇淋抹上桃酱的梅鲁巴 190 泰铢等，品种多得让人眼花缭乱。吃饭配的菜也很充足。分量大得让人吃惊的早餐 340 泰铢，早午餐 490 泰铢，也值得推荐。

正宗薄煎饼专卖店

AREA 7 素坤逸路周边

Map p.86-C5

住 18/1 Soi 12,Sukhumvit Rd.

☎ 0-2653-3990

FAX 0-2653-3992

营 9:00~24:00

休 无

C/C Ⓐ Ⓓ Ⓙ Ⓜ Ⓥ

交通 阿索轻轨站二号出口步行 7 分钟即到

塔恩茶、咖啡

Thann Tea Café

◆从轻轨站的连接通道进入甘森，紧左边就是塔恩，塔恩是以天然化妆品受欢迎的泰国的一个水疗产品品牌。塔恩也制作咖啡，它的店位于甘森高档百货商店，与化妆产品一样，以追求天然为目的的菜多采用健康的蔬菜和奶制品。开胃小吃一盘 210 泰铢，另外还有饼干加放法式三文鱼小馅饼、盐渍馅饼，用面包做成的中间夹满虾酱的盒子或盒子上再放鱼子酱等，加料吐司的五种食品。莲藕薄片与蘑菇调味酱、芥末酱、黄秋葵搅拌而成的菜 130 泰铢，这种菜是素油炸的莲藕和黄秋葵蘸上芥末调味酱吃的一种新颖的吃法。这里还设有花店，店内排列着与塔恩成为姐妹品牌的哈恩产品系列。

水疗产品品牌的咖啡厅

AREA 4 暹罗广场、水门周边

Map p.81-E4

住 1st Fl., Gaysorn,999 Phloen Chit Rd.

☎ 0-2656-1060

营 10:00~21:00（LO 20:00）

休 无 C/C Ⓐ Ⓓ Ⓙ Ⓜ Ⓥ

交通 奇隆轻轨站九号出口步行 3 分钟即到

杧果探戈
Mango Tango

◆使用杧果制作甜点的专卖店。新鲜的杧果和冰淇淋、布丁、果冻组合，终年都能吃上，这也是在南国才能有的奢侈享受。冰淇淋、布丁、新鲜的杧果组合而成的杧果探戈 120 泰铢。

将杧果的味道浓缩而成甜点
AREA 4 暹罗广场、水门周边

Map p.131-D2
住 Soi 5,Siam Square
☎ 0-2658-4660 营 11:30~22:00
休 无 C/C 无
交通 暹罗广场轻轨站四号出口步行 3 分钟即到
在 K 维利兹设有分店。

诺拉辛
Café de Norasingha

◆利用了 1909 年建成的帕耶泰宫殿的建筑物创设的咖啡厅。店名源于拉玛六世时期的 1922 年，泰国第一家由泰国人经营的咖啡厅诺拉辛。咖啡 35 泰铢。在品尝了味道不同的泰国式咖啡之后，可以顺便进帕耶泰宫殿里去参观一下。

在宫殿里设置的室内装饰豪华的咖啡厅
AREA 9 拍裕庭路周边

Map p.72-C2
住 Phaya Thai Palace, Ratchawithi Rd.
☎ 0-2354-8476
营 周一～周五 8:30~19:00、周六、周日 10:30~19:00
休 无 C/C 无
交通 阿努萨瓦里 · 恰伊 · 萨莫拉普姆轻轨站三号出口步行 8 分钟即到

一百个小孩
Hundred Children

◆店内放置着各种不同风格的桌椅，简直就像一个家具店或者是古董店。可以在祥和、悠闲的氛围中品尝滋味的咖啡店。除了中国茶之外，还有咖啡。福拉佩奇诺等冰点之类也有好多种。饮品 100 泰铢左右。自制的蛋糕也很好吃。

被中国的古董家具所包围，有一个很宽松的氛围
AREA 7 素坤逸路周边

Map p.87-D4
住 Soi 14,Sukhumvit Rd.
☎ 0-2229-4424
营 周一～周六 9:00~21:00
休 周日
C/C 无
交通 阿索轻轨站四号出口步行即到

邦拉伊咖啡
Baan Rie Café

◆亿甲米轻轨站前，被树木包围着大型木质房子的咖啡厅。有豆类、加牛奶或不加、加糖或不加等详细点菜单，服务员端上来的是用老式玻璃杯沏的咖啡再加上茶。咖啡、红茶每杯 80 泰铢～。也有食谱菜单。

品尝泰国风味的老式咖啡
AREA 7 素坤逸路周边

Map p.89-F5
住 Soi 63（Soi Ekkamai）,Sukhumvit Rd.
☎ 0-2391-9783
营 24 小时
休 无
C/C 无
交通 亿甲米轻轨站一号出口步行即到

老塔斯咖啡
Lotus Café

◆位于泰国杂货店二层的亚洲咖啡厅。以缅甸风格的长条面包制作的三明治为特色，在面食和沙拉等非常充足的食谱之外，殖民地风格的杧果馅饼 150 泰铢，小粒豆馅饼 150 泰铢等，自制的各种水果，前来吃的人都很多。咖啡每种 78 泰铢～。

可以品尝一下缅甸风格的长条面包三明治
AREA 7 素坤逸路周边

Map p.87-E5
住 2nd Fl., 3/7 Soi 31,Sukhumvit Rd.
☎ 0-2662-2916
营 周四～周二 10:00~18:00
休 周三
C/C J M V
交通 华兰蓬轻轨站五号出口步行 7 分钟即到

只有在泰国才能品尝到的奢华的滋味

下午茶（午茶）

AFTERNOON TEA

曼谷高级酒店的大厅、休息室等处，流行喝英国式下午茶的地方很多。一边喝着咖啡或红茶，吃着司康饼、三明治等，一边与朋友聊天，度过午后的一段优雅时光。

作家休息室
Author's Lounge

在有悠久历史的建筑物中度过午后的时光
AREA 5 查隆克隆路周边

◆曼谷屈指可数的名门酒店曼谷文华东方酒店（→ p.269）内，有一家优雅的殖民地风格的作家休息室。这个作家休息室，明亮的阳光直接照射进来，大厅里墙壁是白色的。在那里游客可以悠闲自在地喝下午茶。来自正宗的英国传统风格的传统下午茶套餐、姜味的意式奶冻、帕伊特伊（一种清香的植物）司康饼等泰式点心都是特色，还有琳琅满目的泰国孟达林 · 奥里安塔鲁每种 1200 泰铢（不包括税、服务费）。用三层式浅盘端上来，分量很足。游客在这儿可以度过午后的一段优雅时光。

Map p.82-B4
住 Mandarin Oriental Bangkok,48 Oriental Ave.,Charoen Krung Rd.
☎ 0-2659-9000
FAX 0-2659-0000
营 12:00~18:00（休息室是 11:00~20:00）
休 无
C/C Ⓐ Ⓓ Ⓙ Ⓜ Ⓥ
交通 郑信大桥轻轨站三号出口步行 11 分钟即到

安拉文茶室
Erawan Tea Room

泰国菜餐厅的亚洲风格下午茶
AREA 4 暹罗广场、水门周边

◆洋溢着上流社会氛围的购物大厦的安拉文（→ p.217）内的泰国菜餐厅安拉文茶室。这里菜单上记载的下午茶，包括税和服务费共 240 泰铢，价格比较合理而且食物的内容丰富，相当合算。一口大小的沙嗲、咖喱帕福、托特孟帕之类开胃菜品与全香蕉或椰子蛋糕、巧克力馅饼、应季新鲜水果切片等应有尽有。适量、不会给用餐带来不必要的麻烦。由大哈伊尔特安拉文（→ p.272）高级酒店管理，服务周到，味道也确实很美。

Map p.81-E4
住 2nd Fl., Erawan Bangkok, 494 Phloen Chit Rd.
☎ 0-2254-1234
营 14:30~18:00（酒店 10:00~22:00）
休 无
C/C Ⓐ Ⓓ Ⓙ Ⓜ Ⓥ
交通 奇隆轻轨站八号出口步行 3 分钟即到

曼谷最受欢迎的饮下午茶地点

拥有悠闲自在的大厅、休息室的高级酒店里，一般都设有饮下午茶的场所，您可以在游览观光或购物途中顺便去。不过在这里如果吃得太饱，会影响吃晚餐，一定要注意平衡一下。

曼谷四季酒店的下午茶套餐

大厅（曼谷四季酒店）

***The Lobby*（*Four Seasons Hotel Bangkok*）**

◆在曼谷一流的高档酒店里，大厅天花板上有国宝级的绘画，高雅的环境，在这里享用下午茶是再好也不过了。透过既高又宽敞的天花板上的大玻璃窗户，柔和的阳光照射进来，给忙碌的旅行安排一个缓解疲劳的机会，暂且享受一下安乐的时光。平日 800 泰铢，周六、周日变为自助餐 900 泰铢。带香槟的香槟下午茶为 1600 泰铢（周六、周日为 1700 泰铢）。

周末的自助餐很合算

AREA 4 暹罗广场、水门周边

Map p.81-E5

住 155 Ratchadamri Rd.

☎ 0-2126-8866 FAX 0-2253-9195

营 14:00~18:00

休 无 C/C A D J M V

交通 叻差达慕里轻轨站四号出口步行即到

大厅（半岛）

***The Lobby*（*The Peninsula Bangkok*）**

◆阳光透过大玻璃窗户照射进来，现场演奏的古典乐曲在宽敞的大厅中飘荡，可以悠闲自在地在这里度过午后的一段时光。糕点师靠精湛的技艺制作出以水果蛋糕为首、三明治、司康饼等丰富多彩的传统点心，多采用有机食材做成的天然食物，每一种 880 泰铢。

香港半岛直接传授而来的下午茶

AREA 5 查隆克隆路周边

Map p.82-A4

住 333 Charoen Nakorn Rd.

☎ 0-2861-2888 FAX 0-2861-1112

营 14:00~18:00

休 无 C/C A D J M V

大厅 · 沙龙（素可泰）

***Lobby Saloon*（*The Sukhothai Bangkok*）**

◆前面提到的烤制面包很好吃的那家面包店所在酒店提供的下午茶，有三明治、蛋糕、司康饼等 800 泰铢。以巧克力为底料的蛋糕、馅饼、融化乳酪制品等点心各种各样，琳琅满目，巧克力自助餐，为 900 泰铢。

周末吃巧克力自助餐

AREA 6 是隆路周边

Map p.84-C4~C5

住 13/3 Sathorn Tai Rd.

☎ 0-2344-8888 营 14:00~17:30

休 无 C/C A D J M V

交通 隆披尼地铁站二号出口步行 7 分钟即到

购物指南

Shopping Guide

价格适中的 既可爱又实用的！

泰国礼品

从设计可爱的小物件到细密、精巧的工艺品，无不充满了诱惑力，勾起人的购买欲。在曼谷可以买到各种各样、多姿多彩的亚洲杂货。买回去当作旅游纪念品，或当作小礼物送给亲朋好友。

◀金色的、有着华丽外表的班杰伦烧。独特的造型，极具泰国风格的小东西盒，1000泰铢。

p.210 泰·伊塞丘

▲采用了清迈地区流传的传统朗纳样式图案的塞拉顿烧。大小正好可以放置蚊香，650泰铢。

p.199 和平商店

▶盖子的抓手上面有一头大象，非常可爱，是烤窑青瓷做的放小东西的盒子，340泰铢。内侧也有一层釉，也被称作逆塞拉顿烧。

p.199 明塔

◀圆形、可爱的象香。燃尽之后，灰烬仍然能够保持原样，还是可爱的样子。一盒装4个，120泰铢。

p.199 和平商店

▲看起来像一只小乌龟绒线玩具，把它的尾巴一拉出来，却是一把尺子。220泰铢

p.199 和平商店

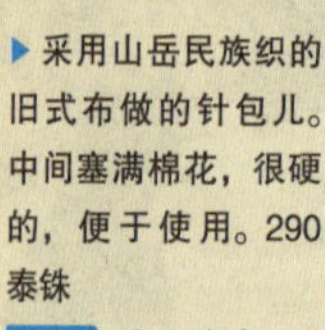

▶采用山岳民族织的旧式布做的针包儿。中间塞满棉花，很硬的，便于使用。290泰铢

p.199 和平商店

◀作为支援在北部山岳地带生活的少数民族生活的一个项目，将泰国产豆类混合在一起制作出的思塔包克斯的咖啡豆，叫姆恩恰伊布兰德，一袋250克，495泰铢。

思塔包克斯所属各店

▲泰国北部流行的带装饰的耳挖，100泰铢。想不到还有容易挖到的优点。

p.198 奇考

专卖给泰国通的人？

▲公共汽车上售票员用的投币箱。在离公共汽车终点站附近、五金商店街的杂货店制造并销售。不锈钢质400泰铢。

纳姆方 Nomfon

Map p.310-A2 住 Krung Kasem Rd.

☎ 0-2628-8103 营 8:00~17:00

休 周日 C/C 无

▲很受人欢迎的诺伊香皂 90 泰铢。从选材到制造，经营者的慧眼都无所不至，是可以放心使用的产品。

p.199 奇姆里姆

▲一眼就能看出原材料的山竹果香皂，150 泰铢。可以改善皮肤状况。

p.198 奇考

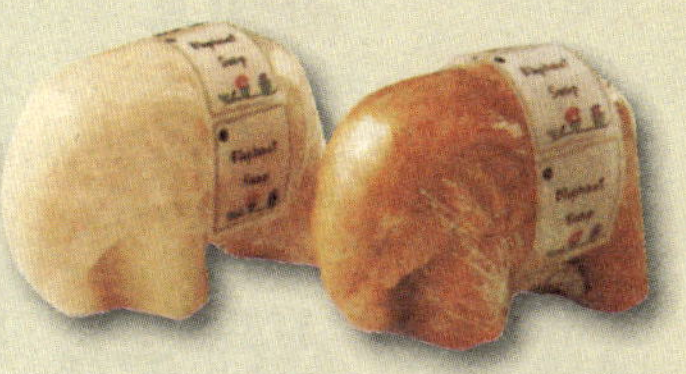

▲制作成象的形状的样子可爱的肥皂，有玫瑰、薰衣草、柠檬草、山竹果四种香型，各 120 泰铢。

p.198 奇考

▼从左边开始，用水牛角制成的花瓣形状的筷子托 190 泰铢、冰淇淋勺子 280 泰铢、甜点用勺子 170 泰铢。

p.198 奇考

▲以莲花、山竹果、香蕉、薰衣草等的原型制成炭。成套一篮 650 泰铢。有除臭的作用，可以摆放在正门等地。

p.198 奇考

▲采用防水性强的柚木，制成的迷你型沙拉碗，450 泰铢。勺子和叉子各 80 泰铢。

p.198 奇考

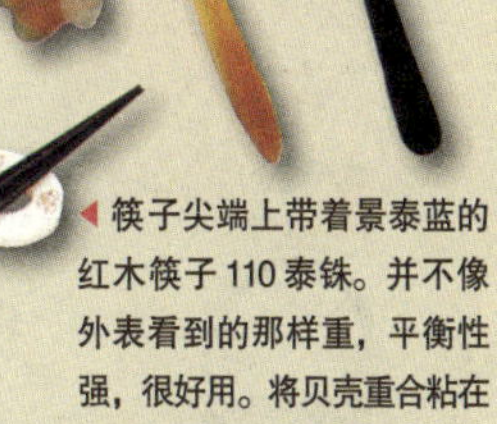

◀筷子尖端上带着景泰蓝的红木筷子 110 泰铢。并不像外表看到的那样重，平衡性强，很好用。将贝壳重合粘在一起削制而成的筷子托，上面刻着莲花的图案，130 泰铢。

p.199 和平商店

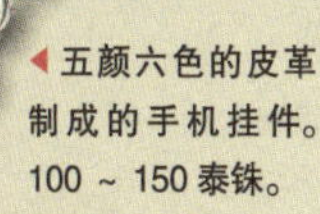

◀五颜六色的皮革制成的手机挂件。100 ~ 150 泰铢。

p.198 奇考

泰语文字符号的装饰物

◀制作成泰国文字形状的银色小饰物 980 泰铢（小的 680 泰铢）。用作吊坠或手机挂件等，有多种使用方法。

p.208 西斯坦玛

◀上面刻着泰语中的流行语言的戒指。使用的材质不同，价格各异，2500 泰铢 ~。

p.209 里亚・巴伊・印度拉珠宝店

◀仿照只有泰国才有的嘟嘟车制作的手机挂件 1200 泰铢。令人惊叹的是连细微之处都表现得淋漓尽致。

p.208 西斯坦玛

▶采用幸运石制作的手机挂件。做成兔子、乌龟、象等吉祥动物的造型。

p.202 金玲

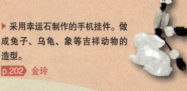

既可爱又实用的 价格适中 泰国礼品

买公平交易的商品!

群侨中心内与位于考山路的劳福提·邦布，是为提高山岳民族及少数民族的生活水平而开办的公平交易商店。物美价廉，产品都是精巧细致。采用孟族织的布制作的具有独特图案的产品，在曼谷市区很受欢迎。随时都会有新图案上市，若店前排列的产品全部销售一空，那只能遗憾而归了。

◀采用了在素可泰周边生活的孟族的织物制作考究的商品。漂亮的房间装饰用小饰物，300泰铢。

▶独特的旋涡式样、采用孟族的布制成的、造型设计非常可爱的手机挂件，120泰铢。

◀联合箭头店也在销售的正方形包。放小物件用，220泰铢。

◀碎白道花纹棉布小装饰，点缀在用孟族布做的书包上。拎手是木质的，提包时手感很好。950泰铢。

▲身上缠着孟族织的布，高20厘米左右的、可爱的大象，清迈制造，390泰铢。

▶口大、取放容易，使用顺手的挎包，750泰铢。

身体感觉柔软的有机棉产品

使用清迈郊区栽培的有机棉制成的帕南塔·奥伽尼卡（p.202），要穿放心的产品。

▲使用时皮肤感觉良好的洗澡用手套，有三种颜色，各240泰铢。

▲肌肤感觉舒服、洗几次都能使用的卫生衬垫套装。标准型号为240泰铢、加长型号为260泰铢。

▲经常洗却越来越柔软的、使用时让人感觉良好的毛巾分洗澡毛巾（70厘米×135厘米）1650泰铢，擦脸毛巾（32厘米×86厘米）550泰铢，擦手毛巾（30厘米×30厘米）280泰铢三种。

◀底子柔软、穿起来方便的凉鞋。脚面部分的图案很漂亮，540 泰铢。

▼带子、书包上系上它，立即成为非常华丽的星形小饰物，250 泰铢。

▲伸展的手脚和挺直的鼻子，怎么看也很像一头可爱的大象，这种小饰物有好多种颜色，160 泰铢。

▶整体都是傈僳族风格装饰的钢笔盒，150 泰铢。

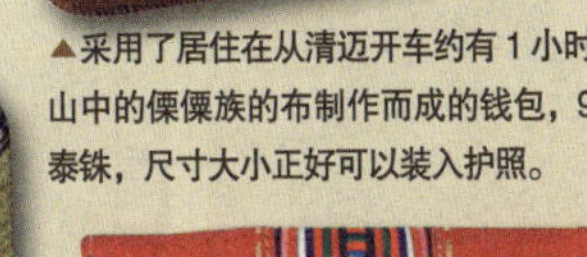

▲华美的几何图案与条纹组合而成的、新颖而别致的傈僳族包，150 泰铢。

▲采用了居住在从清迈开车约有 1 小时的山中的傈僳族的布制作而成的钱包，950 泰铢，尺寸大小正好可以装入护照。

▲孟族设计风格的护照包，550 泰铢。

▲傈僳族设计图案与皮革的组合，有高档感的钱包，1400 泰铢。

▲居住在乌塔伊塔尼县的克伦族制作的包，采用了几何图案，非常漂亮，230 泰铢。

洛夫蒂·班布
Lofty Bamboo

经销公平交易的手工艺品

AREA 4 暹罗广场、水门周边

◆经销泰国现代派设计风格的手工艺品杂物。有以山岳少数民族之间自古流传下来的纺织品和银饰为主题的原创商品，是配色与图案新颖别致之中透出手工作品的温馨的物件。既轻便，价格又适中，最适合做礼物用。已通过了 WFTO（世界公平交易组织）的认证，是一家放心的商店。

Map p.80-B4

住 02A13,2nd Fl., MBK Center, 444 Phayathai Rd.

☎ 0-2611-7121

URL www.loftybamboo.com

营 10:30~20:00 休 无

C/C J M V（500 泰铢以上可以用）

在考山路设有分店（Map p.91-E5）

交通 萨纳姆·基拉亨·恰特轻轨站连接通道步行即到

亚洲杂物

亚洲杂物在中国也深受欢迎，这里的杂物既可爱又具有外国情调 。生产者赋予自古传下来的陶瓷器、藤制品、木雕制品等民间艺术以现代风格，制成了实用的室内装饰小饰物。使用了天然材质，用手工做成的东西较多，人们容易接受是其受欢迎的秘密。近年来可喜的是，凝聚着陈列艺术品爱好的商店一家接一家开业，而且价格都比较适中。

奇考
Chico

◆采用木头、布的天然材质，有着可爱造型的原创商品的商店。经典柚木餐具筷子大的 45 泰铢、小的 35 泰铢、勺子 45 泰铢、叉子 40 泰铢、水果叉 35 泰铢、牙签 18 泰铢等，价格也较适中。水果形状的炭迷你型榴莲 55 泰铢、诺伊纳 70 泰铢、山竹果 50 泰铢等，既可以用于室内装饰，也可用作除臭剂。原创丝绸收藏品，有大象坐垫、桌布、包、杯垫等，雅静的色调搭配。用蜜蜡制作的蜡烛，各种形状、大小的都有，80 泰铢 ~。还设有环境幽雅、舒服的咖啡厅。从通罗轻轨站乘坐摩的 10 泰铢，直达“奇考”或“兰努巷”。

采用了天然素材的杂物与可爱型商品
AREA 7 素坤逸路周边

Map p.89-E2
住 109 Soi Renoo, Soi 53,Sukhumvit Rd.
☎ 0-2258-6557
FAX 0-2258-6558
URL www.chico.co.th
营 周三 ~ 周一 9:30~18:00
休 周二
C/C Ⓙ Ⓜ Ⓥ
交通 通罗轻轨站一号出口步行 12 分钟即到

尼尔・伊考鲁
Near equal

◆以泰国为首的亚洲各国的杂物，可以凭自己的感觉，任意选购的商店。不光有布、陶瓷器之类一般的杂物，手工制作的阿克塞拉里也相当受欢迎。用玻璃珠串成的壁虎手机挂件 85 泰铢；用银打造的大象钥匙链分为三种：小号 55 泰铢、中号 75 泰铢、大号 95 泰铢。上面绣着三只小兔子的胡萝卜形小手袋 295 泰铢、烤窑青瓷树叶形状的大盘子 350 泰铢等。用泰国丝绸做的包袱皮，大号（90 厘米 ×90 厘米）280 泰铢、小号（60 厘米 ×60 厘米）180 泰铢。用清迈产的棉花制作的披纱 450 泰铢，在空调温度开太低的室内等地披在身上最为合适。二层是餐厅（→ p.155）。

亚洲杂物与原创阿克塞拉里
AREA 7 素坤逸路周边

Map p.89-D3
住 22/2 Soi 47,Sukhumvit Rd.
☎ 0-2258-1564
FAX 0-2258-1565
营 10:00~21:00
休 无 C/C Ⓐ Ⓓ Ⓙ Ⓜ Ⓥ
交通 华兰蓬轻轨站三号出口步行 11 分钟即到

和平商店
Peace Store

排列着许多采用了亚洲天然材质制成的小物件
AREA 7 素坤逸路周边

◆经销亚洲风味的杂物、手工制作的阿克塞拉里等的商店。这里有许多在别处买不到的原创商品。在阿克塞拉里中，有用牛角做的心形、十字架、带加工成玫瑰花形状大坠子的项链 330 泰铢 ~。玻璃质的戒指 190 泰铢 ~。杂物类有做成可爱的大象、水果造型的香 4 个一盒 120 泰铢。大象燃烧尽后，灰烬仍然保持原样。孟族的旧式布料制作的针包 190 泰铢，一个针包一种图案，没有重复的。太可爱了，让人情不自禁地想做针线活了。其他的还有，将泰国的古代地图复制在上面的 T 恤 330~360 泰铢，有多种颜色、各种尺寸，成为最适合做礼物的东西。

Map p.87-E5
住 3/7 Soi 31,Sukhumvit Rd.
☎ 670-2262-0649
URL www.peacestorebkk.com
营 周四 ~ 周二 10:00~18:00
休 周三
C/C J M V
交通 华兰蓬轻轨站五号出口步行 11 分钟即到

朋塔
Panta

现代家具与烤窑青瓷
AREA 4 暹罗广场、水门周边

◆用水葫芦纤维制作的原创家具品牌。近来增加了许多采用新材质的产品，采用纤细的塑料纤维做的 2950 泰铢的立方体形坐垫，防水性能强，可以在院子等户外使用。具有泰国南部风格的、采用菠萝纤维做成的厚纸重叠在一起的材质，制成的床、椅子，让人身体接触到这种坐面还非常舒适。另设的咖啡厅里，安置的桌椅与商店里卖的商品一样，可以一边喝茶，一边体验一下使用时的感受。2011 年，该店与阿育塔亚布朗道合并之后，以前在阿育塔亚布朗道卖的烤窑青瓷制品就在这里出售。

Map p.131-A1~B1
住 Rm.411-2,4th Fl., Siam Discovery Center,999 Rama 1 Rd.
☎ 0-2658-0415
FAX 0-2658-0417
URL www.pantathailand.net
营 10:00~20:00
休 无
C/C A D J M V
交通 暹罗轻轨站一号出口步行 2 分钟即到

奇姆里姆
Chimrim

摆满了中国人喜爱的原创杂物
AREA 7 素坤逸路周边

◆小小的店铺内摆满了泰国杂物，简直连个缝隙都没有，净是女店主安排的原创商品。有怀旧风格的诺尼肥皂 90 泰铢，富含氨基酸和胶原质，给皮肤以温柔的呵护，是从选料到制作无一不精的放心商品。使用了高纯度的蜂蜜和金箔制作的金黄色的哈尼肥皂 120 泰铢，买一套做礼物很合适。在曼谷的杂物商店里经常会看到文字盘上用的泰国数字的钟表，这种钟表很珍贵。使用皮带有一种高档的感觉，一条 920 泰铢。雕刻着蹲下圆圆轮廓的大象、花纹的蜡烛支架，大的 100 泰铢，小的 90 泰铢。其他的，还有皮质的硬币包、钥匙包，有大象、蜗牛、猫头鹰、鱼等各种形状，各 220 泰铢。

Map p.87-E5
住 9/21 Soi 33,Sukhumvit Rd.
☎ 0-2662-3237
FAX 0-2662-3239
营 周二 ~ 周日 10:00~18:00
休 周一
C/C A D J M V
交通 华兰蓬轻轨站五号出口步行 7 分钟即到

塔姆南·敏姆恩
Tamnan Mingmuang

泰国流传的、温馨的篮子工艺品

AREA 6 是隆路周边

◆以古老的手法制作的篮子为主题的收藏品。经销的商品不只是美观，让人感受到的是自然材质的朴素、温馨，增加了一种像已经使用惯了之后的舒适的手感。使用一种叫亚里帕奥有藤蔓植物编制而成的篮子，有着巧妙精致的图案与曲线，非常漂亮，是3000泰铢以上的高档品。杯垫（80泰铢～）、扇子（150泰铢～）、用竹子编成的手感柔和的装小东西的盒子（380泰铢），价格适中，作为礼物，很受欢迎。也有木雕和椰子雕制品。

Map p.261-C2~D2
住 是隆路塔尼亚购物中心3层 3rd Fl., Taniya Plaza,Silom Rd.
☎ 0-2231-2120
FAX 0-2231-2139
营 11:00~20:00

休 无
C/C Ⓐ Ⓜ Ⓥ
交通 沙拉玲轻轨站连接通道步行即到

扎兰金德
The Legend

烤窑青瓷、刀叉等餐具

AREA 6 是隆路周边

◆采用深绿、浅绿色的原创西瓜图案的烤窑青瓷制品已成为众所周知的、受大家欢迎的商品。西瓜图案柔软的胡椒瓶一个220泰铢，山竹果形状的糖罐150~220泰铢。采用红木制作的原创餐具种类丰富多彩。不同图案与长短不同的各种筷子30泰铢～、用手握的那部分粗细精准度高，很方便使用；吃沙拉用的叉子和勺子各180泰铢。吃蔬菜和水果用的小号的10泰铢，还有做苏姆塔姆时用的小型臼和杵等。

Map p.261-C2~D2
住 3rd Fl., Taniya Plaza,Silom Rd.
☎ 0-2231-2170
FAX 0-2231-2139
营 11:00~20:00
休 无
C/C 无
交通 沙拉玲轻轨站连接通道步行即到

普洛帕艮达
Propaganda

这里有很多特色商品

AREA 4 暹罗广场、水门周边

◆泰国拥有现代派杂物的先驱者品牌，在世界各地获得影响力就是靠这些商品既可爱又有特色的造型。店里摆满了实用性与趣味性并存的可爱的杂物。作为特色商品代言人的P先生，已经成为各种项目举行仪式时必出场的受欢迎的人物。钥匙环180泰铢；看着看着，越来越觉得可爱的看起来很热的锅垫380泰铢。牙齿形状的爪子牙签350泰铢，有蓝色的、橙色的等各种颜色。手机挂件195泰铢、钥匙环195泰铢等，能轻松买到的小饰物很多。

Map p.131-A1~B1
住 Rm.402, 4th Fl., Siam Discovery Center,989 Rama 1 Rd.
☎ 0-2658-0430
FAX 0-2658-0431
URL www.propagandaonline.com
营 10:00~21:00
休 无
C/C Ⓙ Ⓜ Ⓥ
交通 暹罗轻轨站一号出口步行2分钟即到

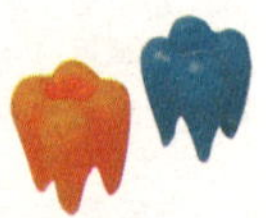

阿克
Ark

由日本人经营的品种齐全、丰富多彩的木质工艺品店
AREA 7 素坤逸路周边

◆店内木质工艺的各种小物件琳琅满目。利用天然的木纹制作的碗500泰铢、茶碗300泰铢等。无论哪一种，端在手里都有一些温润的、舒适的感觉。大象形状的相框（小号350泰铢、大号450泰铢）是最能代表泰国的物品。以泰国的文字为装饰图案的木雕手机挂件60泰铢，成为价格适中又能代表泰国的礼物。大象、猴子形状的木质“揉肩木”450泰铢，很受欢迎。另外还有一座建筑物，它的一层出售采用柚木、紫檀、花梨木等制作而成的家具；二层则摆满了木雕制品、陶瓷器等。它们都非常漂亮，而且给人一种安乐祥和之感，是质量非常高的产品。厨房里用的一套家具，3.5万~5万泰铢；“榻榻米”上使用的桌子1.5万~4万泰铢。

Map p.89-D3
住 24/1 Soi 49, Sukhumvit Rd.
☎ 0-2662-6280
FAX 0-2662-6281
营 周四~周二 10:00~18:00
休 周三
C/C Ⓐ Ⓙ Ⓜ Ⓥ
交通 通罗轻轨站一号出口步行6分钟即到

娜拉亚
Naraya

各种各样的绸缎、棉布制作的小饰物
AREA 7 素坤逸路周边

◆店里使用绸缎和棉布等华美的布料制作而成的书包、小饰物琳琅满目。从化妆品盒、丸药盒那样小的包到旅行用的大尺寸的包；还有钱包、眼镜盒、纸巾盒等所有类型的包应有尽有，而且价格适中。

Map p.88-C3
住 654-8 Soi 24, Sukhumvit Rd.
☎ 60-2204-1146
URL www.naraya.com
营 9:00~23:00 休 无
C/C Ⓐ Ⓓ Ⓙ Ⓜ Ⓥ
百货商店、酒店等地，设有多家分店。
交通 华兰蓬轻轨站二号出口步行即到

介姆拉因
Gemline

用白蝶贝制作的贝工艺品，非常受人们喜爱
AREA 7 素坤逸路周边

◆使用贝和水牛角加工而成的小物件、首饰店。顶端点缀着白蝶贝制成的小小大象的水果签，5根400泰铢，非常可爱。店主人斯蒂芬先生非常热情，他还拥有一家自己公司所属的工厂，可以特别定购、专门为游客设计。

Map p.87-E5
住 2/2 Soi 20, Sukhumvit Rd.
☎ 0-2258-1505
FAX 0-2259-6698
营 周一~周六 9:00~21:00
休 周日 C/C Ⓙ Ⓜ Ⓥ
交通 阿索轻轨站二号出口、素坤逸地铁站二号出口步行3分钟即到

贾梅劳特
Camelot

泰国数字钟表的创始人
AREA 9 拍裕庭路周边

◆泰国礼品店经常会看到有泰国数字的钟表，而最初制作这种表的地方就是这里。现在已经发展到有400多种的阵容。作为价格适中的礼品，非常受欢迎。全由电池驱动，不论在世界的哪一个地方都能使用。小型表起价250泰铢。表的外形做成大象、猫等的形状，非常可爱。

文前图曼谷-F1
住 12 Soi 33,Lat Phrao Rd.
☎ 0-2513-8882
FAX 0-2512-4219
URL www.woodenclocks-crafts.com
营 9:00~18:00 休 无
C/C Ⓐ Ⓓ Ⓙ Ⓜ Ⓥ
交通 拉特帕奥地铁站四号出口步行16分钟即到

帕南塔·奥伽尼卡素坤比展示厅
planeta organica sukhumvit showroom

◆位于清迈郊区的农场里，有机栽培的接近野生状态的棉花，收获时用手摘取，然后纺织、印染、织布、缝制均由人工精心生产的产品，而这家品牌展示厅兼商店就是经销这些制品的场所。温和的肌肤触感，使用时不会觉得生涩，是一种熟识的味道。他们制作的毛巾、床单、毛毯等只要您用过一次，就不想放手，非常好用。大号床单幅宽240厘米，这是完全无接口的特大号床单。铺在床上，无论您睡在哪个部分，都没有不适的感觉，使您的身体能得到更好的休息。毛毯最适合夏天午睡时盖。连衣裙、衬衫等衣服类也在扩充之中。织品采用了天然染料，人工上色，因此即使是同一颜色的物品，调配的色彩也有微妙的差异，很有趣味。

从清迈运来的有机棉
AREA 7 素坤逸路周边

Map p.89-D3
住 18/3 Soi 49,Sukhumvit Rd.
☎ 0-2662-6694
URL www.planetaorganica.com
营 周五～周三 11:00~18:00
休 周四
C/C M V
交通 通罗站一号出口步行5分钟即到

金玲
JINGLING

◆符合中国源远流长的风水思想，手工制作的泰国护身符商店。运用翡翠和琥珀等加工制作出吊挂的手机挂件、钥匙环、钱包等物。象征长寿的乌龟、象征幸福的莲花等种类繁多，一个450泰铢～。

风水好、能招来好运的首饰店
AREA 4 暹罗广场、水门周边

Map p.81-D4~E4
住 Genius Zone,6th Fl., Central World
☎ 0-2613-1770
营 11:00~21:00
休 无
C/C A J M V
交通 奇隆轻轨站连接通道步行5分钟即到

安鲁芬皮尔
elfenPIR

◆手艺人用石膏一个一个地用手工制作而成的可爱的大象装饰品。不同的姿势、不同的大小都饱含着各种信息。以王室成员为形象的国王、王妃、王子、公主四尊组合，9000泰铢。各种含义不同的耳环等也在卖。安波里尔姆（→p.217）五层的泰国杂物区内有售。

传播温暖信息的大象
AREA 7 素坤逸路周边

Map p.88-B3~C3
住 Exotique Thai,5th Fl., Emporium,622 Sukhumvit Rd.
☎ 08-1874-1755
营 周一～周五 10:30~22:00、周六、周日、节日 10:00~22:00
休 无
C/C A D J M V
交通 华兰蓬轻轨站二号出口步行即到

乔斯里商店
Choosri shop

◆在泰国女性中很有人气，作为"大象书包店"，几乎是无人不知无人不晓，非常有名。店内摆满了鸭绒被制品，有一种杂乱的氛围。价位为30~150泰铢，比较适中。可以当礼物用的化妆包、手包等充斥其中。位于酒店的购物拱廊内。

价格便宜又可爱的书包、小物件
AREA 7 素坤逸路周边

Map p.86-C3
住 2nd Fl., Manhattan Hotel, Soi 15, Sukhumvit Rd.
☎ 0-2255-0166
营 10:00~20:00
休 无 C/C J M V
交通 阿索轻轨站一号出口步行3分钟即到

索乌
Saw

从朴素商品到豪华商品应有尽有

AREA 4 暹罗广场、水门周边

◆采用各种天然石、金属材料制作的原创首饰琳琅满目。像珊瑚石那样色彩亮丽的蓝色、琥珀风格的稳重的棕色调等，颜色各异，丰富多彩。从豪华首饰到简朴风格的首饰，多种多样。戒指2000泰铢左右，项链5000泰铢左右。

Map p.81-E4
住 3rd Fl., Gaysorn,999 Phloen Chit Rd.
☎ 0-2656-1017 营 10:00~19:00
休 无 C/C Ⓐ Ⓓ Ⓙ Ⓜ Ⓥ
交通 奇隆轻轨站九号出口步行3分钟即到

扎·琼娜波特
the Chonobod

以泰国为主题的原创T恤

AREA 1 王宫周边

◆由泰国图形设计者设计的泰国文字T恤，非常有意思。不知道什么地方有一种怀旧情调，朴素但却很有趣味的T恤，S和M号240泰铢、休闲和L号260泰铢、XL280泰铢。还有图案相同的书包、海报等。

Map p.76-B3
住 131 Samsen Rd.
☎ 08-9494-5669
营 13:00~20:00
休 无
C/C 无

普发
Phu Fa

诗琳通公主的项目

AREA 7 素坤逸路周边

◆在泰国民众中享有盛誉的诗琳通公主主持的“支援农村、山岳民族项目”商店。担负着为泰国北部、伊沙（东北地区）等贫困地区居住的人们提供工作、改善生活的重任。还有公主亲手绘制插图的T恤等，深受泰国人喜受。

Map p.86-C3
住 123 Soi 7,Sukhumvit Rd.
☎ 0-2655-6242 FAX 0-2655-6244
营 10:00~20:00 休 无
C/C Ⓜ Ⓥ（200泰铢以上可以使用）
暹罗·帕拉贡（→p.215）、暹罗发现中心（→p.216）设有分店。

索普莫安艺术
Sop Moel Arts

充实的克伦族民间艺术品

AREA 7 素坤逸路周边

◆从1977年开始持续至今的项目直接管理的商店。经销接近缅甸国境线的梅洪森山岳地带居住的克伦族人制作的、有漂亮图案的织品、篮子制品以及各类小物件。价格适中，常住日本人寄往日本的礼物一定都是在这里买的。

Map p.89-D1
住 Rm.104, Soi 49/11,Sukhumvit Rd.
☎ 0-2714-7269 FAX 0-2258-6558
URL sopmoeiarts.com
营 周二～周六 9:30~17:00
休 周日、周一
C/C Ⓐ Ⓓ Ⓙ Ⓜ Ⓥ
交通 华兰蓬轻轨站三号出口步行15分钟即到

阿帕伊普贝托
Abhalbhubel

假如您想买健康的肥皂、营养补品

AREA 5 查隆克隆路周边

◆位于办公大厦之中，店面装潢并不起眼的商店，却很受欢迎。山竹果、桑叶、郁金香等制作的肥皂1个30泰铢~，也只有在原产地才能廉价买到。其他的还有郁金香、桑叶片剂等营养补品类，品种齐全，应有尽有。（→p.242）

Map p.82-C5
住 1 st.Fl., Thai CC Bldg., 233 Sathorn Tai Rd.
☎ 0-2210-0321 FAX 0-2210-0322
营 周一～周五 9:30~18:00、周六 9:30~17:00
休 周日 C/C Ⓜ Ⓥ
交通 素坤逸轻轨站四号出口步行即到

泰国丝绸、棉布

泰国丝绸，织法与色彩图案都不尽相同，多种多样。高级品密度高而且均匀，在光线的反射之下，发出艳丽的光泽。便宜的丝绸密度不均，有的里面掺杂着合成纤维。几乎大多数泰国丝绸店都按码（1 码约 91 厘米）或按米卖。买上料后，带回国去请裁缝店制作或在买料的店里也能加工。

吉姆·汤普森·泰国丝绸
Jim Thompson Thai Silk

泰国丝绸的创始人

AREA 6 是隆周边

◆这是泰国丝绸产业的代表商店。以高质量和高雅的设计图案而享有盛誉。丝绸料 1 米 270 泰铢 ~，如果要求加工的话，从定制那天算起到交货最少要 4 天时间。豪华丝绸睡袍 3600 泰铢，女式衬衫 2100 泰铢 ~，此外，有可爱图案的儿童印花棉 T 恤 540 泰铢，大人尺码起价为 720 泰铢。一层领带 1500 泰铢 ~；眼镜盒 820 泰铢；围巾 1220 泰铢 ~；包和纸巾盒等的小物件 290 泰铢 ~；相框小号 390 泰铢、中号 550 泰铢；唇膏盒 330 泰铢，都是用丝绸制作的杂物。二层是庄重、典雅的咖啡厅，走累了的游客可以在这里得到一个休息的机会。

Map p.261-E1
住 9 Suriwong Rd.
☎ 0-2632-8100
FAX 0-2236-6777
URL www.jimthompson.com
营 9:00~21:00
休 无
C/C Ⓐ Ⓓ Ⓙ Ⓜ Ⓥ
交通 沙拉玲轻轨站三号出口、是隆路地铁站二号出口步行 5 分钟即到

因迪高商号
Indigo House

染成蓝色的泰国棉布

AREA 4 暹罗广场、水门周边

◆经销与日本的碎白道花纹布相似的染成蓝色的棉布。布料大多数是泰国北部、叫伊沙的东北地区的纺织印染品，是质地较疏的布料，1 米 750 泰铢 ~；质地密的布料，触感也很好，1 米 1500 泰铢 ~。可以在这里定做衬衫和连衣裙，式样简单的衬衫需要 2 米的布；连衣裙 4 米；套服以 5 米左右为标准。做完一般需要 2 天到 1 周左右。对于没有那么多时间的人来说，可以买成品，连衣裙等要 6500 泰铢左右。织品细小的地方可以要求改动一下，相当于半定做。用棉花做的可爱的小物件，做礼物也很受人欢迎。合掌的布制兔子 180 泰铢；一拉尾巴，尺子就出来了的大象 390 泰铢；杯垫 150 泰铢。

Map p.131-D1~E1
住 Rm.418B, 4th Fl., Siam Paragon,991 Rama 1 Rd.
☎ 0-2129-4519
FAX 0-2129-4518
营 10:00~20:00
休 无
C/C Ⓐ Ⓙ Ⓜ Ⓥ
交通 暹罗轻轨站连接通道步行 3 分钟即到

注：吉姆·汤普森总店步行约 5 分钟的素坤逸沿路（Map p.83-E2 与素坤逸路 93 巷文前图曼谷 -D5、恩努特轻轨站三号出口步行 12 分钟）有清仓特卖。

帕兰伊亚
Prayer

◆店主亲自前往各地，花了30多年时间，收集了许多山岳民族手工织的旧衣服，开了一家旧衣加工店。花费了很多工夫织出来的古布上精细的装饰、图案，非常漂亮，好像还有近百年前的东西。还有柬埔寨和老挝的布，店内透着一股美术馆似的情趣。一层还设有咖啡厅。

现代风格的布制古玩
AREA 4 暹罗广场、水门周边

Map p.131-A1
住 197 Phayathai Rd.,Siam Square
☎ 0-2251-7549
营 周一～周六 10:00~18:00
休 周日
C/C A M V
交通 暹罗轻轨站二号出口步行3分钟即到

帕亚
Paya

◆棉制品与地毯制品的专营店。使用染成美丽的植物色调的棉布，做成手感特棒的围巾，150泰铢，颜色种类繁多，丰富多彩。按米卖的布料颜色和图案都很多，品种齐全，选择自己钟爱的布料做一个窗帘，房间马上就会变身为泰国风格。

美丽的棉布一应俱全
AREA 7 素坤逸路周边

Map p.89-F2
住 203 Soi 10,Soi 55（Soi Thong Lo）. Sukhumvit Rd.
☎ 0-2711-4457
营 周一～周六 9:00~18:00
休 周日 C/C A M V
交通 亿甲米轻轨站一号出口、通罗轻轨站三号出口步行18分钟即到

玛亚
Maya

◆经销以泰国为中心周边各国的仿古织物的高档店。在棉布质地上施加了丝绸的精致刺绣的缅甸布1.5万泰铢~；同样的老挝布1.2万泰铢等，全是现在无论如何也织不出来的手工物品。仿图案的复制品比较便宜。

仿古丝绸商店
AREA 4 暹罗广场、水门周边

Map p.131-D1~E1
住 Rm.428A,4th Fl., Siam Paragon,991 Rama 1 Rd.
☎ 0-2610-9706 FAX 0-2536-0238
营 10:30~19:30
休 无 C/C A J M V
交通 暹罗轻轨站连接通道步行3分钟即到

暹罗之爱
From Siam with Love

◆一位女设计师打理创造的店铺。她经营丝绸、棉布、亚麻布等原创衣服类。店主通过巡回于泰国的东北地区（伊沙）、北部等地，探访出了丝绸制作的手工织品，有时通过订货等方式买到手，在整体设计和精工细作等方面下工夫，使制作出的成品能将布料的优势发挥到极致。颇具女人味的夏季套装、连衣裙，颜色和织法丰富多彩，令人喜爱的衣服很多。短款连衣裙起价500泰铢左右，价格便宜得让人吃惊。亚麻布长裤1400~1600泰铢；亚麻布夹克1900泰铢；色彩艳丽的围巾有棉布、亚麻布、丝绸等多种，500~1500泰铢。

高雅的图案与适中的价格
AREA 5 查隆克隆路周边

Map p.82-B4
住 1328 Charoen Krung Rd.
☎ 0-2235-4513
营 周一～周六 11:00~19:00
休 周日
C/C A J M V
交通 郑信大桥轻轨站三号出口步行5分钟即到

流行时尚

在曼谷繁华街漫步，最显眼的就是裁缝店。经营者大多数是印度人，“做不做套装？”店主经常如此向路人打招呼。“24 小时就可完工”，有的裁缝店还有如此的承诺。要避开强调便宜、快的裁缝店，要用价格多少高一些，但是可以信赖的裁缝店。从泰国起源的流行时尚品牌，因为图案设计水平高超，使人气急剧攀升。

瓦克肖普
Workshop

◆位于暹罗中心（→p.216）之内，与已经建立了良好声誉的各种泰国品牌集中在一起的小品牌商店。是在泰国旅行中想稍稍打扮一下时可以穿的，时尚的夏季服装，以适中的价格就可以买到。设计考究的T恤、夏季穿的连衣裙等，每一件都非常华美而且招人喜欢。店内被分隔成六个小房间，各个小房间都是一个独立的品牌。连衣裙 600 泰铢，牛仔布短裤 490 泰铢等，都挂着便宜得让人吃惊的价格牌。可以分季节购买。

独立制作品牌的集合体

AREA 4 暹罗广场、水门周边

Map p.131-B1~C1
住 Rm.325-331,Siam Center,979 Rama 1 Rd
☎ 0-2251-7983
营 10:00~21:00
休 无
C/C ⒶⒹⒿⓂⓋ
交通 暹罗轻轨站连接通道步行即到

安巴西套装长廊
Embassy Suit Gallery

◆面向旅行者，以便宜价格取胜的商店一条街，是英国人经营的正宗裁缝店。定制后的第二天就可以试穿，如果快的话，到第三天就可以完成。最少试穿两次，根据情况还可以试穿三次。细微之处做修改等的售后服务可以免费接受，提高了安全感。

经常进行海外旅行的人前来人数的多少是放心和依赖的有利证据

AREA 4 暹罗广场、水门周边

Map p.81-F4
住 Unico House Block A,29/1 Soi Langsuan
☎ 0-2251-2620、08-9039-7712（日语）
FAX 0-2684-1501
URL www.embassyfashion.com
营 9:00~21:00
休 无
C/C ⒶⒹⒿⓂⓋ
交通 奇隆轻轨站四号出口步行即到

贝伊金・索达
Baking SODA

◆曾在意大利学过室内装饰和服饰的设计师，以每年 3 ~ 4 次的频率推出新的项目，给人留下了活力四射的光辉形象。这里的暹罗中心店，主要走的是年轻人线路。安波里尔姆（→p.217）的苏达 7 号是面向成人的主题。

以大胆、富有个性的裁剪而自豪

AREA 4 暹罗广场、水门周边

Map p.131-B1~C1
住 3rd Fl., Siam Center,989 Rema 1 Rd.
☎ 0-2251-5968
营 10:30~21:00
休 无
C/C ⒶⒹⒿⓂⓋ
交通 暹罗广场轻轨站连接通道步行即到

探戈
Tango

大胆点缀着石头的书包很受欢迎

AREA 4 暹罗广场、水门周边

◆只用意大利产的上等皮革，由泰国设计师设计出华美的水晶包及凉鞋，一眼就能看出是探戈专卖店，个性设计而且只要有一件上身，立刻就会感觉到整个人都华贵无比。暹罗中心（p.216）、伊势丹都设有分店

Map p.81-E4
住 2nd Fl., Gaysorn,999 Phloen Chit Rd.
☎ 0-2656-1311 营 10:00~20:00
休 无 C/C J M V
交通 奇隆轻轨站九号出口步行 3 分钟即到

辛哈生活
Singha Life

多年老店啤酒制造商的时尚品牌

AREA 4 暹罗广场、水门周边

◆泰国最具有悠久历史而且知名度很高的啤酒制造商进入了时尚领域，接连不断地推出了新颖的衣服类和小物件类。印着原啤酒的标签的大皮包、带狮子标志的马球衫等，即使不喜欢泰国，无意之中也会买到这样的商品。

Map p.131-B1~C1
住 3rd Fl., Siam Center,979 Rama 1 Rd.
☎ 0-2252-4248
URL www.singhalife.com
营 10:00~21:00
休 无 C/C J M V
交通 暹罗轻轨站连接通道步行即到

米斯
Myth

泰国受人欢迎的品牌聚集于一个地区

AREA 4 暹罗广场、水门周边

◆最流行的品牌，如伊休、缪塞、水疗产品的安鲁布、文具品牌甘奥、皮包品牌梅因姆恩等，由于店主人相互之间的关系，这些泰国最受人欢迎的品牌全部集中在了甘索恩大厦之内。来到这里，游客就可以知道目前泰国最流行的是什么。

Map p.81-E4
住 2F-26/5 2nd Fl., Gaysorn,999 Phloen Chit Rd.
☎ 0-2656-1372 营 10:00~20:00
休 无 C/C A J M V
交通 奇隆轻轨站九号出口步行 3 分钟即到

特尼・卡斯塔姆・梅伊德
Tony Custom Made

选择自己喜欢的材质和图案在泰国做一双鞋

AREA 7 素坤逸路周边

◆这家店选用蜥蜴、蛇、鳄鱼、鸵鸟、鳐鱼等各种各样的皮质定做靴子、鞋、书包等，3 日即可完成。西部长筒靴如选用牛皮，6000~7000 泰铢；鳄鱼皮 2.5 万泰铢 ~。

Map p.86-C4
住 198 Sukhumvit RD.（near Soi 10）
☎ 0-2251-6767
URL www.tonyboot.com
营 周一 ~ 周六 10:30~20:00
休 周日 C/C J M V
交通 阿索轻轨站二号出口步行 3 分钟即到

COLUMN

拍摄穿着民族服装的照片做纪念

来泰国的外国游客比较喜欢穿民族服装拍照。曼谷市区内繁华街、购物中心等有3家左右这样的照相馆，可以拍照做旅游纪念。选、穿服装、化妆等，多少要花费时间的，尽可能预约，准备好1小时左右的富余时间。不管在哪家拍照，预算最低起价在1000泰铢左右。拍摄的内容不同，收费不等。

主要的照相馆

泰国风格照相馆（Thai Style Studio）
MBK群侨中心二层
☎ 0-2611-7136 Map p.80-B4
拉福兰照相馆 Studio La Foret
☎ 0-2258-8918 Map p.88-C3
斯卡塔维照相馆Sukatawee Studio
☎ 0-1551-9236 Map p.81-E3

珠宝、首饰

泰国作为宝石的产地、集散地而世界闻名。原石以及成品比在中国国内买价格要便宜很多。特产红宝石和蓝宝石货源充足，且质量很高。因为泰国向来有精细工艺品制作的传统，做工精巧的首饰也是以适中的价格出售。但是，也有许多不法的商店，购买时一定选择值得信赖的店。在街道上叫卖，强拉您进入的店千万不要理会。

西斯坦玛
Sistema

原创的泰国文字首饰

AREA 7 素坤逸路周边

◆出售原创银首饰的商店。有图案设计可爱、美丽的好评。带有泰国文字的小饰物非常受欢迎，小的 680 泰铢、大的 980 泰铢。有许多旅行者都购买与自己名字的第一个大写字母对应的泰国文字首饰。戒指、项坠、链等各类饰物应有尽有，按照自己的个人爱好，将它们组合起来，就成为专属于您自己的首饰。以克伦族制作的独特图案为特征的首饰，是用纯度为 96%~97% 的银手工打制而成的。精巧地表现萨姆劳和嘟嘟车的银质手机挂件 1200 泰铢，也很受欢迎。暹罗·帕拉贡（→p.215）、伊势丹（→p.216）、安波里尔姆（→p.217）等的泰国杂物区也有售。

Map p.86-B3

住 2nd Fl., Nana Square, 6 Soi 3,Sukhumvit Rd.

☎ 0-2655-7151 营 11:00~20:00

休 无 C/C Ⓐ Ⓓ Ⓙ Ⓜ Ⓥ

交通 娜娜轻轨站一号出口、奔集站三号出口步行 5 分钟即到

吉福坦德·亨兹
Gifted Hands

用银质配件组装成只属于您自己的首饰

AREA 7 素坤逸路周边

◆位于安静的住宅街中的首饰手工作坊兼商店。也是女主人拉西女士自己的住宅，可以看见里院中绿树葱茏，可以坐在起居室的沙发上，慢慢地挑选首饰。有山岳民族手工艺人打制的银首饰配件，起价各 25 泰铢左右。青蛙、大象等可爱图案的饰品；大小只有 1 厘米左右，还有方向盘、座位都精巧的嘟嘟车等，均为泰国特色的东西。大多数为成品，项链和镯子 300 泰铢左右~。青蛙手机挂件 420 泰铢，若是手足都能动的青蛙则是 480 泰铢。嘟嘟车手机挂件为 480 泰铢。

Map p.87-E3

住 172/18 Soi 23, Sukhumvit Rd.

☎ 0-2258-4010

FAX 0-2258-4026

营 9:00~18:00

休 无

C/C 无

交通 素坤逸地铁站二号出口步行 12 分钟即到

里亚·巴伊·印度拉珠宝首饰
LIYA by Indra Jewelry

◆这是家开于1971年的老店，可以定做镶嵌着泰国文字的戒指、项坠等。价格因使用的黄金、白金、钯银等不同的材质而各异。首饰色泽鲜艳，不易变形，建议游客选择不会变黑的白金。大写字母戒指2500泰铢~、项链3500泰铢。若想在文字的圆形部分的蓝宝石或红宝石上加上音调，一个要500泰铢。还有泰国喜庆的话语："玛伊潘拉伊"（泰语"没关系"）等的现成品。定做要3日~1周完工。如果时间来不及，还可以免费寄到中国去。总店在飞机场铁路叻差帕劳普站前的本公司大厦一层（p.81-E2）。

制作专属自己的泰国文字首饰
AREA 6 是隆路周边

Map p.261-C3~D3
住 Rm.210,2nd Fl., Thaniya Plaza BTSWing ,Silom Rd.
☎ 0-2632-7060
URL www.indrajewelry.com
营 周一~周六 10:30~19:30
休 周日
C/C J M V
交通 沙拉玲轻轨站连接通道步行即到

帕与奥
PA & O

◆连泰国明星都喜欢的、非常有人气的手工制作的银首饰商店。从设计厚重的到装饰着贝和石头的感觉很轻的首饰等各种各样，应有尽有。身体环也是品种齐全，丰富多彩。银项链小的要2000泰铢~，大的3000泰铢左右。贝、石头做的项链1000泰铢左右。

价格适中的银首饰
AREA 4 暹罗广场、水门周边

Map p.131-C1~C2
住 Soi 3, Siam Square
☎ 0-2251-2538
营 10:30~21:00
休 无
C/C J M V
交通 暹罗轻轨站二号出口步行即到

帕·塔姆·贡
Pha Thum-Ngern

◆手工银首饰与泰国丝绸的经销商店。选用了名叫素可泰的纯度为99%的银打造而成，全是手工制作的传统设计图案的首饰。手足都能动的可爱的大象项坠890泰铢、耳环1000泰铢~。

手工制作的银首饰
AREA 4 暹罗广场、水门周边

Map p.81-E4
住 Lobby Fl.,President Tower Arcade,Inter Continental Bankok Hotel, 971/973 Phloen Chit Rd.
☎ 0-2656-0137 营 10:00~20:00
休 无 C/C 无
交通 奇隆轻轨站七号出口步行3分钟即到

吉姆斯商号
House of Gems

◆经营水晶、蛋白石等天然石、化石的商店，在曼谷也是一家稀有的商店。最受欢迎的是两亿年前恐龙粪化石（一个10泰铢~）、大小各异的陨石（小物件一个10泰铢~）。古生代软体动物化石1000泰铢左右。

连矿物学迷都无法回答的问题
AREA 7 素坤逸路周边

Map p.82-B3
住 1218 Charoen Krung Rd.
☎ 0-2234-6730
URL houselfgems.info
营 周一~周六 8:00~18:00
休 周日
C/C 无
交通 郑信大桥轻轨站三号出口步行10分钟即到

陶瓷器

淡绿色质地的表面，似乎有一些细细的裂纹似的瓷器就是烤窑青瓷，这种瓷器硬度高、厚，有着深邃的光泽。近年来，也在制作一些除了绿色之外的其他颜色的烤窑青瓷。这也是从中国传来的。上着精密的红蓝绿颜色，用金黄色勾边的陶器是班杰伦烧，其以厚、硬的光泽与华美的色彩为特征。

泰·伊塞丘
Thai Isekyu

原创图案的班杰伦烧
AREA 7 素坤逸路周边

◆与日本的景泰蓝制品相似，产品多用蓝色、红色、金黄色，是以色泽华美为特征的班杰伦烧。这里是日本人经营的专卖店。从制造到销售一条龙服务，有茶具、啤酒玻璃杯等，品种丰富，一应俱全。一套茶具 7650 泰铢~、葡萄酒杯 1300 泰铢、啤酒杯 1600 泰铢。

Map p.86-C4
住 1/16 Soi 10,Sukhumvit Rd.
☎ 0-2252-2509 FAX 0-2254-4756
营 9:00~17:00
休 无 C/C ADJMV
交通 阿索轻轨站二号出口步行 4 分钟即到

泰烤窑青瓷店
Thai Celadon

品种丰富的大型商店
AREA 7 素坤逸路周边

◆经销烤窑青瓷的大型专卖店。按照定价出售，不能还价，但是价格很合理。最畅销的是杯子与茶托，一套 250 泰铢~，餐具套装 1250 泰铢~。日本式茶碗 100 泰铢左右；烤窑青瓷做的可爱的招手猫咪，分蓝、绿两种颜色，都是小型号的 80 泰铢，大型号的 320 泰铢。

Map p.87-D5
住 8/3-5 Ratchadaphisek Rd.
☎ 0-2229-4383、4780
FAX 0-2229-4346
营 周一～周六 9:00~17:00
休 周日、节日 C/C ADJMV
交通 阿索轻轨站二号出口步行 4 分钟即到

美术画廊

除了在佛教寺院内画的宗教绘画以外，泰国的现代艺术也很繁荣。2007 年在东京都现代美术馆举办的认真筛选出的泰国艺术设计画展“给我看泰国”，影响深远。市内画廊也很多，通松巷的通松 100 年画廊等均为尖端设计画，很受欢迎。餐厅、酒吧等举行画展的地方也很多。那种无界性艺术正是泰国的特色。

阿可艺术画廊
AKKO ART GALLERY

可以买到泰国画家的作品
AREA 7 素坤逸路周边

◆于 1990 年开业，经销以泰国为首的缅甸、日本画家的绘画作品。独特的柔和的手感，受欢迎的日本画家阿部京子的作品，在曼谷只有这里才能买到。在写实中蕴含着故事的松本·普恩德库玛伊的作品也非常受欢迎。

Map p.89-D4
住 919/1 Sukhumvit Rd.（Between Soi 49& 51）
☎ 0-2259-1436 FAX 0-2662-4209
营 周一～周六 10:00~19:00
休 周日 C/C ADJMV
交通 通罗轻轨站一号出口步行 3 分钟即到

藤制品和厨房用品

泰国自古以来就因用其特产柚木生产大型家具而闻名。不过，近年来禁止乱伐，使得柚木的产量减少了，柚木家具价格出现暴涨的倾向。因此，从缅甸进口增多。曼谷群侨中心五层已成为家具街。而藤制品由于价格适中而且轻便，做礼品还很合适。素坤逸路 45 巷口附近排列着好多家出售藤制家具的商店。

纳伊·姆恩商店
Noi Muen Store

◆位于中国城边缘地带，交通不太方便的地方。但在 1898 年创业之初，这里却是个好地方。外表像仓库一样光线暗淡的商店，出人意料的是，里面却非常宽敞。商品从购物筐、篮子一样的小物件到大型家具套装，大小、品种都非常齐全，而且丰富多彩。有明确的标价，可以放心购物。

已有上百年历史、位置比较隐蔽的名店
AREA 3 中国城周边

Map p.78-C1
住 422 Mahachai Rd.
☎ 0-2221-7325
营 7:00~18:00
休 每月的最后一个周日
C/C 无
交通 华兰蓬地铁站一号、三号出口步行 20 分钟即到

萨帕芬
Saphanhun

◆该店的历史已有上百年了。是一家经销金属器具、厨房用具的厨房用品专卖店。泰国菜餐厅点了咖喱和苏姆塔姆之后，端上来的下面加炭的锅、制作苏姆塔姆时用的石臼和杵一套、餐馆里摆在桌子上的调料盒、不锈钢制的圆形多层饭盒等，都可以按照卖给本地人的价格买到手。

现今出售怀旧杂物的五金商店
AREA 3 中国城周边

Map p.78-B2
住 635-637 Chakraphet Rd.
☎ 0-2221-5474
营 周一～周六 8:30~18:30
休 周日 C/C 无
交通 华兰蓬地铁站一号出口步行 20 分钟即到

插花

曼谷市区的花店，以无法相信的价格，售卖以兰花为首的插花。若想作为礼物带回本国，在出国时，可以在素旺纳普国际飞机场的始发大厅的商店里购买。如果多加一些邮费，能够委托花店寄到中国，曼谷市区内也可以买。

飞机场内的花店
Flowershops in Bangkok Airport

◆飞机场的始发大厅里，有许多花店在出售用多种多样的盒子装着的兰花。小盒子也得 800 泰铢左右，价格稍微贵了些，因为是在登机之前购买还是很方便的，是有吸引力的礼物之一。归国时到达飞机场时别忘了要通过植物检疫。花可以保持 1 周以上。

归国前购买要方便得多
AREA 飞机场

文前图曼谷郊区 -A9~B9
住 素旺纳普国际机场 Suvarnabhumi International Airport
营 24 小时
休 无
C/C Ⓐ Ⓓ Ⓙ Ⓜ Ⓥ
交通 素旺纳普国际机场内

书店

从 2003 ~ 2007 年，泰国书店的数量增长迅速。2003 年泰国共有 678 家书店；到 2007 年，书店增至 1913 家，比 2003 年增加了 1200 多家。而且大部分书店集中在首都曼谷地区。

东京堂书店
Tokyodo

◆以安波里尔姆（→ p.217）为首，素坤逸路 33/1 巷（富士超市旁边）、阿玛玲购物中心（→ p.217）等曼谷各地都设有书店。不仅是畅销书可以在第一时间上了书店销售柜台，关于泰国及东南亚诸国的书籍品种也很齐全。

方便旅行者的地点开设分店
AREA 7 素坤逸路周边

Map p.88-B3~C3
住 3rd Fl., Emporium Shopping Center, Soi 24, Sukhumvit Rd.
☎ 0-2664-8540 FAX 0-2664-8541
营 10:30~20:45
休 无 C/C A D J M V
交通 华兰蓬轻轨站二号出口步行即到

纪伊国书店
Kinokunlya

◆位于伊势丹（→ p.216）六层。有文库本、单行本、周刊杂志、旅游指南、兴趣、爱好方面的书籍、语言学习书籍、专业书等，品种齐全。

品种齐全的书店
AREA 4 暹罗广场、水门周边

Map p.81-E3~E4
住 6th Fl., lsetan,4/1-4/2 Ratchadamri Rd.
☎ 0-2255-9834
FAX 0-2255-9837
营 10:00~21:00
休 无 C/C A D J M V
交通 奇隆轻轨站连接通道步行 7 分钟即到

亚洲书籍
ASIA BOOKS

◆以泰国为代表的外国书籍连锁店。小说等读物就不用说了，旅游指南书的库存量也很丰富。用大开纸、大部分刊登着漂亮的照片的、关于泰国及东南亚的原创出版物受到外国人的喜爱。在曼谷市区的主要购物中心等地开设有多家分店。

受推崇的原创出版物
AREA 7 素坤逸路周边

Map p.87-D4
住 221 Sukhumvit Rd.
☎ 0-2252-72477
FAX 0-2251-6042
营 9:00~21:00
休 无 C/C A D J M V
交通 阿索轻轨站一号出口步行 3 分钟即到

世界书籍
BOOK OF WORLD

◆华兰蓬轻轨站、阿索一侧有个出口通道。日语书籍最新刊，以定价的一至二折出售。购买时，水平高、新一点儿的书 30 泰铢左右。读完的书，当场卖掉，还可以减轻行李负担。

日语旧书籍专卖店
AREA 7 素坤逸路周边

Map p.88-C2
住 E5/A2-A3, Phrom Phong Station, Sukhumvit Rd.
营 10:00~20:00
休 无
C/C 无
交通 华兰蓬轻轨站连接通道内

AV 软件

泰国新谱曲的音乐唱片 CD 要 100~150 泰铢。与在 PV 上显示出字幕的 VCD 也大致相同。旧唱片稍稍便宜一点。发售时间超过半年或非主流歌手的唱片，很难买到手。在露天小店等出售的 CD、DVD、VCD 有些是盗版。一个 CD-ROM 可以容纳好几张 CD 的数据，像这样盗版的 CD 也上市了。

暹罗
DJ Siam

从最新流行到独立制作人的作品一应俱全

AREA 4 暹罗广场、水门周边

◆如果想了解一下泰国音乐状况，可以来这里。最新流行的、最受欢迎或畅销的等，只要一询问店员，立刻就给游客推荐出来了。高水平的 CD 当然有，就连独立制作人的作品也只有在这里才能买到，不过需要查一下。

Map p.131-B2
住 Soi 7,Siam Square
☎ 0-2251-9066
营 11:00~21:00
休 无 C/C M V
交通 暹罗广场轻轨站二号出口步行 2 分钟即到

眼镜、隐形镜片

据说有人每次来泰国都要多买一些带回国。泰国也在鼓励民众每隔六个月检查一次眼睛。

帕里米吉
Paris Miki

比较有名的眼镜店

AREA 4 暹罗广场、水门周边

◆眼科医生每周来三次，对眼睛进行免费检查服务（周四、周六、周日的 17:00~19:00）。如果有存货，当场购买，即使当时没有，2~3 日之后，也可以购买隐形镜片。暹罗中心（→p.216）、J 阿贝纽（→p.219）等地均设有分店。

Map p.81-E3~E4
住 3rd Fl., lsetan,4/1-4/2 Ratchadamri Rd.
☎ 0-2255-9827
FAX 0-2255-9889
营 10:00~21:00
休 无 C/C A D J M V
交通 奇隆轻轨站连接通道步行 7 分钟即到

东京眼镜
Tokyo Optic

眼镜是脸的一部分

AREA 7 素坤逸路周边

◆只要有镜片库存，最短 1 小时左右，新眼镜就到手了。价格相对便宜。也卖隐形眼镜。

Map p.88-E2
住 593/13-14 Soi 33/1, Sukhumvit Rd.
☎ 0-2662-3176
FAX 0-2662-0436
营 周三~周一 10:00~20:00
休 周二 C/C A D J M V
交通 华兰蓬轻轨站五号出口步行 2 分钟即到

免税店

泰国国内销售的物品和服务中，加了7%的增值税（VAT：Value-Added Tax），在免税店时购买商品时，可以按照免税价格买，因此，在购买高级品牌的物品、酒、香烟等时，最好去这些商店买。曼谷的免税店，除了达奇、凡蒂等品牌商品外，还有民间工艺品、食品等，品种齐全，丰富多彩。市区有一个店铺，素旺纳普国际机场内也有。食品和杂物的价格要相对高一些。

国王职权免税商店
King Power Duty Free Shop

民间艺术品、珠宝首饰等都很齐全的免税店

AREA 4 暹罗广场、水门周边

◆曼谷普鲁孟国王大厦（→p.278）酒店内，还另设有拥有550个座位的拉玛亚纳餐厅、可以观看法拉空兰克（泰国传统的木偶剧）的阿克萨拉·西尔塔等复合设施，国王特权空普兰克斯内有免税店。根据国外的汇率变动，托米与狩猎世界品牌的商务包，比在国内价格要便宜。而且狠狠、狩猎世界只能在泰国国内买到。泰国的杂物、工艺品，质量高而且品种齐全。购买免税商品时，为证明自己是来自国外的旅行者，需要出示飞机票（e票的副本）和护照。从这里购买的免税商品在机场有专门柜台接存，虽然很方便，但是在飞机起飞之前的5小时之内是不可以再购物的。

Map p.73-D2
住 8/1 Rangnam Rd.
☎ 0-2677-8899
URL www.kingpower.com
营 10:00~21:00
休 无
C/C Ⓐ Ⓓ Ⓙ Ⓜ Ⓥ
交通 阿努萨瓦里·恰伊·萨莫拉普姆轻轨站二号出口步行4分钟即到

COLUMN

在曼谷购买药草、营养补品、药品

在药店购物

经营化妆品、营养补品等所谓的药店连锁店，在曼谷开设有多家分店。经常可以看到的是布茨（Boots）和瓦特逊兹（Watson's）。在繁华街和大型购物大厦里一般都有。从极为普通的洗发水、肥皂等的淋浴用品到头发护理用品、护肤用品、基础化妆品整套护肤品外，维生素片剂、营养补品、药草制品都比中国便宜。在曼谷旅行时，可以顺便将平时使用的营养补品以划算的价格买到手。

只是需要注意的是，中国与泰国的药品法是不同的。在中国，若没有医师的处方笺就无法购买到医药品，在泰国的药店却是很简单就可以买到手。购买时一定要认真确认一下药的成分。药店里陈列着有使用期限限制的商品，需要注意。再有，如果身体不适，就要马上中止使用。如果发生什么意外，要自己承担责任。

在曼谷市区设有多家分店的布茨，购物非常方便

瓦特逊兹经常会搞活动，廉价出售商品

百货商店、购物中心

曼谷购物中心的特征是它的规模之巨大。内部一般都设有通风的地方，除内容丰富的食品街之外，还有食物区、电影院。有的地方还设有小型的游乐园，不仅仅是购物，还有一种“曼谷娱乐城”的感觉，非常爽。

暹罗·帕拉贡
Siam Paragon

东南亚最大的购物中心

AREA 4 暹罗广场、水门周边

◆2005年12月，暹罗轻轨站开业。总卖场面积达50万平方米，巨型馆内分为百货商店区和购物综合区。有巨大的四周通风的亭，整体是一个宽敞的造型。购物综合区高档品牌店鳞次栉比，简直叫人看得头都晕了，甚至还有法拉利、保时捷、玛莎拉蒂之类高档车专卖店。位于四层的帕拉贡通道是一条现代泰国杂物店街。最里面的埃库苏提克泰也在经销现代泰国杂物。同一座建筑物内，从食物区、电影院到地下水族馆，不同种类的事物聚集在一起，却没有一丝不适感，它是曼谷混搭的象征，而这也正是泰国自己的特色吧。

Map p.131-D1~E1
住 991 Rama 1 Rd.
☎ 0-2610-8000
URL www.siamparagon.co.th
营 10:00~22:00
休 无
C/C 百货商店是ⒶⒹⒿⓂⓋ、各租赁店则店不同而各异。

交通 暹罗轻轨站连接通道步行即到

群侨中心
MBK Center（Mar Boon Krong）

持续发展中巨型室内市场

AREA 4 暹罗广场、水门周边

◆大型建筑物内有无数的租赁商店，是一个巨型购物中心。其构想确切地说就是一个市场。粗略地分，一层是服饰系列；二层是服饰系列及电器产品、音乐相关系列等；三层则是杂物；四层是服饰、手机；五层是家具店街与餐厅；六层是服饰、杂物，再加上食物区；七层是保龄球场、电影院、餐厅街。一不小心就会迷路，充满了市场的气息。与东急（→p.216）、曼谷帕特姆旺·普琳塞斯相连接，有人行天桥通向暹罗广场（→p.127）。与暹罗·基拉·亨·恰特轻轨站直接相连。食物区（→p.171）有着曼谷屈指可数的规模，也很受外国旅行者的欢迎。

Map p.80-B4
住 444 Phayathai Rd.
☎ 0-2620-9000
FAX 0-2620-7000
营 10:00~22:00
休 无
C/C 店不同，可以使用的信用卡不一样。
交通 萨纳姆·基拉·亨·恰特轻轨站连接通道步行即到

暹罗中心
Siam Center

时尚大厦的先驱

AREA 4 暹罗广场、水门周边

◆是曼谷时尚大厦的先驱。集中了探戈（→ p.207）、辛哈生活（→ p.207）等许多泰国原创品牌，而且麦当劳、比萨商号等的快餐吸引了许多年轻人。与暹罗轻轨站、暹罗发现中心（→ p.216）有直接的通道相连接。

Map p.131-B1~C1
住 979 Rama 1 Rd.
☎ 0-2658-1000
URL www.siamcenter.co.th
营 10:00~21:00
休 无
C/C 店不同而各异。
交通 暹罗轻轨站连接通道步行即到

暹罗发现中心
Siam Discovery Center

时尚精品店集中之地

AREA 4 暹罗广场、水门周边

◆四面是开放式的、能通风式样的，一层是阿尼安斯·贝；二层是阿鲁玛尼·安克斯琼吉、DKNY 等品牌商店鳞次栉比。朋塔（→ p.199）、普发（→ p.203）等时尚杂物店也很多。最上层是马达姆·塔索的蜡像馆（→ p.128）与餐厅街，还有日本饭菜餐厅。

Map p.131-A1~B1
住 989 Rama 1 Rd.
☎ 0-2658-1000
URL www.siamdiscoverycenter.co.th
营 10:00~21:00 休 无
C/C 店不同而各异。
交通 暹罗轻轨站一号出口步行 2 分钟即到

东急
Tokyu

已完全融入了泰国的日本百货商店

AREA 4 暹罗广场、水门周边

◆与群侨中心（→ p.215）相连接，店内完全被市场氛围所笼罩。无论何时用小客车卖货总是更有泰国味。与萨纳姆·基拉·亨·恰特轻轨站有人行天桥可以相通，非常便利。日本菜餐厅“田每”也设在此。

Map p.80-B4
住 444 Phayathai Rd.
☎ 0-2217-9100
营 10:00~21:00
休 无
C/C Ⓐ Ⓓ Ⓙ Ⓜ Ⓥ
交通 萨纳姆·基拉·亨·恰特轻轨站连接通道步行即到

世界中心
Central World

特大型购物中心

AREA 4 暹罗广场、水门周边

◆包括伊势丹（→ p.216）、酒店、办公大楼等的特大型复合购物中心，时尚商店、多家餐厅、电影院等充斥其中，好像一个小镇似的大厦。只在这里就可以度过一天的时间。像秋叶原一样年轻人集中的中心地位于伊势丹顶上的七层。

Map p.81-D4~E4
住 4/3 Ratchadamri Rd.
☎ 0-2255-9500
营 10:00~22:00（餐饮店则店不同，营业时间也各异。）
休 无
C/C 店不同而各异

伊势丹
Isetan

仍属于日本百货商店的氛围

AREA 4 暹罗广场、水门周边

◆它占据了世界中心（→ p.216）的一个区域，日本人喜欢的商品一应俱全。一层是吉姆·汤普森泰国丝绸分店、泰国杂物专区、福鲁鲁·克拉西克花店；五层是拥有丰富的日本食品的超市；六层有歌行灯日本菜餐厅、纪伊国日本书店。

Map p.81-E3~E4
住 4/1-4/2 Ratchadamri Rd.
☎ 0-2255-9898
营 10:00~21:00（餐饮店 11:00~22:30）
休 无 C/C Ⓐ Ⓓ Ⓙ Ⓜ Ⓥ
交通 奇隆轻轨站连接通道步行 7 分钟即到

安波里尔姆
Emporium

◆有大型通风设施的购物中心，埃鲁梅斯、路易比通等杰出高级品牌充斥于内。一层是奥利安塔鲁酒店直接经营的咖啡厅，还有东京堂书店（p.212）和歌行灯。另设的百货商店也是充满了高档的感觉。上层是酒店式公寓。

聚居区的高档百货商店
AREA 7 素坤逸路周边

Map p.88-B3~C3
住 622 Sukhumvit Rd.
☎ 0-2664-8000
营 周一～周五 10:30~22:00
周六、周日、节日 10:00~22:00。
休 无
C/C 百货商店ⒶⒹⒿⓂⓋ，租赁店则店不同而各异。
交通 华兰蓬轻轨站连接通道步行即到

甘索恩
Gaysorn

◆曼谷屈指可数的高级百货商店。以东南亚最大的路易比通商店为首，高档品牌的商店充斥其中。也有感觉甚好的泰国杂物商店。与奇隆轻轨站有人行天桥相通，还有通向世界中心的人行天桥。

有着耀眼的纯白色地板的百货商店
AREA 4 暹罗广场、水门周边

Map p.81-E4
住 999 Phloen Chit Rd.
☎ 0-2656-1149
URL www.gaysorn.com
营 10:00~21:00 休 无
C/C 店不同而要求各异
交通 奇隆轻轨站连接通道步行 3 分钟即到

中心
Central

◆代表泰国的百货商店连锁中心。在曼谷市区有 14 家店铺，特别是作为旗舰店的奇隆店，直接连接奇隆轻轨站，交通便利。五层有泰国手工艺品的集中专卖区，感觉良好的杂物琳琅满目。

泰国百货商店中的第一
AREA 4 暹罗广场、水门周边

Map p.81-F4
住 1027 Phloen Chit Rd.
☎ 0-2655-7777
营 10:30~21:00
休 无
C/C ⒶⒹⒿⓂⓋ
交通 奇隆轻轨站连接通道步行即到

阿玛玲购物中心
Amarin Plaza

◆与奇隆轻轨站通过人行天桥相连，非常便利。一层有麦当劳和星巴克。大厅出售泰国民间艺术品、皮革制品等，特设一定时间常常举行打折优惠活动；三层里面集中了泰国杂物商店；四层是可以欣赏到美丽景色的就餐区（→p.171）。

时尚品牌打折出售活动
AREA 4 暹罗广场、水门周边

Map p.81-E4~E5
住 1 Rajprasong,Ratchadamri Rd.
☎ 0-2256-9111
FAX 0-2256-9910
营 10:00~21:00 休 无
C/C 店不同而要求各异
交通 奇隆轻轨站连接通道步行即到

安拉文
Erawan

◆于 2005 年重新装修开业的高档百货商店。圆形通风亭周围，一至三层，巴巴里、考奇、考姆·旦·甘鲁松等品牌商店鳞次栉比；四层是经销高档美容系列产品层。地下是餐厅层。与大哈伊尔特埃拉旺（→p.272）相连接。

将鼻祖号变身为专卖店街
AREA 4 暹罗广场、水门周边

Map p.81-E4
住 494 Phloen Chit Rd.
☎ 0-2250-7777
营 10:00~21:00
休 无
C/C 店不同而要求各异
交通 奇隆轻轨站八号出口步行 3 分钟即到

鲁滨逊
Robinson

◆属于中心系列店的平民百货商店。占据了素坤逸威斯汀·格兰德酒店一至四层的素坤逸店，与阿索轻轨站之间有人行天桥相连接，即使是下雨天去也不用挨雨淋。一层是麦当劳，地下层有食物区和超市，对旅行者来说，非常方便。

平民系列产品齐全
AREA 7 素坤逸路周边

Map p.87-D4
住 素坤逸路、查隆克隆路、泰国文化中心地铁站附近等。
营 10:00~22:00
休 无
C/C Ⓐ Ⓓ Ⓙ Ⓜ Ⓥ
交通 阿索轻轨站连接通道步行即到

帕拉提纳姆时尚购物中心
The Platinum Fashionmall

◆位于混杂的水门市场对面的巨型购物中心。馆内有 1300 家时尚商店鳞次栉比，以接近批发价的价格大量出售廉价衣料。合乎流行潮流的商店非常多，喜欢购物或购买衣服的人一定要去看看。

衣料商店数目之多让人吃惊
AREA 4 暹罗广场、水门周边

Map p.81-D3~E3
住 222 Phetchburi Rd.
☎ 0-2121-9999
URL www.platinumfashionmall.com
营 8:00~20:00（各店的营业时间都在此之间变动）
休 店不同而各异
C/C 店不同而要求各异
交通 奇隆轻轨站九号出口步行 13 分钟即到

大钻石购物中心
Grand Diamond Plaza

◆将酒店的低层进行了改装之后开业的时尚大厦。一层星巴克往里，是酒店留下的构造巧妙的服务台。地下一层至地上三层，与时尚相关的小商店一家挨一家。台阶、电梯中间的休息平台上设有餐饮店。

小型商店充斥其中
AREA 4 暹罗广场、水门周边

Map p.81-D3
住 888 Phetchburi Rd.
☎ 0-2656-6333
FAX 0-2656-6337
营 10:00~21:00
C/C 店不同而各异
交通 奇隆轻轨站九号出口步行 14 分钟即到

帕迪乌姆广场
The Palladium Square

◆位于混杂的水门的大型购物中心。内部是小型商店林立的市场风格的造型。有的地方除了衣料店，不知为什么竟然还有很多便宜的按摩店与复制软件店。地下层集中的是丝绸商店。原名叫作水门中心。

水门的大型百货商店
AREA 4 暹罗广场、水门周边

Map p.81-E3
住 555 Ratchaprarop Rd.
☎ 0-2309-9888
营 10:00~20:00
休 无　C/C 店不同而各异
交通 奇隆轻轨站九号出口步行 13 分钟即到

娜娜广场
Nana Square

◆在素坤逸路夜总会集中区开业的中等规模的购物中心。西斯坦玛（→p.208）、星巴克、超市之外，还有葡萄酒专卖店等各种商店。到了夜晚，前面的人行道上，露天酒吧就开始营业了。

位于四面通风的设施内的手机改装店
AREA 7 素坤逸路周边

Map p.86-B3
住 6 Soi 3, Sukhumvit Rd.
☎ 0-2253-0193
营 10:00~22:00
休 无　C/C 店不同而各异
交通 娜娜轻轨站一号出口、华兰蓬站三号出口步行 5 分钟即到

普兰斯
OP Place

◆位于文华东方酒店（→p.269）的旁边购物中心。馆内洋溢着高档、幽雅、安静的氛围。游客或悠闲购物或浏览商店橱窗。这里还有许多古玩店、艺术画廊；还有佛像和泰国北部样式的木工制品等，丰富多彩。

古玩商店林立
AREA 5 查隆克隆路周边

Map p.82-B4
住 30/1 Soi Charoen Krung 38, Charoen Krung Rd.
☎ 0-2266-0186~95 营 10:00~19:00
休 店不同而各异（周日休息的商店多）
C/C 店不同而各异
交通 郑信大桥轻轨站三号出口步行11分钟即到

河边城市
River City

◆沿着河边建造的购物中心。三至四层自古以来就是著名的古玩商店街。经销佛像、陶器的商店林立，仿佛博物馆一样的氛围。各个商店的展示橱窗里都摆着佛像等，一个非常离奇的世界。楼顶上开了一家可以观赏美丽夜景的酒吧餐厅。

里面有古玩店街的购物大厦
AREA 5 查隆克隆路周边

Map p.82-B2
住 23 Yotha Rd.
☎ 0-2237-0077~8 FAX 0-2237-7600
URL www.rivercity.co.th
营 10:00~22:00（各店的营业时间都在此之间变动）
休 店不同而各异 C/C 店不同而各异
交通 华兰蓬地铁站一号出口步行9分钟即到

是隆·比兰吉
Silom Village

◆已意识到游客的需求也是一笔收入的泰国丝绸裁缝店、山岳民族工艺品店、首饰店等一家挨一家，挤得满满的，光是逛逛也很过瘾。原王室住宅用地的中央，有一家户外海鲜餐厅。再往里走，是一家可以欣赏泰国舞蹈的泰国菜餐馆。都是面向旅行的一站式服务设施。

泰国风格的各种礼品一应俱全
AREA 5 查隆克隆路周边

Map p.83-D3~D4
住 286 Silom Rd.
☎ 0-2234-4448
URL www.silomvillage.co.th
营 10:00~24:00
休 店不同而各异 C/C 店不同而各异
交通 素腊塞轻轨站三号出口步行8分钟即到

旧暹罗购物中心
Old Siam Shopping Center

◆怀旧风格的摩天大厦内各种商店应有尽有，也有麦当劳和斯文森，是中国城里最豪华的百货商店。在大的四面通风的设施楼层，泰国点心实际制作并出卖的小摊式的店一家紧挨着一家，非常有趣。周围还有许多枪类店。

中国城的大型百货商店
AREA 3 中国城周边

Map p.78-B2
住 12 Triphet Rd.
☎ 0-2226-0156
营 9:00~21:00
休 无 C/C 店不同而各异
交通 华兰蓬地铁站一号出口步行25分钟即到

J阿贝纽
J Avenue

◆超市、以进入曼谷的专卖套餐的大户一号店为首的日本菜饭店、格雷伊猎犬咖啡厅、阿伊贝利等高雅的咖啡厅、Mac（计算机）的专卖店等聚集的复合场所。周围居住着很多外国人，还是泰国上流社会人士的安乐窝。

很多可逛的商店
AREA 7 素坤逸路周边

Map p.89-F2
住 Soi 15, Soi 55（Soi Thong Lo）, Sukhumvit Rd.
☎ 店不同而各异 营 店不同而各异
休 基本上没有 C/C 店不同而各异
交通 通罗轻轨站三号出口步行15分钟即到

安斯帕纳德
Esplanade

◆屹立于叻差达披色路购物中心。不只有商店和餐厅，还有电影院和溜冰场，一到休息日时，非常热闹。不仅仅是为泰国人选定的地点，而是以筑地银章鱼、弥生店等日本菜餐厅多为特征。

筑地银章鱼的咖喱最好吃
AREA 8 叻差达披色路周边

Map p.73-E2
住 99 Ratchadaphisek Rd.
☎ 0-2642-2000
URL www.esplanadethailand.com
营 10:00~22:00
休 无　C/C 店不同而各异
交通 泰国文化中心地铁站三号出口步行即到

联合购物中心
Union Mall

◆以四面通风设施为中心的楼层，时尚商店鳞次栉比，是面向年轻人的百货商店。曼谷学生们追求的时尚商品集中于此，若您感兴趣的话，不妨顺便去看看。一层超市的旁边，不知是什么原因，设了许多经销泰国护身符的商店。

附近许多大学生聚集的平民式百货商店
AREA 9 拍裕庭路周边

文前图曼谷 -E1
住 Soi 1, Lat Phrao Rd.
☎ 0-2511-5412
营 周一～周四 10:00~21:00、周五、周六、周日 10:00~21:30
休 无　C/C 店不同而各异
交通 拍裕庭地铁站五号出口步行即到

幸运镇
Fortune Town

◆全长达 300 多米的大厦中，集中了一大批小商店。南侧是酒店；北侧是泰斯科·鲁塔斯超市，其三至四层是计算机区。这也是好多家聚集在一起的快餐店生意兴隆的秘密。离帕拉姆纳因地铁站也很近，交通非常便利。

郊区的巨型购物中心
AREA 8 叻差达披色路周边

Map p.73-E2
住 7 Ratchadaphisek Rd.
☎ 0-2248-4199
营 10:00~22:00　休 无
C/C 店不同而各异
交通 帕拉姆纳因地铁站一号出口步行即到

半岛购物中心
The Peninsula Plaza

◆珠宝、泰国丝绸、钟表等高档店一家挨一家的购物中心。由于太贵重的原因吧，人也少，比较安静。很凉爽，一边散步，一边饱饱眼福也很不错。中央四面通风处，设有配备太阳伞的咖啡厅，环境幽雅，建议您可以在这里坐着喝喝茶。

小型、安静的高档购物中心
AREA 4 暹罗广场、水门周边

Map p.81-E5
住 153 Ratchadamri Rd.
☎ 0-2253-9790
营 10:00~20:00
休 无　C/C 店不同而各异
交通 叻差达慕里轻轨站四号出口步行即到

O.P. 花园
O.P.Garden

◆曼谷文华东方酒店（→p.269）附近安静的地区，一家有 70 多年历史的住宅经过重新装修，开了一家高档氛围的小型购物中心。有杧果树（→p.155）的分店杧果树签名、经营银质品的林友公司等。

位于古老住宅街的小小庭园
AREA 5 查隆克隆路周边

Map p.82-B3
住 6 Soi 36, Charoen Krung Rd.
☎ 0-2266-0186
营 10:30~21:30　休 无
C/C 店不同而各异
交通 郑信大桥轻轨站三号出口步行 12 分钟即到

曼谷 IT 购物状况

曼谷市区有几家像迷你秋叶原一样，由计算机网络连接的商店密集区。以这些商店位置都在大厦之中为特征，也有大厦的所有商店全部联网的情况。

各种存储器等记忆媒介、墨盒等耗材、首饰之类等，大多数比在中国买都要便宜，主机却并不是特别便宜。软件店里，明显是非法复制的东西很多。

AREA 8 ● 叻差达披色路周边

网络环境最健全的商店

IT 城　IT City

Map p.73-E2

营 11:00~20:00（店不同而各异，有的店在周日、节日休息。）

交通 帕拉姆纳因地铁站一号出口步行即到

在幸运镇（→ p.220）的最北部分，泰斯科·鲁塔斯超市的三层、四层，已经成为小型计算机商店集中的计算机区。经销软件、零部件、媒介之类的商店很多，价格也比较便宜。

AREA 4 ● 暹罗广场、水门周边

存在天壤之别的计算机与护身符

帕提普购物中心　Pantip Plaza

Map p.81-D2~D3

营 9:00~21:00（店不同而各异，有的店在周日、节日休息）

交通 叻差题威轻轨站四号出口步行 9 分钟即到

代表泰国的计算机百货商店的殿堂。从一层开始到四层，卖计算机及其相关设备的计算机区租赁商店，一家紧挨着一家。店铺里与 Windows 有关的商品占 90% 以上。与 Mac 相关的只有以三层为中心的几家店铺。二层是一家与个人用计算机相关的超市。

AREA 4 ● 暹罗广场、水门周边

净是手机和复制软件

IT 产业兴盛区　IT Millennium Zone

Map p.80-B4

营 10:00~20:00（店不同而各异，有的店在周日、节日休息。）

交通 萨纳姆·基拉·亨·恰特轻轨站步行即到

不知从何时起，流行事物也占据了群侨中心。四层紧挨东急的部分全都成了经销非法复制软件和手机的商店。手机大部分是旧手机，购买时要仔细辨认清楚。

COLUMN

在巨型超市里搜寻礼物！

以曼谷市区为首，在泰国各地都设有分店的巨型超市，而且不只是经营已成为其核心的超市，还另设了快餐、家庭餐厅等餐饮店街、时尚商店，有的地方甚至还配置了游乐园和电影院。而销售杂物和食品类的礼品店也在开设之中。

如果您有兴趣的话，不妨在此游玩一日

大C　Big-C Map p.81-E3~E4

叻差达慕里店，是曼谷市区最大的巨型超市。里面还设有电影院、食物区，快餐店也已进入，集购物、餐饮、娱乐于一体，真是一个消磨时间的好去处。

与恩努特轻轨站通过人行天桥直接相连

泰斯科·鲁塔斯　TESCO-Lotus

文前图曼谷-G6-A3等

恩努特店与恩努特轻轨站通过人行天桥直接相连，交通相当便利。还设有食物区。

其他超市

曼谷市区有位于繁华街和大型购物中心的陶普斯（Top's）、维拉市场（Villa Market）等超市，其中除了泰国的食品，各种进口食品也是琳琅满目。

逛一逛地方市场

遍览曼谷的市场

交通总站及大街道的旁边等，多数是在人们集中的场所形成了市场（Market，泰语叫塔拉特）。曼谷市区所到之处，分布着大大小小的市场，各有各的特点，非常有趣。去小型市场走走，也很快乐。

西里拉特医院与旺朗码头附近的人集中的旺朗市场

旺朗市场　Talat Wang Lang　Map p.74–A2~B2

以旺朗码头为中心，沿着西里拉特医院与郑王寺连接的细长的路排列着许多商店的市场，最引人注目的是泰国的点心店。

行程方法
从昭披耶 N10 码头步行即可到达。

外卖餐馆多是泰国市场的特征。似乎有许多人在家都不怎么做饭

玛哈拉特市场　Talat Maharat　Map p.74–B2~B3

这个市场位于玛哈塔特寺院内沿路边上，因为周围有卖沙孟帕伊（泰国的香草、药草等）以及与传统的医疗有关商品的商店，路上也有经销药草以及奇形怪状的药的商店，而卖护身符等的店也夹杂在其中。

行走线路
从帕昌渡船码头步行 2 分钟即到。

卖护身符及破烂东西的露天小店很多，有点古怪

鲁特法伊市场　Talat Mut Rotfai　文前图曼谷 –D2

利用原铁路货运站留下来的场地发展起来的露天市场。每周六、周日的 14:00~24:00 营业。卖的东西是古董和便宜衣料等。对于想尝试逛夜市感觉的人很合适。

行走线路
卡姆亨潘地铁站一号出口步行 5 分钟即到。

占地面积很大的市场内，容纳着许许多多的小店

邦拉姆普市场 Talat Banglamphu Map p.91–E3

位于考山路附近，大规模以衣料为主体的市场。与旁边的小型唐华塞百货商店一起构成了一个购物区。

行走线路
从考山路步行即到。

考山路上面向外国人的商品很多，而这里全是面向泰国人的商品

克隆生市场 Talat Khlongsan Map p.82–A2

连接湄南河与阿伦·阿玛玲路的狭长的市场。接近河水的区域卖衣料、杂物，而靠路的区域则是餐馆街。

行走线路
河城前面的西帕耶码头乘坐渡船（并非湄南河快船的西帕耶码头）。

从吞武里到曼谷上下班的人早晚必经的市场

既可以吃好饭又可以购物的市场，它的存在方便了周边居民的生活

拉拉伊沙普市场 Talat Lalaisap Map p.83–E3

位于曼谷银行总店旁边的小巷中，平时午饭时间，只是在周边工作的职业女性前来光顾就已经非常热闹了。一家家路边小货摊上出售面向女性的衣料、杂物、廉价化妆品等。

行走线路
沙拉玲轻轨站二号出口步行 5 分钟即到。

男性避开平时的午餐时间也无可非议，实在是抵不过暑热和女性的气势

帕克·克隆市场 Talat Pak Khlong Map p.78–A3

在大型花市的旁边，以横跨湄南河的大桥下面为中心，一到夜幕降临，卖衣料的露天小店就开始营业了，每天晚上都是人潮如流，热闹非凡。还有出售 T 恤的商店，搜寻挖掘一些珍品也很有意思。

行走线路
从湄南河快船的普特大桥码头步行即到。

这里的花市原本是帕克·克隆市场

以桥为中心，沿河边路上排列着一家家露天小店

法伊克旺市场 Talat Huai Khwang Map p.73–E1

一到夜晚，路两旁的人行道立刻被衣料露天店所吞没，这是只有在南国才会有的通宵市场。服装销售中性感样式设计居多。既便宜又好吃的海鲜、伊沙菜餐厅也渐渐地增加了。

行走线路
法伊克旺地铁站三号出口步行 3 分钟即到。

性感服装。周围的居民做接待客人行业的人居多的缘故吧

位于叻差达披色路的福尔伊克旺十字路口、人们拜求好运的祠堂

到曼谷的超级市场去

周末市场

曼谷具有代表性的大型露天市场的周末市场，还有一个名字叫“恰陶恰克市场”。一边体验着热气升腾、充满活力的南国，一边购物，这也是只有旅行才能经历到的。

A

B

文前图曼谷 -E2

AREA 9 ●拍裕庭路周边

曼谷最大的市场

周末市场（恰陶恰克市场）

Weekend Market（Talat Chatuchak）

交通 莫奇地铁站一号出口、卡姆亨潘地铁站二号出口即到

只在周末的周六、周日营业两天时间，是什么都卖的大市场。这里简直就是一个小镇，占地面积很广，如果再加上与它相邻的多利姆·塞克匈购物区、露天店、小贩，据说店铺的总数已达1万家以上。而且前来购物的顾客数每周在20万人以上。内部像迷宫一样错综复杂，商品堆放得乱七八糟，一下子看不到尽头。初次来这里的人极易失去方向感，而且没有空调，相当热。想要将整个市场都逛一遍，若没有花上半天时间准备，那几乎就不可能。营业时间一般是9:00左右开始，到18:00结束。若去晚了，有的商店已开始关门了。因为一到下午，整个市场内就被热气笼罩，人实在受不了。如果想去的话，建议您最好先在人少的上午去。杂物店周五就营业了，这个也可以是一个目标。

住 拍裕庭路恰陶恰克市场 Talat Chatuchak, Phahonyothin Rd.

☎ 0-2272-4440~1

营 9:00~18:00（店不同而各异）

C/C 店不同而各异，但大部分都不能使用。

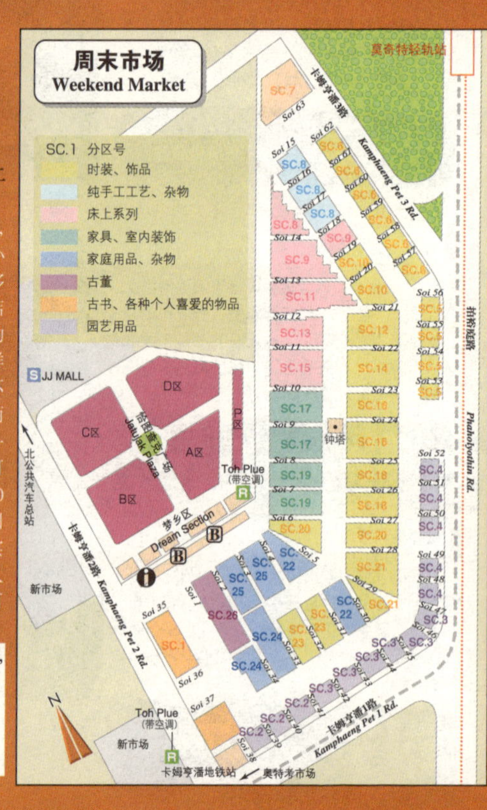

A 逛商店是泰国最喜欢的一种娱乐之一 B 各种配色大胆而花纹艳丽的杂物。如果带回中国去一定是相当气派的 C 与街上商店、露天店里卖的东西一样，但在这里买要便宜 D 餐饮店分散夹杂在商店之中，才是真正的泰国市场。还有日本菜馆 E 周末市场中央屹立着的钟塔，可以作为您与朋友万一走散时聚齐的标志性场所 F 狭窄的过道被淹没在购物的人潮之中。不要忘记防暑、防小偷

周边还有的购物街

经销高档食品

奥特考市场

Talat O.T.K Market　　文前图曼谷 –E2

位于周末市场对面的经销生鲜食品的奥特考市场，是与街市上的市场、超市同等水平的高档商品市场。寻找赠送别人的礼物，可以来这里，连曼谷的孩子也来购买东西。水果等可以轻松吃到，作为零食或甜点，可以买一些尝尝。

正在卖的水果外观漂亮，很好吃的样子

建筑物、地板都非常整洁，充满了高档感

每天都在营业的百货商店也去看看

JJ 购物中心

JJ Mall　　文前图曼谷 –E1

与周末市场的北部相邻的高大建筑物是JJ购物中心，空调完善的百货商店。因为平日里也在营业，所以若周末抽不出时间，只来这里逛逛也不错。

餐厅、咖啡厅都有

购物后，会收到退还的VAT（附加税）

在泰国购物，要加7%的VAT（附加税）。从1999年夏天开始，泰国政府为进一步降低去泰国旅行的外国人的费用，决定对满足条件的外国人，退还附加税部分。购买了许多东西的人，在购物时以及出泰国时别忘了办理退税手续。

接受退还附加税的人与商品的条件

1）非泰国国籍的人。

2）非泰国的永远居住、定期居住或者一年间暂住180日以上的人员。

3）从曼谷、清迈、普吉岛、哈特亚伊（哈吉伊）等国际机场出国的人。

4）非从泰国起飞的机组乘务员。

5）非枪、爆炸物及类似品、宝石的原石类、佛像等禁制品。非酒店的住宿费等在泰国国内消费的服务性质类VAT。

6）商品，从购买日算起60日之内，出国时同时带出去的。不可以另寄。

退还的条件

在有“VAT REFUND FOR TOURIST”标志的店里购物，同一日在同一商店购物金额满2000泰铢以上的，而且购物的总额在5000泰铢以上的，就有了退还的权利。有“必须买的礼品”时，合在一起购买比较合算。

现在，执行“VAT REFUND FOR TOURIST”的商店除了伊势丹、东急、中心等主要的百货商店之外，还有吉姆·汤普森泰国丝绸店等品牌店。

VAT退还手续

1）在购买商品时，出示护照，请对方制作好一式两份的“VAT退还申请书”（叫P.P.10），与VAT发票一起保管好。

2）出国时，办理登机手续之前到机场的海关（Custom），提供购买商品的现货、VAT退还申请书（P.P.10）、发票，盖上检验章。购买了贵金属类、金制品、钟表、眼镜、自来水笔等时，先完成上述手续，然后办理完登机手续之后，在候机休息室向税务局（Revenue Department）的职员出示商品与VAT退还申请书，再盖一次检验章。

3）以上手续完毕之后，在候机大厅的VAT退还窗口（VAT REFOND OFFICE），出示VAT退还申请书，领取退还金。即使没有在窗口领到钱，将退还金的领取方法记在纸上后，在税务局指定的邮箱里投一份信，请求邮寄给以下地址，日后也可以领到。

●VAT REFUND OFFICE Revenue Department

住 90 Soi Pahonyothin 7 Rd., Phayathai, Bangkok 10400, Thailand

退还金的领取方法

1）退还总额未满3万泰铢时，可以用现金、银行支票支付，或者汇入指定的信用卡户头。

2）退还总额超过3万泰铢时，使用银行支票支付，或者汇入指定的信用卡户头。

领取现金时要支付100泰铢的手续费；领取银行支票时除了100泰铢的手续费之外，还要交250泰铢左右的费用（总计约350泰铢）；

汇入指定的信用卡户头时，除了100泰铢的手续费之外，还要交汇入手续费650泰铢左右（总计约750泰铢）。

退还金晚到时的咨询处

如若是邮寄银行支票或按照汇入指定的信用卡户头领取时，退还金晚到时，可以向以下地点咨询。

●VAT REFUND OFFICE Revenue Department

住 90 Soi Pahonyothin 7 Rd., Phayathai,Bangkok 10400, Thailand

☎ 0-2272-9387 FAX 0-2617-3559

注意事项

在机场办理各种手续时，预想到有时人会很多，最好准备充裕的时间。除了办理登机手续的时间，最少也还需要30分钟。

素旺纳普国际机场候机大厅的VAT退还柜台

休闲指南

Relaxation Guide

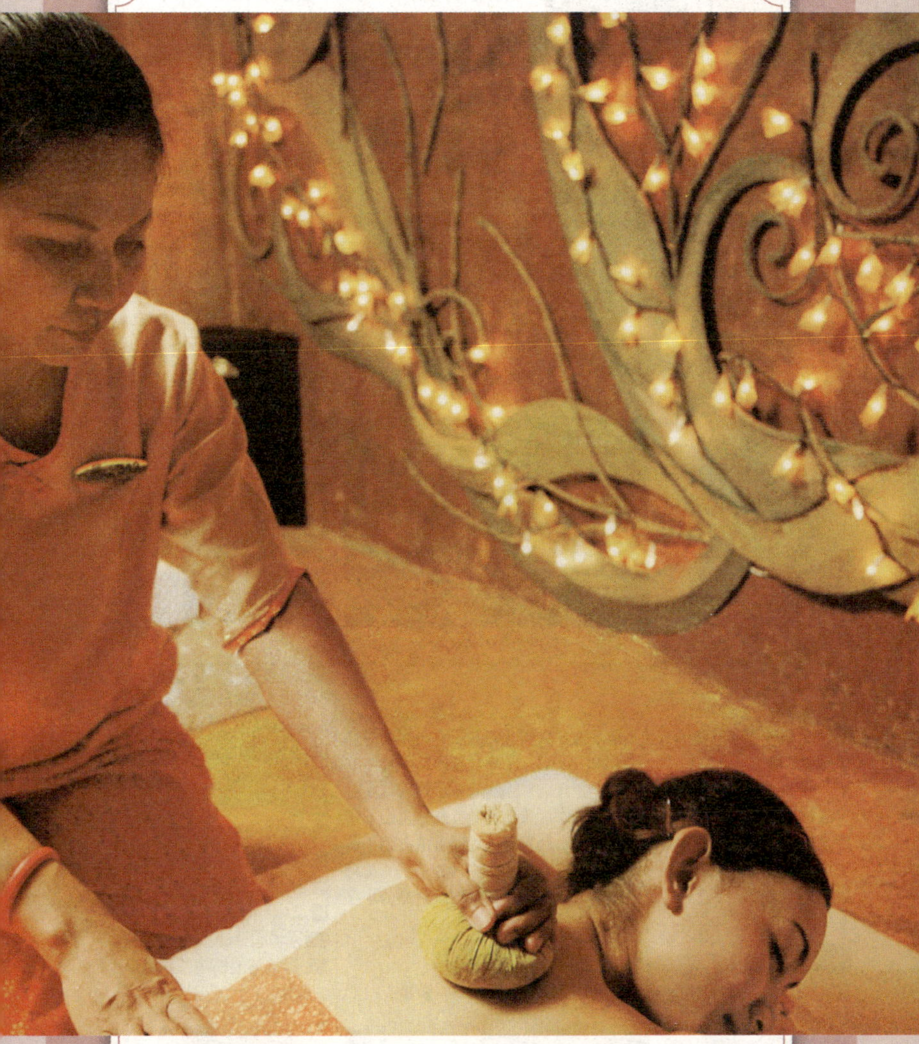

亚洲草药协会

水疗与美容

曼谷的水疗在内容、质量、设备方面，比起其他地方，收费相对便宜，不只是当地人，以水疗为目的来泰国旅行的外国人也在不断增加。除了主要的酒店全都在酒店内设置了水疗设施之外，还有将独立的房屋重新改装而成的高级水疗馆；不只限于美容，还有进行健康、医疗方面护理的水疗馆；氛围轻松的水疗馆等丰富多彩。在周末或平日黄昏以后，都可以去享受一下，但是要提前与对方约好，核实清楚相关信息。

半岛水疗馆
The Peninsula Spa

◆湄南河沿岸的高档酒店半岛（→p.270）于2006年12月1日开设了曼谷最高级的水疗馆。散发着热带气息的庭园的一角，建造着一座殖民地风格的三层专用楼，共有18个水疗房间。这些水疗房间里有两个房间面临河水、窗户都相当大，是河边个人水疗套房。在水疗护理完毕之后，为了方便客人悠闲地休息，还准备了放松室，里面放了一张床，床旁提供了读书用的台灯以及iPad，可以免费享用。

水疗项目推荐

全身整体按摩疗养法各种3800泰铢（80分钟）
以脸部护理为主的疗养法各种3800泰铢～（80分钟～）
半身全程水疗法（各种按摩及营养护理组合）5700泰铢（120分钟）
共度宝贵时光（情侣同时接受营养护理）15400泰铢（2小时）

那家高档酒店中的超高级水疗馆
AREA 5 查隆克隆路周边

Map p.82-A4
住 The Peninsula Bangkok,333 Charoen Nakhon Rd.
☎ 0-2861-2888
FAX 0-2861-1112
URL bangkok.jp.peninsula.com
营 9:00~23:00
休 无
C/C Ⓐ Ⓓ Ⓙ Ⓜ Ⓥ

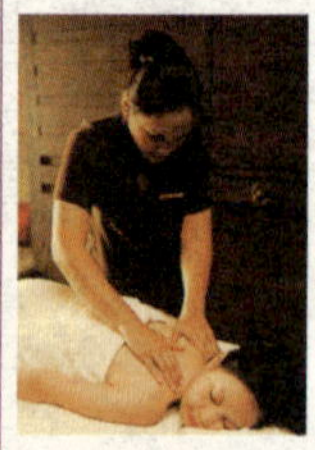

榕树水疗馆
Banyan Tree Spa

◆从开始创业起，就一直受人们欢迎的榕树水疗法。它占用的是曼谷榕树酒店（→p.274）的十九层和二十层，水疗营养护理房间共16个，其中情侣可以两个人同时接受护理的双人房有6个房间。招待区装饰多采用了黑色和木头，一种非常厚重的感觉，从这里走下螺旋式台阶，就进入水疗房间，眼前是水晶竹和满地铺着的白色小石头，好像被邀请进了另外一个世界，一边玩味着这种心情，一边舒服地享受水疗。另设有经销原创商品的商店和提供健康食品的水疗咖啡厅。

水疗项目推荐

足浴、按摩、擦洗等各种组合一套的服务比较多。5000泰铢～（120分钟）。
按摩各种3200泰铢～（90分钟）
基于阿育贝达的水疗法各种6000泰铢（150分钟）

作为利用不同的药草的高级水疗而存在
AREA 6 是隆路周边

Map p.84-C4
住 Banyan Tree Bangkok,21/100 Sathorn Tai Rd.
☎ 0-2679-1200
FAX 0-2679-1053
URL www.banyantreespa.com
营 10:00~22:00
休 无
C/C Ⓐ Ⓓ Ⓙ Ⓜ Ⓥ
交通 隆披尼地铁站二号出口步行3分钟即到

坦瓦朗水疗馆
Devarana Spa

室内装饰简直是古代文明的神殿一般

AREA 6 是隆路周边

◆曼谷律实塔尼（→p.273）是最受欢迎的水疗馆。“坦瓦朗”是泰国古语“天界的庭园”的意思。正如其名，馆内简直就是超越时空的超现实主义风格的室内装饰。内部装饰与宽敞的水疗护理室相辅相成，创造出了一个轻松自在的空间。除了地道的泰国式按摩外，还有将传统的泰国香草用布包着蒸，然后贴在身体上，可以治愈身体的酸疼，并能消除疲劳。这个项目（泰国药草蒸敷法，30分钟，950泰铢）深受好评。与按摩相配合，身体从根本上得到放松。总而言之，人气很高，想去的话要提前预约好。

水疗项目推荐

透明质酸与费耶特维尔胶原蛋白特殊护理3800泰铢（90分钟） 豪华热鳇鱼子脸部护理4700泰铢（90分钟） 坦瓦朗按摩3000泰铢（90分钟）

Map p.84-B3~C3
住 Dusit Thani Bangkok, 946 Rama 4 Rd.
☎ 0-2636-3596
FAX 0-2636-3597
URL www.devaranaspa.com
营 9:00~22:00
休 无
C/C A D J M V
交通 是隆地铁站二号出口步行即到

孟达拉水疗馆
Mandara Spa

在沿河边的旅游胜地式的水疗馆里释放自己

AREA 5 查隆克隆路周边

◆沿着湄南河边的城市旅游胜地、皇室兰花喜来登（p.275）酒店里的孟达拉水疗馆。有9个房间，由普通的水疗房与建造在花园露台上的相当于东屋的豪华花园套房组成。整个房间里配备有花瓣浴、淋浴、蒸汽浴设施，而且窗户很大。放下百叶窗房间里光线暗一些，或者在开放明亮的环境中接受营养护理，全凭您个人的喜好。酒店里的电梯，分为通往低层和通往高层的。去水疗馆要乘坐通往低层的。

水疗项目推荐

孟达拉特色按摩4400泰铢（60分钟）
芳香型脸部护理2700泰铢（60分钟）
泰国药草脸部护理2700泰铢（60分钟）

Map p.82-B2
住 Royal Orchid Sheraton Hotel & Towers,2 Soi 30,Charoen Krung Rd.
☎ 0-2266-0123 FAX 0-2236-8320
URL www.mandaraspa.com
营 10:00~22:00
休 无
C/C A D J M V
交通 华兰蓬地铁站一号出口步行14分钟即到

水疗1930
Spa 1930

富有情趣的欧式建筑改装而成的水疗馆

AREA 4 暹罗广场、水门周边

◆位于安静街道半中间的水疗1930，白色的墙壁、棕色的柱子，色彩对比鲜明的、简直就是一座欧洲的山中小屋似的雅致的建筑物改装而成的水疗馆。这是1930年为王室建造的欧式住宅，复杂的坡度、室内的墙壁和天花板的考究造型，酿造出独特的高档风范。以引进按摩项目为特征，在院子里的东屋里接受水疗护理。

水疗项目推荐

脸部护理各种1600泰铢~（60分钟） 身体护理各种1200泰铢~（30分钟） 身体按摩 缓解背部与肩膀肌肉紧张1000泰铢（30分钟） 足部按摩1200泰铢（60分钟） 1930四手联弹按摩1900泰铢（60分钟） 2500泰铢（90分钟） 泰国按摩1200泰铢（60分钟）

Map p.81-F5
住 42Soi Tonson, Lumphini
☎ 0-2254-8606
FAX 0-2254-8607
URL www.spa1930.com
营 9:30~21:30（最晚接待时间20:00）
休 无
C/C A J M V
交通 奇隆轻轨站四号出口步行6分钟即到

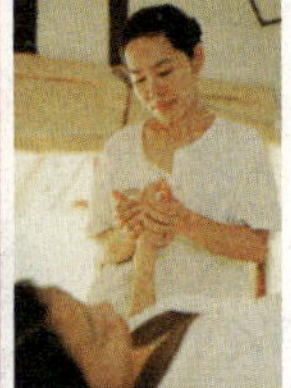

考莫·辛巴拉
COMO Shambara

设计风格独特酒店中的时尚水疗馆
AREA 6 是隆路周边

◆位于时尚的曼谷梅特劳波里通（→ p.274）酒店里，室内装饰多用白色、棕色、米色，光线充足、明亮的水疗馆。对于按摩有着自己独特的哲学见解，普通的按摩都是从足部开始，在这里叫作从左半身开始。而这里是从心脏部位开始按摩，据说可以促进全身血液循环。水疗护理完毕之后，可以到隔壁去吃点健康食品。

水疗项目推荐

考莫·辛巴拉按摩 2400 泰铢（90 分钟）、泰国药草营养护理 4400 泰铢（120 分钟）、泰国考莫·辛巴拉清洁全身、脸部护理 2800 泰铢（75 分钟）、考莫·辛巴拉例行程序护理 5000 泰铢（120 分钟）、考莫·辛巴拉适合男人的清洁护理 3000 泰铢（75 分钟）

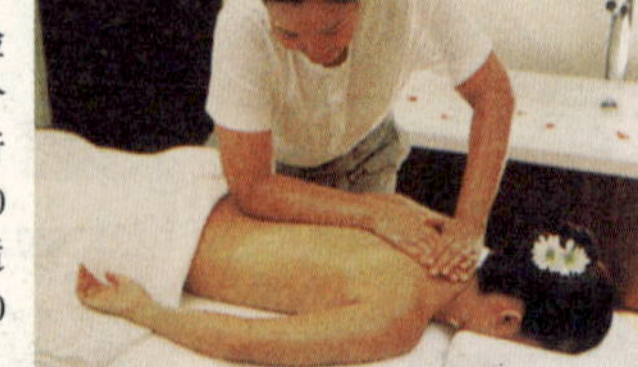

Map p.84-C4
住 metropolitan BANGKOK,27 Sathorn Tai Rd.
☎ 0-2625-3355
FAX 0-2625-3300
营 8:00~21:30
休 无
C/C ADJMV

交通 隆披尼地铁站二号出口步行 9 分钟即到

气—香格里拉水疗馆
Chi.The spa at Shangri-la

西藏风格的神秘的室内装饰
AREA 5 查隆克隆路周边

◆位于拥有“桃花源”名称的酒店中，是颇具现代意识的室内装饰的水疗馆。水疗理念是以中国传统哲学的阴阳五行思想为基准的“气”。提供的是保持体内平衡的“气”的流动通畅，以确保身体健康的护理。据说“桃花源”是存在的喜马拉雅、西藏的启示，用黄铜钹或球敲击出来的声音，不仅仅是身体，而且五种感官全部能得到调理，心情在安静中得到释放，是不是也有一个美的意境呢。

水疗项目推荐

治疗石按摩 5200 泰铢（105 分钟） 阴阳协调按摩 5200 泰铢（105 分钟） 气皮肤光滑护理 2500 泰铢（45 分钟）
气脸部护理 3500 泰铢（60 分钟） 周一～周四 10:00~14:00 正常营业时间，费用可以便宜 15% 左右。

Map p.82-B4~B5
住 The Shangri-la Hotel.89 Soi Wat Suan Plu, Charoen Krung Rd.
☎ 0-2236-7777
FAX 0-2236-8579
URL www.shangri-la.com/bangkok
营 10:00~24:00
休 无
C/C ADJMV
交通 郑信大桥轻轨站一号出口步行即到

曼谷奥尔西斯水疗馆
Oasis Spa Bangkok

在宽敞的大院子里建造的白色欧式建筑
AREA 7 素坤逸路周边

◆ 2007 年开业的，从清迈起家的深受欢迎的水疗馆。水疗专用设计，新建造的水疗护理楼，一共 15 个房间。到处都是随意的泰国传统性装饰的现代流行建筑。整个房间设置都是成对的，情侣两个人可以同时接受护理。提前预约好后，在华兰蓬轻轨站有接送车等候。

水疗项目推荐

传统泰式按摩 1700 泰铢（120 分钟） 泰国药草蒸敷 1200 泰铢（60 分钟）头发护理女性按摩 1800 泰铢（60 分钟） 泰国王室脸部护理 1400 泰铢（60 分钟） 椰子油快速护理 1500 泰铢（60 分钟）香熏牛奶浴 650 泰铢（30 分钟）

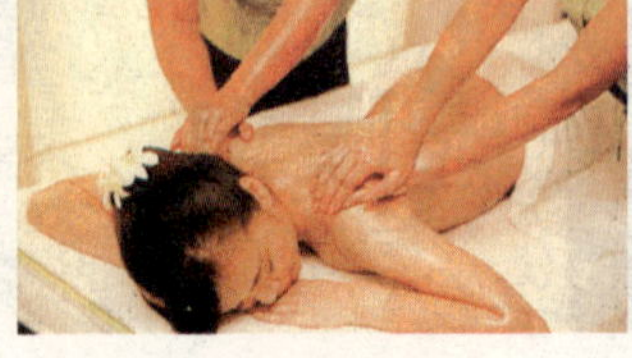

Map p.87-F3
住 64 Soi 4, Soi 31, Sukhumvit Rd.
☎ 0-2262-2122（呼叫中心）
URL www.oasisspa.net
营 10:00~22:00
休 无
C/C ADJMV

素坤逸路 51 巷（Map p.89-D2~D3）设有分店。
交通 华兰蓬轻轨站五号出口步行 18 分钟即到

古朗德水疗馆
The Grande Spa

◆谢拉通·古朗德·素空比特（→p.273）内的一个高级水疗馆。脸部护理品种齐全，使用的是法兰西的吉诺天然化妆品。大量使用柚木的内部装饰，显得厚重而豪华，使人们能在轻松的氛围中享受水疗护理。女性当然不用说了，经商的男士们也常来光顾。沐浴在温暖的灯光下，这是一个让人能够充分释放的空间，可以治愈游客的身心疲劳，一种幸福感油然而生。

水疗项目推荐

按摩营养护各种 2100~3800 泰铢（60~120 分钟）
古朗德基本护理、脸部护理 3700 泰铢（70 分钟）
快速恢复基本护理 3200 泰铢（75 分钟）
古朗德基本清洁护理 1700 泰铢（30 分钟）

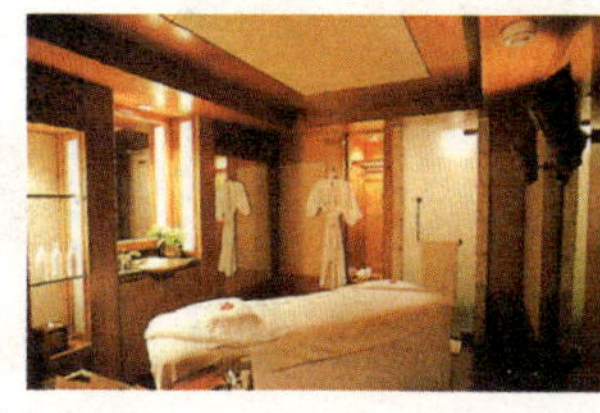

酒店内的高级水疗的先驱
AREA 7 素坤逸路周边

Map p.87-D4
住 Sheraton Grande Sukhumvit, 250 Sukhumvit Rd.
☎ 0-2649-8121
FAX 0-2649-8820
营 8:00~23:00（最晚接待时间为 22:00）
休 无
C/C ADJMV
交通 阿索轻轨站连接通道步行即到

拉林今达 · 万鲁南斯水疗馆
Rarinjinda Wellness Spa

◆叻差达慕里的高档服务公寓、古朗德中心点酒店及公寓（→p.304）的六层和八层，就是拉林今达·万鲁南斯水疗馆，它是起家于清迈的健康水疗馆。引进了热砂床、按摩式淋浴等最新的机器，追求美与健康。水疗护理结束之后，在摆设着沙发等的放松区，水疗馆里提供免费水果，可以一边吃水果，一边悠闲自在地休息。

水疗项目推荐

水疗各种 2000 泰铢（45 分钟）~
清洁身体各种 1500 泰铢（60 分钟）
香熏油按摩 1500 泰铢（60 分钟）
热石按摩 2500 泰铢（90 分钟）

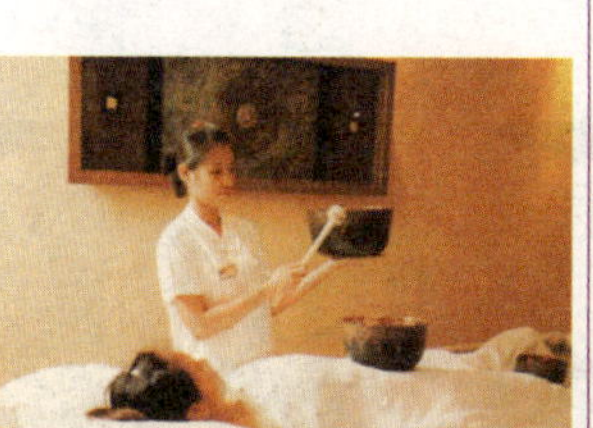

来自清迈的高级水疗馆
AREA 4 暹罗中心、水门周边

Map p.81-E5
住 8th Fl., Grande Center Point Hotel & Residence,153/2 Soi Mahatlek Luang 1, Ratchadamri Rd.
☎ 0-2670-5599 URL www.rarinjinda.com
营 10:00~24:00（最晚接待时间为 22:00） 休 无

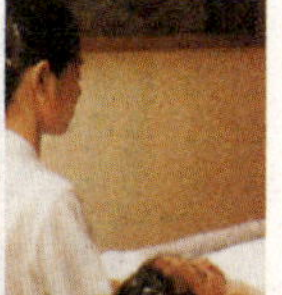

C/C ADJMV
交通 叻差达慕里轻轨站四号出口步行 4 分钟即到

鲁水疗馆
Le Spa

◆可以俯瞰苏里旺路的高级酒店曼谷鲁·梅里迪恩（→p.271）六层，与吉姆游泳池在同一层的时尚水疗馆。墙壁用曲线勾勒成球形状的水疗护理室，是酒店的名称梅里迪恩（子午线）的象征，让人感到一种独特的平稳而又多么不可思议的空间，这是在欧洲的水疗馆和咖啡馆文化中产生出来的。为发掘人类自身净化身体与心灵的恢复力而做的水疗护理，品种齐全。

水疗项目推荐

热带水果去皮质护理 1200 泰铢（40 分钟）
黄豆+椰子去皮质护理 1200 泰铢（40 分钟）
深层洁肤+特效润肤、脸部护理 1800 泰铢（60 分钟）
瑞典式按摩 1200 泰铢（60 分钟）
蒸汽与身体护理组合 1400 泰铢（60 分钟）

圆形的护理房间简直像一艘宇宙飞船
AREA 6 是隆路周边

Map p.83-E2~F2
住 6th Fl., Le Meridien Bangkok,40/5
☎ 0-2232-8888
FAX 0-2232-8999
营 9:00~23:00（最晚接待时间为 22:00）
休 无
C/C ADJMV
交通 萨姆亚地铁站一号出口步行 4 分钟即到

东方水疗馆
The Oriental Spa

◆曼谷文华东方酒店（→ p.269）直接管理的水疗馆。不只是外表靓丽，还有以追求身心唯美为目标的护理为水疗的理念。身体护理时用的泰国香草原本是东方水疗馆的独创。除了时程为 30、60、90 分钟以外，还有半天的、带午餐的全天护理，各种各样。从印度进口的设备，还配备有印度医生。最上层新开设的、使用专用房间的阿育吠陀项目也很受人欢迎。

水疗项目推荐

东方泰式传统干燥按摩与被动伸展运动 2900 泰铢～（60 分钟）育贝狄克药草按摩各种 2900 泰铢～（60 分钟） 身体护理各种 5800 泰铢（120 分钟）脸部护理各种 2900 泰铢～（60 分钟）

不断发展中的超人气的高级水疗馆
AREA 5 查隆克隆路周边

Map p.82-A4
住 Mandarin Oriental Hotel,48 Oriental Ave., Charoen Krung Rd.
☎ 0-2659-9000 分机 7440-7444
营 9:00~22:00
休 无
C/C Ⓐ Ⓓ Ⓙ Ⓜ Ⓥ
交通 郑信大桥轻轨站三号出口步行 11 分钟即到

波托尼卡水疗馆
Spa Botanica

◆位于以独特的氛围受到人们的喜爱的酒店素可泰（→ p.270）内，是 2007 年开的一家高级水疗馆。在做护理时身体盖的布，使用的不是毛巾而是泰国丝绸等，只有高级店才能有如此细致周到的照顾，令人高兴。水疗护理室各自具有不同的造型，有带凉台的房间，也有带按摩浴池的房间等。

水疗项目推荐

素可泰特色按摩 4500 泰铢（90 分钟） 温暖的泰式油与黏土按摩 3700 泰铢（90 分钟） 茉莉花、香菜清洁护理 3000 泰铢（60 分钟） 泰国药草快速清洁护理 3000 泰铢（60 分钟） 香熏脸部护理及按摩 4900 泰铢（90 分钟）

起源于新加坡的高级水疗馆
AREA 6 是隆路周边

Map p.84-C4~C5
住 The Sukhothai Bangkok, 13/3 Sathorn Tai Rd.
☎ 0-2344-8900
FAX 0-2344-8899
URL www.spabotanica.com
营 9:00~22:00
休 无

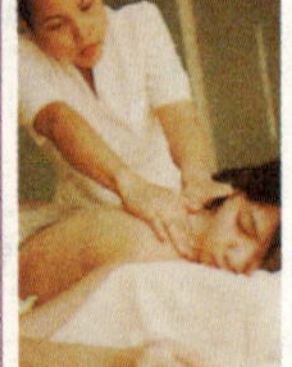

C/C Ⓐ Ⓓ Ⓙ Ⓜ Ⓥ
交通 隆披尼地铁站二号出口步行 7 分钟即到

我的水疗馆
My Spa

◆店主曾在曼谷某个高档酒店里的水疗馆工作过，积累了丰富的经验之后，独立开了一家水疗馆，以适中的价格提供了先进的水疗技术。水疗馆位于外国书店、网上咖啡厅、咖啡店等集中的大厦中，游客在购物途中，可以顺便进去。产品全部采用天然材质，木瓜、菠萝、酸奶、蜜糖等，总之全都是对身体有益的好东西。华兰蓬有 2 号店（Map p.87-F5）。

水疗项目推荐

泰式按摩 600 泰铢（60 分钟） 泰国药草蒸汽 1500 泰铢（100 分钟） 摩洛哥坚果油脸部护理 1700 泰铢（75 分钟） 排毒程序 4200 泰铢（180 分钟）

办公大楼内的另一个世界
AREA 7 素坤逸路周边

Map p.86-C4~87-D4
住 3rd Fl., Times Square Bldg., Between Soi 12 & Soi 14, Sukhumvit Rd.
☎ 0-2653-0905、08-1620-8723（日语手机）
URL www.myspa.com
营 10:00~22:00 休 无
C/C Ⓐ Ⓓ Ⓙ Ⓜ Ⓥ
交通 阿索轻轨站连接通道步行即到

因潘里尔鲁水疗馆
Imperial Spa

◆在贝恰西里公园的旁边耸立着一座巨大的酒店——因潘里尔鲁王后酒店（→ p.285）的九层的水疗馆。水疗护理房间里多用木头装饰，有一种高档的感觉。酒店内有水疗独特的丰富多彩的护理手法，而且价格比较适中，人们容易接受，因此不论居民还是旅行者都喜欢前来。这里还有划算的各种优惠价。

水疗项目推荐

因潘里尔鲁按摩 2200 泰铢（90 分钟） 因潘里尔鲁四手连弹的例行护理 3500 泰铢（90 分钟） 因潘里尔鲁足部按摩 500 泰铢（60 分钟） 脸部护理各种 2200 泰铢（60 分钟） 包半日各种 2000 泰铢 ~（120 分钟）

可以轻松去享受的酒店内水疗馆
AREA 7 素坤逸路周边

Map p.88-B2~B3
住 9th Fl., Queen's Tower, The Imperial Queen's Park Hotel, 199 Soi 22, Sukhumvit Rd.
☎ 0-2261-9000 分机 5115
营 10:00~22:00
休 无
C/C A D J M V
交通 华兰蓬轻轨站六号出口步行 9 分钟即到

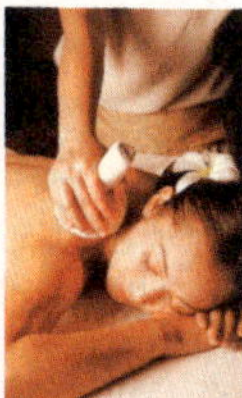

十水疗馆
Spa Ten

◆国家体育场对面的时尚酒店暹罗 · 暹罗（→ p.280）内的水疗馆。像被密林覆盖着的不同文明的遗迹似的室内装饰，还有不可思议的能够解除身体疼痛的水疗。在酒店的第十层，一共有 14 个水疗护理房间。在铺着大型垫子的泰式按摩房里，也有大窗户的房间，可以一边眺望曼谷市区的雄壮景观，一边接受按摩。

水疗项目推荐

全身按摩 1600 ~2400 泰铢（60 ~90 分钟）
薰衣草身体清洁护理 1500 泰铢（45 分钟）
矿泉浴 1000 泰铢（45 分钟）

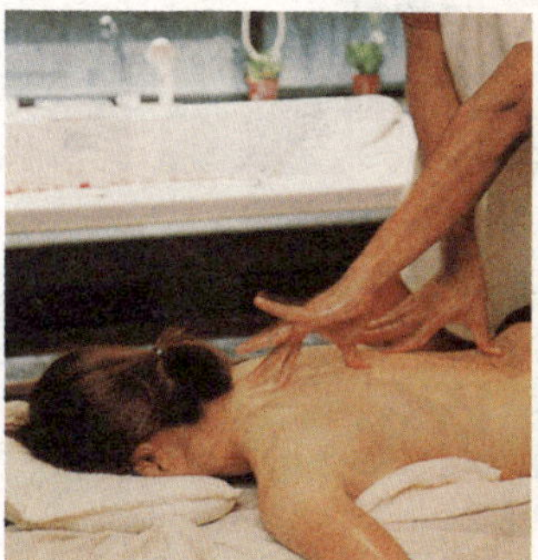

时尚酒店中的时尚水疗馆
AREA 4 暹罗广场、水门周边

Map p.307-A2
住 10th Fl., Siam@Siam,865 Rama 1 Rd.
☎ 0-2217-3000 FAX 0-2217-3030
URL www.spa-ten.com
营 10:00~23:00 休 无
C/C A D J M V
交通 萨纳姆 · 基拉 · 亨 · 恰特轻轨站一号出口步行 2 分钟即到

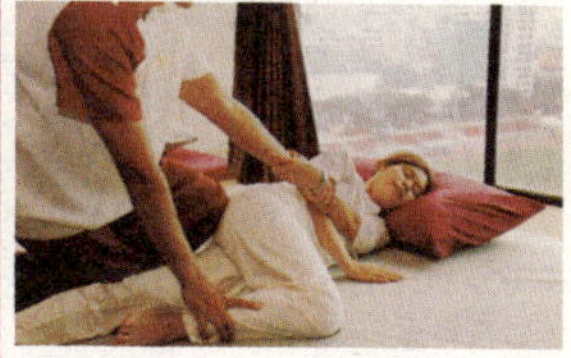

东京花子
Hanako Tokyo

◆铺着纯白色床单的床整齐地排列着，店内洋溢着素雅干净的氛围，价格适中，非常受欢迎。不光是水疗护理，而且可以给顾客化妆。脸部护理 550 泰铢 ~，可以轻松享用。除了暹罗广场店之外，群侨中心（p.215）五层等各地都开设有分店。

脸部护理受欢迎的老店
AREA 4 暹罗广场、水门周边

Map p.131-B2
住 424 Soi 11, Siam Square
☎ 0-2255-8630
FAX 0-2253-5114
营 9:30~21:00
休 无 C/C A J M V
交通 暹罗轻轨站二号出口步行 3 分钟即到

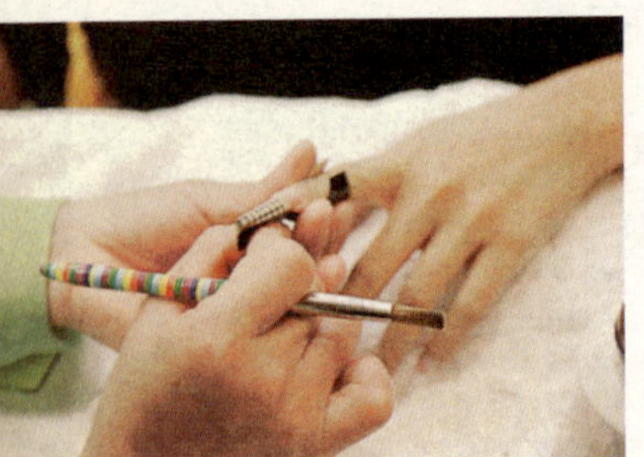

美甲沙龙

美甲在泰国人中深受欢迎，繁华街一般都有这样的商店。从王族人前往的高档店到接近露天店的小店，种类丰富。泰国的优点就是能早早地吸取世界上最新流行的新鲜事物，3D 美甲、丙烯酸树脂美甲等都可以去尝试一下。作为不占地方的礼物，是最好的旅行纪念品。

N.I.C. 美甲沙龙
N.I.C.Nail Salon

连王族的人也悄悄前来的高档店
AREA 7 素坤逸路周边

◆曼谷第一家开业的正宗美甲沙龙。位于商业大厦之中，与轻轨站通过人行天桥相连接。摆放着带洗足设备的大沙发的水疗护理房里，还配置着大型的显示屏，可以看电视或电影，这样在整个长时间的护理过程中，保证让您不会无聊地度过。服务人员全部是经过长年训练的、超越了一定水平的人。通过图或照片选择您想要的项目，每个季节都有新设计的款式出场。

水疗项目推荐

特长时间美甲（丙烯酸树脂）2200~2500 泰铢（120~150 分钟）
特长时间美甲（凝胶）3000 泰铢（120~150 分钟）
修指甲 500 泰铢（60~90 分钟）
美甲艺术　一个 80~300 泰铢

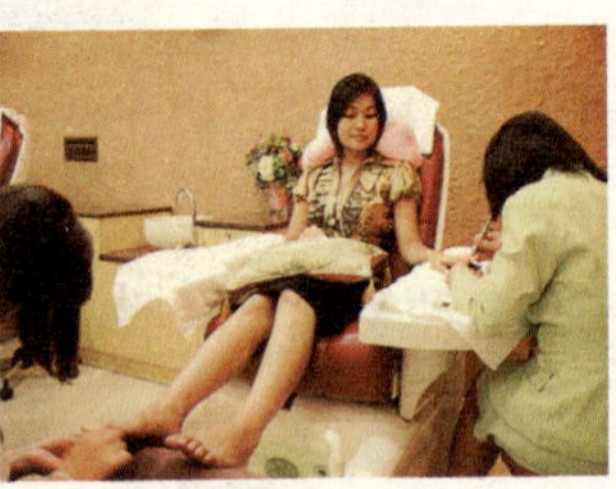

Map p.86-C4~87-D4
住 3rd Fl., Times Square Bldg., Between Soi 12 & Soi 14, Sukhumvit Rd.
☎ 0-2250-0322
URL www.nicnail.com
营 周一～周五 9:30~19:30
休 周日
C/C Ⓐ Ⓙ Ⓜ Ⓥ
交通 阿索轻轨站连接通道步行即到

关爱
Takecare

服务到位且价格便宜
AREA 7 素坤逸路周边

◆在曼谷市区开设了连锁店的美甲沙龙。美甲技术公司的天然护甲以及使用凝胶等经典护理都很流行。采用医疗用的消毒器、单独包装的器具等，非常专业。附近还另设了美甲用品商店，美甲护理店等，可以购买自己喜欢的美甲商品。

水疗项目推荐

美甲技术：修指甲及修脚 900 泰铢（90 分钟）　清洗涂色痕迹、清洁、整理、脚后跟开裂、脚后跟清洁、指甲根上的软皮处理、清洁指甲、热石护理（40 分钟）、营养补给面膜、涂色 900 泰铢（120 分钟）
平面艺术彩绘 一个 30 泰铢

Map p.88-C2
住 Soi 35, Sukhumvit Rd.
☎ 0-2258-7543
URL www.takecarebeauty.com
营 9:00~21:00
休 无
C/C Ⓙ Ⓜ Ⓥ
交通 华兰蓬轻轨站一号出口步行即到

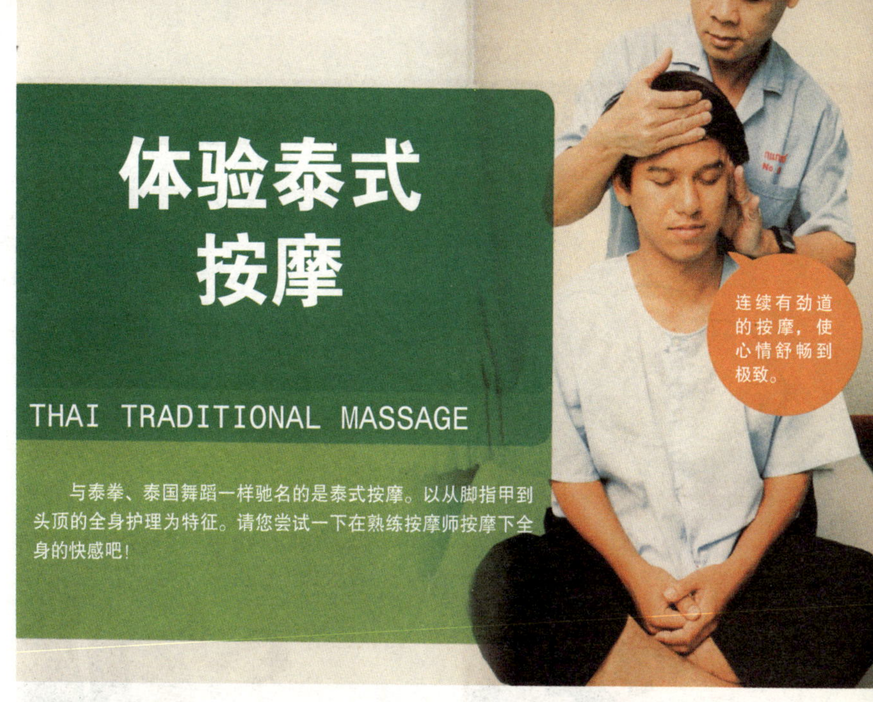

连续有劲道
的按摩，使
心情舒畅到
极致。

体验泰式按摩

THAI TRADITIONAL MASSAGE

与泰拳、泰国舞蹈一样驰名的是泰式按摩。以从脚指甲到头顶的全身护理为特征。请您尝试一下在熟练按摩师按摩下全身的快感吧！

泰式按摩是什么

泰式按摩在中国也很受欢迎。它原本是起源于印度的民间疗法之一，后来传到了泰国，独自发展起来，直至形成了现在的态势。人体内有一种叫“通路”的像气一样流动的东西，它要是一停滞，就会损害健康。因此用按摩的方式来刺激“通路”，身体的机能就会恢复正常，而这就是泰式按摩的根本思想。

接受一次按摩吧！

泰式按摩是流传于泰国人之中的普通健身方法，您可以轻松地尝试一下。大多数按摩店一进店就会给您换上像睡衣一样的衣服，所以没必要担心穿什么服装去。不管在哪家店里，都是从接受 1 小时的按摩算起，大致上按摩一次最少需要 2 小时。如果可能的话，建议您体验一下 2 小时按摩吧！

按摩的泰语叫法

泰语称按摩叫“努尔特”，更特别的称呼叫“努尔特 · 波朗”。“波朗”的意思是“从前的”、“古代的”。有很多按摩店兼营所谓的“风俗”的东西，为识别健全的按摩店，特地将普通的按摩叫作“古式按摩”。

关于按摩的小费问题

按摩完毕之后，付给负责按摩的按摩师一定数额的小费是极平常的。若没有特别的不满意的地方，标准是 1 小时付 20~50 泰铢、2 小时 50~100 泰铢。如果按摩手法特别好，而且延长了按摩时间的情况下，当然应该付给更多的小费。相反，在按摩中一直不停地与同事闲聊，短时间内就结束按摩的，或者没有按照按摩标准去服务时，就是不给小费也可以。

想通过泰式按摩缓解疼痛！

从足部开始按摩，最后达到全身放松的泰式按摩。全身疏通的感觉是何等美妙。现在马上去尝试一下吧！

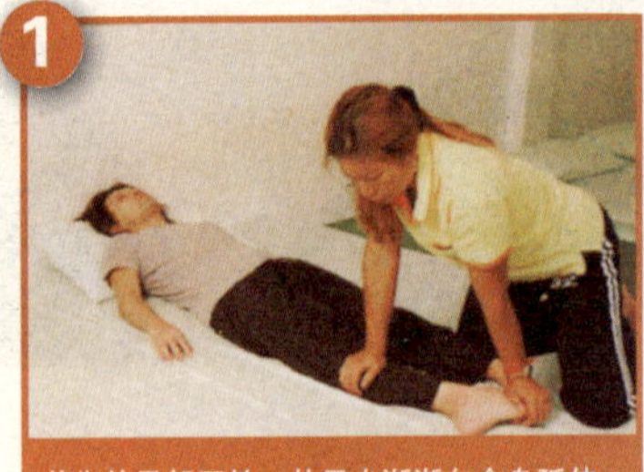

首先从足部开始。从足尖渐渐向全身延伸。

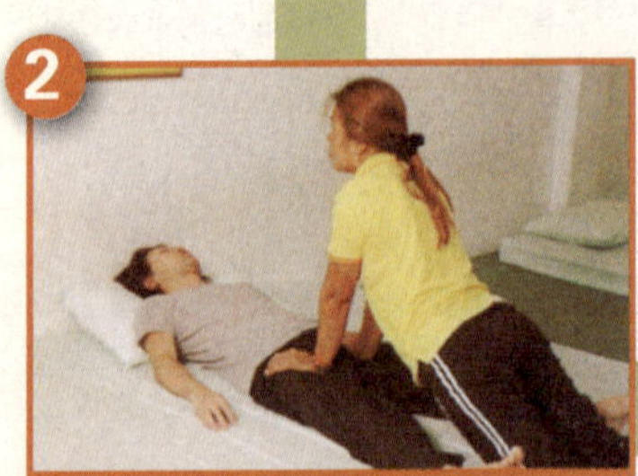

放松足部，按揉足根部的血管，一会儿之后，将手松开。血液一下子就流到足部，血液流动状况转好。

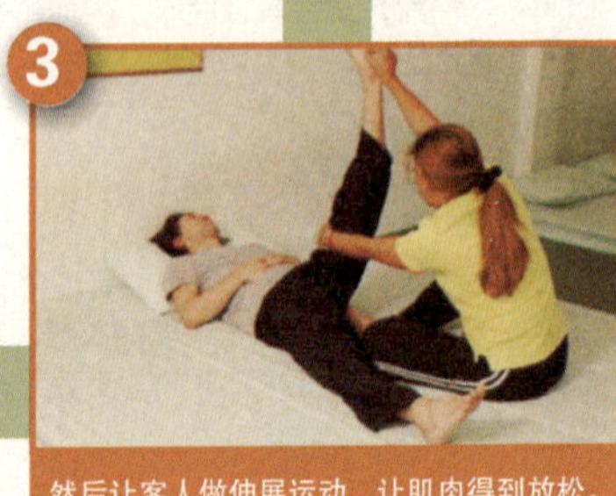

然后让客人做伸展运动，让肌肉得到放松。

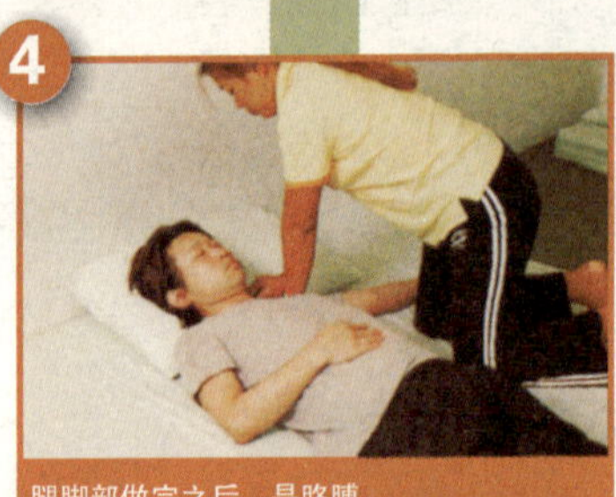

腿脚部做完之后，是胳膊。

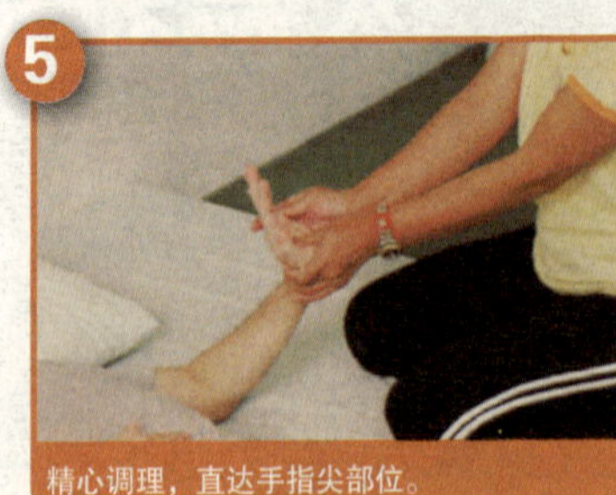

精心调理，直达手指尖部位。

按摩的泰语（此处泰语省略）

按摩	努尔特	胳膊	坎
泰式按摩	努尔特·波朗	脚	卡
足部按摩	努尔特·发塔奥	强	兰恩
身体	陶尔	弱（轻）	巴奥
头	福尔	疼	欠普
颈	考	痒	恰卡奇
肩	拉伊	正好	卡姆朗迪

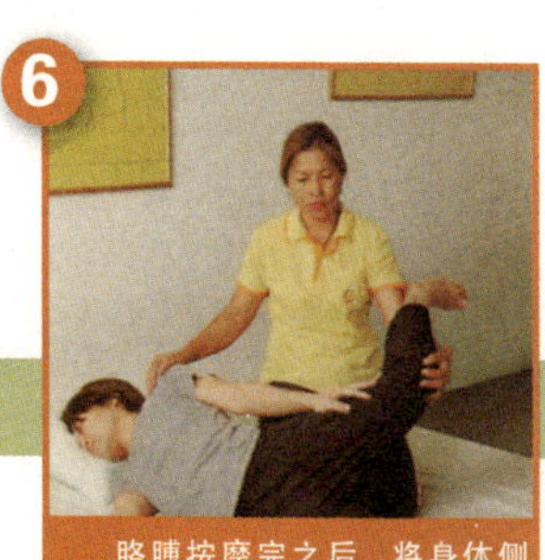

6 胳膊按摩完之后，将身体侧卧，以舒展肩膀和脖颈。

7 坐着放松肩部和背颈部，使颈部可以伸展自如。

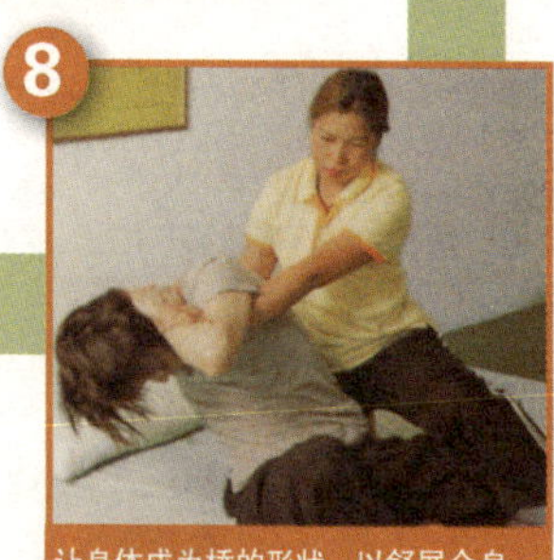

8 让身体成为桥的形状，以舒展全身。

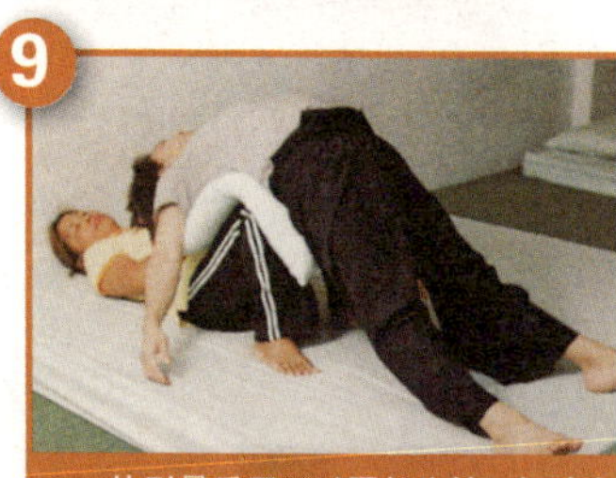

9 快到最后了。以腰部为轴，扭动身体，全身放松。

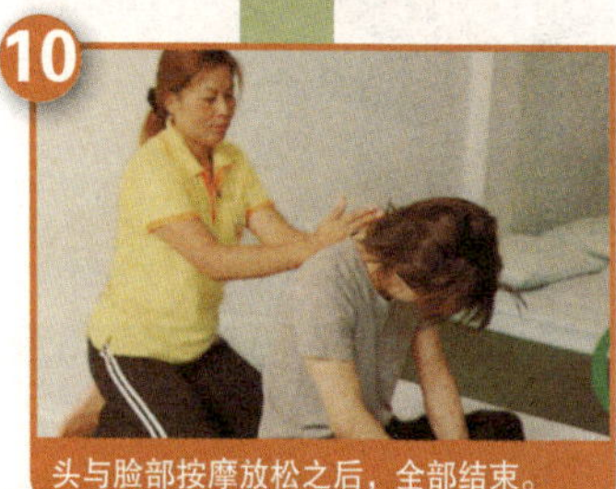

10 头与脸部按摩放松之后，全部结束。

协助拍摄：
普沙帕按摩专业学校

在泰国学习按摩

若您对按摩感兴趣，可以学习一下。最短 1 周时间就可以掌握基本的按摩常识。

普沙帕泰式按摩专业学校

Phussapa Thai Massage School

Map p.88–C3

泰国文部省认证的专业学校，课程结束之后，只要通过了考试，就发给文部省认证学校的毕业证书。实际操作也有职员翻译，内容也容易理解，毕业后的事宜也帮助办理，尽可放心。华兰蓬轻轨站步行3分钟即可到学校，上下学交通很方便。基础课程30小时（6小时 ×5次、原则上周一~周五）1.2 万泰铢。

住 25/8 Soi 26, Sukhumvit Rd.
☎ 0-2204-2922
FAX 0-2204-2924
URL www.thaimassage-bangkok.com

课堂上用日语讲解，理解深刻

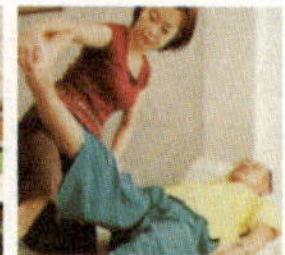

以老师为对象进行实际操作

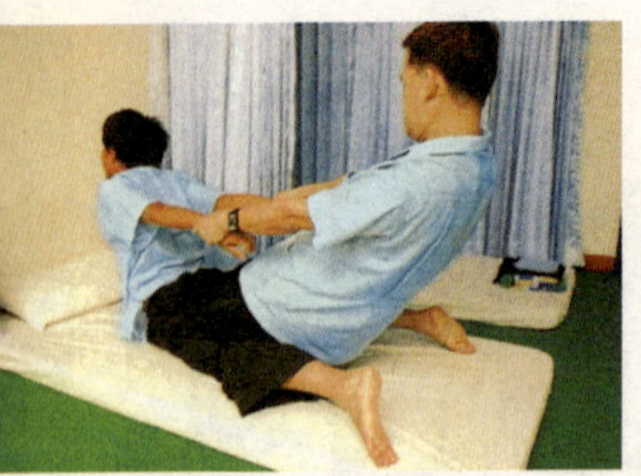

泰式按摩

曼谷市区到处都有按摩店。可以放松身体，尝试体会身体咔嚓咔嚓作响的快感。不管哪家店里，都配有空调，按摩对于解除旅行的疲劳非常有效。按摩结束之后，根据自己的满意度，付给按摩师一定额度的小费。小费标准为 1 小时付 20~50 泰铢、2 小时 50~100 泰铢。顺便提一下，技术的好与坏并不是取决于按摩店本身，而是取决于各个按摩师的水平。按摩质量的好坏就全凭运气了。

尼考里
Nicolie

以理念与哲学兼备而自豪的按摩中心

AREA 6 是隆路周边

◆在东方水疗馆工作了 12 年之久的女经理，独立开办了一家充满高档感的小型按摩中心。一层接待顾客，二层是足按摩与放松用的空间，三至五层配备两张床的房间，各一间。除了脸部蒸汽护理使用机械设备之外，其他都不用设备，聘用为数不多的精锐治疗师以熟练的技术进行水疗护理。店内装饰用的古董全是店主人的收藏品。欣赏着美丽之物，让视觉器官也可得到放松。建议游客一定要预约。

水疗项目推荐

传统泰式按摩 1900 泰铢（90 分钟）
指压 1900 泰铢（60 分钟）
尼考里特色按摩（用油按摩）2200 泰铢（60 分钟）
全身清洁 1700 泰铢（30 分钟）
脸部护理 2500 泰铢（60 分钟）

Map p.82-C4
住 1041/5 Sun Square, Silom Rd.（Between Soi 21 & Soi 23）
☎ 0-2233-6957
FAX 0-2233-6958
URL www.nicolie-th.com
营 11:00~22:00
休 无

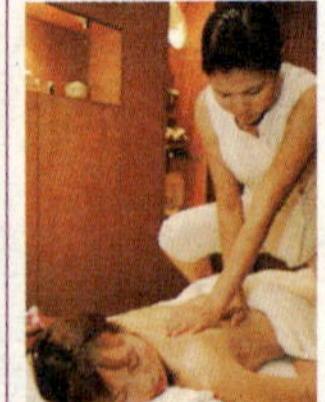

C/C A J M V
交通 素腊塞轻轨站一号出口步行 7 分钟即到

亚洲药草协会
Asia Herb Association

高档感超出了支付的价格，谁都会觉得很满足

AREA 7 素坤逸路周边

◆以充满高档感的设施与适中的价格，非常受欢迎的按摩店。这家店在考亚伊有自己公司经营的农场，专门负责培育药草。协会采用这些新鲜的药草制作的香草球，进行水疗护理与制作按摩产品的套装。这里向您推荐这个项目，可以尝试一下。香草球通常是用干燥之后的香草制作的，用新鲜的药草制作，在泰国也非常珍贵。在水疗护理室里，准备着简单的日语与泰语互相对照的用手指的会话表，对按摩手法的轻重、室内的温度等，都可以提出要求。

水疗项目推荐

泰国传统古式按摩 + 生香草球治疗 700~1150 泰铢（90~150 分钟）
芳香油全身按摩 700~1500 泰铢（60~180 分钟）
泰国传统古式全身按摩 350~950 泰铢（60~180 分钟）
头部、肩部按摩 350~950 泰铢（60~180 分钟）

Map p.89-E4
住 58/19-24 Soi 55, Sukhumvit Rd.
☎ 0-2392-3631
URL www.asiaherbassociation.com
营 9:00~ 次日 2:00（最晚接待时间为 24:00）
休 无
C/C A J M V
交通 通罗轻轨站三号出口步行即到

曼谷拉布那
Lavana Bangkok

在宽敞的房间舒舒服服地放松
AREA 7 素坤逸路周边

◆游客在阳光普照的大厅中办理完手续后，可以走进舒适、安静的水疗护理室。这种反差出乎意料地可以放松自己。房间整体结构宽大，使得身心两方面都得到放松。上午的水疗护理能提供免费的早餐（美式）。在大厅的一角，有一个使用按摩时按压身体用的香草球制作而成的透明柜台，有机会的话，学习一下制作的样式。

水疗项目推荐

泰式按摩 450~700 泰铢（60~120 分钟） 泰式按摩 + 香草球 940~1050 泰铢（90~120 分钟） 100% 纯油按摩 770~1200 泰铢（60~120 分钟） 芳香油按摩 800~1320 泰铢（60~120 分钟） 足部按摩 450~700 泰铢（60~120 分钟） 头、肩部按摩 1550~（60 分钟 ~）

Map p.86-C4
住 4 Soi 12, Sukhumvit Rd.
☎ 0-2229-4510
FAX 0-2229-4514
URL www.lavanabangkok.com
营 9:00~ 次日 2:00（最晚接待时间为 23:00）
休 无 C/C A D J M V
交通 阿索轻轨站二号出口步行 4 分钟即到

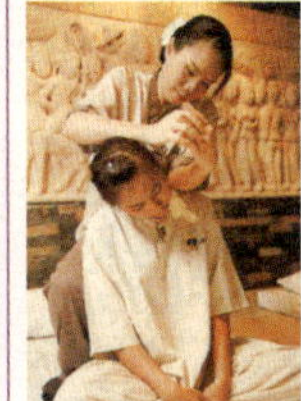

鲁尔姆鲁迪健康按摩
RuamRudee Health Massage

从计算机操控的社会中解脱出来
AREA 4 暹罗广场、水门周边

◆位于餐厅和咖啡厅林立的鲁尔姆鲁迪内的按摩店。一层宽阔的楼层里，排列着足部按摩时用的沙发，二层是按摩身体用的分隔而成的各个独立房间。除了普通按摩之外，还有使用加入盐和香草的加热壶的柔和的壶按摩，以常用计算机容易引起疲劳的头、肩、背为重点放松对象的计算机综合征等，各种风格不同的护理方式计算机综合征按摩，来回去几次，就会有明显的效果了。每天在办公室工作，不停地使用计算机，感觉到肩膀发酸、头痛、视力疲劳的人不妨去一试。

水疗项目推荐

泰式按摩 350~500 泰铢（60~120 分钟） 足部按摩 350~450 泰铢（60~90 分钟） 柔和的壶按摩 1500 泰铢（120 分钟） 计算机综合征按摩 450 泰铢（45 分钟）

Map p.86-A3~A4
住 20/17-19 Soi Ruamrudee, Sukhumvit Rd.
☎ 0-2252-9651
URL www.ruamrudeehealthmassage.com
营 10:00~22:00
休 无
C/C A J M V
交通 华兰蓬轻轨站六号出口步行 3 分钟即到

卡诺克维按摩
Kanokvet

为眼睛看不见的人自立指明方向
AREA 7 素坤逸路周边

◆在经济上、社会上能够自立的盲人开设的按摩店。大家的工作都很努力，按摩技术确实高。通罗轻轨站前设有 2 号店（Map p.89-E4）。那边的按摩师以健康正常的人为主体。脚底按摩 60 分钟 250 泰铢，全身按摩 120 分钟 350 泰铢、部位（特别是发酸、发僵的部位）按摩 60 分钟 250 泰铢。

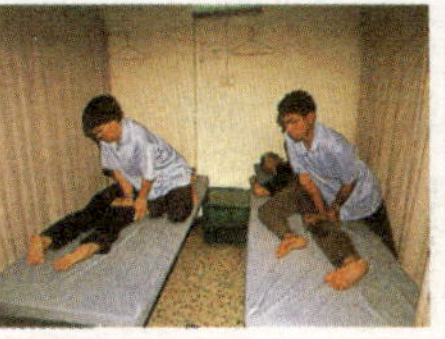

Map p.89-F5
住 1/1 Soi 63（Soi Ekkamai）,Sukhumvit Rd.
☎ 0-2392-8166、3181
URL nungkw.hp.infoseek.co.jp
营 10:00~22:00
休 无
C/C 无
交通 亿甲米轻轨站步行即到

恰伊迪按摩
Chaidee Massage

考山路附近的便宜店

AREA 1 王宫周边

◆与其店的名称相符，按摩师全部是"恰伊迪"（对人热情）的人。价格便宜、按摩技术一流，所以吸引了许多考山路附近的背包客前来接受按摩。上午时间按摩还有价格优惠。30分钟100泰铢、60分钟180泰铢、120分钟330泰铢。足部按摩30分钟120泰铢。

Map p.91-E4

住 1st Fl., Viengtai Hotel, 42 Thani Rd.

☎ 0-2629-2174

URL www.chaidee.com

营 9:00~24:00

休 无 C/C 无

有马温泉
Arima Onsen

按摩店集中的小巷

AREA 6 是隆路周边

◆泰式按摩挤满了小巷，汉字招牌大放异彩。按摩师已经积累了十年以上的按摩经验，为了更好地与顾客沟通，正在努力学习日语。周围的按摩店氛围都相仿，收费大致上相同。60分钟280泰铢~、清洗耳朵280泰铢。

Map p.261-C1

住 37/10-14 Soi Suriwong Plaza, Suriwong Rd.

☎ 0-2632-7041 营 9:00~24:00

休 无 C/C 无

交通 沙拉玲轻轨站一号出口步行5分钟即到

是隆塑身
Silom Bodyworks

也有水疗护理项目的高档店

AREA 5 查隆克隆路周边

◆是隆路的名叫圣广场的购物区里，一家整洁干净氛围的高档按摩店。也有水疗护理项目。头部按摩60分钟300泰铢；足部血液流动畅通按摩60分钟300泰铢；泰式按摩＋热敷（香草球）90分钟500泰铢。

Map p.82-C4

住 1035-1035/1 Silom Rd.

☎ 0-2234-5543

FAX 0-2234-9539

URL www.silombodyworks.com

营 10:00~22:00

休 无 C/C A M V

交通 素腊塞轻轨站一号出口步行7分钟即到

鲁安努尔按摩运动场
Ruen-Nuad Massage Studio

在单独、安静的一家店里接受按摩

AREA 6 是隆路周边

◆掩映在绿树丛中的一套木质房屋，改装之后成为高档按摩店。这个场所在按摩店中也是比较稀有的开放、明亮的造型，能在放松的同时接受按摩。同时还开设了一家新鲜水果的果汁吧。泰式按摩60分钟350泰铢、120分钟550泰铢、180分钟750泰铢。

Map p.84-B4

住 42 Convent Rd.

☎ 0-2632-2662

营 10:00~21:00

休 无 C/C J M V

交通 沙拉玲轻轨站二号出口步行7分钟即到

莫米亚
Momiya

若想消除酸疼时请尝试一下日本式按摩

AREA 7 素坤逸路周边

◆如果说泰式按摩是侧重于"治疗"的话，那么日本式按摩则是"消除酸疼"。肩膀与脖子酸困严重的人建议去尝试一下日式按摩。学过日本式指压的按摩师会为您消除这些烦恼。日本式按摩60分钟250泰铢；足部穴位按摩40分钟＋日本式按摩50分钟的套装380泰铢。

Map p.89-E4

住 86-91 Soi 57, Sukhumvit Rd.

☎ 0-2713-8381

营 10:00~24:00（周六、周日~23:00。最晚进店时间为停止营业之前一个小时）

休 无 C/C 无

交通 通罗轻轨站三号出口步行2分钟即到

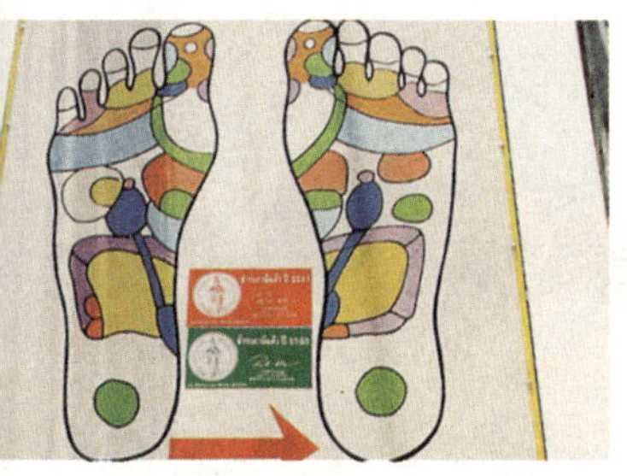

足部穴位刺激按摩

在曼谷也盛行中国式足部穴位刺激按摩。这是通过强烈刺激足部穴位，将体内的废物都排出去的方法。普通店以温和的按摩方式为主流，而地道的按摩却是相当痛，几乎就和将外翻的大拇脚趾极力将它还原那样疼。以足底穴位图解牌为标志。普通按摩店也可以接受这样的按摩。

徐瑞鸿健康诊疗所
Rwo-shr Health

疼得让人都忘记了以前身体上的不适

AREA 7 素坤逸路周边

◆是台湾研究若石健身法的徐老先生的诊疗所。徐老先生已于2008年亡故了，现在是他的弟子在守着这家店。只要触摸脚底，就能直截了当地说中您身体不舒服的地方，着实让人大吃一惊。不仅仅有让您情不自禁想大叫的疼痛足底按摩，还有用木棒咯吱咯吱地搓擦治疗、用特殊的器具吸引皮肤治疗等，被搓擦的部位以及被吸引的部位必须呈红色才算是健康。在接受按摩的时候，一定要遵守的要点如下。1. 要在饭后1小时以上进行。2. 吃了柑橘类和笋时，不能去按摩。而且在按摩之后最短一日之内不要吃这些东西。3. 按摩完毕后要喝500毫升的水。4. 按摩中，如果痛的话，可以笑或大叫。5. 妊娠或月经期间的女性不可接受这种按摩。实施了治疗之后不久，身体会有暂时的不适感。能来几次就没关系了。足底按摩一次60分钟300泰铢。全身吸引60分钟500泰铢。

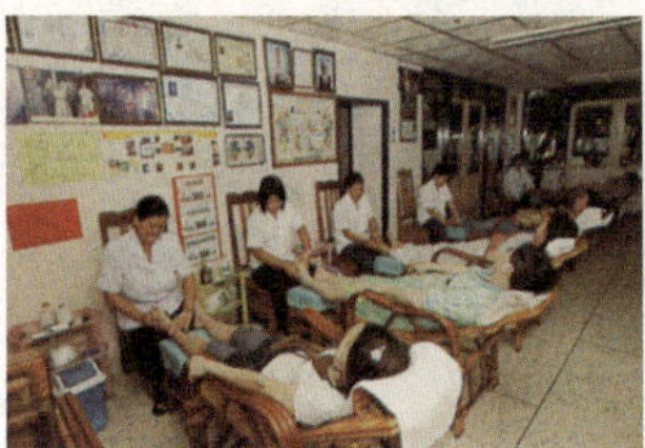

Map p.89-D4
住 40 Soi Napasap Yack 1, Soi 36, Sukhumvit Rd.
☎ 0-2258-6064
营 8:00~19:00（全身吸引、针周六、周日休息）
休 无
C/C 无
交通 通罗轻轨站二号出口步行3分钟即到

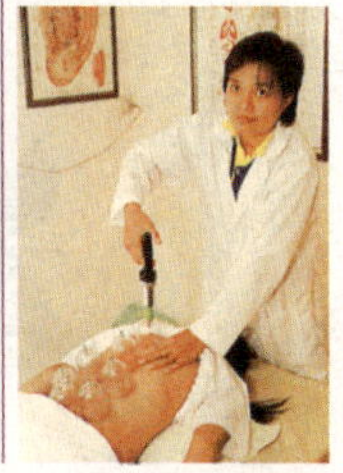

木先生的足底穴位按摩
Moku Thai Traditional Massage

足底穴位刺激，身体通畅！

AREA 7 素坤逸路周边

◆中国式足底穴位刺激按摩。似乎身体不好的部位会感觉到特别的疼痛，拼命地忍住疼痛接受按摩的人居多。也有肩膀和头部按摩。指名要木先生亲自按摩的人需要预约。足部按摩60分钟300泰铢；全身按摩60分钟300泰铢、120分钟600泰铢。

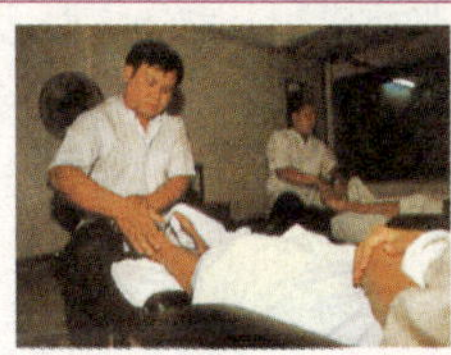

Map p.88-B3
住 106/7 Soi 22, Sukhumvit Rd.
☎ 0-2663-4125
营 9:00~21:00
休 无 C/C 无
交通 华兰蓬轻轨站六号出口步行15分钟即到

普隆奇特 · 哈托沙
Ploengit Hatthasart

交通便利的场所，来去轻松自在

AREA 4 暹罗广场、水门周边

◆第一次去要检查脚底，用简单的图表标出身体不适的部位。首先坐在椅子上接受足底穴位按摩，完毕之后，转移到床上去接受全身按摩。情况不同，所需时间不同，标准持续时间全部为60分钟左右。足部按摩300泰铢。

Map p.86-A3
住 Near Mahathun Plaza,888/ 12-13 Phloen Chit Rd.
☎ 0-2253-3628
营 9:00~20:00
休 无 C/C 无
交通 华兰蓬轻轨站四号出口步行即到

泰国香草一览

使人变美的泰国香草图鉴

按摩用的香草球可以用来做菜，活跃于各个领域的泰国香草，它们各自有其独特的效用。

姜黄 Turmeric

ขมิ้นชัน

能够促进胆汁分泌，提高肝脏的机能。对治疗肠胃病也有效果。

青柠檬叶 Kaffir Lime Leaf

ใบมะกรูด

除了能够促进消化吸收的效果，还有镇咳、化解瘀血的作用。

青柠檬 Kaffir Lime

ลูกมะกรูด

调理皮脂的平衡。还有除臭、杀菌的作用。

姜 Ginger

ขิงแก่

促进血液流动，改善血液循环。还能消除肌肉的紧张。

苏叶 Sweet Basil

ใบโหระพา

它的香气有镇静的作用。促进肠的蠕动。

辣椒 Chili

พริก

有健胃的作用。促进新陈代谢，也有燃烧脂肪的效果。

沙姜 Galangal

ข่า

与姜很像。有助于加强肾脏的功能，使代谢转好。

金莲花 Holy Basil

ใบกะเพรา

起提高免疫力的作用，防止老化。还可以刺激大脑的活动。

薄荷 Mint

ใบสาระแหน่

起镇静身心的作用。其香气能使人放松。

柠檬草 Lemon Grass

ตะไคร้

有改善肠胃机能，促进消化吸收、排出废气等功效。

※刊登的香草的各自功效，也不能保证就有那种效果。

向您推荐！香草礼物

▲受到好评的泰国各种香草肥皂。能起到使肌肤保持娇嫩的功效。因为是在原生产商的直销店购买，一个才30泰铢，价格低得让人吃惊。

p.203 阿帕伊普贝托

◀在提供放心食物的餐厅里卖的有机茶。一盒装12个小茶包，140泰铢。分为六种：柠檬草、扶桑、王菜、胡萝卜樱、姜、姜黄。

p.182 萨思提娜

▲有助于改善肝脏功能的姜黄营养补助食品。90泰铢一瓶，即使喝点酒也放心。

p.203 阿帕伊普贝托

娱乐指南

Entertainment Guide

斯卡兰特（→p.255）

泰国高雅文化的升华

欣赏一下泰国的舞蹈吧

泰国传统舞蹈有很多种，最具有代表性的有王宫流传下来的舞踏歌剧、少数民族的传统舞蹈、流传于各地方的舞蹈等。这些舞蹈分布在曼谷市区的各种各样的场所内，游客都可以见到。

可以悠闲自在地欣赏泰国舞蹈的地点

国柱神庙

Lak Muang Map p.74-C3

在寺院内像办公室那样的建筑物的一角，在布景朴素的舞台上，有泰国的文艺表演。除对口相声那样的节目外，随时都会有泰国舞蹈演出。

四面佛（埃拉旺祠堂）

Thao Maha Brahma Map p.81-E4

位于寺院内一角的东屋里，经常会看到有来还愿的信奉者奉献的舞蹈。收费：2人舞260泰铢、4人360泰铢、8人710泰铢。

可以欣赏泰国舞蹈的餐厅

在曼谷，边欣赏泰国舞蹈边吃饭的餐厅有很多。舞蹈的内容各地大体上都一样，舞蹈有古典舞蹈的主要节选、武戏、乡土舞蹈、《拉玛基安》第一幕、圈舞等 6~7 个演出剧目。无论哪家餐厅的席位都是有限的，如果想占一个最佳位置，最好提前预约。

沙拉里姆 · 那姆
Sala Rim Naam

◆隔着湄南河，在曼谷文华东方（→ p.269）酒店对岸的专用码头，乘坐渡船前来。店内有古典的座席，桌子旁边摆着泰国特有的三角枕，使得气氛高涨起来。晚餐从 19:00 开始，表演则是 20:15 开始，时间约为 1 小时。饭菜只有套餐，包括餐后甜点在内，一共有 7~8 种菜。是东方酒店独特的美味。座位上摆放着精心制作的配插图的、英语的舞蹈解说小册子，这成为送给客人的最好的礼物。座位不同，观看舞台上的表演的效果有差别，要想坐上一个好位置，最好提前预约。

曼谷文华东方直营店
AREA 5 查隆克隆路周边

Map p.82-A4
住 Mandarin Oriental Hotel, 48 Oriental Ave., Charoen Krung Rd.
☎ 0-2659-9000 营 9:00~22:00 休 无
C/C Ⓐ Ⓓ Ⓙ Ⓜ Ⓥ
费 ❶ 250 泰铢（一个人。饮品另算）

沙拉提普
Sarathip

◆面朝着湄南河建造的香格里拉酒店（→ p.275）的里院，在河边的平台上设置了一个餐厅，每天晚上都有泰国舞蹈表演。客人的席位分为带空调的东屋与河面上的风吹过的露天平台座席两种。并没有搭建起舞台，舞蹈演员一边在客席之间跳舞，一边移动。《拉玛基安》中出场的哈努孟与客人调皮、淘气的样子，真有意思。表演从 19:30 左右开始，21:30 左右结束，不断改变舞蹈的内容和风格，共分为三部分。菜是共有四种的套餐（海鲜、泰国菜两种、素食），除此之外，还可以按照菜单点菜。

在河边的露台上欣赏优雅的舞蹈
AREA 5 查隆克隆路周边

Map p.82-B4~B5
住 The Shangri-La Hotel, 89 Soi Wat Suan Plu,Charoen Krung Rd.
☎ 0-2236-7777 FAX 0-2236-8579
营 18:30~22:30 休 无 C/C Ⓐ Ⓓ Ⓙ Ⓜ Ⓥ
费 泰国菜套餐菜 1400 泰铢 ~。也可以按照菜单点菜。

玛亚
Maya

◆由酒店三层的酒吧改建成的剧场。在桌子旁边表演的现代风格的泰国舞蹈，能够近距离感受演员的脚步声、肌肉的颤动、跳舞时衣服的摩擦声等，充满了震撼力。这里表演九种不同种类的舞蹈，半中间还邀请预约过的观众现场共舞，非常开心。饭菜是包括甜点在内的 13 种套餐 1500 泰铢（不含税、服务费）。一盘一盘地按照次序端上桌，分量很足。

一边欣赏高雅的舞蹈一边吃饭
AREA 5 查隆克隆路周边

Map p.82-A2~A3
住 3rd Fl., Millennium Hilton, 123 Charoen Nakhon Rd.
☎ 0-2442-2000
营 周二 ~ 周六 19:00~ 次日 1:00（演出 19:30~21:30。以后酒吧照常营业）
休 周日、周一（酒吧营业）
C/C Ⓐ Ⓓ Ⓙ Ⓜ Ⓥ

其他餐厅 是隆 · 比兰吉（Map p.83-D3~D4）内的鲁安泰普、郊区的那姆提普（文前图曼谷郊区 -C6），旅行者前往的多。

在周游观光船上吃晚餐

尽享湄南河之夜

Diner cruise

夜幕降临之时，周围寺院及大桥上灯火通明，映照在湄南河面上。夜晚的湄南河，不同于白天的景致，另有一番光景。在船上一边吃饭，一边玩味，一起去欣赏吧！

来往于湄南河上的观光游览船，有高档酒店运行的豪华船，也有音乐响彻天宇的平民船。几乎所有的船走的线路都是从码头出发以后，向上游行驶，通过郑王寺、王宫，在拉玛八世路一带往回返。吃饭基本上是自助餐，有带乐队的、非常热闹的船，也有在甲板上静静地欣赏夜景的船。可以仔细地调查清楚船的情况后再选择。

A

Map p.82-B4~B5

香格里拉酒店直接经营的观光游览船

二层河上观光游览船

N Horizon Ⅱ River Cuirse

在夜晚的湄南河上巡游的二层豪华船。船头与船尾皆做成甲板，可以一边吹着夜风，一边欣赏夜景。

住 Shangri-La Hotel, 89 Soi Wat Suan Plu, Charoen Krung Rd.
☎ 0-2236-7777 FAX 0-2237-3688
营 19:30~21:30 休 无
C/C ADJMV
费 2300 泰铢（1人）

B

D

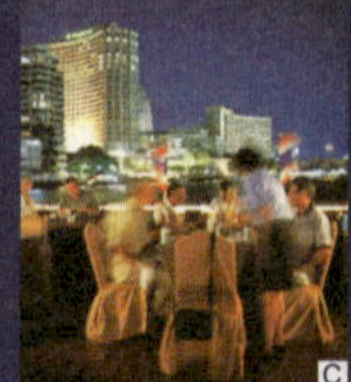

C

A 灯火通明的寺院是晚餐观光游览船上观赏到的一个亮点

B 观光游览船第一个穿过的是帕波克斯大桥

C 船舱内桌子座席可以面朝外坐着

D 坐在宽敞的甲板上的餐桌旁，悠闲自在地吃饭

其他的晚餐观光游览船

在沙敦码头发船、泊船的河边观光游览船；从河边城市发船、泊船的大珍珠晚餐观光游览船；湄南河晚餐观光游览船等。如果通过旅游公司（→p.149）购买空蓬的话，价格比较便宜。

E

F

G

H

E 甲板上设有餐桌席位，河面上的风徐徐吹过

F 也提供烤牛肉等的热菜。厨师会给您切割开

G 自助餐的菜丰富多彩，相当豪华。当然也有泰国菜

H 在像竖琴似的拉玛八世大桥处往回返。按原航行线路返回，所以有看漏的风景点也没关系，还有一次机会

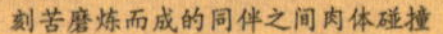

刻苦磨炼而成的同伴之间肉体碰撞

男人与男人之间的较量

让人心惊肉跳的格斗

泰　拳

泰拳的历史到殊死格斗技巧

泰国历史上经历了好几次与邻国的战争。在战争中自然产生了"赤手空拳将对方杀死的技巧"，这就是泰拳的起源。后来，天才武术家大城王朝的纳兰素旺国王练成泰拳，作为战斗用的格斗技巧开始普及推广。在泰国，泰拳不在所谓的"运动项目"的范畴。比赛之前要表演的叫作瓦伊克鲁的舞蹈以及比赛胜利后不是狂欢，而是朝着对方拳击场方向作一个揖，淡淡地将胳膊举起来等的状况，看起来很像日本的相扑，或者说简直就是作为传统艺术形象而让人接纳。

比赛的规则是三分钟五轮制，每轮之间可以有两分钟的休息时间。如果没有被击倒，由拳击场外的三个裁判打分，决定胜负。这种情况下，比起拳击来，泰拳踢的技巧反而在分数上更占优势。

泰拳的斗士们在做什么祈祷呢?

像这样子的比赛，各拳击场一个晚上都要举行10次。从轻量级、无名选手的比赛开始，到最后一次比赛，第七个左右的比赛就成为比赛的赛点了。入口处，发给观众简单的选手介绍册子，先收好。若是外国人，发给英语版的。

比赛开始

选手走上拳击场，首先要跳"瓦伊克鲁"，直译的话，是"献给老师的舞"。里面包含着对教练及神等的感谢和祈祷的意思。和着浓厚的音乐，他们柔和的舞姿，非常美，值得一看。

瓦伊克鲁一结束，锣声敲响，比赛开始。然而，第一轮和第二轮始终是互相探讨的样子，一点儿激烈的感觉都没有。这其中也有原因。

泰拳与赌博

现代的泰拳与赌博之间有着切不断的联系，所有的比赛都成为赌博的对象。一看由金属丝网围着的第二、三层座席上，就容易明白了，这些位置上坐的观众全是以赌为目的而来的。

面向观众举手示意的人就是放赌抽头的局东，用手的指示来表示赌输赢率等。观众通过观察第一、第二轮选手的动向，查看了赌输赢率之后押钱。所以选手们一开始只是做做样子就行了。总之，第一轮、第二轮中裁判也不会那么正确地做出判断，正式的比赛是从第三轮开始，这是这里的常识。一到轮间休息时间，观众席上突然之间就人声嘈杂起来，响起了一片看客们给局东押钱的高叫声。由于被击倒而决定胜负的激烈比赛比较少，几乎都由裁判断定。就像太简单的比赛无法判定一样，因为这是泰

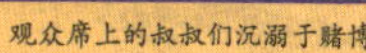
观众席上的叔叔们沉溺于赌博

赞扬优胜者，拍纪念照片

临监人与同伴们拼命声援

拳馆一方，经过对每位选手实力的仔细研究而编成的组合。之所以这样，是因为如果前几轮比赛就决定了胜负，赌客就没有了押钱的时间，会给局东造成一些麻烦等。随着比赛的正式展开，才进行非常高水平的真实对决。

曼谷的泰拳馆

曼谷具有代表性的泰拳馆是叻差达慕农和隆披尼，都分别分为：拳击场方席、二层席、三层席，全属于自由席。如果想坐一个好位置，就早点出发好了。

AREA 2 ● 律实地区周边

叻差达慕农泰拳馆

Ratchadamnoen Boxing Stadium Map p.77-D4

行 附近没有最近的站，可以乘坐出租车去

1945 年创立的王室泰拳馆。场地内设有空调。

住 1 Ratchadamnoen Nok Rd.
☎ 0-2281-4205
营 周一，周三，周四 18:30~ / 周日 17:00~ 和 20:00~
费 三层席 1000 泰铢、二层席 1500 泰铢、拳击场方 2000 泰铢（均为对外国人的收费标准）

AREA 6 ● 是隆路周边

隆披尼泰拳馆

Lumpinee Boxing Stadium Map p.85-E4

行 隆披尼地铁三号出口步行 3 分钟即到

创立于 1956 年，原是陆军体育馆。室内没有空调，相当热。

住 拉玛四世路 Rama 4 Rd.
☎ 0-2251-4303
营 周二，周五 18:30~/ 周六 17:00~，20:00 ~
费 三层席 1000 泰铢、二层席 1500 泰铢、拳击场方 2000 泰铢（均为对外国人的收费标准）

注：两个泰拳馆的拳击场方座席通过旅游公司（→ p.149）购买空蓬，门票都可以便宜一些。

只限周日可以免费观战

AREA 9 ● 拍裕庭路周边

电视七频道 TV

Channel 7 文前图曼谷 -E1

行 奇隆轻轨站四号出口、乍都乍公园地铁站三号出口步行 8 分钟即到

住 998-1 Soi 18/1（Soi Ruamsirimit），Pahonyothin Rd.
☎ 0-2272-0201
营 周日 14:00~16:30
休 周一～周六　C/C 免费

电视台内的运动场，每周周日举行泰拳比赛，免费入场。场内净是以赌博为目的的人，比赛开始后，局东到处叫着数字，将手举起来，招揽赌客。场内很狭窄，被拥挤的人群所淹没。开场在 12:00 左右，如果 13:00 左右进场的话，想方设法也能占到座位。而座位上都有站过的痕迹，厕所也很脏，要有思想准备。

学习泰拳

曼谷市内的泰拳体育馆，也欢迎外国人到来。还专门开设了一个面向旅行者的一日体验项目。

AREA 7 ● 素坤逸路周边

因古拉姆泰拳馆

Ingram Gym Map p.73-E5

行 通罗轻轨站二号出口步行 15 分钟即到

曾经产生过好几个冠军的有名望的泰拳馆。

住 3647/3 Rama 4 Rd.
☎ 08-1804-5201　URL www.ingrampromotion.com
营 8:00~9:30、15:00~17:30（一日体验入场 16:00~）
费 一日体验入场第一次 900 泰铢（附加贴身短裤）。第二次以后一次 400 泰铢。

爆笑的旋涡

人妖表演与咖啡厅

已经完全成为泰国驰名特色的人妖表演，在曼谷有许多表演的剧场。将流行的东西巧妙地吸收为其表演内容而参与市场竞争。

A 华丽的表演令人眼花缭乱
B 加利普索·卡巴莱的著名人妖陶先生
C 神秘的表演与神秘的演员
D 狭窄的舞台与疯狂表演中的人妖
E 笑的样子似乎不由衷

玛丽莲梦露（虽然是男性）的裙子要逃

AREA 4 ● 暹罗广场、水门周边

精选出的艺术引人入胜

加利普索·卡巴莱

Calypso Cabaret　Map p.80-C2

行程 叻差题威轻轨站一号出口步行即到。

人妖表演的老店。外国旅行者很多，表演节目也是国际化的。按压穴位的演出、排练过的舞蹈，无论男女老少都非常喜欢。2012 年 8 月，从与叻差题威轻轨站直接相连的安伊西尔酒店、搬迁到阿西亚蒂克河滨（→ p.132）。

住 B1 Fl., Asia Hotel, 296 Phayathai Rd.
☎ 0-2653-3960
营 20:15、21:45　休 无
费 1200 泰株
C/C A M V

AREA ● 曼谷南部

迁移到郊区之后有点不景气

孟波

Mambo　文前图曼谷郊区 -C6

行程 在市区乘坐出租车。

大型专用剧场，观众席很宽大，可以放松观赏。1 小时左右时间，推出 15~16 个节目。演出过程中，惹人笑的材料很多，特别是坐在中央通道旁的人很容易成为选中的互动者，要有思想准备。由于迁移到了郊区交通不方便的地区，舞女也减少了，非常令人遗憾。

住 59-28 Sathu Rama 3 Rd.
☎ 0-2294-7381~2
营 19:15、20:30、22:00
休 无　费 1000 泰铢、1200 泰铢。
C/C 无

注：人妖表演若从旅游公司（→ p.149）购买空蓬，可以接近半价就可以观赏。

拍摄照片时的小费问题

无论哪个剧场，表演完毕之后，都留出了与众美人拍照的时间。在出口处整齐排列着邀请您拍照，拍完照之后，需要付给小费。支付金额的标准有公示可供参考。（不同剧场小费不同，20~40 泰铢。）还有的公示的费用是每位美女的小费。与两个以上的美女拍照的话，要一个一个地支付小费。用威吓的声音强行索要小费的，那么人们多会想到对方一定是位男子。

面向泰国人的娱乐天堂——咖啡厅

咖啡厅并非咖啡馆，有唱歌、小品，吃饭时有酒喝的综合娱乐场。大大小小的有许多，混杂于曼谷市区。语言全部是泰语，意思基本上全听不懂，小品多用闹剧式的对口相声之类的形式，即使听不懂也会觉得很可笑。曼谷中心区比较少，在小工商业者聚居区要多。

AREA ● 吞武里地区

有迪斯科与舞蹈店的综合设施

克隆通咖啡厅

Krungthon Cafe　Map p.72-A5

行程 素腊塞轻轨站乘坐出租车。

迪斯科、怀旧迪斯科、卡拉 OK 店等充斥其中的复合设施之内的咖啡厅。穿着性感服装的女歌手、金色套装的男歌手轮流上场，歌曲表演完毕后，是小品时间。一边吃饭，一边享受泰国式的娱乐。

住 371 Ratchadaphisek Rd.　☎ 0-2476-5700　营 18:00~ 次日 1:00　休 无　C/C A M V

注：加利普索·卡巴莱的搬迁有延迟的可能性。

在曼谷可以学到的东西

与泰国人交朋友

泰　语

泰语中发音相同但音调不同，意思也会发生改变

AREA 7　● 素坤逸路周边

素密塔文化中心与产品

Sumita Culture Center & Production　Map p.73-F5

行程 帕卡依轻轨站一号出口步行 2 分钟即到

学习泰语基本的音调与问候等的会话。有性格爽朗的、水平高的老师教学，可以在快乐中学会。完成课程之后，就可以一个人去购物了。

住 1521-3 Sukhumvit Rd.　☎ 0-2714-0809
FAX 0-2714-0811　URL www.sumitaschool.com
课程名▶泰语速成 50 分钟 500 泰铢
授课时间▶周一～周五 10:00~19:00、周六 10:00~17:00
预约方法▶离授课时间至少 2 小时之前，打电话等预约即可。

泰语属于表音文字，读写都可以简单地记住

性格爽朗的老师，和睦的教学氛围

体会优雅的身体动作

泰国舞蹈

AREA　● 曼谷郊区

泰国国际舞蹈学院

International Thai Dance Academy　文前图曼谷-F1

行程 拉特帕奥地铁站乘出租车大约 5 分钟可到

四种课程，这里向您推荐的是其中的 B 课程。内容如下：

- 穿练习服、准备体操与相互问候。
- 手的形状与表达感情的动作练习、圈舞的练习。
- 舞台上的补妆与穿上民族服装拍摄纪念照。
- 颁发认证证书。

住 1/335 Soi 41, Lat Phrao Rd.
☎ 0-2538-3100　URL www.itdaschool.jp
课程名▶泰国舞蹈一日体验 B 课程，2 小时 1500 泰铢
授课时间▶面议，确认预约时间。

泰国舞蹈的特征是翻手指

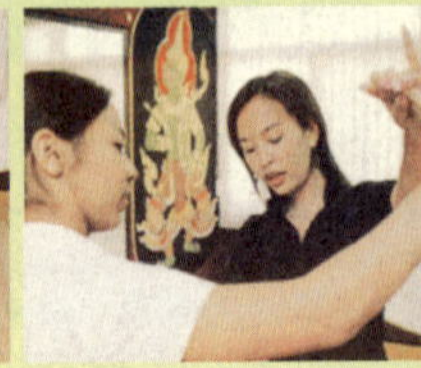
严格指导手指与关节的角度

看着老师优雅的身体动作，不由自主地着迷了

在曼谷有各种教授语言、菜、传统艺术等泰国文化的学校。学习了面向旅行者的短期课程之后，会感觉到与泰国文化更靠近了。

回到日本之后重现泰国的口味

泰国菜

上课之前，仔细地检查食材

AREA ● 曼谷郊区

邦·瓦沙那

Baan Wasana 文前图曼谷 -G1

行程 拉特帕奥地铁站乘出租车大约 10 分钟可到

清静的住宅街上是瓦沙那老师自己的住宅，可以在这里使用泰国特有的食材学习制作泰国菜。可以请求得到一些菜。做完之后，品尝食物的时间也是令人高兴的。

住 33/118 Mooban Tor Ruam Chock, Soi Chockchai 4, Lat Phrao Rd. ☎ 08-1810-6894 URL www.takeshita-vasana.com

课程名▶泰国菜教室，3 小时 2200 泰铢（一人时。2~4 人时每人 1700 泰铢，5 人以上时每人 1450 泰铢）

授课时间▶ 10:00~13:00（如果有此愿望，可以面议）

预约方法▶提前 10 天网上预约

首先学习食材

烹调本身比较单纯。即使这样，看到老师高超的手法，也是惊讶不已

AREA 7 ● 素坤逸路周边

嗜好声音俱乐部

Voice Hobby Club Map p.89-D1

行程 华兰蓬站三号出口步行 15 分钟即到

学习泰国蔬菜和水果的雕刻法。面向初学者的课程内容是菠萝的三种切法、西瓜篮子、沙拉的拼盘、泰国蔬菜的拼盘。也有泰国菜的课程。

住 3rd Fl., Racket Club No.4, Soi 49-11.Sukhumvit Rd.

☎ 0-2714-7250 0-2714-7251 URL web.mac.com/voicet

E voicehobbyclub@mac.com 休 周日

课程名▶泰国体验课程、水果雕刻，2 小时 30 分钟 650 泰铢（个人课程 850 泰铢）

授课时间▶需要咨询，个人课程面议。

泰国教师与日本助手给予指导

比较简单的食材基本上能领会了

将餐桌变得多姿多彩

雕　刻

预约方法▶在 3 日之前通过电话或电子邮件等预约。

如果您有耐心的话，复杂的作品也能够较简单地制作出来

曼谷新的夜晚游览胜地一个接一个地开业，流行与废止的变迁也相当激烈

曼谷的夜晚令人兴奋！

热带的夜晚难入眠

变化多端的大都市曼谷，新的游览胜地不断出现，又不断消亡。如此竞争激烈的曼谷今年火起来的地方又是哪里？已经完全成为泰国驰名特色事物的人妖表演，在曼谷有许多表演的剧场。这是将流行的东西巧妙地吸收为其表演内容而参与市场竞争。

日落西山，夜幕降临，凉爽的晚风轻拂着整座城市，惧怕白天的暑热的人们又重新焕发了生气。南国的泰国是一个通宵达旦的城市。随着天色渐暗，霓虹灯闪烁，高音量的音乐流淌向四面八方，人们的情绪也随之高涨了起来。

傍晚时分，不愧是暑热升腾的泰国，气温也下降了。晚风习习，那么我们要去哪儿呢？

AREA 6 ● 是隆路周边 行程 琼珑西轻轨站三号出口步行 7 分钟即到

菜好吃、风景也美的最新游览胜地 Map p.83-D3~E3

N 斯卡兰特 Scarlett

位于 37 层的葡萄酒小酒馆。奶酪和冷盘的品种齐全，在曼谷是最好的。一杯葡萄酒红、白各 135 泰铢～，鸡尾酒也是 350 泰铢，考虑到场所因素，价格相当合理。也设有露天席位，一边吹着晚风一边眺望着夕阳西下的景致，真是舒服极了。还配有柜台、餐桌席、沙发。

住 Pullman Bangkok Hotel G, 188 Silom Rd. ☎ 0-2238-1991
FAX 0-2238-1995 营 18:00~ 次日 1:00 休 周日 C/C A D J M V

AREA 5 ● 查隆克隆路周边

从远处俯视曼谷市区 Map p.82-A2~A3

N 三百六十度 ThreeSixty

屹立在湄南河边的千年希尔顿（→ p.279）酒店的顶层即 32 层的呈圆盘状结构的斯里兰卡。自称可以 360 度展望曼谷市区的爵士乐酒吧。坐在面朝河水一侧的席位上，可以尽赏曼谷罗曼蒂克的夜景。建议游客不妨乘坐一下四面都是玻璃的电梯上去。每晚 9:30 左右（周一休息），爵士乐夜生活就开始了。啤酒 300 泰铢～，鸡尾酒类 360 泰铢～。

住 Millennium Hilton, 123 Charoen Nakhon Rd. ☎ 0-2442-2435
营 17:00~ 次日 1:00 休 无（歌手是一月休息一次） C/C A D J M V

AREA 7 ● 素坤逸路周边 行程 娜娜轻轨站三号出口步行 8 分钟即到

隐藏在大厦楼顶上的巢以鸡尾酒而自豪 Map p.86-C2

N 巢 Nest

小型的酒店楼顶上隐藏着一个像家似的胜地。铺满沙子海滨似的区域，摆设着床一样大的沙发座席，人多热闹也好，情侣安安静静地坐着都很好。原制的鸡尾酒备有 80 多种；还有南国风格的加了很多薄荷的莫希特；辣椒作为隐含的味道，突然跳到前面去的辣杧果马尔格利塔等各种 280 泰铢。

住 9th Fl., Le Fenix, Soi 11, Sukhumvit Rd. ☎ 0-2255-0638
营 18:00~ 次日 2:00 休 无 C/C A D J M V

AREA 4 ● 暹罗广场、水门周边 行程 奇隆轻轨站九号出口步行 13 分钟即到

分量足的饭菜很受欢迎 Map p.81-E2~E3

N 亨利 J 宾斯 Herry J Bean's

耸立在水门的曼谷水门阿玛玲（→ p.277）地下层的酒吧。每天晚上店内的木屋天地，人都很多，热闹非凡。饮品在 200 泰铢左右，食物饭菜无论哪一种，分量都很足。也有苏姆塔姆、卡伊亚等泰国菜。

住 Amari Watergate Bangkok, 847 Phetchburi Rd. ☎ 0-2653-9000
营 周日～周四 17:00~ 次日 1:00 周五、周六 17:00~ 次日 2:00 休 无 C/C A D J M V

AREA 6 ● 是隆路周边 行程 沙拉玲轻轨站步行即到

正宗的爱尔兰酒吧 Map p.261-C3

N 莫里·玛隆兹 Molly Malone's

爱尔兰风格的、厚重、暖色调的室内装饰有点苦涩的味道。每天晚上人们都群聚于此，推杯换盏，热闹非凡。半品脱吉尼斯 160 泰铢。午餐时间推出的主菜、汤、甜点、饮品齐全的自助餐 280 泰铢，深受好评。

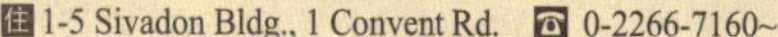

住 1-5 Sivadon Bldg., 1 Convent Rd. ☎ 0-2266-7160~1
营 11:00~ 次日 2:00 休 无 C/C A D J M V

夜生活店、酒吧

曼谷的饮品店里一般都设有舞台，有现场乐队演奏。乐队的实力不同而名店千差万别。全是由技能高超的音乐家演奏的店也有，BGM 以下的业余乐队演奏的店也有。总之，快乐、热闹地度过夜生活是泰国风格。如果想安静地喝酒，就到酒店的酒吧去吧。

沙克索芬
Saxophone

◆自从 1987 年开业以来，是以爵士和布鲁斯舞建立了良好的声誉的夜生活店兼酒吧。无论泰国人，还是外国人，一直都是该酒吧音乐忠实的爱好者。演奏的音乐家是一色的实力派。正统菜非常美味也很受欢迎。设有餐桌席位、柜台、二层席位。

曼谷老铺爵士店
AREA 9 曼谷的老铺爵士店

Map p.73-D2
住 3/8 Victory Monument, Phayathai Rd.
☎ 0-2246-5472 FAX 0-2245-3598
URL www.saxophonepub.com
营 18:00~ 次日 2:00 休 无
C/C ADJMV 交通 阿努萨瓦里·恰伊·萨莫拉布姆轻轨站四号出口即到

重摇滚乐咖啡厅
Hard Rock Cafe

◆是摇滚乐的天堂重摇滚乐咖啡厅总部的一个分店。店内配置的唱盘、乐器、服装等都是世界范围内通用之物。在高分贝的摇滚乐名曲的伴奏声中，尽情地享用分量足的美味佳肴吧。服务人员对人热情，服务周到。只是乳酪汉堡 420 泰铢等略有点贵。

飘荡着重摇滚乐
AREA 4 暹罗广场、水门周边

Map p.131-B2
住 424/3-6 Soi 11, Siam Square
☎ 0-2658-4090~3
FAX 0-2254-0832
营 11:00~ 次日 1:00
休 无 C/C ADJMV
交通 暹罗轻轨站二号出口步行 3 分钟即到

摇滚乐酒吧
Rock Pub

◆亚洲酒店（→ p.289）的对面，面临帕耶泰路的摩天大厦的入口处，于 1987 年开设了一家专业的摇滚乐夜生活屋。夜生活每晚 21:00 开始，每天都由不同的两个摇滚乐队轮番演奏。凌晨时分演奏的一般为模拟乐队，非正规乐队。饮品啤酒一瓶 150 泰铢 ~。也可以吃饭。

热烈的现场扩展而来的摇滚乐天堂
AREA 4 暹罗广场、水门周边

Map p.80-C3
住 93/26-28 Phayathai Rd.
☎ 0-2208-9664
营 19:00~ 次日 2:00
休 无
C/C 无
交通 叻差题威轻轨站二号出口步行即到

竹子酒吧
Bamboo Pub

◆位于曼谷文华东方酒店（→ p.269）内的爵士乐酒吧。来曼谷访问的著名音乐家们都会无意之中出现在酒吧，然后突然加入演奏行列，就那样参与演奏。若想听沉着、标准的爵士乐，这里名列第一。酒吧从白天就开始营业了，夜生活当然只是晚上了。

曼谷屈指可数的高档爵士乐酒吧
AREA 5 查隆克隆路周边

Map p.82-B4
住 Mandarin Oriental Hotel, 48 Oriental Ave., Charoen Krung Rd.
☎ 0-2659-9000 0-2439-7587
营 周日 ~ 周四 11:00~ 次日 1:00、周五、周六 11:00~ 次日 2:00
休 无 C/C ADJMV
交通 郑信大桥轻轨站三号出口步行 11 分钟即到

隆比亚的啤酒公园

在巨大的啤酒大厅里，设置了一个舞台，每晚歌声、欢笑声此起彼伏的隆比亚。这也是泰国才有的娱乐天堂。一边喝着美味啤酒、吃着与之相配的美食，一边观赏随着正规乐队出场的技艺高超的歌手、舞蹈家的精彩表演。即使只看着餐桌旁兴致勃勃的泰国客人也在翩翩起舞的光景，您也会觉得有来得意义。这也是一种对异国文化的体验吧。

辛哈啤酒公园

Singha Beer Park

◆充分享用新鲜的辛啤酒的啤酒公园。共分两栋建筑物，中间设有露天客人席位，可以按照个人的心情选择。啤酒当然是建议您喝辛啤酒公司生产的。这里还有泰国菜、印度菜等，饭菜品种丰富。对面的左侧的建筑物中，设有舞台，乐队在里面。

泰国具有代表性的啤酒公司的啤酒公园

AREA 7 素坤逸路周边

Map p.87-D2

住 179 Soi 21（Soi Asok）, Sukhumvit Rd.

☎ 0-2258-9714

营 11:30~24:00

休 无　C/C Ⓐ Ⓓ Ⓙ Ⓜ Ⓥ

交通 素坤逸地铁站一号出口步行 8 分钟即到

伦道娜布留酒吧

The Londoner Blew Pub

◆曼谷稀有的可以喝到自己家酿造的啤酒的啤酒大厅。地下的店内制作的比尔森啤酒（半品脱 90 泰铢）与苦味啤酒（一品脱 150 泰铢），它们的味道都清淡一些。自从 1998 年开业以来 14 年间，客人中白人居多，宽敞的店里面，每天晚上都是宾客满座。

端起自己国家酿造的啤酒干杯！

AREA 7 素坤逸路周边

Map p.88-B2

住 Basement B 104, UBC 2 Bldg., 591 Soi 33, Sukhumvit Rd.

☎ 0-2261-0238　FAX 0-2261-0237

营 11:00~ 次日 1:00　休 无

C/C Ⓐ Ⓓ Ⓙ Ⓜ Ⓥ

交通 华兰蓬轻轨站五号出口步行 3 分钟即到

塔旺蒂德国啤酒酿造厂

Tawandang German Brewery

◆以接受了德国技术指导而酿造的正宗啤酒而自豪，于 1999 年在曼谷首次建成了隆比亚。啤酒分为三种品牌，拉伽、布伊参、顿坎鲁，各 0.3 升 95 泰铢、0.5 升 130 泰铢。下酒菜以泰国菜和德国菜为主。舞台上每晚都有歌舞。

自制的生啤酒与夜生活！

AREA 曼谷南部

文前图曼谷郊区 -C5

住 462/61 Rama 3 Rd.

☎ 0-2678-1114　FAX 0-2678-1119

URL www.tawandang.com

营 16:00~ 次日 1:00

休 无　C/C Ⓐ Ⓓ Ⓜ Ⓥ　交通 那拉拉姆沙姆高速公共汽车站步行即到

COLUMN

隆比亚是什么

在泰国会看到叫作隆比亚的店，是一个拥有大型舞台的啤酒大厅。舞台上夜生活乐队演奏泰国的热门流行歌曲和摇滚乐名曲，歌手也是一个接一个地上场演出。作为插曲夹杂着小品等的表演，即使到了深夜也有一些醉客在又唱又跳，吵闹到了极点。每天晚上几乎都是这个样子。菜制作得非常好吃，地道的泰国式的场所，众人在一起激动、快乐、兴奋地疯玩乐，正是隆比亚的用处与快乐之法。

乐队的声音太高了，自然说话声音就会提高

俱乐部、迪斯科

曼谷市内俱乐部和迪斯科，都是21:00左右开始一直营业到次日凌晨1:00或2:00。门票价格为300~500泰铢，附带饮料或者买一瓶饮料可以好几个人入场。周末到处人满为患，真实地感受到了泰国人的狂欢。曾经有一段时期大型迪斯科还盛况空前，然而最近高档趣味的店越来越受到人们的追捧，集中了一大批客人。深夜过后，达到高潮。

超级床俱乐部
Bed Supperclub

外观奇特的、最先进的夜总会

AREA 7 素坤逸路周边

◆沿着缓缓的台阶上去，走进胶囊形状的建筑物里，右侧是餐厅、左边纯白色的室内装饰中，摆设着像床似的沙发座席。侧卧在床上倾听着响起的DJ音乐，观赏着随时进行的各种演出，保证让您度过一个难忘的、不可思议的夜晚。

Map p.86-C2
住 26 Soi 11, Sukhumvit Rd.
☎ 0-2651-3537　FAX 0-2651-3538
营 周日～周四 19:30~次日 1:00、周五、周六 20:30~次日 1:00
休 无　C/C A J M V
交通 娜娜轻轨站三号出口步行6分钟即到

俱乐部
The Club

考山路上的大箱俱乐部

AREA 1 王宫周边

◆俱乐部以每日替换的DJ、每周更换不同主题等，提高娱乐性，以吸引更多的客人前来。以考山路为根据地的旅行者，在各地方上游览了一段时间，返回来时，俱乐部室内布局与之前相比简直完全改变了模样，是不是会觉得挺有趣的呢。饮品100泰铢~，鸡尾酒之类200泰铢。

Map p.91-D4
住 123 Khaosan Rd.
☎ 0-2629-2255
URL www.theclubkhaosan.com
营 20:00~次日 1:00
休 无　C/C A D J M V
交通 娜娜轻轨站三号出口步行6分钟即到

玩具
Toys

与广播电台合作的俱乐部

AREA 8 叻差达披色路周边

◆以独立制作的音乐深受人们喜欢的广播电台"Lat Radio"与很有人气的RCA"Slim"店于2008年共同开了一家新颖独特的娱乐场所——玩具。在其他地方很少有机会听到的独立制作乐队伴奏的夜场，而且DJ选曲也是与众不同。与世俗合拍的室内装饰也让人高兴。

Map p.73-E3
住 29/59-60 Zone C,RCA,Rama 9 Rd.
☎ 0-2641-5152
营 20:00~次日 2:00
休 无
C/C J M V

哈利乌德·阿瓦兹
Hollywood Awards

有快乐的夜生活的大型娱乐场所

AREA 8 叻差达披色路周边

◆大型泰国风格的迪斯科。在天花板很高的楼层，动听的音乐与DJ组合，大家在餐桌旁载歌载舞。每日夜生活分为从22:00开始的一组与深夜0:15开始的，共2次，有实力派乐队出场伴奏。1人200泰铢（一杯饮料）或者一瓶2000泰铢~，可以5人同时入场。

Map p.73-E2
住 72/1 Ratchadaphisek Rd.
☎ 0-2246-4311~3
营 21:00~次日 2:00
休 无
C/C J M V
交通 泰国文化中心地铁站二号出口步行3分钟即到

COLUMN

夜里娱乐的天堂 曼谷的俱乐部、酒吧状况

曼谷的娱乐场所

曼谷的娱乐场所，大体上可以分为“俱乐部”和“酒吧”两类。

■俱乐部

主要的顾客层：欧美人与喜欢欧美风格的泰国人。

音乐：DJ。引进海外受欢迎的DJ等的活动很多。

收费方式：有基本门票，带1~2杯饮料。

详细网址：www.dude-magazine.com

■酒吧

主要的顾客层：大多数是泰国人。

音乐：店里有乐队的占多数，DJ与乐队相连接。只有DJ的店里，向节目主持人倾斜，由主持人带动也可以达到高潮，也举办一些有乐队伴奏的夜生活。

收费方式：不买门票的话，进店后要点饮品。要一瓶威士忌，就可以保证有座位，建议几个人一起去为好。

详细博客：blog.livedoor.jp/fuku_bangkok

俱乐部集中的地区

素坤逸路、娜娜周边（Map p.86-B3~C3）：11巷的超级床俱乐部（→p.258）、Q酒吧（Map→p.86-C2）等都是受欢迎的店。

高档酒店内：大哈伊尔特安拉文（→p.272）的Spasso；曼谷空拉德（→p.272）的87+；暹罗广场诺波坦鲁（→p.282）的Concept CM2之类酒店内的俱乐部以安全感和距离近而受人欢迎。想猎取外国男人的泰国女人就是在这种场所里等待着呢。

酒吧集中的地区

王室城市大街（Map p.73-E3~F3）：曼谷屈指可数的酒吧集中地区。其略称就是您所熟悉的RCA。这么多年来，Route66、808、Flix、Slim等大型娱乐场所连续建成开业，该地区随之兴盛起来。

奥特考市场对面（文前图曼谷-D2~E2）：周末市场的旁边，原园艺店街所在地区都变身为俱乐部、酒吧街。

考山路（Map p.91-D4~E5）：便宜小客栈街→外国人集中区→时尚区，一连串的变化，曾经一段时期繁荣兴盛，逐渐有低落的倾向。现在热闹的只有以俱乐部为中心的两到三家。

叻差达披色路周边（Map p.73-E2）：集中在4巷、6巷、安斯帕拉那德后面。特别是4巷每隔一到两年就重复衰落一次，现在新装修的Za Leng等，因为饮料便宜，很受大学生的欢迎而热闹非凡。

素坤逸路、亿甲米巷（Map p.73-F3~F4）：从象Y50那样别致的店到象Curve那样的葡萄酒酒吧、备有香槟的高档店，分散在街道两旁。

俱乐部与酒吧的区分法

不能以店名和外观来判断，要查看一下它的地理位置和顾客层。素坤逸路的娜娜、阿索周边、考山路、是隆路等外国人多的地区与高档酒店内一般都是俱乐部。位于RCA、叻差达披色路周边、素坤逸路的通罗、亿甲米周边的是酒吧，这样大体划分就清楚多了。从店的数目来说，酒吧比俱乐部要多。

俱乐部与酒吧的娱乐法

饮品：有门票的一般都包含饮品；送饮品票，然后入场后用它来交换饮品。酒吧里的威士忌是整瓶购买，点威士忌时，追加可乐、苏打水、冰一起喝要便宜。喝酒时，有服务人员在旁服侍（随餐桌的服务员别忘记要给小费）。店内有人们拥挤不堪等状态时，进了店的人走不到饮品柜台跟前，实在挤得不像样子时，甚至不得不关店。

禁烟：店内禁烟。想抽烟必须到外边去。

关店时间：在酒吧和俱乐部等允许喝酒的场所，有条例规定的关店时间。现在考山路深夜1:00准时关门；位于RCA、素坤逸路等沿路边上引人注目的场所则是深夜2:00关门；叻差达的4巷等在稍微往里的地方到深夜3:00左右。不论店里有多么热闹，一到关门时间，马上音乐停止、灯光变亮，客人们马上被拉回现实当中。

他信首相时代，由警察管制，关店时间能够严格遵守。2006年库旦他以后有许多破坏规矩的行为，逐渐放松了营业时间管制（有营业到早晨的黑迪斯科厅）。受人欢迎的店、关店时间等今后有变动的可能，最新资讯请查阅前面所述的公司网址或博客。

酒吧集中的RCA

注：俱乐部和迪斯科都规定未满20岁不许入场。入场时检查身份，所以要将护照带上。有的店不可以用复印件，最好将原件带去。

夜总会

曼谷市内主要的夜总会，是轻松的正式酒吧与摇摆舞酒吧的复合体。泰国特有的摇摆舞酒吧，以在柜台上挂着号牌的身穿泳装的女子跳舞为特征。看到一样的风俗店，不收入店费，如果只喝酒，一小瓶啤酒 130~150 泰铢，便宜而且明算账。店里的女子坐在客人旁边，死乞白赖地要求喝酒，这当然是客人请客。算账的时候，也不用不高兴，多少放下点小费就是了。

曼谷的夜总会，关店时间受条例限制。基本上帕蓬路周边为深夜 2:00，其他书上没有记载的地方一般到深夜 1:00。从整体上来说，还是比较遵守规定的。接近关门时间，将店内的灯光变亮，或把椅子放到桌子上面等，开始为关门做准备。

AREA 7 ● 素坤逸路周边 Map p.86-B3

现在如果叫摇摆舞酒吧的话，就是这里 Nana Entertainment Plaza

N 娜娜娱乐广场

▶ 娜娜轻轨站二号出口步行 4 分钟即到

素坤逸路 4 巷稍稍往里走，左侧就是入口。入口的两侧是正规风格的酒吧，再往里走，四周围着的宽敞内院里，建造着一座三层楼的建筑，大楼里面全是摇摆舞酒吧。内院里，排列着名叫比亚酒吧的正规酒吧。周围也有许多比亚酒吧。

AREA 7 ● 素坤逸路周边 Map p.87-D4

路的两旁全是摇摆舞酒吧 Soi Cowboy

N 牛仔巷

▶ 素坤逸地铁站二号出口步行即到

名字来源于这里曾经有一家名叫旧西部风格的酒吧。不过现在已经没有了以前的影子，宽 50 米左右的道路两侧，都是霓虹灯闪烁的摇摆舞酒吧。路上有站着拉客的女子，要想通过必须有坚强的意志。

AREA 7 ● 素坤逸路周边 Map p.86-B3~87-D4

深夜开始营业的人行道上的酒吧群 Sukhumvit Rd.

N 素坤逸路上的酒吧街

▶ 娜娜轻轨站一号出口、三号出口步行即到

素坤逸路的娜娜轻轨站周边，特别是 4 巷开始到朗德玛克酒店前、9 巷开始到 15 巷一带，23:00 左右开始排摆桌子与柜台，路上酒吧开始营业。按规定到深夜 2:00 关门的店铺型酒吧里，即使关门之后也可以喝酒，直到早晨客人也不断。

AREA 6 ● 是隆路周边 Map p.261-B1~B3

驰名世界的夜总会 Phatphong Rd.

N 帕蓬路

▶ 沙拉玲轻轨站一号出口步行 2 分钟即到

连接是隆路与苏里旺路的宽阔的马路。有互相平行的帕蓬一路和帕蓬二路。

一般人们说的帕蓬路指的是帕蓬一路。傍晚时分开始摆摊设点，入夜，面向观光客的露天小店就将道路给占满了。路两旁有礼品店、餐饮店、摇摆舞酒吧等鳞次栉比，纠缠不休地来往拉客。对于外国人来说，这里是最具有异国情调的地方。小摊上卖的全是假冒伪劣商品，泰国的杂物价格也比别的地方贵。摇摆舞酒吧也显得很萧条的样子，曾是泰国最大的夜晚娱乐中心的繁盛印象已经不复返了。帕蓬二路是一条细长的路，不知为什么有好几家中老年男客多的休息室吧；苏里旺路旁边有名叫比亚酒吧的正规酒吧，路的半中间有法国、意大利餐厅。

注意！ 位于二层的店或将表演内容写在薄片纸上揽客，领游客去的店一般都是宰客酒吧，千万别上当。揽客者是要从中赚取佣金的。即使在跟着揽客者去的店里没被敲竹杠，购物付费中也附加了付给揽客者的佣金部分。

AREA 6 ● 是隆路周边 Map p.261-D1~D3

全是日语招牌，这里是什么地方？ Tha niya Rd.

N 托尼亚路

▶ 沙拉玲轻轨站一号出口步行即到

一连串的商店全是以日本客人为对象的与众不同的路。小酒馆、面条店、寿司店、烤肉店等的餐厅，面向日本人的俱乐部、卡拉 OK 店都密集于此。路边挂的招牌也全是日语招牌。甚至有与日本的俱乐部相同的受欢迎的女优表演。

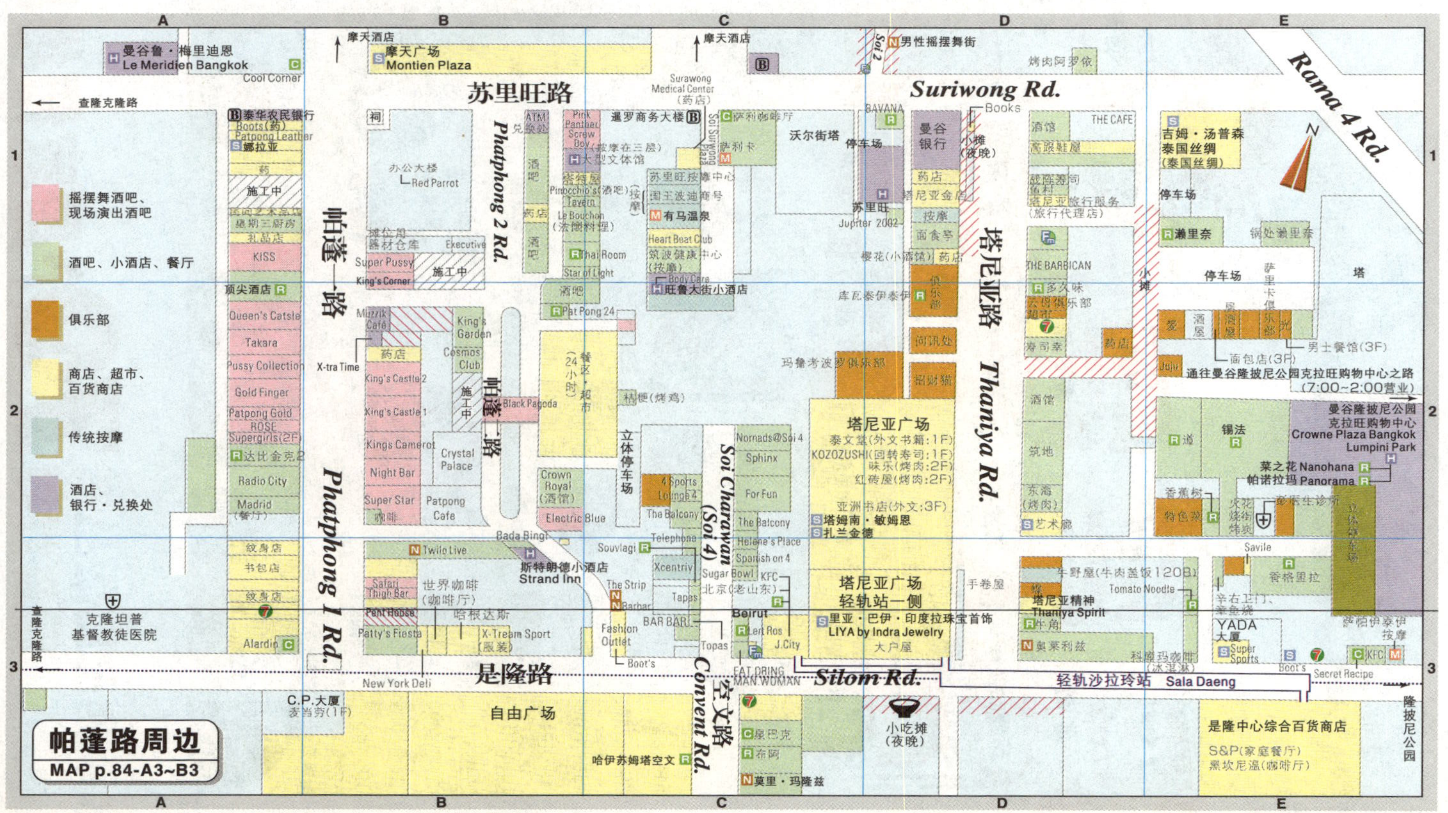
帕蓬路周边
MAP p.84-A3~B3
Rama 4 Rd.
Suriwong Rd.
苏里旺路
塔尼亚路
Thaniya Rd.
Silom Rd.
是隆路
空文路
Convent Rd.
帕蓬一路
Phatphong 1 Rd.
帕蓬二路
Phatphong 2 Rd.
Soi Charawan
(Soi 4)
Soi 2
查隆克隆路
轻轨沙拉玲站 Sala Daeng
隆披尼公园
曼谷鲁·梅里迪恩
Le Meridien Bangkok
摩天广场
Montien Plaza
摩天酒店
Surawong Medical Center
(药店)
遢罗商务大楼
沃尔街塔
苏里旺
Jupiter 2002
曼谷银行
男性摇摆舞街
吉姆·汤普森泰国丝绸
(泰国丝绸)
THE CAFE
THE BARBICAN
塔尼亚广场
塔尼亚广场
轻轨站一侧
里亚·巴伊·印度拉珠宝首饰
LIYA by Indra Jewelry
曼谷隆披尼公园克拉旺购物中心
Crowne Plaza Bangkok Lumpini Park
菜之花 Nanohana
帕诺拉玛 Panorama
通往曼谷隆披尼公园克拉旺购物中心之路
(7:00~2:00营业)
是隆中心综合百货商店
S&P(家庭餐厅)
熏坎尼温(咖啡厅)
斯特朗德小酒店
Strand Inn
自由广场
C.P.大厦
麦当劳(1F)
克隆坦普基督教徒医院
小吃摊
(夜晚)
New York Deli
Patty's Fiesta
Super Star
Night Bar
Kings Camerot
King's Castle 1
King's Castle 2
Black Pagoda
Crystal Palace
Patpong Cafe
KISS
Queen's Catsle
Takara
Pussy Collection
Gold Finger
Patpong Gold
ROSE
Supergirls(2F)
Radio City
Madrid
(餐厅)
Alardin
Cool Corner
Red Parrot
Super Pussy
King's Corner
X-tra Time
King's Garden
Cosmos Club
Pinocchio's(酒吧)
Le Bouchon
(法国料理)
Heart Beat Club
Thai Room
Star of Light
Pat Pong 24
Crown Royal
(酒馆)
Electric Blue
Twilo Live
世界咖啡
(咖啡厅)
Fashion Outlet
BAR BAR
Topas
Beirut
J.City
Sugar Bowl
Spanish on 4
Helene's Place
The Balcony
For Fun
Sphinx
Nomads@Soi 4
4 Sports Lounge 4
YADA
大厦
Tomato Noodle
Thaniya Spirit
塔尼亚精神
Savile
Secret Recipe
摇摆舞酒吧、
现场演出酒吧
酒吧、小酒店、餐厅
俱乐部
商店、超市、
百货商店
传统按摩
酒店、
银行·兑换处

走遍全球系列

新版

本系列已出版丛书
涵盖世界70个国家和地区

酒店指南

Hotel Guide

曼谷隆披尼公园克拉旺购物中心（→p.276）

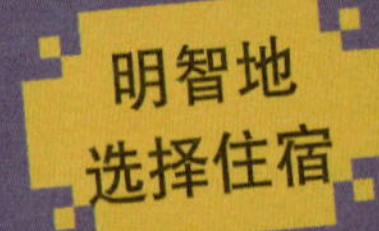

曼谷酒店状况

虽说世界广阔，然而像曼谷这样各种各样的住宿设施林立的都市毕竟还是很少。从面向背包客的招待所、价格适中的中档酒店到世界 VIP 住宿用的超高档酒店，选择的幅度相当广泛。根据个人的旅行格调，或与预算相结合，一定会找到自己喜欢的酒店的。

接着是开放饭店（曼谷圣瑞吉饭店→ p.268）

BANGKOK HOTEL GUIDE

住宿的种类

曼谷的住宿设施主要分为酒店、旅社、招待所和青年旅舍、酒店式公寓四种类型。旅社是酒店的一种，因为在曼谷主要集中在中国城内，所以与酒店区分开介绍。

酒　店

一般 1000 泰铢左右为经济型、1000~3000 泰铢为中档型、超过 5000 泰铢的酒店为高档型。在外国人多的地区，酒店多为 1500~2000 泰铢，配备空调、浴盆、有卫星频道的电视、冰箱、免费无线上网，这样舒适的中档酒店很多。

高档酒店里豪华的大厅（曼谷暹罗坎宾斯基酒店→ p.268）

旅　社

商人住宿风格的便宜酒店，旧建筑物居多。门口挂着泰语、汉语、英语写的招牌。房间里的墙壁很旧，有空调的空调噪声也很大或者只有天花板上悬挂着风扇，有两张床但是很普通，睡在床上床垫能将人陷进去。一般只有淋浴。

招待所与青年旅舍

主要是外国背包客住得多的便宜住宿。一层或人口处多为食堂或旅游公司，一般英语能讲得通。便宜些的最低 60 泰铢；即使单人房间也只有 100 泰铢，价格便宜，不过就是房间太狭小，有几乎都进不去的感觉。厕所、淋浴设施是公用的，普通的一般配电风扇或悬挂在天花板上的风扇。如果带空调、客房内带厕所和淋浴设施，价格就更高了。青年旅舍在市区有好几家，住宿费、设备与招待所相差无几。

酒店式公寓

若想长住一段时间，酒店生活不够安定，但是找公寓又很麻烦，那么对于这种人比较合适的就是酒店式公寓。这里是房间清扫、亚麻布之类的换洗等，可以接受和酒店一样的服务的公寓。房间里还有厨房。馆内设施千差万别，还有与高档酒店一样配健身房与游泳池的套房，而且住宿费要比酒店便宜。很受长期居留的人的欢迎，也可以短期住宿。

可以舒服地度过的设计别致的酒店（玛德吉酒店→ p.281）

设计别致的酒店与精品酒店

曼谷一家接一家上市的、有设计别致的酒店与精品酒店的设施以及包含个性设计的室内装饰的酒店很多。而且住宿费适中的地方很多。不是“更像泰国”，而是为追求“舒适的酒店生活”，增添了多项选择。

BANGKOK HOTEL GUIDE

明智地预约酒店

高档酒店的预约法

事前决定好自己想住宿的酒店，日程定下来之后，就可以预约了。一部分中档酒店、大多数高档酒店，在中国都有预约窗口，可以与这些地方取得联系。

以稍便宜点的价格，入住酒店的方法

● 使用网上的预约网址

通过公司网址预约酒店如今已成为理所当然之事。网上有折扣价、优惠活动等，只要用心去查看，有时会碰上相当便宜的价格。即使是同一家酒店，网址不同，价格上多少也有一些差别，认真比较各网址的价格，是明智的预约法。

主要的预约网址

● 携程

URL http：//hotels.ctrip.com/international

携程网是中国领先的在线旅行服务公司，国外酒店预订非常完善，每月酒店预订量达到50余万间。

●同程

URL http：//www.17u.cn/hotel/

同程网创立于2004年，总部在苏州。经过数年在旅游在线市场的成功运作，已经成为国内一流的旅游电子商务平台。

●去哪儿

URL http：//hotel.qnnar.com/

去哪儿网总部位于北京，该网站使中国旅行者首次能够在线比较国内航班和酒店的价格及服务。

● 通过预约事务所

例如若想入住玛里奥特、希尔顿、谢拉通等世界级大酒店，在中国有很多预约事务所。周末价、淡季折扣价、带早餐、连续住打折等，准备了许多更为划算的特别优惠价，预约时可以咨询清楚。另外，近来管理这些酒店入住事宜的网站推出的预约价格，均为比起其他预约网站与旅游公司来毫不逊色的优惠价格，虽然不能说是最便宜的价格，却追加了洗衣、免费用餐等优惠条件，这样一来没准是性价比最高的方式。

●利用信用卡服务台

也有面向会员进行便宜预约服务的场所，请您向信用卡旅游咨询台打听一下。

● 走遍全球海外酒店预约网站

“走遍全球”专用的酒店预约网站上，精心挑选出的曼谷酒店可以在网上预约。

URL hotel.arukikata.co.jp

经济酒店预约法

在中国没有预约事务所，也没有预约网站的经济酒店，可以自己预约。通过公司网址、电子邮件、电话、信、传真等方式，建议尽可能身边保存好预约记录。只是这个级别的酒店在曼谷市区多如牛毛，并没有必要非得局限于预约。

酒店预约秘诀

通过曼谷市区内的旅游公司，对于旅游公司已签约的酒店，宿费可以相当便宜的机会很多。对于日程安排比较宽裕的游客来说，从中国可以预约好第一天的住宿，到达曼谷之后，认真地在各旅游公司中走访一下，也是能住到比较便宜的酒店的方法之一。

关于刊登的酒店价格情况

从268页往后在介绍酒店中提到的价格，基本上是从2012年4月起的正规收费，S是单人房（一个人住）、T是双人间（两个人住）一套房的收费。高档酒店里要在标价上加上7%的税金与10%的服务费。中档以下的酒店，一般开始提出的就是收费总额。根据不同的预约方法、时期、人流量大小等会推出不同的价格，这一点要注意。不同的酒店，有的并不设定固定的正规价，根据人流量的大小来确定价钱。这样的酒店，在网上预约时一定要询问清楚。

一个人住的客房，提供双人床的时候也很多（曼谷暹罗坎宾斯基酒店→p.268）

忘记了日常烦恼的放松

享受酒店生活的乐趣

曼谷的高档酒店

曼谷的高档酒店，其设备、服务等非常完善，但是由于过度竞争的存在，有时候可以以比较便宜的价格入住。近来价格有点上扬，与以往有些不同，尽管如此，仍然有性价比高的酒店。作为旅行目的之一，可以尝试在旅行期间在高档酒店度过。

高档酒店入住法

好不容易住到了高档酒店，清晨一大早就出发，不停地观光、购物，在外面吃完饭，很疲倦地回到酒店，然后就那样上床睡觉，实在太可惜了。若是高档酒店，馆内定会有游泳池、健身中心等设备，房客可以自由出入。如果有网球场、壁球场，在教练指导下玩一玩，出一些器具租赁费就可以使用。或者坐在游泳池旁读读书；在健身房轻微出点汗，悠闲度过；在酒店美味的餐厅内进餐；进行桑拿浴、按摩或水疗之类能够恢复精神的奢侈享受，尽可能让自己快乐度过。

BANGKOK HOTEL LIFE

早　餐

自助餐风格较多。有好多种面包、新鲜的水果汁、水果菜、火腿、奶酪、香肠等。鸡蛋菜可以根据您个人的爱好专门为您烹制，可以吃到煎鸡蛋和炒鸡蛋。

河岸边的酒店里可以在露天平台上吃早餐，心情舒畅。皇室兰花喜来登酒店（→p.275）

BANGKOK HOTEL LIFE

游泳池

高档酒店的游泳池，有规模宏大的度假村风格的造型等，其中包含着个人爱好情趣。周围种植着绿色的树，度假村风味十足的游泳池；大厦顶上有漂亮的游泳池等设施，非常令人开心。游累了之后，在池畔酒吧喝点东西。

有直接通道连接客房的曼谷暹罗坎宾斯基酒店（→p.268）的里院改造而成的游泳池

BANGKOK HOTEL LIFE

午　餐

高档酒店里，馆内有两个以上的餐厅，吃饭可以随便挑选。这些餐厅频繁举行各种促销活动，打听一下就清楚了。

曼谷国王特权普鲁孟的克伊金・恩帕古多（→p.187）是曼谷值得推荐的自助餐厅

BANGKOK HOTEL LIFE

曼谷酒店生活

光是吃东西肯定是不划算的。这时候您可以到健身房去活动活动身体。最新的机器有好多种，一应俱全。教练会细心地给予指导。当然也有完善的淋浴、桑拿设施等。

需要自己准备的只是换洗的衣服

BANGKOK HOTEL LIFE

水疗馆

好不容易来一趟，变得漂漂亮亮地回国。酒店里的水疗护理，无须出去，只要在客房打个内线电话预约就可以享受了。

受来客喜欢的水疗馆，人较多，提前预约好

BANGKOK HOTEL LIFE

下午茶

悠闲度过午后一段好时光，比较合适的就是在大厅或休息室内喝一喝下午茶。在静静地流动着的古典音乐声中，喝着下午茶。这是只有高档酒店才能享受得到的一份奢侈。

各酒店备有自己特色甜点

BANGKOK HOTEL LIFE

晚　餐

一边观赏泰国舞蹈，一边吃饭。有的酒店里配置了能欣赏歌舞的餐厅。舞者的优雅动作与丰富的饭菜相映成趣，动人心魄。

瞬间让您真实地体会到“来到了泰国”。曼谷文华东方酒店的沙拉里姆·那姆（→p.245）

BANGKOK HOTEL LIFE

酒　吧

吃完饭后，直接进入客房睡觉有点可惜。到酒店内的酒吧俱乐部喝喝酒，高兴高兴也好。颇具特色的原创鸡尾酒，能让人感觉进入了梦乡。

在酒吧里，喝一喝酒店引以为豪的鸡尾酒

BANGKOK HOTEL LIFE

客　房

一天使劲地疯玩，累了之后，在舒适的客房中道“晚安”。在宽大的浴缸里，悠闲自在地沐浴，享受一下优雅的洗澡时光。躺在各大酒店争相购入的新式床上，安然入睡。

曼谷暹罗坎宾斯基酒店（→p.268）的几乎快被淹没的大型浴缸。近来流行透明玻璃的洗澡浴室。当然百叶窗是可以降下来的。

高档酒店

作为亚洲屈指可数的都市酒店密集型城市曼谷，主要的国际高档酒店一应俱全，彬彬有礼的服务、设备齐全的客房、美味的餐厅等，欢迎各方来的游客及商务性的客人。圣瑞吉酒店、坎宾斯基酒店相继开业，今后预定准备开业的还有利兹卡鲁通、利金特酒店。可供选择的幅度进一步拓宽。这一级别的酒店分布广泛，结合自己旅行的目的，选定地点就可以找到了。

曼谷圣瑞吉酒店
St.Regis Bangkok

曼谷最新的高档酒店

AREA 4 暹罗广场、水门周边

◆ 这家拥有百年历史、起源于纽约的高档酒店品牌于 2011 年 4 月在曼谷开业。该酒店在中国北京及上海、法国巴黎、新加坡、日本大阪依次开店，圣瑞吉酒店是亚洲的第六家。该酒店正面是赛马场与高尔夫球场并立的曼谷王室活动俱乐部，视野开阔，周围是高档酒店与大型购物中心集中区，占据了最佳的地理位置。接待室在 12 层，客房在 12 层以上。客房面积最少有 45 平方米，铺着黑色的木质地板，加上间接的照明效果，显得厚重而且时尚。办理完入住手续之后，服务员就会给您送来咖啡，早晨有叫醒电话服务，之后会给您送来咖啡、报纸等，这种管家似的服务是圣瑞吉酒店的特色。套房里的浴室全部由玻璃制作而成，可以一边观赏夜景，一边享受沐浴时光。

Map p.81-E5
住 159 Ratchadamri Rd.
☎ 0-2207-7777
FAX 0-2207-7888
URL stregis.com/bangkok
费 需要咨询
C/C Ⓐ Ⓓ Ⓙ Ⓜ Ⓥ
房间数 227 室
预 圣瑞吉
Free 0120-922334
交通 叻差达慕里轻轨站四号出口连接通道步行即到

曼谷暹罗坎宾斯基酒店
Siam Kempinski Hotel Bangkok

位于繁华街中央的隐藏高手奥尔西斯

AREA 4 暹罗广场、水门周边

◆ 地处曼谷最繁华区暹罗广场与水门的中央位置，却与王族的宫殿、运河为邻，环境清幽。一步入大厅，在二层处是四周通风的凉亭似的宽敞的空间。有三处喷泉，水在不停地流动着，非常凉爽。随处装饰着泰国风格的时尚艺术，让人感到的是悠闲自在的氛围。客房内是黑、绿、深茶色的搭配，是一个安稳、清静的空间；室内铺着木地板，脚踩上去非常舒服。围绕着建筑物，在内院里形成了一个形状复杂的曲折水池，水池旁边绿树成荫，简直就是一个游览胜地。在从露天平台直达水池的水池通路旁也有客房。斯拉布尔拜金金餐厅（→p.158）有最尖端的、时尚的泰国菜，可以尽享美食。

Map p.80-C3~81-D3
住 991/9 Rama 1 Rd.
☎ 0-2162-9000
FAX 0-2162-9009
URL www.kempinski.com/bangkok
费 需要咨询
C/C Ⓐ Ⓓ Ⓙ Ⓜ Ⓥ
房间数 303 室
交通 暹罗轻轨站一号出口步行 3 分钟即到

曼谷文华东方酒店
Mandarin Oriental Bangkok

因曼谷历史传统与豪华而自豪

AREA 5 查隆克隆路周边

◆ 作为主客房的是排列在河水两侧的漂亮房屋，楼层、家具给人以时尚、鲜亮的印象。客房内配置有 DVD 播放机、音响系统，还配有各种样式的台灯等，似乎并不是客房，而是在自己的房间里，营造出一种宾至如归的氛围。套房内也是一样，特别受欢迎的传统作家套房，采用的是与酒店关系很好的作家的名字（沙玛塞特·莫姆、吉姆斯·米切那、诺安鲁·卡瓦德）。古董家具、带天盖的床等室内布置每个房间都不相同，每个房间都配有风扇。另外的一栋楼，是怀旧式建筑物，内设有作家休息室（→p.191），在那里可以悠闲地享用下午茶。

Map p.82-B4
住 48 Oriental Ave., Charoen Krung Rd.
☎ 0-2659-9000 FAX 0-2659-0000
URL www.mandarinoriental.com
费 ⓈⓉ15000 泰铢～
C/C ⒶⒹⒿⓂⓋ 房间数 393 室
预 曼谷文华东方酒店集团
Free 00531-650487
交通 达信轻轨站三号出口步行 11 分钟即到

曼谷四季酒店
Four Seasons Hotel Bangkok

厚重感与游览胜地出色的融合

AREA 4 暹罗广场、水门周边

◆ 面朝叻差达慕里路，稳稳当当地坐落在那里的白色大厦就是曼谷四季酒店。客房内多用木头装饰，安稳的造型，虽然面朝市中心的大马路，却是意想不到的安静。看来是那个厚重的门起到了隔音效果。里院里有水池，绿树成荫，还建造了人工瀑布，有一种游览胜地的气派。有凉台的屋子，简直让人忘怀了自己正身处市中心的酒店里。这里有沉稳氛围的餐厅，在入口处设有畅销的调味品市场（→p.158），被人们评价为曼谷最好的泰国菜餐厅。大厅（→p.192）一到下午，在幽雅的环境里，游客可以在这里尽享下午茶的美味。酒店内的水疗馆由孟达拉水疗馆经营，以独特的室内装饰而备受欢迎。

Map p.81-E5
住 155 Ratchadamri Rd.
☎ 0-2126-8866 FAX 0-2253-9195
URL www.fourseasons.com
费 需要咨询
C/C ⒶⒹⒿⓂⓋ
房间数 353 室
预 四季酒店及游览胜地
Free 0120-024754
交通 叻差达慕里轻轨站四号出口步行即到

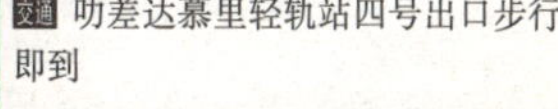

曼谷半岛酒店
The Peninsula Bangkok

屹立在河岸边的超高档酒店，所有客房全是河景房

AREA 5 查隆克隆路周边

◆ 屹立在湄南河岸边的39层的摩天大厦，是以“W”形的独特造型而引人注目的酒店。所有客房全是河景房，从大窗户望出去，曼谷市区一览无余。文具齐备的书桌，厚重的家具等，全部都是奢华的造型。灯、空调、电视机等，都在房间床边集中设有中央控制台，便于操控，窗帘也是电动的。用大理石制成的浴室，浴室内电视机镶嵌在墙壁里面，一边在水里泡着，一边还可以欣赏电视节目。查隆克隆路的42巷（香格里拉酒店巷）的尽头有专用码头（半岛同行）和优雅的候车室，可以乘坐渡船来往。渡船连接着酒店和沙敦码头。高档酒店里还可以免费上网。

Map p.82-A4
住 333 Charoen Nakhon R., Klongsan
☎ 0-2861-2888 FAX 0-2861-1112
URL www.peninsula.com
费 ⓈⓉ1.3万泰铢~
C/C ⒶⒹⒿⓂⓋ 房间数 370室
预 全球客户中心
Free 0120-563888
交通 叻差达慕里轻轨站四号出口步行即到

曼谷素可泰
The Sukhothai Bangkok

虽然地处市中心，却是游览胜地的风格

AREA 6 是隆路周边

◆ 再现泰国的第一个王朝素可泰形象的酒店。客房的室内装饰多用泰国丝绸，室内间接照明、雕像、镜子一起产生出一个独特的不可思议的空间。打开拉门，进入浴室，内部装饰多采用木质，给人以柔和、温暖的感觉。由于房间比较大，有许多宽裕的地方，所以听不到街道上的噪声；游泳池和里院面积都比较宽大。从大厅穿过走廊，一走到绿树成荫的、明亮的院子里，馆内的厚重与外面墙壁的白色形成的反差，瞬间产生了一种不可思议的爽快感。透过柱子之间可以看到的空间里，水已装满。夜幕降临，佛塔掩映在朦胧的灯光之下，充满了幻想色彩。塞拉顿餐厅（→p.159）的泰国菜、意大利的拉·斯卡拉、波托尼卡（→p.232）高级水疗馆颇受游客的欢迎。这里向游客推荐大厅·沙龙（→p.192）的下午茶，周末的巧克力自助餐。所有的客房都采用的是温水冲洗的坐便器设备。

Map p.84-C4~C5
住 13/3 Sathorn Tai Rd.
☎ 0-2344-8888
FAX 0-2344-8899
URL www.sukhothai.com
费 1.2万泰铢~
C/C ⒶⒹⒿⓂⓋ
房间数 210室
FAX（03）-5210-5131 Free 0120-086230
交通 隆披尼地铁站二号出口步行7分钟即到

曼谷鲁·梅里迪恩
Le Melidien Bangkok

苏里旺路转变为时尚街
AREA 6 是隆路周边

◆ 2008年，在帕蓬路跟前开业。馆内飘荡着香水味，入口处有装饰照明灯和音响效果，全部是为热情迎接宾客而开发的原创意。客房内高高的天花板、大大的窗户、高速上网、BOSE牌CD播放机、iPad充电用对接设备，带点播系统的视频等，不管是对经商还是休闲娱乐的游客都是高端设施。带雨淋浴的淋浴房、较深一些的浴缸，可以悠闲自在地放松。睡在鲁·梅里迪恩特制的床上，旅行疲劳随之消失。22层有11个环形客房，中间端放着一张圆形床。眺望着窗外辽阔的曼谷夜景，可以度过一个罗曼蒂克的夜晚。正面是四面通风的亭，餐饮设施都汇集在此。

Map p.83-E2~F2
住 40/5 Suriwong Rd.
☎ 0-2232-8888 FAX 0-2232-8999
URL www.lemeridien.com/bangkoksurawong
费 需要咨询 C/C A D J M V
房间数 282 室
预 鲁·梅里迪恩世界范围预约
Free 0120-094040
交通 萨姆亚地铁站一号出口步行4分钟即到

曼谷JW玛丽奥特酒店
JW Marriott Hotel Bangkok

食物丰富的餐厅受人欢迎
AREA 7 素坤逸路周边

◆ 24层的大型酒店，以拥有一个独特的曲线形状外观而引人注目。以棕色为基调的大型通风大厅，别致而又是都市风格的。客房总体上都是茶色调的，自制的咖啡、特大型床、带淋浴设施的浴室等，非常舒适。还备有使人放松的软设备，可以一边洗澡一边享受。16层以上，是可以享受到比普通客房更高级别服务的上等楼层。在通风设施周边设置的2层餐厅楼层，有纽约牛排店、经营泰国菜的白象餐厅、万华中国菜餐厅；地下层有高档的日本菜海啸餐厅等。大约在奔集轻轨站与娜娜轻轨站的正中间，离哪个站都很近，交通非常便利。

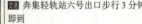

Map p.86-B3
住 4 Soi 2, Sukhumvit Rd.
☎ 0-2656-7700 FAX 0-2656-7711
URL www.marriott.com/bkkdt
费 需要咨询
C/C A D J M V
房间数 441 室
Free 0120-142890
交通 奔集轻轨站六号出口步行3分钟即到

曼谷大哈伊尔特安拉文

Grand Hyatt Erawan Bangkok

神殿似的外观，让看者为之倾倒

AREA 4 暹罗广场、水门周边

◆ 排列着许多像希腊神殿风格的雄壮的柱子，从入口进去，大厅里是种植着绿树的巨大的四面通风造型，而中央位置却是使人意想不到的一个幽雅、清静的空间。有着白色与浅绿色为基调的上等的室内装饰的客房，床旁边的照明设置非常时尚。浴室很宽敞，使人感觉到的是豪华气派的格调。又深又舒适的浴缸惹人喜欢。绿荫环绕之中，是一个大大的水池，位于大厦的五层，意外之中非常开放的感觉。水池的旁边是阿伊沙旺水疗馆。地下层的餐厅街的你和我（→p.159）餐厅可以吃到小摊口味的泰国面食；意大利的斯帕索（Spasso）餐厅，到夜晚就会变为俱乐部，开始夜生活，热闹得不得了。位于叻差达慕里路与奔集路的十字路口，是交通发达的场所，商业人士前来的较多。

Map p.81-E4~E5

住 494 Ratchadamri Rd.

☎ 0-2254-1234　FAX 0-2254-6308

URL www.bangkok.grand.hyatt.com

费 需要咨询　C/C Ⓐ Ⓓ Ⓙ Ⓜ Ⓥ

房间数 380 室

预 哈伊尔特世界范围预约

交通 奇隆轻轨站八号出口步行 3 分钟即到

曼谷空拉德

Conrad Bangkok

空中庭园似的游泳池让您心情舒畅

AREA 4 暹罗广场、水门周边

◆ 是位于集办公、公寓、购物中心等于一体的摩天大厦里面的一家酒店。客房装饰多用木质，点缀着泰国式编织品，构成一个安乐的空间。标准级别的客房也均摆设着沙发和桌椅，相当宽敞，在透明浴室中泡在怀旧式的浴缸中，透过房间远眺窗外，有一种不可思议的心情。当然还备有窗帘，可以确保个人的隐私。位于酒店中层部的大型变形游泳池，像一个度假胜地，使人心情舒畅。酒店内的 87+ 是一个颇受欢迎的面向成年人的俱乐部。在奔集轻轨站与酒店之间，有班车通过，交通也很方便。

Map p.86-A4

住 All Seasons Place,87 Witthayu Rd.

☎ 0-2690-9999　FAX 0-2690-9000

URL www.conradhotels.com

费 需要咨询　C/C Ⓐ Ⓓ Ⓙ Ⓜ Ⓥ

房间数 391 室　交通 奔集轻轨站六号出口步行 8 分钟即到

预 空拉德世界范围预约

曼谷谢拉通·古朗德·素空比特
Sheraton Grande Sukhumvit Bangkok

阿索的地标建筑物
AREA 7 素坤逸路周边

◆ 是一家谢拉通的高档品牌"豪华精选"。客房宽敞，平板电视机与DVD播放机是其标准配置。而且有可站立走入的大型壁橱，即便携带着大行李，也可放心使用。室内采用了色彩柔和的上等编织品做点缀，窗户既大又明亮。室内舒适度高，奢华的感觉。从面朝南的房间，可以望到远处西里基特国际会议场及其前面延伸开去的大湖，真是爽快极了。作为高级美容沙龙的古朗德水疗馆（→p.231）受到了人们的好评。还有专为男士而设的水疗项目。在受人喜欢的巴吉鲁（→p.159）餐厅幽雅的氛围中，可以尽享美味的泰国菜。绿树掩映的水池，颇有游览胜地之感，让游客忘怀了自己正身处市中心的酒店之中。与阿索轻轨站有人行天桥相连接，也可以去对面的罗宾逊百货商店。

Map p.87-D4
住 250 Sukhumvit Rd.
☎ 0-2649-8888 FAX 0-2649-8000
URL www.luxurycollection.com/bangkok
费 需要咨询
C/C Ⓐ Ⓓ Ⓙ Ⓜ Ⓥ
房间数 420 室
预 豪华精选
☎ 0120-925651
交通 阿索轻轨站连接通道步行即到

曼谷律实塔尼
Dusit Thani Bangkok

传统与豪华占曼谷第一
AREA 6 是隆路周边

◆ 于1970年开业的、集泰国的传统与豪华于一身的酒店。酒店位于隆披尼公园的对面，在别处还没有高楼大厦的时代，该酒店的三角形的屋顶上装着金色塔的地标性建筑物已经作为曼谷的象征而存在。从多用丝绸和柚木装饰的、金碧辉煌之中而又有沉稳之感的大厅，可以眺望到院子里人工瀑布清爽而精彩的表演。客房重新装修之后，焕然一新的流行造型、时尚的家具等，品质高档之感油然而生。因为沿袭了泰国的传统，服务人员对客人的悉心照顾真是无可挑剔。以餐饮设施多为特征，班杰伦（→p.159）泰国菜餐厅室内装饰豪华气派，吸引了许多办理公司事务的人员前来。位于最高层的是高档的法国旦·萨恩斯餐厅（→p.185），菜由获得过《欧洲旅行指南》之星的厨师亲手烹制，这里的午餐非常划算。客房内可以免费上网。

Map p.84-B3~C3
住 946 Rama 4 Rd.
☎ 0-2200-9000
FAX 0-2236-6400
URL bangkok.dusit.com
费 需要咨询
C/C Ⓐ Ⓓ Ⓙ Ⓜ Ⓥ
房间数 517 室
☎ 010-66-2636-3163（泰国国内电话）
交通 是隆路地铁站二号出口步行即到

曼谷榕树

Banyan Tree Bangkok

以奇特的外观成为曼谷引人注目的载体

AREA 6 是隆路周边

◆ 屹立在沙敦路上好像石板一样的曼谷榕树大楼，高197米。客房在33层往上，俯瞰下方，景致优美，令人心旷神怡。公寓酒店套房中，无论起居室还是卧室，面积都很大。客房的室内装饰以及走廊均为具有高档感的、厚重的色调组合。在走廊里行走时，听不到多余的声音，非常安静，这也是特别值得一提的。15~18层与23~32层是名叫榕树俱乐部所在的上等楼层房间，其中布置及家具之类更加高档。在60层建筑的酒店楼顶上，有布尔提加露天餐厅，可以一边吃饭，一边欣赏曼谷迷人的夜景。榕树水疗馆（→p.228）作为治病的水疗馆而颇受人欢迎。从沙拉玲轻轨站步行10分钟即到。

Map p.84-C4
住 21/100 Sathorn Tai Rd.
☎ 0-2679-1200　FAX 0-2679-1199
URL www.banyantree.com
费 需要咨询　C/C Ⓐ Ⓓ Ⓙ Ⓜ Ⓥ
房间数 327 室
Free 0120-778187
交通 隆披尼地铁站二号出口步行8分钟即到

曼谷梅特劳波里通

Metropolitan Bangkok

式样新颖的曼谷隐蔽之家

AREA 6 是隆路周边

◆ 由诙谐可爱的男门童迎进大厅，映入眼帘的是浓郁的棕色、白色沙发和红色的地毯。酒店内随处都使用了这种棕色，营造出稳重的氛围。客房总体上都是超小型，将睡觉空间和起居空间和谐、完美地结合。考莫·辛巴拉（→p.230）水疗馆也非常受欢迎。客房也和考莫·辛巴拉水疗一样舒适。会员除外，只有酒店的住客与在餐厅吃饭的客人才能进去的门槛高的梅特酒吧，以拥有曼谷珍贵的有机餐厅为亮点。泰国菜首次获得《欧洲旅行指南》之星的名叫迪比德·通普逊的澳大利亚厨师烹制的纳姆泰国菜餐厅（→p.159）的美食也颇具吸引力。

Map p.84-C4
住 27 Sathorn Tai Rd.
☎ 0-2625-3333
FAX 0-2625-3300
URL www.metropolitan.como.bz
费 ⓈⓉ8500 泰铢～
C/C Ⓐ Ⓓ Ⓙ Ⓜ Ⓥ
房间数 171 室
交通 隆披尼地铁站二号出口步行9分钟即到

皇室兰花喜来登酒店
Royal Orchid Sheraton Hotel Towers

面朝湄南河的城市游览胜地
AREA 5 查隆克隆路周边

◆ 从全是江景的客房里，欣赏湄南河雄伟壮观的景致，在绿树葱郁的院子里，还有一个水池，无论如何也想不出这是置身曼谷市区。所有的客房里设置的都是名叫谢拉通套房卧铺的酒店特制床，可以使人尽快入睡。25~28 层是名叫塔的上等楼层。在办理入住或出店登记手续时设有专门柜台。建在岸边露天平台上的萨巴鲁（→p.179）餐厅，以它异国情调的特色菜而深受人们的欢迎；泰国菜的塔拉通、以漂亮的外观衬托出了菜的美味的自助餐，均相当受人欢迎的安特塞特拉餐厅（→p.187）；意大利的乔治餐厅等，都受到了极高的评价。滞留期间，可以在二层的大厅设置为 Link@Sheraton 的个人计算机上或通过无线局域网免费上网。

Map p.82-B2
住 2 Soi 30, Charoen Krung Rd.
☎ 0-2266-0123 FAX 0-2236-8320
URL www.sheraton.com/bangkok
费 需要咨询
C/C A D J M V
房间数 740 室
预 谢拉通酒店预约中心
Free 0120-003535
交通 华兰蓬地铁站一号出口步行 14 分钟即到

香格里拉酒店
The Shangri-La Hotel

像一个城市似的巨型酒店
AREA 5 查隆克隆路周边

◆ 面朝湄南河的大型酒店。由左右两翼的香格里拉和克隆坦普两栋大楼组成。接待处和游泳池等设施每栋均有，简直就像各自独立的两家酒店。克隆坦普方面的客房带阳台和淋浴小隔间，更豪华一些。餐厅菜非常丰富多彩，上·帕兰斯（→p.181）中国菜餐厅、喝下午茶的大厅休息室，另外，曼谷最大的意大利恩吉利餐厅有一堵墙壁全是玻璃，透过玻璃望出去，湄南河景致一览无余，所以深受人们的喜爱。高档水疗馆“气”（→p.230）的西藏、喜马拉雅风格的护理，好评如潮。观光游览的二层豪华船（→p.246）的晚餐游览船、大城观光游览船，都甚有趣味。从湄南河快船的沙敦码头出发即刻就到。

Map p.82-B4~B5
住 89 Soi Wat Suan Plu, Charoen Krung Rd.
☎ 0-2236-7777 FAX 0-2236-8579
URL www.shangri-la.com/bangkok
费 需要咨询 C/C A D J M V
房间数 799 室
预 香格里拉酒店与游览胜地
Free 0120-944162
交通 郑信大桥轻轨站三号出口步行即到

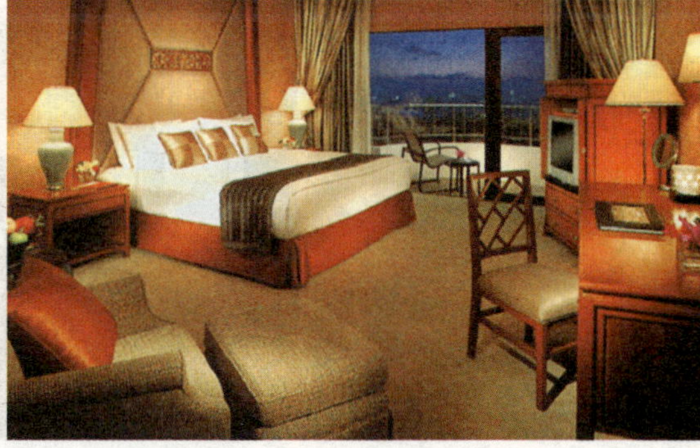

曼谷隆披尼公园克拉旺购物中心
Crowne Plaza Bangkok Lumpini Park

离繁华街很近
AREA 6 是隆路周边

◆ 离素坤逸路、沙敦路等商业区很近，帕蓬路步行即到，无论办事还是游玩，都不失为一个很好的根据地。大厦 20 层开始往上为酒店，接待处在 23 层。酒店楼层中央是四面通风设施，通向客房的电梯在其侧上下，简直就像置身宇宙飞船之中。客房的室内装饰采用吉姆·汤普森泰国丝绸，归于明艳的色调。所有客房内配备有温水冲洗坐便器、躺上去舒适的床、菜花日本菜餐厅（→p.182）。23 层的帕诺拉玛（→p.186）是名副其实的眺望雄伟风景的餐厅。酒店最上部的 30~33 层是被称为俱乐部层的上等楼层。酒店背后，有通向塔尼亚路的近道。

Map p.261-E2~E3
住 952 Rama 4 Rd.
☎ 0-2632-9000 FAX 0-2632-9001
URL www.crowneplaza.com
费 需要咨询 C/C Ⓐ Ⓓ Ⓙ Ⓜ Ⓥ
房间数 241 室
预 克拉旺酒店与游览胜地 亚洲太平洋预约中心
Free 0120-455655
交通 是隆地铁站二号出口步行 2 分钟即到

曼谷洲际酒店
InterContiental Bangkok

被明亮的高档感所包围
AREA 4 暹罗广场、水门周边

◆ 37 层的高层酒店。外观全由玻璃构成高科技大楼风格，一进入大厅，高高的天花板之下，却是一个宽敞的被明亮的光线笼罩的幽雅的空间。客房里的浴室采用的是大理石装饰，设有淋浴小隔间等，只属于高档酒店的奢华结构。备有电视机视频输入终端和 iPad 充电终端。游泳池设在最上层的 37 层，风景极佳，东屋风格，向上游去，有酒吧、遮阳伞、绿树葱茏，游览胜地的氛围高涨起来。萨玛·帕兰斯（→p.181）中国菜餐厅、一层开设的意大利古劳西餐厅之外，法伊亚普兰斯·古利鲁也是曼谷屈指可数的传统餐厅。奇隆轻轨站步行即到，交通便利。地下层的购物拱廊上的商品也是丰富多彩。

Map p.81-E4
住 973 Phloen Chit Rd.
☎ 0-2656-0444 FAX 0-2656-0555
URL www.ichotelsgroup.com
费 需要咨询 C/C Ⓐ Ⓓ Ⓙ Ⓜ Ⓥ
房间数 381 室
预 曼谷洲际酒店集团预约中心
Free 0120-455655
交通 奇隆轻轨站七号出口步行 2 分钟即到

威斯汀·古朗德·素坤比特
The Westin Grande Sukhumvit

来自天上的床，躺在上面犹如到了天国

AREA 7 素坤逸路周边

◆ 前后两头尖，整体是细长的独特的形状，是以船为主题的床。使用了白色和蓝色的外观，给人以清爽的印象。楼层的形状也是船的样子。客房在10~24层，周围高大建筑物较少，视野开阔。威斯汀酒店引以为豪的来自天上的床，是基于人体工程学设计而成的，就像安睡在天国一样。浴室不用浴缸，而代之以淋浴小隔间，也是令人欣喜之处。酒吧的魅力是设有可以眺望外面风景的露天平台席位。从阿索轻轨站和素坤逸地铁站步行都是即刻就到，无论您想去哪儿，都可以将这里当作根据地。1~4层是鲁滨逊（→p.218）百货商店。

Map p.87-D4
住 259 Sukhumvit Rd.
☎ 0-2207-8000 FAX 0-2255-2441
URL www. westingrandesukhumvit.com
费 需要咨询
C/C ⒶⒹⒿⓂⓋ
房间数 361 室
预 威斯汀酒店与游览胜地
Free 0120-925956
交通 阿索轻轨站一号出口步行即到

曼谷水门阿玛玲
Amari Watergate Bangkok

水门的界标性建筑物

AREA 4 暹罗广场、水门周边

◆中小工商业都聚集的杂乱无章的水门，耸立着曼谷水门阿玛玲酒店，与拥挤不堪的购物区相比，简直是另一个世界。酒店里四面通风设施一直延伸到四层的大厅里，是从混乱场逃出来，能够喘一口气的所在。采用白色的编织物装饰的客房显得明亮而时尚，方便使用的大一些的书桌令人高兴。若没带客房的磁卡，那么电梯就不会在客房所在楼层停下来，保证安全，万无一失。中国菜聘珍楼（→p.180）餐厅，烹制的是正宗的广东菜，还可以喝茶；时尚的室内装饰，美味的泰伊温4泰国菜餐厅等，阵容庞大。地下层的亨利·J·宾斯（→p.255）酒吧，足量的饭菜非常受欢迎。入口处台阶状的平台部分已与新餐厅连接在一起了。

Map p.81-E2~E3
住 847 Phetchburi Rd.
☎ 0-2653-9000
FAX 0-2653-9045
URL jp.amari.com/watergate
费 需要咨询
C/C ⒶⒹⒿⓂⓋ
房间数 569 室
交通 奇隆轻轨站九号出口步行13分钟即到

曼谷酒店铂尔曼 G
Pullman Bangkok Hotel G

是隆路的高层酒店

AREA 6 是隆路周边

◆ 屹立在是隆路上全玻璃结构的时尚高层大厦就是曼谷酒店铂尔曼 G。客房里的窗户很大，曼谷街景一览无余。重新装修之后的客房，不只是床、墙壁，甚至连家具、设备之类全部是纯白色的、明亮的、未来派印象。浴缸宽大，可以悠闲自在地泡澡。位于最上层的葡萄酒小酒馆斯卡兰特（→ p.255），提供了品种齐全、丰富多彩的奶酪，且价格适中，可以和葡萄酒一起享用。并摆放着沙发、桌子、柜台式长桌等席位，可以按照个人的喜好选择心仪的座位。露天平台上的座位，可以观赏优美的风景，是曼谷过夜生活的好去处。沙拉玲轻轨站步行 10 分钟左右即到。从原称莫娜克利伽旦，后来又换作曼谷是隆索费坦鲁，2012 年 4 月改为现在的名称。

Map p.83-D3~E3
住 188 Silom Rd.
☎ 0-2238-1991 FAX 0-2238-1999
URL www.pullmanbangkokhotel G.com
费 需要咨询 C/C A D J M V
房间数 469 室
Free 00531-61-6353 房间数 569 室
交通 琼珑西轻轨站出来步行 7 分钟即到

中央格兰德
Centara Grand at CentralWorld

以莲花为象征的时尚外观

AREA 4 暹罗广场、水门周边

◆ 在规模之巨大的巨型购物中心——世界中心（→ p.222）之中占有一席之地的酒店就是中央格兰德，于 2008 年开业。高层大厦的 28 层开始往上就成为酒店，坐在客房床旁的沙发上，可以将远处的曼谷街市尽收眼底。室内是白色的天花板，紫色等色彩柔和格调的地毯、窗帘等，给人以明艳的印象。数量最多的豪华客房，配备圆形的浴缸、天花板上安装着雨淋浴，还有一个非常有趣的浴室。位于 26 层的游泳池，上面毫无遮挡，抬头就是辽阔的天空。最上层是餐厅，有露天餐厅红色的天空（→ p.178）与 55 烧烤餐厅。

Map p.81-D3~D4
住 999/99 Rama 1 R.
☎ 0-2100-1234 FAX 0-2100-1235
URL www.centarahotelsresorts.com
费 需要咨询
C/C A D J M V
房间数 505 室
交通 奇隆轻轨站连接通道步行 8 分钟即到

曼谷普鲁孟国王大厦
Pullman Bangkok King Power

中小工商业聚集区的朗纳姆路的高档酒店

AREA 4 暹罗广场、水门周边

◆ 曼谷普鲁孟国王大厦酒店是法国酒店连锁店阿科集团拓展的新品牌“普鲁孟”世界第一号。可以看电影、欣赏音乐的电视机系统、还能上网，还配备有宽大的写字台等，给客人准备了能够舒适度过的完备的客房。大号浴缸也是游客所喜欢的。位于酒店中层部的游泳池，呈正方形，便于游泳，还特设了孩子们的游泳区，全家去游泳也很安全。克伊金·恩帕古多（→ p.187）餐厅是受人们欢迎的自助餐厅。可以尽情享用小吃和葡萄酒的葡萄酒小酒吧，优雅的鲁水疗馆都值得尝试。国王职权免税商店（→ p.214）后面，与阿努萨瓦里·恰伊·萨莫拉普姆轻轨站连接的世纪购物中心百货商店背后，有免费接送的嘟嘟车（7:00~23:00）。

Map p.73-D2
住 8/2 Rangnan Rd.
☎ 0-2680-9999 FAX 0-2680-9998
URL www.pullmanbangkokkingpower.com
费 需要咨询 C/C A D J M V
房间数 386 室 Free 00531-61-6353
交通 阿努萨瓦里·恰伊·萨莫拉普姆轻轨站二号出口步行 5 分钟即到

娜玻酒店大厦
Lebua at State Tower

耸立在中小工商业聚集区的高层酒店
AREA 5 查隆克隆路周边

◆ 屹立在查隆克隆路与是隆路一角的白色高层建筑就是娜玻酒店。65 层的大厦兼营公寓和酒店式公寓。酒店的客房在 21~25 层和 51~59 层。所有客房全是套房，分为起居室、大面积浴室、卧室三部分，最小的也有 66 平方米，相当宽敞。全部客房里都带有半圆形的阳台，尤其是面朝湄南河的客房，可以俯视到东方、香格里拉、半岛等周围的高层酒店，心情舒畅极了。各个客房里都配备有冰柜、微波炉、煮咖啡机、餐具等完善的厨房设施，即使带着孩子也很方便。大厦的最高层，是令人惊叹的西洛可（→ p.177）餐厅。游泳池旁边是莫兹咖啡厅，其室内是充满异国情调的中东风格装饰。

Map p.82-C4
住 1055/111 Silom Rd., Bangrak
☎ 0-2624-9999 FAX 0-2624-9998
URL www.lebua.com
费 需要咨询 C/C Ⓐ Ⓓ Ⓙ Ⓜ Ⓥ
房间数 358 室
交通 郑信大桥轻轨站三号出口步行 7 分钟即到

阿南塔拉曼谷河滨
Anantara Bangkok Riverside

大都市里的度假酒店
AREA 吞武里

◆ 位于曼谷市区南面，是曼谷占地面积最大的、掩映在绿树之中，恰似风景胜地的酒店。从酒店的专用码头出发，到沙敦码头（与郑信大桥轻轨站连接）每隔 20 分钟有一趟短距离往返船（6:40~24:00，需要 15~20 分钟）。面朝湄南河而建造成“コ”字形，有大的通风处的开放式造型。酒店拥有曼谷最大的游泳池，另设有按摩浴池，游泳池旁边铺着木板，脚踩上去相当舒服。可看江景的客房，可以眺望湄南河。晚餐观光游览船，还有比玛诺拉、大城豪华观光游览船更高级的玛诺拉 2。这里原本是曼谷玛里奥特游览胜地及水疗中心。

Map p.72-A5
住 257/1-3 Charoen Nakhon Rd.
☎ 0-2476-0022 FAX 0-2476-1120
URL bangkok-riverside.anantara.com
费 需要咨询
C/C Ⓐ Ⓓ Ⓙ Ⓜ Ⓥ
房间数 413 室

千年希尔顿
Millennlum Hilton

可以纵观湄南河
AREA 5 查隆克隆路周边

◆ 屹立在湄南河岸边的像宇宙飞船或潜水艇一样的、奇特形状的白色大厦就是千年希尔顿。所有的客房都可以欣赏到江景，客房的内部装饰并不强调泰国风格，但是总觉得有亚洲的稳重格调，与大窗户相配套，是一个感觉极好的空间。仿佛是湄南河水流落下的无限大的游泳池，还铺着沙子，制作了一个“沙滩”。酒店上层的圆形构造的建筑是三百六十度（→ p.255）爵士乐队酒吧，每天晚上都有夜生活，可以听到爵士乐队的演奏的乐曲。以晚餐为主的 FLOW 餐厅，因为拥有面朝湄南河开放的宽广空间而自豪。从河边城市与沙敦码头到酒店可以乘坐短距离往返船。

Map p.82-A2~A3
住 123 Charoen Nakhon Rd.
☎ 0-2442-2000
FAX 0-2442-2020
URL www.bangkok.hilton.com
费 需要咨询
C/C Ⓐ Ⓓ Ⓙ Ⓜ Ⓥ
房间数 543 室
预 希尔顿世界范围内预订

曼谷假日小酒店
Holiday Inn Bangkok

奇隆轻轨站近在咫尺，交通便利

AREA 4 暹罗广场、水门周边

◆ 2005 年全面改装之后，变得非常时尚。厚重的外观仍如从前，但是馆内装饰多用米色调的编织物和木制品，显得特别时尚。客房的窗户大而明亮。各个房间里还配备有熨衣板和熨斗，对于工作繁忙的生意人来说是很有帮助的。面朝奔集路一侧，全是玻璃的 G 咖啡厅，也是国际自助餐厅，里面设有柜台长桌式的厨房。世界中心和甘索恩等购物中心都在步行范围之内，非常方便。与曼谷洲际酒店有通道相连接。带浴缸的房间较少，如果游客很在意这一点的话，可以事先确认清楚。

Map p.81-E4
住 971 Phloen Chit Rd.
☎ 0-2656-1555 FAX 0-2656-1666
URL www.holiday-inn.com 费 需要咨询
C/C ADJMV 房间数 379 预 国际酒店集团预约中心 Free 0120-455655
交通 奇隆轻轨站七号出口步行即到

暹罗 · 暹罗
Siam @ Siam

酒店内的艺术丛林

AREA 4 暹罗广场、水门周边

◆ 国家体育馆的对面、群侨中心的旁边、在最佳地理位置上开设的一家时尚酒店。馆内简直像是用一只现代美术家的手到处描绘的一般，美得让人惊叹不已。不仅如此，即使是混凝土裸露的客房，也好像是一件艺术作品，摆设着使用方便的高级家具。充满了怀旧风格的大浴缸，出乎意料的是一点儿都不滑，使用时感觉非常好。客房由三个房间组成，各摆着一张特大号的床，共三张床，很受结伴旅行的女性们的欢迎。10 层的十水疗馆（→ p.233）有着古代遗迹似的神秘的造型。明亮的按摩房，使人心情舒畅。位于 22 层景致好的上等休息室带着露天平台。有的人为了能利用上这个休息室，甚至想到上等层的客房来住。这里不断地有一些意外的、惊喜的发现，是一家可以舒适滞留的、相当不错的酒店。

Map p.307-A2
住 865 Rama 1 Rd.
☎ 0-2217-3000 FAX 0-2217-3030
URL www.siamatsiam.com 费 需要咨询
C/C ADJMV 房间数 203 室
☎（03）3438-1014
交通 萨纳姆 · 基拉 · 亨 · 恰特轻轨站一号出口步行 2 分钟即到

曼谷阿玛玲 · 布鲁布尔德
Amari Boulevard Bangkok

独特的风格特别引人注目

AREA 7 素坤逸路周边

◆ 位于素坤逸路的娜娜附近的、受人欢迎的曼谷阿玛玲 · 布鲁布尔德酒店。特别显眼的是其时尚的呈三角形造型的大厦，名叫克隆坦普的新建筑物，在它旁边稍低一点的白色大厦就是旧的暹罗大楼。改装之后的客房多用了白色，给人以明亮而时尚的印象。新楼的 7 层豪华客房带着一个宽大的露天平台。旧馆内的客房也都带有阳台。游泳池位于旧馆的六层，周围都铺设有木板，脚踩上去很舒服。一到夜幕降临，水池旁边的场地上，一家名叫季节的泰国菜餐厅就开始营业了，置身空中似的不可思议的氛围之中，品味美食，不但菜品好，服务也好。而且不管您想去哪儿，交通都很方便。从收费公路的出口通往附近的飞机场也很方便。因此，商务人士前来的比较多。酒店周围一到晚上，露天小店就摆满了，相当热闹。

Map p.86-B3~C3
住 2 Soi 5, Sukhumvit Rd.
☎ 0-2255-2930 FAX 0-2255-2950
URL jp.amari.com/boulevard 费 需要咨询
C/C ADJMV 房间数 309 室
交通 娜娜轻轨站一号出口步行 2 分钟即到

曼谷王妃帕特姆旺
Pathumwan Princess Bangkok

群侨中心与东急直接相连接
AREA 4 暹罗广场、水门周边

◆ 曼谷最具有代表性的大型百货商店群侨中心（→p.215），与这座巨型大厦成为一体的酒店就是王妃帕特姆旺酒店，酒店经群侨中心与东急，到萨纳姆·基拉·亨·恰特轻轨站直接连接在一起。所以即使是下雨天，走路也不会挨雨淋，非常便利。暹罗广场也近在咫尺，对于喜欢购物的人来说，这里是一个很好的立足之地。酒店集中了亮丽色调的客房，大大的窗户，向外远眺，风景极佳。最新式的训练器材一应俱全的健身房，占地面积之大，在曼谷居首位。游泳池也很大。大厅是一个巨型四面通风的空间，接待处设在二层。接受瘦身咨询的坦塔拉健康法水疗馆、韩国菜餐厅都很受欢迎。

Map p.80-B4
住 444 Pathumwan, Phayathai Rd.
☎ 0-2216-3700 FAX 0-2216-3730
URL www.dusit.com 费 需要咨询
C/C A D J M V
房间数 462 室
☎ 010-66-2636-3163（泰国） 交通 萨纳姆·基拉·亨·恰特轻轨站连接通道步行 2 分钟即到

曼谷玛德吉酒店
MA DU ZI Hotel Bangkok

可以完全与喧闹的外界隔绝、纯属私人空间的酒店
AREA 7 素坤逸路周边

◆ 门口没有大的招牌等醒目标志，门也经常是关着的。即使房间是空的，也不招揽无预订的散客。住宿的客人来了，门卫打开门，服务人员过来高声打招呼。客房里摆放的是北欧式家具，室内装饰却以泰国风格占主导，特大号的床；无限大风格的浴缸，尽可以放松使用。迷你酒吧里，还备有煮咖啡机，对于游客来说，可以称作“曼谷的家”的酒店。餐厅里一位后起之秀，曼谷的第一位年轻的日本厨师施展才能烹调的法国菜餐厅在法国也受到了好评。

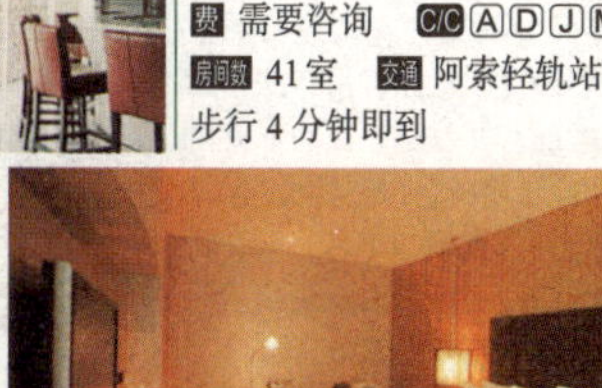

Map p.87-D5
住 9/1 Ratchadaphisek Rd.
☎ 0-2615-6400 FAX 0-2260-0658
URL www.maduzihotel.com
费 需要咨询 C/C A D J M V
房间数 41 室 交通 阿索轻轨站四号出口步行 4 分钟即到

十面
Ten Face

房客以在此暂居为乐观主义者
AREA 4 暹罗广场、水门周边

◆ 酒店于 2008 年开业。位于小巷深处、清静的住宅街上，是一座高档公寓似的时尚酒店。打开像仓库或工厂的入口似的门，是一个小而整洁的楼层，在其深处隐藏着新颖别致的宿客区。所有客房全是套房，即使是只有一张床的客房也有 61 平方米。摆着沙发、边桌的起居室里，窗户很大而且是开放式的，屋里光线明亮。办理登记手续时，如果要求的话，可以借到原创的加入观光指南视频的 iPad、SIM 卡、可乘坐轻轨的一日票等的套件箱。到奔集站有 24 小时的嘟嘟车接送。

Map p.86-B5
住 81 Soi Ruamrudee 2, Wireless Rd.
☎ 0-2695-4242 FAX 0-2695-4240
URL www.tenfacebangkok.com
费 需要咨询 C/C A D J M V
房间数 78 室 交通 奔集轻轨站 6 号出口步行 13 分钟即到

曼谷皇家午后阿泰南广场酒店
Plaza Athenee Bangkok a Royal Meridien

位于大使馆街的高档酒店

AREA 4 暹罗广场、水门周边

◆ 傲然屹立于大使馆集中的维他由路的酒店。整体为蓝色玻璃的外观，强烈光线照在上面，形成反射，使酒店更显得灿烂夺目。占据了大面积空间的大厅，以茶色为基调的室内装饰，显得豪华异常。位于四层的游泳池，全部用蓝色的瓷砖铺设而成，鲜艳夺目，漂亮至极。

Map p.86-A3
住 10 Witthayu Rd.
☎ 0-2650-8800 FAX 0-2650-8500
URL www.lemeridien.com 费 需要咨询
C/C ADJMV 房间数 378 室
预 梅里迪恩酒店预约中心
Free 0120-094040
交通 奔集轻轨站 8 号出口步行 3 分钟即到

曼谷瑞士酒店纳伊拉公园
Swissotel Nai Lert Park Bangkok

宽阔的庭园简直就像个丛林

AREA 4 暹罗广场、水门周边

◆ 在满眼绿色的辽阔土地上建造着一座一共五层楼的低层建筑物，虽地处市中心，却与外界的喧闹隔绝了。呈 L 字形的大楼，由中央部分的主楼与两侧的客房偏楼组成。各自都建有四面通风的设施，只是在里面走一走，也有一种开放的感觉。所有客房里都配有宽大的露天平台，令人欣喜。

Map p.81-F3
住 2 Witthayu Rd.
☎ 0-2253-0123 FAX 0-2254-8740
URL www.nailertpark.swissotel.com
费 需要咨询 C/C ADJMV
房间数 338 室
交通 奔集轻轨站 7 号出口步行 6 分钟即到

曼谷是隆假日小酒店
Holiday Inn Silom Bangkok

受人欢迎的时尚餐厅

AREA 5 查隆克隆路周边

◆ 1990 年开业的，已有一段历史的酒店。摆着沙发、悬挂着吊灯的大厅部分，宽敞而有开放感。以圆形窗户为特征、16 层楼的广场大厦，客房修复一新，室内点缀的布艺、家具等都变为时尚新颖之物。以绿色和蓝色为基调的设计，纯属未来派装饰。

Map p.82-C4
住 981 Silom Rd.
☎ 0-2238-4300 FAX 0-2266-7710
URL www.holiday-inn.com
费 需要咨询 C/C ADJMV
房间数 684 室 预 洲际酒店集团预约中心
Free 0120-455655 交通 素腊塞轻轨站 1 号出口步行 7 分钟即到

曼谷暹罗广场诺波坦鲁
Novotel Bangkok on Siam Square

购物区的正中央

AREA 4 暹罗广场、水门周边

◆ 大型玻璃构成的入口周围，是明亮的造型，中间的大厅则是一个四面通风的、悠闲自在的空间。宽敞的客房中的家具、布艺、娱乐设施等均为明快的色调。地下层的 CM 主题广场是集卡拉 OK、俱乐部、迪斯科等于一体的娱乐场所。

Map p.131-E1~E2
住 Soi 6, Siam Square
☎ 0-2209-8888 FAX 0-2255-1824
URL www.novotelbkk.com
费 需要咨询 C/C ADJMV
房间数 429 室 Free 00531-61-6353
交通 暹罗轻轨站 6 号出口步行 3 分钟即到

诺波泰鲁·素旺纳普机场酒店
Novotel Suvarnabhumi Airport Hotel

机场候机大厅对面的酒店

AREA 飞机场

◆ 位于素旺纳普国际机场候机大厅对面，是机场内唯一的一家酒店。全玻璃结构的 SF 外面，明亮而巨大的四面通风的设施，非常值得一看。客房面积大、浴缸也大，足以消除您的航空旅行之疲劳。通向候机大厅的地下通道，有免费的短程班车。

文前图曼谷郊区 -A9~B9
住 999 Suvamabhuri Aiport Hotel Bldg.
☎ 0-2131-1111 FAX 0-2131-1188
URL www.novotel.com/asia
费 需要咨询 C/C ADJMV
房间数 612 室 Free 00531-61-6353
交通 暹罗轻轨站 6 号出口步行 3 分钟即到

高、中档酒店

适合包价旅游、团体旅游的是规模较大的中档以上的酒店。客房的造型也有些高档的感觉，有的酒店设施完善，游泳池、餐厅、健身房、商务中心等馆内的设备并不亚于高档酒店。也许会略有交通不便的地方，对于个人单独旅行价格有点贵等，但对于确保自己能负担得起费用的商业用途来说，还是方便而且价格适中的。可以配合自己的目的和预算明智地做出选择。

曼谷阿玛里·阿特里乌姆

Amari Atrium Bangkok

◆ 大厅设在12层的位置，有大型、明亮的四面通风设施，好像将游客请进了一个极具震撼力的空间。宽大的客房内，窗户也很大，由于周围并无高层建筑物阻隔，所以景致也很好。连浴室里也安装着电话等，对于商务繁忙人士来说，再好也不过了。

碧武里的地界标志

AREA 8 叻差达披色路周边

Map p.87-F2

住 1880 New Phetchburi Rd.

☎ 0-2718-2000 FAX 0-2718-2002

URL jp.amari.com/atrium

费 需要咨询 C/C Ⓐ Ⓓ Ⓙ Ⓜ Ⓥ

房间数 568 室

交通 碧武里地铁站1号出口步行12分钟即到

曼谷河滨恰特里乌姆酒店

Chatrium Hotel Riverside Bangkok

◆ 屹立在湄南河沿岸的36层楼的高层酒店，所有客房里都配备厨房。最小房间面积为60平方米，比一般酒店大。去沙敦码头有短程往返船只，交通方便。相同的大厦共有三栋，离河最近的那栋是酒店。剩下的两栋是公寓。

位于湄南河沿岸的、所有客房都配备厨房的高层酒店

AREA 5 查隆克隆路周边

Map p.72-B5

住 28 Charoen Krung Rd.

☎ 0-2307-8888 FAX 0-2307-8899

URL www.chatrium.com

费 需要咨询

C/C Ⓐ Ⓓ Ⓙ Ⓜ Ⓥ

房间数 396 室

曼谷鲁南森斯·叻差普拉逊

Runaissance Bangkok Ratchaprasong Hotel

◆ 于2010年开业，整体由蓝色玻璃构成的时尚酒店。位于繁华街的中心位置，属于购物区的步行范围之内，离轻轨站也很近，无论干什么都很方便。适合充沛精力的、喜欢步行的活跃人士。馆内餐厅的菜也非常美味，人们给了很高的评价。

在购物区附近开设的酒店

AREA 4 暹罗广场、水门周边

Map p.81-F4~F5

住 518/8 Phloen Chit Rd.

☎ 0-2125-5000 FAX 0-2125-5001

URL www.marriott.co.jp

费 需要咨询

C/C Ⓐ Ⓓ Ⓙ Ⓜ Ⓥ 房间数 280 室

Free 0120-142536

交通 奇隆轻轨站2号出口步行即到

帕克购物中心

Prak Plaza

◆ 2008年盛大开业的酒店。离繁华街很近，但是酒店四周很安静。平板电视机、无线高速上网等最先进设备齐全。楼顶上的游泳池有超常的开放感。整个馆内禁止吸烟。也有没带浴缸的房间，对此介意的人士要注意。

清静的环境，步行去繁华街却近在咫尺

AREA 7 素坤逸路周边

Map p.87-D5

住 16 Ratchadaphisek Rd.

☎ 0-2263-5000 FAX 0-2263-5001

URL www.parkplaza.com/bangkokth

费 需要咨询 C/C Ⓐ Ⓓ Ⓙ Ⓜ Ⓥ

房间数 95 室

交通 阿索轻轨站4号出口步行3分钟即到

曼谷素坤逸雄伟的千年酒店
Grand Millennium Sukhumvit Bangkok

◆ 2007 年开业的、耸立在阿索巷的高层酒店。采用了最新科技，使大厦的外表大为改观，室内装饰以棕色的基调，造型庄重、高雅。电视机上配备了 AV 输入终端，使得旅行中拍摄的视频可以在大屏幕上播放，又增添了一种新的娱乐方式。进入客房楼层，大型的四面通风设施让人惊讶不已。

客房层的大型通风设施极具震撼力
AREA 7 素坤逸路周边

Map p.87-D4
住 30 Soi 21（Soi Asok），Sukhumvit Rd.
☎ 0-2204-4000
FAX 0-2204-4199
URL www. millenniumhotels.com
费 需要咨询 C/C A D J M V
房间数 325 室
交通 素坤逸地铁站二号出口步行即到

曼谷比酒店
VIE Hotel Bangkok

◆ 2008 年，国家对中小工商业聚居区开始了再开发。暹罗广场等地步行也能去，这一带高档酒店还很少。客房的室内装饰以深棕色为基调，显得典雅大方。因为地处高层，而且周围也没有高大的建筑，所以向外眺望，风景极佳。离轻轨站也很近，无论购物还是夜里出去玩，都相当方便。

睥睨中小工商业聚居区的高层酒店
AREA 4 暹罗广场、水门周边

Map p.80-C3
住 117/39-40 Phayathai Rd.
☎ 0-2309-3939 FAX 0-2309-3838
URL www.accorhotels.com
费 需要咨询 C/C A D J M V
房间数 154 室
Free 00531-61-6353
交通 叻差题威轻轨站二号出口步行即到

曼谷玛里奥特旁边的庭园
Couryard by Marriott Bangkok

◆ 叻差达慕里路稍往里一些的小巷深处，开设的玛里奥特系列酒店。酒店属于较大型的而且紧挨着繁华街，却有清幽的环境，可以悠闲自在地度过。奇隆周边的百货商店也在步行范围之内，购物、观光旅游都相当方便。轻轨站步行即到。

隐藏在繁华街一旁的酒店
AREA 4 暹罗广场、水门周边

Map p.81-E5
住 155-1 Soi Mahatlek Luang 1, Ratchadamri Rd. ☎ 0-2690-1888
FAX 0-2690-1899 URL www.marriott.com
费 需要咨询 C/C A D J M V
房间数 568 室 预 玛里奥特东京预约中心
Free 0120-142536
交通 叻差达慕里轻轨站四号出口步行 2 分钟即到

曼谷瑞士酒店鲁・空考鲁德
Swissotel Le Concorde.Bangkok

◆ 客房面积之大在曼谷也是属于最高等级的，以土色为基调的室内装饰，稳重典雅。还摆放一张大桌子，便于使用。离最近的法伊克旺地铁站只有步行 2 分钟的路程。去周末市场，在华兰蓬站乘坐地铁不需要换乘即可到达。

耸立在拉恰达的大型酒店
AREA 8 叻差达披色路周边

Map p.73-E1
住 204 Ratchadaphisek Rd.
☎ 0-2694-2222 FAX 0-2694-2223
URL www.bangkok-leconcorde.swissotel.com
费 需要咨询 C/C A D J M V
房间数 407 室
交通 法伊克旺地铁站二号出口步行 2 分钟即到

曼谷富苑酒店
The Landmark Bangkok

◆ 面朝素坤逸路部分的一至四层，是购物中心的界标广场酒店，酒店的入口在对面的左侧。以拥有新颖时尚的客房而自豪。位于十层的水仙楼（→p.181）中国餐厅，以饮茶而受人欢迎。最上层是牛排店。

面朝人行道有一家露天平台上的餐厅
AREA 7 素坤逸路周边

Map p.86-B3
住 138 Sukhumvit Rd.
☎ 0-2254-0404 FAX 0-2253-4259
URL www.landmarkbangkok.com
费 ⓈⓉUS ＄265 C/C A D J M V
房间数 414 室 交通 娜娜轻轨站二号出口步行 2 分钟即到

因潘里尔鲁王后酒店
The Imperial Queen's Park Hotel

◆ 从素坤逸路进入22巷，步行几分钟，在贝怡诗丽公园的旁边，耸立着一家巨型酒店。大厅和餐厅的占地面积都相当宽广。客房简朴，但是很大，使用起来相当方便。最上层的37层，有可以欣赏绝佳景致的日本华顶餐厅。后面的公园一侧有出入口。

高高耸立的巨型酒店
AREA 7 素坤逸路周边

Map p.88-B2~B3
住 199 Soi 22, Sukhumvit Rd.
☎ 0-2261-9000 FAX 0-2261-9530~4
URL www.imperialhotels.com/queenspark
费 需要咨询 C/C ADJMV
房间数 1250室
交通 华兰蓬轻轨站六号出口步行9分钟即到

四季常绿的劳兰鲁酒店
Evergreen Laurel Hotel

◆ 完美的造型与良好的服务受到人们的好评，用于商业活动，价格适中。连贯紧凑的客房，有着功能性的造型，将方便商业人士住宿放在重要的位置上。安帕伽德中国菜餐厅外界评价很高。

商业用方便，且价格适中
AREA 6 是隆路周边

Map p.84-A4~B4
住 Soi Phiphat, 88 Sathorn Nua Rd.
☎ 0-2266-9988 FAX 0-2266-7222
URL www.evergreen-hotels.com
费 ⓈⓉ7200泰铢~ C/C ADJMV
房间数 160室
交通 沙拉玲轻轨站二号出口步行10分钟即到

曼谷雄伟的素坤逸酒店
Grand Sukhumvit Hotel Bangkok

◆ 无论购物还是夜间出去游玩都相当方便，且价格适中的酒店。从路上可以看到这栋建筑物的背后还有另外一栋楼，位于南侧的客房，前面毫无遮拦，是观赏曼谷景观极为理想之地。游泳池位于前后两栋建筑物之间。摆着三张同样大小的床的三个房间的套房，深受女性客人的喜欢。

无论去哪儿都很便利的地理位置
AREA 7 素坤逸路周边

Map p.86-B4~C4
住 99 Soi 6, Sukhumvit Rd.
☎ 0-2207-9999 FAX 0-2207-9555
URL www.grandsukhumvit.com
费 需要咨询 C/C ADJMV
房间数 386室
Free 00531-61-6353
交通 娜娜轻轨站四号出口步行3分钟即到

曼谷公园大街雄伟的梅鲁库尔
Grand Mercure Bangkok Park Avenue

◆ 2005年重新改装之后，变成室内装饰富有高档感的时尚客房。面朝大街，有意大利菜餐厅和印度菜餐厅。楼层周围略微有些狭窄。位置在22巷稍往里一些。从素坤逸路坐摩的去非常合适。

朴素的外观，里面却是充满高档感的客房
AREA 7 素坤逸路周边

Map p.88-B3
住 30 Soi 22, Sukhumvit Rd.
☎ 0-2261-0000 FAX 0-2258-2328
URL grandmercure-asia.com/6172
费 需要咨询 C/C ADJMV
房间数 221室
Free 00531-61-6353
交通 华兰蓬轻轨站六号出口步行10分钟即到

阿诺玛
Armoma Hotel Bangkok

◆ 离世界中心、水门周边等购物区都很近，而且价格适中。原本是瑞士系列高档酒店之一，客房设备等都很完善。游泳池的一部分被房顶所覆盖，下雨天都可以游泳。一层的面包房里的面包非常好吃。

在酒店行业中以高雅而自豪
AREA 4 暹罗广场、水门周边

Map p.81-E4
住 99 Ratchadamri Rd.
☎ 0-2655-5555 FAX 0-2655-7555
URL www.arnoma.com
费 Ⓢ 3100泰铢~ Ⓣ3300泰铢~
C/C ADJMV 房间数 369室
交通 奇隆轻轨站九号出口步行6分钟即到

曼谷费尼克斯是隆诺波坦鲁
Novotel Bangkok Fenix Silom

位于高速公路的入口旁边，来去飞机场都很方便

AREA 5 查隆克隆路周边

◆ 将旧酒店改装之后变为新颖时尚的酒店。叫是隆，但并不局限于是隆路，离查隆克隆路也很近，处在繁华街与旧街市之间的一种微妙的地理位置上。而且正处在收费公路的紧旁边，无论去机场还是去地方都很便利。可以吃早餐的餐厅里，光线明亮，使人心情舒畅。

Map p.82-C4
住 320 Siom Rd.
☎ 0-2206-9100 FAX 0-2206-9200
URL www.novotel.com
费 需要咨询 C/C A D J M V
房间数 216 室
交通 素腊塞轻轨站一号出口步行 8 分钟即到

兰布朗德酒店
Rembrandt Hotel

有三家餐厅，均受到人们的好评

AREA 7 素坤逸路周边

◆ 位于 18 巷深处，从氛围、楼层服务人员的热情招待等，无一不给人以品质超群感受的酒店。餐厅除了红辣椒泰国菜餐厅之外，还有朗古·玛哈鲁印度菜餐厅、塞纽鲁·皮可墨西哥菜餐厅这些比较稀少的餐厅阵容。与之相邻的是酒店式公寓系列。

Map p.88-A2
住 19 Soi 18, Sukhumvit Rd.
☎ 0-2261-7100 FAX 0-2261-7017
URL www.rembrandtbkk.com
费 需要咨询 C/C A D J M V
房间数 407 室
交通 阿索轻轨站四号出口步行 7 分钟即到

皇家王妃朗鲁恩酒店
Royal Princess Lam Luang

旧街区之中的庄重而典雅的酒店

AREA 2 律实地区周边

◆ 可以放心住宿的律实塔尼系列的高档酒店。离王宫和律实地区相当近，是高效率游览曼谷的风景名胜区的最合适的落脚之地。周围是古街区，一到夜幕降临之时，附近就变为小摊街，去散散步也很不错。有卖日本菜、意大利菜等的餐厅，各色餐厅一应俱全。还可以免费上网。

Map p.77-E5
住 269 Lam Luang Rd.
☎ 0-2281-3088 FAX 0-2280-1314
URL www.dusit.com 费 需要咨询
C/C A D J M V 房间数 168 室
Free 010-66-2636-3163（泰国）
交通 阿索轻轨站四号出口步行 7 分钟即到

曼谷金色丘布里普索贝玲酒店
Golden Tulip Sovereign Hotel Bangkok

王室城市阿贝纽的旁边，客房与餐厅都很合算

AREA 8 叻差达披色路周边

◆ 酒店的整体造型与客房都很宽敞，可以悠闲自在地度过。离收费公路的出口很近，来去机场、郊区的工业地带，交通方便。还有去购物区及地铁站都有短程接送服务。锦日本菜餐厅的中午自助餐非常受欢迎。其旧称为拉迪逊。

Map p.73-E2~E3
住 92 Soi Saengcham,Rama 9 Rd.
☎ 0-2641-4777、4888
FAX 0-2641-4884
URL www. goldentulipbangkok.com
费 需要咨询 C/C A D J M V
房间数 448 室

因陀拉摄政者酒店
Indra Regent Hotel

自古就有的水门的外观

AREA 4 暹罗广场、水门周边

◆ 与热闹非凡的水门市场相邻而居的规模宏伟的酒店。大厅很宽敞，客房也很大，厚重的造型。可以边看泰国舞蹈，边吃晚餐的萨拉泰伊餐厅就在这家酒店之内。并设有大型的购物拱廊。

Map p.81-E2
住 120/126 Ratchaprarop Rd.
☎ 0-2208-0022 FAX 0-2208-0388
URL www. indrahotel.com
费 需要咨询 C/C A D J M V
房间数 455 室
交通 奇隆轻轨站九号出口步行 14 分钟即到

曼谷蒙提安酒店
The Montien Hotel Bangkok

占据一角，备受泰国人欢迎
AREA 6 是隆路周边

◆ 自古以来这家高档酒店就是许多外国旅行者主要的居留之地。由于其位于从大路上稍微往里走的地段，所以不显眼，然而其规模却相当大，房间也很宽敞。帕蓬路与塔尼亚路均在步行范围之内，也是夜间出去游玩极其便利的落脚之地。对于个人旅行者来说，价格有点贵。卡奥孟卡伊咖啡店也很有人气。

Map p.84-A2~A3
住 54 Suriwong Rd.
☎ 0-2233-7060 FAX 0-2236-5218~9
URL www.montien.com
费 需要咨询 C/C ⒶⒹⒿⓂⓋ
房间数 475 室
交通 沙拉玲轻轨站一号出口步行 5 分钟即到

曼谷塔瓦纳酒店
Tawana Bangkok

离夜晚的日本人街非常近
AREA 6 是隆路周边

◆ 面朝苏里旺路的中规模酒店。由于离帕蓬路、塔尼亚路近的缘故，前来投宿的日本人很多。入口周围与大厅周围稍微有些暗，但是房间的布置非常讲究。原本的名称为塔瓦纳拉玛达。再早叫作谢拉通。是一家拥有相当悠久历史的酒店。

Map p.83-E2
住 80 Suriwong Rd.
☎ 0-2236-0361 FAX 0-2236-3738
URL www. tawanabangkok.com
费 ⓈⓉ2700 泰铢～ C/C ⒶⒹⒿⓂⓋ
房间数 265 室 交通 沙拉玲轻轨站一号出口步行 6 分钟即到

暹罗城市酒店
Siam City Hotel

受泰国政治家、金融界人士欢迎的酒店
AREA 4 暹罗广场、水门周边

◆ 酒店内的意大利及中国菜餐厅，它们的厨师全是从原国聘请而来的，在餐饮上面下足了工夫。简朴但使用起来却很方便的客房内，服务相当全面、周到，是一家可以放心住宿的酒店。

Map p.81-D1
住 477 Sri Ayutthaya Rd.
☎ 0-2247-0123 FAX 0-2247-0178
URL www.siamhotels.com
费 ⓈⓉ2700 泰铢～ C/C ⒶⒹⒿⓂⓋ
房间数 500 室
交通 帕耶泰轻轨站四号出口步行 5 分钟即到

世纪公园酒店
Century Park Hotel

胜利纪念塔在步行范围内
AREA 9 拍裕庭路周边

◆ 在混杂的中小工商业者聚居区，突然之间耸立起来的一座高档酒店。房间设备齐全，可以舒舒服服地居住。通过旅游公司预约的话，比较便宜，保您觉得划算。来自欧洲的团体游客前来住宿的人多。伊沙莱馆集中的朗纳姆路也近在咫尺。

Map p.73-D2
住 9 Ratchaprarop Rd.
☎ 0-2246-7800 FAX 0-2246-4583
URL www.centuryparkhotel.com
费 ⓈⓉ2800 泰铢～
C/C ⒶⒹⒿⓂⓋ 房间数 380 室
交通 阿努萨瓦里·恰伊·萨莫拉普姆轻轨站四号出口步行 9 分钟即到

曼谷拉玛达 D'MA
Ramada D'MA Bangkok

中小工商业者聚居区出现的巨型酒店
AREA 4 暹罗广场、水门周边

◆ 从碧武里塔特玛伊路的 33 巷往里向北走，小巷的尽头高耸着的一家巨型酒店。与其他高档酒店一样的配备，团体旅游等有很多前来投宿。接待处周围多用大理石装饰，是耀眼的白色。离飞机场叻差帕劳普铁路站也很近。

Map p.81-F2
住 Nakornluang Plaza, 1091/388 Soi Jarurat, New Phetchburi Rd.
☎ 0-2650-0288 FAX 0-2650-0299
URL www.ramada-bkk.com
费 ⓈⓉ2800 泰铢～ C/C ⒶⒹⒿⓂⓋ
房间数 294 室
交通 奇隆轻轨站五号出口步行 14 分钟即到

维扎套房酒店
Windsor Suites Hotel

◆ 定价虽然高，但即使您是突然造访，通常也会以半价住宿。如果考虑到主馆全是套房的造型，那么就会有很划算的感觉。四面都可以通风、采光很好的大厅又是那么宽敞，而且满眼看到的全是绿色，一个非常清静的好去处。旁边花园一侧的客房不是套房。

主馆所有客房全是套房的大型酒店
AREA 7 素坤逸路周边
Map p.88-A2
住 8 Soi 20, Sukhumvit Rd.
☎ 0-2262-1234 FAX 0-2262-1212
URL www.windsorsuiteshotel.com
费 需要咨询 C/C A D J M V
房间数 582 室
交通 蓬鹏轻轨站六号出口步行 12 分钟即到

曼谷酒店素坤逸劳塔斯
Bangkok Hotel Lotus Sukhumvit

◆ 客房室内装饰采用的是淡紫色的编织物，虽然房间简朴，但功能齐全。为常出门旅行的人、从事商业活动频繁出差的人提供了一个舒适、清静的空间。客房在 11~13 层，景致很好。内部有四面通风设施，颇具开放感。主题色彩选用了典雅高贵的莲花的淡紫色。酒店周边一到夜晚就非常热闹。

周边正在向夜总会转化
AREA 7 素坤逸路周边
Map p.88-B2
住 1 Soi 33, Sukhumvit Rd.
☎ 0-2261-0111 FAX 0-2262-1700 发
URL www.accorhotels-asia.com
费 需要咨询 C/C A D J M V
房间数 224 室
Free 00531-61-6353
交通 蓬鹏轻轨站五号出口步行 4 分钟即到

巴伊约克天空酒店（巴伊约克 2）
Balyoke Sky Hotel

◆ 眼看着就快要倒了似的、让人看了都提心吊胆的、细高挑个子的超高层酒店。客房内不只是卧室大，连浴室也很宽大，透过窗户向外眺望，风景极佳。酒店引以为豪的是，从位于 84 层的瞭望台（→ p.130 ）以及 76、78、79 楼层上的餐厅，只要是晴天，一直能远眺到帕塔亚一带。

泰国细高挑个子的酒店
AREA 4 暹罗广场、水门周边
Map p.81-E1~E2
住 222 Ratchaprarop Rd.
☎ 0-2656-3000 FAX 0-2656-3555
URL www.baiyokehotel.com
费 需要咨询 C/C A D J M V
房间数 673 室
交通 叻差题威轻轨站四号出口步行 16 分钟即到

曼谷雄伟的中国公主酒店
Grand China Princess Bangkok

◆ 在中国城处在喧嚣的旋涡中的地区，傲然屹立着的一座酒店。属律实塔尼系列，酒店内的设施制作非常考究。位于 23 层的户外按摩浴池，视野开阔，可以一边欣赏四周的风景，一边放松。完全不会想到自己正处在中国城中。1~3 层设置了购物拱廊。

高耸在中国城的大型酒店
AREA 3 中国城周边
Map p.78-C2~C3
住 215 Yaowarat Rd.
☎ 0-2224-9977 FAX 0-2224-7999
URL www.dusit.com 费 需要咨询
C/C A D J M V 房间数 155 室
Free +010-66-2636-3163（泰国）
交通 华兰蓬地铁站一号出口步行 16 分钟即到

曼谷四翼酒店
The Four Wings Hotel Bangkok

◆ 从素坤逸路进入 26 巷后，一直往前走，尽头处屹立着大型酒店。站在最高层上，素坤逸路与拉玛四世一览无余。最令人喜欢的是该酒店将禁止吸烟的楼层与允许吸烟的楼层分隔开来。客房充满了高档的气息。

将大街一览无余的大型酒店
AREA 7 素坤逸路周边
Map p.88-C4
住 40 Soi 26, Sukhumvit Rd.
☎ 0-2260-2100
FAX 0-2260-2300 URL www.fourwingshotel.com
费 ⓈⓉ2400 泰铢（网上预约酒店的价格）
C/C A D J M V 房间数 325 室
交通 蓬鹏轻轨站四号出口步行 8 分钟即到

亚洲酒店
Asia Hotel

与叻差题威轻轨站直接相连

AREA 4 暹罗广场、水门周边

◆ 厚重但略有些过时了的原高档酒店。如果通过网上或旅游公司预约，会以便宜的价格入住。与叻差题威轻轨站直接相连，交通方便。周围是中小商业者聚居区，一到了晚上，就热闹起来了，对于喜欢在小摊上吃的人来说是再好不过了。酒店在此占有一席之地，很受人欢迎。

Map p.80-C2
住 296 Phayathai Rd.
☎ 0-2215-0808 FAX 0-2217-0109
URL www.asiahotel.co.th 费ⓈS3700 泰铢 v4000 泰铢（网上预约酒店的价格为 1850 泰铢～） C/C ⒶⒹⒿⓂⓋ
房间数 650 室 交通 叻差题威轻轨站一号出口步行 7 分钟即到

曼谷是隆福拉玛酒店
Furama Silom Bangkok

商业区价格适中的酒店

AREA 6 是隆路周边

◆ 大约在是隆路的中央，商业区、购物中心区附近、价格适中且设备完善的酒店，很受商业人士的欢迎。是一座瘦长形的大厦，让人意想不到的是在宽敞的顶层上面，竟然还设有游泳池和花园式的露天平台，待在上面非常舒服。原称隆由尼考·古朗德。

Map p.83-D3
住 533 Silom Rd.
☎ 0-2237-8300 FAX 0-2237-8286
URL www.furama.com/silom 费ⓈⓉ2500 泰铢～（网上预约酒店的价格）
C/C ⒶⒹⒿⓂⓋ 房间数 251 室
交通 琼珑西轻轨站三号出口步行 7 分钟即到

曼谷宫廷酒店
Bangkok Palace Hotel

收费公路旁边的大型酒店

AREA 4 暹罗广场、水门周边

◆ 共有 660 套客房的大型酒店。房间里色彩明快，而且有大窗户，住在里面相当舒适。酒店周边，有许多中国菜餐厅、泰式按摩店等，一派中小工商业者聚居区的氛围，也令人开心。离飞机场叻差帕劳普铁路站很近。里院中的游泳池也十分招人喜欢。

Map p.81-F2
住 City Square, 1091/336 New Phetchburi Rd.
☎ 0-2253-0510 FAX 0-2253-0556
URL www.bangkokpalace.com
费 需要咨询 C/C ⒶⒹⒿⓂⓋ
房间数 660 室 交通 奇隆轻轨站五号出口步行 14 分钟即到

贝鲁安尔宫廷酒店
Bel-Alre Princess Bangkok

装修改造完工之后，变为时尚的酒店

AREA 7 素坤逸路周边

◆ 素坤逸路五巷，越过阿玛玲·布鲁布尔德再往里走，再过了稍微寂静的地区，就在右侧。大厅周围是设计非常新颖时尚的酒店风格的室内装饰。有一个相当大的游泳池。酒店周边，泰式按摩店等鳞次栉比。

Map p.86-C2
住 16 Soi 5, Sukhumvit Rd.
☎ 0-2253-4300
FAX 0-2253-8850 URL www.dusit.com
费 需要咨询 C/C ⒶⒹⒿⓂⓋ
房间数 160 室 预 日本中心
Free 010-66-2636-3163（泰国）
交通 娜娜轻轨站一号出口步行 7 分钟即到

通塔拉江景酒店
Tongtara Riverview Hotel

处在交通不便的地理位置上，适于包程旅行团居住

AREA 5 查隆克隆路周边

◆ 面朝河水一侧的客房，也面向着查隆克隆路。窗户很大，向外眺望风景极佳。只是外面的喧闹声也听得很清楚。不过住在这里心情也不坏，与价格相比，游泳池、健身房等设备一应俱全，交通不便也就不放在心上了，来往于市区时，可以乘坐出租车。

Map p.72-B5
住 9/99 Charoen Krung Rd.
☎ 0-2291-9800 FAX 0-2291-9791~2
URL www.tongtarahotel.com
费ⓈⓉ1900 泰铢
C/C ⒶⒿⓂⓋ
房间数 188 室

个人旅行价格适中的酒店

酒店规模不是那么大，但是地处交通发达的地区。客房功能齐全，窗明几净，价格适中的酒店，面向住宿安排等都由自己决定的、经常旅行的游客。以可以免费上网等个性化设置为特征。在是隆路、素坤逸路等热闹繁华区一家接一家开业，虽然不好选择，但是对于惯于独自旅行的人来说这是一件好事情。

曼谷谢拉通附近的四点酒店
Four Points Sheraton Bangkok

◆ 保存了高档酒店的舒适性却丢掉了它们的厚重部分，客房简朴、光线充足，有明快的设计造型。四点酒店独创的舒适的床、大型平板电视机与 DVD 播放机、宽大的书桌等，无论休闲还是商务使用都非常适用。

2010 年年末开业的时尚而价格适中的酒店
AREA 7 素坤逸路周边

Map p.86-C3
住 4 Soi 15, Sukhumvit Rd.
☎ 0-2309-3000 FAX 0-2309-3010
URL www.starwoodhotels.com/fourpoints
费 ⓈⓉ1900 泰铢 C/C ⒶⒿⓂⓋ
房间数 268 室
交通 阿索轻轨站一号出口步行 4 分钟即到

是隆特里普鲁
Triple Two Silom

◆ 客房面积很大，在木质地板上摆放着床，还配备着大书桌和沙发。内院、电梯通向客房层时若没有磁卡钥匙，不能进出。而酒店的入口处，若不按响门铃，将锁打开，也进不来。游泳池使用的是隔壁娜拉伊酒店的东西。

发祥于曼谷的正宗的精品酒店
AREA 6 是隆路周边

Map p.83-D3
住 222 Silom Rd.
☎ 0-2627-2222 FAX 0-2627-2300
URL www.tripletwosilom.com
费 需要咨询 C/C ⒶⒿⓂⓋ
房间数 75 室
交通 琼珑西轻轨站一号出口步行 4 分钟即到

曼谷之梦
Dream Bangkok

◆ 2006 年重新装修之后开业的由保罗·史密斯亲手设计的精品酒店。所有客房都配备有等离子电视机、DVD 播放机等，与 AV 有关的设施齐全。室内装饰、灯具均属于未来派的 SF 电影中的宇宙飞船样式。酒店内开设的不是酒吧，而是俱乐部，遵循的也是这一主题。

素坤逸路非常受欢迎的时尚酒店
AREA 7 素坤逸路周边

Map p.86-C3~87-D3
住 10 Soi 15, Sukhumvit Rd.
☎ 0-2254-8500 FAX 0-2254-8534
URL www.dreambkk.com
费 需要咨询 C/C ⒶⒿⓂⓋ
房间数 195 室
交通 阿索轻轨站一号出口步行 5 分钟即到

S15 素坤逸酒店
S15 Sukhumvit

◆ 2007 年，素坤逸路 15 巷的一角开设了一家酒店。客房内非常清静，与餐厅一样采用了北欧风格的简约而时尚的室内装饰，充满了高档感。标准客房内浴室里竟然装有壁橱，这让人有点意外。

完善的设施、适中的价格，深受个人旅行者的钟爱
AREA 7 素坤逸路周边

Map p.86-C4
住 217 Soi 15, Sukhumvit Rd
☎ 0-2651-2000 FAX 0-2651-2345
URL www.s15hotel.com
费 ⓈⓉ4700 泰铢 ~
C/C ⒶⒿⓂⓋ 房间数 72 室
交通 阿索轻轨站一号出口步行 3 分钟即到

总统豪华酒店
President Palace Hotel

设备与价格平衡一下，就会觉得相当划算

AREA 7 素坤逸路周边

◆ 在交通比较方便的场所，价格也适中。于2009年开业，设备全是新的，且非常完善，因而受人欢迎。客房大且窗户也大，住在里面心情舒畅。还有大型游泳池，可以自由自在地游泳。客房内有无线局域网线路程序，拆除电缆后，可以接入有线网络。吃早餐的餐厅稍微有点狭窄。

Map p.86-C2~C3
住 18 Soi 11, Sukhumvit Rd.
☎ 0-2120-8888 FAX 0-2120-8899
URL www.presidentpalacehotel.com
费 需要咨询 C/C A J M V
房间数 236 室
交通 娜娜轻轨站三号出口步行4分钟即到

曼谷凡尼克斯奔集诺波坦鲁
Novotel Bangkok Fenix Ploenchit

在酒店很少的地区开设的一家价格适中的酒店

AREA 4 暹罗广场、水门周边

◆ 奔集轻轨站前开设的、价格适中的酒店。米色的床与白色的墙壁，给人以凉爽感觉的客房，与泰国丝绸制作的、鲜亮的靠垫形成反差，显得非常美观大方。周围是商业街，购物、用餐只需乘轻轨坐上一站，就什么都解决了，是一个交通相当方便的场所。

Map p.86-A3
住 566 Phloen Chit Rd.
☎ 0-2305-6000 FAX 0-2305-6001
URL www.novetel.com
费 需要咨询 C/C A J M V
房间数 370 室
交通 奔集轻轨站四号出口步行即到

玛吉斯提克·古朗德
Majestic Grande

购物、去夜总会相当方便

AREA 7 素坤逸路周边

◆ 房间很宽敞，多用木质，有厚重的情趣。25层楼建筑，景致极佳。离素坤逸路的繁华街很近，夜间游玩很方便。一层的梅迪坦拉尼尔餐厅也受游客欢迎。收费公路的出入口也在附近，来往于飞机场交通也很便利。

Map p.86-B3~B4
住 12 Soi 2, Sukhumvit Rd.
☎ 0-2262-2999 FAX 0-2262-2900
URL www.majesticgrande.com
费 需要咨询 C/C A J M V
房间数 251 室
交通 奔集轻轨站六号出口步行5分钟即到

沙差兹酒店乌诺
Sacha's Hotel Uno

适中的价格、新式、舒适的酒店

AREA 7 素坤逸路周边

◆ 整体紧凑的、时尚的酒店。松软的床，睡上去很舒服。还有大办公桌等，适于商用。阿索轻轨站与素坤逸地铁站都是步行几分钟即到，便利店与超市也都在附近，不管干什么都很方便。

Map p.87-D3
住 28/19 Soi 19, Sukhumvit Rd.
☎ 0-2651-2180 FAX 0-2651-2179
URL www.hotel-uno.com
费 需要咨询 C/C A J M V
房间数 56 室
交通 阿索轻轨站一号出口步行2分钟即到

阿索·素坤逸福拉玛安克斯库鲁西普酒店
FuramaXclusive Asoke Sukhumvit

并不太大的酒店，但住在那里很舒服

AREA 7 素坤逸路周边

◆ 建造于办公楼林立的阿索巷中。酒店的入口在从大路往里走的地方，面朝大街的餐厅为酒店的醒目标志。房间归于紧凑，但是住在里面非常舒适。楼顶上的游泳池用来游泳不够大，说它是个按摩浴池还比较合适。

Map p.87-D4
住 133/2 Soi 21, Sukhumvit Rd.
☎ 0-2677-8484
FAX 0-2677-8485
URL furamaxclusive.com/asoke
费 需要咨询 C/C A J M V
房间数 102 室
交通 阿索轻轨站三号出口步行即到

瑞士劳吉
The Swiss Lodge

◆ 位于是隆繁华街稍往里走的位置，无论购物还是商用都是很方便的落脚处。夹在办公楼街之内，不很显眼，规模不大但是很安静。热情的服务员多，设备也很完善，是一个可以放心住宿的好地方。

观光旅游、谈业务都很便利
AREA 6 是隆路周边

Map p.84-B3~B4
住 3 Convent Rd.
☎ 0-2233-5345 FAX 0-2236-9425
URL www.swisslodge.com
费 需要咨询 C/C J M V
房间数 56 室 交通 沙拉玲轻轨站二号出口步行 3 分钟即到

提比斯
The Davis Bangkok

◆ 曼谷不断增加的精品酒店的先驱。面朝大街的主楼后面是延伸开去的庭园。其中有个名叫泰国住宅的独立客房（2.5 万泰铢～）。绿树与游泳池分布在泰国住宅之间，简直就像一个风景区酒店。

私下里很有人气的精品酒店
AREA 7 素坤逸路周边

Map p.88-B5
住 88 Soi 24, Sukhumvit Rd.
☎ 0-2260-8000
FAX 0-2260-8100 URL www.davisbangkok.net
费 需要咨询 C/C A J M V
房间数 247 室 交通 蓬鹏轻轨站四号出口步行 15 分钟即到

曼谷城市
Bangkok City

◆ 碧武里路上突然之间开设的一家高层酒店。房屋的设备和室内装饰细小的造型比较杂，但是有清洁感，而且风景极佳，以这个价格入住，便宜得令人吃惊。位置在轻轨站附近，交通比较方便。周围是中小工商业者聚居区，有很多便宜的餐馆等，在街市上散散步，也十分开心。

如果不在意细微之处，就可以荣获最高的评价
AREA 4 暹罗广场、水门周边

Map p.80-B2
住 268 Phetchburi Rd.
☎ 0-2215-2929 FAX 0-2215-2928
URL www.staybangkok.com
费 Ⓢ1090 泰铢～Ⓣ1190 泰铢～
C/C A J M V
房间数 252 室
交通 叻差题威轻轨站三号出口步行 3 分钟即到

曼谷海利坦吉
The Heritage Bangkok

◆ 虽说没有泰国味，若只追求时尚的酒店生活，这里推荐这家酒店。简约的设计风格，流行基调的室内装饰，不知什么地方总让人想起北欧的造型。虽说有点小，却配设有健身房。游泳池和餐厅都设在楼顶上，夜景非常美。客房之内可以免费上网。

是隆的繁华街也在步行范围之内
AREA 6 是隆路周边

Map p.83-E4
住 198 Soi Narathiwat 3, Narathiwat Rd.
☎ 0-2235-2888 FAX 0-2235-2889
URL www.theheritagebangkok.net
费 ⓈⓉ4000 泰铢～（网上预约 1850 泰铢～） C/C A D J M V
房间数 110 室 交通 琼珑西轻轨站四号出口步行 3 分钟即到

柏屋旅馆
Kashiwaya Ryokan

◆ 白墙壁上绘着茶色的格子，这种模仿日本旅馆的酒店在曼谷出现了。在入口宽敞的土地房间处脱掉鞋子，换上拖鞋，服务台就在里面。客房里有铺着榻榻米的空间，在无腿靠椅上坐下来，品着服务员端上来的日本茶，真是舒服极了。旅馆免费提供早餐。长期住宿的人很多。有大浴池。

在日本式的大浴池里恢复疲劳
AREA 7 素坤逸路周边

Map p.88-C3
住 10/18-21,12/17-18 Soi 26, Sukhumvit Rd.
☎ 0-2204-0616 FAX 0-2259-5967
URL www.kashiwaya-thai.com
费 Ⓢ1500 泰铢～Ⓣ1650 泰铢～
C/C A D J M V 房间数 16 室
交通 蓬鹏轻轨站四号出口步行 4 分钟即到

阿福劳提坦小酒店

Aphrodite Inn

中小工商业者聚居区的精品酒店

AREA 4 暹罗广场、水门周边

◆ 在混乱不堪的中小工商业者聚居区，于2006年开设了一家小小的酒店。这个场所去水门、世界中心购物相当方便。房间虽然有点小，但是设备与高档酒店一样。周围有许多小餐饮摊，也非常有趣。水疗馆和餐厅非常受欢迎。

Map p.81-E3
住 59-65 Ratchadamri Rd.
☎ 0-2253-7000 FAX 0-2254-6427
URL www.aphroditeinn.com
费ⓈⓉ2700 泰铢 C/C ⒿⓂⓋ
房间数 24 室
交通 奇隆轻轨站九号出口步行9分钟即到

恰奇拉本大别墅

Chakrabongse Villas

在河岸边的露天平台上体会王族的心情

AREA 1 王宫周边

◆ 在王族的旧宅第内建造的泰国风格建筑的小小的别墅酒店。与面朝湄南河的清静的环境相符的、周到的服务，不知不觉中人气大增。若想悠闲自在地在曼谷的一个隐匿处开开心心地度过，这个地方实在是太完美了。一共有9间客房，各自具有不同的造型，住在这里比较一下，也很有意思。需要预约。

Map p.74-C5
住 396 Maharat Rd.
☎ 0-2622-3356
FAX 0-2622-1900
URL www.thaivillas.com
费Ⓢ Ⓣ5000 泰铢～
C/C ⒶⒹⒿⓂⓋ
房间数 9 室

郑王居留地

Arun Residence

河岸边上的罗曼蒂克的小小酒店

AREA 1 王宫周边

◆ 离卧佛寺很近，曼谷旧市区残存的、旧殖民地风格的建筑物，经过重新装修之后，成为一家酒店。设置着阁楼形状的卧室的房间等，虽然狭小，但也是动了很多脑筋的。也有可以眺望郑王寺的客房。需要预约。旁边是甲板酒店（→p.179）。

Map p.74-C5
住 36-38 Maharat Rd.
☎ 0-2221-9158
FAX 0-2221-9159
URL www.arunresidence.com
费ⓈⓉ4000 泰铢～
C/C ⒶⒹⒿⓂⓋ
房间数 5 室

阿乌拉姆河边处所

AURUM, The River Place

小巷深处的小欧洲

AREA 1 王宫周边

◆ 曼谷的旧市区、就像混乱不堪的旧仓库街一样的小巷深处，出现的小欧洲。纯白色的、闪闪发亮的大理石地板，耀眼的大厅，与随处施加的金色非常出色地调和在一起，整个酒店就像一件美术品一样。去王宫周边观光也很方便。

Map p.74-C5
住 394/27-29 Soi Pansook,Maharat Rd.
☎ 0-2622-2248
FAX 0-2622-0260
URL www.aurum-bangkok.com
费 城市景点 ⓈⓉ3700 泰铢～ 江景 ⓈⓉ4600 泰铢～
C/C ⒶⒹⒿⓂⓋ 房间数 12 室

伊姆·费君

IMM Fusion

让人想起北非的室内装饰

AREA 7 素坤逸路周边

◆ 位于酒店少的中小工商业者聚居区，室内装饰让人想起北非、中东等具有异国特色的酒店。从古老店屋风格的入口进去，是接待处，再往里走就是游泳池。游泳池的风格、具有异国情调的窗户的装饰，多采用了橘色、茶色，非常鲜艳夺目。

文前图曼谷 -G6
住 1594/50 Sumhumvit Rd.
☎ 0-2331-5555 FAX 0-2742-7374
URL www.immhotel.com
费 需要咨询
C/C ⒶⒹⒿⓂⓋ 房间数 168 室
交通 恩努特轻轨站二号出口步行2分钟即到

古老的曼谷小酒店
Old Bangkok Inn

被旧式建筑物包围着的小型酒店

AREA 1 王宫周边

◆ 将已有 50 多年历史的中葡萄牙样式的独立洋房进行了改装，于 2005 年作为酒店开张了。室内装饰将泰国的传统风格与欧洲风格完美地融合。客房内大量使用了柚木材料。酒店内有阁楼形状的卧室，可以看到天空的浴室等，还有各种演出。

Map p.75-F2
住 609 Phra Sumen Rd.
☎ 0-2629-1787 FAX 0-2629-1786
URL www.oldbangkokinn.com
费 ⓈⓉ4000 泰铢 ~
C/C ⒶⒹⒿⓂⓋ 房间数 10 室
交通 恩努特轻轨站二号出口步行 2 分钟即到

安考坦鲁
The Ecotel Bangkok

可以在一层的咖啡厅悠闲自在地度过

AREA 4 暹罗广场、水门周边

◆ 2007 年开张的，价格适中的酒店。位于巨型酒店与中小工商业者聚居地相混杂的地区。还开设了一家欧洲风格的、环境幽雅的咖啡厅。客房、浴室简约而清洁，住在里面相当舒服。离机场叻差帕鲁普铁路站很近。

Map p.81-F2
住 1091/333-334 Metro Center, New Phetchburi Rd. ☎ 0-2254-9966
FAX 0-2650-0537 URL www.ecotelbangkok.com
费 需要咨询 C/C ⒶⒹⒿⓂⓋ
房间数 155 室
交通 奇隆轻轨站五号出口步行 13 分钟即到

曼谷沙敦阿尔卑斯
Ibis Sathorn bangkok

改变了便宜旅馆街萧条的印象

AREA 6 是隆路周边

◆ 曾经作为便宜旅馆街而繁荣兴盛，近年来却沦为中小商业者聚居区似的地区。这是一家现代的白色酒店。其他空间、设备都闲置着没用，只有客房的功能还在。像一个大型的钻入式蜂巢型旅馆似的，但是意外地非常整齐干净，很舒适。餐厅和酒吧都是全玻璃结构，光线很明亮，在里面待着心情舒畅。馆内禁止吸烟。

Map p.311-A1
住 Soi Ngam Duphli, Rama 4 Rd.
☎ 0-2659-2888 FAX 0-2659-2889
URL www.ibishotel.com
费 需要咨询
C/C ⒶⒹⒿⓂⓋ
房间数 213 室
交通 隆披尼地铁站一号出口步行 8 分钟即到

曼谷娜娜阿尔卑斯
Ibis Bangkok Nana

离夜晚的娱乐中心很近，且价格适中的酒店

AREA 7 素坤逸路周边

◆ 白天不太热闹，而到了夜晚，突然就变得非常热闹的地区，而这座酒店就是在这个地区开设的一家中档酒店。适中的价格、完善的设备，虽然狭小一些，但是功能性还很强的客房，是一家可以放心住宿的品牌酒店。大厅四周的造型很时尚而且优雅。价格随着季节而变化。馆内禁止吸烟。

Map p.86-B4
住 41 Soi 4, Sukhumvit Rd.
☎ 0-2659-2888 FAX 0-2659-2889
URL www.ibishotel.com
费 需要咨询
C/C ⒶⒹⒿⓂⓋ
房间数 200 室
交通 娜娜轻轨站二号出口步行 6 分钟即到

沙拉玲・邦
Baan Saladaeng

位于繁华街旁边的小型时尚酒店

AREA 6 是隆路周边

◆ 所有客房设计风格各异，根据不同的主题而给每个房间命名，可以在公司网址上确认一下。雨式淋浴、从欧洲进口来的床、32 英寸的平板电视机配备 DVD 播放系统等设施齐全，以这种价格入住非常便宜。最上层的 601 号房还配备有淋浴的日光甲板，2500 泰铢。

Map p.84-B4
住 69/2 Soi Saladaeng 3, Saladaeng Rd.
☎ 0-2636-3038 FAX 0-2636-3039
URL www.baansaladaeng.com
费 ⓈⓉ1100 泰铢 ~
C/C ⒶⒹⒿⓂⓋ
房间数 9 室 交通 沙拉玲轻轨站四号出口步行 3 分钟即到

素坤逸沙里鲁酒店
Salil Hotel Sukhumvit

度假村风格的明快造型
AREA 7 素坤逸路周边

◆ 室内装饰采用了中间色，木质的床总有点度假村的味道，略显紧凑的房间内，配有平板电视机、DVD播放机、全部客房安有无线局域网。带两个房间的豪华客房（3700 泰铢）非常宽敞，值得推荐。地处小巷深处，到素坤逸路有高尔夫球车免费接送。

Map p.86-C5
住 50, 51/1 Soi 8, Sukhumvit Rd.
☎ 0-2253-2474 FAX 0-2253-2478
URL www.salilhotel.com
费 ⓈⓉ2650 泰铢 ~
C/C ⒶⒹⒿⓂⓋ
房间数 27 室 交通 娜娜轻轨站四号出口步行 10 分钟即到

旦莫酒店
Hotel De'Moc

改装之后，面貌焕然一新
AREA 1 王宫周边

◆ 外观虽是旧式造型，随着酒店重新更名，对大厅周边、餐厅、客房等重新进行改装，之后面貌一新，成为明亮、舒适的新环境。酒店入口面对着普拉恰迪帕泰伊路一侧的停车场。游泳池在停车场的旁边，从外面看不太清楚，有点尴尬。旧名称叫泰伊酒店。

Map p.82-C5
住 78 Prachathipathai Rd.
☎ 0-2282-2831~33
FAX 0-2280-1299
URL www.hoteldemoc.com
费 需要咨询
C/C ⒶⒹⒿⓂⓋ
房间数 100 室

安兰伽斯套房
The Elegance Suites

作为在中小工商业聚居区漫步的基地，价格适中
AREA 5 查隆克隆路周边

◆ 位于中国风格的旧城市住宅林立的杂乱的中小工商业聚居区之中。离郑信轻轨站和沙敦码头都很近，观光旅行时非常方便。标准房间也有 43 平方米，宽敞舒适。楼顶上有游泳池，并设有按摩浴池和桑拿，可以悠闲自在地度过。馆内禁止吸烟。

Map p.82-C5
住 88 Sathorn Nua Rd.
☎ 0-2630-7000 FAX 0-2638-1419
URL www.elegance.th.com
费 ⓈⓉ2800 泰铢 ~ C/C ⒶⒹⒿⓂⓋ
房间数 76 室 交通 郑信大桥轻轨站三号出口步行 5 分钟即到

王室酒店
Royal Hotel

位处交通发达地区的高档酒店
AREA 1 王宫周边

◆ 历史悠久而颇具传统的酒店。位于萨纳姆鲁恩的前面，去王宫周边参观旅行非常便利。金碧辉煌的前厅、服务人员彬彬有礼的言谈举止，都使之不愧为高档酒店。泰国人称它为拉塔那考辛酒店。离考山路和邦拉姆普市场很近。

Map p.75-D2
住 2 Ratchadamnoen Klang Rd.
☎ 0-2222-9111~26 FAX 0-2224-2083
费 ⓈⓉ1240 泰铢 ~
C/C ⒶⒹⒿⓂⓋ
房间数 300 室
交通 郑信大桥轻轨站三号出口步行 5 分钟即到

米拉玛
Miramar

位于对喜欢在街头漫步的人具有诱惑力的地区中央
AREA 3 中国城周边

◆ 创业已有 40 多年了，将旅游公司发展型的中档酒店进行改装，变身为精品酒店。高达两层的四面通风的餐厅、灰色与橙色调的功能性客房，作为在中小工商业聚居区漫步的据点，这是最适合的酒店之一。只有电梯还残存着改装之前的容貌，真是有意思。

Map p.78-C1
住 777 Minsen Corner, Mahachai Rd.
☎ 0-2222-4191 FAX 0-2222-4195
URL www.miramarbangkok.com
费 ⓈⓉ3000 泰铢 ~（网上预约为 1399 泰铢 ~） C/C ⒶⒹⒿⓂⓋ
房间数 128 室
交通 华兰蓬地铁站一号出口步行 25 分钟即到

曼谷阿里斯通
Ariston Hotel Bangkok

对于节约人士价格适中

AREA 7 素坤逸路周边

◆ 适中的商用酒店风格。大厅周边、房间的室内装饰等均属于简约型，最低限度的设备还是很齐全的。若通过旅游公司预约，可以以比定价更低的价格入住，相当划算。套房 3600 泰铢，带按摩浴池。

Map p.88-C3

住 19 Soi 24, Sukhumvit Rd.

☎ 0-2259-0960~9 FAX 0-2259-0970

URL www.aristonhotelbkk.com

费 Ⓢ2200 泰铢 ~ Ⓣ2400 泰铢 ~

C/C ⒶⒹⒿⓂⓋ 房间数 152 室

交通 蓬鹏轻轨站四号出口步行 4 分钟即到

圣詹姆斯酒店
St.James Hotel

虽然不太显眼，但还是值得推荐

AREA 7 素坤逸路周边

◆ 1995 年开业，素坤逸路 26 巷往里走 5 分钟左右的地方，一家感觉良好的中档酒店。多用茶色系列、庄重格调的客房，正好用来消除旅途的疲劳。酒店管理完善、乘车去郊区也很方便，公司住宿的较多。

Map p.88-C3

住 18 Soi 26, Sukhumvit Rd.

☎ 0-2261-0890 FAX 0-2261-0902

URL www.stjamesbangkok.com

费 ⓈⓉ4800 泰铢 ~ C/C ⒶⒹⒿⓂⓋ

房间数 77 室

交通 华兰蓬轻轨站四号出口步行 6 分钟即到

曼谷双塔酒店
The Twin Towers Hotel Bangkok

高耸着的巨型建筑物

AREA 3 中国城周边

◆有许多游行者投宿的大型酒店。客房分为两栋，这两栋楼之间有一个大型的游泳池，还设置有按摩浴池，供放松享乐使用。泰素烧、中国菜、泰国菜等餐厅都很多。去暹罗广场等地乘坐出租车很快就到。周边是混乱的中小工商业者聚居区。

Map p.79-F2

住 88 Rong Muan Rd.

☎ 0-2216-9555 FAX 0-2216-9544

URL www.thetwintowershotel.com

费 Ⓢ3200 泰铢 ~ Ⓣ3500 泰铢 ~

C/C ⒶⒹⒿⓂⓋ 房间数 660 室

交通 蓬鹏轻轨站四号出口步行 6 分钟即到

王子宫酒店
Prince Palace

玻贝市场旁边，景致超群的酒店

AREA 3 中国城周边

◆屹立在曼谷古老的中小工商业者聚居区的高层酒店。四栋建筑物构成酒店，简直就是一个小城镇。房间的设备非常完善，而且风景超群。即使不住也可以从主楼 11 层的大厅俯瞰。中国菜餐厅饭菜相当美味，好评如潮。

Map p.72-B3~C3

住 488/800 Bo Bae Tower, Damrongrak Rd.

☎ 0-2628-1111 FAX 0-2628-1000

URL www.princepalace.co.th

费 ⓈⓉ 2500 泰铢 ~（网上预约价格）

C/C ⒶⒹⒿⓂⓋ 房间数 744 室

交通 华兰蓬地铁站二号出口步行 25 分钟即到

布恩西里 · 普兰斯
Boonsiri Place

位于混乱的中小工商业者聚居区

AREA 1 王宫周边

◆位于曼谷旧市区的、价格适中的酒店。客房室内根据不同的主题分选了四种中间色的编织物来装饰，精品酒店风格，非常漂亮。住宿的天数越长，价格越低。周围的路上是破烂市场，夜晚的酒店周边有一种相当荒凉的感觉。

Map p.75-D3

住 55 Buranasart Rd.

☎ 0-2622-2189

FAX 0-2622-1414

URL www.boonsiriplace.com

费 ⓈⓉ 1700 泰铢 ~

C/C ⒶⒹⒿⓂⓋ

房间数 48 室

水门公园酒店
Pratunam Park Hotel

衣料店街上的价格适中的酒店

AREA 4 暹罗广场、水门周边

◆位于每日人都很多、拥挤不堪的水门衣料店街的附近热闹地区，对于喜欢购物的人来说相当不错。整体为简约风格，客房很大，娱乐设备齐全，即使收取门市价也可以理解。周围有许多便利店、价格适中的食堂风格的餐厅。

Map p.81-D2
住 40-1 Soi 15, Phetchburi Rd.
☎ 0-2656-2525 FAX 0-2652-8201
URL ptnpark.com
费 Ⓢ 1590 泰铢～ Ⓣ 1790 泰铢～
C/C ⒶⒹⒿⓂⓋ（收3%~4% 的手续费）
房间数 149 室
交通 叻差题威轻轨站四号出口步行 12 分钟即到

曼谷中心酒店
Bangkok Centre Hotel

离地铁站极近，去繁华街也很方便

AREA 3 中国城周边

◆位于从华兰蓬地铁站出口出来即到的地方，是一个交通非常便利的住宿地点。由于同等级别的酒店有几家都关门了，行情看涨，已经没有了以前的性价比优势了。勉强增设的客房位于半路上，有点可笑，住进去舒服不舒服就更是另外话了。

Map p.79-E4~F4
住 328 Rama 4 Rd.
☎ 0-2238-4848~57 FAX 0-2236-1862
URL www.bangkokcentrehotel.com
费 Ⓢ3000 泰铢～ Ⓣ 3300 泰铢～（网上预约Ⓢ2500 泰铢～ Ⓣ2700泰铢～）
C/C ⒶⒹⒿⓂⓋ 房间数 231 室
交通 华兰蓬地铁站一号出口步行即到

格兰陶尔小酒店
Grand Tower Inn

独特的、为出差的父亲专设的榻榻米房间

AREA 7 素坤逸路周边

◆客房宽敞舒适，还有大桌子。皇家式气派的房间里设有榻榻米图案的靠垫，地上还挖有被炉。同名系列的酒店在曼谷市区只有三家，所以乘坐出租车时告诉司机“通罗”就可以了。所有客房内都设有无线局域网。

Map p.89-E4
住 23/1 Sukhumvit Rd.
☎ 0-2714-2001 FAX 0-2381-1030
URL www.grandtowerinn.com
费 Ⓢ2300 泰铢～ Ⓣ 2600 泰铢～
C/C ⒶⒹⒿⓂⓋ 房间数 400 室
交通 通罗轻轨站三号出口步行 3 分钟即到

纳拉伊酒店
Naral Hotel

餐厅在泰国人中很有名气

AREA 7 素坤逸路周边

◆耸立在是隆路的大型酒店。一层的比萨餐厅、二层是泰国菜餐厅，在当地人中也很受欢迎。比最便宜的房间高 200 泰铢的上等房，非常漂亮，值得推荐。帕蓬路在步行范围之内，去是隆路购物也极其方便，是个不错的落脚地。

Map p.83-D3
住 222 Silom Rd.
☎ 0-2237-0100 FAX 0-2236-7161
URL www.naraihotel.co.th
费 需要咨询
C/C ⒶⒹⒿⓂⓋ 房间数 472 室
交通 琼珑西轻轨站三号出口步行 8 分钟即到

曼谷城市小酒店
Bangkok City Inn

位于乱糟糟的中小工商业者聚居地区

AREA 4 暹罗广场、水门周边

◆离水门的森塞普运河很近，与杂居大厦并排在一起，占据混乱之中一角的价格适中的酒店。是步行去水门市场和世界中心等的最好的立足之地。对节约人士和喜欢购物的人来说，是受欢迎的。周围有很多小摊、商店。在网上预约的话，以特别便宜的价格就可以入住。

Map p.81-E3
住 43/5 Ratchadamri Rd.
☎ 0-2253-5373 FAX 0-2253-7774
URL www.bangkokcityinnhotel.com
费 需要咨询
C/C ⒶⒹⒿⓂⓋ 房间数 98 室
交通 奇隆轻轨站九号出口步行 9 分钟即到

其他酒店

除了在这里介绍的主要酒店，曼谷还有很多酒店。在这里，将这些酒店按各区进行划分，在大的分区里再分主要的街道来介绍。主要分区里又有各种各样等级的酒店，可以根据自己的目的和预算来进行选择。高档酒店的费用，是标明的住宿费上加 7% 的税、10% 的服务费，在表格中列出的若是等级酒店，大多数是包含税和服务费的价格。

AREA 1 2 王宫周边、律宾区

民主纪念塔周边

地图	酒店名	电话 / FAX	住址	收费	房间数	设备、评价
p.75-F2	金马酒店	☎0-2280-1920~9 FAX 0-2280-3404	5/1~2 Dumrongrak Rd. Pomprab	Ⓢ1000 泰铢 Ⓣ1150 泰铢	95	位于木材店街。去参观寺院方便。泰国人来住宿的偏多。 URL www.goldenhorsehotelbangkok.co.th
p.91-D4~E4	比安泰伊	☎0-2280-5392 FAX 0-2281-8153	42 Rambutri Rd. Banglampoo	Ⓢ2200 泰铢 Ⓣ2400 泰铢	200	位于考山路北侧，离邦兰姆普市场近。有游泳池。 URL www.riengtai.co.th

克隆通大桥周边

地图	酒店名	电话 / FAX	住址	收费	房间数	设备、评价
p.72-B1	皇家河边酒店	☎0-2433-0200 2433-0300 FAX 0-2433-5880	670/805 Charansanitwong Rd.	Ⓢ3500 泰铢 Ⓣ3850 泰铢	485	位于克隆通桥头。有游泳池。ST 1000 泰铢~ URL www.royalrivergroup.com

AREA 3 中华街区

中国城周边

地图	酒店名	电话 FAX	住址	收费	房间数	设备、评价
p.79-D3	白奥奇德	☎0-2226-0026 FAX 0-2225-6403	409-421 Yaowarat Rd.	ⓈⓉ 2400 泰铢~	330	便宜的房间没有朝外面的窗户。最上层有瞭望休息室。 URL www.whiteorchidhotelbangkok.com
p.79-E4	新帝王酒店	☎0-2234-6990~6 FAX 0-2234-6997	572 Yaowarat Rd.	ⓈⓉ720 泰铢~	100	大型旅游公司。耀华力路一侧的房间噪声很大。 URL www.newempirehotel.com
p.79-D3	中国城·银都鱼翅酒楼	☎0-2225-0204 FAX 0-2226-1295	526 Yaowarat Rd.	ⓈⓉ1900 泰铢~	75	有 70 年以上的历史。客房内有免费的无线局域网。 URL www.chinatownhotel.co.th

马哈恰伊路周边

地图	酒店名	电话 / FAX	住址	收费	房间数	设备、评价
p.78-B2	古朗德·比鲁酒店	☎0-2225-0050 FAX 0-2225-7593	903 Mahachai Rd.	Ⓢ2000 泰铢 Ⓣ2300 泰铢	220	从高层的房间里，王宫周边的寺院一览无余。成为在中国城漫步的根据地。 URL www.grandevillehotel.com
p.78-B2~C2	布拉帕酒店	☎0-2221-3545 FAX 0-2226-1723	160/14 Charoenkrung Rd., Wangburapapirom	ⓈⓉ650 泰铢	168	所有客房内都带有空调，面积也大。只是太陈旧了。

湄南河沿岸

地图	酒店名	电话 FAX	住址	收费	房间数	设备、评价
p.79-E5	江景招待所	☎0-2234-5429 FAX 0-2237-5428	768 Soi Panurangsri, Songwat Rd.	ⓈⓉ450~1400 泰铢	44	最上层是餐厅。也有 350 泰铢的带公用淋浴的房间。 URL www.riverviewbkk.com

暹罗广场、水门周边

地图	酒店名	电话 FAX	住址	收费	房间数	设备、评价
p.79–F1~F2	通普恩酒店	☎0-2216-0020~39 FAX 0-2215-0450	130 Rong Muang, Soi 4 Patumwan	Ⓢ1400 泰铢 Ⓣ1500 泰铢	180	步行 10 分钟即可到达暹罗广场。周围是中小工商业者聚居区。有游泳池。
p.80–B2	萨姆朗普兰伊斯酒店	☎0-2611-1245 FAX 0-2211-1255	302 Phetchburi Rd.	Ⓢ1100 泰铢 Ⓣ1200 泰铢	78	标准房间只有 25 平方米，有点狭小。URL www.samran.com

帕耶泰路周边

地图	酒店名	电话 FAX	住址	收费	房间数	设备、评价
p.80–C1	弗洛里达酒店	☎0-2247-0990 FAX 0-2447-7418	43 Phayathai Square, Ratchathewi	Ⓢ1100 泰铢 Ⓣ1200 泰铢	100	朴实刚健。便宜的住所虽然不好，但是对于讨厌华美住所的人来说也还行。

叻差帕鲁普路周边

地图	酒店名	电话 FAX	住址	收费	房间数	设备、评价
p.81–F2	伊斯廷酒店及水疗馆	☎0-2651-7600 FAX 0-2652-2909	1091/343 New Phetchburi Rd.	Ⓢ3900 泰铢 ~ Ⓣ4200 泰铢 ~	280	价格便宜的房间，窗户外面只有旁边的大厦，什么也看不到。URL www.eastinbangkokhotel.com
p.81–E2	PJ 水门酒店	☎0-2254-3314 FAX 0-2651-6358	467 Soi Wathanasin, Ratchaprarop Rd.	ⓈⓉ1200 泰铢 ~	74	中小工商业者聚居区的小巷深处。另设有水疗馆。
p.81–E1	欧洲小酒店	☎0-2248-5511 FAX 0-2248-5529	372 Sri Ayuthaya Rd. Ratchathewi	Ⓢ1000 泰铢 Ⓣ1200 泰铢	104	离水门市场很近，房间整齐干净。URL www.europainnbangkok.com
p.73–D2	曼谷暹罗四季酒店	☎0-2225-0204 FAX 0-2226-1295	97 Rachaprarop Rd.	需要咨询	180	步行 10 分钟可到胜利纪念塔。客房简约而时尚，住在里面心情舒畅，所有的客房全有免费局域网。

碧武里路周边

地图	酒店名	电话 FAX	住址	收费	房间数	设备、评价
p.81–E1	巴伊约克套房酒店	☎0-2251-8800 FAX 0-2255-5551	120/359 Ratchaprarop Rd.	Ⓢ2200 泰铢 ~ Ⓣ2400 泰铢 ~	220	中小工商业者聚居区的更后街。2007 年改造而成的精品酒店。URL www.baiyokehotel.com
p.81–D3	大钻石酒店	☎0-2656-6888 FAX 0-2656-6899	888 Phetchburi Rd.	ⓈⓉ6000 泰铢 ~	172	水门的高层酒店。所有客房全是套房，都在 60 平方米以上。URL www.granddiamondbkk.com
p.81–D2	第一酒店	☎0-2255-0100 FAX 0-2255-0121	2 Phetchburi Rd.	Ⓢ1800 泰铢 ~ Ⓣ1900 泰铢 ~	350	旅游也可以住的酒店。餐厅、酒吧一应俱全。URL www.firsthotelbangkok.com
p.81–D2	白普兰斯酒店	☎0-2255-2701 FAX 0-2255-2700	40 Soi Somprasong 3B（Soi Petchburi 15），Phetchburi Rd.	Ⓢ1150 泰铢 ~ Ⓣ1250 泰铢 ~	93	步行 3 分钟即可到水门市场。有游泳池。URL www.whiteplacebangkok.com
p.81–D2	俄佩拉酒店	☎0-2250-4031 FAX 0-2253-5360	16 Phetchburi Rd.	ⓈⓉ 900 泰铢 ~	56	汽车旅馆风格，有游泳池、典雅的咖啡店。URL www.operathailand.com
p.81–E1~E2	阿鲁帕伊小酒店	☎0-2255-4132 FAX 0-2658-3387	80/10–12 Phetchburi Rd. Soi 19（Soi Juldis）	ⓈⓉ800 泰铢 ~	50	商用风格的迷你酒店，离水门市场很近，步行 5 分钟即到，非常方便。小巷深处很清静。接待服务人员给人的感觉也很好。
p.81–D2	十颗星小酒店	☎0-2653-4979 FAX 0-2653-9982	44/1–2 Soi 17, Phetchburi Rd.	ⓈⓉ1000 泰铢 ~	93	位于碧武里路周边、步行 5 分钟即可到达水门市场。URL www.tenstarshotel.com
p.81–E2	巴伊约克套房酒店	☎0-2255-0330 FAX 0-2254-5553	130 Ratchaprarop Rd.	ⓈⓉ 2100 泰铢 ~	255	曼谷第一座高层酒店。纵向色彩有浓淡变化的外观为醒目标志。所有客房均为套房。URL www.baiyokehotel.com
p.80–A1	曼谷城市套房	☎0-2613-7277 FAX 0-2613-7633	1 Phetchburi Rd.	Ⓢ850 泰铢 ~ Ⓣ900 泰铢 ~	168	2005 年 7 月开业。馆内有完备的免费局域网。URL www.bangkoksuite.com

查隆克隆路周边、是隆路周边

地图	酒店名	电话 FAX	住址	收费	房间数	设备、评价
文前图曼谷郊区	莫迪安河滨酒店	☎0-2292-2999、2888 FAX 0-2292-2962~3	372 Rama 3 Rd.	Ⓢ 5800 泰铢～ Ⓣ 6600 泰铢～	462	所有客房均可以眺望江景。URL www.montien.com/riverside
p.82-B4	波索坦鲁	☎0-2630-6120~9 FAX 0-2630-6129	55/12-13 Soi 42/1, Charoen Krung Rd.	ⓈⓉ 1800 泰铢～	810	服务员接待客人态度良好。有泰式按摩。改装成为拉美达系列之后，价格上涨。URL www.bossotelinn.com
p.72-B5	拉玛达购物中心梅纳姆河滨酒店	☎0-2688-1000 FAX 0-2291-1048	2074 Charoen Krung Rd.	需要咨询	590	河沿岸的大型酒店。餐厅有露天平台席位。
p.82-C4	丝绸套房	☎0-2630-7725 FAX 0-2630-7729	346/11 Silom Rd.	ⓈⓉ 1500 泰铢	9	由家族经营的小型酒店，客房里有用丝绸制的编织物做点缀，颇有高档感。URL www.silksuitehotel.com

是隆路周边

地图	酒店名	电话 FAX	住址	收费	房间数	设备、评价
p.83-E4	曼谷是隆阿伊住宿	☎0-2627-9700	67 Narathiwat Rd.	ⓈⓉ 3500 泰铢～	26	琼珑西轻轨站前。在楼顶上的餐厅用餐，心情舒畅。URL iresidencehotel.com
p.84-A4	是隆塞玲精品酒店	☎0-2636-6599 FAX 0-2636-6590	7 Soi 3, Silom Rd.	ⓈⓉ 3500 泰铢～	86	室内装饰典雅。健身房里有桑拿。URL www.silom-serene.com
p.83-D3	是隆大街酒店	☎0-2238-4680~7 FAX 0-2238-4689	284/11-13 Sillom Rd., Soi 22/1	Ⓢ1800-2500 泰铢 Ⓣ2000-2700 泰铢	30	位于是隆度假村入口处的酒店。有泰式按摩、餐厅。
p.83-F3~F4	是隆古鲁乌特里尼提	☎0-2231-5050 FAX 0-2231-5417	150 Soi Phiphat 2 (Narathiwat Soi 3) Silom Rd.	Ⓢ2200 泰铢 Ⓣ2400 泰铢	134	从是隆路进入 5 巷，要步行三分钟。周围是办公楼和购物区。URL www.foryouresidence.com
p.83-D4	为你住宿	☎0-2635-3900 FAX 0-2635-3908	839 Silom Rd.	Ⓢ1400 泰铢～ Ⓣ1600 泰铢～	24	像办公大楼那样的外观。室内装饰多用木质。
p.261-B3	斯特朗德小酒店	☎0-2234-4296	105 Phatphong Rd.	ⓈⓉ1600 泰铢～	29	爱情酒店风格的精品酒店。1900 泰铢的房间配有按摩浴池。
p.84-B3	曼谷克里斯恰招待所	☎0-2233-6306 FAX 0-2237-1742	123 Soi 2, Sala Daeng Rd.	Ⓢ1000 泰铢～ Ⓣ1400 泰铢～	57	朴素而清洁，可以放心住宿。创于 1926 年，2003 年重新改装之后开业。URL www.bcgh.org
p.83-E2	古里库酒店	☎0-2634-0001-0330 FAX 0-2634-0005	135/18-19 Suriwong Rd.	ⓈⓉ 3798 泰铢～	14	时尚酒店。馆内禁止吸烟。URL www.glitzbangkok.com

素坤逸路周边

地图	酒店名	电话 FAX	住址	收费	房间数	设备、评价
p.83-E2	迪阿尼	☎0-2235-7373 FAX 0-2635-1229	68 Suriwong Rd.	ⓈⓉ1280 泰铢～	56	2008 年 12 月开业的精品酒店。位于交通便利之处。环境清静。接待服务人员给人的感觉也很好。URL www.deamihotelbangkok.com
p.83-E2~F2	藤塔旺普兰斯酒店	☎0-2238-2620 FAX 0-2238-3228	119/5-10 Suriwong Rd.	ⓈⓉ3000 泰铢～	75	包早餐。日本人来住宿的很多。提供免费无线局域网。 URL www.tawan.com
p.82-C3	玛诺拉	☎0-2234-5070 FAX 0-2237-7662	412 Suriwong Rd.	Ⓢ2200 泰铢～ Ⓣ2400 泰铢～	194	改装之后非常漂亮。客房内有无线局域网（收费）。不要乘坐酒店门前等客的出租车。URL www.manohrahotel.com
p.83-E2	曼谷广场酒店	☎0-2235-1760~79 FAX 0-2237-0746	178 Suriwong Rd.	ⓈⓉ1580 泰铢～	172	85% 都是来自日本的游客。给人以相当陈旧的印象。URL www.theplazahotelbangkok.com
p.261-C1~C2	旺鲁大街小酒店	☎0-2233-4144 FAX 0-2236-3619	37/20-24 Suriwong Rd.	Ⓢ1400 泰铢～ Ⓣ1600 泰铢～	75	位于按摩店林立的小巷深处。有泰式按摩。 URL www.wallstreetinnbangkok.com
p.82-B3~C3	新特劳卡德劳酒店	☎0-2233-4190~2 FAX 0-2234-5969	343 Suriwong Rd.	ⓈⓉ1200 泰铢～	130	已经相当陈旧了。来自中东和非洲的客人多。有一个户外游泳池。

地图	酒店名	电话 FAX	住址	收费	房间数	设备、评价
p.82-C3	新富士酒店	☎0-2234-5364 FAX 0-2236-5526	299-301 Suriwong Rd.	Ⓢ500 泰铢~ Ⓣ600 泰铢~	60	大厅光线很暗，有一种阴沉的氛围。
p.84-A3	玫瑰酒店	☎0-2266-8268~72 FAX 0-2266-8096	118 Suriwong Rd.	ⓈⓉ3200 泰铢~	72	时尚的精品酒店。旁边是豪华的泰国风格的泰国菜餐厅。 URL www.rosehotelbkk.com
p.261-C1~D1	苏里旺	☎0-2266-8257~60 FAX 0-2266-8261	31/1,33 Suriwong Rd.	Ⓢ1100 泰铢~ Ⓣ1300 泰铢~	100	离繁华街近。咖啡店的氛围很好，值得推荐。URL www.suiwongsehotel.co.th

帕拉姆西（拉玛四世）路周边

地图	酒店名	电话 FAX	住址	收费	房间数	设备、评价
p.83-E1	玛达玲酒店	☎0-2238-0230~58 FAX 0-2237-1620	662 Rama 4 Rd.	ⓈⓉ1900 泰铢~	400	2007 年遭遇火灾，烧掉一半。印象中定价很高。 URL www.mandarin-bkk.com
p.311-A1	查理	☎0-2679-8330~1 0-2679-8258~9 FAX 0-2679-7308	1034/36-37 Soi Saphan Khu, Rama 4 Rd.	Ⓢ450 泰铢 Ⓣ540 泰铢	17	有艺术酒店感觉的小酒店。服务人员很热情。设备有老而腐朽的痕迹。 URL www.charliehousethailand.com

AREA 7 素坤逸路周边

素坤逸路奇数巷

地图	酒店名	电话 FAX	住址	收费	房间数	设备、评价
p.86-B2	素坤逸路福拉玛安克斯库鲁西布	☎0-2255-4224 FAX 0-2255-4225	27 Soi 1, Sukhumvit Rd.	ⓈⓉ3000 泰铢~	98	进入 1 巷之后稍往里走的地方的一家精品酒店。 URL furamaxclusive.com/sukhumvit
p.86-B2	一街小旅馆	☎0-2254-3573 FAX 0-2655-1890	Soi 1, Sukhumvit Rd.	ⓈⓉ750 泰铢~	30	公寓风格的外观。入口在正面的右端。一层是巴比亚豪华酒吧。
p.86-B2	素坤逸詹尼斯酒店	☎0-2655-4999 FAX 0-2655-4940	29/117 Soi 3, Sukhumvit Rd.	ⓈⓉ4700 泰铢~	160	长角的机器人似的外观。离素坤逸路的夜间娱乐场所很近。 URL www.zenith-hotel.com
p.86-B2~B3	古兰斯酒店	☎0-2253-0651、0680 FAX 0-2253-0680	12 Soi 3, Sukhumvit Rd.（soi Nana Nua）	需要咨询	500	阿拉伯人居多，夜晚酒店周边很热闹。迪斯科的客人层也是阿拉伯人。 www.gracehotellbangkok.com
p.86-C3	素克 11	☎0-2253-5927 FAX 0-2253-5929	1/31 Soi 11, Sukhumvit Rd.	Ⓢ500 泰铢~ Ⓣ700 泰铢~ （加 7% 的税）	80	岛上招待所风格。馆内禁止吸烟，带浴室、厕所的房间Ⓢ650 泰铢~、T900 泰铢~。 URL www.suk 11.com
p.86-C3	瑞士公园酒店	☎0-2254-0228 FAX 0-2254-0378	155/23 Soi 11, Sukhumvit Rd.	ⓈⓉ1400 泰铢~	108	客房内除了不能上网，其他都没有问题。 URL www.swissparkhotelbangkok.com
p.86-C3	曼谷恩巴沙达	☎0-2254-0444 FAX 0-2253-4123	171 Soi 11, Sukhumvit Rd.	ⓈⓉ2300 泰铢~	755	比较混乱的大型酒店。迪斯科厅很红火。提供免费的无线局域网。 URL www.amtel.co.th
p.86-C3	曼谷曼哈顿	☎0-2255-0166 FAX 0-2255-3481	13 Soi 15, Sukhumvit Rd.	Ⓢ1800 泰铢~ Ⓣ2100 泰铢~	203	韩国游客多。购物拱廊自古以来深受日本人欢迎。URL www.hotelmanhattan.com
p.87-D3	浓情酒店	☎0-2253-0646~9 FAX 0-2254-4716	31 Soi 19, Sukhumvit Rd.	Ⓢ800、900 泰铢~ Ⓣ900 泰铢~	75	19 巷向北走 5 分钟。价格适中，因质朴而受人欢迎。有游泳池。
p.87-D2	曼谷精品酒店	☎0-2261-2850 FAX 0-2664-0995	241 Soi 21（Soi Asok）, Sukhumvit Rd.	ⓈⓉ3000 泰铢~	44	位于碧武里地铁站旁边。房间很幽雅，但是有点狭窄，也没有浴缸。 URL www.bangkokboutiquehotel.com
p.87-D4~D5	茉莉花高档套房	☎0-2204-5888 FAX 0-2259-8555	2 Soi 23, Sukhumvit Rd.	需要咨询	208	交通最便利的酒店式公寓兼酒店。房间很宽敞。 URL www.jasminecity.com
p.87-D4	泰伊潘酒店	☎0-2260-9898 FAX 0-2259-7908	25 Soi 23, Sukhumvit Rd.	Ⓢ4200 泰铢~ Ⓣ4400 泰铢~	146	离地铁站和轻轨站都很近，购物、观光都很便利。 URL www.taipanhotel.com
p.87-E4	约鲁古朗德	☎0-2259-9480~7 FAX 0-2259-9490	249 Soi 31, Sukhumvit Rd.	Ⓢ2000 泰铢~ Ⓣ2200 泰铢~	90	80% 以上是日本客人。位于 31 巷深处（步行 10 分钟）。 URL www.theeurograndehotel.com

地 图	酒店名	电话 FAX	住 址	收 费	房间数	设备、评价
p.89-E4	通罗米尼坦鲁住宿	☎0-2391-9098 FAX 0-2392-5051	45 Soi 55, Sukhumvit Rd.	Ⓢ800 泰铢～ Ⓣ900 泰铢～	30	将城市住宅勉强改装而成。住一星期以上，一晚减 100 泰铢。 URL www.yadothonglor.com

素坤逸路偶数巷

地图	酒店名	电话 FAX	住址	收费	房间数	设备、评价
p.86-B3	娜娜酒店	☎0-2252-2525 FAX 0-2255-1769	Soi Nana Tai, Sukhumvit Rd.	ⓈⓉ1490 泰铢～	334	顾客层甚至有来自欧美家庭的、以夜生活为目的而来的叔叔级人士，人员混杂。该酒店主要面向男士。 URL www.nanahotel.com
p.86-B3~B4	拉杰酒店	☎0-2255-0040~83 FAX 0-2255-7160	18 Soi 4, Sukhumvit Rd.	ⓈⓉ1500 泰铢～	347	将洪坦德公寓改装而成为外观漂亮的酒店。 URL www.rajahhotel.com
p.86-B5	乌拉武里酒店及度假酒店	☎0-2656-7236 FAX 0-2656-7027	128/1 Soi 4, Sukhumvit Rd.	ⓈⓉ1539 泰铢～	122	充满南国味道的、开放式的造型，很受欧美人的欢迎。 URL www.woraburi.com
p.86-C3	奥 8	☎0-2254-8866 FAX 0-2254-4949	167 Sukhumvit	ⓈⓉ2000 泰铢～	40	娜娜轻轨站的正面。交通便利而且价格适中。但是有没有窗户的房间。 URL www.on8bangkok.com
p.86-C4	永久小旅馆	☎0-2653-0017 FAX 0-2653-5125	39 Soi 8, Sukhumvit Rd.	ⓈⓉ1493 泰铢～	41	客房虽然小，但带着阳台。院子里有游泳池，可以心情舒畅地度过。 URL www.stablelodge.com
p.86-C4	普鲁姆纳德酒店	☎0-2253-4116、0-2253-2876 FAX 0-2254-7707	18 Soi 8, Sukhumvit Rd.	ⓈⓉ1300 泰铢～	44	位于小巷的深处。交通虽然不太方便，但是以便宜的价格就可以入住。 URL www.psi-promenade.com
p.88-B2	高级小酒店	☎0-2261-0401 FAX 0-2261-0414	9/1 Soi 20, Sukhumvit Rd.	ⓈⓉ900 泰铢～	59	馆内是木质的，很安静。因为有没有窗户的房间，所以预约或入住时一定要确认清楚。
p.88-B2	摄政公园	☎0-2259-7420 FAX 0-2258-2862	12/3 Soi 22, Sukhumvit Rd.	需要咨询	120	外观虽然看上去很朴素，里面却很漂亮 URL www.accorhotels.com
p.89-D4	帝王酒店	☎0-2259-0106、0115 FAX 0-2258-6635	762/1 Sukhumvit Rd.	ⓈⓉ1035 泰铢～	131	有游泳池、餐厅。大厅是过去的旧样式，房间里可是全都改装过，很漂亮。 URL www.rexhotelbangkok.com

AREA 8 叻差达披色路周边

叻差达披色路周边

地图	酒店名	电话 FAX	住址	收费	房间数	设备、评价
p.73-E2	曼谷雄伟的梅鲁库鲁幸运酒店	☎0-2641-1500 FAX 0-2641-1530	1 Fortune Town Bldg., Ratchadaphisek Rd. Din Daeng	需要咨询	406	与巨型购物中心相连接。在帕拉姆纳因地铁站的旁边。 URL www.accorhotels.com
P73-E2	塞特里克·叻差达	☎0-2246-0909 FAX 0-2246-0959	502/29 Soi Yucharoen, Asok-Dindaeng Rd.	ⓈⓉ3000 泰铢～	126	相当干净的酒店式公寓兼酒店。专为游客而设。 URL www.centricrachada.com
文前图曼谷-F2	曼谷湄南河公园酒店	☎0-2290-0125 FAX 0-2290-0167	247 Ratchadaphisek Rd.	Ⓢ4200 泰铢～ Ⓣ4400 泰铢～	402	乘坐地铁非常便利。各种设施齐全，餐厅也是好评如潮。 URL www.chaophyapark.com
p.73-E1	曼谷翡翠酒店	☎0-2276-4567 FAX 0-2276-4555	99/1 Ratchadaphisek	ⓈⓉ3840 泰铢～	619	有日本菜餐厅等三家。周边到了晚上，热闹非凡。泰国人叫它“安梅伦”。 URL www.emeraldhotel.com
p.73-E1	曼谷恰达酒店	☎0-2290-0170、0-2275-4397 FAX 0-2275-4049	188 Ratchadaphisek	Ⓢ1400 泰铢～ Ⓣ1800 泰铢～	215	交通便利的立足之地，而且价格适中。餐厅饭菜也很丰富。URL www.bangkokchada.com
p.73-E1	曼谷帕潮	☎0-2276-4995 FAX 0-2276-5000	111 Soi Niam-Utit, Ratchadaphisek Rd.	Ⓢ2400 泰铢～ Ⓣ2600 泰铢～	180	服务员给人的感觉很好。网上预约大约是半价。客房内有无线局域网。URL www.palazzobangkok.com
p.73-E1	时髦酒店	☎0-2276-5777 FAX 0-2276-5011	111/1 Soi Niam-Utit, Ratchadaphisek Rd.	Ⓢ1600 泰铢～ Ⓣ1700 泰铢～	175	所有客房均为地板、窗户很大，光线充足。交通也很方便。URL www.hiphotelbangkok.com

拉玛九世路周边

地图	酒店名	电话 FAX	住址	收费	房间数	设备、评价
p.73-E2	玛克斯酒店	☎0-2248-0011 FAX 0-2247-1497	288 Rama 9 Rd.	Ⓢ3500 泰铢～ Ⓣ4500 泰铢～	350	这是一个对于个人旅行者来说不方便的所在。网上预约Ⓢ1600 泰铢～、Ⓣ1800 泰铢～。原来的萨鲁特。 URL www.maxx-hotel.com

碧武里、塔特玛伊路周边

地图	酒店名	电话 FAX	住址	收费	房间数	设备、评价
p.73-F3	A1 酒店	☎0-2718-1030~44 FAX 0-2319-8230	9 Soonwichai 4, New Phetchburi Rd.	ⓈⓉ4591 泰铢～	220	精品酒店风格，很典雅。网上预约价为ⓈⓉ2816 泰铢～ URL www.a-onehotel.com
p.86-C1	王子酒店	☎0-2251-6171~6 FAX 0-2251-3318	1537/1 New Phetchburi Rd.	ⓈⓉ1200 泰铢～	211	其背后是娱乐大厦——"娱乐综合广场"。 URL www.princehotel-bkk.com

AREA 9 拍裕庭路周边

普拉迪帕特路周边

地图	酒店名	电话 FAX	住址	收费	房间数	设备、评价
文前图曼谷-D2	安里扎贝斯酒店	☎0-2271-0204、0-2279-4188~9 FAX 0-2271-2539	169/51 Pradiphat Rd.	ⓈⓉ1300 泰铢～	275	共有 17 层楼，这是附近最高的新式酒店。带自助餐式的早餐。
文前图曼谷-D2	米叨酒店	☎0-2279-4560~6 FAX 0-2278-3412	222 Pradiphat Rd.	ⓈⓉ 2500 泰铢～	213	具有 20 世纪 70 年代的陈旧与厚重感的典型的中档酒店。可以说是光线很暗。 URL www.midohotel.com
文前图曼谷-D2	肯玛尼宫酒店	☎0-2618-6977 FAX 0-2618-6976	1 Soi Uthairat, Pradiphat Rd.	ⓈⓉ 1400 泰铢～	199	完善的设施，适中的价格，但是交通不便。这个地区的酒店外国人居住的多。 URL www.kammanee.com
p.73-D1	曼谷塞纳普兰斯酒店	☎0-2271-4410 FAX 0-2271-4413	17 Soi 11, Phahonyothin Rd.	ⓈⓉ 2000 泰铢～	190	自助餐餐厅，很受当地人的喜欢。五层的游泳池相当不错。 URL www.senaplace.com
p.73- D1	安帕西酒店	☎0-2279-2641 FAX 0-2279-4831	21 Pradiphat Rd.	ⓈⓉ 700 泰铢～	80	位于小巷深处。有点暗，一种阴沉的气氛。
p.73- D1	苏达宫酒店	☎0-2270-0585~87 FAX 0-2270-0585	Suthisarn 1 Rd. Prayathai	ⓈⓉ 700 泰铢～	120	位于泰国人的娱乐街斯提森街。是普通游客的住宿之地。

AREA 外 其他地区

廊曼机场周边

地图	酒店名	电话 FAX	住址	收费	房间数	设备、评价
折页图曼谷郊区-C2	拉玛花园酒店	☎0-2558-7888 FAX 0-2558-7808	9/9 Wiphawadi Rangsit Rd. Bank Kaen	ⓈⓉ3000 泰铢～	372	中小绿树掩映的城市风景名胜地似的酒店。宽敞的庭园。房间很普通。 URL www.ramagardenshotel.com
p.73-E2	邦萨巴伊·郝斯坦鲁	☎0-2539-0150 FAX 0-2538-4387	8/137 Soi Sahakorn 15, Lat Phrao 71	ⓈⓉ900 泰铢～	42 床	加入了由斯郝斯坦鲁协会。离繁华街相当远。 URL www.bansabaihostel.com
折页图曼谷郊区-D1	维特兰因国际大厦	☎0-2967-8550 FAX 0-2929-2300	501/1 Dechatungka Rd. Donmuang	Ⓢ480 泰铢～（四人用） Ⓣ600 泰铢～	27	由帮助女性独立的组织经营的旅店。 URL www.we-train.co.th
p.7-B3	亚洲机场酒店	☎0-2992-6999 FAX 0-2992-6828	3Km North of Bangkok Airport 99/2 Moo 8, Phahonyothin Rd.	Ⓢ2900 泰铢～ Ⓣ3200 泰铢～	350	从廊曼机场往北约三公里处的巨型酒店。平时半价就可以入住。 URL www.asiahotel.co.th
折页图曼谷郊区-D1	曼谷廊曼阿玛里	☎0-2566-1020 FAX 0-2566-1941	333 Chert Wudthakas Rd.	需要咨询	423	廊曼机场的前面。与完善的设备相比较，价格要便宜许多。 URL jp.amari.com/donmuang

酒店式公寓

曼谷常见的住宿设施中，有一种叫酒店式公寓。入口处设有服务台，客房里厨房、家具配备等齐全。打扫房间、整理床铺等内务工作，都由专人负责，享受像酒店一样服务的公寓。馆内一般都设有餐厅和小超市，很多地方都可以享受房间服务。原本是专为长期滞留人员服务的设施，不过很多地方短期住宿也可以。

东方公寓
Oriental Residence

2012 年开业的最高档的酒店式公寓
AREA 4 暹罗广场、水门周边

◆ 夹在美国大使馆和荷兰大使馆之间，位于非常清静的一个地段的酒店式公寓。21 层的建筑，透过大大的窗户，以邻近的绿树作背景，根本想象不出这是在市中心，如此幽雅的景色，都在酒店的视线范围内。最值得推荐的是，配备有便于工作使用的大书桌的、一个面积为 70 平方米的卧室的套房。

Map p.86-A4
住 110 Witthayu Rd.
☎ 0-2125-9000 FAX 0-2125-9111
URL www.oriental-residence.com
费 需要咨询 C/C Ⓐ Ⓓ Ⓙ Ⓜ Ⓥ
房间数 145 室
交通 奔集轻轨站八号出口步行 8 分钟即到

古朗德中心点酒店及公寓
Grande Center Point Hotel & Residence

可以与高档酒店匹敌的高级样式
AREA 4 暹罗广场、水门周边

◆ 中心点集团在曼谷开设了九家最高等级的酒店式公寓。配备有 40 英寸的等离子电视机、音响设备等，还有与高档酒店一样豪华的室内装饰，宽敞的客房。馆内有拉林今达·万鲁南斯水疗馆（p.231）。

Map p.81-E5
住 153/2 Mahatlek Luang 1, Ratchadamri Rd.
☎ 0-2670-5000 FAX 0-2670-5100
URL www.centrepoint.com 费 需要咨询
C/C Ⓐ Ⓓ Ⓙ Ⓜ Ⓥ 房间数 526室 交通 叻差达慕里轻轨站四号出口步行 4 分钟即到

无线电路中心点
Center Point Wireless Road

位于大使馆街的高档酒店式公寓
AREA 4 暹罗广场、水门周边

◆ 屹立在大使馆集中的、安静的维他尤路（还有一个名字叫瓦伊亚兰斯路）的高层酒店公寓。四面通风的设施贯通了整座大厦，周围沿着回廊的就是客房。所有的客房都带露天平台，可以俯瞰街区的景致，心情舒畅极了。坐上轻轨，繁华街即刻就到。

Map p.81-F5
住 100 Witthayu Rd.
☎ 0-2659-5000 FAX 0-2659-5100
URL www.centrepoint.com
费 需要咨询 C/C Ⓐ Ⓓ Ⓙ Ⓜ Ⓥ
房间数 277 室 交通 奔集轻轨站八号出口步行 3 分钟即到

素坤逸谢玛
shama sukhumvit

漂亮的室内装饰及健康的早餐
AREA 7 素坤逸路周边

◆ 室内装饰简直就和时尚酒店一模一样。高高的天花板、收藏空间也大，楼顶上有一个水域宽广的游泳池，在其中游来游去，真是快活至极。虽然地处大陆，早餐却有 5 种水果、豆浆等，均为健康饮食，深受长期滞留人士的好评。娱乐设备的品牌使用的是哈恩，它也是泰国有名的高档化妆品品牌。

Map p.86-B3
住 39-1 Soi 2, Sukhumvit Rd.
☎ 0-2105-6000 FAX 0-2105-6001
URL www.shama.com
费 需要咨询
C/C Ⓐ Ⓓ Ⓙ Ⓜ Ⓥ
房间数 90 室
交通 娜娜轻轨站二号出口步行 6 分钟即到

素坤逸阿玛玲公寓
Amari Residences Sukhumvit

位于小巷深处，环境清幽
AREA 7 素坤逸路周边

◆ 与娜娜周边最热闹的四巷相比，在突然变得非常安静的2巷建造的公寓。无论去哪个方向都有通路，交通非常方便真是出人意料。楼顶上有游泳池，因周边没有高大的建筑物，视野非常开阔，景致极佳，令人心旷神怡。去素坤逸路有嘟嘟车短程接送服务。

Map p.86-B4
住 75 Soi 2, Sukhumvit Rd.
☎ 0-2120-8188 FAX 0-2120-8198
URL jp.amari.com
费 需要咨询 C/C ADJMV
房间数 144 室
交通 娜娜轻轨站二号出口步行12分钟即到

阿德鲁费套房
Adelphi Suites

宽敞的客房，非常舒适
AREA 7 素坤逸路周边

◆ 素坤逸路八巷，虽然离市中心很近，周围环境却能保持清幽，是个不错的地方。这座价格适中的酒店式公寓就位于这条小巷的中间。最小的房间也有36平方米，造型宽裕。一层的蒙森咖啡厅是一个拉丁紫菜烧烤餐厅。

Map p.86-C4
住 6 Soi 8, Sukhumvit Rd.
☎ 0-2617-5100 FAX 0-2653-4192
URL www.adelphisuites.com
费 需要咨询 C/C ADJMV
房间数 93 室 交通 娜娜轻轨站四号出口步行3分钟即到

希望之地
Hope Land

各不相同的客房样式
AREA 7 素坤逸路周边

◆ 雄伟的入口大放异彩的酒店式公寓。标准客房专为短期停滞者而设，简约的造型。这里推荐的是面积有40平方米、带阳台的工作室以上级别的房间。设有一个大型游泳池，可以悠闲自在地游来游去。吃早餐的餐厅稍微有点狭窄，令人遗憾。

Map p.88-C3~C4
住 35 Soi 24, Sukhumvit Rd.
☎ 0-2661-1999 FAX 0-2260-7809
URL www.hopeland.co.th
费 Ⓢ3000泰铢～ Ⓣ3400泰铢～
C/C ADJMV 房间数 187 室
交通 蓬鹏轻轨站四号出口步行5分钟即到

曼谷阿玛玲公寓
Amari Residences Bangkok

在RCA、曼谷医院旁边
AREA 8 叻差达披色路周边

◆ 以白色和木材为基调的室内装饰，营造出明亮而凉爽的氛围。是一座时尚的酒店式公寓，位于曼谷医院的旁边。每天整夜都很热闹的王室城市大街（RCA）也在附近。一层的咖啡厅非常惹人喜爱。

Map p.73-F3
住 36 Soi Soonvichai, New Phetchburi Rd.
☎ 0-2308-5900 FAX 0-2319-9494
URL jp.amare.com
费 需要咨询 C/C ADJMV
房间数 128 室

拉公寓
La Résidence

友好的氛围使人心情舒畅
AREA 6 是隆路周边

◆ 各楼层客房里点缀用编织物色彩各不相同，而且都非常漂亮。服务人员也都友好而热情，住在这里心情舒畅。入口是从素坤逸路拐角处小巷一侧的小门。因为地处办公楼街，夜晚和休息日非常安静。客房虽小但住在那里很舒服的酒店式公寓，值得推荐。

Map p.83-E3
住 173/8-9 Suriwong Rd.
☎ 0-2233-3301 FAX 0-2237-9322
URL www.laresidencebangkok.com
费 Ⓢ1200泰铢～ Ⓣ2200泰铢～（加7%的税）
C/C AJMV 房间数 26 室
交通 琼珑西轻轨站三号出口步行8分钟即到

曼谷的便宜住宿街

招待所、便宜的旅馆集中区在曼谷有6个。各自有不同的特征，可以结合自己的喜好去选择。

价格适中的中档旅馆很多

国家体育馆周边 Map p.80-B3~C3

集中在一个名叫卡塞姆森依的小巷中。平均价格在500~1200泰铢。以女性也可以放心居住的800泰铢左右的招待所为特征。离萨纳姆·基拉·亨·恰特轻轨站特别近，交通方便。而且离购物地区也很近，无论干什么都便利。

比较安静的便宜旅馆区

恰那松克拉姆寺周边 Map p.90

考山路的周边便宜旅馆街，考山路是泰国年轻人集中的热闹区，夜晚也变得越来越喧嚣，随着考山路住宿环境不断恶化，旅行者就开始向恰那松克拉姆寺周边转移。以大型、舒适的招待所为主体，收费比考山路上多少高一些，最低150~200泰铢。

您知道的背包客的胜地

考山路周边 Map p.91

作为背包客的胜地世界驰名的亚洲最大的便宜旅馆路。大多数的旅馆都有公用厕所、淋浴设施，收费是大房间60泰铢起价。随着再开发的步伐，噪声加剧等，环境也在恶化，便宜的旅馆在减少。

混杂于中小工商业者聚居区的便宜旅馆

国家图书馆周边 Map p.76-B2~C2

在学校、寺院、市场充斥其中的住宅街中零星分布的招待所。可以体会一下曼谷中小工商业者聚居区居民们的喜怒哀乐。价格要稍高一些，最低200泰铢左右。

现在已处萧条之中的曾经的便宜旅馆街

马来西亚酒店周边 Map P85-E4~E5

由于汽车废气排放，空气被污染而又狭窄的路。多为品质不良的外国人所居住。地铁开通之后，附近有了车站，原想是不是会恢复得好一些，结果却是照旧。厕所、淋浴设施公用，价格最低为100~150泰铢。

适合喜欢城市近郊氛围的人

中国城 Map p.79-D3~E3

叫“旅社”的便宜旅馆很多，绝大部分是带厕所、淋浴设施，收费为300泰铢左右。若想住宿的话，向游客推荐旅社以外的中档酒店。

COLUMN

在便宜旅馆里住宿时的注意事项

节约金钱的风险

想节省旅费支出，最好的办法就是设法减少住宿费。若减少餐费毕竟有限，而且还要购物。因此，节约派的旅行者一路上就瞄准便宜旅馆。入住前，请再仔细斟酌一下。只是房间费用便宜了，来到这便宜旅店区是不是那么轻而易举的呢？选择住处之前，是不是需要考虑一下，“房间费便宜，究竟是将什么东西给省掉了呢？”只瞄准房间费便宜的人，其实将最重要的事实给忘记了。曼谷的便宜旅店中的大多数，都是将安全性给忽略了。

例如，泰国的很多建筑物，无视建筑法和消防法而建造起来。招待所等一般都是将民居或杂居的大厦改造而成的，发生意外时，疏散口等首先无法保证。住在这样的旅店里，发生火灾等意外情况时，该怎么办呢？再有，绝大多数的便宜旅店，为防范小偷，将窗户上的窗棂镶死了，但是如果是内部的人就是小偷，可怎么办呢？身边有陌生人走动的旅店，出现意外时，到底该向谁、怎样去追究责任才好呢？

住在便宜旅店时，实际上无论发生了什么事，房客都无法追究旅店的责任。失盗、遭强盗抢劫、被卷入火灾等，所有这一切全是房客的责任。正因为有这些不用负责任的因素存在，所以才便宜。

自己的责任要铭记在心

遇到麻烦的人，半数以上都是在考山路、中国城、马来西亚酒店周边的便宜旅店里住宿的旅行者。这也是许多旅行者都集中在这个地区的证明，即使那样，住宿的人也不在少数。

当然并不是所有的麻烦都出在旅店，几乎都是旅行者缺乏安全意识及疏忽大意等原因造成的。进一步讲，也不是说价格高就能保证100%的安全，正相反，也有即使价格便宜，但安全性很高的旅店。然而，在决定住在便宜旅店的时候，不要忘记个人就要承担一切风险这一事实。

国家体育馆周边的酒店、招待所

酒店

H 曼谷 LIT 酒店
LIT！Bangkok Hotel　Map p.307-A1~B1

☎ 0-2612-3456
FAX 0-2612-3222
URL litbangkok.com
费 ⓈⓉ8239 泰铢～
C/C ⒶⒹⓂⓋ

2011 年开始营业。威风凛凛地屹立在中小工商业者聚居区的、有着白色外观的精品酒店，一共有 79 个客房。从酒店的公司网址上预约的话，可以打六折。

H 帕特姆旺大厦
Patumwan House　Map p.307-A1~B1

☎ 0-2612-3580　FAX 0-2216-0180
URL www.patumwanhouse.com
费 AC ⓈⓉ1000~2100 泰铢　C/C 无

位于小巷的尽头。所有客房都有浴缸。有的房间，窗户外面只能看到旁边的大厦。

H 克里泰伊公寓
Krit Thai Mansion　Map p.307-A2

☎ 0-2219-4100
FAX 0-2216-2241
URL www.kritthaimansion.com
费 AC ⓈⓉ1080 泰铢～
C/C ⓂⓋ

管理严格的酒店。配备有电视机、空调、热水淋浴。

H 姆恩喷公寓
Muangphol Mansion　Map p.307-B2

☎ 0-2219-4445
FAX 0-2216-8053
费 AC ⓈⓉ900~1000 泰铢
C/C ⓂⓋ（加 3% 的手续费）

配有电视机、空调、冰箱、热水淋浴、浴缸，价格适中。也有按周、按月的折扣。一层有 24 小时营业的餐厅，配有可以上网的个人计算机。房客都可以免费上无线局域网。

H 帕尼
Pranee　Map p.307-A2~B2

☎ 0-2216-3181
FAX 0-2215-0364
费 F Ⓢ350 泰铢
AC ⓈⓉ400~500 泰铢
C/C 无

大路一侧已成为餐馆，出入口在小巷中。500 泰铢的房间带热水淋浴。

H 里诺
Reno Hotel　Map p.307-A2~B2

☎ 0-2215-0026~7
FAX 0-2215-3430
费 AC ⓈⓉ1280 泰铢～
C/C ⒿⓂⓋ

价格便宜的酒店，服务台往里走有游泳池，房间也很洁净。带空调、热水淋浴。长期住宿有折扣。紧旁边设有咖啡厅。只有入口周边是亮堂堂的。

招待所

G 温迪屋
Wendy House　Map p.307-B1

☎ 0-2214-1149　FAX 0-2612-3487
URL www.kritthaimansion.com
费 AC Ⓢ900 泰铢～
Ⓣ1050~1200 泰铢（带早餐）
C/C ⓂⓋ

房间较大，带电视机、冰箱、空调、热水淋浴。一层有餐厅。馆内全部禁止吸烟。无线局域网 1 小时 60 泰铢。

G 床与早餐
The Bed & Breakfast　Map p.307-B1

☎ 0-2215-3004
FAX 0-2215-2493
费 AC Ⓢ600 泰铢 Ⓣ700 泰铢
C/C 无

带空调、热水淋浴。一层有舒适、明亮的咖啡厅。与它的名字一样，带早餐。

G A1 小酒店
A-One Inn　Map p.307-B1

☎ 0-2215-3029
FAX 0-2216-4771
URL www.kritthaimansion.com
费 AC Ⓢ650 泰铢～Ⓣ800 泰铢
C/C 无

带空调、热水淋浴。一层带上网的咖啡厅 24 小时营业。

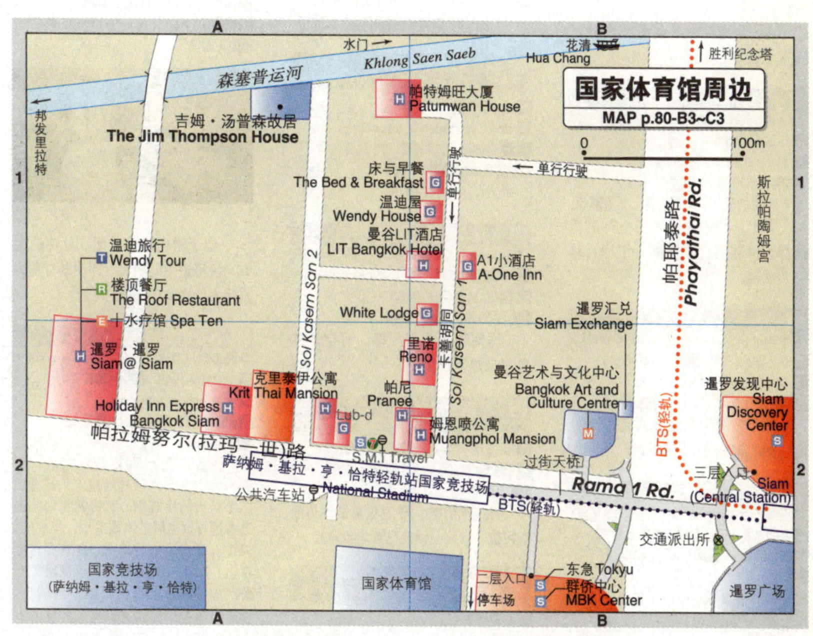

恰那·松克拉姆寺、考山路周边的酒店、招待所

恰那·松克拉姆寺周边的酒店

可以平稳住宿的地区

H 那瓦拉伊河边度假酒店
Navalai River Resort　Map p.90-B1~C2

☎ 0-2280-9955　FAX 0-2280-9966
URL www.navalai.com
费 AC ⓈⓉ2900 泰铢～
C/C ⒶⓂⓋ

阿堤（Phra Arthit）停船处旁边是度假村风格的湖滨酒店。

恰那·松克拉姆寺周边的招待所

G 沙瓦迪大厦
Sawasdee House　Map p.91-D3

☎ 0-2281-8138　费 F Ⓢ300 泰铢
AC ⓈⓉ600 泰铢～（淋浴、厕所公用）
C/C 无

一人房很狭小。另设的咖啡厅感觉不错。

G 拉姆布里村小酒店兼购物中心
Rambuttri village Inn & Plaza　Map p.91-D2~D3

☎ 0-2282-9162
URL www.khaosan-hotels.com
费 AC Ⓢ600 泰铢～ Ⓣ780 泰铢～
3 个房间的套房 1350 泰铢。　C/C 无

餐厅、游泳池等酒店一样的设施都有，客房也很宽敞、干净，很受人欢迎。

G 新暹罗 3 招待所
New Siam Ⅲ　Map p.90-C2

☎ 0-2282-2795　FAX 0-2629-0303
URL www.newsiam.net
费 AC ⓈⓉ790 泰铢～　C/C ⓂⓋ

所有客房都带热水淋浴、电视机。890 泰铢的房间有阳台。

G 贝拉贝拉大厦
Bella Bella House　Map p.90-B3

☎ 0-2629-3090　费 F Ⓢ210 泰铢～
Ⓣ280 泰铢～　AC ⓈⓉ520 泰铢
C/C 无

客房很漂亮，服务员给人的感觉也很好。

G 杧果拉宫普兰斯
Mango Lagoon Place　Map p.90-B3

☎ 0-2281-4783
费 AC ⓈⓉ700 泰铢～　C/C 无

所有客房均带空调、热水淋浴。

G 屋顶花园
Roof Garden　Map p.90-B3

☎ 0-2629-0626
费 F Ⓢ200 泰铢（厕所、淋浴公用）
u300 泰铢 v400 泰铢～
AC ⓈⓉ600 泰铢　C/C 无

公用淋浴是凉水。房间很狭小。

G 四子村
Four Sons Village　Map p.90-B3

☎ 0-2629-5390　费 F ⓈⓉ350 泰铢
AC ⓈⓉ550~800 泰铢　C/C 无

便宜的一个人房间非常狭小。有网络咖啡厅。

G 沙瓦迪·克隆坦普小酒店
Sawasdee Krunthep Inn　Map p.90-B3

☎ 0-2629-0072
URL www.sawasdee-hotels.com
费 AC Ⓢ400 泰铢～Ⓣ500~1000 泰铢
C/C ⒿⓂⓋ

所有客房里均带热水淋浴、电视机。

G 邦沙巴伊
Baan Sabai　Map p.90-B3

☎ 0-2629-1599
费 F Ⓢ170 泰铢 Ⓣ250 泰铢～
AC ⓈⓉ 450~550 泰铢　C/C 无

只有 550 泰铢的房间有热水淋浴。

G 沙瓦迪微笑小酒店
Sawasdee Smile Inn　Map p.90-B3

☎ 0-2629-2340~1
URL www.sawasdee-hotels.com
费 F Ⓢ240 泰铢～Ⓣ320 泰铢
AC ⓈⓉ590 泰铢　C/C 无

一个人的房间很狭小。

G 新暹罗 1 招待所
New Siam Ⅰ Guest House　Map p.90-B2

☎ 0-2282-4554　URL www.newsiam.net
费 F Ⓢ240 泰铢～Ⓣ320 泰铢
AC ⓈⓉ590 泰铢　C/C 无

房间狭小但很干净。有空调的房间带热水淋浴。

G 帕·阿奇特公寓
Pra Arthit Mansion　Map p.90-B3

☎ 0-2280-0744　FAX 0-2280-0742
费 AC ⓈⓉ800~1200 泰铢。
C/C 无

有迷你酒吧、带卫星播放频道的电视机、浴缸，设备与酒店相同。

G 幸福大厦
Happy House　Map p.90-B2

☎ 0-2280-3301
URL www.happyhouseguesthouse.net
费 AC ⓈⓉ500 泰铢～　C/C 无

一层已成为餐厅，住宿时，可以免费使用餐厅的无线局域网。

G 新暹罗 2 招待所
New Siam Ⅱ　Map p.90-B3

☎ 0-2629-0101　FAX 0-2629-0303
URL www.newsiam.net
费 F ⓈⓉ790 泰铢～
AC ⓈⓉ840 泰铢　C/C ⓂⓋ

位于路的最里面位置，相当安静。一共有 120 个客房。

考山路周边的酒店

H 吧迪·鲁吉
Buddy Lodge Hotel　Map p.91-E5

住 考山路 265 号　☎ 0-2629-4477
FAX 0-2629-4744
URL www.buddylodge.com
费 AC ⓈⓉ2400 泰铢～　C/C ⒿⓂⓋ

改变了考山路就等于便宜旅店街的形象。环境非常明亮的酒店。建筑物内购物拱廊、餐厅一应俱全。客房漂亮而且安静，收费相当于中档酒店的价格。入口旁边有洛夫蒂·班布（→p.197）的分店。

H 新世界城市酒店
New World City Hotel　Map p.91-E2~F2

住 萨姆森路 2 号　☎ 0-2281-5596
FAX 0-2282-5614
URL www.newworldlodge.com
费 AC Ⓢ1700 泰铢～Ⓣ2000 泰铢～
C/C ⒿⓂⓋ

位于考山路往北走 5 分钟的地方，价格适中的酒店。即使没有预约直接去价格也有打折的可能。

H 当达姆酒店
Dang Derm Hotel　Map p.91-D4

☎ 0-2629-2040　FAX 0-2629-2049
URL www.khaosanby.com
费 AC Ⓢ850 泰铢 Ⓣ1100 泰铢
C/C ⓂⓋ

将商店大楼重新开发之后，于 2009 年开业，六层楼的建筑，是考山路上最大的建筑物。客房的室内装饰是泰国普通民居的木质造型，没有床，只设有泰国风格的垫子。所有客房电视机、冰箱、DVD 播放机、保险柜齐备，中档酒店应有的设施一应俱全。也可以通过电缆接入网络。楼顶上有

游泳池。

H 钻石大楼
Diamond House　Map p.91-E2

住 4 Samsen Rd.
☎ 0-2629-4008
FAX 0-2629-4009
URL www.thaidiamondhouse.com
费 AC Ⓢ Ⓣ 2000 泰铢（网上预约 1000 泰铢～）

C/C J M V

位于考山路以北的时尚酒店。考究的造型仿佛是一件现代艺术品。有没有窗户的房间。

H 泰伊安逸大厦
Thai Cozy House　Map p.91-E3

住 111/1-3 Thani Rd.
☎ 0-2629-5875
URL www.thaicozhouse.com
费 AC Ⓢ 2000 泰铢 Ⓣ 750 泰铢
C/C M V

位于露天店林立地区的、价格适中的酒店。建筑物是旧的，房间里有电视机和冰箱。也有水疗馆和桑拿。馆内提供免费的局域网，但是最上层效果不好。若想上网，最好选择低层房间。

后街上招待所多

考山路周边的招待所

■ 拉姆布特里路周边

G 潘尼招待所
Pannee Guest House　Map p.91-E4

☎ 0-2282-5576
费 F Ⓢ Ⓣ 300 泰铢　C/C 无

一层的餐厅也深受泰国人欢迎。

G 奥奇德大厦
Orchid House　Map p.91-E4

☎ 0-2280-2691~2
费 F Ⓢ 380 泰铢 Ⓣ 450 泰铢
AC Ⓢ 480 泰铢 Ⓣ 500 泰铢　C/C 无

共有 20 个客房的招待所。

G 星圆顶小酒店
Star Dome Inn　Map p.91-E4

☎ 0-2629-1136
URL www.stardomegroup.com
费 F Ⓢ 350 泰铢 Ⓣ 400 泰铢
AC Ⓣ 460~660 泰铢　C/C 无

一层餐厅既宽敞又干净，屋内有防盗摄像头。

■ 考山路周边

G 暹罗东方小酒店
Siam Oriental Inn　Map p.91-E5

☎ 0-2629-0312　费 F Ⓢ 250 泰铢
AC Ⓢ Ⓣ 420~490 泰铢　C/C 无

房间分多种类型。470 泰铢以上的房间带有热水淋浴。一层是酒吧和餐厅。

G D 与 D 小酒店
D & D Inn　Map p.91-D4~D5

☎ 0-2629-0526　FAX 0-2629-0529
费 AC Ⓢ Ⓣ 600 泰铢～　C/C 无

带厕所、淋浴、空调的大型招待所。也有游泳池，和酒店一样的设施。客房里没有面朝外面的窗户。

■ 达慕农克朗努尔巷、特鲁克·玛约姆路周边

G 沙瓦迪邦隆普小酒店
Sawasdee Banglumpoo Inn　Map p.91-D5

☎ 0-2629-2526
FAX 0-2282-6655
URL www.sawasdee-hotels.com
费 AC Ⓢ 810 泰铢 Ⓣ 900 泰铢（带早餐）　C/C J M V

共有 52 套客房，面积较大。客房内的室内装饰由蓝色和白色统一而成，有一种凉爽、整洁的感觉。所有客房内都设置有电缆电视机、迷你酒吧。一层的餐厅也很舒适。

G 潘尼小旅馆
Panee Lodge　Map p.90-C4

☎ 0-2629-5112
FAX 0-2281-6030
费 AC Ⓢ 1000 泰铢～Ⓣ 1800 泰铢～
C/C A M V

于 2007 年开业，是这一带最新的招待所。房间虽然狭小，但是很舒适。

G 曼谷沙瓦迪小酒店
Sawasdee Bangkok Inn　Map p.91-D5

☎ 0-2280-1251
URL www.sawasdee-hotels.com
费 AC Ⓢ 660 泰铢 Ⓣ 700 泰铢
C/C J M V

房间里带家具和电视机，比周围的旅馆水准高。

G 卡温普兰斯
Kawin Place　Map p.91-D5

☎ 0-2281-7512
FAX 0-2281-4708
费 F Ⓢ 220 泰铢 Ⓣ 300 泰铢
AC S300 泰铢 Ⓣ 390 泰铢（浴室、厕所公用）
C/C 无

位于购物中心的最里面，公用淋浴，有热水。设有监控录像。

G 新乔大厦招待所
New Joe Guest House　Map p.91-D5

☎ 0-2281-2948
FAX 0-2281-5547
URL www.newjoe.com
费 F Ⓢ Ⓣ 350~400 泰铢
AC Ⓢ Ⓣ 500 泰铢
C/C 无

位于特鲁克·玛约姆路的里面。

G 娜特 2 招待所
Nat2 Guest House　Map p.91-F5

☎ 0-2629-4324
费 F Ⓢ 180 泰铢 Ⓣ 220 泰铢～（浴室、厕所公用）
C/C 无

位于考山路的东区。

来自旅游公司的麻烦

考山路上的旅游公司，因出售没有经过预约确认的飞机票曾引发麻烦不断。委托了那样的旅游公司以及长途公共汽车公司管理的车内被盗事件多发，投诉的人比较多。在进行高消费之前，尽可能多收集一些信息，不要只图便宜，要选择信誉有保障的旅游公司。

关于飞机票的预约事宜

航空公司办公事务所有一大半在周六下午到周日休息，在此期间去旅游公司，也无法进行预约确认。

白天、黑夜都非常热闹的考山路

国家图书馆周边的酒店、招待所

酒 店

可以体会中小工商业者聚居区居民的喜怒哀乐的地区

H 帕那空诺兰

Phra-Nakorn Norn-Len　Map p.310-A2

住 Thewet Soi 1, Krung Kasem Rd.

☎ 0-2628-8188

URL www.phranakorn-nornlen.com

费 AC ⓈⓉ2200 泰铢

C/C Ⓜ Ⓥ

经过两年对旧民居的改造，拥有考究室内装饰的客房终于完工，是2006年开始营业的酒店。酒店位于安静的住宅街，绿树葱郁的院子与木质的建筑物相结合，简直就像回到了泰国的自己家里的感觉。酒店所在区域全部禁止吸烟。客房里没有电视机，但是可以上网。

招 待 所

G 沙瓦迪

Sawajdee Guest House　Map p.310-A1

☎ 0-2281-0757

费 F Ⓢ150 泰铢　Ⓣ200 泰铢（浴室、厕所公用）ⓈⓉ 300 泰铢

AC ⓈⓉ　400~600 泰铢　C/C 无

已有20年以上的建筑历史的木质招待所，女主人的目光遍布各个角落，公用浴室也很干净，一共有14套客房。

G 坦万兹

Taewez Guest House　Map p.310-A1

☎ 0-2280-8856~8　FAX 0-2280-8859

URL taewez@yahoo.com

费 F Ⓢ250 泰铢

AC ⓈⓉ400~420 泰铢（公用浴室、厕所）

AC ⓈⓉ480~530 泰铢　C/C 无

于2000年开业。简约式造型，但很舒服。一层是典雅的网络咖啡厅。走廊里设有监控录像。带热水淋浴。

G 上提小旅馆

Shanti Lodge　Map p.310-A1

☎ 0-2281-2497

费 F 大房间 200 泰铢、ⓈⓉ 500~700 泰铢（浴室、厕所公用）

F ⓈⓉ

FAX 50~850 泰铢

AC ⓈⓉ600~950 泰铢（旅游淡季有折扣）

C/C 无

华美的亚洲杂物琳琅满目的招待所。朴素但很整洁。一层有木质的咖啡厅。

G 西大城招待所

Sri Ayuttaya Guest House　Map p.310-A1

☎ 0-2282-5942

费 F ⓈⓉ450 泰铢（浴室、厕所公用）

AC ⓈⓉ700~1000 泰铢　C/C 无

吸收了泰国建筑风格，设计别致。房间宽敞整洁。只有冷水淋浴。共16套客房。

G 塔维

Tavee Guest House　Map p.310-A1

☎ 0-2280-1447

费 F Ⓢ350 泰铢 Ⓣ450 泰铢（浴室、厕所公用）

AC ⓈⓉ800 泰铢　C/C 无

是这一带历史最悠久的招待所。便宜的房间，很狭窄，但是住得还挺舒服。店主人很热情。共30个客房。带热水淋浴。

G 题威 HI 邦

Hi Baan Thewet　Map p.310-B2

☎ 0-2281-0361

URL www.hi-baanthewet.com

费 AC Ⓢ550 泰铢 Ⓣ750 泰铢（含早餐）　C/C 无

将原来的曼谷国际青年招待所分成两家。面朝庞世洛路。

G HI 曼谷

Hi Bangkok　Map p.310-B2

☎ 0-2282-0950　URL www.hihostels.com

费 F D 250 泰铢

AC Ⓢ600 泰铢 Ⓣ800 泰铢（含早餐）

C/C 无

进入小巷，前面就是入口。

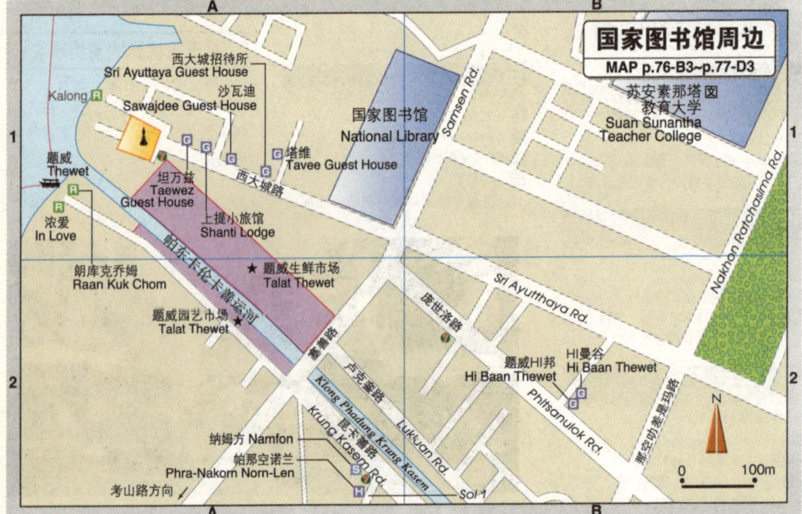

马来西亚酒店周边的酒店、招待所

酒店

H 曼谷奇波里酒店
The Tivoli Hotel Bangkok Map p.311-B2

住 曼谷西拉姆喷 71/2-3 巷
☎ 0-2249-5858 FAX 0-2249-5818
URL www.thetivolihotelbangkok.com
费 AC ⓈⓉ1500 泰铢～
C/C ⒶⒿⓂⓋ

2007 年开业的精品酒店。DVD 播放机、上网当然都可以，楼顶上还有游泳池、水疗设施等，专为想在酒店舒舒服服地度过的人而设。

H 老板之住所
The Boss's Place Map p.311-B2

住 拉玛四世路索安萨瓦 35/33 巷
☎ 0-2249-5146 URL www.thebosshotel.com
费 AC ⓈⓉ1100 泰铢～ C/C ⓂⓋ

四面通风设置的入口，凉爽的精品酒店。有通风性好的休息角。

H 马来西亚酒店
Malaysia Hotel Map p.311-A1

☎ 0-2679-7127 FAX 0-2287-1457
URL www.malaysiahotelbkk.com
费 AC Ⓢ698~928 泰铢 Ⓣ798~998 泰铢 C/C ⒶⒿⓂⓋ

曾经是曼谷便宜旅店的代名词，现在这种感觉已经荡然无存了。

H 曼谷隆披尼皮那克鲁
Pinnacle Hotel Lumpinee Map p.311-A1

☎ 0-2286-9424 FAX 0-677-6708
URL www.pinnaclehotels.com
费 AC Ⓢ1700~2200 泰铢 Ⓣ1850~2350 泰铢
C/C ⒶⒿⓂⓋ

楼顶上有一个小型游泳池，还有露天按摩浴池。

招待所

G ETZ 招待所
Etz Hostel Map p.311-A1

☎ 0-2286-9424 FAX 0-2677-6708
URL www.etzhostel.com
费 AC D 200~350 泰铢 ⓈⓉ900 泰铢
C/C 无

有相当长的时间以 ETC 为名营业的招待所，于 2011 年改装之后，变为以大房间为主。带空调的大房间里，摆着上下两层的床，非常干净整洁。每张床都配有电源和台灯，可以免费无线上局域网。专为女性提供的大房间里，有六张床，每人 350 泰铢。位于入口处的旅游公司就是接待处。

G 女士招待所
Madam Guest House Map p.311-A2

☎ 0-2286-9289 FAX 0-2213-2087
费 F Ⓢ120 泰铢 Ⓣ170 泰铢（浴室、厕所公用）、ⓈⓉ280 泰铢。 C/C 无

店主人所居住的二层是客房。

G 沙拉泰伊按日公寓
Sala Thai Daily Mansion Map p.311-A2

☎ 0-2287-1436 费 AC Ⓢ500 泰铢 Ⓣ600 泰铢（浴室、厕所公用） C/C 无

挪用作公寓。环境清幽。位于楼顶上。有热水淋浴。

G P.S. 招待所
P.S. Guest House Map p.311-A1

☎ 0-2679-8823 FAX 0-2679-8822
费 F Ⓢ250 泰铢 AC Ⓢ280 泰铢、Ⓣ300~400 泰铢 C/C 无

从门口细长的台阶上来，首先就是接待处。有没有窗户的房间，如果游客很介意的话，要注意。

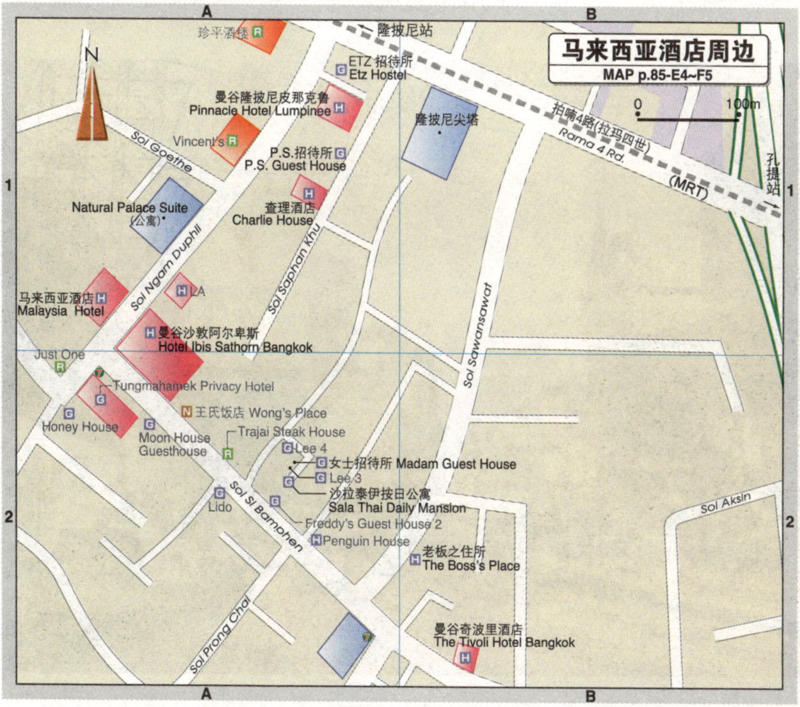

马来西亚酒店周边
MAP p.85-E4~F5

隆披尼站
ETZ 招待所 Etz Hostel
曼谷隆披尼皮那克鲁 Pinnacle Hotel Lumpinee
隆披尼尖塔
拍喃4路(拉玛四世) Rama 4 Rd. (MRT)
珍平酒楼
Vincent's
Sol Goethe
P.S.招待所 P.S. Guest House
Natural Palace Suite (公寓)
查理酒店 Charlie House
Sol Ngam Duphli
Sol Saphan Khu
Sol Sawansawat
孔提站
马来西亚酒店 Malaysia Hotel
LA
曼谷沙敦阿尔卑斯 Hotel Ibis Sathorn Bangkok
Just One
Tungmahamek Privacy Hotel
王氏饭店 Wong's Place
Honey House
Moon House Guesthouse
Trajai Steak House
Lee 4
女士招待所 Madam Guest House
Lee 3
沙拉泰伊按日公寓 Sala Thai Daily Mansion
Lido
Sol Si Bamphen
Freddy's Guest House 2
Penguin House
老板之住所 The Boss's Place
Sol Aksin
Sol Prong Chai
曼谷奇波里酒店 The Tivoli Hotel Bangkok

中国城周边的酒店与招待所

中国城周边有很多酒店、招待所，价格比较低廉，语言无障碍是一大优势，但有些旅馆的安全性和清洁性也要注意。

中国城杂乱的氛围还挺有魅力

酒　店

H 上海公寓
Shanghai Mansion　Map p.79-D3

住 479-481 Yaowarat Rd.
☎ 0-2221-2121　FAX 0-2221-2124
费 F ⓈⓉ2700 泰铢
C/C ⒶⒹⒿⓂⓋ

怀旧的中国风格的酒店。带天盖的床、有光泽的编织品、客房门是从中向左右分开的两扇门等，非常具有情趣。而每个房间的装饰都有微妙的差别也很有意思。

H 克隆卡塞姆·西克隆酒店（京华大旅社）
Krungkasem Srikrung Hotel　Map p.79-E3

住 1860 Krungkasem
☎ 0-2225-0132
FAX 0-2225-4705
费 AC Ⓢ750 泰铢 Ⓣ900 泰铢
C/C 无

隔运河与华兰蓬站相对。建筑物已经相当陈旧了，但所有客房内都配备有空调、热水淋浴、电视机及阳台。900 泰铢的房间内还带浴缸。共 120 套房。

H 车站
Station　Map p.79-F4

住 518 Hualamphong
☎ 0-2214-2794
费 AC Ⓢ250 泰铢 Ⓣ300 泰铢
C/C 无

位于华兰蓬站前比较混杂一角的酒店。房间很漂亮。

H 台北
Taipei　Map p.79-E3

☎ 0-2226-6480~4
费 F Ⓢ300 泰铢～Ⓣ400 泰铢
C/C 无

比较健全氛围的便宜旅社。还有带空调的房间。设在楼顶上，非常舒适。

招 待 所

G 列车小酒店
Train Inn　Map p.79-F3

☎ 0-2219-5119　FAX 0-2215-3055
URL www.thetrainin.com
费 AC Ⓢ450 泰铢 Ⓣ600 泰铢（浴室、厕所公用）Ⓣ900 泰铢
C/C 无

从华兰蓬站出来步行 2 分钟即到。双人房间是卧铺车风格的两层床。另设有咖啡厅与酒吧。

G 238 招待所
238 Guest House　Map p.78-A2

☎ 0-2623-9287　FAX 0-2623-9073
费 F ⓈⓉ500 泰铢
AC ⓈⓉ700 泰铢　C/C 无

从大路进入细长的小巷深处，就是这家由旧大厦改装而成的招待所。带风扇的房间里，还有热水淋浴。整洁干净但很简朴，价格有点高。

曼谷中国城

COLUMN

曼谷的酒店区

曼谷市区内全城的酒店分散在各区，其中有几处酒店集中区域。所处地理位置是开设酒店选址的最大要素之一。这里按照p.70~71的分区解说，进一步讲述一下各区酒店的特征。

AREA 1 ●王宫周边

建成当时，作为高档酒店的旧酒店有几家。另外，恰那松克拉姆与考山路周边的招待所群等便宜旅店居多。

AREA 2 ●律实地区周边

只属行政区，酒店较少，只有几家中档酒店。从考山路的邦拉姆普开始，萨姆森路往北走，国家图书馆周边招待所林立，形成了一个规模很小的便宜旅店街。

AREA 3 ●中国城周边

这个区域之内，离王宫距离近的温恩运河沿岸也有三家便宜的酒店。耀华力路沿途从便宜的旅店到高档酒店也有十家之多，许多中档以上的酒店里，大多数设有美味的中国菜餐厅。7月22日环状十字路口周边便宜旅店有五六家，又旧又脏，最好不要去投宿。从华兰蓬站步行几分钟的范围之内，有两家便宜的旅社、两家便宜的酒店、一家中档酒店。

AREA 4 ●暹罗广场、水门周边

群侨中心向北，是对于预算住一个晚上，费用为500~1200泰铢的人来说价格适中，可以放心住宿的便宜酒店的集中区。相对而言，叻差达慕里路与拉玛一世路、奔集路的十字路口周边，则是让人眼花缭乱的高档酒店集中区。周围高级公寓也很多，交通便利。从这个地区一直到水门，则是中档酒店居多。

AREA 5 ●查隆克隆路周边
AREA 6 ●是隆路周边

沿湄南河与查隆克隆路地区，在空中交通发达起来之前，作为曼谷的大门而盛极一时。它遗留下来的名字叫东方孟达玲。如今，除此而外，半岛、王室奥奇德谢拉通等，杰出的酒店层出不穷。王室奥奇德谢拉通对岸的白色大厦，由于其他缘故，在建设过程中工程停滞，放置了好几年之后，好不容易于2006年以米兰尼阿姆希尔顿的名字开业。这些高档酒店之间，零星分布着价格比较适中的酒店。

从查隆克隆路向拉玛四世路延伸开去的苏里旺路、是隆路周边是商业、购物区。以价格适中的中、高档酒店多为特征。

AREA 7 ●素坤逸路周边

这个地区是曼谷最好的酒店集中区。极便宜的旅店很少，价格适中，可以舒适暂居的酒店很多，可以任意挑选。交通便利，面向外国人的商店、餐厅很多。"泰国"风味淡薄，相反，曼谷风味酒店颇多。尤其以1000~2000泰铢就可以入住的价格适中的酒店集中的地区，是从素坤逸路3巷到阿索巷之间。前方零星分布着位于小巷深处的稍微高档的酒店，然后直达蓬鹏轻轨站一带，至此素坤逸路的酒店区就结束了。

AREA 8 ●叻差达披色路周边

2004年7月，从华兰蓬站出发，经拉玛四世路、阿索巷，通过叻差达披色路的MRT（地铁）开通了，从此这个地区就成为交通便利的场所。王室城市大街周边有三家比较高档的酒店。其中，曼谷金色丘利普索贝玲（旧名叫拉迪松）因所处位置交通不便而以价格取胜，性价比高。从叻差达披色路往北，沿路还有几家比较高档的酒店。

AREA 9 ●拍裕庭路周边

离周末市场近的拍裕庭路和斯提森路周边是中档酒店的集中区。其余场所没有什么显眼的酒店。

酒店太多，简直是难以选择

近郊地区指南

Excursion Guide

大城

近郊地区指南

将脚伸向郊外的城镇

大城 *Ayutthaya* อยุธยา

荣登《世界遗产名录》的古都遗迹 Map p.7-B2~B3

遗迹城市大城

位于曼谷以北大约80公里处，湄南河河中沙洲城市大城，从1350年开始，历经417年，经历了5个王朝，计35位国王在此君临天下。作为荣登联合国教科文组织《世界遗产名录》的遗迹城市，吸引了许多旅行者前来观光。

旅行线路

被河水包围着的岛城

大城是一座被水包围着的岛城，东西约有4公里，南北约3公里大。城市的中心是由乌通路和纳腊萱国王路的交叉路口的哈利里市场周边（Map p.320-D1）。从火车站到市中心若走陆路，必须绕很多路，而从车站直接到巴塞河，乘坐渡船则相当方便。渡船走两条线路，左右两条路正好呈交叉的形状到达对岸。从背对着车站的左侧乘船，会到达对面右侧的哈利里市场附近；而从右侧乘船，则到达的是对岸的正面。船费均为4泰铢。

主要的寺院、王宫遗迹、市场等集中在岛的北半部分。从哈利市场出发去这些名胜景点遗迹，乘坐嘟嘟车等要10~15分钟。还有供出租的自行车。

大城的市内交通

出租自行车：大城起伏较小，面积不大，骑自行车逛正合适。

萨姆鲁：人力三轮车。一定要在乘坐之前谈好价。英语不太能行得通，也不面向长距离运送，慢慢地一边看街边景色，一边走，真不错。

摩托车（摩的）：与曼谷市区相比，交通量小，比较放心。

嘟嘟车：自动三轮车。虚报价格的时候较多，一定要好好讲价。包租的时候，如果不把时间和所去地方的详细情况确定清楚，会有一些不愉快的事。

也可以骑骑大象

大城

交通 从曼谷的公共汽车北总站（文前图曼谷-E1）出发，凌晨4:30~19:30，每隔30分钟~1小时发一趟车，全程需要1小时30分钟~2小时，二等空调公共汽车50泰铢。胜利纪念塔环形十字路口（p.73-D2）出发，每隔20~30分钟有一趟小型公共汽车（迷你公共汽车），需要60泰铢。

乘火车去时，从曼谷华兰蓬站凌晨4:20~23:40，有30多趟车。全程需要1小时30分钟~2小时，二等列车35泰铢，三等列车15泰铢。如乘坐特快列车等优等列车，需要再补些钱。

景区治安局

Map p.320-B2~C2

☎ 1155、0-3524-1446

TAT（泰国旅游服务中心）

Map p.320-B2

☎ 0-3524-6076

开 8:30~16:30

休 无

可以领到免费的日语旅游手册。

出租自行车

乌通路与帕玛普鲁路的十字路口（Map p.320-D1）周边的店等可以租赁到。一日30~50泰铢。

旅行小提示

萨姆鲁

近距离运送50泰铢左右。

摩的

乘坐一次50泰铢~，包租时1小时150~200泰铢。

嘟嘟车

乘坐一次50泰铢的行情。包租时，1小时150泰铢起价，一日500泰铢左右，主要的名胜古迹全部转一圈。首先要约定好去的地方。

大城 主要景点

被毁坏的王宫与三位国王安眠的寺院

大城王宫遗迹与帕西圣佩特寺 Map p.320-B1

Grand Palace，Wat Phra Sri Sanphet　พระราชวังโบราณ วัดพระศรีสรรเพชญ

大城北方的斯朋武里与拉瓦（现在的罗武里）的统治者乌通国王与居民们一起迁移，重新建国，以大城为中心的地方就是王宫。1350年建国，以后的国王们又不断地增建起好几座宫殿，然而，1767年缅甸入侵，这几座宫殿彻底给摧毁了。现在只剩下废墟。王宫南面的帕西山潘特寺相当于曼谷的玉佛寺，是守护王宫的寺院。大城八世王于1491年在王宫所在地建造。1500年建起了高16米，重171公斤的由黄金覆盖的佛像，然而，在缅甸入侵的时候，佛像与寺院都毁于一旦，连痕迹都化为无形。现在遗存下来的是大城中期（15世纪）建造的锡兰样式的、三层底座塔，收藏着三位国王的遗骨。

三层底座的塔成一条直线排列在那里，很是漂亮

大城的天空之下，佛在那里悠然自得地躺着

卧佛寺 Map p.320-B1~B2

Wat Lokayasutha　วัดโลกยาสุทธา

穿着布施来的法衣的佛像。左脚底板的线是洪水造成的痕迹

沿着离维邦帕蒙空波皮特的背面约500米的蜿蜒曲折的道路往前走，眼前是辽阔的草原，草原上并排着遗迹群，最里面全长29米的释迦牟尼卧佛就横躺在那里。现今的佛像是泰国艺术馆于1956年的复原之物。

被破坏的佛像并排立在那里

帕玛哈塔特 Map p.320-C1

Wat Phra Mahathat　วัดพระมหาธาตุ

据说这里原来有高44米的佛塔，这些雄壮的建筑也毁在了缅甸军的铁蹄之下。如今残存着一些以前的面貌，只有砍掉头的佛像、长满青苔的砖堆积的佛塔、作为大城形象象征的嵌入树根的佛头。这个佛头，直到今天也仍然受人们的供奉。

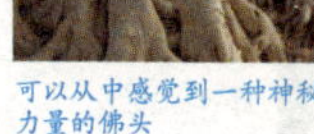
可以从中感觉到一种神秘力量的佛头

被破坏后惨不忍睹的寺院建筑物

旅行小提示

乘坐火车时的注意事项

当游客正要在曼谷的华兰蓬站买票时，突然有自称咨询工作人员的人走到跟前，说“下一趟列车在两小时之后”、“乘列车旅行危险”等。虽然热情的工作人员是有，但是其中不乏以赚取回扣为目标，将旅行者领到车站区内或附近的旅游公司、价格高的公共汽车上，从中谋利的人。若有人向您提议乘坐别的交通工具时，千万别理睬，有不懂的，可以去车站正规的咨询柜台询问。

从曼谷一日游时

乘出租车或包租比较方便。不要通过酒店等，与司机直接讲价，一辆车2500~3000泰铢就可以坐。如果集结上好几个同伴一起去更便宜一些。

大城王宫遗迹
开 8:00~16:30
休 无
费 50泰铢

帕西圣佩特寺
开 8:00~18:00
休 无
费 50泰铢
夜晚有灯照明。

罗卡亚斯塔寺
开 824小时
休 无
费 免费

帕玛哈塔特
开 8:00~18:00
休 无
费 50泰铢
夜晚有灯照明。

亚伊 · 恰伊 · 蒙空寺
开 8:00~17:00
休 无
费 20 泰铢

从远处可以看到塔，一尊尊坐佛排列的壮观景象

亚伊 · 恰伊 · 蒙空寺

Map p.320-E2

Wat Yai Chai Mongkon

วัดใหญ่ชัยมงคล

轮廓很美的佛塔

第一代乌通国王于1357年为从锡兰（今斯里兰卡）留学归国的僧侣建造的、流传至今的寺院。别称叫湄南河泰伊寺院。寺院内中央的佛塔，是1592年十九代纳腊萱国王建造的，高达72米，这是一座骑在大象背上的缅甸王子复仇胜利之后的纪念塔。

普卡通寺
开 24小时
休 无
交通 从市区乘嘟嘟车大约需要15分钟。100泰铢左右。

在此可以将大城一览无余

普考通寺

Map p.320-A1

Wat Phu Khao Thong

วัดภูเขาทอง

从王宫遗迹向西北方向走大约2公里，是一座涂成白色的，意思为"黄金之山"的佛塔。这座佛塔是于1387年由拉姆萱国王建造而传于后世的。被缅甸占领之后，改造成为缅甸样式，后来由纳腊萱国王又重新改回为泰国的样式。佛塔可以上到半中间，可以从那里眺望雄伟壮观的景色。

在田园中耸立着的白塔

恰伊瓦特纳拉姆寺
开 8:00~18:00
休 无
费 50泰铢
交通 从市区乘坐嘟嘟车80泰铢左右。骑自行车去时横穿马路时要注意。

高棉风格的雄伟寺院的遗迹

恰伊瓦特纳拉姆寺

Map p.320-A2

Wat Chaiwatthanaram

วัดไชยวัฒนาราม

在灯光的辉映下，佛塔真是美极了

1630年，帕萨特通王为母亲建造的寺院的遗迹。为纪念对柬埔寨战争的胜利，中央耸立了一座高棉样式的佛塔。1767年被攻占，成为缅甸军的驻地，之后遭到毁灭。现在已经修复，造成了公园的样子。在宽敞的地域内，施以高棉风格的美丽装饰的塔高高屹立着。

在宽敞的庭园中，分布着各种各样的建筑

邦帕因离宫

Map p.320-D2 外

Bang Pa-In Palace

พระราชวังบางปะอิน

大城往南大约20公里处的邦帕因，是帕萨特通国王（1629~1656年

参观一下各种各样的建筑物林立的离宫

有着精致装饰的、美丽的泰国建筑

在位）建造的夏季离宫。位于湄南河的河中沙洲，大城历代国王都在使用这个离宫。现在看到的主要建筑物，是当今王朝拉玛五世王修建的。主要的建筑物如下所述。

帕提侬 · 阿伊沙旺提帕艺术
Phra Thinang Aisawan Thiphya-art

水池的中央有一座十字形的泰式建筑。这是拉玛四世在王宫内建造的阿波皮莫克帕萨特的仿制建筑。建筑物内有身穿军服的拉玛四世王的雕像。完成于 1876 年。

帕提侬 · 瓦罗帕特皮孟
Phra Thinang Warophat Phiman

位于宫殿入口的北侧的欧式风格的建筑，作为国王的居室与拜谒国王的房间使用。拜谒室与休息室里，装饰着以泰国的历史、文学为题材的油画。完成于 1876 年。

帕提侬 · 万哈特恰姆隆
Phra Thinang Wehart Chamrun

是雨季与冬季朝廷大臣们居住时使用的。中国产的地板瓷砖上，画着美丽的鸟、树木、动物等，一定要进去欣赏一番。龙花纹的屏风、中式的御座、日本的伊万里烧、日本明治时期的花瓶、拉玛五世的床等，都可以见到。完成于 1889 年。

郝维通塔沙那
Ho Withun Thasana

在水池的小岛上所建的、涂漆时喷成横纹的塔。完成于 1881 年。

素那他王妃纪念碑
Queen Snantha Memorial

为纪念在向邦帕因行驶途中，由于发生船翻事故而死去的素那他王妃，拉玛五世建造的碑。旁边还有沙奥瓦帕克公主与三个孩子的碑。

除此之外，还有于 1996 年完工的诗丽吉王妃的餐厅等。

独特的基督教风格的泰国寺院

尼万特塔玛帕瓦寺

Map p.320-D2 外

Wat Niwet Thamma Prawat

วัดนิเวศธรรมประวัติ

哥特式的建筑风格，拥有教会样式的正殿的佛教寺院。还有绘着拉玛五世的彩绘玻璃。位于河对岸，乘坐用缆绳牵引的、简约式的箱子形状的缆车就可以渡过去。

乘坐简易缆车渡河

简直就是个教会的佛教寺院

邦帕因离宫

开 88:30~16:30（入场截止到 15:30）

休 无

费 50 泰铢

交通 从邦帕因站步行 10 分钟。从公共汽车总站有不到 2 公里的路程，步行约需要 20 分钟。乘坐嘟嘟车，要 30~40 泰铢；摩的，要 20 泰铢。从大城包租嘟嘟车，加上等待时间，往返要 500 泰铢左右。

尼万特塔玛帕瓦寺

交通 位于邦帕因离宫的对岸。穿过离宫入口处的停车场，向河水的方向走，就有一个缆车乘坐点。每当有人要过去，管理僧就会为游客操作。渡过去之后，从缆车上下来时，可以在功德箱内放一些钱。

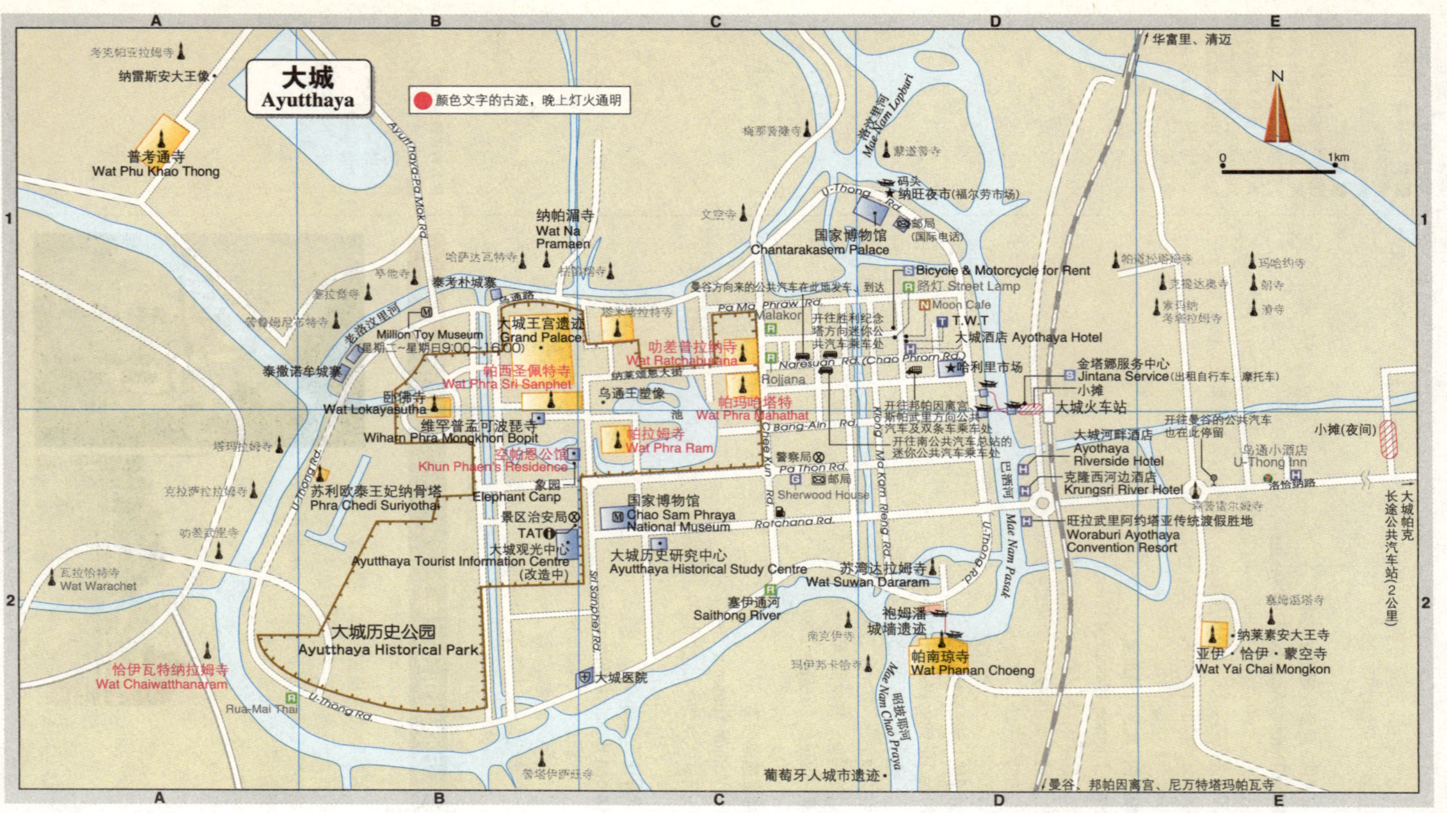

大城
Ayutthaya
颜色文字的古迹，晚上灯火通明
N
0
1km
A
B
C
D
E
1
2
华富里、清迈
曼谷、邦帕因离宫、尼万特塔玛帕瓦寺
大城帕克长途公共汽车站(2公里)
考克帕亚拉姆寺
纳雷斯安大王像
普考通寺
Wat Phu Khao Thong
Ayutthaya-Pa Mok Rd.
纳帕湄寺
Wat Na Pramaen
文空寺
洛汶里河
Mae Nam Lopburi
码头
纳旺夜市(福尔劳市场)
U-Thong Rd.
邮局
(国际电话)
国家博物馆
Chantarakasem Palace
Bicycle & Motorcycle for Rent
路灯 Street Lamp
Moon Cafe
T.W.T
大城酒店 Ayothaya Hotel
哈萨达瓦特寺
泰考朴城寨
老洛汶里河
Million Toy Museum
(星期二~星期日9:00~16:00)
大城王宫遗迹
Grand Palace
曼谷方向来的公共汽车在此地发车、到达
Pa Ma Phraw Rd.
Malakor
开往胜利纪念塔方向迷你公共汽车乘车处
叻差普拉纳寺
Wat Ratchaburana
Naresuan Rd.(Chao Phrom Rd.)
哈利里市场
金塔娜服务中心
Jintana Service(出租自行车、摩托车)
小摊
大城火车站
泰撒诺车城寨
帕西圣佩特寺
Wat Phra Sri Sanphet
Rojjana
乌通王塑像
卧佛寺
Wat Lokayasutha
池
帕玛哈塔特
Wat Phra Mahathat
开往邦帕因离宫、斯帕武里方向公共汽车及双条车乘车处
维罕普孟可波琵寺
Wihan Phra Mongkhon Bopit
Bang-Ain Rd.
开往南公共汽车总站的迷你公共汽车乘车处
帕拉姆寺
Wat Phra Ram
开往曼谷的公共汽车也在此停留
小摊(夜间)
大城河畔酒店
Ayothaya Riverside Hotel
乌通小酒店
U-Thong Inn
克隆西河边酒店
Krungsri River Hotel
空帕恩公馆
Khun Phaen's Residence
警察局
Pa Thon Rd.
邮局
Sherwood House
巴酒河
象园
Elephant Camp
Chee Kun Rd.
Klong Ma Kam Rieng Rd.
苏利欧泰王妃纳骨塔
Phra Chedi Suriyothai
国家博物馆
Chao Sam Phraya National Museum
Rotchana Rd.
旺拉武里阿约塔亚传统渡假胜地
Woraburi Ayothaya Convention Resort
景区治安局
TAT
大城观光中心
Ayutthaya Tourist Information Centre
(改造中)
大城历史研究中心
Ayutthaya Historical Study Centre
苏湾达拉姆寺
Wat Suwan Dararam
Mae Nam Pasak
瓦拉恰特寺
Wat Warachet
Sri Sanphet Rd.
塞伊通河
Saithong River
袍姆潘城墙遗迹
大城历史公园
Ayutthaya Historical Park
纳莱素安大王寺
亚伊·恰伊·蒙空寺
Wat Yai Chai Mongkon
恰伊瓦特纳拉姆寺
Wat Chaiwatthanaram
大城医院
帕南琼寺
Wat Phanan Choeng
昭披耶河
Mae Nam Chao Praya
Rua-Mai Thai
葡萄牙人城市遗迹

纳空帕特姆 *Nakhon Pathom* นครปฐม

有巨大佛塔的圣地 **Map p.7–A3**

拥有起源于保兰语“第一都”意思名字的城市，公元前3世纪，皈依佛教的印度阿约卡国王派遣的使节，在此地建造了印度支那的第一座佛塔，这就是巨塔的由来。6~7世纪前后，作为名叫道布拉布提（泰国式发音叫“塔瓦拉瓦提”）的孟族王国的首都而繁荣昌盛。也可以说是佛教之国——泰国的发源之地。

旅行线路

纳空帕特姆最大的风景名胜区就是帕特姆大佛塔，它位于市中心。从火车站向南渡过运河，有一条笔直的参拜庙宇的道路，两边商店林立。耸立在正对面的就是帕特姆塔。

纳空帕特姆 主要景点

佛教传来之地的象征

帕特姆塔 Map p.321

Phra Pathom Chedi พระปฐมเจดีย์

世界上最大的佛塔

涂橙色、具有平滑而美丽的曲线的拱顶之上，尖尖的顶端直伸云霄。高达120.45米，泰国的帕特姆塔原本就是世界上最高的佛塔。据说在3世纪前后，帕特姆的原型高度约为40米的佛塔奉阿约克国王的命令建造起来，以后被改为缅甸风格。现在可以看到的，是1853年奉拉玛四世之命，开始重新修建的塔。而完工之时，已进入了拉玛五世时期。

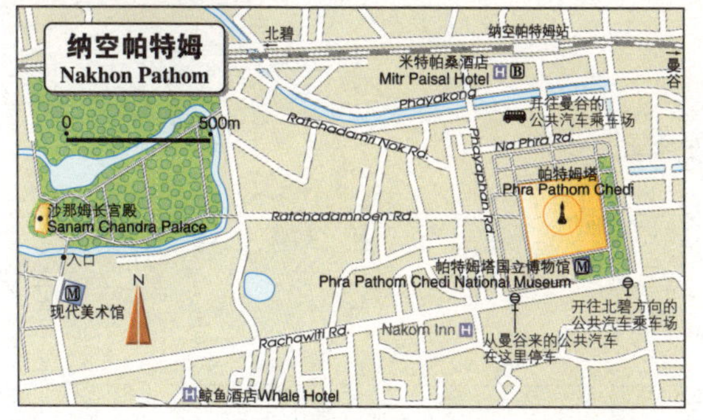

纳空帕特姆

交通 从曼谷的公共汽车南总站（文前图曼谷-A2外）开出的二等空调公共汽车，6:00~22:30每隔20分钟发一趟车。需要1小时，40泰铢。乘坐列车时，从吞武里通出发，每日于17:50、13:55各发一次车。需要1小时10分钟，只有三等公共汽车15泰铢。从华兰蓬站开出的列车，8:05~22:50，一日之内有13趟车。需要1小时30分钟到2小时，一等公共汽车60泰铢、二等公共汽车31泰铢、三等公共汽车14泰铢。如果乘坐特快列车等优等列车，则要再补些钱。

帕特姆塔

开 8:00~17:00
休 无
费 40泰铢

佛塔中供奉着佛像

帕特姆塔，还另外设有博物馆，周三～周日 9:00~16:00 开放

北碧

交通 曼谷公共汽车南总站（文前图曼谷 -A2 外）出发，一等空调公共汽车凌晨 4:00~22:00，大约每隔 20 分钟就发一次车。需要约 2 小时，99 泰铢。二等公共汽车空调车每隔 20 分钟发一次车。需要 3 小时，77 泰铢；公共汽车北总站（文前图曼谷 -E1）出发，6:00~16:00，每隔一小时发一次车。需要约 3 小时，一等空调公共汽车 122 泰铢，二等空调公共汽车 95 泰铢。

乘坐列车时，曼谷吞武里站出发 7:50、13:55 各发一趟列车。需要 2 小时 30 分钟 ~3 小时，100 泰铢（外国人费用）。

北碧（干乍那武里） *Kanchanaburi* กาญจนบุรี

《战场上架设的桥》与美丽的自然风光 Map p.7-A3

已成为观光名地的"桂河大桥"

以电影《战场上架设的桥》一跃成名的城市北碧。第二次世界大战中日军为扩大印度方面的战线，需要运送军用物资，奴役了大批当地人、上万人的盟军的俘虏，修建了一条通向缅甸的铁路。北碧郊区的克万河铁桥，是那段历史的见证，至今仍在使用。

北碧(干乍那武里)
Kanchanaburi
0 1km
N
A B
1 2
⊗旅游警察
克万河铁桥站
第二次世界大战博物馆 World War II Museum
克万河铁桥 River Kwae Bridge
水上餐厅 Floating
Mae Nam Kwai Rd.
克万亚伊河 Mae Nam Kwae Yai
夜市
北碧火车站
租赁自行车
招待所街
酒吧林立区
泰缅铁路博物馆 Thailand-Burma Railway Center
盟军公墓 Kanchanaburi Allied War Cemetery
中国人墓地
拉古旧尔里酒店 Luxury Hotel
夸伊河滨酒店 River Kwai Hotel
河滨小酒馆 River Inn
华人学校
中国庙
斯蓬武里
乌通路 U-thong Rd.
开往曼谷方向 VIP公共汽车乘车处
公共汽车总站
卡南招待所 Canaan Guest House
旧式房屋林立区
TAT (泰国旅游服务中心)
森丘路
JEATH战争博物馆 JEATH War Museum
恰伊丘姆蓬寺 Wat Chaichumphon
邮局
电话局
Saeng Chuto Rd.
曼谷
盟军公墓、琼凯公墓 Chongkai War Cemetery
Mae Nam Kwae Noi
塔万诺伊河
梅克隆河 Mae Klong
考普恩洞穴 Khaopoon Cave
塔姆考蓬寺 Wat Tam Khaopoon
琼卡伊山路

旅行线路

北碧位于克万诺伊河与克万亚伊河汇合之地的东侧，以森丘特大路为中心，向南北两个方向延伸。公共汽车总站所在的南部是城市的中心，是一个很热闹的商业区。TAT（泰国旅游服务中心）也在这个地区。从这里向西沿河岸残留着一些旧的房屋。宛如北碧旧市区的情调。然后再沿河南下，是恰伊丘姆波寺，跟前还有 JEATH 战争博物馆。

从这里向市区北部走，就进入了以北碧站为中心的地区。是美英联军的公墓、泰缅铁路等名胜古迹集中之地。市区的北部边缘地带，有北碧最大的风景名胜克万河铁桥，收藏的蒸汽机车、礼品店、餐厅，来来往往的旅行者等都很多。

想去市区的话，在火车站、公共汽车总站、酒店周边等待的摩的有很多，非常方便。在外国旅行者多的街道上，车主往往虚假报价，乘坐之前要好好地讲价。预先到 TAT（热情的工作人员多）询问好行情。一天 30~50 泰铢，租赁自行车也很方便。观看克万河铁桥或郊区的名胜古迹，骑上自行车就可以去。租赁的摩托车一日 150~250 泰铢。

如今已完全成为旅游观光地的克万河铁桥

TAT（泰国旅游服务中心）
Map p.322-B2
☎ 70-3451-1200
开 8:30~16:30
休 无

旅游警察
Map p.322-A1
61155、0-3451-2795

旅行小提示

克万河与克瓦伊河
以“克瓦伊河”而闻名，其实“克万河”更接近泰语的发音。顺便提一下，“克瓦伊”是泰语中男性生殖器的意思。

北碧（干乍那武里）主要景点

成为战争悲剧的舞台

克万河铁桥

Map p.322-A1

River Kwae Bridge

สพานข้ามแม่น้ำแคว

以电影《战场上架设的桥》而一跃成名的这座桥，一开始是用木头架设的桥（1943 年 2 月完工），后来在相距 100 米的上游地区建造了铁桥，结果却被轰炸而毁坏。现在残留的是战后将被炸毁的部分重新修复之后的铁桥，呈圆形曲线的跨度是原来的，而台形的跨度则是修复之后的。战争中使用的日本蒸汽机车也在附近展览。

克万河铁桥
行走线路 从北碧的公共汽车总站出发，可以骑租赁自行车、坐人力三轮车或涂成橙色的 2 号双条车（10 泰铢）。

因为列车数太少，一般可以走着过去的铁桥

JEATH 战争博物馆

开 8:30~18:00

休 无

费 30 泰铢

交通 从 TAT（泰国旅游服务中心）步行 10 分钟。

留下来俘虏收容所的记录

JEATH 战争博物馆

Map p.322-B2

JEATH War Museum　พิพิธภัณฑ์สงครามJEATH

寺院旁边的博物馆，应该是第二次世界大战中实际使用的俘虏收容所的重现，用竹子建造而成。在成“コ”字形的并不很大的建筑物里，展示着当时的照片、俘虏的衣服及日常用品、俘虏的写生画、水彩画等。

1977 年设立的，已有一段历史了

泰缅铁路博物馆

开 9:00~17:00

休 无

费 100 泰铢

交通 从北碧站步行 5 分钟即到。

展示为它而死了许多人的铁路的全貌

泰缅铁路博物馆

Map p.322-B1

Thailand-Burma Railway Centre　พิพิธภัณฑ์ทางรถไฟไทย-พม่า

2003 年开馆的、关于泰缅铁路建设工程资料展示的博物馆。指出因为这一工程死了的人，征用了盟军的俘虏、来自东南亚各国的人居多等情况。重现工程状况透视、日军制作的北碧地图等尽有。从二层的咖啡厅可以眺望盟军公墓。

战争的历史流传后世

盟军公墓

交通 从北碧站步行 5 分钟。在泰缅铁路博物馆的旁边。

琼凯公墓

交通 从公共汽车总站乘摩的 10 分钟，50 泰铢左右。

盟军死者安眠之地

盟军公墓、琼凯公墓

Map p.322-A2

Kanchanaburi Allied War Cemetery，Chongkai War Cemetery　สุสานทหารสัมพันธมิตร

经常护理得很美丽的盟军公墓

马来半岛、新加坡等地被捕获，沦为俘虏，被奴役于泰缅铁路的建设之中，由于疾病、营养不足而死的盟军士兵安眠的公墓。无论哪座公墓，都保养得仔细、周到，周围有漂亮的花围着。

考普恩洞穴

开 9:00~17:30

休 无

费 随意捐款（最低 20 泰铢左右）

行走线路：洞穴内构造复杂，如果没有人带路，有迷路的可能性，最好拜托僧侣领着进去。

交通 从琼凯公墓再往西走约 3 公里。可以乘坐摩的等前往。

佛像群悄然而立

考普恩洞穴

Map p.322-A2

Khaopoon Cave　ถ้ำเขาปูน

北碧郊区，克万诺伊河沿岸的洞穴，在寺院内。在第二次世界大战中日军用作仓库的洞穴内部，现在放置着各种各样的佛像。

北碧（干乍那武里）近郊景点

惊险异常的旧泰缅铁路之旅

作为泰缅铁路，由旧日军修到缅甸的铁路，现在只剩下从北碧到纳姆特克之间的一段了。近年来流行起沿线全程观光旅行，一到周末，从曼谷方面就会拥来许多观光游客。

单程 2 小时 30 分钟的列车之旅，风景名胜区有 3 处。其中第一个当然是“克万河铁桥”。第二个是过了桥再走一小会儿就到的“琼凯、凿开的山路”。将高 30 米的石山中央打穿，两侧直立的岩壁高耸入云。另外一个风景区是离北碧约 50 公里处，位于塔姆·克拉塞站跟前的塔姆·克拉塞栈道桥（旧称为阿鲁黑鲁栈道桥）。突击工程作业时，将炸成凹凸不平的岩壁连在一起成为栈道桥。全长 300 米，施工过程中困难至极，在很多人为此付出了生命代价的地方，列车终于可以慢行通过了。岩壁在车窗的紧外面，如果伸出手来几乎可以触摸到。这是泰缅铁路之旅的最后一站，也是最高潮。

旧泰缅铁路经过风光迷人的河岸边

现在克万河铁桥站的前面，有两辆蒸汽机车静态收存着。隐约可以追忆到当年的状况。一辆是从日本运来的，战争时期使用过的 C56 型 23 号（泰国国铁 719 号），另一辆是战后，从英国运来的。

曼谷 ~ 北碧 ~ 纳姆·特克 铁路时刻表（2012 年 5 月到现在）

曼谷（吞武里）→纳姆·特克				
		485 号	257 号	259 号
吞武里	发	—	7:50	13:55
那空·帕特姆	发	—	8:57	14:59
诺恩·帕道克	发	4:35	9:22	15:22
北碧	发	6:07	10:35	16:26
克万河铁桥	发	6:15	10:44	16:33
塔吉兰	发	7:19	11:37	17:33
塔姆克拉塞	发	7:38	11:41	17:51
卧佛寺	发	7:49	12:09	18:01
纳姆特克	到	8:20	12:35	18:30

纳姆·特克→曼谷（吞武里）				
		260 号	258 号	480 号
纳姆·特克	发	5:20	12:55	15:30
卧佛寺	发	5:35	13:02	15:32
塔姆克拉塞	发	5:46	13:15	15:58
塔吉兰	发	5:57	13:27	16:10
克万河铁桥	发	7:12	14:40	17:31
北碧	发	7:19	14:48	17:41
诺恩·帕道克	发	8:33	16:01	18:50
那空·帕特姆	发	8:51	16:30	—
吞武里	到	10:00	17:40	—

在这一段的票价一律为 100 泰铢（外国人收费）

静态保存的日本造的蒸汽机车

列车经过平静而辽阔的绿色沃野

旅行小提示

从曼谷出发的一日游

若从吞武里站乘坐 7:50 发的列车，到达终点站纳姆特克，往回返时，乘坐 12:55 发的列车，17:40 返回吞武里站。只是像这样的话，光是不停地坐火车。在往回返的路上，可以在北碧下车，参观 JEATH 战争博物馆等，然后乘坐公共汽车返回曼谷。只有周六、周日运行的、在华兰蓬站乘坐 6:30 发的观光列车，往回返时，可以在北碧站停留一个小时，在此期间可以去参观铁桥。

塔姆·克拉塞栈道桥，岩壁就在眼前，充满了震撼力

帕塔亚 *Pattaya*

พัทยา

泰国的老海滨度假村 Map p.7–B4

泰国有数的几个海滨度假村中最老的一个就是帕塔亚。作为 1960 年从越南战场上退伍回来的老兵修建的疗养所，而深受人们喜欢，后来发展成为观光旅游地，再以后主要是作为欧美人在亚洲的具有代表性的度假胜地，迎来了许多旅行者。在曼谷可以去这里一日游，在外国游客中也很有人气。

旅行线路

帕塔亚的市区被与海滨平行走向的两条大路包围着。靠海边的叫海滨路（正式名称是“帕塔亚塞伊侬路”，即帕塔亚一路）。靠陆地的那条路叫第二路（正式名称是“帕塔亚塞伊索恩路”，即帕塔亚二路）。与这两条路的东西方向交叉的路是从北部开始，依次为帕塔亚努尔路（帕塔亚北路）、帕塔亚克朗路（帕塔亚中路）、帕塔亚塔伊路（帕塔亚南路）。为简便起见，将大约穿过中央的帕塔亚克朗路北侧叫作诺斯 · 帕塔亚，南侧则叫作萨乌斯 · 帕塔亚，如此区分开来。

诺斯 · 帕塔亚大型的高档度假酒店一家接一家开业，混乱的海滨度假村形象正在发生变化。相比之下，萨乌斯 · 帕塔亚则是中档酒店、礼品店、快餐店等居多，比较杂乱，但充满了活力。假如想散散步，建议走沿海滨设置的散步路。

帕塔亚的市内交通

双条车：街上跑着许多外表涂成深蓝色的同乘双条车。在海滨路与第二路上跑的双条车，巡回于单向行驶的路上，很容易乘坐。打个手势就可以坐了，想下车时按响蜂鸣器，马上就会停车，下车之后从助手位置侧的窗户将车费递给司机即可。如果在巡回路程之内，一个人 10 泰铢。若要当作出租车一样使用，就需要讲价了，在 p.329 的地图之内市场行情是 30~50 泰铢（有好几个人乘坐时，一定要搞清楚是一个人的车费还是一辆车的车费，事前一定要确认清楚）。如果不存在什么危险的情况下，在任何地方都可以上车或下车。

在西拉恰老虎动物园与老虎合影留念

摩的：在街道上所有主要的小巷口等地等待客人的摩的，乘坐也很方便。不出市区，车费在 30~60 泰铢。

计价式出租车：在大型购物中心、高档酒店前、繁华街等地等待载客。使用计价器的时候少，一定要讲价。否则，好不容易等到了一辆计价式出租车，却毫无意义。若想乘坐带空调的车走路的话，还有乘坐的价值，如若不然，倒不如乘坐双条车更方便些。

不使用计价器的计价式出租车

帕塔亚

交通 从曼谷的公共汽车东总站（Map p.89-F5），一等空调公共汽车在凌晨 4:30~23:00 每隔 20~30 分钟发一趟车。所需时间为 2 小时，113 泰铢。北总站（文前图曼谷 -E1），一等空调公共汽车在凌晨 4:30~21:00 每隔 30 分钟发一趟车，121 泰铢。南总站（文前图曼谷郊区 -A2 外、文前图曼谷郊区 -A4）一等空调公共汽车在 6:00~18:00 每隔 1 小时发一趟车，113 泰铢。到达帕塔亚努尔路沿途的公共汽车总站（Map p.330-C2）。再从那里乘坐双条车或摩的前往市区。

行李多或几个人一起的话，乘坐出租车要方便。从曼谷市区到帕塔亚，经过讲价之后，一般为 1200~1500 泰铢。

乘坐列车时，华兰蓬站周一 ~ 周五的 6:55 发车，到达帕塔亚时为 10:35，一天之内只有这一趟车。返回时，帕塔亚 14:21 发车，到达华兰蓬站是 18:25。三等车 31 泰铢。周六、周日停止营运。如果是一日游，乘坐列车有点不现实。

旅行小提示

帕塔亚免税店开张

2011 年 10 月，继曼谷之后，帕塔亚也开了免税店。世界品牌的商品、泰国高档芳香型产品都可以购买。购物时需要出示护照。因为在出国那天申请时要用，还要带上飞机票（电子客票行程单的副本等）。

王室职权免税商店
King Power Duty Free Shop
Map p.330–C2
住 King Power Complex, 8 Moo 9, Nongprue, Banglamung, Chonburi
☎ 0-2677-8899
网 www.kingpower.com
开 10:00~22:00
休 无

帕塔亚 主要景点

在此可以将帕塔亚湾一览无余

考帕巴特寺 Map p.329-B5

Wat Khao Phra Bat วัดเขาพระบาท

在帕塔亚海滨南面的山丘上建造的泰国寺院。从寺院内可以遥望帕塔亚湾。

考帕巴特寺
交通 从帕塔亚市区乘坐摩的，50~60泰铢。

有逢周日诞生的佛像

可以与老虎合影留念

西拉恰老虎动物园 Map p.330-C1 外

Sriracha Tiger Zoo สวนเสือศรีราชา

稀有的老虎表演

从帕塔亚向曼谷方向往回返，稍往前走一会儿，就是西拉恰的动物主题动物园。展示饲养的老虎、鳄鱼，有鳄鱼宝宝、成年的老虎、猩猩、蝎子等，可以与它们合影留念。动物园内的舞台上，有非常令人震撼的老虎、鳄鱼、大象的精彩表演等，丰富多彩。表演要稍微错开时间进行，仔细查看好时间，可以高效率地全部观赏一遍。

西拉恰老虎动物园
开 8:00~18:00
休 无
费 350泰铢
交通 从帕塔亚坐车需要40分钟。向酒店或旅游公司申请带接送的旅行更为方便。接送、门票、加上欣赏节目的费用共计600泰铢左右，若包午餐或晚餐要750泰铢左右。

出了很多富豪的不可思议的圣域

真理的圣地 Map p.330-B1

The Sanctuary of Truth ปราสาทสัจธรรม

非常离奇的世界

帕塔亚湾与其北面的纳克罗尔湾之间相隔的海角之上，巨型木质结构的建筑物正在建设之中，它是由销售汽车积累起财富的一位大富豪发起筹资建造的。里面各处都是佛教、印度教的神像，有一种独特的氛围。似乎是想将印度、中国、柬埔寨、泰国的哲学混合在一起，然后表现出其独特的思想，然而现在这位大富豪已经去世了，所以详细情况就不得而知了。建设工程如今仍在继续，这座高达105米、宽100米的巨型建筑竟然不用一根钉子，纯粹用木头建造。

真理的圣地
URL www.sanctuaryoftruth.com
开 8:00~18:00
休 无
费 700泰铢（参观建筑物及乘船在海上游玩）。乘坐在大象背上旅行或乘马车旅行等，得另外加费用。
交通 从帕塔亚市区乘坐摩的前往，需要100泰铢。

在帕塔亚学习泰国的文化

帕塔亚水上市场 Map p.330-C5

Pattaya Floating Market ตลาดน้ำ ๔ ภาค พัทยา

可以用餐，也可以购物

在帕塔亚市的南郊区，2009年开设了一家主题公园，用泰语将它的名称直译过来应该是“四个地方的水上市场”。正如其名，泰国的北部、东北部、中部、南部与带有它们各自特征的文化，在这里全部以水上市场的形式表现了出来。从水上通道上走过去，就可以洞悉各地的文化。

帕塔亚水上市场
开 8:00~20:00
休 无
费 免费

行走线路：从帕塔亚市区乘坐双条车等，需要10分钟到达。若想确保准时返回，包租更好。只是一辆车要400~500泰铢，行情看涨。

乔姆提安海滨

交通 从帕塔亚塔伊路与帕塔亚萨伊松路的十字路口处的乘车场（Map p.329-B4）乘坐双条车，20泰铢。

朗岛

交通 船在帕塔亚的巴里哈伊栈桥（Map p.329-B5）发或到。船票可以在栈桥内的船运公司柜台购买到。共需要约45分钟，单程20泰铢。从朗岛的纳·邦栈桥到海滩乘坐摩的或出租车50泰铢左右。栈桥附近也卖去往小岛西南部的沙梅海滩的船票。一日三趟，往返一个人150泰铢。

帕塔亚发船，开往朗岛

7:00、10:00、12:00、14:00、15:30、17:00、18:30

从朗岛发船，开往帕塔亚

6:30、7:30、9:30、12:00、14:00、15:30、16:00、17:00、18:00

旅行小提示

朗岛的海滩

朗岛的主要海滩面向着岛的西侧。从帕塔亚开往朗岛的船，几乎都在岛的东岸的码头乘船，从码头去海滩可以乘坐摩的去（20~40泰铢）。朗岛最热闹的地方是塔万海滩，要去那里，有从帕塔亚的巴里哈伊栈桥发的直达船只。

从帕塔亚发船，开往塔万海滩

8:00、9:00、11:00、13:00

从塔万海滩发船，开往帕塔亚

13:00、14:00、15:00、16:00

帕塔亚 海滨

比起游泳来，帕塔亚海滨还有更有趣的各种海洋活动

沿着海滨路专设了一条散步路。进入海滨，有收费的躺椅和太阳伞，摆得满满的，在海里玩、参与海洋里的一些活动等，都需要确保有躺椅供休息使用（收费）。

安静的度假区

乔姆提安海滨

Map p.330-B4

Jomtien Beach

หาดจอมเทียน

人很少的乔姆提安海滨

从帕塔亚市区出发，过了丘陵向南走约5公里的地方，有另外一个海滨名叫乔姆提安海滨。它是比帕塔亚开发的要晚一些的地区，与沙土流失已经变得很狭窄的帕塔亚海滨相比，这里宽敞多了。大型度假酒店很多，但是像喧闹的酒吧似的夜生活场所还很少，想静静地度过假期的人，建议选择这个地区。泰国人与在泰国居住的外国人前来的人也很多。越往东南方向走，就越安静。

帕塔亚海面上的美丽的小岛

朗岛

Map p.7-B4

Ko Lan

เกาะลาน

从朗岛上满载着游客而返的船只

离帕塔亚海滨南面的巴里哈伊栈桥（Map p.329-B5），乘船约有45分钟的地方有一座小岛。这个岛的海滩上有着白色的沙子、海水清澈，非常美丽。由于每日有大批旅行者都来造访，所以很喧闹。若提前无法确保有躺椅等，也会白跑一趟，一无所获。努力卖礼品、指甲油、编织品及提供按摩服务等的阿姨，卖海鲜食物的小贩等有很多。但是绝不要想在朗岛上悠闲自在地度过，尽情地在此活跃一番即可。

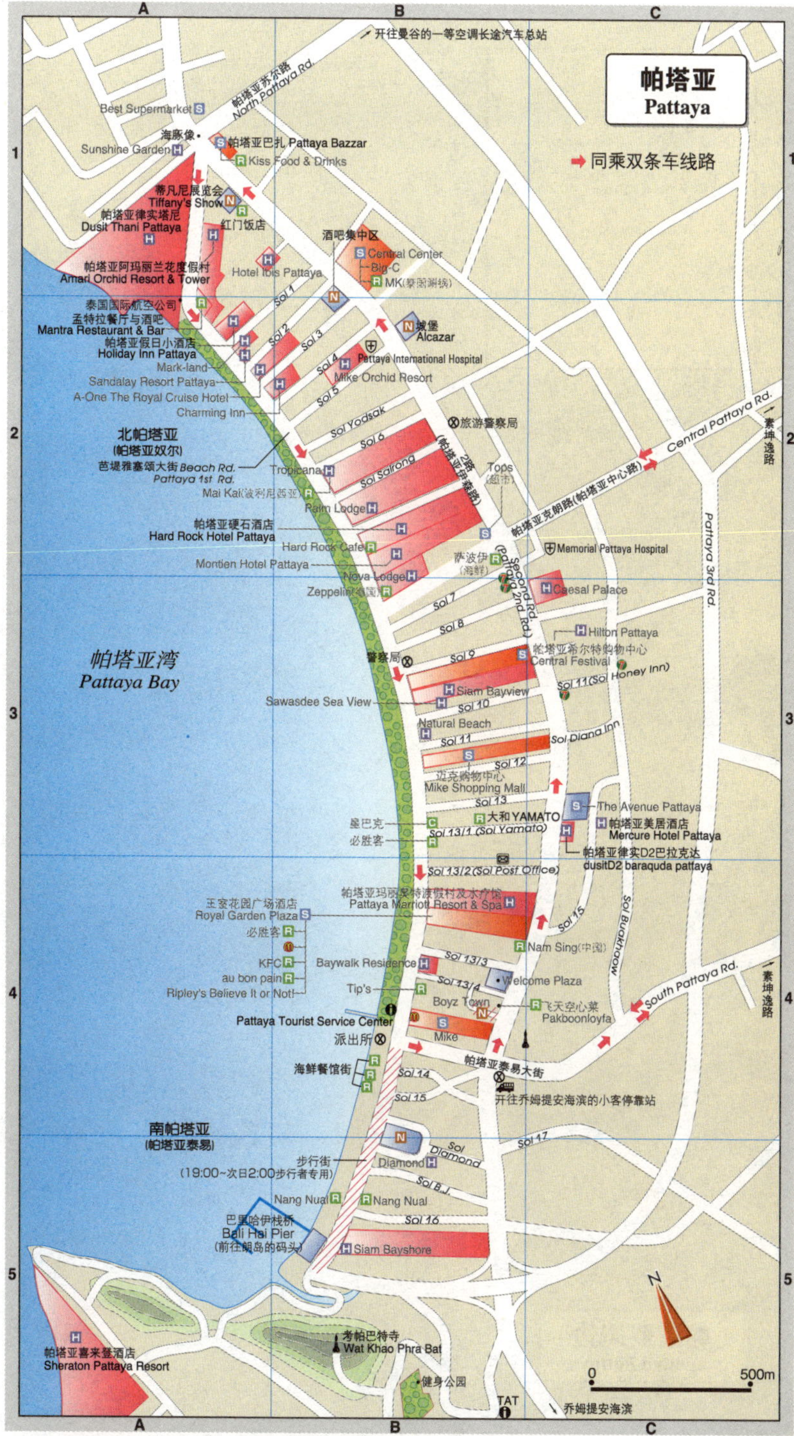
帕塔亚
Pattaya
同乘双条车线路
开往曼谷的一等空调长途汽车总站
帕塔亚苏尔路 North Pattaya Rd.
Best Supermarket
Sunshine Garden
海豚像
帕塔亚巴扎 Pattaya Bazzar
Kiss Food & Drinks
蒂凡尼展览会 Tiffany's Show
帕塔亚律实塔尼 Dusit Thani Pattaya
红门饭店
酒吧集中区
Central Center
Big-C
MK(泰国涮锅)
Hotel Ibis Pattaya
帕塔亚阿玛丽兰花度假村 Amari Orchid Resort & Tower
泰国国际航空公司
孟特拉餐厅与酒吧 Mantra Restaurant & Bar
帕塔亚假日小酒店 Holiday Inn Pattaya
Mark-land
Sandalay Resort Pattaya
A-One The Royal Cruise Hotel
Charming Inn
城堡 Alcazar
Pattaya International Hospital
Mike Orchid Resort
Sol 1
Sol 2
Sol 3
Sol 4
Sol 5
Sol Yodsak
Sol 6
Sol Salrong
旅游警察局
北帕塔亚 (帕塔亚奴尔)
芭堤雅塞颂大街 Beach Rd. Pattaya 1st Rd.
Tropicana
Mai Kai(波利尼西亚)
Palm Lodge
帕塔亚硬石酒店 Hard Rock Hotel Pattaya
Hard Rock Cafe
Montien Hotel Pattaya
Nova Lodge
Zeppelin(德国)
2路 (帕塔亚伊森路)
Tops (超市)
萨波伊 (海鲜)
Second Rd. (Pattaya 2nd Rd.)
帕塔亚克朗路(帕塔亚中心路) Central Pattaya Rd.
素坤逸路
Memorial Pattaya Hospital
Caesal Palace
Pattaya 3rd Rd.
Sol 7
Sol 8
Hilton Pattaya
帕塔亚湾 Pattaya Bay
警察局
Sol 9
帕塔亚希尔特购物中心 Central Festival
Sol 11(Sol Honey Inn)
Siam Bayview
Sawasdee Sea View
Sol 10
Natural Beach
Sol 11
Sol Diana Inn
Sol 12
迈克购物中心 Mike Shopping Mall
Sol 13
The Avenue Pattaya
星巴克
大和 YAMATO
Sol 13/1 (Sol Yamato)
帕塔亚美居酒店 Mercure Hotel Pattaya
必胜客
帕塔亚律实D2巴拉克达 dusitD2 baraquda pattaya
Sol 13/2 (Sol Post Office)
帕塔亚玛丽奥特渡假村及水疗馆 Pattaya Marriott Resort & Spa
王室花园广场酒店 Royal Garden Plaza
必胜客
Sol 15
Sol Bukhaow
Nam Sing(中国)
KFC
Baywalk Residence
Sol 13/3
au bon pain
Sol 13/4
Welcome Plaza
Ripley's Believe It or Not!
Tip's
Boyz Town
飞天空心菜 Pakboonloyfa
South Pattaya Rd.
素坤逸路
Pattaya Tourist Service Center
Mike
派出所
帕塔亚泰易大街
海鲜餐馆街
Sol 14
Sol 15
开往乔姆提安海滨的小客停靠站
南帕塔亚 (帕塔亚泰易)
Sol Diamond
Sol 17
步行街 (19:00~次日2:00步行者专用)
Diamond
Sol B.J.
Nang Nual
Nang Nual
巴里哈伊栈桥 Bali Hai Pier (前往朗岛的码头)
Sol 16
Siam Bayshore
考帕巴特寺 Wat Khao Phra Bat
帕塔亚喜来登酒店 Sheraton Pattaya Resort
健身公园
TAT
乔姆提安海滨
0
500m
N
A
B
C
1
2
3
4
5

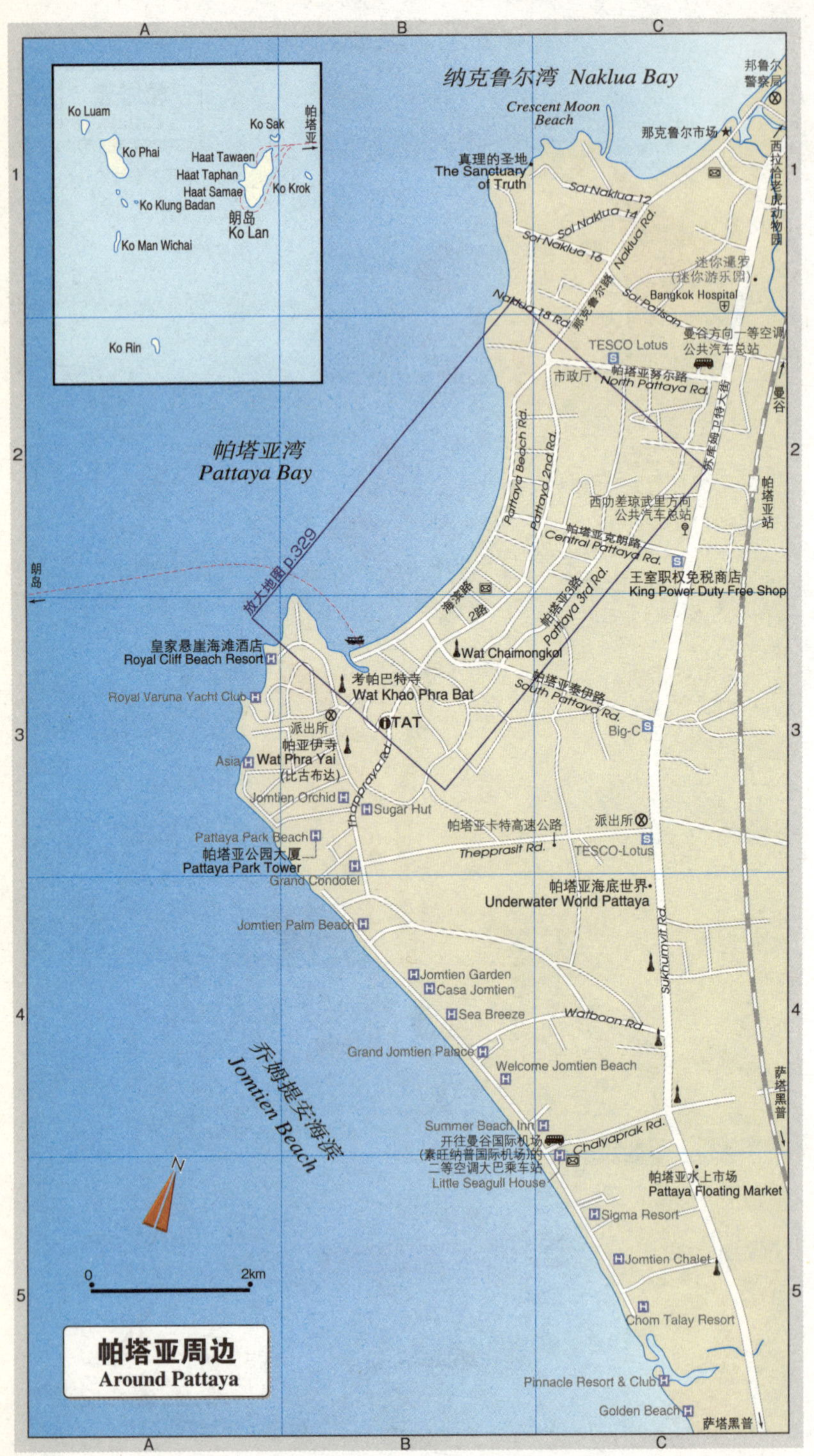
纳克鲁尔湾 Naklua Bay
Crescent Moon Beach
真理的圣地
The Sanctuary of Truth
那克鲁尔市场
邦鲁尔警察局
西拉恰老虎动物园
Sol Naklua 12
Sol Naklua 14
Sol Naklua 16
Naklua Rd.
迷你暹罗（迷你游乐园）
Bangkok Hospital
Sol Potisan
Naklua 18 Rd.
那克鲁尔路
曼谷方向一等空调公共汽车总站
TESCO Lotus
市政厅
帕塔亚努尔路
North Pattaya Rd.
苏库姆卫特大街
曼谷
帕塔亚湾
Pattaya Bay
Pattaya Beach Rd.
Pattaya 2nd Rd.
西叻差琼武里方向公共汽车总站
帕塔亚站
帕塔亚克朗路
Central Pattaya Rd.
放大地图 p.329
朗岛
王室职权免税商店
King Power Duty Free Shop
海滨路
2路
帕塔亚3路
Pattaya 3rd Rd.
皇家悬崖海滩酒店
Royal Cliff Beach Resort
Wat Chaimongkol
考帕巴特寺
Wat Khao Phra Bat
Royal Varuna Yacht Club
帕塔亚泰伊路
South Pattaya Rd.
TAT
派出所
帕亚伊寺
Wat Phra Yai
（比古布达）
Asia
Big-C
Jomtien Orchid
Sugar Hut
Thapprya Rd.
帕塔亚卡特高速公路
派出所
Pattaya Park Beach
帕塔亚公园大厦
Pattaya Park Tower
Thepprasit Rd.
TESCO-Lotus
Grand Condotel
帕塔亚海底世界
Underwater World Pattaya
Jomtien Palm Beach
Sukhumvit Rd.
Jomtien Garden
Casa Jomtien
Sea Breeze
Watboon Rd.
Grand Jomtien Palace
Welcome Jomtien Beach
乔姆提安海滨
Jomtien Beach
Summer Beach Inn
开往曼谷国际机场（素旺纳普国际机场）的二等空调大巴乘车站
Little Seagull House
Chaiyaprak Rd.
萨塔黑普
帕塔亚水上市场
Pattaya Floating Market
Sigma Resort
Jomtien Chalet
Chom Talay Resort
Pinnacle Resort & Club
Golden Beach
萨塔黑普
N
0
2km
Ko Luam
Ko Phai
Ko Sak
帕塔亚
Haat Tawaen
Haat Taphan
Haat Samae
Ko Krok
Ko Klung Badan
朗岛
Ko Lan
Ko Man Wichai
Ko Rin
A
B
C
1
2
3
4
5
帕塔亚周边
Around Pattaya

旅行准备和技术

Travel Information

旅行的手续与准备

首先要取得护照

护照是去了国外，唯一证明持有者身份的证明文书。如果没有护照，首先从中国就无法出国，所以海外旅行时，首先要取得护照。申请签证的时候首先必须有护照，再晚也得在预定日一个多月之前，就得取得护照。

步骤一：领取申请表

申请护照者本人携带身份证或户口簿到户口所在地派出所、公安分（县）局外事科（处）、公安局出入境管理处领取《中国公民因私出国（境）申请审批表》（以下简称《申请表》）。

*注意事项：领表时请说明前往的国家（地区）和事由，以免领错表格。

步骤二：填写申请表

关于如何填写护照申请表及填写表格的注意事项，请参考下面的具体内容。

①填写前，首先要仔细阅读表格内的每项内容以及填表须知，如有不明白处要向入境管理部门的工作人员询问或通过有关咨询服务机构帮助填写；

②申请表格必须用蓝或黑色钢笔或者签字笔填写，字迹要端正、清楚，不能潦草或涂改；

③此表一式四份，必须全部填写，且每项内容必须一致；

④表格的右上角印有申请编号（四张表编号是一致的），申请人必须牢记，以便日后查询；

⑤标题后的括号内应填写本人申请前往国家或地区的名称；

⑥“户口所在地”的公安局和派出所的填写，必须与本人户口簿内的记载相一致；

⑦申请表内各栏填写的要求。

护照和旅行证件的照片标准

相片尺寸：小二寸（48mm×33mm），头部宽度为 21 ～ 24mm，头部长度为 28 ～ 33mm。

相片背景：相片的背景应无任何装饰，背景颜色以白色和淡蓝色为佳，请勿使用红色、褐色、黑色等深色。其他要求：相片必须显示头部的正面，并且不能佩戴帽饰；请勿用订书钉或回形针夹照片，以免相片受损。注意：相片经扫描后会直接打印在护照上，若您递交的照片不合格，将无法制照，并将导致退还您的护照申请。

关于泰国入境签证

一、办理泰国签证

泰国驻华大使馆官网（签证）:http://www.thaiembbeij.org/thaiembbeij/cn/thai-service/visa/

二、泰国出入境规定及注意事项

- 泰国入境所需证件：护照、海关申报表、出入境卡（正联入境时收、副联出境时收）、海关申报单、出入境卡需用英文填写，其中姓名需用大写字母。
- 所有旅客在抵达曼谷国际机场之前，都须填写海关申报表，申报携带入境的外国币数额，违法者可能会被逮捕、控诉或没收超额部分的金额。出境时可携带货币金额不得高于两千美元或五万泰铢。携带高额外币入境时应先申报，出境时携带外币则不高于入境时申报之金额。
- 盗版著作物品不准携带入境。即使是合法著作如图书、录单带、计算机软件、美术品等，每人也以准带一份入境为限。
- 所有宗教性和国家文物一律禁止进行贸易。旅客携带古董和佛像出境必须事先向泰国国家艺术厅申请批准证。任何商人在泰国逗留期间所赚取的收入必须缴付所得税。所有色情物品、毒品和武器一律禁止进出口，违法者会受到严厉处罚。
- 在泰国博物馆组、野生动物保护组、海关署、泰国政府旅游局以及泰国大使馆、领事馆或海外代表办事处，都可收到关于外汇管制及管制项目规定的手册，并告知购买哪些物品，在离境前需向泰国海关的政府机构申请核准。
- 在泰国购买体积较大需特别包装之佛像、古董、艺术品（小型纪念品除外），一定要先向有关主管机关或商店取得输出许可证明，以便在离境时提交海关检查。
- 即使是同团队友、领队或导游提出之要求，亦不应受托带行李，以防因挟带如毒品、枪械等违禁品，触犯法律。
- 根据泰国有关规定，允许携带入境免税品数量为：1公斤的甜酒或烈酒、50支雪茄、250克烟丝或200支香烟以及5卷胶卷或3卷电影胶片；动植物不准携带入境。旅客可从免税商店购买1公斤酒、200支烟以及一架照相机、一架摄影机和个人佩戴的珠宝装饰品等出境。

• 有关规定以泰国官方公告为准。泰国曼谷机场海关咨询电话：0066-2-5351269、5351569、5351153或5355044。

三、泰国入境所需证件

护照、海关申报表、出入境卡（正联入境时收、副联出境时收）、海关申报单、出入境卡需用英文填写，其中姓名需用大写字母。

四、泰国入境手续

将出入境卡夹在护照中经移民局办理入关手续后，到航站取出托运行李，然后拿海关申报单到海关检查处接受检查后出海关，进入迎宾厅。旅游者可以带入的免税物品包括香烟200支，酒1公斤。

旅行的预算和兑换

旅费预算的计算方法

■ 按预算享受曼谷之旅

无论对于一边节省一边想长期停留的人，还是对于想尽情享受的人，曼谷都是一个可以让你得到满足的地方。

■ 各个类型的旅费预算

下面的数字是单位1人的情况，如果是两人的话，住宿费还可平分，会更加实惠。不包含购物费用的基本预算（按1B约0.1978人民币元的汇率计算。省略小数点以后数字）

1）长期滞留节约型

住宿费（考山路的某个简易旅店。浴室、卫生间公用）	80B
早餐（在早点摊喝咖啡吃中式炸面包）	25B
散步中的花费（饮料费）	13B
中饭（在考山路吃面食）	30B
四处消磨时间，搭公车闲逛产生的往返路费	32B
晚饭（在家常菜饭馆点一个菜一碗饭，白开水）	50B
晚酌（便利店买一听啤酒）	30B
合计	260B

最低水平费用，这种类似于苦行僧的节约生活刚开始的时候可能会有些压力，但是一旦习惯了，没准还会欲罢不能呢。

2）休闲普遍型

住宿费（一般旅店）	800B
早餐（在旅店吃美式早餐）	120B
乘坐BTS（轻轨）出门	50B
中饭（麦当劳套餐）	99B
即买即吃水果	10B
在酒吧来杯啤酒	120B
出租车	60B
夜宵（在某个摊子上来碗面）	25B
合计	1284B

虽然预算便宜，但旅店供应热水，每天还能去2~3个繁华街闲逛，晚上还能去店里喝点小酒看看即兴表演。偶尔还能去回高级餐厅的话，也算是次别有兴致的旅行。

3）找好时机享受型

住宿费（中档旅店）	2000B
中饭（市场来碗面）	30B
咖啡店来杯咖啡和小蛋糕	200B
晚饭（餐厅）	300B
交通费（打车3回左右）	180B
在星巴克休息	80B
玉佛寺门票	400B
合计	3190B

如果稍微降低一下对旅店要求的话，旅店省下的钱可以用在享受美食和娱乐上。但是也不能住得太委屈了，建议住宿费控制在2000B

以上比较合算。

4）奢华型

住宿费（高级旅店）	7000B
来杯椰浆汁	10B
中饭（旅游景点附近的热门餐厅）	300B
下午茶（高级饭店）	1100B
晚饭	900B
交通费（打车3回左右）	180B
泰式按摩（2小时加小费）	500B
酒吧喝酒	500B
合计	10490B

如果想度过一个相对豪华之旅，这点费用是必需的。换作是别的国家的话，没准单住宿费就需要这么多呢。

曼谷货币兑换术

泰币的种类

泰国钱币称为泰铢 Baht，在本书里简注为 B。辅助货币称为 Satang，1 B约为 10S 纸币和硬币的种类请参照 p.2。

人民币和泰币的汇率

2012 年 5 月至现在 1B 约 0.1978 元人民币

曼谷银行和汇兑

银行营业时间： 通常是周一至周五的 8:30~15:30，周六、周日休息。在外国人聚集的繁华街道上，有很多银行直接管辖的兑换处，营业时间至 20:30，甚至有的一直营业到深夜。

兑换： 目前 1 元人民币约合 5 泰铢，美元兑泰铢约 1 ∶ 35。实际能换到的金额会比中间价稍低。各兑换处的汇率不同，每天的价格也会随外汇市场波动而变化。素旺纳普国际机场国际到达大厅出口旁边就有兑换处，但一般来说机场的汇率总是最低的。

人民币兑换泰铢： 一般来说人民币在当地的汇率都很低，特别是在银行的兑换柜台，远不如美元等主流货币合算。如果确实需要用人民币兑换，可以去唐人街，那里有些兑换店的人民币价格相对比较高。

美元兑换泰铢： 所有兑换处和银行都可以很方便地将美元换成泰铢。100 美元面额的汇率最高，面额越小汇率越低。部分银行不接受 1996 版及以前的美元。

在国内换泰铢

不考虑汇率变化因素，在国内就提前换好泰铢是最合算的。银行会按照当日泰铢卖出价折算，不收取任何费用。但泰铢不是主要货币，并不是随时可以换到。以下是一些小技巧：

1. 只有中国银行可以换到泰铢。

2. 选择中国银行当地分行营业部或规模较大的支行。如果有必要，搜集当地所有中国银行营业部的电话，一家家询问。

3. 如果有多人同行，可以统计总金额由一人出面兑换。金额越大成功概率越大。

4. 提前一天打电话预约，兑换时需要出示身份证。

5. 如果实在换不到泰铢，可以兑换美元，到曼谷后再换成泰铢。

银联在曼谷

用信用卡消费： 在曼谷有近千台 POS 机可以使用银联信用卡刷卡。因为不需要二次转换货币，使用银联信用卡付款比较合算。但银联信用卡与其他国际信用卡相比覆盖面还是非常小的，所以最好还是带一张同时有银联和一种国际信用卡组织（如 Visa、Master 等）标志的信用卡，就可以左右逢源了。

用借记卡取现： 曼谷的农民银行（Kasikorn Bank）、TMB 军人银行、SCIB 银行等几千台 ATM 上可以用银联卡直接提取泰铢。在机场国际到达大厅出口的兑换处旁就有可以使用银联卡的提款机，比兑换处的汇率要合算得多。在可以使用银联卡的提款机上，都有醒目的银联标志，还有中文服务界面，操作就像在国内一样方便。需注意 ATM 存款余额是显示按当时中国银联的外汇牌价计算出的泰铢金额，而不是人民币余额。汇率按照当天中国银行公布的泰铢卖出价计算。每次取款收取一定比例的手续费，具体费率由各发卡银行决定。

注：素旺纳普国际机场内的兑换汇率比曼谷市内要稍微吃亏一点。

旅行的季节

曼谷的季节
大致可以分为三个季节

位于热带地区的泰国首都曼谷，最高气温30℃~35℃，最低气温24℃~27℃。平均湿度为70%~80%。一年之中给人的印象就是热，也有凉爽温暖的时期。大致上分为雨季、干季、暑季，各自有比较显著的特征。

■雨季（5月中旬~10月中旬）

每日里天空被厚厚的云层所笼罩，雨时而下时而停，连续不断下个没完。当然也不是一天之中一直在下雨，气温比暑季低，不下雨的间歇，完全可以去街上溜达溜达。不过，下雨的时候很猛烈，就像雷阵雨一样倾盆而下，道路常常被水淹。雨季快结束时，接连几日下大雨都不稀奇。

■ 一年间举行的活动、气候日历

月	1月	2月	3月	4月	5月	6月
季节	干季			暑季		
主要的节日	1日　元旦 2日　元旦的轮休日		万佛节＊	6日　查克里王朝纪念日 13~15日　宋干节（泰国的正月） 16日　宋干节调休日	1日　劳动节 5日　国王登基纪念日 6日　国王登基纪念日调休日	佛诞节＊
主要的活动	六一儿童节（第二个星期四）：学校休息。	旧正月：阴历的元旦。中国人的商店几乎都休息，耀华力路有狮子舞表演等，节日的气氛很浓。	没有什么大型活动，学校进入暑假。	宋干节：人们互相泼洒圣水，节日变成盛大的水战。考山路、帕蓬路、娜娜广场等盛大的场所，都浸泡在水里。	起耕节：在暹罗鲁恩，献给圣牛一些壳物，以占卜一年的收成。	没有什么重大的活动。
气候						

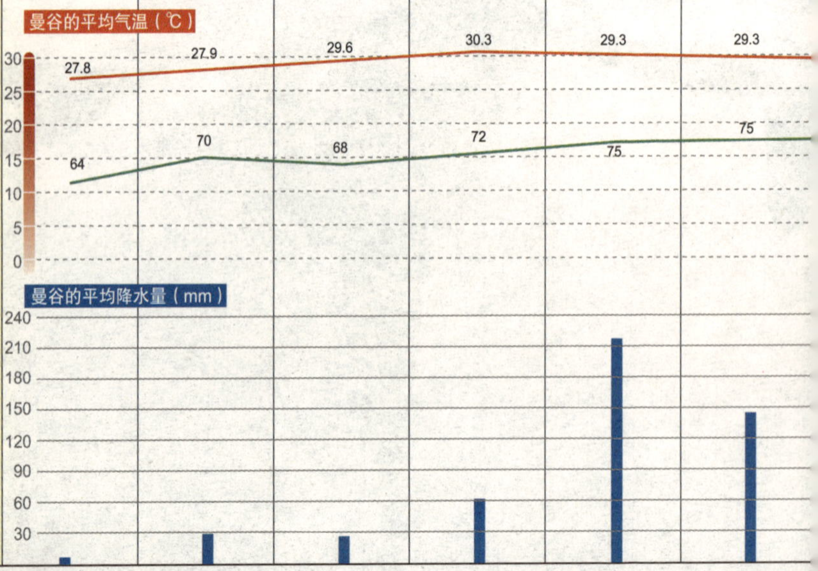

曼谷的平均气温（℃）
30
25
20
15
10
5
0
27.8
27.9
29.6
30.3
29.3
29.3
64
70
68
72
75
75
曼谷的平均降水量（mm）
240
210
180
150
120
90
60
30

＊标记的节日是按照农历而定，每年均有变化。

■干季（10 月中旬 ~ 次年 2 月中旬）

这是最舒适的季节。空气干燥，每日里晴空万里，几乎都不下雨。气温较低，圣诞节及年末年始时期，甚至早晚都感到凉飕飕的。据说泰国人穿上长袖也还感觉冷。

■暑季（2 月中旬 ~5 月中旬）

2 月时，气温渐渐上升，同时湿度也在上升。到了 3 月中旬，即使到了夜晚，气温也不往下降，从早晨开始就酷热难耐。到 4 月中旬，是泰国的正月泼水节，人们互相往身上泼水。泼水节之后，就进入了暑季的后半期，天气变得非常不稳定。每日里暴风骤雨。这时雨季来临了。

4 月的泼水节，整个城市里洋溢着节日的气氛

7 月	8 月	9 月	10 月	11 月	12 月
雨季				干季	
	三宝节 * 12 日　诗丽吉王后诞辰 13 日　诗丽吉王后诞辰调休日		23 日　朱拉隆功国王纪念日		5 日　国王诞辰 10 日　宪法纪念日 31 日　除夕
没有什么重大的活动。	诗丽吉王后诞辰调休日：进入 8 月时，街道中有灯饰及张贴王妃的肖像。	没有什么重大活动。	奥克帕沙：短期出家者还俗日。	罗伊克拉通：将点着蜡烛的小灯笼顺着河水或水池流去，这是真正的泰国风情的节日。2012 年 11 月 28 日为水灯节。	国王诞辰：面对 5 日当天的国王生日，街道上到处都是称颂国王的装饰。国王会在市区举行的游行队伍中出现。
28.7	29.1	28.5	28.6	27.4	26.4
76	75	77	80	70	63
		344			

曼谷的平均湿度（%）

100 90 80 70 60 50 40

主要节日的详细日程可以向 TAT 咨询，也可以在 URL www.tourismthailand.org/festival-event 上确认。

收集旅游信息

事前收集旅游信息 是旅行顺利进行的关键

要想使旅行顺利进行，收集确切的信息是不可缺少的。为了对泰国了解深刻一些，出发前要进行好以下的调查。

泰国有关信息服务中心

■泰国政府观光厅（TAT）

●北京办事处

住 东城区东长安街1号东方广场E1办公楼九层2室

☎（86-10）85183526

FAX（86-10）85183530

URL http://www.tatbjs.org.cn

●上海办事处

住 黄浦区南京西路288号创兴金融中心2703室

☎（86-21）33663409

FAX（86-21）3663408

URL http://www.tatshanghai.cn

简单的地图、观光指南等的小册子、列车时刻表、中档以上酒店资料等都可以免费得到。在曼谷发行的中文免费报纸也可以阅览到。希望邮寄资料时，需要明信片的资料、具体的问题，要明确记录下来，然后申请。

■中国各地的新华书店和图书馆

在中国的各大城市中均能找到新华书店，里面的旅游图书有很多，指南类的不少。

一些旅游书店里不仅仅是泰国，世界各国的指南书、与旅行相关的书籍、地图、外国的旅行杂志、报纸及杂志上刊登的有关旅行报道等，从里面挑拣出来，广泛收集资料。即使没有变成一个泰国迷，也会忙得忘记了时间。还可以去检索图书馆，免费查找资料。

COLUMN

网上收集资料

由编辑部挑选的，对泰国旅游有帮助的网站如下。

●中华人民共和国驻泰国大使馆

URL http：//www.chincembassy.or.th/chn/

了解泰国及相关旅游新闻的主要官方窗口。

●泰国国家旅游局北京办事处

URL http：//www.tatbjs.org.cn/index.html

这里有泰国旅游的最新资讯，在线图书和旅游指南。

●泰航中国

URL http：//www.thaiairways.com.cn/cnlindex.php/Index

有国内飞往泰国国际机场的航班机票预订业务。

●泰国酒店预订（携程网）

URL http：//ctrip.com/international/country4/

●泰国旅游（欣欣旅游）

URL http：//abroad.cncn.com/thailand/

走遍全球主页（中文）

URL www.zbqq.com

本书发行后，最新资料会刊载在“指南书资料更新栏”上，出发前一定要查一下。天气预报、汇率等对旅行有用的信息都在上面。

旅行应备物品及服装

旅游时尽可能轻装出行

如果是居留型的旅行，不存在交通方面的担心，行李的大小及重量都不会那么受限制。即使有什么需要的话，在曼谷也能买到手。

■贵重物品及其携带法

护照、钱等贵重物品，怎样携带、保护才好呢？下面列举实例，验证一下哪一种携带法更为可靠。

放在围在腰间的钱兜里

无论旅行者是哪个国家的，一般都会采取这种方法。不好的一点是外观太老土，一看就会知道“那里面有贵重物品”。相反这样等于是向周围的人宣告“我的全部贵重物品都装在这里面，带着走呢”。也极易成为小偷的目标。

用绳子吊挂在脖子上

放入口袋里，从脖子上垂下来，隐藏在衬衣里面的方法。这是一直在十年之前占主流的方式，因为安全，至今还有许多人在使用。其缺陷在于“外观不好”、“需要的时候，不能及时取出来”、“衣服穿少了，就太显眼了”等。有的人则将其放到衬衣外面来，有被抢夺的危险。

不随身携带

这是最安全的方法。将贵重物品存放在酒店的保险柜等处，不要携带大笔钱财。不过，在外国人有携带身份证的义务的泰国，旅行者必须随身携带护照。首先这种制度是不会被取缔的，曼谷等地有在深夜查问的习惯，那个时候没带，就会引起麻烦。为了预防这种情况，随身携带护照的复印本就比较放心了。

总之，携带贵重物品时关键是不要放在显眼的部位。要动动脑筋，仔细收存好。

■旅行包哪种好？

这要由旅行者的旅行内容来决定。对节省旅费的人来说，全部由自己携带，那么这时无论什么交通工具都能轻易上去的包就是最好的。选择由背负担的背包型的，就比较合适。对于出行全靠坐车的人来说，就不受特别的限制。在中档以上的酒店住宿时，移动少，能多放行李、容易打包、结实的小型旅行提包更为方便。

■旅行穿的服装

按照日本夏天的印象来决定服装。身轻、凉爽而且最好是不失礼的服装。具体来说，不要忘了带薄长裤、带领子的衬衫。只穿着半短裤、凉鞋、T恤也不是不能去，只是虽然身轻，但是寺院等地不能进去，行动范围受限制。在身份社会的泰国，全凭外表来判断一个人。在高档酒店、餐厅等处，如果穿着破旧衣服，就会被视为下等人。必须衣着整洁，打扮得漂漂亮亮的。

另外，泰国也有出乎意料的寒冷的场所。高档酒店、餐厅、大型百货商店、购物中心、电影院、长途公共汽车等处，空调调节的温度低的场所很多。对冷房间抵抗能力弱的人，最好带上一件薄羊毛衫、夹克衫或运动鞋等。

■医药品

曼谷药店很多，要想买到药品并不困难。只是“药效太强”的多，如果备有常用药，就从中国带上一些去更好。

■泰国可以购买的东西

洗漱用具等日用品大多数可以从超市、便利店买到，比在中国买价格还便宜。即使忘记带去，也没有关系，只把您特别想用的东西带上，剩余的到当地去买就可以了。

■日用品

在非常便宜的招待所住宿时，有的地方不为房客准备毛巾。如果准备在便宜的旅店住宿，带上毛巾也不碍事。那样子的旅店缺少日用品，有时连洗发水、肥皂等都没有，要带上或者到达后在便利店购买。这样考虑一下，比起住价格最便宜的旅店来，住中档以上的酒店，才可以算作轻装旅行。

■旅行必需物品核对表

品　名	重要度	评　价	事前检查	最后检查	预定现场采购
贵重物品					
护照（旅券）	◎	把数据栏复印好			
签证	○	在观光地停留 31 天以上的人必须要			
人民币现金	◎	别忘记带从自己家到机场的交通费用			
旅行支票（T/C）	○	预先在一个地方签好字			
美元等外国货币	△	只去曼谷不需要			
信用卡	◎	有比较方便，而且使用放心			
电子机票、飞机票	◎	核对好日期			
海外旅行保险	◎	购买上放心一些			
衣服类					
衬衫	◎	T 恤、马球衫、带领子的衬衫等			
内衣	◎	除了身上穿的以外，最少再准备上、下两套			
短裤	○	不建议穿露皮肤的			
泳装	○	中档酒店多数也有游泳池			
上衣	○	百货商店、餐厅里比较凉			
长裤、裙子	◎	参观寺院时禁止穿露出皮肤的衣物			
帽子	○	泰国的日照相当强烈			
袜子	○	穿鞋子的人			
洗漱用具					
洗发水	○	加入护发素的更好			
肥皂	○	如果有您喜欢用的			
牙刷、洗脸用品	○	经常保持清洁状态			
刮胡刀、安全剃须刀	○	检查仪表			
毛巾	○	相当便宜的旅店之外都配备			
医药品等					
药品类	○	防虫、止痒药品等			
生理用品	○	带上自己惯用之物。也可以到当地购买			
驱蚊香	○	在便宜旅店住宿时的必需品			
洗涤剂	○	酒店的洗衣店价格很贵			
防晒霜	△	如果要在沙滩上光脚走的话			
电气产品					
吹风机	△	可以在酒店借到			
笔记本电脑、移动终端	○	危险地区多			
手机	○	GSM 对应机。别忘了拿充电器			
书籍类					
旅行指南手册	◎	走遍全球《泰国》也一起带去			
其他					
指甲刀、挖耳勺	○	小型器具。棉棒也可以			
钥匙	○	中小型挂锁。安装到行李上			
圆珠笔	◎	意外需要笔记的机会很多			
闹钟	○	可以在大清早出发时帮上忙			
手帕、纸巾	○	可以用来代替手纸			
太阳镜	○	还可以防尘用			
沙滩鞋	○	可以在酒店房间里穿			
手表	◎	带闹钟的更好			
数码相机	△	小型、分量轻的。别忘了带相关物件			
计算器	○	防止浪费			
便携式音乐播放机	○	注意确保充足的电源			
雨具	○	如果下雨，可以等雨停			

◎必需品 ○有的话要方便些，是特定的人必需之物 △带与不带均可的物品

出入境手续

中国的出境手续

一、中国公民办理出国出境程序

携带本人申请材料到当地出入境管理处中国公民出国出境接待室咨询，领取出国出境申请表，并到指定翻译点将所需外文材料译成中文。

填好申请表后，直接交单位或派出所政审。办好政审手续后，由申请人本人或政审单位送回窗口并交齐所有材料。

在家等候该处电话通知，或拨打当地相关信息台查询。

出国定居的办理户口注销手续（凭户口注销回单领取出国定居证明），短期出国的，到户口所在地派出所办理临时外出的户口登记。

去当地卫生检疫局进行出国出境体检。

去当地中国银行办理批汇手续。

购买去前往国外（地区）的国际机、船、车票。

从开放或指定口岸出境。

二、办理因私出国出境的基本条件

中国公民因私事出国或前往香港、澳门和台湾地区的，须向当地公安局出入境管理处提出申请，回答有关问题并提交下列材料：

缴验户口簿、居民身份证、工作证（学生证、待业证等），并提交上述三证的复印件。若三证遗失或未发，应出具相应证明。

本人的近期 2 寸免冠光面照片 4 张。

凡共产党员需提交在出国出境期间党组织对其党籍问题处理意见的批文。其中具有高级职称的党员需提交省委组织部的批复，具有中级职称的党员需提交市委组织部的批复。其他党员需提交党委以上组织出具的保留党籍证明。党员出国出境定居需办理停止党籍手续。

探望或投靠配偶或由配偶担保出国的，均需提交结婚证。

无论因何由去何地，如需提交以下材料的均需先验原件后留复印件：

结婚证

入学通知书

经济担保书，聘用书

邀请信

入境许可书或签证通知书

银行存款证明

具有大专以上学历者申请自费留学，需提

COLUMN

关于禁止旅客随身携带液体物品乘坐国内航班的公告

有关各项事宜告知如下：

一、乘坐国内航班的旅客一律禁止随身携带液态物品，但可办理交运，其包装应符合民航运输有关规定。

二、旅客携带少量旅行自用的化妆品，每种化妆品限带一件，其容器容积不得超过100毫升，并应置于独立袋内，接受开瓶检查。

三、来自境外需在中国境内机场转乘国内航班的旅客，其携带入境的免税液态物品应置于袋体完好无损且封口的透明塑料袋内，并需出示购物凭证，经安全检查确认无疑后方可携带。

四、国航在机上不提供婴儿液态乳制品，携带婴儿的旅客请在订座或出票时向销售人员提出，并根据自身需求自备奶粉。对于需要申请婴儿餐食的旅客，请在航班起飞24小时前提出；糖尿病患者或者其他患者携带必需的液态药品，经安全检查确认无疑后，交由机组保管。

五、乘坐国际、地区航班的旅客，其携带的液态物品仍执行中国民用航空总局2007年3月17日发布的《关于限制携带液态物品乘坐民航飞机的公告》中有关规定。

由于国航暂不提供婴儿液态乳制品，携带婴儿的旅客请提前预备奶粉或是联系国航。同时国航再次提醒旅客尽早到机场办理相关手续，避免由于安全检查时间的延长而耽误旅行。

交省教委出具的《具有大学和大学以上学历人员自费出国留学审核证明信》。高中、中专及以下学历者自费留学的，需提交档案管理机构出具的最高学历证明。

十六周岁以下未成年人出国探亲或定居的，除必备材料外，还需提交申请人家属的委托书，监护人同意携带其出境的书面报告和有有效签证的有效护照复印件。（投靠直系直属的不在此限。）

如果申请人有因私护照或通行证的，在交表格时需将原护照或通行证同时上交。

企业法人代表出国定居、就业、劳务、留学、商务的除须提交上级主管部门的政审外，还要提交审计部门的审计证明或税务部门的完税证明。

泰国的出入境手续

（一）泰国入境所需证件为：有效期至少为6个月的护照、出入境卡（正联入境时收、副联出境时收）、出入境卡须用英文填写，其中姓名需用大写字母。

（二）入境手续：将出入境卡夹在护照中经移民官员办理入境手续后，到航站取出托运行李，然后拿海关申报单（如需要）到海关检查处接受检查后出海关。旅游者可以带入的免税物品包括香烟200支，酒1公斤。

（三）出境手续：每人交付机场税500铢。泰国移民局收去出境卡，并办理离境手续，在护照上加盖出境章。接受安全检查。泰国出境携带泰币不得超过5万铢。

（四）所有宗教性和国家文物一律禁止进行贸易。旅客携带古董和佛像出境必须事先向泰国国家艺术厅申请批准证。任何商人在泰国逗留期间所赚取的收入必须缴付所得税。所有色情物品、毒品和武器一律禁止进出口，违法者会受到严厉处罚。

（五）在泰国博物馆组、野生动物保护组、海关署、泰国政府旅游局以及泰国大使馆、领事馆或海外代表办事处，都可索取关于外汇管制及管制项目规定的手册，并了解购买哪些物品，在离境前需向泰国海关的政府机构申请核准。

（六）根据泰国有关规定，允许携带入境免税品数量为：1公斤的甜酒或烈酒、50支雪茄、250克烟丝或200支香烟以及5卷胶卷或3卷电影胶片；动植物不准携带入境。旅客可从免税商店购买1公斤酒、200支烟以及一架照相机、一架摄影机和个人佩戴的珠宝装饰品等出境。

有关规定以泰国官方公告为准。泰国曼谷机场海关咨询电话：0066-2-5351269，5351569，5351153或5355044。

入境卡（正面）

คม.๖ บัตรขาเข้า
TM.6 ARRIVAL CARD

Thai Immigration Bureau

โปรดเขียนตัวบรรจง และทำเครื่องหมาย ☒
PLEASE WRITE CLEARLY IN BLOCK LETTERS AND MARK ☒

ชื่อสกุล Family Name 姓

ชื่อตัวและชื่อรอง First Name and Middle Name 名

เที่ยวบินหรือพาหนะอื่น Flight or Other Vehicle No. 其他名字

สัญชาติ Nationality 国籍

男性 ☐ ชาย Male 女性 ☐ หญิง Female

เลขที่หนังสือเดินทาง Passport No. 护照号码

วัน-เดือน-ปีเกิด Date of Birth 出生 dd 日 mm 月 yyyy 年

ตรวจลงตราเลขที่ Visa No. 签证号码

ที่อยู่ในประเทศไทย Address in Thailand 在泰国的停留地（酒店名字即可）

สำหรับเจ้าหน้าที่/For official use

VR 04283

ลายมือชื่อ Signature 签名（和护照一样）

เฉพาะชาวต่างชาติกรุณากรอกข้อมูลบนบัตรทั้ง 2 ด้าน
For non-Thai resident, please complete on both sides of this card ▶

入境卡（反面）

เฉพาะชาวต่างชาติ/For non-Thai resident only

PLEASE MARK ☒ 在选择的项目上打×

PLEASE COMPLETE IN ENGLISH

Type of flight 飞机类型
☐ Charter 包机 ☐ Schedule 定期

First trip to Thailand 第一次来泰国
☐ Yes 是 ☐ No 不是

Traveling on group tour 团体旅行
☐ Yes 是 ☐ No 不是

Accommodation 住宿地
酒店 ☐ Hotel ☐ Friend's Home 朋友家
青年旅舍 ☐ Youth Hostel ☐ Apartment 公寓
旅馆 ☐ Guest House ☐ Others 其他

Purpose of visit 出和目地
☐ Holiday 度假 ☐ Meeting 会议
☐ Business 商务 ☐ Incentive 奖励旅行
☐ Education 求学 ☐ Conventions 大会
☐ Employment 就业 ☐ Exhibitions 展览会
☐ Transit 旅行 ☐ Others 其他

Yearly income 年收入
☐ Under 20,000 US$
☐ 20,000-40,000 US$
☐ 40,001-60,000 US$
☐ 60,001-80,000 US$
☐ 80,001 and over
☐ No income

Occupation 职业

Country of residence
City/State 居住城市/省
Country 居住国家

From/Port of embarkation 出发地

Next city/Port of disembarkation 目的地

出境卡

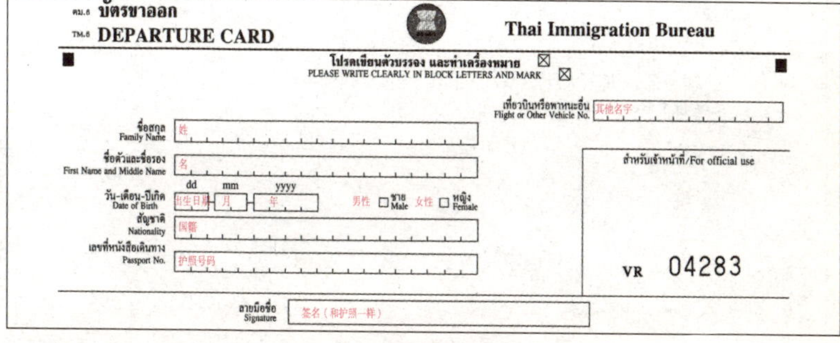

คม.๖ บัตรขาออก
TM.6 DEPARTURE CARD

Thai Immigration Bureau

โปรดเขียนตัวบรรจง และทำเครื่องหมาย ☒
PLEASE WRITE CLEARLY IN BLOCK LETTERS AND MARK ☒

เที่ยวบินหรือพาหนะอื่น Flight or Other Vehicle No. 其他名字

ชื่อสกุล Family Name 姓

ชื่อตัวและชื่อรอง First Name and Middle Name 名

วัน-เดือน-ปีเกิด Date of Birth dd 出生日期 mm 月 yyyy 年

男性 ☐ ชาย Male 女性 ☐ หญิง Female

สัญชาติ Nationality 国籍

เลขที่หนังสือเดินทาง Passport No. 护照号码

สำหรับเจ้าหน้าที่/For official use

VR 04283

ลายมือชื่อ Signature 签名（和护照一样）

素旺纳普国际机场（曼谷国际机场）
Suvarnabhumi International Airport

二层　到达　大型高级轿车乘坐处在这一层
Level 2 Arrivals

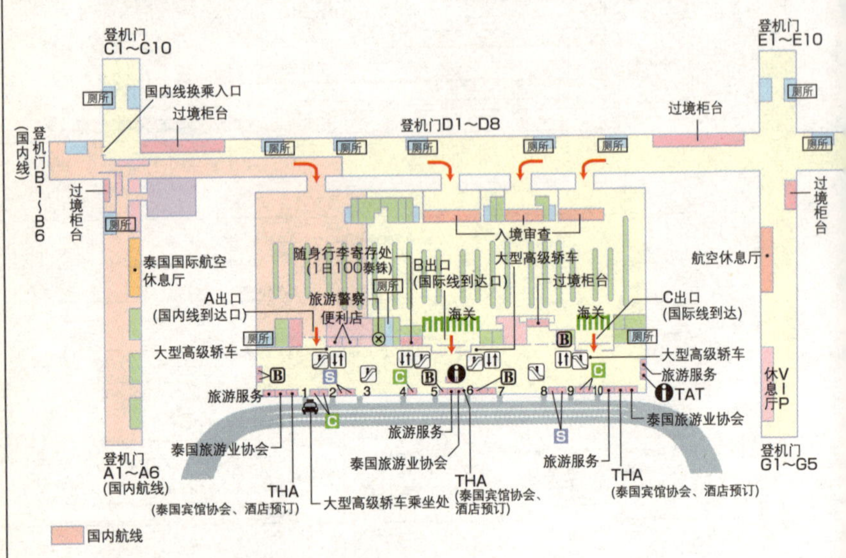

一楼　公共汽车大厅　计程式出租车、嘟嘟车乘坐处在此层
Level 1 Bus Lobby

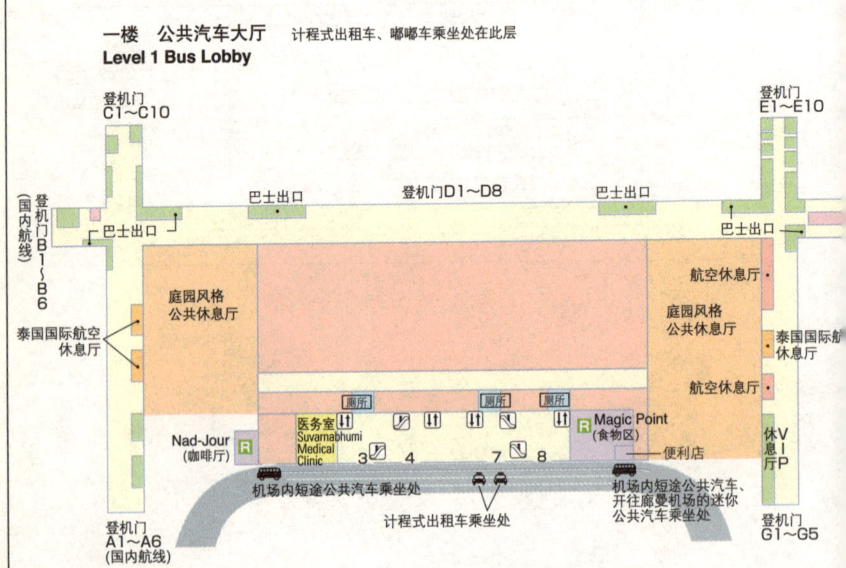

C 咖啡厅　R 餐厅　S 商店　B 银行兑换柜台
i 咨询处　M 按摩　邮局　@ 上网
电梯　自动扶梯　⊗ 旅游警察局

地下一层：机场铁路线站、快餐店

四楼　出发　邮局在这一层
Level 4 Departures

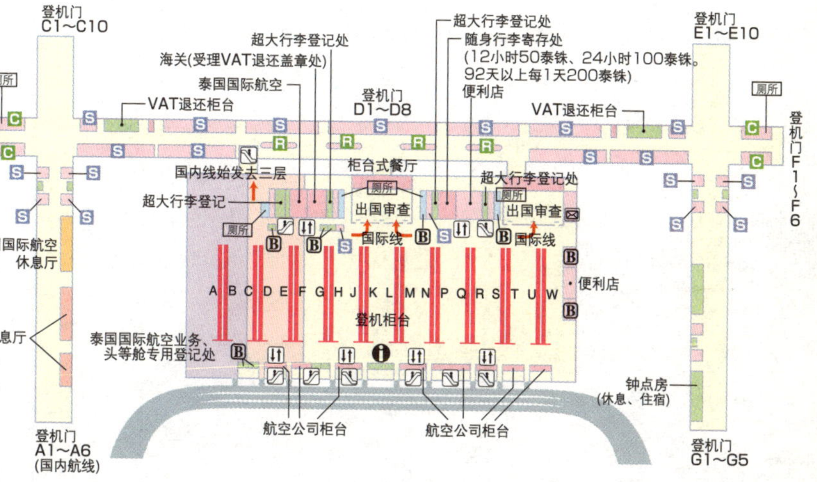

三楼　聚会与问候画廊
Level 3 Meeting and Greeting Gallery

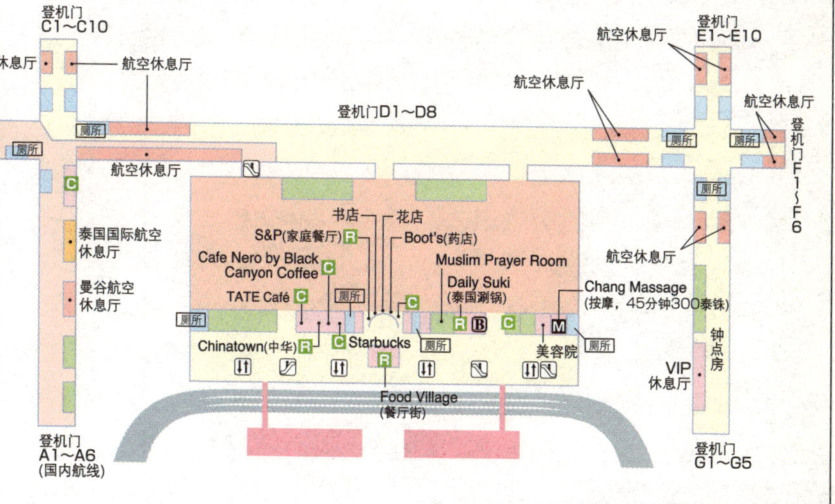

素旺纳普机场 各航空公司的柜台分布

	航空公司 2 位字母代码		
国际线	Aeroflot Russian Airlines	俄罗斯国际航空	D
	Air Bagan	蒲甘航空（缅甸）	N
	Air China	中国国际航空	U
	Air France	法国航空	P
	Air India	印度航空	P
	Air India Express	印度航空快运	P
	All Nippon Airways	全日空航空（日本）	L
	Asisana Airlines	韩亚航空	L
	Australian Airlines	澳大利亚航空	G
	Biman Bangladesh Airlines	孟加拉国际航空	W
	British Airways	英国航空	N
	Cathay Pacific Airways	国泰航空	M
	China Airlines	中华航空	S
	China Eastern Airlines	中国东方航空	U
	China Southern Airlines	中国南方航空	U
	Delta Air Lines	美国三角航空	N
	Druk Air	不丹皇家航空	W
	Egypt air	埃及航空	Q
	El Al Israel Airlines	以色列航空	W
	Emirates	埃米尔航空	T
	Ethiopian Airlines	埃塞俄比亚航空	U
	Eva Airways	伊娃航空公司	Q
	Finnar	芬兰航空	S
	Garuda Indonesia Airlines	印度尼西亚鹰航空	G
	GMG Airlines	GMG 航空	R
	Gulf Air	海湾航空	T
	Japan Airlines	日本航空	R
	Jetstar Airways	捷星航空	U
	KLM Royal Dutch Airlines	KLM 荷兰航空	P
	Korean Air	大韩航空	M
	Kuwait Airways	科威特航空	R
	Lao Airlines	老挝航空	R
	Lufthansa German Airlines	弗森萨德国航空	G
	Malaysia Airlines	马拉西亚航空	M
	Maynmar Airways International	缅甸航空	N
	Oman Air	阿曼航空	T
	Pakistan International Airlines	巴基斯坦航空	L
	Philippine Airlines	菲律宾航空	T
	Quantas Airways	澳洲航空	N
	Royal Brunel Airlines	文莱皇家航空	U
	Royal Nepal Airlines	尼泊尔皇家航空	W
	Scandinavian Airlines	北欧航空公司	K
	Singapore Airlines	新加坡航空	K
	Siwss International Airlines	瑞士国际航空	G
	Srilankan Airlines	斯里兰卡航空	S
	Thai Airways International	泰国国际航空	H,J[*1]
	Thai Royal First Class	泰国国际航空快航	A
	Thai Royal Silk Class	泰国国际航空经济舱	B
	Turkish Airlines	土耳其航空	U
	United Airlines	联合航空公司	L
	Vietnam Airlines	越南航空公司	L
国内线	Air Asia	亚洲航空公司	E
	Bangkok Airways	曼谷航空公司	F[*2]
	Nok Air	泰鸟航空公司	D
	Orient Thai Airlines	泰国东方航空公司	D
	Thai Air Asia	泰国亚洲航空公司	E
	Thai Airways International	泰国国际航空国际线	C
	Tiger Airways	老虎航空	D

注解 1：办理泰国国际航空的经济航班的登机手续时，为了避免混乱暂停使用 C 窗口。
注解 2：泰国航空公司办理国际线登机手续时也可以使用同一窗口。

麻烦对策

曼谷旅行中会出现的麻烦

随着中国游客赴泰国旅游的持续升温，近期出现的几起安全事故给旅游安全敲响警钟。2012 年 12 月，在苏梅岛海域先后发生两起共 3 名中国游客溺水身亡事故，引起网络广泛关注。

泰国气候炎热，在泰国旅游中，对于有急性病病史的游客，需准备必需药品；泰国机动车驾驶方向与中国内地相反，由此造成多起交通事故，应特别注意；泰国海滨旅游景点众多，需要防范溺水事故；中国游客还需认清旅行团条款，以防强制购物等事件发生。

■针对曼谷犯罪的处理方法

大多数的事例，都是从在街道上和陌生人打招呼开始的。在市区的繁华街、旅游观光地散步的时候，有陌生人亲热地打招呼："你那件衬衫是从哪里买的呀？"这样的同伙一齐过来，讲英语，而且装扮讲究，拿着手机等，以"大学教授"、"警官"、"以前在某中国企业工作过"等名义进行诈骗。然而，在这个国家里会讲英语的人，在正经公司有适当位置的人，平日白天根本无暇出去与旅行者搭腔的。

需要应付麻烦多的场所：

周末市场、暹罗广场、群侨中心、考山路、玉佛寺、卧佛寺、萨纳姆鲁尔周边，过来打招呼的人大多数是骗子，或是帮手及其他。

■已来到跟前，有那种倾向时的对策

在旅行目的地，想与当地人亲切交谈等，有这种美好愿望时，会被坏人们巧妙地利用，用很有说服力的话，让容易受骗的人放下心来（或让人高兴），掉入他们的陷阱。过后冷静思考一下，总觉得有些不自然，可是已经相信了人家的话。当时简直像中了魔法一样……可是，那不是魔法，什么都不是，只是在外国被人家的几句好听的话给弄晕了。

■诈骗的具体事例 1
强行销售宝石的人、品德败坏的裁缝

跟您熟络了之后，他们会这样说。

"现在您打算去哪儿呀？"

于是，您告诉了他要去的目的地。

"噢（好像非常同情的样子），那就太遗憾了。今天那里休息。去了也没有办法。我告诉您一个可以去的好地方吧。"

告诉您去的地方是宝石店，"这是政府的商店"、"经政府认证的免税而且贱卖的最后一天"等说上许多谎言，引诱被骗的人上当。相信了这些谎言，跟着人家去了宝石店，店员会说，"在这里购买宝石，回到中国一卖就会赚好几倍的钱。在我这里购买宝石的中国宝石店的住址，我都可以告诉您。"

听着人家喋喋不休地说不用受什么苦，就可以赚到钱。受骗之人对这些编造的话是深信不疑，结果以 1 万 ~ 2 万元成交。支付时用的是信用卡，毫不犹豫地将名字签上。宝石是邮寄的，连现货都没见着，受骗者两手空空走出店门。然而这种宝石全是不值钱的破烂货。即使想退还，人家在海外，什么也做不了，哭的是购买的人。相反地，坏人们则鼓掌大笑，"中国人真好骗"，今天再去找一找。

还有一种情况是以同样的手法，巧言诱惑您进裁缝店，定做套服或大衣。回国后邮寄来的物品，是衣料与样品简直无法相比的次品，做工也粗糙，当然退货也不会理，结果只能是吃亏了。

■欺诈的具体事例 2　扑克牌欺诈

靠近受骗人的手法与上述相同，先与受害人熟络起来，慢慢地，来诱惑："打扑克赌一把，赢点钱怎么样？"欺骗东南亚某国的富翁他们用的就是这种作弊方法。还非常仔细地让受骗人练习这种作弊手法。然而，邀请这个有钱人的全是同伙，结果被骗的当然是他了，而他却原本是打算骗别人的。最终落了个两手空空。

来自中国领事馆的提醒

总而言之，那样的甜言蜜语在世界上不存在的。大人总是提醒小孩要注意"不要跟陌生人走"，然而到了外国，那么大个头的大人却盲目地跟着"陌生人"走掉，最后被就连小孩都不相信的赚钱故事所骗。

其他的实例集锦

■被谜一般的女人所诱惑

以女性的魅力，将男人勾到酒店里来，伺机偷盗贵重物品。接近男人的方法很简单，发现目标后，装扮成外国人假装迷了路，将地图

展开，给人看她那不安的表情。“请问……，我住在 ×× 酒店，可我迷路了……您知道在哪儿吗？”这样一边找寻，一边说，“有空的话请来酒店坐坐，好吗？”首先在迷了路的时候，很明显知道对方是外国人才寻求帮助的吧。然而，没有什么别的打算的男人就这样跟着那个女人一起去，像好朋友似的乘出租车直奔酒店。于是，“作为感谢，我给您按摩一下好吗？请先洗个淋浴。”听到这话，喜不自禁的男人就会去洗浴，乘此机会，女人将其贵重物品全部偷走。或者正在裸体的瞬间，突然同伙闯入房间内，在上演一场闹剧之时，将财物全部偷走。总之，这个女人从一开始就是以偷盗财物为目的。真的是个女人还好，半数以上实际上是男人假扮（或者原来是男性）。除了以上这种情况，还流行从出租车里面探出身来，假装打听道路，将目标招呼进车内，一边展开地图，一边从目标围系在腰间的钱兜或上衣口袋里偷钱的作案手法。

■护照一定要带上吗？

在泰国滞留的外国人有携带身份证明书的义务。以下这种情况鲜为人知，就是存在滥用护照敲诈勒索的警官，一定要小心。虽然总是带着护照比较好，但是有丢失和被盗的危险，所以将原件最好保存在酒店的保险柜中，只将复印件带着也不失为一种好办法（面部照片、资料栏、盖有入境图章的那一页就可以了）。虽然得不到公认，但事实上可利用这个而逃避灾难。不过，如果不是安全状况相当好的酒店，放在保险柜里也不能说就百分之百安全。中国大使馆领事部给的忠告是，放入腹带中，不要离开身体带着走是最好的方法。

■“能不能给我看看你们中国的钱呢？”

在路上等处，有南亚或阿拉伯男子很亲热地打招呼，找了各种各样的借口，不一会儿，就会说：“能不能给我看看你们中国的钱呢？”将纸币递给他，对方会说“噢，这就是中国的钱呀，哪一张是最大的纸币呢？”等，一边说一边重新折叠几次，在此动作期间，就用小拇指和无名指巧妙地将最下面的几张纸币抽走了。胡乱搭话，只是为了分散对方的注意力，是为了拿到极易抽取的最下面的那张最高额的纸币。有陌生人提出“将钱给我看一看”的要求时，最好不要理睬。

■千万不要向兴奋剂伸手

泰国执行的是毒品奖励制度。如果向警察举报贩毒者或毒品持有人，就会从警察那里得到奖金，这一制度颇具吸引力，所以被警察光顾的旅行者很多。由于相信贩卖人的“用不着担心”的话语，正决定抽一次时，警官突然闯入，被抓了个现行，立即被捕。即使没抽，对行李进行检查也属公务范畴。贩卖者与警察全是一伙的，即使隐藏也没用，明知违法还要购买，于理也讲不通。

最近，泰国加强了对警察风纪的管理，特别是有关毒品犯罪，收贿行不通了，游客自认为只是“大麻之类”，却等来了出乎意外的结局。一旦被捕，若是海洛因最高可以被判“死刑”。持有大麻，也得判 1~5 年徒刑。实际上只持有用 200 泰铢买的大麻，有的旅行者在监狱就待了 30 天，而有的则现在还在服无期徒刑或被监禁 40 年等。

■素旺纳普国际机场的假冒接站人

入境审查完毕之后刚走出大厅，有泰国人高举“×× 先生”即写着自己名字的牌子站在那里。因为原来就计划有人来接，所以一看到，就想肯定是他无疑，就跟着这个男人走了。一起上了出租车，这男人就会说：“预订酒店已满，无法入住，去别的酒店住吧。已经和中国方面联系好了。”然后，进了酒店，将行李放下，“想必您已经很累了，去按摩一下吧。马上准备好。”

有的在这之前，还要吃一顿奢华的饭菜，反正是游客承担费用。完了，这个男人说：“那么，明天我再来接您。”

然而到了第二天，怎么等也等不来人。在这期间，中国方面得不到他的半点消息，都乱套了……这是初次去泰国的生意人、两人左右的背包客常被欺诈的手法。这是因为看了对方行李上的名字标签，而得知了对方的名字、公司名称、旅行目的地等，而当地的导游也有泄露旅行者资料的可能性。总而言之，如果被领到与事前约定的酒店不同的酒店去，最好是断然拒绝，或者可以向中国或当地的联络处咨询。

■出现假冒警官

在路上遇到自称警官的男人，要看身份证明书，强制检查行李。如果游客将书包递过去，那个男人却巧妙地只将值钱的东西抽走就溜了。泰国的警察所持有的原件身份证明书，在其左上角上贴着照片，还印着一只鹰的徽章。可是，在这种场合出现的假冒警官，一般使用的都是用英语印着一个大大的“POLICE”的假证件，反而将外国游客给欺骗了。一般警官不会在路上要求“看一下钱”、“检查行李”等，如果有可疑之人打招呼，出现以上所述的状况时，不要理他，要求与他同行，到最近的警察局去。

■小偷

除了上述“抽钱”的手法之外，极普通的手法就是用很尖锐的刀将书包、口袋割开取出钱来。行李和贵重物品要抱在胸前。在人满的公共汽车中，将书包斜着交叉着背，不如提在手里更安全。因为保持这个姿势的话，小偷想偷必须弯下腰去，极不方便。在快船上、码头、轻轨站的自动扶梯上，容易出现划包的小偷。

■抢夺

从背后来了两个骑摩托车的人好像要超越的样子，却突然抢夺，这种事发生的次数很多。将行李很粗心地用靠车道一侧的那只手拎着正走着之时，要特别当心，尽可能避免在人烟稀少的路上独自行走，特别是夜晚更要小心。

■被盗、调包

在考山路、马来西亚酒店周边的招待所，频频发生室内被盗事件。手法异常巧妙，甚至还有旅店全部是同伙的情况，被盗之后再哭也已经晚了。预先要充分研究好对策（在便宜的酒店里也是同样）。一般情况下，门的钥匙只有一把不够。选择有锁头的带钥匙的酒店。保险柜也是，若不是相当安全周到的高档酒店也不能信赖，曾经有预存的大笔钱被人悄悄地偷走的例子。另外，在行李存放处，装作寄存人前来，实际上却是他人来取行李，寄存处的人也不确认一下，就将行李交给了对方，这种情况也有。在公共场所、餐馆等地，为保住座位，任由行李放在那里不管，就等于是告诉人家请来偷吧。

在飞机场、路上等，亲热地接近游客，首先成为好朋友，吃饭也一起吃，看准机会将安眠药放在游客的饮食中，采用这种最古典的作案手法的偷盗事件也有。陌生人递给的饮料和食物，绝对不要入口。

■强奸

曼谷发生的强奸案，几乎都是发生在不认识的人之间。稍微熟悉之后，有进酒店的房间里，一般都不会去对方的家里。而且强奸案大半都发生在深夜。在深夜，女性要避免一个人乘坐出租车、嘟嘟车和摩的。

■支付问题

在泰国，算账及付款都是在服务之后（餐馆、小摊等是在饭后，乘坐交通工具则是在到达目的地之后），这是常识。因为担心被敲竹杠，预先付了钱，等到离席要走的时候，就会为是否已付钱发生争执。乘坐嘟嘟车等交通工具的时候，记住一定要最后再付钱。

要有断然回答“No”的勇气

在曼谷，想方设法图谋从旅行者那里卷走钱财的家伙大有人在。不管是用英语，还是汉语，是“Yes”或是“No”，总之要将自己的意思向对方说清楚。当然，别人对自己热情，也要用热情来回报，但是对讨厌的东西或不需要的东西，一定要说“不喜欢”。

购物时的注意事项

■严禁购买复制品

曼谷的繁华街，路上大量出售电影的DVD、音乐CD。就连百货商店也在销售计算机软件的复制品。另外，还有在哪里见过的标志复制的T恤。不过，这些模仿有名品牌的标志、设计、特色等的假冒品牌产品、游戏、音乐软件，是非法复制的“复制品”，绝对不要购买。若带着这些物品回国，机场的海关不仅要没收，有时候，还要接受损害赔偿金。说“不知道”是完不了事的。

■注意三角枕的枕芯里的东西

既可以用作室内装饰又实用的泰国有名产品——三角枕。这种三角枕里的填充物，有的使用的是稻草，而稻草按照植物检疫法，是严禁带回中国的。枕芯若是棉的，没有什么问题，购买时一定确认清楚。试着按一按三角枕，如果是硬的，那么是稻草的可能性很大。

如果出现了麻烦

若发生贵重物品被盗或丢失时，首先要去旅游警察局办公室，要求出具证明书。如果不是相当严重的案件，一般不会进行搜查等。

■如果护照丢失

如果护照丢失，请求旅游警察局出具丢失、被盗证明书。然后去中国大使馆、领事馆办理护照失效手续，发给新护照，或者，申请发给为回国时使用的出国书。

为了使这些手续顺利进行，护照的面部照所在的那一页、电子机票或飞机票、日程表的复印件要事先备好，与原件分别保管。

■补办临时证件，需预先备好的文书及费用

- 护照在国外遗失或被窃，应立即向我国驻当地（或附近）的使领馆报告情况，同时向总局外联司报告，并向我驻外使领馆申请有关临时证件；回国后须及时将有关情况的详细说明和相关人员的检查报外联司。
- 报失的过程中，游客将被要求提供原护照首页和本次签证页的复印件、照片 2 张，所以游客在出发之前，应先把需要的护照页复印好，并随身携带证件照 2 张，且需跟护照分开保存，以免一同丢失。
- 当事人凭报警纸，旅行社提供的证明文件等证明材料，到当地的大使馆挂失护照，领取一个效力相当于护照的临时证件。

■ T/C、信用卡的重新发放

首先要与发放公司联系，办理好中止使用的手续。然后，去发放银行、信用卡公司的曼谷办公事务所，将护照、有的公司要“被盗、丢失证明书”、T/C 的发放证明书一并带去。大的 T/C、信用卡，条件齐备，平日申请，在 2 ~ 3 日之内即可重新发还。T/C 需要按额面的百分比增加重新发放的手续费。

■其他

最近飞机票几乎都是采用电子机票，不会再有丢失的担心了。

丢失了现金和行李时，首先就失去了往回返的可能性。泰国社会对客人丢失的东西送还的司机非常赞赏，称之为“正直的人”。

■加入海外旅行保险

泰国现在仍然是社会保障制度不完善的国家，即使发生一些事件或事故，不能完全指望会从对方那里得到赔偿。所以一定要在出发之前加入海外旅行保险。

■发生紧急情况时的联络处

◆中华人民共和国驻泰王国大使馆

住 57 Rachadaphisek Road, Bangkok, 10400 Thailand

☎ 02-2450088

FAX 02-2468247

关于来泰旅游有关问题的友情提示

近期，我馆接到不少中国公民反映在泰旅游期间出现的问题，涉及参团游、自助游和自驾游等形式，主要包括所住宾馆星级偏低、自费项目和购物环节偏多、语言沟通不畅、不熟悉当地交规以及发生交通事故等。

为此，中国驻泰国大使馆提醒中国公民注意如下事项：

一、如选择参团游，请向国内组团社核实行程中自费项目次数、费用等情况，避免选择明显低于市场合理价格区间的旅游产品，同时切记办妥有关保险。在泰期间注意遵守有关活动时间和地点安排，并保存领队等人员联系方式，避免意外走失。如与组团社就酒店、旅游项目及收费等问题产生纠纷，请理性维权，保留好证据回国通过行政、司法等途径解决。

二、如选择自助游，请合理规划行程，提前预订酒店和交通并了解泰有关签证政策。办理手机国际漫游业务或在当地购置手机卡，保持与国内亲友沟通顺畅。尊重当地风俗习惯。掌握一定泰语或英语词汇以便沟通。

三、泰驾车为右舵靠左行驶，自驾游游客请提前熟悉当地交规，确保安全出行。

四、中国公民在泰购物特别是购买贵重物品时，请货比三家，选择正规百货公司和商场并索要收据。泰政府和旅游局未指定任何商店为购物地点，不存在“政府指定”或“政府经营”情形。因鉴别宝石需专业仪器和知识，请采取谨慎态度，勿随意相信有关推介信息。

如有需要，请联系中国驻泰国大使馆，电话：66-854833327，传真：02-2457032。

◆旅游警察局

住 4 Ratchadamnoen Nok Rd.

☎ 1155、0-2356-0583 Map p.75-F1

以保护外国旅行者的人身安全为己任的警察组织，即旅游警察局。旅行中遭遇一些麻烦时，可以与这里联络。有会说汉语的工作人员。被盗时，可以到旅游警察局申请开具被盗证明书，但需要缴纳 20 泰铢。

关于生病

努力维持健康状态

曼谷属于高温多湿的热带性气候，由于其独特的自然环境，中国人不适应而得病的很多。不过并未到了“蔓延”的程度，只要不勉强自己，合理饮食，保持普通的体力而拥有健康的人都不会被传染。不要什么都担心，首先保存充足的体力，就可以去旅行了。

在泰国得病的症状和对策

■感冒 Cold

因为嫌热，将空调和电风扇开着睡觉，极易患上感冒。高档餐厅、购物中心、电影院等地方也是空调开得温度很低，有点冷，这个也是感冒的原因之一，许多旅行者因此而生病。准备上一些感冒药、带上上衣等，虽然说是热带，但是还需要采取一些预防冷的策略。

■痢疾 Diarrhea

如果是单纯的伤食，几天就好了，不要紧。但是若面对的是泰国特有的细菌性痢疾，中国的治痢疾的药可就派不上用场了。并非单纯的痢疾的时候多，若是症状比较严重，可以去当地的药店买药或者上医院。特别是伴随着发烧、呕吐等症状时，要立即去医院。

■细菌性赤痢 Dysenteria Bacillaris

赤痢菌从口进入人体内感染。潜伏期为 1~5 天。其症状是除了腹泻、腹痛，还出现血便。一听是赤痢，以为是大病，其实泰国也有阿米巴痢等，绝对不是什么特别重的病。

■肠伤寒 Typhus Abdominalis

与赤痢一样，细菌从口进入而感染。其症状是从倦怠、食欲不振、头痛开始，然后出现阶段性发烧、出疹、极度便秘等。潜伏期为一到两周。感染以后需要立即住院治疗。若怀疑有肠伤寒的可能性，一定要去医院。

■霍乱 Cholera

伴随着呕吐，最后引起脱水症状。潜伏期为 1~5 天。感染力强，也有局部地区流行性霍乱，预定长期在亚洲旅行的话，最好提前进行预防接种。如果只在曼谷或泰国旅行，就没有这个必要了。

■登革热 Dengue Fever

是以热带伊蚊、虎蚊等蚊子为媒介的病毒性疾病。经过 4~7 天的潜伏期之后，出现高烧症状。在曼谷也非常流行，一定要提防蚊子。

■狂犬病 Hydrophobia

哺乳动物被咬之后等感染的、侵入神经系统的病毒性疾病，最后达到狂暴状态、全身麻痹而导致死亡。一个劲儿地喝水、盯着看，却引起休克症状，所以也叫恐水病。而人们接受过这种预防接种的很少，所以假如被动物咬了，就马上去医院接受治疗。

■艾滋病 AIDS、其他性感染病

据说现在泰国国内有 50 万以上携带 HIV（艾滋病病毒）感染者，不过这是一种传染力较弱的疾病，只要不染指毒品、不进行性交易，过普通人的生活，大可不必担心。

■得了病之后该怎么办

由于水土不同，有时从中国带去的医药品对于在泰国患的病无效。遇到这种情况时，去药店买一些药，吃下去后也有一下子就好了的时候。然而，据说泰国药店里卖的医药品全部是从欧美直接进口或授权生产的多，对于体型较小的东方人药劲太猛了些，因此，对于体质较弱的人也许尽可能不吃为好。总之，想到“太奇怪了”的时候，就要去医院了。去规模较大的医院，一般英语都能讲得通，医术也高超。治疗费用，即使入住也比在中国便宜。

如果入了旅行保险，身体一旦感觉有些不适，即可轻松去看医生。

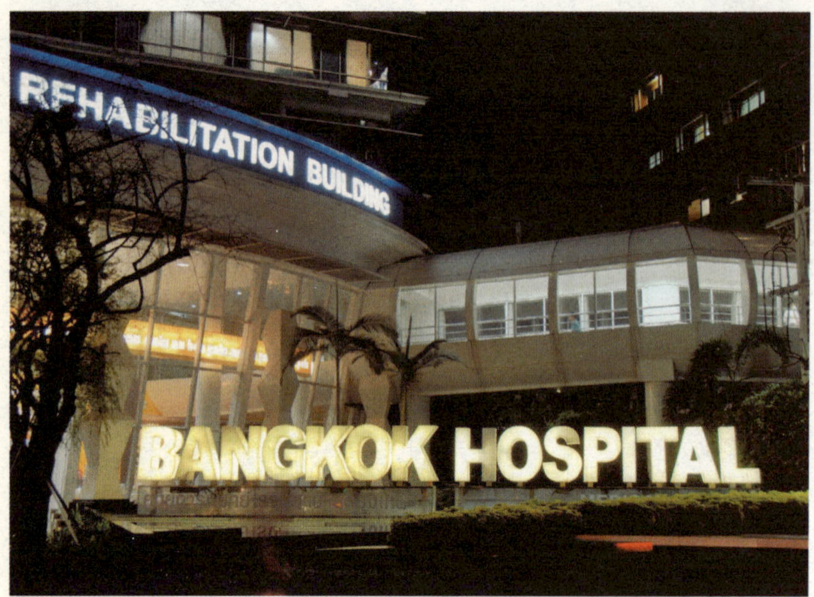

曼谷医院

在医院看病的检查表

※与以下症状相符的，检查完之后，拿给医生看

□呕吐 nausea	□寒颤 chill	□食欲不振 poor appetite
□头晕 dizziness	□悸动 palpitation	
□发烧	□夹在腋下测温	℃ / ℉
	□放入口中测温	℃ / ℉
□痢疾 diarrhea	□便秘 constipation	
□水样便 watery stool	□软条状粪便 loose stool	一日 次 times a day
□偶尔 sometimes	□频繁 frequently	不断 continually
□感冒 common cold		
□鼻塞 stuffy nose	□鼻涕 running nose	□打喷嚏 sneeze
□咳嗽 cough	□痰 sputum	□血痰 bloody sputum
□耳鸣 tinnitus	□听力变差 loss of hearing	□耳分泌物 ear discharge
□眼屎 eye discharge	□眼睛充血 eye injection	□脸色不好看 visal disturbance

※用手指下面单词，以给医生传达以下信息

●吃了什么样子的食物
生的 raw
野生的 wild
油腻的 oily
未煮过的 uncooked
做好后放了很长时间
a long time after it was cooked

●受伤之后
被叮、被咬 bitten
切破 cut
摔倒 fall down
挨打 hit
拧伤 twist
掉下来 fall
烧伤 burn

●疼痛
火辣辣地疼 burning
像针刺一样 sharp
刺痛 keen
剧烈地疼 severe

●原因
蚊子 mosquito
蜂 wasp
牛虻 gadfly
毒虫 poisonous insect
蝎子 scorpion
水母 jellyfish
毒蛇 viper
松鼠 squirrel
（野）狗（stay）dog

●正在干什么的时候
去热带丛林 went to the jungle
潜水 diving
去野营 went camping
去登山 went hiking（climbing）
在河里洗澡 swimming in the river

预先了解泰国的情况

泰国的王室、宗教

泰国是个王国，“尊敬王室”对于普通泰国人来说是理所当然的事。商店、餐馆里高高地挂着国王、王妃的大幅肖像照片和画像。直到现在，泰国人对拉玛五世还是非常尊敬。旅行者在泰国滞留期间也要注意这一点，不要有伤害泰国人民感情的言行。如果中伤王室成员的话，有时候会被问成大不敬罪。

比如，在电影院，预告片及广告结束后，在正片放映之前，要投影出国王的肖像，然后播放国王赞歌。这时候，所有的观众都要起立，必须向国王表达自己的敬意。还有，8:00 和 18:00 一日两次，在火车站、公共汽车总站等公共场所，要高音量播放国歌。音乐声起的期间要起立，不能走动。

受国民爱戴的泰国国王

■佛教、宗教

参观寺院时，要注意穿着整齐的服装前往（不能穿无袖、短裤等皮肤太露的服装），接触僧侣时一定要充满敬意。接触圣所、圣物、圣人等时也要保持崇敬的心情。许多泰国人认为“中国人也和自己一样是佛教徒”，对于佛教的想法也应该是一样的。假如是来自欧美的旅行者，如果有对佛教的不敬行为，对白人还比较姑息，“那家伙啥也不懂，一点办法也没有”（当然超越了一定的度是不行的），但是对中国人可不行，这一点一定不要忘记。

■对于泰国的一些不成文的规定，一定要注意

他们认为人的脚底板是人体中最不干净的地方。盘腿坐、坐在椅子上把双腿交叉时（在泰国人面前把双腿交叉这种行为本身就不好），一定不要把脚底板冲向泰国人。再有，在公众面前公开的爱情表现是最忌讳的。其他的还有，泰国基于对精灵崇拜的迷信和禁忌有很多，不会因为是外国人就可以原谅，要谦虚一点，遵守当地的规则。

关于饮用水

一般被人们说有危险的泰国自来水，其实用不着那么担心。泰国从净水场送出来的水非常适合饮用。只是以前因为给各个家庭送水的供水管道不完备，水道管的接缝等处有污水、细菌进入。从自来水管道完善之后到现在，也应该是让人放心的饮用水。每个酒店，各有独自的净水设备，从水管里流出来的水有的地方也能喝。尽管如此，作一次短暂的旅行，坏了肚子，也有点得不偿失。还是尽量别喝生水。

■在哪里都能买到的用 PET 瓶装的饮用水

喝水时首先要选没有问题的饮用水品牌，啤酒辛可以说是泰国饮用水的代名词，即游客所熟悉的布罗特公司的 SINGHA WATER、其他的还有 NAMTHIP、MINERE、SPRING 等品牌。伊文娜、比坦鲁等各种外国产的饮用水，价格比较高，也在出售之列。这些饮用水在街道的杂货店、便利店等，哪儿都能买到。冰镇的 PET 瓶装水，小瓶的 6 泰铢左右，装一升水的大瓶水，卖 15 泰铢左右。

■软饮料、水果汁

泰国含碳酸的软饮料、使用丰富的新鲜水果制成的果汁也是经常饮用之物。水果汁在小型餐厅等到处可以点，可以试着尝一尝。游客所熟悉的可口可乐、百事可乐当然也有，去便利店的饮料之角，各种口味的乳饮料、乳酸菌饮料、豆浆等琳琅满目。

在欧洲游客所熟悉的红牛（作为 F1 等各种运动项目的赞助商也很有名）是泰国原创。类似的还有卡拉巴奥野牛、M-150、力保健 D，能量饮料比在中国还多。

泰国的厕所状况

■泰式厕所采用的是与中国相同的蹲式

最普通的泰式厕所是与中国相同的蹲式。马桶并没有带俗语叫作“金阁寺”的东西，只有地面上张开的洞穴。设有像鞋楦头一样的立脚地。基本上是冲着门的方向蹲，排泄物直接掉入洞穴里。泰语里将厕所叫作“水屋”，正如其名，这个空间总让人感觉到湿乎乎的。

■事后处理的方法——挑战水洗式

即使马上能够习惯了用这种便器，但是更难熟悉的还是便后的处理。蹲着向四周环顾一番，在手能够得着的范围内，放着水槽、大水桶，那里面当然是储存着水，从水桶里舀起水来冲洗。

一般我们上厕所用不着大量的水，智能型冲完，再将剩余的水分用纸巾或手纸擦干即可。然后将手用肥皂洗净，身体也舒服了。而泰国人则以水洗为健康秘诀，使用纸反而有不洁之感。

中国人对于这种方式是无论如何也不习惯的（很多人都不行）。如果是这样的话，不论您要去哪儿，别忘记带上纸巾。由于没有那样的设计，管子很细，如果使用易溶于水的厕所纸，有时候会发生堵塞。虽然有抵抗情绪，但是一定要将使用后的纸扔在厕所里面准备好的垃圾箱里，绝不能用水冲。

■令人惊奇的欧式厕所的使用方法

外国人住宿的许多高档酒店、餐厅里的厕所基本上是欧式。当然也有备用纸，请放心。这样的厕所，将纸冲下去也没有问题。即便是那样的场所，有的地方在便器的旁边也备有水枪式局部冲洗器，用它来冲洗也没关系。不过，水压常常会很高，一开始最好试一下水势，注意一下很有必要。

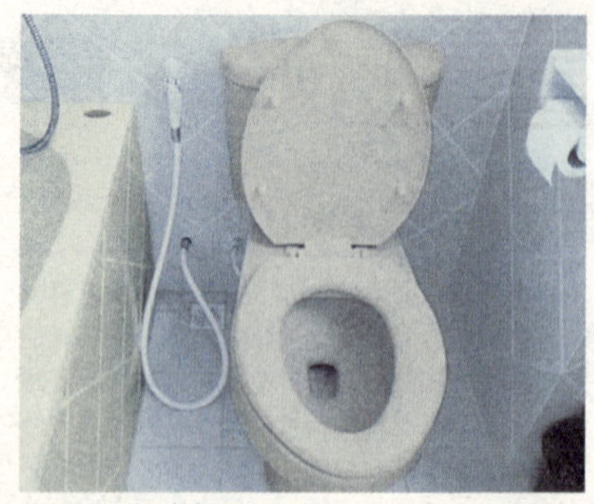

便器的左边是用来冲洗屁股的淋浴设施

比起外国人，泰国本地人住宿较多的1000泰铢以下的旧酒店、大众餐馆虽有欧式厕所，近年来变少了，但是有的连便座也给拆除了，坐都无法坐。也许游客会觉得不可思议，这是为不习惯欧式厕所的泰国人想的办法。另外，这种档次的厕所里不准备纸的居多，必须自己准备好。好在有水可以洗。有的厕所（尤其是公共汽车总站等的收费厕所），门口有卖手纸的。

表达泰国人脾气习性的语言

■“玛伊·潘·拉伊”精神

常常入耳的“玛伊·潘·拉伊”的意思是“不要紧”、“别放在心上”。自己对与不对都可以使用的最方便的语言。不过，因为不合适的时候，也想就此句话结束，所以在外国人中评价很差。

■“萨努克”与“萨巴伊”精神

“萨努克”的意思是一种“有趣”、“愉快”等心情快乐的状态；而“萨巴伊”则是“身体状况良好”、“健康”等身体舒适的状态。泰国人常常会想“萨努克”要建立在“萨巴伊”的状态之上。无论在什么场合，常常能看到这两者的折中点，这是泰国人的特色。

泰国文化基础知识

泰国的佛教寺院与其建筑特色

■寺院的等级

泰国的佛教寺院分为国王、王族等建造、认可的王室寺院和民间修造的私立寺院（拉特寺）两种，王室寺院的等级要高。王室寺院以玉佛寺为第一，在泰国有269座寺院，根据其重要的程度规定级别。重要的王室寺院收藏着历代国王的遗骨等，管理也非常完善。相对而言，泰国佛教界处于一般水平的私立寺院，在泰国达到 3 万座以上，数字现在仍在继续增加之中。对于泰国国民来说，最高的积德行为莫过于建造寺庙，所以有增无减。因为没有檀越制度，所以无利可图的寺院最后就被淘汰了。

离考山路最近的名刹波温尼万特

寺院内

寺院内粗略地可以划分为两部分。我们普通参观的庙内，泰语叫作普塔寺，是举行主要仪式的区域。这里建有正殿、礼拜堂、佛塔等构成寺院不可缺少的建筑物，是真正飘荡着宗教氛围的一个地区。一般念经、各种宗教仪式都在这里举行。

与之相对的是叫作萨卡寺的区域。这里建有在寺院内修行的僧侣们起居时住的僧房，晾晒着洗好的衣服等，比起宗教的味道来，这里充满的是生活气息。僧侣们也是人，在这个区域看到的一切，让游客增加一种对他们的亲切感。

寺院内有各种各样的建筑物

外部与内部装饰

仔细观看的话，泰国寺院用“豪华”或“过于辉煌”都形容不尽，有着深刻的内涵。过度装饰也有其必然性。各个建筑物上的山形墙上的人字板装饰等，猛一看之下，似乎是无意义的装饰，而事实上这里却真正蕴含着深刻的意思。首先，作为山形墙上的人字板顶端的金色的突起之物，名叫乔发的东西，是泰国的守护神之一的圣鸟鹰（泰语叫克鲁特）的造型。从乔发上像要流动似的斜着下来的锯齿状刻纹装饰名叫巴伊拉卡，代表的是鹰的翅膀与纳加神（蛇神，泰语叫纳克）的鳞。从巴伊拉卡突出来的突起物则是代表纳加头部的哈宏（瓦的下端也带着同样的翘起部）。

寺院装饰物——圣鸟鹰

这些极尽华美的装饰全部与印度神话相关，与作为信仰基石的小乘佛教原本就毫无关系。详加察看，觉得相当没有道理。勉强理解这种无理，可以窥视出注重调和与合理的泰国佛教与泰国文化的本质。

正殿（乌波索特）

寺院安放最重要的主佛之处就是正殿。这是寺院内最重要的建筑物，讲法、出家仪式等重要的宗教仪式都在这里举行。

主佛

在正殿中安放的佛像就是主佛。根据佛像制作的年代、流行等不同，有几种不同的造型，大多数是右手朝下放在膝盖上，左手则放在交叉的双腿之上，取降魔符号的造型。这种造型表现的是乔达摩悉达多（释迦牟尼）面对为阻碍其修行、前来袭击的恶魔的一种藐视姿态，所以佛像呈现的是一副非常严厉的表情。从正面定睛看泰国的佛像，似乎都“正浮现出笑容”。面对着圣佛像理当下拜。如果像泰国的佛教徒那样从佛的脚下充满敬畏地向上仰视，看到的是非常严肃的表情。

据说是泰国最大的坐佛——肯拉亚纳米特寺的佛像

■正殿内墙壁

正殿的内部大多数墙壁上都装饰着精美的佛教图画，其中大多数都是关于佛的一生及讲经说法的解说。王室寺院中也有“拉玛基安”的绘画解说，也有拉玛基安与佛教毫无关系的意见，所以在民间的寺院中一般都不采用。

■回廊

大多数寺院为将俗世与圣域区分开来，用围墙围住，正殿等重要的建筑物周边更是用带屋顶的回廊围绕一圈。级别高的寺院等，在回廊内侧摆满了许多大小样式各不相同的佛像，似乎成了一个佛像博物馆。

描绘着“拉玛基安”的玉佛寺回廊

■礼拜堂（维哈恩、伽蓝）

安置着除主佛之外佛像的地方是礼拜堂。这种礼拜堂的建筑样式及其大小寺院不同，多种多样，各不相同，而且数目不仅仅限于一尊，近年来都在正殿内举行宗教仪式，因此礼拜堂的规模和重要性也正在减弱。

■佛塔（千迪、帕恩）

泰国的寺院内照例要建造佛塔。寺院里无塔简直是太稀有了，如果没有时，也要建一个可以替代之物。佛塔本来就是为收藏佛舍利（释迦牟尼的遗骨、遗物）而建造的，后来变为祭祀有关佛法重要之物的建筑物。另外，习惯于没有坟墓的泰国人，一般在葬礼过后，将遗体焚烧，将遗骨存放在塔里保存，对于他们来说，这座塔具有死后的安葬塔或者墓石的意义。

叻差布拉那寺院内与郑王寺相仿的佛塔

佛塔一般可分为基本上为圆锥形的千迪和建成玉米形状的帕恩两种样式。泰国北部、东北部、南部的寺院叫作塔特，常见的是多为平面式的、非圆锥形的佛塔，而在曼谷市区则不然。

千迪粗略地可分为三种建筑样式。呈吊钟形的斯里兰卡千迪，是建立在小乘佛教基础之上的、从斯里兰卡传来的正统派。另一种是以吊钟为基本形状，这一点没有变，却以底座呈多角形为特征。还有一种发生了最大变化的则是，在卧佛寺寺院内等可以见到的、以面和直线为基调的细长四方的小型千迪，这种似乎是在泰国发展独特的塔的造型。

千迪由好多层重叠而成的、有着复杂的多层构造，这也并非纯属于装饰而没有任何意义的累加。一层一层，角的个数、叠加法都包含着佛教的意义。简单地来讲，佛塔的顶点代表的是佛教的最高境界涅槃。以下分层、每个层级高度差都有佛教上的讲究，最下层的底座代表的是人类居住的世界整体。千迪是全部佛教思想的集中体现。

佛塔的另一个流派帕恩是印度教寺院中不可或缺的样式之一。由于泰国王室笃信婆罗门教，王室寺院里特别多（帕恩即是指印度神殿）。塔的尖端部点缀的避雷针似的东西，是象征印度三大神之一的吉布神的造型（诺帕森），有的塔半中间兼作装饰用，镶嵌着印度拉神及其坐骑三头象。郑王寺的大佛塔就是帕恩。

■萨拉与库提

人们休息与聚会的小房间叫作萨拉。另外，将僧侣起居用的小房间称作库提，以示与世俗区别开来。

僧侣起居用的小房间

■小学校

泰国的许多寺院另设着小学校。这原本是寺院的僧侣传授村里人学问的残留之物，在中国叫作私塾。在地方上学校与寺院是同义语。另外，有的王室寺院里也同时设有由僧侣传授佛教学的佛教大学。

泰国的佛教

据说现在泰国的国民 95% 是佛教徒。泰国的宪法承认国民有选择宗教的权利，而实际上的国教就是佛教。

■泰国的佛教是小乘佛教

世界上的佛教大致上可以划分为两种。其中之一，发源地是北印度，然后传入西藏，经过中国传到日本的大乘佛教（北传佛教）。主张全部信徒平等救助为其最大目的，是普度众生的佛教。而泰国信仰的却是经过斯里兰卡传来的另一种主流派的南方小乘佛教（南传佛教）。它与大乘佛教的最大的区别在于，精心挑选的严格修行和禁欲的人，即只救济出家修行之人，为他们开辟道路。

敲响钟，祈祷来世有好运

■萨加

只由僧侣组成的，小乘佛教特有的组织形式萨加。小乘佛教的所有僧侣均隶属这个萨加，以示与非萨加（非出家人）的俗人明显区分开来。特别是泰国的萨加，是以国王为顶点，以国家规模的大组织。

■小乘佛教的特色 / 遵守戒律

小乘佛教徒的最终目标是达到悟的境界。然而为了通向全然了悟的无我境界，就必须舍掉迷惑人生根源的烦恼、欲望。为了践行，泰国佛教制定了名叫帕提莫卡的 227 条戒律。这些戒律涉及人们的日常生活，范围非常广泛，可以说是限定着人们的一切行动和思想的戒律。只是这些戒律的数目，就成为人们的烦恼，其中“性交”、“盗窃”、“杀生”、“虚假的悟道”这四戒，构成了僧人绝对不能违反的基本条款。

斯塔特寺周围，佛事用具店林立，可以在这里买到送给出家人的礼物

其他戒律当然也必须遵守，尤其是违反这四条的僧人绝对得不到原谅，会被从萨加驱逐出去，断了修行之路。只拯救遵守这些严格的戒律、经过严格修行的人，是小乘佛教的特色，这一点就是与即使沉默的人也要去拯救的大乘佛教的最大区别之处。

■出家，男人的义务?

出家者并不全是为了达到真正的了悟而求道的人。作为成年人，一次也没有出过家，被称为“未成熟之人”，社会地位就略低一等，这样的风俗习惯，使得在泰国，即使是短期，也要做一回僧侣的人很多。说起出家，是成年人行为的一种体现，是小乘佛教徒的男人无法回避的仪式。再有将小孩送入佛门修行，这对父母来说是最高的积德行为，对家庭来说，有成年男人必须出家的氛围。特别是女性不能出家进入佛门，所以将这一理想寄托给了儿子。由于以上的理由，出家仪式是全家都要出席的盛大典礼。还有，就是想学习却由于家贫上不起学的孩子中有为修学而出家的人。据说现在的泰国有超过 20 万人的僧侣。

■僧侣的生活

一出家首先要剃成光头。这时候，要连眉毛也剃掉，这是泰国小乘佛教僧侣的特征。却意外地很有魅力。剃度结束之后，将从前穿的衣服脱掉，换上黄色僧衣，禁止穿其他服装。这样在寺院的生活就开始了。

早晨，僧侣们在日出之前起床，手里拿着钵（巴特），托钵（品塔巴特）转。根据戒律，僧侣们禁止参加生产活动，食物必须靠人们的布施来筹措。僧侣们每天光着脚在街上走。大概转上一圈，钵里的食物满了，就返回寺院，准备吃饭。小乘佛教的僧侣午后禁止吃饭，只在早晨与正午之前一天吃两顿饭（有的寺院只吃一顿饭）。

僧侣们寺院内的生活

其余的自由时间很多，僧侣们基本上都在寺中度过，如果没有事，尽可能地避免外出。

■僧侣的修行/戒律的遵守与学习测验

只要是男性，谁都可以出家为僧，关键是出家的时间长短问题。

在萨加的僧侣排序，首先由出家的年数决定，分为5年以下、9年以下、10年以下三个阶段。而且也不是漫不经心地在寺院里待着就可以了。刚刚接受了出家仪式的人，安静地在寺院里待着也可以，若打算追求僧侣之道，舒舒服服地过日子可不行。萨加里面存在着9个等级，僧侣的地位由他自己所处的等级来决定。而且这个等级是每年由国家进行测试的结果来决定的。僧侣在严格过着朴素的生活的同时，还必须挑战学习考试。考试也是难过的关，最高的等级可以获得博士称号或者获取同等资格，学习到一般水平，考试时要想进级是相当难的（以生活态度作为问题的考试只考居于高级位上的僧人）。并不是以长期出家为骄傲的资本，如果不抱定崇高的理想与好学心持续不断地努力的话，在泰国佛教萨加中要想确立稳固的地位是相当难的。

■还俗/脱离萨加

诸多情况及杂念堆积等，致使不能继续遵守戒律生活的僧侣，脱掉僧衣，离开萨加。这叫作还俗。这意味着断绝了修行之念，本是一种落伍者的行为，但是泰国社会并不这么认为。这只不过是那个人一生中最大的佛教活动的结束而已。人们重视的是严格的出家生活已然度过这一事实，因此一般从寺院里回来的原僧侣是受人们欢迎的。

■积德/非出家人的佛教

小乘佛教只拯救修行中的僧侣。不过，小乘佛教在泰国开辟了一条普度众生的道路，这条路叫作“塔姆本”，也就是积德（本）。给寺院、僧侣布施或捐款而积德，依靠外力而接近佛。

小乘佛教徒相信轮回转世，而决定转世时命运的是德的累积量的多少。命运的好坏是先天就已定，而此命运正是由个人前世的努力程度而决定的。当世的幸福只是前世积德高的表现，而不幸只是代表努力不够所造成。那么具体怎么做才能积德呢？当然成为僧侣，努力修行是最高的积德方法，但现实生活中还有其他情况。比如女性原本就不能成为僧侣，需要采取别的方法。因此支援塔姆本就盛行了起来。塔姆本比起萨加来更便于进行，不管是哪位僧侣还是哪家寺院，都没关系。泰国没有檀越制度，是由市民水平决定的塔姆本。

清晨，僧侣们各自从寺院中出来，托钵到处走。这是最接近塔姆本的机会。帮助僧侣的饮食生活，是积德。布施原本是指将剩下的东西给僧侣的一种行为，而钵中所盛放的却根本不是什么残茶剩饭，全是精美的食物。去清晨的早市，甚至还有卖“布施套餐（米、菜、饮料放在一个小塑料袋里）”的。无论送给多美味的食物，僧侣们却不表达谢意，是因为那最终还是“剩下的食物”，对他们来说还是施舍的。应该感谢的不是被布施的人，而是能得到布施机会的人。泰国一个月有四次佛教日（瓦恩帕、新月、圆月及其中间），这些日子是绝佳的塔姆本日。各个寺院都要做法事，来自各个家庭的捐赠的物品堆积得像小山一样。而对这种行为高兴的是一般人能有积德的机会，并非是寺院。

如此积的德越来越多，是来世生活的保障，将来会安定下去。钱、物都可以，总之捐赠越多，积德量越多。民众依靠积德是不能成佛的，而僧侣们若没有民众的布施是无法维持生活的，绝不能说哪一条路离佛更近。本来只救济出家人的小乘佛教，在泰国通过这种行为，与非出家人也保持着协作的关系。

■泰国的寺院与人之间的关系

寺院是充满活力与生活气息的地方。

泰国的寺院好多都兼有学校的功能。僧侣们在学问、知识方面造诣很深，所以常被作为身边的老师而受人爱戴。在行政力度不够的地方，寺院就是私塾，寺院内全是孩子。再有，努力与其他人接近，不保持距离是泰国寺院的特征。曼谷市区的寺院似乎现在已丧失了生活感，但是在地方上仍然是“村庄与村里人生活的基础”那样的感觉，极易亲近。那里不单纯是宗教的场所，还进行选举、集会等，是社区活动中心。葬礼、婚礼、人生的好日子或坏日子，也全部由寺院及僧侣来主持。泰国的寺院，也有不向这些仪式一边倒的生活场所。泰国的寺院绝对不会脱离百姓生活，遗世独立。

一般人也用各种各样的方式积德

婆罗门教/印度教的关系

一边在市区观光一边参观寺院，有没有忽然觉得有奇怪的感觉呢？观赏了玉佛寺、郑王寺等，会产生一些疑问吧。“佛教之国为什么又有婆罗门教？”若要解释清楚这一点，实在须大费周折。因为佛教原本是反对婆罗门教、印度教的差别（卡斯特）对待主义的，而是宣扬众生平等的宗教，两者从教义上说就是相反的。可是婆罗门教却可以与佛教中基本教义相近的小乘佛教国共存，实在是一件不可思议的事。那么这又是为什么呢？

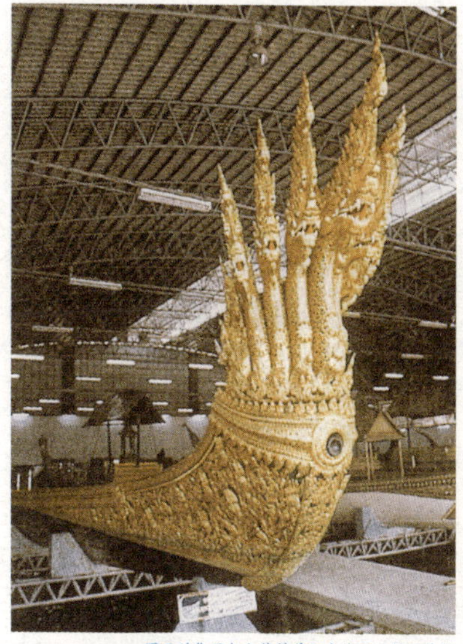

国王的御用船上装饰着取自婆罗门教的装饰

也就是说，佛教认为不管是什么人生来都是平等的，可是在统治国家方面却有不妥之处。国王有绝对权力，必须站在所有人的顶点之上。真正信仰佛教的人是不与他国开战的，也不能过奢华的生活。而婆罗门教则为维护国王的权力而提供了必然的依据。是大城王国有目的地从邻国高棉帝国引进的，它的神性、差别性的教义正好与加强国王的绝对存在相吻合。虽然涉嫌牵强附会，但是在当时的大城王朝很需要这样的理解。

注：印度自古以来的古典、经典集中起来，产生了婆罗门教，随着时间的推移，加入了一些土著文化的要素，变得更加细密，形成了印度教。“婆罗门”指的是制定了等级制度（卡斯特）的印度教中，位于最高位的司祭阶层。泰国佛教是在印度教确立之后传入的，在思想上继承了婆罗门时代的思考方式。

华人的佛教

虽说佛教徒占了泰国全体国民总数的95%，其信仰的方式却有所不同。华人信仰的佛教不是小乘佛教，是来自中国本土的北传佛教，也就是大乘佛教，加入了儒教、道教思想的佛教。它与土著的泰国人、从别国移民来的华人还存在差异（在泰国的越南人也属大乘佛教信徒）。走在曼谷街头，穿黄色袈裟的僧侣经常见到，其中中国僧人却很少，不觉得奇怪吗？实际上，这是因为在泰国的中国人信仰的是大乘佛教，在他们中间出家的重要性低的缘

泰国的华人人口众多，到处都建有中国庙

故。然而，近年来随着文化的同化性发展，信仰小乘佛教的华人也在增加。

其他宗教

少数派宗教的代表是约占全体国民总数的4%的伊斯兰教徒。曼谷市区也有几座漂亮的清真寺，它们传承的是伊斯兰教的意义相当大。在这个国度里，最早开始普及教育，设立学校的启蒙活动的推动者都是伊斯兰教的传教士们。泰国现代化之父拉玛四世，也曾向许多外国司祭人员、传教士等学习语言，了解海外情况，推进门户开放政策。正式布教的历史大约与日本在同一时期，在这个保守的农业国度里，慢慢地开始有了成效。特别是在拥有进步思想的曼谷，对现代泰国的佛教界持否定态度的人不在少数。这些人放弃了佛教，改变了自己的宗教信仰。

在印度人多的帕浮拉特

比/精灵信仰

再者，提到泰国宗教时不能忘记的是"比"的存在。"比"在泰语中指的是精灵、妖怪、灵魂等无实体、只有存在感的幽灵似的东西。一切现实中存在之物，内在似乎都有"气"，"比"是神的概念的总称。民居的院子前面、酒店前等城市里到处都建有的小祠堂（萨帕普姆）就是比的住处。人们摆放上花、烧香、供奉上食物，用来祭祀比。有给人带来好运的比，也有降不幸的比。人们必须以能得到好比的庇护的心情来崇拜并祭祀。泰国讲迷信的人多，其根本上就是因为这个"比"的存在。

这个对"比"的信仰，到了泰国地方上更为严重，北部的山岳地带中，只信仰"比"的少数民族很多。伊沙地区（东北部）这种倾向更强。当游客看到安拉文百货商店一角的唐·马哈·布拉玛（安拉文祠堂）聚集的那么多人时，就会深切地感受到这个国家信仰之深。

据说帕（护身符）中隐藏着不可思议的神秘力量

泰国王朝史

素可泰王朝（13~15世纪）

泰国正式成为一个国家是从13世纪兴起的素可泰王朝开始的。在这之前这一带一直是高棉帝国的势力范围，随着这个帝国的衰落，素可泰地区起了内乱，最后平定了这个地区，产生了第一个泰国人建立的王朝。这个王朝的第三代国王拉姆卡姆亨在位时期，军事力量强大，政治体制完备，迎来了王朝的全盛期。以都城素可泰为中心，统治着比现在泰国国土更大的广阔地域。而且该国王不仅军事实力强，还从中国引进了陶瓷器的制造技术，创造了泰国文字，普及小乘佛教等，在文化层面也很活跃，直到现在也被称为泰国王朝史中的名君。然而素可泰从这个王朝的继任国王鲁泰伊王时代开始衰落，势力越来越弱了。

素可泰的玛哈塔特寺

大城王朝（1350~1767）

大城这个城市从13世纪繁荣的素可泰王朝时代开始，已经作为贸易中心地而兴旺发达。注意到这个地区所处的地理位置优越的是离这里往北20公里处的乌通地区的统治者拉玛提布迪。因为乌通当地流行传染病，放弃了原统治区的他，于1348年向贸易都市大城转移，1350

年，他将这个地区命名为“克隆坦普塔瓦拉瓦迪西大城”，作为王国的都城，自己成为第一代国王。从这以后开始了长达417年的大城王朝统治时期。当时的素可泰王朝气数已尽，其他大臣等没有可以压制新势力的力量，结果是默认了拉玛提布迪的统治权。以后就被这个新兴的国家吞并了。拉玛提布迪王驾崩之后，大城依次由素旺纳普王室、素可泰王室、帕沙敦王室、邦普罗恩王室统治，国家顺利地向前发展，到1767年缅甸军入侵将国都全部摧毁之前，一直持续繁荣态势。

大城的帕玛哈塔特寺

吞武里（郑信）王朝（1767年~1782年）

夺回被缅甸军占据的大城的人，是著名的猛将郑信。郑信在大城即将陷落之前，率领军队退到了东南部，将军队整合之后，突袭都城。这次作战成功地将缅甸军驱逐出去。后来，缅甸军又多次派军队进攻大城，郑信凭借他的军事才能，多次取得了胜利，守住了国土。经历了战争洗礼的大城，已成为废墟，不得不放弃，郑信将都城迁到了往南约80公里处的吞武里，登基称王，开创了自己的王朝。然而，郑信到了晚年，陷入了精神错乱状态，最后是被强制收容到寺院内并被处死，结局相当悲惨。郑信在位15年，吞武里王朝是只有一代王的王朝。但是，郑信从缅甸军手中将国家拯救回来这一事实毋庸置疑，至今在民间还流传着他的勇猛果敢的故事。

旺威安亚伊的郑信王像

当今王室却克里王朝史

开国国王拉玛一世

却克里王朝的历史始于1782年，也就是吞武里王朝时郑信王的属下差奥帕亚·却克里将军，将精神异常的君主郑信王处死之后，继承王位开始的。却克里将军自命名为帕·普塔·约特法·乔拉罗克·玛哈拉特（拉玛一世），于同年4月6日正式即位。这一天即现在的“却克里王朝纪念日”，已成为节日。

拉玛一世登上王位之后，将都城从吞武里迁向湄南河东岸，这就是现在曼谷的起源。拉玛一世与前一代郑信王一样，将原来的大城当作国家的乌托邦来崇拜，在政治、经济、街道样式方面全部模仿大城风格。他从遭到破坏的大城寺院里运来砖，在新都城修造王宫、守护寺玉佛寺。周围建造了围墙及城墙，以防止外敌入侵。曼谷城超越了全盛期的大城，确立了巩固的王权统治。并且整理了佛教法典，巩固了佛教国家的基础，对佛教的热忱保护是以往的王朝所没有过的。

拉玛一世像

拉玛二世、三世

以诗人而闻名的拉玛二世（帕·普塔·拉特拉那帕拉伊）于1809年即位。他与1824年即位的拉玛三世（帕·侬·克拉奥）一起，历经两代，将曼谷市区以前的旧寺院进行了修复，而且建造了许多新的寺院，将与佛教国的都城相适应的阵容扩展下去。

拉玛三世像

拉玛二世像

拉玛四世　现代化的基础

拉玛二世的王子、拉玛三世的异母弟蒙克

特王即拉玛四世即位于1851年。20岁开始出家，其后度过了27年的僧侣生活的拉玛四世，在此期间，在知识、语言学习、西方文化方面的造诣等都很深，亲自掀起纠正开始混乱的佛教的运动，并创立了塔玛约特派（塔玛约特尼卡伊）等，积极地参与了文教活动。从父亲拉玛二世的血统那里拥有至高无上的王位继承权的他，却将权力让给了拉玛三世，自己出家，是一位有学者风度的人。

拉玛四世判断出，国家之前一直处在贸易被动的一方，得到的收入不足以让国家自立，于是1855年与英国签订了通商条约（《保龄条约》），改变了当时闭关锁国的状况，打开了门户。他还推广国家主打产品大米出口，而获得了外国货币的政策，给由王室垄断而造成停滞的经济注入了活力。这一政策也促使了农业从自给自足向重视出口转换，使得湄南河三角区的生产发生了飞跃式的发展。湄南河流域运河网络发达，平原地区转化为第一大水田地带也是从此时开始的。以后，拉玛四世不断和各国列强缔结条约，推进市场开放政策，重塑泰国的经济。

此外，对西方文化与文明寄以深切关注的拉玛四世，为了谋求暹罗国（缔结《保龄条约》时定的正式国名）的发展，需要学习西方学问和文化，以求泰国实现现代化，他让王族和贵族的子女们都学习外语和西方的文化。在此期间他为自己的孩子们请了家庭教师，是1862年从新加坡雇来的女教师，她是英国人，名叫安娜·兰奥诺万卢丝。她因作为作家玛格丽特·兰登的小说《安娜与暹罗王》主人公的原型而有名。构成这部小说的基本素材来源于她写的关于宫廷生活的自传。

这部小说转化成的舞台作品是在布罗道万伊长期上演的米卢斯·根治的《国王与我》。在舞台上由男演员由鲁·布林纳饰演的秃头国王就是拉玛四世。只从照片上看，布林纳也并非不像蒙克特王本人。国王与安娜手拉手跳舞的舞蹈场面特别有名，而实际上据说拉玛四世也非常擅长跳舞。不过，将安娜雇用来时，国王已经很老了，不会那么精神抖擞地跳舞。顺便提一下，国王听命于一个英国女人的场面等也成为问题，《国王与我》在泰国国内被禁止上演（由乔由恩发与吉迪方斯塔主演的重新翻拍的《安娜与国王》也是同样的命运）。为了了解却克里王朝的历史，看一看这部片子也可以。

拉玛五世 泰国现代化的主角

将西方文化成功引入暹罗国的拉玛四世，因疟疾驾崩之后，1868年丘拉隆空大王即拉玛五世15岁即位。现在的泰国义务教育课本中仍不断颂扬的历史英雄就是拉玛五世。

拉玛五世的骑马像

拉玛五世在暹罗国断然推行司法、行政改革。仿效欧洲各国的制度，于1874年设立了国民议会和枢密院。1892年在各省设制厅，1894年将各地方重新划分、改编，延续至今，确立了中央集权制的国家。进一步修改税制、整顿财政，管理、制定国家预算行政。考虑到为了在全国实现现代化，教育的普及是不可缺少的，创设王室学校、普通学校，引入奖学金制度，致力于国民的启蒙教育。进而开始了电信电话业务，完成了通信网的基础建设，开通了叻差达慕里路从王宫到律实宫殿的通信网络，整修周边的道路，完善市区的交通网。从曼谷到距离曼谷250公里的东北部的城市纳空拉恰西玛之间铺设了铁路，国内第一台机车开始运行，确立了从地方连接曼谷的交通网的基础。

这位国王最伟大的功绩还在于废除了长期延续下来的不自由民（可以用货币买卖的劳动者）制度。这项富有人道性的出色功绩，虽然经过重重阻力，花费了30年的时间，终于于1905年4月达成。拥有绝对权力的国王也花了30年时间，可以想象出不自由民的解放是多么困难。

再有，据说拉玛五世王拥有5位王妃，还有许多侧室，正如文字记载，是一位精力非常充沛的国王（据说侧室有160人以上）。之所以他尽管有很漂亮的宫殿，还必须在律实再建造一所宫殿，其原因就是因为侧室的数量过于庞大，王宫里住不下的缘故。虽然历代国王拥有侧室是理所当然之事，但是拉玛五世在这方面更突出。开辟了泰国现代化的国家道路的拉玛五世，是一位在各方面都居于却克里王朝顶点的伟大国王，也是被允许奔放不羁的最后一位国王。

■拉玛六世　在文化方面建立功勋的人

拉玛六世像

接替伟大的拉玛五世的拉玛六世（瓦奇拉乌特），是一位富有文化和文艺才能的国王。将历代国王叫作“拉玛*世”的就是这位国王。奉父亲拉玛五世之命，作为暹罗国的王子，在英国留学9年后，于1910年11月即位，创立了童子军和红十字会，于1917年10月将国旗从一直用的安拉文白象旗改为现在的红白蓝三色旗，引入了佛历，制定了节假日。开始着手修建横跨湄南河的第一座桥，整修廊曼机场，开设了暹罗国的第一家银行。于1912年下了名字令，建议国民都要拥有名字；并于1921年下达了小学校令，着力普及教育。义务教育制度也是从此时开始的。1917年7月22日，受联合国的邀请，决定参加第一次世界大战，以此暹罗国加入了国际联盟，作为独立国确立了它的国际地位。

拉玛六世王在文学戏剧方面具有很高的造诣，他将莎士比亚的戏剧翻译成泰语，写日本题材的小说，还亲自出演。而且利用自己的文才，从各国语言中创造出了新词，丰富了泰语的词汇。不过由于文人气太足的原因，在国家财政的管理上极度混乱。1912年从心腹口中察觉了颠覆帝王制计划。正是因为财政的混乱，却克里王朝陷入了困境。

■拉玛七世　绝对君主制度的结束

延绵继续了长达150年的却克里王朝，迎来了最大危机，是在拉玛六世的弟弟拉玛七世即位时期。该王在位时全世界被大恐慌笼罩，经济陷入大萧条，处于形势最恶劣的时期。暹罗国也不例外，王国落入前所未有的萧条状态，前国王松弛的财政政策，殃及财政，国家的财政困难一日比一日加深。拉玛七世为了打开危急的局势，断然进行了几次强硬的改革，将王室的预算减少到最盛期的三分之一，为了节省国家预算开支，大幅度裁减官员，这种行为不用说在当权者中有着不好的影响。拉玛七世为了恢复作为国王的威信，断然采取了一系列的行政改革，因招致好多人的不满而失败了。

1932年6月24日，国王在南部城市福尔辛离宫中疗养期间，武官帕洪大佐与文官首领普里迪率领着人民党爆发了立宪革命。此后，暹罗国就变成了君主立宪制国家，虽然国王作为新国家的象征而继续存在，但是已经从掌握绝对权力者降为国家元首，被剥夺了专制的权力。实际上，在这场革命爆发之前，已对绝对王权的未来产生悲观思想的拉玛七世，自动地在探讨向君主立宪制国家转变，只是面对王族的强烈抗议，无疾而终。也许君主立宪制国家的建立是时代发展的必然趋势。理解革命目的的国王，返回都城，将6月27日的临时宪法换成12月10日的新宪法，予以宣告，亲手将绝对王权制度埋葬了。

拉玛七世博物馆

而且拉玛七世王在革命后的第二年，宣称要治疗眼病，离开了暹罗国，奔赴英国，1935年3月2日从王位上退了下来。拉玛七世为了理想地为人民着想的民主主义，也看到了一部分革命实践者想拥有权力的志向而退位。绝望的他，以后再也没有回到泰国（革命后的1939年6月暹罗国改名为泰国）的土地，于6年后的1941年在英国驾崩。已成为遗骨的拉玛七世王最终回到了泰国。

■拉玛八世　悲剧与谜

拉玛七世退位之后，就任却克里王朝王位的是拉玛五世儿子的长子。因为拉玛七世没有孩子，而且连直系亲属都没有，这是按照血统查寻下去的结果。拉玛八世于1935年3月即位，当时年仅10岁，为完成学业继续留在继承王位

拉玛八世像

之前的瑞士，王室由拉玛八世的摄政所管理。学业完毕之后，国王回到泰国，当年是1946年6月，这却成为却克里王朝最大的不幸。同年6月9日，国王在波鲁玛比孟宫殿中弹，谜一样地死去了。正式的公告宣称“操作枪械过程中偶然事故”，在警察的报告中也有“子弹从胳膊上部穿过，进入了头部”，但是国内外“事故说”、“他杀说”、“被谋杀说”、“暗杀说”、“自杀说”等众说纷纭。当时的内阁全体引咎辞职，几年之后，当天担任王室守卫的好几个人都受这次事故的牵连而被处死，可是背后的关系等并没有完全明了，至今仍然是一个谜。

拉玛九世　辛勤工作、睿智的国王

兄王发生了不幸事故之后，即位的是拉玛八世的弟弟普密蓬·阿杜德王子。王子当年19岁，于拉玛八世驾崩后12小时之后登基。可是教育课程尚未完结，于是又返回瑞士继续学业。

随着学业结束回国，从即位那年算起，已是四年之后的1950年。同年4月28日与相当于拉玛五世的远方亲戚，当年仅17岁的诗丽吉小姐举行了婚礼，随后5月5日，举行了正式继承王位的盛大典礼，就任了却克里王朝的第九世王。

国王因君主立宪制而丧失权力，他回避政治家们为使武装政变成功而反过来利用王制，成功地度过了1970年由学生发起的改宪运动和相仿各国的共产主义高潮，保持了延续了200年的却克里王朝的威严。进而，他的卓越人格和理性赢得了国民的支持，让泰王国继续维持了下去。2003年，由于柬埔寨发生反泰暴动而激怒了泰国民众，人们齐集在曼谷的柬埔寨大使馆门前，而国王的一句“要冷静地处理”，使大家都解散了，可见国王的存在感还是很强大的。

国王常常工作，一直在王宫内进行农作物的研究，制作快艇参加比赛，会弹奏乐器、会作曲，不管是去哪里，总是带着加农炮的一个透镜的反射照相机；还会画油画、制作电影等，兴趣相当广泛。而且每个季节他都要巡回于在地方上建造的别墅，不懈怠地视察民众们的生活状态。加上频繁举行的王室活动，生活非常繁忙。2012年的生日，他85岁，在位已经长达66年了，这是历代国王中最长的。这几年来，他健康状况不佳，不断地住院、出院，希望他能长寿。

拉玛九世夫妻的肖像

旅游中的泰语

声调和发音

泰语有 5 种声调。比如“ma”，根据声调不同可表示“马”、“狗”、“来”、“妈妈”等完全不同的几种意思。也就是说如果声调错误，泰国人就没法听懂。

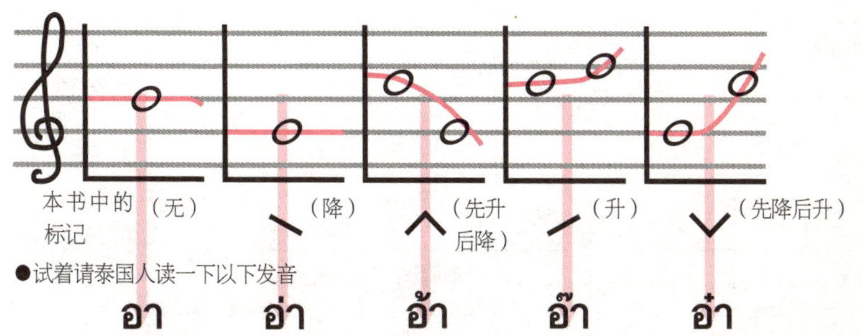

此外，元音和辅音中还有很多音无法用罗马字母准确标记出来。这里我们就用罗马字母在能听懂的范围内进行大致标记，如果你想进一步学习，请购买市面出售的语言教材、录音带或去语言学校进修。

泰语中有被称为末辅音的不出声的发音。以 pu、ku、to、mu、n、ngu 结尾的单词，基本上只做出发音口型，但在发音前停止，不发出音来。本书标记为（pu）、（ku）、（to）、（mu）、（n）、n（gu）。

敬语

泰语中有郑重语。有些部分即使省略也能理解，但郑重的谈话是泰国社会交流的特征，无论对方是什么地位什么年龄，只要双方不是非常亲密的关系，都必须在句尾添加下面的词汇。泰国家庭内，即使孩子对自己父母说话，一般也要用敬语。所以，特别当游客对泰国人说话时，在双方成为无须使用敬语的关系之前，请不要忘记使用敬语。

男性的敬语 = ครับ kura（pu）（升） 女性的敬语 = ค่ะ ka（先升后降）
[女性的疑问词 = คะ ka（升）。男性的疑问语和敬语相同]
单独使用也可用作回答“是的”。本书中“kura（pu）/ka”都省略为“K”。

人称代词

●我（男性谈到自己时）
ผม
po（mu）（先降后升）

●我（女性谈到自己时）
ดิฉัน
deicya（n）（升）

●你
คุณ
ku（n）（无）

●您
เธอ
tou（无）

●我们
พวกเรา
pua（先升后降）（ku）rao

●他们
พวกเขา
pua（先升后降）
（ku）kao（先降后升）

●他
เขา
kao（先降后升）

●谁
ใคร
kurai（无）

时　间

上午		下午
เที่ยงคืน / สองยาม Teian (gu) ku (n) /songuyamu （先升后降）（先降后升）	0点	เที่ยง Teian (gu) （先升后降）
ตีหนึ่ง Teinun （降）	1点	บ่ายโมง Bai mon (gu) （降）
ตีสอง Teison （先降后升）	2点	บ่ายสอง(โมง) Bai son mon (gu) （降）（先降后升）
ตีสาม Teisa (mu) （先降后升）	3点	บ่ายสาม(โมง) Bai sa (mu) mon （gu）（降）（先降后升）
ตีสี่ Teisui （降）	4点	บ่ายสี่(โมง) / สี่โมง(เย็น) Bai sui mon (gu) /sui mon (gu) (iennu) （降）（降）（降）
ตีห้า Teiha （先升后降）	5点	ห้าโมง(เย็น) Ha mon (gu) (iennu) （先升后降）
หกโมง(เช้า) Ho (ku) mon (gu) （cyao）（降）（升）	6点	หกโมง(เย็น) Ho (ku) mon (gu) (iennu) （降）
เจ็ดโมง(เช้า) Cye (to) mon （gu）（cyao）（降）（升）	7点	หนึ่งทุ่ม Nun toumu （降）（先升后降）
แปดโมง(เช้า) Pe (to) mon (gu) \ (cyao) （降）（升）	8点	สองทุ่ม Sontoumu （先降后升）（先升后降）
เก้าโมง(เช้า) ao mon (gu) (cyao) （先升后降）（升）	9点	สามทุ่ม Sa (mu) toumu （先降后升）（先升后降）
สิบโมง(เช้า) Sui (pu) mon (gu) (cyao) （降）（升）	10点	สี่ทุ่ม Sui toumu （降）（先升后降）
สิบเอ็ดโมง(เช้า) Sui (pu) e (to) mon (gu) (cyao) （降）（降）（升）	11点	ห้าทุ่ม Ha toumu （先升后降）（先升后降）
เที่ยง Teian (gu) （先升后降）	12点	เที่ยงคืน / สองยาม Teian (gu) kun (nu) /son yamu （先升后降）（先降后升）

●分
นาที
naitei

●（~点）半
ครึ่ง
kurun

●现在
เวลานี้
uerani

●马上
เดี๋ยวนี้
deiaoni

●早晨
เช้า
cya（0）

●夜晚
กลางคืน
kuranku (n)

●几点了?
กี่โมง
kimon (gu) ?

●几小时?
กี่ชั่วโมง
uamon (gu) ?

数　字

泰国在商场和城市一般使用阿拉伯数字，但首都之外的地区使用泰国数字。政府和官方机关一般用泰国数字。

※ 10以上数字的1位发音为 เอ็ด（降）（to）。※阿拉伯数字 = 泰国数字。标注为发音。

0= ๐ ศูนย์ su（n）(先降后升)
1= ๑ หนึ่ง nun (降)
2= ๒ สอง son (先降后升)
3= ๓ สาม sa（mu）(先降后升)
4= ๔ สี่ sui (降)
5= ๕ ห้า ha (先升后降)
6= ๖ หก ho（ku）(降)
7= ๗ เจ็ด che（to）(降)
8= ๘ แปด peto (降)
9= ๙ เก้า kao (先升后降)

10= ๑๐ สิบ sui（pu）(降)
11= ๑๑ สิบเอ็ด sui (降)（pu）e（to）(降)
12= ๑๒ สิบสอง sui (降)（pu）son (先降后升)
13= ๑๓ สิบสาม sui (降)（pu）sa（mu）(先降后升)
20= ๒๐ ยี่สิบ i (先升后降) sui（pu）(降)
21= ๒๑ ยี่สิบเอ็ด i(先升后降)sui(降)（pu）e(to)(降)
22= ๒๒ ยี่สิบสอง i (先升后降) sui (降)（pu）son (先降后升)
30= ๓๐ สามสิบ sa (先降后升)（mu）sui（pu）(降)
40= ๔๐ สี่สิบ sui (降) sui（pu）(降)

100= ๑๐๐ ร้อย roi (升)
101= ๑๐๑ ร้อยเอ็ด ro1 (升) e（to）(降)
110= ๑๑๐ ร้อยสิบ roi (升) sui（pu）(降)
200= ๒๐๐ สองร้อย son (先降后升)（gu）roi (升)
300= ๓๐๐ สามร้อย sa (先降后升)（mu）roi (升)

1000= ๑๐๐๐ พัน pa（n）(无)
1 万 = ๑๐๐๐๐ หมื่น mu（n）(降)
10 万 = ๑๐๐๐๐๐ แสน se（n）(先降后升)
100 万 = ๑๐๐๐๐๐๐ ล้าน ra（n）(升)

问　候

你好。

สวัสดี

Sawa (降) dei K

抱歉。(对不起)

ขอโทษ

ko (先降后升) to（to）(先升后降) K

谢谢。

ขอบคุณ

Ko (降)（pu）ku（n）K

再见。

ลาก่อนนะ

Rako (降)（n）na K

身体好吗?

สบายดีหรือ

sabai dei ru (先降后升) K ?

身体很好。

สบายดี

Sabai dei (无) K

不太好。

ไม่ค่อยดี

Mai (先升后降) koi(先升后降) dei K

我叫○○○。

ผม/ดิฉัน ชื่อ○○○

Po(先降后升)（mu）/deicya (升)（n）cyu (先升后降) ○○○ K

购　物

这是什么?

นี่อะไร

ni(先升后降) arai K ?

100 泰铢。

ร้อยบาท

Roi(升) ba（to）K (降)

便宜点吧。

ลดหน่อยได้ไหม

这个〈多少钱〉?

นั่นเท่าไร

na (先升后降)（n）<tao (先升后降) rai> K?

太贵了。

แพงเกินไป

Pe（n）ku（n）pai K

50 泰铢怎么样?

ห้าสิบบาทได้ไหม

Ro（升）（to）noi（先升后降）dai（降）mai（升）K

ha（先升后降）sui（降）（pu）ba（to）dai（先升后降）mai（升）K?

让我看看别的颜色。

ขอดูสีอื่นๆได้ไหม

Ko（先降后升）dou sui（先降后升）un（降）u（n）（降）dai（先升后降）mai（升）K？

还有〈更大〉的吗？

ใหญ่กว่านี้มีไหม

〈yai〉（降）kuwa（降）ni（先升后降）mi mai（升）K？

※泰语中有很多即使是疑问词（arai、nai、taorai、kurai 等）语尾也不上挑的词汇。请注意这一点。

●商店

ร้าน

ra（n）（升）

●包、手提包

กระเป๋า

kurapao（先降后升）

●钱

เงิน

xngu（n）

●贵的

แพง

pen

●市场

ตลาด

tara（to）（降）

●玩具

ของเล่น

kon（先降后升）ren（先升后降）

●零钱

เงินทอน

ngunton（无）

●好的

ดี

dei（无）

●书

หนังสือ

nan（先降后升）（gu）su（先降后升）

●礼物

ของฝาก

kon（先降后升）fua（ku）（降）

●买

ซื้อ

su（升）

●坏的

ไม่ดี

mai（先升后降）dei

●文具

เครื่องเขียน

kuruan（先升后降）（gu）kia（n）（先降后升）

●香烟

บุหรี่

buri（降）

●卖

ขาย

kai（先降后升）

●小的

เล็ก

re（ku）（升）

●服装

เสื้อผ้า

sua（先升后降）pa（先升后降）

●金

ทอง

ton（gu）（无）

●付款

จ่าย

chyai（降）

●长的

ยาว

yao（无）

●鞋子

รองเท้า

ron tao（升）

●银

เงิน

ngt（无）

●便宜的

ถูก

tou（ku）（降）

●短的

สั้น

san（先升后降）

时　间

等一会儿。

รอเดี๋ยว

Ro deiao（先降后升）

以后吧。

ทีหลัง

Tei ran（先降后升）

●哪一天？（日期）

วันที่เท่าไร

wa（n）tei（先升后降）ta

●今天

วันนี้

（先升后降）（u）rai

●本〈周〉

อาทิตย์นี้

wa（n）ni（升）〈ateidouan（无）（升）（to）〉

●月

เดือน

ni（升）

●～日（日期）

วันที่

wantei ～（先升后降）

●昨天

เมื่อวานนี้

mua（先升后降）wanni（升）

●上一〈周〉

อาทิตย์ที่แล้ว

〈atei（升）（to）〉tei（先升后降）

●年龄、岁

ปี

reo（升）pi（无）

●几〈天〉?

กี่วัน

gi<wan>（降）

●明天

พรุ่งนี้

purunni（升）

●下一〈周〉

อาทิตย์หน้า

〈atei（升）（to）〉na

●公历

ค.ศ.

koso（先降后升）（先升后降）

●～天～

วัน

wan（无）

●后天

มะรืนนี้

marunni（升）

●每〈周〉

ทกอาทิตย์

t(升) ou（ku）<atei（升）

●佛历

พ.ศ.

（to）>poso（先降后升）

●星期天

วันอาทิตย์

wan atei（升）（to）

●1 月

มกราคม

wan cyan

●7 月

กรกฎาคม

wan ankan

●星期一

วันจันทร์

wan pu（to）（升）

●2 月

กุมภาพันธ์

wan puruha（to）（升）（降）

●8 月

สิงหาคม

wan su（ku）（降）

●星期二

วันอังคาร

wan sa（u）（先降后升）

●3 月

มีนาคม

douan makarakomu（升）

●9 月

กันยายน

douan kunpapan

●星期三

วันพุธ

douan minakomu

●4 月

เมษายน

douan mesayon（先降后升）

●10 月

ตุลาคม

douan puru(to)sapakomu(升)

●星期四

วันพฤหัส

douan mitounayon(升)(降)

●5 月

พฤษภาคม

douan karakadakomu（升）

●11 月

พฤศจิกายน

douan shi（gu）hakomu(升)

●星期五

วันศุกร์

douan kanyayon

●6 月

มิถุนายน

douan tourakomu（降）

●12 月

ธันวาคม

douan puru(to)sachikayon(升)

●星期六

วันเสาร์

douan tanwakomu

标注：佛历是泰国独自的年号，在公历的年数上再加 543 年。
2012 年是佛历 2555 年，2013 年是佛历 2556 年。

观光、交通

〈这条街道〉叫什么名字?

ถนนนี้เรียกว่าอะไร

〈tanon（先降后升）ni（升）〉ria（先升后降）（ku）wa（先升后降）arai K？

〈动物园〉在哪里？

สวนสัตว์อยู่ที่ไหน

〈suan（先降后升）sa（降）（to）〉yu（降）tei nai（先降后升）K？

这趟巴士去〈yaowarato（曼谷的中国城）〉吗？

รถเมล์นี้จะไปเยาวราชไหม

ro（升）（to）me ni（升）cya（降）pai〈yaowara（先升后降）（to）〉mai（升）K？

去火车站的巴士是〈哪一趟〉？

รถเมล์ไปสถานีรถไฟเบอร์อะไร

ro（to）（升）mei pai sata（先降后升）niro（to）（升）fuai〈bu arai〉k？

●大街

ถนน

tanon（先降后升）

●建筑物

ตึก

tou（ku）（降）

●公园

สวนสาธารณะ

suan（先降后升）sa（先降后升）tarana（升）

●自行车

รถจักรยาน

ro（升）（to）cya（降）kayan

●汽车

รถ

ro（to）（升）

●出租车

แท็กซี่

te（升）（ku）sui（先升后降）

●打表式计程车

แท็กซี่มิเตอร์

te（升）（ku）sui（先升后降）mitoua

●巴士站

ป้ายรถเมล์

pai（先升后降）ro（升）（to）me

●火车站

สถานี

sata（先降后升）niro（升）

●列车

รถไฟ

ro（升）（to）fuai kan（先升后降）

●飞机

เครื่องบิน

kuruan（先升后降）（gu）bin

●右侧

ข้างขวา

kan（先升后降）tawa（先降后升）

●左侧

ข้างซ้าย

kan（先升后降）sai（升）

●北

เหนือ

nua（先降后升）

●南

ใต้

tai（先升后降）

●东

ตะวันออก

tawan o（ku）（降）

●西

ตะวันตก

（to）fuai tawan to（ku）（降）

●前

ข้างหน้า

（gu）na（先升后降）

●后

ข้างหลัง

kan（先升后降）（gu）ran（先降后升）（gu）

●走

เดิน

doun（无）

●去

ไป

pai（无）

●回去

กลับ

kura（pu）（降）

●游玩

เล่น

tei（先升后降）ao

●近的

ใกล้

kura（先升后降）i

请求、许可

请让我看看菜单。

ขอดูเมนูหน่อย

Ko（先降后升）dou menu noi（降）K

可以吸烟吗？

สูบบุหรี่ได้ไหม

su（降）（pu）buri（降）dai（先升后降）mai（升）K？

可以。/ 不行。

ได้/ไม่ได้

Dai（先升后降）K /mai（先升后降）dai（先升后降）K

※用“ko（先降后升）”委托别人时最后加上“noi（降）”，表达更加婉转。

就 餐

要〈两人份〉的冬阴功汤。

ขอต้มยำกุ้งสองที่

Ko（先降后升）to（先升后降）（mu）ya（mu）kun（先升后降）（gu）〈son（先降后升）（gu）tei（先升后降）〉K

要一份跟那个一样的。

ขอแบบเดียวกับโต๊ะนั้น

Ko（先降后升）be（降）（pu）deia（先降后升）（u）ka（降）（pu）to（升）na（升）K。

请别放辣 / 甜。

เอาไม่ เผ็ด / หวาน

ao mai（先升后降）pei（t）（降）/wan（先降后升）K

请别加〈香菜 / 冰〉。

อย่าใส่ ผักชี/น้ำแข็ง

Mai（先升后降）sai（降）〈pa（降）（ku）chi/na（升）（mu）ken（先降后升）〉K

很〈好吃〉。

อร่อยมาก

〈aro（降）i〉ma（先升后降）（ku）K

请结账。

ช่วยเช็คบิลล์

小贴士 **类别词1**

泰语和中文一样有“～个”、“～件”、“～瓶”等量词。

请拿3〈瓶〉啤酒。

ขอเบียร์สามขวด

Ko（先降后升）bia sa（先降后升）（mu）〈kuwa（降）（to）〉K

- ～人 kon（无）คน
- ～个（小的物品、不知道量词的物品等）an（无）อัน
- ～杯（倒入杯中的饮料）keo（先升后降）แก้ว

Cyuai（先升后降）cye（升）（ku）bin K

●食堂

ร้านอาหาร

ran（升）ahan（先降后升）

●辣的

เผ็ด

pe（to）（降）

●热咖啡

กาแฟร้อน

kafuero（升）（nu）

●鸭子

เป็ด

pe（to）（无）

●日本料理

อาหารญี่ปุ่น

ahan（先降后升）i-（先升后降）pun（降）

●饱了

อิ่ม

i（降）（mu）

●矿泉水

น้ำแร่

na（升）malei（先升后降）

●鸡蛋

ไข่

k（降）ai

●拉面（大米）

ก๋วยเตี๋ยว

kua（先降后升）itei-（先降后升）a（u）

●调羹

ช้อน

cyo（升）n

●吃

●肉（主要是牛肉）

เนื้อ

nua（升）

●泰国菜

อาหารไทย

ahan（先降后升）

●咸的

เค็ม

ke（mu）（无）

●冰咖啡

กาแฟเย็น

kafueie（nu）（无）

●鱼

ปลา

pura（无）

●炒饭

ข้าวผัด

kao（先升后降）pa（降）（to）

●渴

หิวน้ำ

hi（先降后升）（u）na（升）mu

●〈橙〉汁

น้ำส้ม

na（升）mu〈somu（先升后降）〉

●青菜类

ผัก

pa（降）（ku）

●米饭（白米）

ข้าวเปล่า

kao（先升后降）-pura（降）

●叉子

●菠萝

สับปะรด

sa（降）（pu）pa（升）ro（to）

●猪

หมู

tai mu（先降后升）

●中国菜

อาหารจีน

ahan（先降后升）-chi（先升后降）pun（降）

●饿了

หิว

hi（u）（先降后升）

●茶

น้ำชา

na（升）mucya

●虾

กุ้ง

na（升）muku（降）wa（to）

●拉面（小麦面）

บะหมี่น้ำ

bami（降）

●筷子

ตะเกียบ

taki（降）a（pu）

●啤酒

เบียร์

bia（无）

●点心

ขนม

kano（先降后升）（mu）

●汤菜（咖喱）

小贴士

类别词2

●～瓶（装入瓶中的液体）
ขวด
kuwa（降）（to）

●～碗（盖浇饭）
ชาม
cya（mu）（无）

●～个（轻薄的物品，盘子、杯子、包）
ใบ
bai（无）

●件/支（衣物、笔、动物）
ตัว
toua（无）

ทาน
ta（n）（无）

ส้อม
so（先升后降）（mu）

แกง
ken（gu）（无）

●水果
ผลไม้
pon（先降后升）rama（升）i

●喝
ดื่ม
dou（降）（mu）

●杯子
แก้ว
dou（降）（mu）

●烧〈鸡〉
ไก่ย่าง
〈kai（降）〉yan（先升后降）

●香蕉
กล้วย
kuru（先升后降）ai

●甜的
หวาน
wa（先降后升）n

●盘子
จาน
cyan（无）

住　宿

有房间吗？

มีห้องว่างไหม

mi hon（先升后降）wan（先升后降）mai（升）K？（〈mi+名词+mai（升）〉）

〈一晚上〉多少钱？

คิดคืนละเท่าไร

mi hon（先升后降）wan（先升后降）mai（升）K？（〈mi+名词+mai（升）〉）

住〈3晚〉。

จะพักสามคืน

Cya（降）pa（ku）〈sa（先降后升）（mu）ku（n）〉K？

还有〈更便宜的房间〉吗？

มีห้องถูกกว่านี้ไหม

mi〈hon（先升后降）（gu）tou（降）（ku）kuwa（降）ni（升）〉mai（升）K?

不要开空调。

กรุณาอย่าเปิดแอร์

Karuna ya（降）pa（降）（u）e K

●酒店
โรงแรม
ron re（mu）（无）

●结账
เช็คเอาท์
cye（升）（ku）a（u）

●锁
กุญแจ
kuncye（无）

●单人间

ห้องเดี่ยว

hon（先升后降）de（降）iao

●水

น้ำ

chi（升）mu

●空调

แอร์

ei（无）

●双人间

ห้องคู่

hon（先升后降）ku（先升后降）

●开水

น้ำร้อน

na（升）mu ron（升）

●风扇

พัดลม

pa（升）（to）ro（mu）

●浴室、卫生间

ห้องน้ำ

hon（先升后降）na（升）mu

●客满

ห้องเต็ม

hon（先升后降）（gu）te（mu）

●烟灰缸

ที่เขี่ยบุหรี่

tei（先升后降）kia（降）buri（降）

●男卫生间

สุขาชาย

su（降）ka-（先降后升）cyai

●空房

ห้องว่าง

hon（先升后降）wan-（先升后降）（gu）

●香皂

สบู่

sabu（降）

●女卫生间

สุขาหญิง

su（降）ka（先降后升）-i（先降后升）（nu）

●毛毯

ผ้าห่ม

pa（先降后升）ho（降）（mu）

●毛巾

ผ้าเช็ดตัว

pa（先降后升）cye（升）（to）toua

●登记

เช็คอิน

cye（升）（ku）i（nu）

●枕头

หมอน

mon（先降后升）

●窗户

หน้าต่าง

na（先升后降）ta（降）n

兑换

〈银行〉在哪里？

ธนาคารอยู่ที่ไหน

〈tanakan〉y（降）u tei（先升后降）nai（先降后升）K？

请兑换。

ขอแลกเงินหน่อย

Ko（先降后升）reku（先升后降）ngun noi（降）K

●银行

ธนาคาร

tama kan

●兑换

แลกเงิน

Lei（先升后降）kun gu（h）

●现金

เงินสด

wengu（n）so（降）（t）

邮政、电话

请把这个寄到××。(〈希望~~〉)

ส่งทางอากาศเท่าไร

Pomu(先降后升)/deicyan(升)<× ×> son(降)kon(先降后升)(gu)ni(升)pai i(先升后降)pun(降)K

〈航空信件〉多少钱?

ขอใช้โทรศัพท์หน่อย

son(降)〈tanaka(to)〉tao(先升后降)ai K?

请让我借用一下〈电话〉。

ผมอยากจะโทรไปโตเกียวโดยจ่ายปลายทาง

Ko(先降后升)cyai(升)〈torasa(降)(pu)〉noi(降)K

●邮局

ไปรษณีย์

pulaisani

●包裹

พัสดุ

pa(升)sado

●国际电话

โทรศัพท์ระหว่างประเทศ

torasa(降)(pu)rawan(降)(gu)purateto(先升后降)

●邮筒

ตู้ไปรษณีย์

tao(先升后降)pulaisani

●邮票

แสตมป์

sate(mu)(无)

●信封

ซอง

son(gu)

●信件

จดหมาย

cyo(降)(to)mai(先降后升)

●明信片

ไปรษณีย์บัตร

puraisaniyaba(降)(to)

●传真

แฟกซ์

fue(降)(ku)

●船载邮件

ทางเรือ

tanrua(无)

●航空信件

ทางอากาศ

tanaka(to)(无)

●挂号

ลงทะเบียน

Longtabian

疾病、受伤

附近有医院吗?

แถวนี้มีโรงพยาบาลไหม

te(先降后升)oni(升)mi ronpayaban mai(升)K?

按摩〈1 小时多少钱〉?

ค่านวดชั่วโมงละเท่าไร

ka(先升后降)nua(先升后降)(to)〈cyua(先升后降)mon ra(升)ta rai(先升后降)〉K?

〈头〉疼。

ปวดหัว

Puwa(to)〈fua(先降后升)〉K

感冒了。

เป็นหวัด

Pen wa(降)(to)K

腹泻。

发烧。

ท้องเสีย

ton（升）(gu) sua（先降后升）K

มีไข้

Mi kai（先升后降）K

●医院

โรงพยาบาล

ronpayaban（无）

●身体

ร่างกาย

ran（gu）kai

●鼻子

จมูก

cyamu（降）(ku)

●胸口

อก

o（降）(ku)

●手指

นิ้ว

ni（升）u（先升后降）

●医生

หมอ

mao（先降后升）

●肚子

ท้อง

to（升）n

●嘴

ปาก

pa（降）(ku)

●脊背

หลัง

ran（先降后升）

●手

มือ

mu（无）

●疼痛（因外伤等）

เจ็บ

cye（降）(pu)

●眼睛

ตา

ta（无）

●牙齿

ฟัน

fa（n）(无)

●腰

เอว

e（u）(无)

●脚

เท้า

tao（升）

●想吐

คลื่นไส้

kuru(先升后降)(n)sai(先升后降)

●耳朵

หู

fu（先降后升）

●喉咙

คอ

ko（无）

●手腕

แขน

ke（先降后升）(n)

●药

ยา

ya（无）

工 作

你做什么工作？

คุณทำงานอะไร

kun tamuga（n）arai K？

●学生

นักศึกษา

na（升）(ku)ria（n）

●店员

พนักงานขาย

pana（升）(ku) nga（n）kai-（先降后升）

●农业

ทำไร่ทำนา

tamu rai（先升后降）ta（mu）na

●公司职员

พนักงาน

pana（升）kungan

●自主营业

ทำกิจการส่วนตัว

ta（mu）kicyaka（降）(n) soa（降）(n) toua

●渔业

ทำการประมง

ta（mu）kanpulamon（gu）

社 交

你叫什么〈名字〉？

คุณชื่ออะไร

kun〈cyu（先升后降）〉arai K？

泰国菜很好吃

อาหารไทยอร่อย

a ha（先降后升）h tai a lo（降）i K

〈泰语〉很难。

ภาษาไทยยาก

〈pasa（先降后升）tai〉ya（先升后降）（ku）K

你很可爱 / 英俊

คุณอายุเท่าไร

คุณ น่ารัก/หล่อ

ku（n）na（先升后降）la（升）（k）/lo（降）K

能给你〈拍张照片〉吗?

ขอถ่ายรูปคุณได้ไหม

ko（先降后升）〈tai（降）ru（先升后降）（pu）〉

想〈和你〉照张合影

อยากจะถ่ายรูปกับคุณ

Ya（ku）cya tai（降）ru（先升后降）（pu）〈ka（降）（pu）kun〉K?

您能再〈说〉一遍吗?

กรุณาพูดอีกครั้ง

karuna〈pu（先升后降）（to）〉i（降）（ku）kuran（升）K？

家 庭

我有一个哥哥、两个妹妹。

ผม / ดิฉันมีพี่ชายหนึ่งคนน้องสาวสองคน

Po（先降后升）（mu）/deicyan（升）mi picyai（先升后降）nun（降）（gu）kon nonsa（先降后升）（u）son（先降后升）（gu）kon K？

●爸爸	●哥哥	●弟弟	●丈夫	●恋人、伴侣
พ่อ po（先升后降）	พี่ชาย pi（先升后降）cyai	น้องชาย non（升）cyai	สามี sami（先降后升）	แฟน fuen（无）
●妈妈	●姐姐	●妹妹	●妻子	●父母
แม่ me（先升后降）	พี่สาว pi（先升后降）sao	น้องสาว non（升）	ภรรยา panraya（无）sao（先降后升）	พ่อแม่ po（先升后降）me（先升后降）

旅行单词表1001

A	
癌症	มะเร็ง
艾滋病	เอดส์
爱	ความรัก
安静	เงียบ
安全	ความปลอดภัย
按，推	ดัน
按摩	นวด
①暗②阴沉	มืด

B	
爸爸	พ่อ
白天	กลางวัน
败北	พ่ายแพ้
①拜，叩拜②鞠躬③恳求	ไหว้
拜托	ขอร้อง
板	กระดาน
半年	ครึ่งปี
半日	ครึ่งวัน
帮助，帮忙	ช่วย
包围，包裹	ห่อ
包装	การห่อของ
宝石	เพชรพลอย
饱腹	อิ่ม
保管，寄存	ฝาก
报道	ข่าว
报纸	หนังสือพิมพ์
抱	กอด
悲伤	น่าเศร้า
北	เหนือ
背面，后面	ด้านหลัง
倍	เท่า
被盗	ขโมย
奔跑	วิ่ง
本能	สัญชาตญาณ
笨蛋，蠢货	บ้า
绷带，带子	ผ้าพันแผล
比较	สอบถาม
笔直，径直	ตรง
避难	หลบภัย
避孕	กันการมีท้อง
避孕套	เสื้อฝน
便秘	ท้องผูก
冰块	น้ำแข็ง
①冰冷，凉②冷淡	เย็น
并列，并排	เรียง
脖子	คอ
博物馆	พิพิธภัณฑ์
不方便	ไม่สะดวก
不好，坏	ไม่ดี
不可能	เป็นไปไม่ได้
不可思议	ประหลาด
不擅长	ไม่เก่ง
不擅长，笨拙	ไม่เก่ง
不同	ต่างกัน
不行	เป็นไปไม่ได้
不幸	เคราะห์ร้าย
不在家，看家	ไม่อยู่
布	ผ้า
步行道	บาทวิถี

C	
彩色胶片	ฟิล์มสี
踩	เหยียบ
餐厅	ภัตตาคาร
苍蝇	แมลงวัน
操作，处理	สุก
槽牙	กราม
草	หญ้า
叉子	ส้อม
插座	ปลั๊ก
茶	น้ำชา
颤抖	สั่น
长	ยาว
肠	ไส้
尝试	ลอง
吵闹（声音）	หนวกหู
炒（如炒菜）	ผัด
车站	สถานี
沉没	จม
衬衫	เสื้อเชิ้ต
乘客	ผู้โดยสาร
乘务员，列车员	กระเป๋ารถ
乘坐	ขึ้น
吃	ทาน

池子	บ่อ
持有者	เจ้าของ
赤足	เท้าเปล่า
翅膀	ปีก
充分，慢慢地	คอย ๆ
虫牙	ฟันเป็นแมง
虫子	แมลง
出（去），（挤）出	ออก
出口	ทางออก
出生，诞生	เกิด
出租车	แท็กซี่
初次	เป็นครั้งแรก
除去，扣除	ยกเว้น
厨房	ห้องครัว
触摸	แตะต้อง
触摸	แตะต้อง
踹，踢	เตะ
穿（上衣）	ใส่
传真	แฟกซ์
船	เรือ
窗口	หน้าต่าง
唇	ริมฝีปาก
绰号	ชื่อเล่น
雌性	ตัวเมีย
聪明	ฉลาด
醋	น้ำส้ม

D

搭乘	ขึ้น
打赌，下注	พนัน
打开	เปิด
打破，毁约	ฉีก
打招呼，问候	การทักทาย
打折	ลดราคา
打针	ฉีดยา
大	ใหญ่
大便	อุจจาระ
大概	คง
大拇指	นิ้วหัวแม่มือ
大脑	สมอง
大人，成人	ผู้ใหญ่
大使馆	สถานทูต
大象	ช้าง
大学	มหาวิทยาลัย
大约	ประมาณ
单程	เที่ยวเดียว
单人房	ห้องเดี่ยว
单身	โสด
单向通行	ทางวันเวย์
担心	ห่วง
刀	มีด
倒（下）	ล้ม
到达	ถึง
盗窃，偷盗	ขโมย
道路	ถนน
道歉（动词）	ขอโทษ
得到	ได้รับ
等	คอย
低	ต่ำ
地图	แผนที่
地下	ใต้ดิน
弟弟	น้องชาย
①点菜②订单	สั่ง
点滴	ให้น้ำเกลือ
点心；零食	ขนม
电报	โทรเลข
电池	ถ่านไฟฉาย
电灯	โคมไฟ
电话	โทรศัพท์
电气	ไฟฟ้า
电梯（直梯）	ลิฟท์
电影	หนัง
店铺	ร้าน
店员	คนขายของ
掉落，掉下	ตกไป
顶端	ปลาย
丢人	ขายหน้า
丢失，丧失	ทำหาย
丢失，遗失	หาย
东边	ตะวันออก
东西	ของ
动（动词）	เคลื่อนไหว
动物	สัตว์
洞	รู
豆腐	เต้าหู้
毒	พิษ
读	อ่าน
读书	อ่านหนังสือ
肚子痛	ปวดท้อง

渡	ข้าม
短	ข้าม
锻炼	ฝึกฝน
对比	เทียบ
对话	การสนทนา
对面	ฝ่ายตรงกันข้าม
①钝②迟钝	ทื่อ
多	มาก
躲避	หลบ

E

恶劣	เลว
恶作剧	ความซน
鳄鱼	จระเข้
耳朵	หู

F

发财	ได้กำไร
发动机	เครื่องยนต์
发怒	โกรธ
发誓	สาบาน
罚金	ค่าปรับ
翻译（口译）	ล่าม
烦恼	กลัดกลุ้ม
反对	คัดค้าน
反抗	ต่อต้าน
反射	สะท้อน
犯人	ผู้ร้าย
犯罪	อาชญากรรม
饭	ข้าว
饭，餐	อาหาร
饭菜	อาหาร
范围	ขอบเขต
方便	สะดวก
方法	วิธี
房间	ห้อง
房租	ค่าเช่าบ้าน
放弃	เลิกล้ม
放入	ใส่
放心，安心（动词）	วางใจ
飞机	เครื่องบิน
飞机票	ตั๋วเครื่องบิน
飞起，跳起	กระโดด
肥皂	สบู่
废气	ไอเสีย
肺部	ปอด
肺炎	ปอดอักเสบ
费用	ค่าใช้จ่าย
费用	ค่าธรรมเนียม
分开	แยก
氛围	บรรยากาศ
坟墓	หลุมฝังศพ
丰富，富饶	อุดม
风	ลม
风筝	ว่าว
缝纫	ตัดเสื้อ
佛教	พุทธศาสนา
夫妇	ผัวเมีย
服装	เสื้อผ้า
①腐败②腐烂	เน่า
父母	พ่อแม่
附加	ติด
复杂	สับสน

G

改变	เปลี่ยน
改造	ฝา
干杯	ดื่มอวยพร
干燥	แห้ง
肝炎	ตับอักเสบ
肝脏	ตับ
感觉	ความรู้สึก
感冒	เป็นหวัด
感谢	ขอบคุณ
高兴	ยินดี
高兴	ดีใจ
搞错	ผิด
哥哥	พี่ชาย
歌	เพลง
歌手	นักร้อง
革命	ปฏิวัติ
个人	เอกชน
给（给对方）	ให้
更换，转换	เปลี่ยน
工作	งาน
工作	ทำงาน
公司	บริษัท
公务员	ข้าราชการ
宫殿	วัง

狗	หมา
购物	การซื้อของ
够，足够	พอ
古董	โบราณวัตถุ
骨头	กระดูก
骨折	กระดูกหัก
故障	เสีย
雇佣	จ้าง
刮胡刀	โกนหนวด
拐弯	เลี้ยว
关闭，合上	ปิด
关系	ความสัมพันธ์
光，光线	แสง
规则	กฎ
贵重物品	ของมีค่า
国际	สัญชาติ
国家	เมือง
国民	ประชากร
过去	สมัยก่อน

H

孩子	เด็ก
海	ทะเล
海岸	ชายฝั่ง
寒冷	หนาว
汗水	เหงื่อ
豪华	หรูหรา
好	ดี
号码	หมายเลข
喝醉	เมา
合适，配得上	เหมาะ
合掌	ประนมมือ
和平	สันติภาพ
河	แม่น้ำ
黑（形容词）	ดำ
恨，怨恨	แค้น
红（形容词）	แดง
红宝石	ทับทิม
红茶	น้ำชาฝรั่ง
后悔	เสียใจภายหลัง
后面	ข้างหลัง
厚（形容词）	หนา
厚脸皮（形容词）	หน้าด้าน
呼唤	เรียก
胡言乱语，鬼话	ชุ่ย
胡子，胡茬	หนวด
蝴蝶	ผีเสื้อ
护士	นางพยาบาล
花，花朵	ดอกไม้
花哨，夸张	เฉิดฉาย
花心	การนอกใจ
滑	ลื่น
还	คืน
还是，尚未	ยัง
还有所依恋	เยื่อใย
环境	สิ่งแวดล้อม
换钱，兑换	แลกเงิน
皇族	เชื้อพระวงศ์
黄色	สีเหลือง
晃眼，耀眼	ตาพร่า
灰尘	ฝุ่น
灰色	สีเทา
回	กลับ
回应，回答	คำตอบ
会面，见面	พบ
贿赂	สินบน
混杂	แน่น
活泼	กระฉับกระเฉง
火	ไฟ
火车	รถไฟ

J

机动车	รถยนต์
机会	โอกาส
鸡蛋	ไข่
嫉妒	ริษยา
计算	คำนวณ
记事本	สมุดพก
继续	ต่อ
寂寞	เหงา
夹	คีบ
家	บ้าน
价格	ราคา
假货	ของเทียม
假日	วันหยุด
①尖锐②敏锐	คม
坚硬	แข็ง
捡起，拾起	หยิบ
减价	ลดราคา
减少	ลดน้อยลง

简单	ง่าย
建筑	การก่อสร้าง
建筑物	ตึก
健康	สุขภาพ
降温	แช่ให้เย็น
交差口	สี่แยก
交通	จราจร
(交通)堵塞	รถติด
脚	เท้า
搅拌，混进去	ผสม
叫喊	ตะโกน
教	สอน
教师	ครู
节日	งาน
拮据	คับ
结婚	แต่งงาน
姐姐	พี่สาว
解决(动词)	แก้
戒指	แหวน
借	ยืม
借款	หนี้
金子	ทอง
紧急，加紧(动词)	รีบ
紧张	ตึงเครียด
尽，绝	หมด
近	ใกล้
近视眼	สายตาสั้น
进入	เข้า
禁止	ห้าม
经验	ประสบการณ์
惊讶，震惊	ใจหาย
精神	ความกระปรี้กระเปร่า
景色	ทิวทัศน์
警察	ตำรวจ
警卫	ยาม
竞争	การวิ่งแข่ง
镜子	กระจกเงา
酒窝，笑窝	ลักยิ้ม
旧，老	เก่า
举行，举办	ทำ
拒绝	บอกปัด
距离	ระยะทาง
绢	ไหม
决定	ตัดสิน

K

开(花)	บาน
(开车)兜风	การขับรถเที่ยว
开动(如开车)	ขับรถ
开始	ตั้งต้น
看	เห็น
康复	ฟื้น
可爱	น่ารัก
可怕的	น่ากลัว
克	กรัม
①客气②否定	เกรงใจ
客人	แขก
空气	อากาศ
空闲	ว่าง
口袋	กระเป๋า
口渴	หิวน้ำ
口香糖	หมากฝรั่ง
叩门，吝啬	ขี้เหนียว
哭泣	ร้องไห้
苦闷，艰辛	ลำบาก
快速	เร็ว
筷子	ตะเกียบ
宽敞	กว้าง
狂犬病	โรคกลัวน้ำ
窥视	แอบดู
溃疡	แผล
困	ง่วงนอน
困惑	เดือดร้อน
困难	ยาก
困扰	เดือดร้อน

L

垃圾	ขยะ
拉肚子	ท้องเดิน
蜡烛	เทียนไข
辣	เผ็ด
来	มา
来不及	ไม่ทัน
来得及	ทัน
懒散，倦怠	ขี้เกียจ
浪费	ใช้เงินมาก
浪费，大材小用	น่าเสียดาย

劳动	แรงงาน
老板，老总	ประธานบริษัท
老虎	เสือ
老花眼	สายตายาว
老人	คนแก่
老实	อ่อนโยน
姥姥	คุณปู่
姥爷	คุณย่า
泪水	น้ำตา
冷气	แอร์
离开	ไปจาก
黎明	เช้าตรู่
礼物，土特产	ของขวัญ
礼仪	ความประพฤติ
里面	ใน
里面	ข้างใน
理发	ตัดผม
理发店	ร้านตัดผม
理解	เข้าใจ
理想	อุดมคติ
理由	เหตุผล
历史	ประวัติศาสตร์
利益	กำไร
例假用品	ผ้าอนามัย
连接	ผูก
连接，联结	ผูก
莲花	บัว
联络	ติดต่อ
脸	หน้า
练习	ฝึกหัด
恋人	แฟน
凉爽	เย็น
量	ปริมาณ
淋湿，沾湿	เปียก
淋浴	อาบน้ำ
灵，魂魄	วิญญาณ
零钱	เงินทอน
领事馆	สถานกงสุล
领土	ดินแดน
①流动②播放（音乐） ③（时间）流逝	ไหล
流行	นิยม
流言，谣言	ข่าวลือ
陆军	กองทัพบก
录像机	วีดีโอ
录音	อัดเสียง
旅店	โรงแรม
旅游	เดินทาง
绿宝石	แก้วมรกต
轮胎	ยางรถ
裸体	เปลือย

M

妈妈	แม่
麻烦	ขี้เกียจ
麻药	ยาเสพติด
埋（动词）	ฝัง
买（东西）	ซื้อ
卖	ขาย
卖淫	ขายตัว
满员，满座	คนเต็ม
满足	พอใจ
忙，忙碌（形容词）	มีธุระมาก
盲肠炎	ไส้ติ่งอักเสบ
盲目	ตาบอด
毛巾	ผ้าเช็ดตัว
毛毯	ผ้าห่มนอน
冒险	การผจญภัย
帽子	หมวก
没关系	ไม่เป็นไร
没用	เปล่าประโยชน์
没有，不存在	ไม่
每日	รอยร้าว
美术	ศิลปะ
妹妹	น้องสาว
魅力	เสน่ห์
梦	ความฝัน
迷茫，迷（路）	ลังเลใจ
米	เมตร
秘密	ความลับ
蜜蜂	ผึ้ง
免费	ฟรี
面	เส้น
秒	วินาที
民族	ชาติพันธุ์
名声，名气	ชื่อเสียง
①明亮②形容人性格活泼	สว่าง
明天	พรุ่งนี้
明信片	โปสการ์ด

抹，涂抹	ทา
目的	จุดมุ่งหมาย

N

拿	ถือ
拿出，伸出	ออก
拿手，巧妙	เก่ง
内容	ข้อความ
内脏	เครื่องใน
奶奶	คุณยาย
男人	ผู้ชาย
男性	ผู้ชาย
南边	ใต้
挠	เกา
年龄	อายุ
年轻人	หนุ่มสาว
年轻	เยาว์วัย
女性	ผู้หญิง
暖和（形容词）	อุ่น
诺言	สัญญา

O

殴打	ชก
偶然，碰巧	บังเอิญ

P

盘子	จาน
旁边	ข้าง ๆ
胖了	อ้วน
配送	ส่งถึง
朋友	เพื่อน
漂亮，干净	สวย
贫穷	จน
贫血	โลหิตจาง
平等	ความเสมอภาค
平日（周一到周五）	วันธรรมดา
平台，高台	เฉลียง
瓶子	ขวด
便宜	ถูก
破产	ล้มละลาย
破坏	ทำแตก
普通	ธรรมดา
瀑布	น้ำตก

Q

期待	การคาดหวัง
欺负，虐待	รังแก
欺骗	โกง
其他	อื่น
奇怪	น่าสงสัย
奇怪，不正常	แปลก
祈祷	การภาวนา
旗子	ธง
企望，盼望	หวัง
起（动词，如起床，起身）	ตื่น
气候	ดินฟ้าอากาศ
气绝，昏厥	เป็นลม
气温	อุณหภูมิ
千克	กิโลกรัม
千米	กิโลเมตร
前面	ข้างหน้า
钱	เงิน
潜入，潜伏	ดำน้ำ
浅	ตื้น
强盗	โจร
敲打，拍	ตี
桥	สะพาน
切，切断	ตัด
亲戚	ญาติ
亲切	ใจดี
轻	เบา
轻松，欢乐	สบาย
清澄	ใส
清洁	สะอาด
清洗	การซักรีด
清真寺	โบสถ์แขก
情绪，心情	อารมณ์
请客	เลี้ยงอาหาร
取，拿	จับ
取消	ยกเลิก
取消，删除	ดับ
去（动词）	ไป
圈	วง
全部，都	ทั้งหมด
权利	สิทธิ
确认（动词）	ยืนยัน

R

燃烧	ไหม้
染	ย้อม
让……看	ให้ดู
热（形容词）	ร้อน

热闹	ครึกครื้น
热水	น้ำร้อน
人，人类	มนุษย์
人生	ชีวิต
忍耐	อดทน
认真	จริงจัง
扔掉，抛弃	ทิ้ง
日本	ญี่ปุ่น
日本人	คนญี่ปุ่น
柔软	นิ่ม
肉	เนื้อ
入口	ทางเข้า
弱	อ่อน

S

撒谎	โกหก
三角	สามเหลี่ยม
伞	ร่ม
扫除	ทำความสะอาด
扫帚	ไม้กวาด
森林	ป่า
杀（动词）	ฆ่า
杀虫剂	ยาฆ่าแมลง
砂糖	น้ำตาล
山	ภูเขา
山羊	แพะ
伤	แผล
商谈	ปรึกษา
上面	บน
上瘾	ลืมตัว
烧（水），使……沸腾	ต้ม
烧化	ย่าง
烧焦，烤焦	เกรียม
稍微，一点	หน่อย
勺子	ช้อน
少女	เด็กผู้หญิง
奢侈	ฟุ่มเฟือย
蛇	งู
申请	สมัคร
身体	ร่างกาย
深	ลึก
深夜	ดึก
神	พระเจ้า
肾脏	ไต
生存，活	มีชีวิต
生的	ดิบ
生命	ชีวิต
生日	วันเกิด
生鱼片	ปลาดิบ
声音	เสียง
声音（物体）	เสียง
剩余	เหลือ
失败	แพ้
失败	ทำผิดพลาด
湿透	หิน
什么	อะไร
什么时候	เมื่อไร
时间	เวลา
①时间②分	นาที
时钟，表	นาฬิกา
食堂	ร้านอาหาร
食指	นิ้วชี้
使用	ใช้
市场	ตลาด
事情	ธุระ
收费	คิดราคา
收集，聚集	เก็บ
收据	ใบเสร็จ
收入	รายได้
手	มือ
手掌	ฝ่ามือ
手纸	กระดาษทิชชู
守护	ป้องกัน
受领，收取	รับ
瘦了	ผอม
书	หนังสือ
蔬菜	ผัก
熟人	คนรู้จัก
竖着	กว้าง
数量	จำนวน
数量（动词）	นับ
数字	ตัวเลข
耍威风，摆架子	หยิ่ง
双方	ทั้งคู่
双人房（两张床）	ห้องคู่
双人房（一张大床）	ห้องคู่
水	น้ำ
水果	ผลไม้
水壶	กาน้ำ
水桶	ถังน้ำ
睡	นอน
说	พูด

说话，谈话	พูด
司机	คนขับ
死	ความตาย
四方	สี่เหลี่ยม
寺庙	วัด
饲养	เลี้ยง
送，接送	ส่ง
送别	ไปส่ง
宿醉	เมาค้าง
塑料	วีนิล
酸	เปรี้ยว
随便，擅自	ตามอำเภอใจ
损坏，损伤	เน่า

T

太阳	ตะวัน
态度	ท่าทาง
泰国	ไทย
泰国人	คนไทย
泰国语	ภาษาไทย
贪婪者	โลภมาก
摊子（小吃摊）	แผงลอย
炭	ถ่าน
堂堂（正正），出色，优秀	ดีงาม
逃跑，逃避	หนี
陶器	เครื่องดินเผา
讨厌	เกลียด
特别	พิเศษ
特产	ของพื้นเมือง
特征	ลักษณะพิเศษ
提醒	ระวัง
剃须刀	มีดโกน
天空	ฟ้า
天气	อากาศ
添加	บวก
甜品	ของหวาน
填写	กรอก
调味料	เครื่องชูรส
①舔②小瞧	ชิม
跳舞	การรำ
铁	เหล็ก
铁道	ทางรถไฟ
停车场	ที่จอดรถ
停船处	ท่าเรือ
通货	ผ่านไป
痛（身体受到的疼痛，外部）	เจ็บ
头	หัว
头发	ขน
头疼	ปวดหัว
透明	โปร่งใส
突然	ทันใดนั้น
图，图画	รูป
图案	ลวดลาย
退房	เช็คเอาท์
脱，脱下	ถอด
唾液	น้ำลาย

W

挖，挖掘	ขุด
袜子	ถุงเท้า
外部	ข้างนอก
外国	ต่างประเทศ
外面	ข้างนอก
完结	จบ
玩，游玩	เล่น
玩水	อาบน้ำ
玩笑	เรื่องโปกฮา
晚饭	อาหารเย็น
网	หม้อ
往返（动词）	ไปกลับ
忘记	ลืม
危险	อันตราย
威士忌	วิสกี้
为什么	ทำไม
尾巴	หาง
猥亵	ลามก
卫生间	ห้องน้ำ
未婚	โสด
味道	รสชาติ
味道（香味，臭味）	เหม็น
温泉	บ่อน้ำร้อน
文化	วัฒนธรรม
文学	วรรณคดี
文章	บทความ
文字	ตัวหนังสือ
蚊香	ยากันยุง
蚊帐	มุ้ง
蚊子	ยุง
问题	ปัญหา
无聊	น่าเบื่อ
无聊，闷	น่าเบื่อ
无名指	นิ้วนาง
无色	ไม่มีสี

无效	เป็นโมฆะ
武器	อาวุธ
侮辱	หมิ่นประมาท

X

西	ตะวันตก
西瓜	แตงโม
西历	ค.ศ.
希望	ความหวัง
习惯	ธรรมเนียม
习惯	เคยชิน
洗发水	น้ำยาสระผม
洗衣服	ซักผ้า
喜欢	ชอบ
戏剧	ละคร
细	ผอม
狭窄	แคบ
下（雨）	ตก
下巴	คาง
下个月	ปีใหม่
①下降②下（车）	ลง
下一个，下次	ต่อไป
鲜啤	เบียร์สด
①咸②嘶哑	เค็ม
现在	เดี๋ยวนี้
现在	ปัจจุบันนี้
线	ด้าย
羡慕	น่าริษยา
乡村，乡下	ชนบท
相等，对等	เท่ากัน
相似	คล้าย
相同	เหมือนกัน
香水	น้ำหอม
香味	กลิ่น
箱子	กล่อง
想要	อยากได้
消失	ดับ
小	เล็ก
小包	พัสดุ
小便	ปัสสาวะ
小费	ทิป
小拇指	นิ้วก้อย
小偷（入室抢劫）	ขโมย
笑	หัวเราะ
笑容，笑脸	หน้ายิ้มแย้ม
鞋	รองเท้า
写	เขียน
泻药	ยาถ่าย
心情愉快	สบาย
心痛（心里上，内部）	ปวด
心脏	หัวใจ
新，崭新（形容词）	ใหม่
新鲜	สด
信封	ซอง
信件	จดหมาย
兴趣	งานอดิเรก
星星	ดาว
行李	สัมภาระ
形状	รูป
姓名	ชื่อ
幸福	ความสุข
幸运	โชคดี
兄弟	พี่น้อง
雄性	ตัวผู้
休息	หยุดพัก
休息（时间短）	การหยุด
修理	แก้
修正，修改	แก้แล้ว
许多，很多	มาก
宣传册	โบว์ชัวร์
选择（动词）	เลือก
学生	นักศึกษา
学习（动词）	เรียน
学校	โรงเรียน
血	เลือด
寻找	หา
①询问②拜访	หา

Y

1层	ชั้นหนึ่ง
1回	หนึ่งครั้ง
1周	หนึ่งสัปดาห์
牙齿	ฟัน
延长（时间）	ยืดเวลา
言语	ภาษา
盐	เกลือ
颜色	สี
眼	ตา
眼镜	แว่นตา
眼药	ยาหยอดตา
演员	ผู้แสดงละคร
厌倦	เบื่อ
腰	เอว

药	ยา
要，要（如需要这个东西）	ต้องการ
椰子果实	มะพร้าว
椰子树	ต้นมะพร้าว
爷爷	คุณตา
叶子	ใบ
夜间	กลางคืน
夜晚	กลางคืน
一般	ทั่วไป
一半	ครึ่ง
①一杯（数量） ②满了（形容词）	หนึ่งแก้ว
一起	ด้วยกัน
一生	ตลอดชีวิต
伊斯兰教	ศาสนาอิสลาม
伊斯兰教徒	ชาวอิสลาม
医生	หมอ
医院	โรงพยาบาล
依赖	พึ่ง
移动，转移	ย้าย
遗憾	น่าเสียใจ
遗迹，遗址	ซากโบราณสถาน
疑问	คำถาม
艺术	ศิลป
意思（名词）	ความหมาย
音乐	ดนตรี
银行	ธนาคาร
银子	เงิน
引诱	ชวน
饮料	น้ำดื่ม
饮用	ดื่ม
隐藏	ซ่อน
英俊	รูปหล่อ
英语	ภาษาอังกฤษ
迎接	รับ
泳衣	ชุดว่ายน้ำ
优越感	จุดเด่น
忧郁	กลุ้มใจ
幽默	ขบขัน
悠闲	ยังไม่ดิ้นรน
邮局	ที่ทำการไปรษณีย์
邮票	แสตมป์
邮筒	ตู้ไปรษณีย์
游客	นักทัศนาจร
游客	นักท่องเที่ยว
游戏	เกม
游泳	การว่ายน้ำ
游泳	ว่ายน้ำ
友情	มิตรภาพ
有（存在，如有这个人）	อยู่
有（动词）	มี
有害的	มีโทษ
有钱人	คนรวย
有趣，有意思	สนุก
有意思，愉快	สนุก
右边	ข้างขวา
诱饵，钓饵	เหยื่อ
诱拐	ลักพา
鱼	ปลา
（与）关联，有关	เกี่ยวกับ
语言	คำ
浴巾	ผ้าเช็ดตัว
预订	โปรแกรม
预约	จอง
欲望	ความอยาก
圆	กลม
远	ไกล
月	ดวงจันทร์
乐器	เครื่องดนตรี
钥匙	กุญแจ
云	เมฆ
运动	การเคลื่อนไหว
运费	ค่าโดยสาร
运河	คลอง
运气	โชค

Z

再次	อีก
脏	สกปรก
造成	เช้า
①炸（油炸东西） ②放（如放风筝）	ทอด
粘贴	ติด
占卜，算命	ทำนาย
战斗	ต่อสู้
站立	ยืน
蟑螂	แมลงสาบ
丈夫	สามี
招待	เชิญ
招牌	ป้าย
照片	รูปถ่าย
照相机	กล้องถ่ายรูป
照相师	ช่างถ่ายรูป

珍奇，不常有	แปลก
真的	จริง
真货，真品	ของแท้
征兵	เกณฑ์ทหาร
蒸	ตุ่น
正好，恰好	พอดี
正确	ถูก
正午，中午	เที่ยง
正中	กลาง
支付	จ่าย
支气管	หลอดลมอักเสบ
知道	รู้
执拗，烦人	ดื้อดึง
职业	อาชีพ
止痛剂	ยาระงับประสาท
只是	ความรู้
纸张	กระดาษ
智慧	สติปัญญา
滞留	พักอยู่
中指	นิ้วกลาง
种类	ชนิด
重	หนัก
重要	สำคัญ
粥	โจ๊ก
竹子	ไม้ไผ่
主持人	โฆษก
煮	ต้ม

住	อยู่
住宿登记	เช็คอิน
住所	ที่อยู่
柱子	เสา
祝贺（动词）	ฉลอง
爪子	เล็บ
转动	หมุน
追加	ต่อเติม
准备	เตรียม
桌子	โต๊ะ
着陆	ลงดิน
自己	ตัวเอง
自然	ธรรมชาติ
自行车	รถจักรยาน
自由	เสรีภาพ
宗教	ศาสนา
纵，竖	สวนสูง
走，步行，行走（动词）	เดิน
钻石	เพชร
嘴	ปาก
罪	โทษ
尊敬	เคารพ
尊敬，推崇	น่านับถือ
左边	ซ้าย
坐	นั่ง
坐席	ที่นั่ง
座位	ที่นั่ง
做	ทำ

策　　划：高　瑞　谷口俊博
统　　筹：北京走遍全球文化传播有限公司　http://www.zbqq.com
责任编辑：王欣艳　陈　冰
封面设计：董星辰
责任印制：冯冬青

图书在版编目（CIP）数据

曼谷 / 日本大宝石出版社编著；张蓉译. -- 北京
：中国旅游出版社, 2014.1
（走遍全球系列）
ISBN 978-7-5032-4820-7

Ⅰ.①曼…　Ⅱ.①日…②张…　Ⅲ.①旅游指南—曼谷　Ⅳ.①K933.69

中国版本图书馆CIP数据核字（2013）第244084号

北京市版权局著作权合同登记号　图字：01-2012-7659
审图号：GS（2013）1932号　本书插图系原文原图

书　　名：曼　谷

原　　著：大宝石出版社（日本）
译　　者：张　蓉
出版发行：中国旅游出版社
（北京市建国门内大街甲 9 号　邮编：100005）
http://www.cttp.net.cn　E-mail: cttp@cnta.gov.cn
营销中心电话：010-85166503
制　　版：北京中文天地文化艺术有限公司
经　　销：全国各地新华书店
印　　刷：北京金吉士印刷有限责任公司
版　　次：2014年1月第1版　2014年1月第1次印刷
开　　本：889毫米×1194毫米　1/32
印　　张：12.5
印　　数：1-8000册
字　　数：474千
定　　价：72.00元
I S B N　978-7-5032-4820-7